HISTOIRE
DE FRANCE

VII

Cet ouvrage a obtenu
de l'Académie des Inscriptions et Belles-Lettres
LE GRAND PRIX GOBERT;
et il a été ensuite couronné quatre fois
par l'Académie Française.

HISTOIRE
DE FRANCE

DEPUIS LES TEMPS LES PLUS RECULÉS JUSQU'EN 1789

PAR

HENRI MARTIN

Pulvis veterum reparabitur.

TOME VII

—

QUATRIÈME ÉDITION

PARIS

FURNE LIBRAIRE-ÉDITEUR

Se réserve le droit de traduction et de reproduction
à l'Étranger.

M DCCC LVI

HISTOIRE
DE FRANCE

QUATRIÈME PARTIE

FRANCE DE LA RENAISSANCE

(SUITE)

LIVRE XXXIX

LUTTE DES MAISONS DE FRANCE ET DE BOURGOGNE

(SUITE)

Louis XI et Charles le Téméraire (suite). Le traité de Saint-Maur rompu. — Le roi reprend la Normandie. — *La France de la Meuse. Liége et Dinant.* — Mort de Philippe le Bon. Avénement de Charles le Téméraire. Victoire de Charles sur les Liégeois. — États généraux de Tours. — Inamovibilité des offices. — Louis XI à Péronne. Honteux traité extorqué à Louis par Charles. Ruine de Liége. — Le cardinal Balue. — Charles de France, duc de Guyenne. — Guerre des *Deux Roses.* — Louis XI favorise la bourgeoisie et le commerce. — Mort du duc de Guyenne. — Guerre entre Louis et les ducs de Bourgogne et de Bretagne. — Siége de Beauvais. Invasion bourguignonne repoussée. Trêve. Charles le Téméraire change sa politique.

1465 — 1472.

Le conseil de France, nous ne voulons pas dire le conseil de Charles VII, avait achevé l'œuvre d'affranchissement commencée par Jeanne et réglé la France à l'intérieur en même temps qu'il l'affranchissait de l'étranger. La partie de son œuvre qui regarde l'intérieur est renversée, parce que le prince qui en a hérité a voulu la compléter trop vite et trop violemment, en la faussant à quelques égards. Le traité de Saint-Maur est la ruine du royaume, s'il s'exécute et s'il dure. La France royale est resserrée entre la Bourgogne et la Lorraine, au nord et à l'est, la Normandie et la Bretagne, à l'ouest, c'est-à-dire entre quatre états à peu près indépendants, dont l'un est une puissance de premier ordre; au dedans même, elle est partagée entre les nouveaux grands vassaux. Il y a impossibilité de vivre pour le roi et pour le royaume, et ni l'un ni l'autre ne sont résignés à mourir. Les grands n'ont su que dissoudre et non refaire; ils n'ont pas su fonder un ordre politique contre l'ordre qu'ils ont abattu. Cet ordre se relèvera donc, pourvu qu'il soit repris en sous-œuvre par une forte tête et par un bras fort.

Cette tête et ce bras se trouveront chez Louis XI. Louis est de ceux qui n'oublient jamais et apprennent toujours, pour lesquels toute faute est enseignement, et nulle expérience ne se perd. Il a frappé trop de gens et trop de choses ensemble; il en a même frappé sur lesquels il eût dû s'appuyer. Il a rallié contre lui aux princes cette élite de la petite noblesse et même du tiers-état qui avaient été les énergiques appuis du gouvernement royal sous son père. Il a compris les causes de ses revers, et ces hommes et ces classes, qu'il a réunis contre lui, il saura désormais les diviser. Il saura, non-seulement détacher des princes les gentilshommes et la bourgeoisie, que ces princes ont sottement oubliés dans la curée du royaume, mais jeter la discorde entre les princes eux-mêmes, et, en déchirant un traité qu'il n'a pas eu un moment la pensée d'observer, il saura empêcher que jamais la ligue qui l'a imposé se refasse pour le maintenir.

Les princes s'étaient séparés dans les premiers jours de novembre : le nouveau duc de Normandie et le duc de Bretagne prirent la route de Rouen; le comte de Charolais se dirigea vers la Picardie; le roi accompagna son frère jusqu'à Pontoise, et le comte Charles jusqu'à Villiers-le-Bel, à quatre lieues de Paris. Louis XI quitta, avec maintes démonstrations d'amitié, ceux qui venaient de le dépouiller; il n'avait pas cependant attendu leur départ pour protester secrètement contre le traité de Saint-Maur, que le parlement et la chambre des comptes n'enregistrèrent que sous toutes réserves et en se déclarant « contraints, » comme l'était le roi lui-même[1]. Louis minait et sapait déjà de toute sa force le terrain envahi par ses vainqueurs. Il choisit les trente-six « réformateurs[2] » de façon à n'en devoir rien craindre. Il prodigua les dons, les caresses, toutes les ressources de l'esprit le plus insinuant et le plus délié pour s'acquérir une partie de ses ennemis et s'en servir contre les autres. Vaincu pour avoir embrassé trop d'objets à la fois, il comprit qu'à chaque jour suffit son œuvre, et dirigea d'abord toutes ses pensées vers la « recouvrance » de la Normandie. Le 3 novembre, en se séparant du comte de Charolais, veuf depuis peu d'une sœur du duc de Bourbon, il lui avait offert la main de sa fille, enfant de deux ans, qui fut la célèbre Anne de France, avec la Champagne et le Laonnois en dot : tous les droits et revenus de la souveraineté dans ces contrées devaient passer à Charolais par ce mariage, si la Normandie, « par mort ou autrement, » revenait au roi.

L'acceptation de cette offre par le comte Charles équivalait à un consentement implicite à la rupture du traité de Saint-Maur. Le roi regagna ensuite le duc de Calabre et ce duc de Bourbon, qui venait de lui faire tant de mal : le premier était très-renommé par ses talents militaires ; le second était puissant par lui-même et par ses trois frères, l'archevêque de Lyon, l'évêque de Liége et le sire de Beaujeu. Bourbon coûta cher au roi : Louis le nomma son lieutenant général dans l'Orléanais, le Blaisois, le Berri, le Lyonnais, le Limousin, le Périgord, le Rouergue, le Querci, puis enfin dans toutes les sénéchaussées languedociennes, dont le gouvernement fut ôté au comte du Maine, qui avait fort mal servi le roi durant la guerre civile. Le roi maria une de ses bâtardes à un frère bâtard du duc de Bourbon, et fit son gendre amiral après la mort du sire de Montauban. Les Bourbons, la grande maison princière de la France centrale, ayant du roi plus que les autres

---

1. Extrait des registres du parlement, dans les Preuves de Comines, édition de Lenglet. — Dufresnoi, n°s LXVII et LXXII. — L'opposition du parlement était fondée sur la grande aliénation du domaine, et sur ce que le roi se soumettait aux censures du pape en cas d'infraction.

2. La commission de *réformation* imposée par le traité.

princes ne leur eussent donné, furent assurés à Louis, qui n'eut plus rien à craindre sur toute la ligne de Paris à Toulouse. Le duc de Nemours, le comte d'Armagnac et le sire d'Albret avaient aussi obtenu pleine satisfaction, et, par acte du 5 novembre, ils s'engagèrent à servir le roi envers et contre tous, sans excepter le nouveau duc de Normandie : ils jurèrent fidélité à Louis XI sur les reliques de la Sainte-Chapelle. Le nouveau connétable, Saint-Pol, et le vieux Dunois commencèrent aussi de se laisser ébranler. Les grands, comme ils le firent toujours en France, sacrifièrent à l'avantage du moment leur avenir politique : le fantôme de l'oligarchie s'évanouit ainsi de lui-même; la ligue des princes, impuissante à constituer une aristocratie gouvernante, n'avait été qu'une coalition d'intérêts privés.

Tandis que les chefs de la rébellion se laissaient séduire les uns après les autres, les conseillers du dernier règne, les méchants comme les bons, pourvu qu'ils fussent capables, revenaient au pouvoir : Guillaume Jouvenel des Ursins reprit l'office de chancelier, en remplacement de ce Morvilliers dont les emportements avaient si gravement compromis le roi; l'ex-procureur général Jean Dauvet passa de la première présidence de Toulouse à celle de Paris ; un d'Estouteville redevint prévôt de Paris. Dammartin lui-même ne devait pas tarder à rentrer en faveur ; Louis, malgré ses justes ressentiments, appréciait trop les hommes habiles et sans scrupule pour ne pas se rattacher celui-là [1].

Louis XI n'attendit pas longtemps l'occasion d'agir : les ducs de Normandie et de Bretagne, ou plutôt les courtisans qui gouvernaient ces deux faibles princes, se brouillèrent durant le trajet de Paris à Rouen; François de Bretagne, qui avait « porté la plus grande mise et les plus grands frais dans la guerre du *bien public*, » voulait s'en dédommager en exigeant pour ses créatures le commandement de Rouen et les principaux offices civils et militaires du duché de Normandie : ce n'était pas le compte des gens de l'hôtel du jeune duc Charles. Après trois semaines de tiraillements, un coup de main décida la querelle. Les deux

---

1. Jean de Troies. — Preuves de Comines, nos LXXVI-LXXIX. — *Histoire de Languedoc*, l. XXXV.

princes s'étaient arrêtés au couvent du mont Sainte-Catherine, avant de faire leur entrée dans Rouen ; le peuple, soulevé par le comte d'Harcourt[1], se porta au monastère, enleva le jeune prince, et l'entraîna dans la ville, en criant que les Bretons avaient voulu s'emparer du duc pour « faire les maîtres » en Normandie (25 novembre). Le duc de Bretagne et les siens, irrités de cette démonstration hostile des Rouennais, se replièrent sur la Basse-Normandie : Caen, Bayeux, Coutances, Avranches, Saint-James de Beuvron, Pontorson, ouvrirent leurs portes aux Bretons.

Le roi était prêt : il avait prévu et fomenté ces discordes ; il convoqua sur-le-champ les compagnies d'ordonnance, les francs-archers et l'arrière-ban, et envahit la Normandie avec trois corps d'armée : le duc de Bourbon entra dans le comté d'Évreux ; le sire Charles de Melun se jeta sur le Vexin normand et le pays de Caux ; le roi en personne s'avança dans la Basse-Normandie et alla s'aboucher avec le duc de Bretagne à Caen. Le 20 décembre, le duc François, tout chaud encore de son affront de Rouen, signa l'engagement de servir le roi à l'avenir en bon parent et vassal, de ne donner aucun aide ni « confort » à ses « malcontents et malveillants, » et de le défendre contre tous ; Louis renouvela la cession des régales de Bretagne, donna au duc 120,000 écus d'or, et confirma au duc et à ses conseillers, alliés et serviteurs, Dunois, Dammartin, Lohéac et autres tous les avantages du traité de Saint-Maur ; puis il marcha sur Rouen, et rejoignit devant cette ville le duc de Bourbon et Charles de Melun. Aucune place ne s'était défendue. Les Rouennais, séduits par la résurrection soudaine de la vieille indépendance normande[2], avaient fait de grandes promesses à leur duc Charles ; ce rêve s'évanouit au premier aspect des gens du roi, et Rouen n'eut pas la folie de soutenir un siége pour son fantôme ducal : Rouen se remit aux

---

1. L'héritage des Harcourt avait passé dans la branche de Lorraine-Vaudemont.
2. A l'inauguration du duc Charles, on avait renouvelé toutes les formes traditionnelles ; le comte de Tancarville, connétable « hérédital » de Normandie tenant l'épée ducale ; le comte d'Harcourt, maréchal « hérédital » tenant l'étendard, etc. Le duc avait « épousé la duché » par l'anneau ducal que lui passa au doigt l'évêque de Lisieux, Thomas Basin, remplaçant l'archevêque de Rouen. Floquet, *Hist. du Parlement de Normandie*, t. I, p. 250. Plus tard, Louis XI fut très-préoccupé de ravoir cet anneau et de le faire briser.

mains du roi. Charles et ses principaux conseillers, le comte d'Harcourt et l'évêque de Bayeux, avaient quitté la place; Charles avait envoyé demander un sauf-conduit au duc François, qui vint au-devant de lui à Honfleur et l'emmena en Bretagne. La recouvrance de Normandie fut l'affaire de quelques semaines : le 21 janvier 1466, le roi déclara par lettres patentes qu'il « remettoit en sa main » son pays et duché de Normandie, attendu « que ladite duché étoit annexée à la couronne, et ne s'en pouvoit séparer sans grandes peines et censures ecclésiastiques »; l'ex-général des finances de Normandie, qui avait livré Rouen aux princes, et quelques autres ennemis du roi, furent noyés ou décapités; puis il ne resta plus trace de l'éphémère domination du duc Charles[1].

Le duc de Normandie avait invoqué en vain l'assistance de ses anciens alliés : les ducs de Bretagne, de Bourbon, de Calabre ne lui offrirent qu'un arbitrage pacifique pour lui obtenir un autre apanage; le comte de Charolais, malgré le projet de mariage avec la fille du roi, fût probablement intervenu; mais il était engagé dans une grande affaire au sein même des Pays-Bas : il avait entrepris de réduire définitivement sous le joug bourguignon les communes liégeoises.

C'est ici le lieu de s'arrêter un moment sur le plus sombre épisode du règne de Louis XI, sur les tragiques destinées de cette petite France de la Meuse[2], que la France royale va si cruellement abandonner, au grand détriment de l'intérêt national et au grand déshonneur de la couronne. La principauté épiscopale de Liége, aussi française de langue et de mœurs, plus française de cœur que Namur et que le Hainaut, est, dans le nord de notre Gaule, l'avant-garde du pays wallon, du pays gaulois, entre les Teutons de l'ouest (Flandre, Brabant) et les Teutons de l'est, les *Thiois* des provinces rhénanes. La race gallo-romaine, recouverte, dans le pays maritime, autour du bas Escaut, par l'alluvion germanique, s'est conservée intacte dans les verts abris de la forêt cel-

---

1. Comines, l. I, c. 15, et les *Preuves*, nos LXXXI-LXXXII, éd. Lenglet. — Jacques Duclercq, l. v, c. 53.
2. Michelet, *Hist. de France*, t. VI, p. 135. — M. Michelet a traité ce sujet avec un tel développement et une telle supériorité, qu'il ne reste qu'à glaner après lui, et qu'à résumer les principaux traits de son large tableau.

tique, de la vieille Ardenne; puis elle en a débordé, quand s'est formée la civilisation du moyen âge, et, s'organisant par l'action d'un double principe sacerdotal [1] et industriel, elle a semé toute une traînée de villes wallonnes le long du val de Meuse. Tandis que la Flandre dispute à l'océan le sol où elle édifie ses comptoirs et ses ateliers, Liége et les villes ses sœurs arrachent leur fortune aux entrailles de la terre. L'industrie des mines et des métaux, la houillère et la forge éclosent dans ce riche bassin de la Meuse et y prennent des proportions inconnues [2]. La fabrique liégeoise remplit le nord de la France des produits de son marteau, et la ville de Dinant, plus voisine du royaume que la grande cité, donne son nom, chez nous, à toute cette industrie du cuivre battu, qui comprend depuis la chaudronnerie domestique jusqu'aux plus beaux ouvrages en métal repoussé [3].

Le droit féodal enchaîne le pays liégeois à l'Allemagne; le sentiment et l'intérêt le ramènent incessamment à la France. Les rapports politiques se combinent avec les rapports commerciaux. Aux XIIIe et XIVe siècles, les rois de France étendent à plusieurs reprises une main protectrice sur Liége. Les seigneurs wallons de la marche ardennaise, les La Marche ou La Mark, les fameux *sangliers des Ardennes*, établis à Bouillon et à Sedan, fiefs du royaume [4], relient le Liégeois à la France. Durant les premières périodes des guerres anglaises, le Liégeois est tout français. Quant à l'intérieur, un esprit singulièrement démocratique et novateur agite ces énergiques populations. Le mouvement n'est pas seulement chez elles dans les actes, comme en Flandre, mais dans les idées et dans les institutions, mobilité qui leur fait donner, par

1. L'asile fondé à Saint-Lambert par douze abbés devenus chanoines fut le berceau de Liége. Le chapitre de Saint-Lambert attira l'évêque de Tongres à Liége, et fonda la justice du *péron* (perron) de Liége pour le maintien de la *paix de Dieu*. Le *péron* était une colonne surmontée d'une croix et d'une pomme de pin; au pied de la colonne se rendaient les jugements. Tout le vaste diocèse liégeois y ressortissait. V. Michelet, VI, 140.

2. La légende liégeoise veut qu'un ange ait révélé la première houillère.

3. La *dinanderie*. Depuis la marmite du pauvre jusqu'à ces magnifiques fonts baptismaux qu'on voit encore à Saint-Barthélemi de Liége. La taillanderie, les ouvrages de fer ne se répandaient pas moins que la *dinanderie* du Liégeois dans la France royale.

4. Les La Mark tenaient Bouillon en arrière-fief de l'évêque de Liége, qui, lui-même, tenait Bouillon en fief du roi.

leurs stationnaires voisins, le surnom de *haï-droits*, d'ennemis des lois. Les bourgeois prennent l'ordre de chevalerie (ce qui arrivait parfois aussi en Flandre); les nobles se font agréger aux métiers, condition nécessaire, à partir de certaine époque, pour parvenir aux magistratures; la grande cité traite les petites villes en sœurs, en confédérées, non en vassales, comme font Gand et Bruges [1]. Elle abat la féodalité autour d'elle, avec des circonstances qui rappellent l'histoire des républiques italiennes; elle obtient l'élection populaire des magistrats; elle cherche à enchaîner l'arbitraire dans les mains du prince-évêque par la responsabilité des ministres; mais il est un dernier pas qu'elle ne peut franchir. En cas de rupture avec la ville, l'évêque y met l'anarchie d'un seul mot, en suspendant *la loi* (les magistrats) et en emportant hors de Liége le bâton de justice. Liége n'a pu arracher cette fatale prérogative à son prince. L'évêque a derrière lui le pape avec les interdits, puis, à partir de la fin du XIVe siècle, le duc de Bourgogne avec l'épée. Jean sans Peur accable pour la première fois les Liégeois en 1408.

Liége se relève durant la guerre civile de France. Les Liégeois sont anti-Bourguignons comme anti-Anglais. Durant cette petite guerre de la haute Meuse, qui précède l'apparition de Jeanne Darc, ils ouvrent un généreux asile aux vaincus, aux émigrés de la cause française. Le Bourguignon leur fait une guerre d'ambition monarchique, de haine féodale et de concurrence industrielle [2]. Trahis par leur évêque, ils subissent, en 1431, la sentence arbitrale de l'archevêque de Cologne, qui leur inflige une amende de 200,000 florins au profit du duc de Bourgogne, triste époque qui commence la décadence de Liége. Des revers naissent les discordes. La division se met entre les deux grands corps de l'industrie liégeoise, entre les forgerons et les houillers. Le Bourguignon traite Liége en vassale, et va jusqu'à se servir des armes liégeoises contre les La Mark (1445).

1. Le tribunal des Vingt-Deux, institué en 1372, se compose de quatre chanoines de Saint-Lambert, représentants du chapitre fondateur de la cité, de quatre nobles et quatre bourgeois de Liége, de deux bourgeois de Dinant, deux d'Hui, et de six bourgeois de six autres villes, Tongres, Saint-Tron, etc. Michelet, VI, 144.

2. La concurrence de la draperie flamande et des houillères du Hainaut. Liége tissait comme elle forgeait.

Liége, indignée, s'agite : le vieil évêque lui-même, l'allemand Jean de Heinsberg, rougit de son esclavage et se rapproche des La Mark, du parti français. Le duc Philippe l'attire en Brabant et lui extorque, par la peur, une résignation en faveur d'un jeune frère du duc de Bourbon, élevé à l'université de Louvain, et tout Bourguignon (1455). Le pape confirme, sans tenir compte des droits du chapitre. Liége subit en frémissant la domination d'un écolier désordonné, entouré de pillards. Elle se brouille et se raccommode tour à tour avec cet étrange évêque. Après l'avénement de Louis XI, la rupture se renouvelle, plus radicale cette fois. L'évêque met la justice, le culte, tout l'ordre social en interdit. Le chapitre de Saint-Lambert garde, entre le peuple et l'évêque, une espèce de juste-milieu, refusant à l'évêque de le suivre hors de la ville, refusant au peuple d'officier malgré l'évêque. Le pouvoir passe aux violents. Les moines mendiants disent la messe sur la place publique. Les échevins électifs élisent des juges. Le culte et la justice s'affranchissent ainsi, pour la première fois, de l'évêque. Le domaine épiscopal est séquestré. La bulle du pape, qui confirme l'interdit épiscopal, est déclarée subreptice. Les chanoines sont forcés d'officier ou de s'enfuir. Liége se donne pour régent un prince allemand, un des margraves de Bade. Faute grave, car l'Allemand n'apporte aucune force au parti populaire, et le sire de La Mark, blessé dans ses prétentions, passe à l'évêque et à la Bourgogne (mars 1465).

La guerre du *bien public* éclate sur ces entrefaites. Le roi signe un traité avec Liége : il promet d'attaquer le Hainaut, les Liégeois d'attaquer le Brabant, à l'aide d'un renfort de cavalerie que le roi leur enverra (21 avril 1465). Louis, assailli de toutes parts, ne peut tenir parole. Les Liégeois attendent. La nouvelle de Montlhéri arrive à Liége, fort amplifiée par les gens du roi. Les Liégeois, croyant Charolais battu à fond, se jettent sur le Limbourg, et envoient défier à Bruxelles le vieux Philippe (4 août). Les Dinantais pendent l'effigie de Charolais à une croix bourguignonne de Saint-André, devant les murs de Bouvignes. Bouvignes[1], petite ville namuroise, séparée de Dinant par la Meuse, était sa rivale

---

1. Ne pas confondre avec le Bovines ou Bouvines de Philippe-Auguste, qui est dans la Flandre wallonne.

dans l'industrie du cuivre battu et sa mortelle ennemie. Les Bouvignois répondent en jetant, avec une bombarde, dans Dinant, un Louis XI pendu.

Les nouvelles de France deviennent moins bonnes. Paris est assiégé, le roi cerné. Le margrave de Bade et ses Allemands désertent Liége. Le vieux duc Philippe, courroucé, fait marcher tout ce qui est resté de noblesse aux Pays-Bas en l'absence de Charolais. Un détachement liégeois est écrasé par cette cavalerie féodale (19 octobre). Le roi écrit à Liége qu'il traite avec les princes; qu'il lui serait difficile de la secourir; qu'elle sera comprise en « l'appointement » (21 octobre). Dans le traité final, cependant, il n'y a rien pour Liége. Louis n'a pu, a-t-il voulu sincèrement l'y faire comprendre? C'est chose plus que douteuse. Il est essentiel au roi que Charolais trouve le feu dans sa maison, dans ses Pays-Bas, en y rentrant, pour que Charolais ne puisse courir au feu que Louis projette déjà de rallumer en Normandie.

Charolais rentre en novembre. Il retient, ou rappelle, sous les drapeaux, tous les vassaux de son père, « sous peine de la hart », bien qu'ils aient rempli, et fort au delà, leur devoir féodal sans indemnité. Ce chef de la féodalité n'en respecte pas plus les droits que ne fait le roi lui-même. La terreur de sa tyrannie et la haine contre les « vilains » s'unissent pour lui faire une formidable armée, 28,000 cavaliers, assure-t-on. Hui, place assez importante, massacre et noie, par peur, ses meneurs populaires et se soumet. Dinant implore merci. Charolais ne répond pas et marche sur Liége. Les Liégeois demandent la paix. Charolais accorde une trêve. Pendant plusieurs semaines, les Liégeois refusent d'abandonner personne, et, par conséquent, Dinant, « à la volonté » du duc et du comte. Le 22 décembre, les députés de Liége signent enfin les conditions qu'on leur impose. Amende honorable et chapelle expiatoire. Le duc et ses hoirs, comme ducs de Brabant, seront avoués ou *mainbourgs* de la ville, c'est-à-dire investis du pouvoir militaire à perpétuité. Plus d'*anneau* ni de *péron*, c'est-à-dire plus de haute cour d'église ni de haute cour de la cité; plus de ressort sur le pays liégeois. 390,000 mailles d'or [1] d'amende au

---

1. Les auteurs suivis par M. Michelet parlent de florins; mais il est plus probable

duc; 190,000 à Charolais, sans compter l'amende à l'évêque et les autres indemnités. Renonciation à l'alliance du roi. Obédience restituée à l'évêque et au pape. Dinant est excepté de la paix.

A la lecture de la « pitieuse paix, » un cri d'indignation souleva Liége. On coupa la tête au principal auteur du traité. L'élan populaire, toutefois, ne se soutint pas. Après un mois de fluctuations, la « pitieuse paix » fut ratifiée (22 janvier 1466). L'armée bourguignonne, qui avait attendu à Saint-Tron, mal payée, mal approvisionnée, n'en pouvait plus. Le comte Charles fut forcé de la licencier et d'ajourner sa vengeance contre Dinant [1].

Le roi, pendant ce temps, avait atteint son but et recouvré la Normandie. Il envoya une ambassade à la cour de Bourgogne pour justifier sa conduite envers son frère, et pour représenter que l'aliénation de la Normandie, interdite par les ordonnances des rois Jean, Charles V et Charles VII, et surtout par le serment du sacre, qui obligeait le roi à garder le royaume en son intégrité, était radicalement nulle. Les ambassadeurs ne dirent pas un mot du projet de mariage arrêté à Villiers-le-Bel entre le comte de Charolais et la fille du roi. Louis XI, rentré en possession de la Normandie, n'avait garde de renouveler l'offre de céder la Champagne, et c'était maintenant au fils du duc de Calabre qu'il promettait sa fille, sans plus d'intention de tenir parole. Charolais se vengea en accueillant les avances du roi d'Angleterre, qui lui faisait proposer sa sœur, Marguerite d'York. La mère de Charolais, Isabelle de Portugal, très-hostile à la France, poussait vivement au mariage d'Angleterre; une Lancastre, oubliant le sang qui coulait dans ses veines [2], noua ainsi l'alliance d'York et de Bourgogne.

Plusieurs mois se passèrent en intrigues. Ce n'étaient que mines et contre-mines. Charolais négociait avec le frère du roi, avec l'hôte du frère du roi, le duc de Bretagne, qui se repentait d'avoir aidé Louis à reprendre la Normandie, avec les princes des pro-

---

qu'il s'agit de mailles, dont il fallait trois pour un florin du Rhin. *V.* J. Duclercq, l. v, c. 55.

1. Michelet, t. VI, l. xv, c. 1.
2. La duchesse Isabelle descendait de la branche de Lancastre établie en Portugal dans la seconde moitié du xive siècle.

vinces rhénanes, avec le roi d'Angleterre. Le roi serrait ses liens anciens et nouveaux avec le chef de l'aristocratie anglaise, le comte de Warwick, avec les Bourbons, avec le seul redoutable des princes angevins, le duc de Calabre; il avait disgracié le chef de la branche cadette de Bourgogne, le comte de Nevers, qui n'avait montré ni fidélité ni énergie, et remplaçait Nevers, dans les provinces du nord, par le nouveau connétable, le comte de Saint-Pol, qu'il mariait à une de ses nièces de Savoie, et à qui il promettait la survivance de la comté-pairie d'Eu [1]. En retournant Saint-Pol contre la maison de Bourgogne, il comptait ressaisir la Picardie, dont les villes « étoient courroucées qu'elles n'étoient plus au roi de France [2]. » Dammartin, le persécuteur de sa jeunesse, allait devenir son agent le plus actif, le vrai chef de ses limiers, fidèle désormais, parce qu'il avait plus de bénéfice à servir qu'à trahir, et qu'il se sentait apprécié du maître. Un tour de roue de la fortune releva Dammartin à la place de son ennemi, Charles de Melun, qui n'était pas meilleur que lui, et qui, moins habile ou moins heureux, expia sur l'échafaud une trahison problématique [3]. Le vieux Dunois était également rallié au roi. Il présidait cette commission de réformation que le traité de Saint-Maur avait imposée au roi, et que Louis sut tourner à son profit. La commission des Trente-Six fit cependant de vives représentations au roi sur l'accroissement exorbitant des impôts. « La paroisse qui payoit deux cents livres en devra payer six cents ! Cela ne se peut faire !... *le roi perdra son peuple* [4]. » Le roi passa outre. Il lui fallait bien payer les dettes de la guerre du *bien public*, et ce n'était pas gratis qu'il avait regagné la plupart des grands. Il venait encore de donner 120,000 livres au duc de Calabre. La

1. Il lui avait donné provisoirement Guise en fief et le commandement de Rouen.
2. J. Duclercq, l. v, c. 56. Le rétablissement de la gabelle, un moment abolie, n'était pas pour ramener les Picards à Charolais.
3. Charles de Melun avait agi envers Dammartin comme celui-ci autrefois envers Jacques Cœur. Il l'avait fait condamner en falsifiant les pièces de son procès, qui fut cassé en 1468. Un autre des anciens favoris du roi, Châteauneuf, sire du Lau, fut envoyé prisonnier au château d'Usson. Il avait vendu les secrets du roi à Charolais. Louis enjoignit à l'amiral bâtard de Bourbon, seigneur de ce château, d'enfermer du Lau dans une cage de fer. « Si le roi veut traiter ainsi ses prisonniers, » répondit l'amiral, « il n'a qu'à les garder lui-même : il en fera, s'il veut, de la chair à pâté. » Mss. de l'abbé Legrand, cité par Barante, t. IX, p. 134.
4. Mss. de Legrand, ap. Michelet, V, 191 (septembre 1466).

commission de réformation n'en servit pas moins le roi en décidant à son avantage divers points contestés entre lui et le duc de Bourgogne, quant aux droits conservés par la couronne sur la Picardie.

La guerre avait recommencé, ou plutôt n'avait pas cessé sur la Meuse. Les Liégeois, dès le lendemain du traité du 22 janvier 1466, s'étaient remis à crier qu'ils n'abandonneraient pas Dinant. Le duc Philippe, son fils, sa femme, entendaient pourtant ne recevoir Dinant qu'à discrétion. La pendaison en effigie, devant Bouvignes, n'était pas la plus inexpiable injure pour Charolais ni pour sa mère, la fière Isabelle de Portugal : les Dinantais avaient traité le comte Charles de bâtard, de « fils de prêtre, » et le prétendaient fils de l'ancien évêque de Liége. Charolais ne rêvait qu'extermination. Le sentiment que la vengeance serait implacable jeta la ville dans les mains de ce qu'il y avait de plus furieux et de plus désespéré. Tous les bannis, tous les proscrits du pays liégeois [1], quittèrent leurs sauvages abris des Ardennes pour accourir à Dinant. Ils accumulèrent défi sur défi, outrage sur outrage. Ils dressèrent, sur un bourbier plein de crapauds, l'effigie du duc de Bourgogne, en criant : « Voilà le trône du grand crapaud ! » Ils massacrèrent des messagers envoyés de Bouvignes, même un enfant !

L'armée de Bourgogne partit de Namur le 15 août. Tout avait été mandé « sous peine de la hart », suivant la coutume de Charolais [2]. Le connétable de France, le comte de Saint-Pol, vint comme les autres vassaux du duc Philippe, et, toujours équivoque, il marcha contre Dinant tout en rappelant au Bourguignon que Dinant était sous la sauvegarde du roi.

La seule sauvegarde, c'était une armée. Louis ne l'envoya pas, et peut-être n'eût-il pu l'envoyer. Outre ses embarras d'argent et autres, il eût risqué de soulever de nouveau contre lui toute la noblesse et toute l'Église, en assistant cette « vilenaille » excommuniée [3].

---

1. On les appelait, comme jadis les partisans gantois, *compagnons de la verte tente*.
2. « Les gens d'armes, l'année passée, avoient été mal payés et n'avoient reçu que le tiers de ce qu'ils avoient servi ; et, avec ce, le comte de Charolois les avoit durement traités... Pour peu de chose, le comte tua un archier, pour ce qu'il ne se tenoit pas bien en ordonnance. » Duclercq, 295.
3. G. Chastellain, ch. 123.

L'attaque de Dinant commença le 18 août. Les Dinantais expédièrent à Liége appel sur appel ; une grande confusion régnait parmi les Liégeois : ils étaient bien décidés à secourir leurs frères, mais ils perdirent plusieurs jours, et n'arrêtèrent leur départ que pour le 28. Ils comptaient sur les quatre-vingts tours et les épaisses murailles de Dinant, qui avait été, disait-on, assiégé dix-sept fois sans être jamais pris. C'était compter sans la nouvelle artillerie, que la Bourgogne avait imitée de la France royale. Les faubourgs furent écrasés dès le premier jour ; puis, en trois jours, la brèche fut ouverte au corps de la place (19-22 août). La malheureuse ville essaya de traiter. Le vieux duc était en personne au camp. On l'estimait plus « pitoyable » que son fils ; toutefois il n'accorda point de conditions. Les citoyens les plus énergiques et les compagnons de la *verte-tente*, voyant la bourgeoisie décidée à se livrer, s'évadèrent durant la nuit, ou s'enfermèrent dans quelques tours des remparts. La population industrielle, les batteurs de cuivre, remirent Dinant à la merci du duc (25-26 août).

La merci du duc fut l'anéantissement de la ville. Les Bourguignons étaient entrés en bon ordre. Le premier jour, tout essai de violence avait été réprimé par Charolais. Les habitants espéraient. Le 27 août, le pillage commença ; pillage d'abord furieux et féroce, puis régularisé ; l'armée vida la ville. Le viol avait été défendu ; Charolais respectait du moins, sous ce rapport, la dignité humaine, s'il ne respectait pas le sang humain. Il s'était réservé le monopole du meurtre. Il y eut quelque chose de bien pis qu'un massacre : huit cents hommes furent liés deux à deux, et noyés de sang-froid dans la Meuse, après une enquête tumultuaire pour découvrir les fauteurs de la guerre et les complices des outrages contre la maison de Bourgogne. On avait appelé en masse les gens de Bouvignes à dénoncer leurs voisins ; on força les femmes mêmes de Dinant à dénoncer leurs compatriotes, leurs parents !

Les gens d'église, les femmes et les enfants furent ensuite expulsés de la ville [1]. Le reste des hommes furent gardés cap-

---

1. « Lesquelles femmes, petits enfants et gens d'église, à l'issir hors la ville, jetèrent deux ou trois cris si terribles et piteux que tous ceux qui les ouïrent eurent pitié et horreur. » J. Duclercq, v, c. 60.

tifs[1]. L'incendie de la ville était fixé au 30. Il fut avancé de vingt-quatre heures, soit par accident, soit par un ordre secret de Charolais, qui pouvait craindre d'être assailli au milieu du pillage par les Liégeois, partis en masse de Liége le 28. Les flammes dévorèrent tout, jusqu'aux tours où résistaient encore quelques désespérés. Charolais fit mettre à ras-terre les pans de murs restés debout, « tellement que, quatre jours après le feu pris, ceux qui regardoient la place où la ville avoit été, pouvoient dire : *Ci fut Dinant* »[2].

Si les Liégeois avaient eu un Artevelde à leur tête, ils eussent vengé Dinant et enseveli le Bourguignon dans son triomphe : l'armée bourguignonne avait délogé le 1er septembre, et avançait lentement vers Liége. Alourdie par le butin et mal en ordre, elle rencontra tout à coup, dans la nuit du 7 septembre, la levée en masse des Liégeois. Une partie des Liégeois voulaient attaquer, et Comines, témoin oculaire, ne doute pas qu'ils n'eussent vaincu. Les timides arrêtèrent les vaillants ; au lieu de combattre, on parlementa ; l'armée ennemie eut le temps de se reconnaître. Le lendemain, les Liégeois cédèrent : ils souscrivirent au rétablissement du traité du 22 janvier, promirent de payer, en six ans, l'énorme somme de 600,000 florins du Rhin, et garantirent le paiement par de nombreux otages[3].

L'orgueil et la violence de Charolais croissaient incessamment avec le succès. Il n'y eut cependant point d'occasion de rupture immédiate avec le roi ; on continua de s'observer et de se faire une guerre diplomatique. Le roi avait tâché en vain de tirer son frère de Bretagne : le jeune prince et son hôte le duc François étaient tout aux ennemis du roi. La politique de Louis XI essuya un assez grave échec au printemps de 1467. A la mort du vieux duc Louis de Savoie, qui avait été tout dévoué au roi son gendre, son fils aîné et son successeur, Amé IX, changea de parti, et signa un pacte d'alliance avec le duc de Bourgogne (17 avril 1467). La duchesse de Savoie, propre sœur de Louis XI, avait poussé de

---

1. Déportés en Flandre et jusqu'en Angleterre.
2. J. Duclercq, l. v, c. 60.
3. Michelet, VI, c. 2-3. — J. Duclercq, l. v, c. 57-62. — Comines. l. II, c. 1. — Th. Basin, *Ludov.* XI, l. II, c. 18.

toute sa force son mari contre son frère. La mort du duc de Milan, Francesco Sforza (1466), avait privé Louis XI d'un autre allié plus éminent que le duc de Savoie par son mérite personnel, mais le fils de Francesco, Galéas Sforza, restait du moins fidèle aux engagements paternels [1]. La politique française et la politique bourguignonne étaient vivement aux prises en Angleterre. Le mariage de Charolais avec la sœur d'Édouard IV se négociait; mais, par contre, Warwick, chef du parti des lords et des évêques, venait à Rouen renouveler la trêve avec Louis XI, au nom de la couronne d'Angleterre et malgré le roi d'Angleterre [2] (7 juin 1467). Louis reçut Warwick avec autant d'honneurs qu'une tête couronnée; tous les Anglais de sa suite furent gorgés d'or et de présents [3].

Avec le voyage de Warwick en France coïncida un événement, qui eût été d'une importance capitale deux ou trois ans auparavant, mais qui ne pouvait plus rien changer à la marche des choses, depuis que Charolais régnait de fait sur la Bourgogne. A la suite de plusieurs attaques d'apoplexie, le duc Philippe s'éteignit à Bruges, le 15 juin 1467.

« Il mourut le plus riche prince de son temps, quoique toujours il eût été fort large et libéral; il laissa quatre cent mille écus d'or comptant et soixante-douze mille marcs d'argent en vaisselle, sans les riches tapisseries, les bagues (joyaux), la vaisselle d'or garnie de pierreries, et sa librairie moult grande et bien étoffée; bref, il mourut riche de deux millions d'or en meubles seulement [4]. » Il avait vécu soixante-onze ans et régné quarante-huit.

Favorisé par un succès presque constant dans ses envahissements perpétuels sur ses voisins, « le bon duc Philippe » avait

---

1. Louis XI accorda au duc Galéas le droit de porter les fleurs-de-lis écartelées avec la *guivre* de Milan. Comines, *Preuves*, n° CX; éd. Lenglet-Dufresnoi.

2. « Warwick se fit sans doute sceller des pouvoirs pour renouveler la trêve, par son frère, l'archevêque d'York, chancelier d'Angleterre, *contre le gré du roi*. » Michelet, VI, 224, note 1. — Édouard IV reprit les sceaux au chancelier, à main armée.

3. A l'occasion de la visite de Warwick, Louis XI accorda aux bourgeois de Rouen, par un édit du 13 juin 1467, le droit d'acquérir et de posséder des fiefs nobles, sans payer finance, droit qu'avaient les Parisiens, et qui fut communiqué aux bourgeois d'Orléans et de plusieurs autres villes.

4. Olivier de la Marche, c. 37. — J. Duclercq, l. v, c. 54. C'est ici que finit cet historien. Georges Chastellain, III° partie, c. 89-91.

élevé la maison de Bourgogne au faîte de la grandeur : aucun roi de l'Europe ne surpassait en puissance le « grand duc d'Occident. » Malgré beaucoup d'abus et de désordres dans le gouvernement[1], la réunion de toutes les provinces des Pays-Bas, de l'Ems à la Somme, sous une seule main, avait donné une impulsion nouvelle à l'industrie, au commerce et aux arts, déjà si florissants dans ces fécondes régions; les plaies infligées à la Flandre par les troubles de Bruges et surtout par la guerre de Gand s'étaient cicatrisées; les communes flamandes agrandissaient encore les relations de leur vaste négoce; le génie maritime se développait dans la Hollande et la Zélande[2]; le pavillon du duc Philippe flottait avec gloire dans les mers du Levant. Les « pays de Bourgogne » nageaient dans l'abondance; les peuples étaient animés d'une ardeur égale pour le travail et pour le plaisir. La licence des mœurs était extrême, et la multitude, à l'exemple du prince et de la cour, s'abandonnait à toutes les ivresses des sens; ce n'étaient que banquets et que galanteries; les étuves ou bains chauds, aussi fréquentés au moyen âge que dans l'antiquité, étaient autant de maisons de plaisir et de voluptueux rendez-vous : les gens austères et dévots avaient beau prédire quelque grand châtiment à ce peuple débordé, qui tournait au péché les bienfaits du ciel!

Les arts de luxe avaient pris un essor inouï : jamais rien n'avait paru de si magnifique que les costumes, les armes, les joyaux, les meubles de ce temps-là; la perfection des ouvrages d'armurerie et de serrurerie a fait surnommer le quinzième siècle le *siècle de fer.* Les tableaux, les miniatures et les célèbres tapisseries de hautelisse qui se fabriquaient à Arras nous ont conservé, pour ainsi dire, la mise en scène des splendides existences de cette époque : tandis que Louis XI restreignait en France, par des lois somp-

---

1. Chastellain raconte un fait qui montre à quel point la liberté individuelle était sans garantie. Le duc Philippe, en 1455, avait fait emprisonner une jeune fille de Lille, parce qu'elle refusait d'épouser un archer de sa garde. Le parlement de Paris envoya un huissier enjoindre la mise en liberté de la fille. Le duc refusa d'abord, puis feignit de ne céder qu'aux prières de la mère. Kervyn de Lettenhove, *Hist. de Flandre*, t. IV, p. 28.

2. Les Açores furent assignées en douaire à la duchesse de Bourgogne, par son neveu le roi Alphonse de Portugal. Kervyn, IV, 69. Il y eut un mobile d'activité nouveau pour la navigation des Pays-Bas

tuaires, le faste des particuliers, ce n'étaient, dans les états de Bourgogne, que brocards d'or et d'argent, fourrures précieuses, velours, satin et pierreries ; les équipages de tournois surtout dépassaient en richesse et en singularité tout ce qu'avait pu rêver l'imagination des romanciers ; il faut voir, dans les peintures du temps, ces armures aux formes étranges, aux riches ciselures, ces heaumes fantastiques surmontés d'immenses panaches de plumes d'autruche et de paon, et les somptueuses décorations des lices et les prodigieux « entremets » des festins.

Les arts d'un ordre plus élevé n'étaient pas moins florissants : nous avons déjà parlé de l'illustre école de Bruges, de cette peinture dont la splendeur est restée aussi éblouissante après quatre cents ans que le premier jour. L'architecture civile se déployait avec la même fécondité que la peinture. C'est du quinzième siècle que datent presque tous les hôtels-de-ville des Pays-Bas, entre lesquels brillent surtout le vaste hôtel de Bruxelles, à la flèche hardie, et celui de Louvain, charmant édifice brodé de bas-reliefs sur toutes les coutures, et dont le goût délicat est chose rare en Belgique, pays de vigueur et non de grâce.

Les prospérités du règne de Philippe le Bon avaient été troublées par bien des orages ; on ne se souvint que des prospérités, et le règne du « fondateur de l'empire belgique, » comme l'appelle emphatiquement un historien hollandais du seizième siècle (Pontus Heuterus), resta, dans la mémoire des habitants de ces régions, comme une ère de bonheur et de magnificence, rendue plus chère à leur souvenir par le contraste des jours désastreux qui la suivirent. Les bruyantes joies des Pays-Bas allaient être expiées par de longues années de misères et de larmes. Depuis deux ans, les peuples avaient commencé à faire l'épreuve du dur joug de Charles le *Terrible ;* ils virent, avec une profonde angoisse, le caveau funèbre se refermer sur son vieux père.

Ce sentiment ne fut pourtant point unanime. A Gand, la mort du vainqueur de Gavre suscita de tout autres pensées. Le nouveau duc fut somptueusement accueilli par les Gantois lors de son entrée solennelle (28 juin) ; mais les magistrats municipaux et les notables réclamèrent le rétablissement des droits et priviléges enlevés à la ville en 1453. Le duc renvoya sa réponse à trois jours.

Le lendemain était la fête de Saint-Liévin, l'apôtre irlandais de la Flandre, jour de bruit et d'ivresse pour ce peuple, violent jusque dans ses joies. Ils faisaient de cette fête chrétienne une vraie bacchanale. Cette année, la passion politique s'empara du tumulte et le dirigea. Le peuple, suivant la coutume, avait porté la châsse du saint sur le champ de son martyre, à trois lieues de Gand; puis il la rapportait en ville. Au retour, on mena saint Liévin, par le marché aux grains, droit à la loge des percepteurs de la *cueillotte*, impôt sur les grains très-impopulaire. « Saint Liévin ne se dérange pas! » s'écria la foule, et saint Liévin passa à travers la loge mise en pièces; puis on le conduisit au marché du Vendredi, le *Forum* de Gand et des Arteveldes, et, là, on planta l'étendard du saint, aux cris de : « meurent les *mangeurs de foie* (*leverheeters*; les exacteurs)! »

Le duc accourut, poussant son cheval à travers la foule, avec de dures paroles, et frappant d'un bâton pour se faire place; un homme qu'il avait touché leva le bras sur lui. Il était perdu, si ce peuple, ennemi de la féodalité, n'eût gardé quelque chose du respect féodal pour « le corps du seigneur ». On le tira de la presse et on le fit entrer à l'*hoog-huys* (la maison de ville). Du balcon, il harangua le peuple en flamand, promit de faire tout ce qu'il pourrait pour les satisfaire, son honneur sauf. On ne se contenta pas de vagues promesses. Un bourgeois, appelé Bruneel, « un grand rude vilain, » dit le chroniqueur féodal [1], monta au balcon à côté du duc : « Mes frères », cria-t-il à la multitude, « vous voulez que ceux qui volent le prince et vous soient punis? — Oui! oui! — Vous voulez que la cueillotte soit abolie? — Oui! — Vous voulez que vos portes condamnées soient rouvertes et que les bannières des métiers vous soient rendues? — Oui! oui! — Vous voulez ravoir vos châtellenies [2], vos chaperons blancs, vos anciennes coutumes? — Oui! oui! — « Monseigneur », reprit Bruneel, « voilà pourquoi ces gens sont assemblés; veuillez-y pourvoir. Maintenant, pardonnez-moi; j'ai parlé pour eux et pour leur bien [3]. »

---

1. G. Chastellain.
2. Le ressort de Gand sur les châtellenies de l'Ost-Flandre.
3. G. Chastellain, c. 247, 255. — Comines, l. II, c. 4. — Kervyn de Lettenhove, t. IV, p. 91-100. — Michelet, t. VI, p. 226-229.

Le duc céda et souscrivit à tout. La présence de sa fille, la petite Marie de Bourgogne, contribua sans doute à faire plier ce courage inflexible. Il quitta Gand plein de projets de vengeance; mais ces projets durent être ajournés. Liége relevait la tête. Le duc avait cru reconnaître la main des Liégeois dans l'émeute de Gand. Le Brabant était violemment agité, et, là, ce n'était pas seulement l'autorité du duc, mais son titre que l'on contestait.

Lors de l'extinction de la branche cadette de la maison de Bourgogne, souveraine du Brabant et du Limbourg, le duc Philippe, comme nous l'avons dit ailleurs, s'était emparé de la succession, quoique la troisième branche, celle de Nevers, fût au même degré que la branche aînée; l'ennemi personnel du nouveau duc Charles, Jean de Bourgogne, comte de Nevers, seul représentant de la troisième branche au moment de la mort du duc Philippe, avait renoncé par deux fois à ses droits : il revint sur sa renonciation, à l'instigation et avec l'appui du roi, et écrivit aux Trois États et aux bonnes villes du Brabant. Bien que le prétendant fût, de sa personne, fort peu digne d'estime, Bruxelles, Anvers, Malines, Louvain, toutes les villes inclinaient en sa faveur; l'expérience les avait instruites du péril d'avoir un suzerain trop puissant.

Le duc Charles montra une prudence qu'on n'eût pas attendue de lui : tout en s'appuyant sur la noblesse brabançonne, qui se déclara unanimement contre le protégé de Louis XI, il témoigna de grands égards aux bonnes villes, confirma leurs privilèges et réussit à se faire reconnaître duc de Brabant par les États du duché; des émeutes à Malines et Anvers furent réprimées sans effusion de sang. Charles, dès le commencement de l'automne, fut assez solidement établi dans son héritage pour se remettre en mesure d'agir au dehors. Il arma « à grand force » et resserra ses liens avec le prince Charles de France, le duc de Bretagne et le roi d'Angleterre.

Le roi se préparait à lui faire face. Louis avait renforcé ses compagnies d'ordonnance, convoqué les nobles tenant fiefs et arrière-fiefs, et armé le peuple de Paris, en même temps qu'il confirmait les diminutions d'impôts accordées aux Parisiens durant la guerre du *bien public*. Tous les Parisiens en état de porter les armes, de seize ans à soixante, gens de métiers et marchands, officiers du roi, nobles et même serviteurs d'église, jusqu'aux universitaires, durent s'armer, « à leur pouvoir, » de jacques (cottes de mailles), brigandines, « salades (casques légers) », « voulges (épieux) », lances, « couleuvrines à main (arquebuses) », haches ou autres « bâtons défensables ». Le 14 septembre, le roi et la reine passèrent en revue tout ce « populaire », qui comptait, à ce que prétend le greffier Jean de Troies, plus de soixante mille têtes armées [1], « dont il y avoit bien trente mille armés de harnois blancs (armures de fer), jacques ou brigandines » ; les corps de métiers étaient rangés sous soixante et une bannières, outre les étendards et guidons du parlement, de la chambre des comptes, du trésor, des aides, des monnaies, des quatre généraux des finances, du Châtelet et de l'Hôtel-de-Ville [2]. Cette multitude

1. Il y a probablement de l'exagération.
2. V. dans le t. XVI des *Ordonnances*, p. 671 et suivantes, l'édit qui prescrit l'organisation des soixante et une bannières. Voici la liste des compagnies ; elle peut donner quelques lumières sur l'état de l'industrie parisienne au quinzième siècle, et sur l'importance relative des diverses professions.

1º Tanneurs, corroyeurs et *baudroyeurs*; 2º ceinturiers, boursiers, mégissiers ; 3º gantiers, aiguilletiers et pareurs de peaux ; 4º cordonniers ; 5º boulangers ; 6º pâtissiers, meuniers ; 7º *fèvres* (forgerons), maréchaux ; 8º couteliers, gaîniers, rémouleurs ; 9º serpiers, cloutiers; 10º serruriers ; 11º chandeliers, huiliers ; 12º *lormiers* (fabricants de mors, éperons, étriers, etc.), selliers, coffriers, malletiers; 13º armuriers, brigandiniers, fourbisseurs de harnois, lanciers, fourbisseurs d'épées ; 14º fripiers, revendeurs ; 15º marchands pelletiers; 16º marchands *fourieux* (fourreurs) ; 17º peigniers, artilliers (arquebusiers), patiniers (faiseurs de patins, chaussures de femmes), tourneurs de bois blanc ; 18º bouchers de la grande boucherie et des boucheries qui en dépendent ; 19º bouchers des boucheries de Beauvais, Gloriette, du cimetière Saint-Jean et de Notre-Dame-des-Champs ; 20º tisserands de linge ; 21º foulons de draps ; 22º faiseurs de cardes et de peignes (pour la laine) ; 23º tondeurs de *grandes forces* (grands ciseaux à tondre la laine), teinturiers de draps; 24º huchiers (menuisiers) ; 25º couturiers (tailleurs) ; 26º bonnetiers et foulons de bonnets ; 27º chapeliers ; 28º fondeurs, chaudronniers, épingliers, balanciers (faiseurs de balances) et graveurs de sceaux; 29º potiers d'étain, bimbelotiers ; 30º tisserands de *lange* (laine) ; 31º pourpointiers ; 32º maçons, carriers, tailleurs de pierres; 33º orfèvres ; 34º tonneliers et *avaleurs* de vin (gens qui descendent les vins dans les caves) ; 35º peintres, imagiers, chasubliers, verriers et brodeurs ; 36º marchands de bûches, voituriers par eau, bateliers, passeurs, faiseurs de bateaux ; 37º boursiers ; 38º poulailliers (marchands de volailles), *queux* (cuisiniers), rôtisseurs et saucissiers ; 39º charrons ; 40º lanterniers, souffletiers, vanniers, ouvriers en scies ; 41º porteurs de grève (portefaix) ; 42º hanouards (porteurs de sel), revendeurs de foin et de paille ; 43º chaufourniers, étuviers (baigneurs), porteurs de halle ; 44º vendeurs de bétail et de poisson de mer ; 45º marchands de poissons d'eau douce, pêcheurs ; 46º libraires, parcheminiers, écrivains et enlumineurs (miniaturistes) ; 47º drapiers, chaussetiers ; 48º épiciers, apo-

déployait ses lignes de bataille depuis la porte du Temple jusqu'à Conflans, en passant par l'abbaye Saint-Antoine, et depuis Conflans jusqu'à la Bastille, en revenant par la Grange-aux-Merciers (Berci). La « grande puissance » que montrait Paris était d'autant plus remarquable que cette capitale avait essuyé, l'année précédente, une épidémie meurtrière[1]. Jamais roi n'avait tant choyé la bourgeoisie : Louis parlait familièrement à chacun, dînait et soupait chez les magistrats et les principaux citoyens, et envoyait la reine faire des parties de bains, suivant l'usage du temps, avec les femmes des riches bourgeois. Toutefois, il est douteux que la bourgeoisie ait été fort satisfaite d'un singulier privilége qu'il octroya à la capitale : « pour bien repeupler la ville de Paris, qu'on disoit avoir été fort dépeuplée tant par les guerres et mortalités qu'autrement, il fut permis à gens de toute nation de venir

hicaires ; 49º déciers (fabricants de dés), tapissiers, teinturiers de fil, de soie et toiles, tandeurs ; 50º merciers, lunetiers (ceci indique la propagation de l'usage des lunettes), tapissiers sarrasinois (fabricants de tapis à l'orientale); 51º maraîchers, jardiniers ; 52º vendeurs d'œufs, fromages et aigrun (salades et herbes acides) ; 53º charpentiers ; 54º hôteliers, taverniers ; 55º peigneurs et tondeurs de laine ; 56º vignerons ; 57º couvreurs de maisons, manouvriers ; 58º cordiers, bourreliers, courtiers et vendeurs de chevaux ; 59º buffetiers, potiers de terre, nattiers et faiseurs d'éteufs (de balles de paume) ; 60º notaires, bedeaux et autres praticiens en cour d'église, mariés, non étant de métier.

« En chaque métier et compagnie, » ajoute l'ordonnance, « il y aura une bannière armoriée et figurée d'une croix blanche au milieu, et de telles enseignes et armoiries que lesdits métiers et compagnies aviseront. » Chaque compagnie est commandée par un principal et un sous-principal, élus annuellement par les « chefs d'hôtel (chefs de maison) desdits métiers et compagnies. » Les gens qui n'appartiennent à aucun des métiers énumérés sont tenus de choisir la bannière sous laquelle ils veulent se ranger ; les bannières sont sous la garde « des principaux, » et ne doivent être déployées que sur l'ordre exprès du roi ; les compagnies sont autorisées à s'armer et à s'exercer les jours de fêtes. La « montre » (revue) de chaque métier doit se faire une fois l'an, le lendemain de la fête du patron de la corporation.

Les Parisiens furent dispensés de l'arrière-ban par compensation de cet armement général.

Outre les métiers, les cours de justice et de finances et le corps de ville avaient leur organisation militaire ; les nombreuses basoches du Palais et du Châtelet formaient les compagnies aux ordres des magistrats ; le prévôt des marchands et les échevins avaient sous leur commandement immédiat les archers et arbalétriers de la ville, les francs-bourgeois et les marchands ne tenant « ouvroirs » ni boutiques.

Louis XI, en même temps qu'il armait les corps de métiers, réforma et améliora presque tous les statuts qui réglementaient l'industrie et le commerce : on n'avait rien fait en ce genre sur une échelle aussi vaste depuis le *Livre des métiers* d'Étienne Boileau, sous saint Louis. V. le t. XVI des *Ordonn.*, p. 581-686.

1. Jean de Troies évalue la population de Paris, en 1465, à trois cent mille âmes.

demeurer en ladite ville, ses faubourgs et banlieue, sans y être recherchés pour aucun cas par eux commis, comme meurtres, *furts* (vols), *piperies*, etc., fors le cas de lèse majesté (Jean de Troies). » Le modèle de cette « franchise » avait été emprunté à Saint-Malo et à Valenciennes.

Après plusieurs mois d'agitations, la guerre avait recommencé dans le pays de Liége (août), à l'occasion de la rançon promise au duc de Bourgogne par le traité de l'an passé. Le poids en était fort aggravé par les exemptions accordées aux partisans de la Bourgogne et du prince-évêque; les églises ne payaient pas; les villes du Liégeois cherchaient à ne pas payer et à tout rejeter sur la grande cité, déjà bien appauvrie. Liége éclata; la ville de Hui avait été exemptée de sa quote-part en récompense de sa fidélité à l'évêque; les Liégeois sommèrent Hui de renoncer à ce privilége, et l'assiégèrent. L'évêque Louis de Bourbon était dans Hui avec une garnison bourguignonne. Le prince-prélat, fort turbulent dans sa première jeunesse, s'était amolli et adouci. Il ne voulut pas se battre contre ses sujets, et se fit conduire par les Bourguignons en Brabant, abandonnant Hui aux Liégeois. Le duc Charles l'accueillit en le traitant de *couard* et de lâche prêtre [1], et s'apprêta à le venger fort au delà de ses souhaits : Charles avait d'ailleurs à tirer vengeance d'outrages personnels; les Liégeois avaient mené des envoyés de Louis XI sur terre de Brabant, à Herstall (Héristal), le berceau des Carolingiens, prendre possession au nom du comte de Nevers et du roi de France. Ils avaient, d'autre part, enlevé sur le territoire du Luxembourg un gentilhomme de leur diocèse, qui, disaient-ils, avait livré Dinant; ils l'avaient ramené à grandes fanfares dans Liége, et lui avaient coupé la tête, sans se soucier du sort des otages livrés, l'année précédente, au duc de Bourgogne. Le duc Charles publia son mandement de guerre pour le 8 octobre à Louvain.

Le roi Louis se remit à négocier, malgré les instances de Dammartin, qu'il avait fait grand-maître de son hôtel à la place du sire de Croï, et qui ne demandait qu'à marcher au secours de Liége, à la tête de quatre cents lances et de six mille francs-archers ras-

---

1. G. Chastellain, c. 272.

semblés dans le nord de la Champagne. Le roi, en butte à tant de trahisons dans la guerre du *bien public*, ne se fiait pas assez à ses grands ni à ses capitaines pour saisir hardiment l'offensive. Les nouvelles du dehors étaient mauvaises : l'alliance d'Édouard IV avec le duc de Bourgogne achevait de se conclure; déjà des soldats anglais étaient au camp de Bourgogne; et, ce qui était plus alarmant encore, la Castille, depuis si longtemps la fidèle amie de la France, abandonnait l'alliance française pour se rapprocher de l'Angleterre et de l'Aragon; l'arbitrage que s'était attribué Louis XI entre la Castille et l'Aragon n'avait abouti qu'à lui aliéner ces deux états [1]; de plus, des mouvements graves se préparaient dans l'ouest de la France. Le roi essaya d'obtenir une trêve générale d'un an, où seraient compris les Liégeois, et envoya successivement à Charles de Bourgogne son favori Jean Balue et le connétable de Saint-Pol; Balue, intrigant de bas étage, s'était élevé jusqu'au cardinalat, par la souplesse astucieuse d'un esprit délié de tout scrupule. Le duc Charles rejeta les propositions du roi. L'archevêque de Milan, légat du pape, ne fut pas plus écouté. Le pape, jusque-là fort hostile aux Liégeois, intercédait maintenant pour eux, afin d'être agréable au roi, qui venait de renouveler l'abolition de la Pragmatique. Les lettres d'abolition ne furent enregistrées qu'au Châtelet; le parlement refusa tout net l'enregistrement, et l'université protesta avec une grande énergie : le roi ne fut pas servi assez efficacement par la cour de Rome pour insister longtemps (Jean de Troies).

La trêve refusée, il semblait qu'il ne restât plus au roi qu'à combattre; Louis ne s'y décida point, et renvoya Saint-Pol au duc avec des propositions nouvelles : c'était l'abandon des Liégeois en échange de l'abandon de Charles de France et de François de Bretagne. Le Bourguignon n'accepta pas ce marché honteux. Saint-Pol le trouva revêtu de son armure et prêt à monter à cheval. « Je pars, » dit-il à Saint-Pol et à Balue, « pour aller faire la

---

1. Les motifs de la rupture avec la Castille ne sont pas faciles à déterminer. — Quant au roi d'Aragon, son but était de reprendre le Roussillon et la Cerdagne, sans indemnité; mais il était loin de ce but; l'insurrection catalane s'était ranimée contre lui, et les Catalans avaient appelé à Barcelone le duc de Calabre, qui descendait des rois d'Aragon par les femmes : le duc avait accepté, de l'aveu de Louis XI, qui lui fournissait des subsides, et la guerre continuait.

guerre aux gens de Liége, et je prie le roi de ne rien entreprendre contre le pays de Bretagne. » Et il ajouta qu'à ce prix il consentirait à un trêve générale de six mois, Liége seule exceptée. « Monseigneur, » répliqua Saint-Pol, « vous ne choisissez pas, vous prenez tout; vous voulez faire guerre à nos amis, et que nous nous tenions en repos sans courre sus à nos ennemis : le roi ne sauroit le souffrir. » — « Les Liégeois sont assemblés, » reprit le duc, « et je m'attends d'avoir la bataille avant trois jours : si je la perds, vous ferez à votre guise; si je la gagne, vous laisserez en paix les Bretons. » Charles rappela ensuite à Saint-Pol qu'il n'était pas seulement connétable de France, mais encore grand vassal de Bourgogne, et que, si les deux puissances s'entre-heurtaient, il pourrait bien être écrasé dans le choc. Le connétable, pour l'apaiser, promit, dit-on, que, du côté de la France, rien ne remuerait avant douze jours (18 octobre 1467).

C'eût été une véritable trahison envers Louis XI, si le roi ne se fût trahi lui-même par ses délais : il venait d'apprendre la rébellion ouverte du duc d'Alençon, soutenu par les Bretons et le prince Charles; il accepta, avec le duc de Bourgogne seul, la trêve de six mois, hors de laquelle « monsieur Charles de France » et ses amis de l'Ouest venaient de se placer en prenant l'offensive, et sacrifia les Liégeois, que d'ailleurs il ne pouvait plus secourir à temps[1].

Le duc de Bourgogne s'était mis aux champs, le 18 octobre, avec une armée rassemblée de toutes ses provinces, la plus nombreuse, suivant Comines, qu'il ait jamais eue. Il avait mis en délibération s'il ferait mourir les cinquante otages des Liégeois : un de ses conseillers, le Picard Humbercourt, lui épargna cette atrocité, et le décida à renvoyer libres tous les otages. Le duc les invita à disposer leurs concitoyens à la soumission, et les prévint qu'ils eussent à rester neutres de leurs personnes, sous peine de mort s'ils étaient repris. Il défia Liége « avec la torche et l'épée », et investit Saint-Tron, commune du pays de Hasbain, que défendait une garnison de trois mille Liégeois. Les Liégeois furent fidèles à leur proverbe national :

---

1. Comines. — Jean de Troies. — G. Chastellain. — Barante.

Quiconque entre dans le Hasbain
Est combattu le lendemain.

Vingt mille hommes de la ville et du diocèse de Liége vinrent secourir Saint-Tron et présenter la bataille au duc : ils avaient avec eux un envoyé du roi, le bailli de Lyon, qui leur promettait chaque jour l'arrivée des Français. A leur tête chevauchait, entre les capitaines, la femme de leur principal chef Raes, la dame d'Arkel, qui les animait « mieux que son mari n'eût pu faire [1]. » Ils s'établirent au village de Brustein; des marais couvraient leurs flancs; des fossés remplis d'eau protégeaient leur front. L'avant-garde bourguignonne, formée d'archers et de gens d'armes à pied mêlés ensemble, et soutenue d'une nombreuse artillerie, parvint à faire reculer les Liégeois sous une grêle de boulets, de carreaux et de flèches : les fossés furent franchis, et les canons des Liégeois enlevés. Les gens de Liége se rallièrent, et assaillirent si furieusement les Bourguignons avec leurs longues piques, qu'en peu d'instants ils en couchèrent par terre quatre ou cinq cents; on voyait « branler toutes les enseignes de l'avant-« garde, comme de gens presque déconfits. » En même temps, la garnison de Saint-Tron fit une vigoureuse sortie. Les dispositions des Bourguignons étaient bien prises : leur réserve, demeurée devant la ville, repoussa la garnison, et leur corps de bataille, avançant en bon ordre, soutint l'avant-garde, et arrêta la fougue des Liégeois. Les piques des Liégeois cédèrent aux grandes épées bien trempées des Bourguignons. Les Liégeois furent rompus et mis en déroute; la nuit et les marais sauvèrent le gros de leur armée (28 octobre)[2].

Saint-Tron et Tongres se rendirent : ceux des anciens otages qu'on y trouva, et quelques autres bourgeois, eurent la tête tranchée. Le duc parut, le 11 novembre, devant Liége. La discorde régnait dans la ville : les gros bourgeois et le clergé ne demandaient qu'à traiter à tout prix; le menu peuple et quelques gentilshommes voulaient résister. Le parti populaire avait raison; les pluies d'hiver commençaient; les vivres et l'argent allaient man-

---

1. *Adrian. de Veteri Bosco* (le principal chroniqueur liégeois), ap. Michelet, VI, 239.
2. Comines, l. ii, c. 2. — Olivier de La Marche, l. ii, c. 1.

quer aux Bourguignons; prendre Liége d'assaut était impossible, et un siége en règle n'était pas plus praticable dans cette saison, avec des ressources si mal assurées. Liége était sauvée, pourvu qu'elle voulût l'être! Le déplorable abandon où le roi de France laissait ses alliés donna l'avantage au parti de l'égoïsme et de la peur. Le chapitre et les églises traitèrent au nom de la ville, et promirent qu'on rendrait tout à la volonté du duc, sauf le feu et le pillage, c'est-à-dire qu'on garantit les biens, non la vie. Trois cents députés vinrent, en chemise, tête et jambes nues, apporter au duc les clefs de la ville (12 novembre). La nuit d'après, l'élite du parti populaire quitta Liége, après un dernier effort pour soulever la multitude contre le traité. Les portes furent arrachées de leurs gonds, vingt brasses des murs abattus et le fossé comblé, pour que le duc pût entrer « en grand triomphe. » Il tint Liége, durant bien des jours, dans l'angoisse de l'incertitude; ce fut seulement le 26 novembre qu'il prononça son arrêt sur la ville rendue « à volonté. » Du haut du perron épiscopal, il fit signifier que Liége n'avait plus de *loi*, plus de coutumes, plus de magistrature municipale, de corps de ville, de corps de métiers; l'ancienne justice de l'évêque elle-même était abolie; des échevins nommés par l'évêque, mais assermentés au duc, jugeraient « selon droit et raison écrite[1], » avec appel à Namur, à Louvain, à Maëstricht, ainsi élevée au-dessus de sa métropole; plus de portes, de murailles ni de fossés, afin qu'on pût entrer en Liége « comme en un village. » En sus des 600,000 florins du précédent traité, Liége paierait 115,000 lions d'or. Elle livrerait douze hommes à la merci du duc.

La foule était là, désarmée, entourée par l'armée de Bourgogne. Le chancelier du duc demanda si l'on acceptait les articles. Peuple et clergé répondirent : « Oui ! »

Quelques jours après, neuf têtes, des douze livrées au duc, roulèrent sur l'échafaud; c'étaient d'anciens otages. Les trois autres

---

[1] « Les gens... qu'il employait le plus étaient des gens de... droit romain, des hommes de loi, Bourguignons ou Comtois..., aux traditions d'impérialisme romain, de procédure secrète. » Michelet, VI, 252. Ce chef des féodaux, s'il eût réussi, n'eût pas mieux traité la féodalité que ne faisait Louis XI. La maison d'Autriche était déjà en germe dans son ancêtre maternel.

eurent merci. L'effusion du sang s'arrêta là. Pour Charles le *Terrible*, c'était de la clémence. Il fut moins modéré envers les institutions qu'envers les personnes : il emporta, avec « toute l'artillerie et armures » des Liégeois, le fameux *péron* de Liége, la colonne de bronze qui était l'emblème de la *loi* et le palladium de la cité : il envoya ce trophée à la bourse de Bruges [1]. La terreur de Liége terrassée mit les Pays-Bas sous les pieds du duc. Les communes flamandes et brabançonnes, qui avaient montré fort peu de bon vouloir soit pour l'armement, soit pour l'approvisionnement de l'armée, courbèrent la tête. La fière Tournai même demanda pardon pour quelques railleries de sa jeunesse contre le duc. Les Gantois invoquèrent la merci du duc; les États de Flandre, de Brabant, de Hainaut accordèrent à Charles, pour son joyeux avénement et son prochain mariage, une aide considérable qui devait se payer annuellement durant seize ans. C'était presque la taille permanente de France. Le pouvoir du duc fut désormais presque absolu, et il disposa, sans ménagement et sans mesure, de toutes les ressources de ses peuples pour réaliser les vastes projets que lui suggéra incessamment son insatiable ambition. La cour et les états de Bourgogne changèrent complétement de face : l'ordre le plus rigoureux remplaça la licence des dernières années de Philippe le Bon; mais les sujets payèrent cher ce bon ordre : l'accroissement des impôts dépassa toutes les craintes et tous les souvenirs du peuple, tandis que la noblesse, courbée sous une étiquette sévère, sous un despotisme rigide, dont la magnificence n'était plus que du faste et non de la libéralité, regrettait les mœurs brillantes et faciles du règne passé [2].

Pendant ce même mois d'octobre, où Charles triomphait des Liégeois, la Normandie était en feu : le duc d'Alençon avait livré les places de son duché aux troupes de François de Bretagne, qui envahirent brusquement la Normandie au nom du prince Charles de France, et s'emparèrent de Caen, de Bayeux et du Cotentin. Saint-Lô seul repoussa les Bretons; une pauvre femme en tua plu-

---

1. Comines, l. II, c. 3-4. — Olivier de La Marche, l. II, c. 1. — *Adrian. de Veter. Bosc.*, ap. Martène, *Ampliss. collect.*, IV. — Michelet, t. VI, c. 3.

2. Voyez, dans Georges Chastellain, à la suite de sa *Chronique*, l'état détaillé de la maison du duc Charles.

sieurs de sa main. Le roi envoya contre les Bretons le maréchal de Lohéac, qui se saisit de la ville et du duché d'Alençon, avec le concours du comte de Perche, le propre fils du duc d'Alençon : le roi lui-même s'avança jusqu'au Mans. A la nouvelle de la chute de Liége et de la convocation de l'armée bourguignonne à Saint-Quentin, il se hâta d'entrer en pourparlers avec son frère et le duc de Bretagne, et une trêve de cinq mois (du 13 janvier au 18 juin 1468) fut signée entre Louis, son frère et le duc François. La Basse-Normandie, occupée par les Bretons, fut laissée provisoirement à Charles de France, jusqu'à ce que des députés du roi et des princes, réunis à Cambrai, sous la présidence du légat, eussent prononcé sur l'apanage de Charles de France et sur les autres différends.

On n'était pas plus sincère d'une part que de l'autre : le duc de Bretagne, de concert avec le prince Charles, signa, dès le 2 avril 1468, un nouveau traité avec le roi d'Angleterre, qui lui promit un secours de trois mille archers, à condition que les places de Basse-Normandie seraient remises aux Anglais. Le roi Louis, de son côté, n'avait nullement l'intention d'abandonner à la décision des princes le règlement de l'apanage de son frère : il prévint ce péril par un coup de maître, en convoquant les États généraux à Tours pour le 1er avril; malgré sa répugnance pour l'intervention populaire, il s'était décidé à adresser à la nation, contre les princes, ce même appel que Philippe le Bel lui avait fait jadis entendre contre le pape. La situation n'était pas moins solennelle : il s'était agi, en 1302, de l'indépendance du royaume: il s'agissait de l'unité nationale en 1468.

Le roi, vêtu avec une pompe inaccoutumée, ouvrit la session le 6 avril dans la grande salle de l'archevêché de Tours : il avait à sa gauche le « roi de Sicile » (le roi René), à sa droite le cardinal Balue, personnage fort indigne d'un tel honneur, et qui ne représentait du nouveau régime que l'esprit de mensonge et de corruption. Le marquis de Pont, petit-fils du roi René et fils du duc de Calabre, les comtes de Nevers, d'Eu, de Perche (fils du duc d'Alençon), de Vendôme, de Foix, de Dunois, le connétable comte de Saint-Pol, les ambassadeurs du petit duc d'Orléans et du comte d'Angoulême, les grands officiers de la couronne, vingt-deux évêques, plus de trente barons et les procureurs de plusieurs autres, et cent quatre-vingt-douze députés des soixante-quatre principales villes de France [1], composaient cette assemblée. « Le roi, » dit Georges Chastellain, « en propre personne et de son propre sens, fit une très-belle et très-notable relation touchant la difficulté présentement pendante de la duché de Normandie, que monsieur Charles, son frère, entendoit emporter pour son partage, et, comme de soi ne se vouloit justifier, ce sembloit, en sa propre querelle et cause, il protesta devant tous être insuffisant pour rien faire en telle matière de sa propre tête. » « Cette matière, ajouta-t-il, touche au bien universel du royaume et à sa perpétuité, et, moi, je ne suis qu'un passager sur cette terre [2], et n'ai pas droit d'abuser de mon passage pour porter au royaume un tel préjudice [3]. »

Le roi avait *pratiqué* les élections trop activement pour n'être pas sûr d'avance de la réponse; mais eût-il laissé les populations à elles-mêmes, l'instinct national n'eût certes pas failli sur une question si peu équivoque. Les États répliquèrent tout d'une voix que, « pour rien sous le ciel, le roi ne pouvoit acquiescer à la séparation de la duché de Normandie, ni à son transport en d'autres mains que les siennes » (Georges Chastellain). On rappela énergiquement l'édit de Charles le *Sage*, qui n'assignait aux fils puînés des rois que 12,000 livres tournois de rente, en fonds

---

1. « De chacune ville il y avoit un homme d'église et deux laïques » bourgeois ou nobles. *Procès-verbal* de J. Prévost. On remarque, dans ce *procès-verbal*, que les évêques et les grands officiers de la couronne occupèrent un parquet plus élevé que les barons, les conseillers du roi et les députés des villes. On a cherché là, d'une façon chimérique, l'image d'une chambre des pairs et d'une chambre des députés. Toutefois, il importe de signaler que les trois ordres ne figurèrent point séparément; que les évêques et barons furent convoqués individuellement, et qu'il n'y eut d'élections que dans les villes, élections auxquelles prirent part les gens d'église et les nobles, confondus avec les autres habitants. Louis XI était novateur en tout. Cette innovation n'eut point de conséquences et ne se renouvela pas après lui.

2. « Je n'y ai que mon voyage. » Georges Chastellain, part. III, c. 131.

3. Suivant Chastellain, le roi aurait porté la parole en personne; cependant le procès-verbal des États, rédigé par leur greffier J. Prévost, n'en fait pas mention; peut-être faut-il entendre seulement que le roi avait rédigé lui-même l'exposé de la situation, qui fut lu par le chancelier Guillaume Jouvenel, conformément à l'étiquette des États. V. le procès-verbal dans le recueil d'Isambert, *Anciennes lois françaises*, t. X, p. 547; et dans la *Collection des États Généraux*, t. XI, p. 204. Il y a une relation manuscrite plus complète aux archives municipales de Rouen. Michelet, VI, 255.

de terre, avec titre de comté ou duché, et l'on déclara que
« monsieur Charles » devait s'estimer fort content de la proposition du roi son frère, qui lui offrait une pension de 60,000 livres
tournois par an. L'assemblée témoigna la plus vive indignation
contre le duc de Bretagne, « qui avoit pris les villes du roi en
Normandie », et qui travaillait à rappeler les Anglais en France;
elle promit au roi de l'aider corps et biens contre le duc, s'il
n'évacuait les villes envahies. Elle résolut l'envoi d'une ambassade conciliatrice vers le duc de Bourgogne.

Les États furent dissous au bout de huit jours; le roi en avait
obtenu le grand résultat espéré, et voulait éviter qu'après avoir
consolidé son gouvernement, ils n'essayassent de le contrôler et
d'y participer. Les députés, bien qu'élus partout sous l'influence de
la couronne, ne se séparèrent pas sans adresser au roi des remontrances sur la pesanteur des impôts, qui avaient doublé depuis la
mort de Charles VII[1], sur les pilleries des officiers royaux et des
gens de guerre, sur les abus de la justice, sur « l'écoulement de
l'or et de l'argent de France », soit en cour de Rome par l'abolition de la Pragmatique, soit aux mains des marchands étrangers
par le commerce de luxe, et sur les « excessives pensions » des
« sires du sang et des officiers du roi, tous engraissés du sang
du peuple[2]. » Le roi rejeta l'augmentation des impôts et tous
les désordres sur les auteurs de la guerre du *bien public* et des
nouveaux troubles, et consentit que les États nommassent une
commission pour la réforme des abus. Cette commission, à la
tête de laquelle furent placés le cardinal Balue, les comtes d'Eu
et de Dunois, et l'archevêque de Reims, ne se montra pas bien
exigeante envers la couronne, et se mit à la discrétion de Louis XI,
au lieu de limiter l'autorité royale. Aucun de ses actes n'égala

---

1. En 1439, les États d'Orléans avaient fixé la taille à 1,200,000 francs d'or : la quote-part de la Normandie et de la Guyenne, après la recouvrance de ces provinces, avait porté la taille à 1,800,000 francs (400,000 francs pour la Normandie, 200,000 pour la Guyenne) : Louis XI l'avait élevée à 3,600,000.

2. Voyez le discours de l'archevêque de Reims, Jean Jouvenel des Ursins, dans les *Preuves* de Duclos, p. 238 et suivantes. L'archevêque débute par des maximes d'obéissance passive (*omnia sunt regis*, etc.), mais n'en expose pas moins les souffrances publiques avec beaucoup de liberté : moins humble envers le pape qu'envers le roi, il réclame vivement les franchises et libertés de l'église de France. Il demande que la perception des aides soit simplifiée, que la gabelle du sel soit réduite au taux primitif.

en importance un édit que le roi avait rendu, de son propre mouvement, peu de mois avant la réunion des États : le 21 octobre 1467, Louis XI avait ordonné que, « de là en avant, tous les officiers de son royaume demeurassent paisibles en leurs offices », et que nul office ne fût réputé vacant, sinon par mort, résignation (démission) ou forfaiture déclarée judiciairement par juge compétent. Charles VI avait déjà donné aux membres des cours souveraines le droit de se recruter par voie d'élection : l'inamovibilité, promise par Philippe de Valois (en 1341) et par Charles VII (en 1433), puis octroyée définitivement par Louis XI, acheva de constituer l'indépendance des grands corps judiciaires. Il ne manquait plus aux magistrats, pour devenir une sorte d'aristocratie, la seule en réalité qu'ait eue la France[1], que la faculté de transmettre leurs charges par cession ou par héritage : l'élection, faussée par la connivence mutuelle, les y mena ; puis l'hérédité déguisée devint hérédité avouée, et la tendance du moyen âge à transformer toute fonction en propriété triompha dans l'ordre judiciaire précisément après la fin du moyen âge.

Le privilége d'inamovibilité ne se bornait pas aux juges : il admettait à son bénéfice les membres du parquet, les gens de finances, et, comme le disent les termes de l'édit, tous les officiers du royaume. Quoi qu'on puisse penser sur le principe de l'immobilité des fonctions ainsi généralisé, on ne saurait nier que, dans l'état où se trouvait la société, l'ordre et la bonne administration n'aient dû gagner à un acte qui soustrayait les officiers publics aux caprices de l'arbitraire et aux tentations d'une position sans cesse menacée[2].

Les États avaient chargé le connétable, avec d'autres députés, parmi lesquels le vieux Guillaume Cousinot, alors gouverneur de Montpellier, de se rendre aux conférences indiquées à Cambrai, et de là près le duc de Bourgogne, pour lui faire part des résolutions de Tours, et l'engager « à s'employer au rétablissement de la paix et de la justice dans le royaume. » Saint-Pol entra dans Bruges à grandes fanfares, faisant porter devant lui l'épée de con-

---

1. Nous avons montré que des petits princes, des seigneurs, ne font pas une aristocratie, un corps gouvernant et administrant.

2. *Ordonn.*, t. XVII, p. 25.

nétable. Le duc Charles, irrité, ne donna nulles « bonnes paroles »
aux ambassadeurs, exprima sans ménagement sa malveillance
contre le roi, et ne consentit qu'à prolonger jusqu'au 15 juillet la
suspension d'armes entre la France et la Bourgogne. Bien loin de
songer à transiger avec Louis XI, il consommait en ce moment
son alliance avec le roi d'Angleterre. Le 25 juin, Marguerite d'York,
sœur du roi Édouard, débarqua au port de l'Écluse, et, le 2 juillet,
les noces du duc Charles et de la princesse anglaise furent célébrées à Bruges avec une magnificence inouïe; noces sinistres,
fêtes remplies de sanglants présages! Les libertés de Gand furent
immolées au milieu des tournois. Le 13 juillet, une charte ducale
attribua au duc l'élection directe des 27 échevins de Gand [1], supprima la *collace* ou assemblée générale de la commune, et l'organisation de la ville en trois membres (possesseurs, tisserands et
petits métiers). Charles s'apprêtait à frapper son suzerain après
ses sujets, et comptait jeter sur la France Bourguignons, Anglais
et Bretons. Mais l'esprit public avait changé en France : l'appui
extérieur qu'avait cherché le duc Charles lui aliénait irréconcilia-
blement l'intérieur. Quand on sut que, lui aussi, il rappelait l'Anglais, un cri de haine et de fureur retentit dans tout le royaume[2].

Le roi était en mesure d'agir; il avait doublé le nombre des
francs-archers, qui, suivant Chastellain, s'élevèrent jusqu'à cinquante mille : il convoqua, au 8 juillet, gens d'armes, francs-
archers, arrière-ban et milices communales, et s'établit en observation sur les marches de Picardie, avec des forces imposantes,
tandis qu'une autre armée se formait dans l'Anjou et le Maine. La
trêve avec la Bourgogne avait été prorogée au 31 juillet, et le duc
Charles comptait que le bénéfice en serait étendu aux Bretons; le
roi ne l'avait pas entendu ainsi : aussitôt après l'expiration de la
trêve avec la Bretagne, deux corps de troupes, conduits par l'amiral bâtard de Bourbon et par le marquis de Pont, envahirent la
Basse-Normandie et le pays nantais. Toutes les villes normandes
ne demandaient qu'à être débarrassées des Bretons, et furent

1. Jusque-là, il en élisait quatre, qui choisissaient les vingt-deux autres. Dans toutes
les autres villes flamandes, les échevins étaient à la nomination du duc. *V.* Comines,
l. II, c. 4. — Kervyn de Lettenhove, t. IV, p. 112.
2. Les Parisiens firent un grand tournoi pour s'exercer aux armes. Ils s'y portèrent de tel courage que beaucoup s'entre-blessèrent. J. de Troies.

recouvrées en peu de jours, à l'exception de Caen, où débarquèrent à temps cinq cents Bourguignons, et d'Avranches; le marquis de Pont, de son côté, emporta Champtocé et assiégea Ancenis; le bâtard de Bourbon vint bientôt le rejoindre devant cette ville, qui se rendit. Charles de France et François de Bretagne ne s'étaient point attendus à une si vive attaque : les secours d'Angleterre n'arrivaient pas; Édouard IV voyait le parti de Lancastre se relever menaçant avec l'aide de Louis XI, et n'osait bouger; les communications avec le duc de Bourgogne étaient coupées; l'opinion n'était rien moins qu'unanime en Bretagne contre la France : la peur s'empara des deux princes, aussi pusillanimes l'un que l'autre. Le Gascon Odet d'Aidie, sire de Lescun, favori du duc de Bretagne, était gagné par les secrètes libéralités du roi : il entraîna son maître; une première suspension d'armes de douze jours fut suivie d'un traité signé à Ancenis le 10 septembre : le duc de Bretagne abjura « toute autre alliance que celle du roi, » et soumit l'apanage de « monsieur Charles » à l'arbitrage du duc de Calabre et du chancelier de Bretagne, lesquels prononceraient leur sentence avant deux ans; le prince Charles aurait, en attendant, une pension de soixante mille livres; les places prises de part et d'autre seraient mises en dépôt entre les mains du duc de Calabre (Comines, *Preuves*, n° cxviii).

Le duc de Bourgogne, qui venait d'entrer en campagne et de passer la Somme à Péronne, fut grandement courroucé de ces nouvelles : peu s'en fallut qu'il ne fît pendre, comme menteur et faussaire, *Bretagne*, héraut du duc François, qui lui apportait les lettres de son maître. Cette défection si peu attendue changeait fort la face des affaires : le duc de Bourgogne avait désormais à combattre seul toutes les forces de la couronne; l'armée du roi était mieux en point que la sienne, et, si Louis, comme le demandaient les capitaines français, eût pris vivement l'offensive, les chances n'eussent point été favorables au duc Charles, d'autant plus que la malheureuse Liége, à qui il avait refusé tout délai pour les termes de son écrasante rançon, recommençait à s'agiter derrière lui. L'impopularité du duc, qui ne connaissait de moyen de gouvernement que la crainte, eût rendu tout revers désastreux pour lui et peut-être irréparable; haï du peuple pour ses exigences fiscales et son hostilité contre les libertés municipales, haï des nobles pour la rudesse de ses manières et pour la rigueur avec laquelle il châtiait leurs excès [1], il ne pouvait maintenir son joug de fer que par la victoire.

Mais Louis demeura fidèle au système qu'il s'était fait de ne jamais se battre tant qu'il pouvait négocier : il écouta le cardinal Balüe et le connétable, qui conseillaient de traiter, de préférence à Dammartin, à Lohéac, à Rouault, qui conseillaient de combattre. Il commença, selon sa coutume, par des messages secrets, par des agents subalternes, des intrigues de valets de chambre. Le duc ne voulait d'abord entendre à rien, en dehors du traité de Saint-Maur. Le roi consentait à maintenir le traité de Saint-Maur pour ce qui regardait la Bourgogne, mais il demandait au duc d'abandonner ceux qui l'avaient abandonné, « monsieur Charles de France » et le duc de Bretagne, et de renoncer à son alliance offensive avec l'Angleterre. Il lui offrit 120,000 écus pour la solde de ses troupes. Le duc s'adoucit quelque peu. Louis paya la moitié de la somme rien que sur un commencement de négociation. Les choses n'avançaient pas à son gré. Il lui vint une idée plus hasardeuse que la bataille devant laquelle il reculait. Comptant sur la supériorité de son esprit et sur son habileté à manier les hommes, il imagina d'aller visiter le duc à Péronne pour régler de vive voix tous leurs différends. Lui qui se défiait de tout et de tous, il crut pouvoir livrer sa personne à la fastueuse loyauté du Bourguignon; Charles, à l'exemple de son père, faisait étalage d'une inviolable fidélité à ses engagements. Louis s'était déjà fié à lui devant Paris, pendant la guerre du *Bien Public*, et l'avait pareillement tenu dans ses mains au boulevard Saint-Antoine, sans en abuser.

Dammartin et les autres capitaines dissuadèrent énergiquement le roi de cette pensée. Le cardinal Balue, rival de Dammartin dans la faveur royale, applaudit, au contraire, de toute sa force. Le connétable, mal avec le duc, mais intéressé à la paix par la

---

1. A l'imitation du roi de France, il avait son prévôt des maréchaux, « homme haut et aigre... il faisoit de grandes et dures exécutions sur le pays de Picardie, sur le mot de son maître, et fit exécuter grand nombre des plus huppés, et n'épargnoit ni grands ni petits. » G. Chastellain, c. 318.

situation de ses fiefs, flotta, s'opposa d'abord, puis se rallia à l'idée du roi. Louis persista, et dépêcha Balue faire la proposition au duc.

Charles hésita, parut tantôt contrarié, tantôt satisfait de cette ouverture. Il consentit enfin, et manda au roi, de sa propre main [1], que, si son plaisir était de venir en la ville de Péronne, lui, Charles, promettait sur sa foi et son honneur que le roi pourrait « venir, demeurer, séjourner et s'en retourner sûrement et sans aucun empêchement, *pour quelque cas qui pût advenir* » (8 octobre).

Louis partit aussitôt de Noyon, emmenant seulement le duc de Bourbon et ses deux frères, le cardinal archevêque de Lyon et le sire de Beaujeu, le connétable de Saint-Pol, le cardinal Balue et l'évêque d'Avranches, confesseur du roi, avec une escorte de cent cinquante chevaux, hommes d'armes et archers de la garde écossaise. Le duc alla au-devant du roi jusqu'à la petite rivière du Doing : on s'embrassa, on se fit « grande chère, » et l'on entra ensemble en ville, le roi ayant la main sur l'épaule du duc en signe de bonne amitié (9 octobre). Louis fut logé chez le receveur de la ville, « car le logis du château ne valoit rien et il y en avoit peu ; » cependant le roi, au bout de quelques heures, quitta cette maison bourgeoise pour s'établir, du consentement du duc, dans la vieille résidence féodale. Louis commençait à s'alarmer : tandis qu'il entrait dans Péronne, le ban des deux Bourgognes et de la Savoie arrivait par une autre porte, sous la conduite de Philippe de Savoie, comte de Bresse, et du sire de Neufchâtel, maréchal de Bourgogne, ennemis personnels du roi. Du Lau, échappé de son cachot d'Usson [2], et deux autres favoris disgraciés du roi, chevauchaient à côté du comte de Bresse.

Le hasard seul avait fait coïncider avec la venue du roi celle de ces milices féodales mandées par le duc Charles du fond de leurs

---

1. *Bibliothèq. imp.*, mss. de Baluse, 9675 B. — Mémoires de Comines ; *Preuves* ; éd. Lenglet, III, 18.

2. Louis XI, furieux de cette évasion, avait fait juger sommairement par Tristan l'Ermite le gouverneur et le procureur du roi d'Usson, pour avoir laissé évader du Lau ; ils furent condamnés à mort et exécutés. Plus tard, du Lau rentra en faveur près du roi, tandis que les restes des malheureux morts à cause de lui pendaient encore au gibet.

provinces; mais leurs chefs ne manquèrent pas d'assaillir le duc des suggestions les plus hostiles à Louis XI. Le roi et le duc, néanmoins, traitaient assez amiablement de leurs affaires, lorsque « de grandes nouvelles de Liége » éclatèrent dans Péronne comme un coup de foudre.

L'autorité bourguignonne n'était plus reconnue à Liége depuis un mois. A la première nouvelle que la guerre se rallumait entre le roi et les princes, les proscrits, les fugitifs de Liége, de Dinant, de toute la province, étaient sortis du fond des Ardennes, nus, hérissés, armés de massues et de pierres. Le 8 septembre, ils étaient entrés dans Liége aux cris de : « Vive le roi! » Les agents du roi les avaient excités : les chanoines mêmes, las du joug bourguignon, les avaient rappelés au nom de l'évêque et sans son aveu. Les bannis réclamèrent la médiation du légat, présent à Liége. Le légat [1] s'entremit entre eux et l'évêque; mais celui-ci, après beaucoup d'incertitudes, quitta sa résidence de Maëstricht non pour Liége, mais pour Tongres, où il rejoignit Humbercourt, lieutenant du duc de Bourgogne. Les chanoines mêmes qui avaient rappelé les bannis furent entraînés par l'exemple de l'évêque et le vinrent retrouver à Tongres. Les Liégeois étaient exaspérés. Il était impossible qu'ils ne prissent pas l'offensive. Le duc Charles s'y attendait si bien, qu'il l'avait dit à Balue quand celui-ci lui avait été envoyé par Louis, et qu'il s'était plaint à ce cardinal que deux ambassadeurs du roi fussent arrivés à Liége pour fomenter la rébellion. Sur quoi, Balue avait répondu que les Liégeois n'oseraient, quand ils verraient « l'appointement du roi et du duc [2]. »

Il eût fallu, au moins, que les Liégeois connussent « cet appointement. » Le roi commit la faute très-grave de ne pas contenir à temps ce qu'il avait excité. Le 10 octobre au soir, le lendemain de l'entrée de Louis à Péronne, des courriers arrivèrent du Brabant. « Les Liégeois ont surpris Tongres dans la nuit de la saint Denis (8 au 9 octobre). Ils ont tout tué. Les chanoines sont morts. L'évêque est mort. Humbercourt est mort. Les ambassadeurs du roi étoient présents à la tuerie. »

L'impétueux Charles éclata en cris de rage :

---

1. C'était un Romain, évêque de Tricari, dans le royaume de Naples.
2. Comines, l. II, c. 5.

« Ce traître roi! il n'est donc venu que pour me tromper sous un faux semblant de paix! Par saint Georges, lui et ces mauvaises gens de Liége le *compareront* (paieront) cher! »

Il fit fermer sur-le-champ et garder les portes de la ville et du château. « Il étoit terriblement ému contre le roi et le menaçoit fort, » dit Comines, « et si, à cette heure-là, ceux à qui il s'adressoit l'eussent conforté ou conseillé de faire au roi une mauvaise compagnie (un mauvais parti), il eût été ainsi fait. » Heureusement pour Louis XI, Charles n'avait en ce moment près de lui qu'un chambellan, ce même Philippe de Comines dont on vient de citer les paroles, et deux valets de chambre; Comines, jeune encore, était déjà fort prudent et sage : lui et ses compagnons « n'aigrirent rien et adoucirent le duc à leur pouvoir »; mais le danger ne passa point avec la première explosion. Ce fut en vain que les lugubres nouvelles furent bientôt en partie démenties. Les Liégeois avaient réellement mis en pièces un archidiacre et plusieurs chanoines qu'ils accusaient de les avoir trahis, mais ils n'avaient fait aucun mal au lieutenant du duc, qu'un de leurs capitaines avait remis en liberté sur parole, ni à l'évêque, qu'ils avaient ramené à Liége avec de grands honneurs [1]. Le duc, toutefois, ne s'apaisait point, et semblait maintenant bien aise d'avoir un prétexte de colère [2]. Durant deux ou trois jours, le roi, étroitement resserré dans le château, ne reçut aucun message de la part du duc ni des grands de Bourgogne : il voyait, de sa fenêtre, à quelques pas, la grosse tour où Charles le Simple mourut prisonnier d'Héribert de Vermandois; les plus sombres pensées lui roulaient dans l'esprit, bien qu'il ne s'abandonnât pas au découragement et qu'il répandît l'or et les promesses parmi les serviteurs du duc avec lesquels il pouvait encore avoir quelques communications.

Sa destinée et celle du royaume se débattaient sur ces entrefaites dans le conseil du duc : le chancelier de Charles et la majorité des membres du conseil et des chevaliers de la Toison-d'Or

---

1. Les mêmes hommes peut-être, qui s'étaient jeté à la tête les membres de l'archidiacre Robert de Morialmé, pendirent quelques-uns de leurs camarades qui avaient insulté l'évêque. Comines, l. II, c. 7. — Michelet, VI, 272.

2. M. Michelet analyse la situation morale du duc et tous les incidents de cette affaire avec une grande connaissance du cœur humain. VI, 263-276.

étaient d'avis que la sûreté promise au roi lui fût gardée, pour l'honneur de la maison de Bourgogne; le maréchal de Bourgogne et les autres ennemis du roi combattirent violemment cette opinion ; ils conjurèrent le duc de ne point lâcher *l'universelle aragne*[1] qui s'était prise dans ses propres filets ; ils proposèrent de mander en diligence « monseigneur de Normandie » (Charles de France) pour aviser au gouvernement du royaume. « Ceux qui faisoient cette ouverture savoient bien que, si l'on s'y accordoit, le roi seroit *restreint* (retenu), et qu'on lui bailleroit gardes, et qu'un si grand seigneur, une fois pris, ne se délivre jamais, quand on lui a fait si grande offense » (Comines). Le duc, un instant, parut décidé. Déjà un messager était *housé* (botté) et prêt à partir, n'attendant plus que les lettres pour « monsieur Charles de France. »

Au dernier moment, le duc recula. Il consentit de discuter les propositions du roi, qui faisait offrir d'accepter toutes les interprétations données par le duc aux traités d'Arras et de Saint-Maur, et promettait ou d'obtenir réparation suffisante des Liégeois, ou de se déclarer contre eux, en laissant au duc les princes de Bourbon et le connétable pour otages. La nuit vint sans que rien fût décidé : c'était la quatrième depuis l'arrivée des messagers de Tongres. Le duc la passa presque tout entière à se promener à grands pas dans sa chambre, et, sur le matin, il se trouva ou se mit en plus grande colère que jamais. C'est qu'il avait une nouvelle exigence, pire que tout le reste, à imposer au roi, et qu'il fallait que Louis se crût perdu en cas de refus. Charles entendait qu'en sus des immenses concessions que Louis confirmerait par serment, Louis marchât avec lui contre Liége! « Et soudainement, » dit Comines, « il partit pour la chambre du roi pour lui porter ces paroles. Le roi eut *quelque ami* qui l'en avertit, l'assurant de n'avoir nul mal s'il accordoit ces deux points, mais que, en faisant le contraire, il se mettoit en si grand péril, que nul plus grand ne lui pourroit advenir. » Cet *ami* n'était autre que Comines lui-même, et Louis XI n'oublia jamais un tel service.

1. Araignée. Le mot est de Georges Chastellain, dans des vers où il montre *l'universelle aragne* aux prises avec le *lion de Bourgogne*.

Le roi « ne put céler sa peur » en voyant entrer Charles. « Mon frère, » lui dit-il, « ne suis-je pas *sûr* (en sûreté) en votre maison et en votre pays? — Oui, Monsieur », répliqua le duc d'une voix tremblante d'émotion : « vous êtes si *sûr*, que, si je voyois venir un trait d'arbalète sur vous, je me mettrois au-devant pour vous garantir. »

Le roi le remercia de son bon vouloir; alors Charles, « d'une humble contenance de corps, mais de geste et de parole âpres », requit le roi de jurer le traité tel qu'il était rédigé, et d'aller avec lui à Liége, « pour l'aider à revenger la trahison que les Liégeois lui avoient faite. Le roi répondit que oui, et incontinent fut apporté ledit traité de paix, et fut tirée des coffres du roi la vraie croix (un morceau de la vraie croix) que saint Charlemagne portoit et qui s'appeloit la croix de victoire, et ils jurèrent la paix, et tantôt furent sonnées les cloches par la ville, et tout le monde fut fort éjoui (14 octobre). » (Comines.)

Charles n'avait voulu recevoir le serment de Louis sur aucune autre relique que la croix de saint Laud [1], parce qu'il était assuré que le roi n'oserait se parjurer envers elle. Louis croyait que quiconque enfreignait un serment prêté sur la croix de saint Laud mourait dans l'année.

Les intérêts de la couronne étaient écrasés par le pacte qui renouvelait les conventions de Saint-Maur. Quant à l'honneur, roi et duc le perdaient également, l'un par la honte de ses engagements, l'autre par la félonie de ses exigences et la violation de son sauf-conduit. Le roi avait livré à la discrétion du duc la solution de tous les vieux débats sur le traité d'Arras, consenti à l'abolition entière du ressort du parlement de Paris sur les « quatre principaux membres de Flandre », et renoncé à tous « droits utiles » (impôts et revenus) sur la Picardie; il avait reconnu Charles délié de toute féauté en cas d'infraction du traité de la part du roi; les autres princes devaient jurer le traité, et servir le duc contre le roi, si le roi manquait à ses serments; le roi se soumettait, en ce cas, à toutes censures, excommunications, inter-

---

[1]. Dite *Croix de saint Laud*, « pour ce que longtemps elle fut gardée en l'église Saint-Laud d'Angers. » — Olivier de La Marche. Louis XI portait toujours cette croix avec lui.

dits, etc., et renonçait à toute dispense qui pourrait lui être
octroyée par le pape ou le concile, comme au privilége des anciennes constitutions et ordonnances royales contraires au traité.
Par un autre acte, le roi s'obligeait à donner la Champagne et la
Brie à son frère en remplacement de la Normandie ; il est facile
de saisir le motif de ce changement : le duc de Bourgogne pouvait
plus aisément défendre la Champagne que la Normandie contre
le roi, et la domination directe ou indirecte sur cette province,
qui coupait en deux ses états, était inappréciable pour lui. La
convention relative à Liége eût paru plus intolérable que tout le
reste à un homme moins dénué de sens moral que ne l'était le
roi : il ne s'agissait plus d'imposer des réparations aux Liégeois,
mais de coopérer à leur destruction, d'aider à les exterminer pour
les punir d'avoir obéi à ses instigations : le duc Charles avait
déclaré nettement qu'il n'entendait accorder aucune merci [1].

Le duc avait promis de rendre son hommage féodal au roi, le
lendemain, avant de partir pour le pays de Liége ; il n'en fit rien.
On partit le 15 octobre. Le duc était à la tête de quarante mille
combattants, flamands, wallons, picards, bourguignons et savoyards. Louis XI n'avait autour de lui que sa faible escorte :
trois cents hommes d'armes qu'il avait mandés de la frontière le
joignirent chemin faisant : le duc ne s'était pas soucié qu'il en
appelât davantage. Le duc avait obligé Louis d'écrire par deux fois
à Dammartin de renvoyer le gros des gens d'armes et des francs-
archers, attendu qu'il était désormais en bonne et durable paix
avec « son frère de Bourgogne. » Dammartin n'eut garde d'obéir,
maintint l'armée sur pied, et manda au duc de Bourgogne que,
si le roi ne revenait bientôt, tout le royaume l'irait quérir.

L'avant-garde bourguignonne arriva devant Liége le 22 octobre.
Les Liégeois ne s'étaient soulevés que parce qu'ils avaient cru le
duc occupé contre l'armée du roi ; leur ville démantelée, sans
murailles et sans grosse artillerie, ne semblait susceptible d'aucune défense. A l'instigation du légat, ils relâchèrent leur évêque,
et le prièrent d'aller offrir à « monsieur de Bourgogne » de lui
« bailler la ville et tous les biens de dedans », pourvu que les

---

1. *V.* les pièces dans les *Preuves de Comines*, nos CXXI-CXXII.

habitants eussent la vie sauve. Le duc « n'en voulut rien faire, et jura que lui et tous ses *satellites* mourroient à la peine, ou qu'il auroit la ville et tous les habitants à son plaisir, et il retint par devers lui l'évêque de Liége, sans souffrir qu'il retournât en la ville, nonobstant que ledit évêque eût promis à ceux de Liége de retourner, et de vivre et mourir avec eux[1]. »

Quand les Liégeois surent que Charles ne voulait entendre à aucune composition, ils sortirent en désespérés à la rencontre de l'avant-garde ennemie; ils furent refoulés avec perte dans leur cité.

Quatre jours après (26 octobre), l'avant-garde bourguignonne, infatuée de ce premier succès, et comptant s'attribuer à elle seule l'honneur et le profit du sac de cette grande ville tout ouverte, attaqua la place, et s'empara d'un des faubourgs. Quelques palissades, une porte « quelque peu réparée » arrêtèrent les assaillants. On parlementa et on ne s'accorda point. La nuit vint. Les Bourguignons étaient fort mal en ordre. Les Liégeois s'en aperçurent; ils « saillirent » par les brèches de leurs murailles, tournèrent le faubourg par les vignes et les rochers et chargèrent l'ennemi en queue; plus de huit cents Bourguignons furent taillés en pièces; une foule d'autres s'enfuirent; mais l'élite de l'avant-garde tint ferme dans le faubourg. Le combat continua dans les ténèbres jusqu'au matin. Le duc, à la nouvelle du péril de ses gens, était accouru de quatre ou cinq lieues, en défendant de prévenir le roi. Louis ne sut que le matin ce qui s'était passé. Il arriva le lendemain, et se montra de loin aux gens de la ville avec la croix bourguignonne de Saint-André au chapeau! Beaucoup de ces malheureux portaient encore la « croix blanche droite » de France, qu'ils avaient arborée comme un gage de leur foi dans la trompeuse alliance de Louis. On assure que Louis répondit par le cri de : *Vive Bourgogne!* aux Liégeois qui criaient : *Vive France!* L'honneur était pour cet homme un mot vide de sens : « Quand orgueil

1. Le légat, à cette nouvelle, s'enfuit de Liége. Il tomba entre les mains des Bourguignons. Le duc, qui le haïssait fort pour avoir soutenu les Liégeois, fit dire sous main à ceux qui l'avaient pris de le rançonner « comme un marchand ; » mais, les « preneurs » s'étant disputés sur le partage, et la chose étant venue officiellement au duc, il se crut obligé de remettre le prisonnier en liberté « à grand honneur. » Comines, l. II, c. 10.

chevauche devant », avait-il coutume de dire, « honte et dommage suivent de près! » honneur et orgueil étaient tout un pour lui, et la honte c'était l'insuccès. L'indignation exalta les Liégeois. Ce peuple condamné, perdu, désarmé, qu'on avait cru avoir la corde au cou et sans tirer l'épée, prit l'offensive, cette fois, contre le roi et le duc ensemble, dans la nuit même de l'arrivée du roi. Louis montra autant de courage militaire que de lâcheté politique. Le corps de bataille et l'avant-garde étaient séparés par des massifs de rochers et ne pouvaient se porter secours d'un quartier à l'autre. Le duc perdit la tête. Le roi « prit paroles et autorité de commander », et sa présence d'esprit et ses ordres bien conçus firent échouer l'attaque. Il se jugeait perdu en cas d'échec des Bourguignons. Il n'y avait point de milieu pour lui entre aider à détruire Liége ou se jeter dans Liége, et l'héroïsme de ce dernier parti n'était point à sa taille. L'audace des Liégeois avait si fort étonné les assiégeants, qu'ils hésitèrent deux jours encore à donner l'assaut.

Le samedi soir, 29 octobre, l'attaque générale fut décidée pour le lendemain au lever du soleil ; mais le duc et le roi, qui affectait autant d'ardeur que Charles, faillirent ne pas revoir le soleil.

Le roi et le duc s'étaient établis fort près l'un de l'autre, dans le faubourg opposé à celui qu'occupait l'avant-garde : tout à coup, entre dix et onze heures du soir, ils furent éveillés par un tumulte effroyable ; le duc Charles, aux clameurs, aux cliquetis d'armes qui éclatèrent à quelques pas, crut d'abord que les gens du roi assaillaient son logis en trahison.

C'étaient quelques centaines de montagnards de Franchemont, petit canton d'outre-Meuse, peuplé de forgerons et de mineurs, qui, sortis de Liége en silence, avaient tourné le faubourg, et, se glissant à travers les rochers, venaient attaquer par derrière les logis du roi et du duc. Ces vaillants hommes avaient juré de tuer ou d'enlever les deux princes, ou de mourir à la peine, résolus « d'avoir une bien grande victoire ou une bien glorieuse fin. » Ils avaient surpris et massacré les sentinelles. Les propriétaires des maisons occupées par le roi et le duc leur servaient de guides, et ils eussent infailliblement réussi s'ils fussent allés en masse tout droit aux deux bâtiments où couchaient les deux princes ;

mais la plupart s'arrêtèrent à l'assaut d'une grange voisine, occupée par trois cents hommes d'armes bourguignons ; le camp s'éveilla au bruit ; deux petites bandes qui suivirent les deux guides furent arrêtées par la résistance de quelques archers du duc et des Écossais du roi. Avant que le gros des montagnards vînt à l'aide, des flots de gens d'armes accoururent de toutes parts. Les six cents héros de Franchemont se firent presque tous tuer sur la place et vendirent chèrement leur vie. Les bourgeois avaient tenté une sortie pour seconder les montagnards, mais ils ne purent percer jusqu'à eux et furent « reboutés dans la ville. »

L'armée restait comme frappée de stupeur : le roi voulut profiter de cette impression générale pour amener le duc à agréer « quelque composition », ou du moins à différer l'assaut ; mais le farouche Bourguignon ne voulut rien entendre, et dit dédaigneusement que, si le roi avait peur, il pouvait se retirer à Namur. Le roi resta. Le 30 octobre au matin, un coup de bombarde et deux coups de serpentine (espèce de couleuvrine) donnèrent le signal. Les Bourguignons furent bien étonnés d'entrer sans résistance ; les Liégeois, harassés « du grand travail qu'ils avoient porté depuis huit journées » pour garder une ville tout ouverte, s'étaient imaginé qu'on ne les attaquerait point « le saint jour du dimanche » et ne faisaient pas de guet ; en peu d'instants, Liége demeura au pouvoir du duc de Bourgogne. Une grande partie de la population avait déjà quitté la ville : une multitude d'habitants réussirent encore à gagner le pont de la Meuse et à s'enfuir ; le reste s'enferma dans les maisons, se cacha au fond des caves, ou s'entassa dans les églises. Mais nul asile ne fut assez caché ni assez sacré pour protéger ces infortunés : des femmes, des filles, des religieuses furent « forcées » et tuées après ; des prêtres furent égorgés à l'autel, la plupart des églises pillées, les reliques dispersées ; le duc Charles, qui n'avait pu empêcher ces fureurs, les surpassa par sa cruauté réfléchie et implacable ; tous les prisonniers qu'avaient épargnés les soldats furent pendus ou noyés dans la Meuse, comme à Dinant, et cela, pendant des semaines, pendant des mois, avec un simulacre de jugement ! On ne fit grâce qu'à ceux qui purent racheter leur vie à prix d'or.

Comme à Dinant, Charles termina son épouvantable fête par l'incendie; il fit mettre le feu en partant (9 novembre), après avoir donné ordre d'isoler et de préserver les édifices religieux et trois cents maisons de prêtres et de chanoines. Sa rage n'était pas encore satisfaite; il envoya ses gens d'armes jusque dans les Ardennes poursuivre les fugitifs, qui périssaient de froid et de faim parmi les bois et les rochers, et il mit à feu et à sang tout le district de Franchemont[1]. Charles de Bourgogne eût voulu effacer de la terre jusqu'au nom de Liége, cette cité naguère aussi vaste et plus populeuse que Rouen, et dont les trois cents églises entendaient, dit-on, chaque jour, « autant de messes qu'il s'en dit à Rome ». La vengeance du duc fut trompée : Liége, mutilée, écrasée, ne fut point anéantie; des maisons bourgeoises se relevèrent bientôt autour de celles des clercs; « grand peuple revint demeurer avec les prêtres », et Liége sortit assez promptement de sa tombe pour voir la ruine de son féroce vainqueur[2].

Le roi n'avait point assisté jusqu'au bout à ces horreurs; mais il en avait vu et fait assez pour en subir la solidarité, et pour emporter des ruines de Liége une honte éternelle. Il était entré dans Liége, en criant : « Vive Bourgogne! » et, certain que Charles ne manquerait pas de détruire la ville, il s'était fait un mérite de lui en donner le conseil[3]. Après l'avoir caressé, comblé de flagorneries, il crut son orgueil et sa vengeance enfin repus suffisamment, et le moment venu de se tirer de ses mains. Il lui fit parler « pour s'en pouvoir aller »; puis, lui parla lui-même « en sage sorte, disant que, s'il avoit plus affaire de lui, il ne l'épargnât point, mais que, s'il n'y avoit plus

---

1. Un chevalier du pays, qui avait tenu le parti des Liégeois, massacra ou détroussa une grande bande de ces pauvres gens pour se remettre en la grâce du duc. D'autres avaient fui à Mézières, sur terre du royaume. Les gens du roi les livrèrent au duc, qui les fit mourir. Comines, l. II, c. 13.
2. Comines, l. II, c. 11, 12, 13, et *Preuves*, t. III, p. 238-249; éd. de mademoiselle Dupont. — Jean de Troies. — Olivier de La Marche. — Th. Basin.
3. Sous forme d'apologue, à la manière orientale. Charles lui ayant demandé, pour le tâter : « Que ferons-nous de Liége? — Mon père, répondit-il, avoit un grand arbre, près de son hôtel, où les corbeaux faisoient leur nid; ces corbeaux l'ennuyant, il fit ôter les nids, une fois, deux fois; au bout de l'an, les corbeaux recommençoient toujours. Mon père fit déraciner l'arbre, et, depuis, il en dormit mieux. » Michelet, t. VI, p. 282. — Nous ne connaissons pas la source où a puisé M. Michelet.

rien à faire, il désiroit aller à Paris faire publier leur appointement en la cour de parlement, pour ce que c'est la coutume de France d'y publier tous accords, ou autrement ne seroient de nulle valeur, et davantage prioit au duc que à l'été prochain ils se pussent entrevoir en Bourgogne, et être un mois ensemble, faisant bonne chère. » Finalement, le duc « s'y accorda, toujours un petit (un peu) murmurant » (Comines). Il fit relire devant le roi le traité de Péronne, pour savoir si ce traité ne contenait rien dont Louis se repentît, lui offrant le choix de le confirmer ou de le « laisser »; puis il fit à Louis « quelque peu d'excuse » de l'avoir ainsi amené à Liége. Louis ratifia tout ce qui avait été juré à Péronne, et prit congé du duc, qui le conduisit « environ demi-lieue »; au moment de se séparer, le roi dit tout à coup au duc : « Si, d'aventure, mon frère, qui est en Bretagne, ne se contentoit du partage que je lui baille pour l'amour de vous, que voudriez-vous que je fisse? »

Le duc répondit soudainement sans y penser : « S'il ne le veut prendre, mais que vous fassiez en sorte qu'il soit content, je m'en rapporte à vous deux. »

Ils se quittèrent là-dessus; Louis, emportant comme une proie les paroles qu'avait prononcées le duc Charles dans un moment de distraction et d'oubli (2 novembre). Le roi se regardait comme affranchi de son serment envers la terrible croix de saint Laud, quant à l'apanage de son frère : il s'estimait désormais libre d'offrir à Charles de France quelque autre province à la place de la Champagne et de la Brie. C'était sur une semblable parole du duc qu'il avait repris la Normandie trois ans auparavant.

Malgré ce succès de surprise, Louis ne portait pas haut la tête lorsqu'il repassa la frontière. Ses deux premiers chocs contre la puissance bourguignonne avaient été deux énormes échecs; en 1465, un échec de puissance; il l'avait heureusement réparé; en 1468, un échec d'honneur. Si l'honneur seul eût été perdu, Louis se fût aisément consolé; mais, avec l'honneur, le renom d'habileté! C'est là ce qui le rend malade de honte. Il connaît ses contemporains! La trahison, l'immolation de Liége, lui nuisent moins que la maladresse de Péronne. Ce n'est pas tant l'indignation que la moquerie qu'il redoute. Il croit déjà entendre les quolibets de

Paris sur « Renard, pris par Isengrin »[1]. Il mande le parlement et la chambre des comptes à Senlis, leur ordonne d'enregistrer le traité de Péronne sans observations, envoie publier le traité dans Paris, le 19 novembre, et passe outre, vers la Loire et Tours, sans vouloir entrer dans la capitale. Paris ne reçoit de lui qu'une défense de rien dire, écrire, peindre ou chanter à l'opprobre de « monseigneur de Bourgogne, pour raison du temps passé », et qu'un ordre de livrer à un commissaire du roi tous les oiseaux jaseurs, pies ou geais, corbeaux ou sansonnets, qui faisaient retentir les rues d'allusions à la déconvenue de Péronne.[2]

Louis était décidé à laisser affaiblir par le temps l'impression de sa mésaventure, à observer provisoirement son traité avec le duc de Bourgogne, et à faire cesser les périls de l'ouest et du midi avant de se retourner vers le nord. Les Armagnacs l'inquiétaient toujours. Il envoya Dammartin dans le Midi, pour les surveiller et pour soutenir le duc Jean de Calabre, en Catalogne, contre le roi d'Aragon. Il tâcha de ramener à lui la Castille. Le grand péril de l'intérieur était la perpétuelle hostilité de son frère. Il résolut de le regagner par de larges concessions. Il ne voulait à aucun prix le mettre dans les mains de Charles de Bourgogne, en le faisant comte de Champagne; mais il lui offrit un magnifique dédommagement, le duché d'Aquitaine. Le duc de Bourgogne, revenant sur l'espèce de consentement que le roi lui avait surpris, recommanda instamment au frère du roi de s'en tenir à la Champagne et à la Brie. Plusieurs mois se passèrent ainsi : le faible et mobile jeune homme ne savait à quoi se décider ; il était tiraillé entre son aumônier, Guillaume de Haraucourt, évêque de Verdun, et Odet d'Aidie, sire de Lescun, favori du duc de Bretagne. Le roi s'était attaché Odet et aliéné Haraucourt, qui, après s'être vendu à lui, le desservait secrètement. Louis acquit bientôt la preuve de la perfidie de Haraucourt, et d'une autre trahison qui devait être pour lui plus pénible et plus inattendue encore. Il surprit une correspondance secrète entre le cardinal Balue, l'évêque de Verdun, le prince Charles et le duc de Bour-

---

1. Le renard pris par le loup. Le roman du *Renard* était encore très-populaire.
2. Ils répétaient sans cesse *Pérette* et probablement Péronne. Pérette était le nom d'une maîtresse que le roi entretenait à Paris. J. de Troies, an. 1468.

gogne : Jean Balue, prêtre escroc et simoniaque, que Louis XI avait élevé de la condition la plus infime au faîte du pouvoir et des honneurs, voyant que le roi ne lui témoignait plus autant d'affection ni de confiance depuis le malheureux voyage de Péronne, s'était mis en relation avec « monsieur Charles », engageait le frère de Louis à ne suivre d'autres conseils que ceux du Bourguignon, insinuait à celui-ci d'attirer le jeune prince en Bourgogne, et cherchait à tout brouiller pour se rendre indispensable. La perfidie de Balue, à qui, de tous les vices, dit un historien (Duclos), il ne manquait que l'hypocrisie, aurait dû être une leçon pour Louis XI, et lui apprendre, dans son propre intérêt, à tenir plus de compte des qualités morales dans le choix de ses affidés et de ses ministres. Jean Balue et Haraucourt furent arrêtés : les grandes richesses que le cardinal avait amassées à force de concussions furent saisies, et le roi dépêcha en cour de Rome le premier président du parlement de Grenoble et Guillaume Cousinot, pour prier le pape d'envoyer en France des vicaires apostoliques chargés de juger le cardinal et l'évêque son complice : le pape et le sacré collège se plaignirent de l'arrestation téméraire d'un « prince de l'Église », et l'on ne put s'entendre sur les limites des pouvoirs spirituel et temporel dans cette importante affaire; les réclamations papales furent toutefois assez modérées et soutenues sans beaucoup de chaleur; Louis XI ne relâcha point le cardinal captif, et lui rendit bien dure la vie qu'il n'osait lui arracher : il le retint sans jugement, pendant dix années, enfermé dans une cage de fer de huit pieds carrés, au fond des cachots du château d'Onzain, près de Blois. Il semblait que ce fût une justice du ciel. C'était lui qui avait suggéré au roi de faire enfermer de la sorte le sire du Lau [1]. L'évêque de Verdun partagea le sort de Balue, et resta au fond de la Bastille [2].

1. On a prétendu que Jean Balue était l'inventeur de ces horribles cages, qui aggravaient avec un tel raffinement de barbarie les douleurs de la captivité. C'est une erreur; nous ne l'avons que trop vu par l'histoire de Jeanne Darc. *V.* ci-dessus, t. VI, p. 247.

2. Voyez la relation de l'ambassade du roi à Rome, écrite par Cousinot, dans les *Preuves* de Duclos, p. 255. Les ambassadeurs saluèrent le pape en lui baisant « le pied, la main et la joue. » Tous les princes d'Italie rendirent les plus grands honneurs à l'ambassade française. *V.* aussi le *cabinet du roi Louis XI*, dans le t. II de Comines, éd. de Lenglet-Dufresnoi, et les *Preuves*, t. III.

« Le roi manda incontinent à son frère tout ce qu'il avoit appris de ses prisonniers, et lui remontra de quelles gens il se servoit, qui n'avoient autre dessein que de les tenir en division pour en profiter¹. » Le prince Charles céda enfin, et chargea le duc de Bretagne de régler ses intérêts avec Louis; le frère du roi n'eut point à se plaindre : on lui accorda tout le duché de Guyenne jusqu'à la Charente, comprenant l'Agénais, le Périgord, le Querci, avec la Saintonge entière, et, au nord de la Charente, l'Aunis et La Rochelle (29 avril 1469)². Plusieurs des sires du sang et des principaux membres du conseil du roi furent donnés en otages au duc de Bretagne, comme garantie de l'exécution du traité. Jamais prince n'avait obtenu un si magnifique apanage; néanmoins Charles de France était si variable et si capricieux, qu'au moment de conclure, il faillit céder aux instigations de quelques partisans du duc de Bourgogne et s'enfuir en Angleterre. Odet d'Aidie l'emporta : le nouveau duc de Guyenne ratifia le traité et partit pour son apanage; arrivé à La Rochelle (10 août), il jura, sur la croix de saint Laud, « de ne jamais participer ni consentir à ce qu'on prît ou tuât le roi son frère », de le défendre au contraire selon son pouvoir, de ne jamais chercher à s'emparer du gouvernement du royaume, et de ne point « pourchasser » en mariage la fille du duc de Bourgogne, « sans l'exprès et spécial congé du roi ».

Louis ne se contenta pas de ces serments et voulut avoir une entrevue avec son frère, afin de ressaisir complètement ce faible esprit. On jeta un pont de bateaux au port de Férault, sur la Sèvre Niortaise, limite du domaine royal et du nouveau duché de Guyenne, et l'on construisit, au milieu du pont, une loge en charpente, séparée en deux parties par un grillage. La leçon de Péronne, après celle de Montereau, avait fait perfectionner les

---

1. On accusa le roi de s'être défait, par le poison, d'un serviteur de son frère qui s'opposait à l'accommodement. Th. Basin.
2. Le maire et les habitants de La Rochelle protestèrent énergiquement contre le traité qui les séparait du domaine de la couronne : il fallut que le roi mandât leurs députés près de lui, et les conjurât de céder aux nécessités du temps. — Le roi transféra à Poitiers le parlement de Bordeaux, par suite du traité qui accordait au duc de Guyenne le droit de tenir des « grands jours en sa duché, » avec ressort au parlement de Paris. *Ordonn.* XVII, p. 209-231.

précautions des entrevues princières. Ces précautions, ici, se trouvèrent superflues (7 septembre). Après un moment d'entretien à travers les barreaux, après un pardon demandé et cordialement octroyé, le jeune duc, pour marquer toute sa confiance en son frère, voulut absolument franchir la barrière et aller trouver le roi de l'autre côté. Ils s'embrassèrent affectueusement, passèrent plusieurs jours ensemble, et ne se quittèrent qu'après les plus vives protestations d'amitié. Elles pouvaient être sincères en ce moment de part et d'autre : le roi, n'ayant point d'enfant mâle, désirait se rattacher son jeune frère, alors son héritier présomptif. Il tâchait même de lui ménager une grande alliance, et demandait pour lui la main de la fille ou de la sœur du roi de Castille. Le duc de Guyenne témoigna beaucoup de circonspection et de déférence pour le roi dans la réception qu'il fit peu de temps après aux ambassadeurs du duc de Bourgogne : celui-ci, inquiet de voir les deux frères en si bonne intelligence, envoyait demander à Charles de France s'il était satisfait de son partage, et lui offrait l'ordre de la Toison d'Or avec la main de sa fille. Le duc de Guyenne remercia le Bourguignon, en lui exprimant toute sa satisfaction des procédés du roi, ne donna aucune réponse précise pour le mariage avec « mademoiselle Marie », et déclara qu'il ne pouvait accepter le collier de la Toison d'Or, « pour ce que le roi venoit de fonder un ordre bel et notable en l'honneur de monsieur saint Michel, prince de la chevalerie du Paradis, la représentation duquel les rois de France avoient toujours portée en leur étendard [1]. »

Louis avait en effet promulgué, le 1er août, les statuts de l'ordre de Saint-Michel, destiné à remplacer l'ordre de l'Étoile du roi Jean, tombé en mépris et en désuétude : le duc de Guyenne était un des douze chevaliers désignés par le roi, et tout chevalier de Saint-Michel devait s'engager par serment à ne faire partie d'aucun autre ordre. Louis avait reconnu le grand parti que le roi d'Angleterre et le duc de Bourgogne tiraient de pareilles institutions : ce n'était point alors une simple distinction honorifique; tout chevalier était astreint à des devoirs très-étroits envers le chef et le

---

1. Nous ne connaissons point de tradition relative à cet usage avant Charles VII.

chapitre de l'ordre ; aussi l'acceptation de *la Jarretière* par Charles de Bourgogne fut-elle considérée par le roi comme un acte d'hostilité envers la France, et, d'autre part, le duc de Bretagne, que Louis sollicita d'entrer dans l'ordre de Saint-Michel, s'y refusa-t-il, de peur de contracter de trop pesantes obligations. Le roi lui en sut d'autant plus mauvais gré, que ce duc accepta, sur ces entrefaites, l'ordre de la Toison d'Or. Le duc de Bourbon et le bâtard, son frère, amiral de France, le connétable, le maréchal comte de Comminges (bâtard d'Armagnac) et le comte de Dammartin figurèrent parmi les premiers chevaliers de Saint-Michel : le nombre n'en devait pas dépasser trente-six. L'ordre, une fois constitué, devait élire ses propres membres : le roi avait seulement double voix. (Ordonn., t. XVII, p. 236.)

Le roi, en octroyant la Guyenne à son frère, s'était réservé la suzeraineté directe sur les comtés de Foix et d'Armagnac : Armagnac et son cousin le duc de Nemours, qui possédait de grandes terres dans la Haute-Gascogne, étaient de nouveau en rébellion flagrante : ils tenaient sur pied de grosses bandes de gens de guerre, qui commettaient des violences sans nombre dans tout le Midi ; ils excitaient la noblesse gasconne à braver l'autorité royale, et se moquaient des arrêts du parlement de Toulouse : Armagnac avait écrit au roi d'Angleterre pour l'inviter à tenter une descente en Guyenne et lui promettre sa coopération. Dammartin, tandis que le duc de Guyenne prenait possession de son duché, marcha contre les Armagnacs, à la tête de quatorze cents lances et de dix mille francs-archers : ces factieux sans talents et sans courage n'essayèrent pas même de se défendre ; le comte Jean s'enfuit en Espagne, aux huées du peuple, qui le traitait de *canaille d'Armagnac,* et ses biens furent confisqués par arrêt du parlement ; le duc de Nemours se soumit et obtint encore une fois sa grâce, à condition que, s'il s'écartait dorénavant de son devoir, il serait puni à la fois pour tous les crimes qui lui avaient été pardonnés ; il jura fidélité sur la croix de saint Laud. Louis ne l'épargna momentanément que pour l'accabler plus tard d'une impitoyable vengeance. Le Bigorre et plusieurs autres seigneuries du comte d'Armagnac furent ajoutés au duché de Guyenne ; l'Armagnac et le Rouergue furent réunis à la couronne.

La prompte répression des Armagnacs contraria fort le duc de Bourgogne, qui ne cachait pas sa mauvaise humeur de l'accommodement du roi et de son frère, et qui exécutait assez mal les conditions du traité de Péronne, observées fort exactement jusqu'alors par le roi : Charles paraissait plus éloigné que jamais de rendre à Louis l'hommage féodal qu'il lui devait, et il se montra publiquement à Gand, la jarretière bleue au genou et la croix rouge d'Angleterre sur la poitrine [1]. Il avait espéré qu'Édouard IV pourrait accepter les offres du comte d'Armagnac et descendre en Guyenne ; mais, au moment même où Dammartin assaillait le comte rebelle, Édouard IV, en butte à une insurrection formidable, était hors d'état de s'immiscer dans les affaires de France : le duc de Clarence, un des frères d'Édouard, s'était révolté contre lui, à l'instigation du grand comte de Warwick, qui avait marié sa fille aînée à Clarence [2] : l'impopularité des parents de la reine Élisabeth Wydeville, qui avaient remplacé Warwick dans la faveur d'Édouard, détermina un soulèvement presque général ; le père et un des frères de la reine furent mis à mort, et Édouard fut quelque temps prisonnier des insurgés (juillet-août 1469). Les partisans de Henri VI et de Marguerite d'Anjou profitèrent de la lutte d'Édouard et de Warwick pour relever l'étendard de la *rose rouge*. Le duc de Bourgogne intervint par une lettre aux mayeur (lord-maire) et peuple de Londres. Il leur fit « dire et remontrer comment il s'étoit allié à eux en prenant par mariage la sœur du roi Édouard, parmi laquelle alliance lui avoient promis être et demeurer à toujours bons et loyaux sujets au roi Édouard... et, s'ils ne lui entretenoient ce

---

1. Il avait enfin pardonné aux Gantois leur rébellion de 1467, dans une assemblée solennelle tenue à Bruxelles le 15 janvier 1469, en présence des ambassadeurs de presque toute l'Europe. Il y avait jusqu'à des envoyés de Russie ; ainsi les Pays-Bas étaient en relation directe avec la Moscovie, et les Russes figuraient entre les nations de la hanse de Bruges. *V.* les *Preuves* de Comines, éd. de mademoiselle Dupont, t. III, p. 253. Les doyens des métiers déposèrent leurs bannières aux pieds du duc en criant : « merci ! » et « le grand privilége » de Gand fut lacéré à coups de canif par ordre du duc. C'était le privilége donné par Philippe le Bel sur l'élection aux magistratures. Bruneel, ce bourgeois qui avait été l'organe du peuple soulevé, fut mis à mort.

2. Warwick avait espéré marier cette fille à Édouard, qui n'en avait pas voulu et qui avait fait un mariage d'amour. De là le commencement de la brouille entre le roi et le *faiseur de rois*.

que promis avoient, il savoit bien ce qu'il en devoit faire [1]. »

Les liens commerciaux s'étaient resserrés plus étroitement que jamais entre Londres et Bruges. Les marchands de la Cité craignirent si fort une rupture avec la Flandre, que le « commun peuple, tout d'une voix », déclara qu'il fallait tenir parole au duc Charles et au roi Édouard. Warwick dut s'accommoder avec Édouard et le relâcher. Les Lancastriens comprimés, l'accord du roi et du grand comte ne dura guère. Édouard avait à se venger. Warwick et Clarence eurent le dessous à leur tour. Le « faiseur de rois » quitta l'Angleterre, mais en chef de parti, non en fugitif. Il emmena quatre-vingts navires chargés de l'élite des marins et des corsaires anglais [2], et voulut s'établir dans son gouvernement de Calais. Son lieutenant à Calais le repoussa à coups de canon. Il vint demander asile à la France. Louis XI le reçut, avec sa flotte, dans le port de Honfleur (mai 1470). La première chose que firent les gens de Warwick fut d'armer en course contre les sujets du duc de Bourgogne, qui avait fait attaquer le comte par des navires flamands et hollandais, durant la traversée de Calais à Honfleur. Quinze nefs conquises sur les marins des Pays-Bas furent ramenées dans la Seine, et l'on vendit publiquement à Rouen les marchandises enlevées aux sujets du duc Charles.

Le duc se plaignit au roi avec sa hauteur accoutumée : n'obtenant pas sur-le-champ réparation, il donna l'ordre, dès le 25 juin, de saisir les marchandises des commerçants français dans ses états, et dépêcha sa flotte à l'embouchure de la Seine. Le roi offrit satisfaction, et promit qu'on rendrait les prises faites par les gens de Warwick; mais, en même temps, il enjoignit à son amiral de repousser par la force toute attaque des flottes bourguignonnes contre les navires anglais retirés dans les ports du royaume. Le roi souhaitait encore éviter une rupture ouverte, et il dépêcha une ambassade vers le duc Charles à Saint-Omer (15 juillet). Le superbe duc de Bourgogne reçut les envoyés, assis sous un dais de drap d'or, et entouré de ses chevaliers de la Toison d'Or, de ses prélats et de ses barons; il repoussa toutes

1. *Chroniq.* de J. de Vaurin, ap. Michelet, VI, 299, note 1.
2. *V.* le très-curieux tableau de M. Michelet sur le rôle de Warwick et la nature de sa puissance, t. VI, p. 202-297.

les explications et les propositions du roi, et déclara que ce qui avait été fait ne se pouvait réparer. Le chef de l'ambassade, Gui Pot, bailli de Vermandois, releva ces arrogantes paroles avec énergie : « Monseigneur, » s'écria-t-il, « le roi vous offre paix, amitié et réparation : si vous ne voulez entendre raison et qu'il en advienne autrement, ce ne sera point sa faute. » Le duc s'emporta et termina l'audience en s'écriant d'une voix furieuse : « Nous autres *Portugais*[1], lorsque nos amis se font amis de nos ennemis, nous les envoyons aux cent mille diables d'enfer! »

Les ambassadeurs partirent après cet étrange congé, qui mécontenta fort les barons de Bourgogne et des Pays-Bas; mais nul d'entre eux n'osait adresser de remontrances à son suzerain. Le duc Charles, toujours jusqu'alors favorisé de la fortune, s'imaginait que ni peuples ni rois ne lui pourraient jamais résister, et ne mettait point de bornes à son ambition; « la moitié de l'Europe ne l'eût su contenter ». L'année précédente, il avait encore augmenté ses vastes possessions par l'acquisition conditionnelle de la Haute-Alsace[2] et de plusieurs villes et seigneuries de la Souabe[3], que le duc Sigismond d'Autriche lui avait engagées pour garantie d'un emprunt[4] : Charles, déjà si puissant du côté de la Basse-Allemagne, mit ainsi le pied dans la Haute; ses projets n'allaient à rien moins qu'à terrasser la France d'une main et à saisir de l'autre la couronne impériale après la mort du vieil empereur Frédéric d'Autriche : il visait à se faire élire roi des Romains, sans attendre la fin de ce monarque faible et méprisé, et il avait déjà la parole d'un des électeurs, de Georges Podiebrad, roi de Bohême. Il comptait débuter par l'érection de la Bourgogne en royaume, dessein conduit assez avant dès le temps de son père.

Sur ces entrefaites, était arrivé un événement qui, ce qu'on eût pu croire impossible, se trouva tout ensemble combler les vœux du roi et favoriser les plans du duc de Bourgogne : c'était la naissance d'un dauphin. Un fils était né à Louis XI le 30 juin 1470.

1. Portugais par sa mère.
2. Landgraviat d'Alsace, Sundgau, comté de Pfirt ou de Férette.
3. Le Brisgau et les quatre Villes Forestières du Rhin.
4. Sigismond avait d'abord offert l'engagement de ses seigneuries au roi; mais Louis n'avait eu garde d'accepter un établissement qui menait à la guerre avec les Suisses.

La naissance de cet enfant, qui fut le roi Charles VIII, renversait les espérances du duc de Guyenne, et allait vraisemblablement le rejeter dans les rangs des ennemis de son frère; mais, avant que ce fait eût porté ses conséquences, la politique du roi avait obtenu un succès incroyable : Louis XI était parvenu à réconcilier Warwick avec Marguerite d'Anjou : Warwick avait promis de tirer les Lancastre de l'abîme où il les avait jetés, et l'altière, la vindicative Marguerite s'était résignée à franchir le fleuve de sang et de boue qui la séparait du *faiseur de rois*, de l'homme qui avait égorgé ses amis, jeté son mari à la Tour de Londres, proclamé son enfant bâtard et adultérin : elle venait de marier ce fils, dernier espoir des Lancastre, à la seconde fille de Warwick! Le roi Louis, en signe d'alliance et d'amitié, donna le fils de Marguerite, le gendre de Warwick, pour parrain au dauphin. Le duc de Bretagne, que quelques-uns de ses favoris avaient entraîné de nouveau dans le parti bourguignon, fut encore ramené au roi par Odet d'Aidie, et retira ses vaisseaux de la flotte bourguignonne. Les flottes combinées d'Édouard IV et du duc de Bourgogne, renforcées de navires espagnols, portugais, allemands et génois, furent écartées par un coup de vent, et ne purent empêcher l'amiral de France et le comte de Warwick de traverser la Manche, et d'aller débarquer à Darmouth. Tous les partisans de la *rose rouge* ou de Lancastre, tous les vassaux de Warwick et de ses parents ou amis, reprirent aussitôt les armes : Édouard, abandonné par le peuple et par la noblesse, trahi par ceux des grands auxquels il se fiait le plus, se vit réduit à fuir sans avoir livré une seule bataille, et n'eut que le temps de gagner le port de Linne, dans le comté de Norfolk, où il s'embarqua pour la Hollande (fin septembre 1470).

Cette révolution n'avait coûté à Warwick que onze jours. Le duc de Bourgogne en fut d'abord abasourdi; cependant, malgré son alliance avec Édouard, il avait au fond plus d'affection pour les Lancastre, du sang desquels sa mère était issue, que pour les York; il espéra que les amis qu'il avait conservés dans la faction de la rose rouge pourraient contre-balancer, près du nouveau gouvernement anglais, l'inimitié de Warwick, et, quoiqu'il accordât refuge dans ses états à son beau-frère Édouard, il protesta qu'il ne voulait point s'immiscer dans les querelles intestines de l'Angleterre, jura par saint Georges qu'il était meilleur Anglais que les Anglais eux-mêmes, et reconnut le roi Henri VI, que « ceux de la rose rouge et du bâton noueux » (emblème adopté par Warwick) avaient tiré de la Tour de Londres pour le réinstaller à Windsor. Tout le puissant négoce de Londres et de Calais s'interposa pour empêcher les hostilités et arrêter l'effet du ressentiment de Warwick contre le duc Charles.

Ce n'était pas le compte du roi Louis que de voir le duc Charles en paix avec l'Angleterre : il pensait bien obtenir de ses alliés vainqueurs qu'ils l'aidassent à « mener rude guerre » au Bourguignon, et le jeune prince de Galles, qui était encore en France ainsi que sa mère, s'engagea par serment dans une ligue offensive et défensive avec le roi contre le duc de Bourgogne. Le roi Louis estimait « qu'il étoit heure de se venger » enfin, et s'y disposait activement : tous ses capitaines le poussaient à la guerre, « craignant que les très-grands états qu'ils tenoient ne fussent diminués. » Le connétable comte de Saint-Pol se montrait des plus ardents, quoique les hostilités semblassent devoir lui être fort préjudiciables, plus de la moitié de ses fiefs étant sur terre de Bourgogne; mais Saint-Pol était las de demeurer entre le roi et le duc de Bourgogne, comme « entre l'enclume et le marteau », et tâchait de se rendre indépendant de l'un et de l'autre, en prenant pour instrument le duc de Guyenne, qu'il pensait s'attacher irrévocablement s'il parvenait à lui procurer la main de mademoiselle de Bourgogne, alors âgée de quatorze ans. Charles de Bourgogne, quoiqu'il eût lui-même récemment proposé sa fille au duc de Guyenne, ne se souciait nullement d'associer un gendre à sa puissance, et donnait à la fois des espérances au duc de Guyenne, au marquis de Pont, petit-fils du roi René, au duc de Savoie, à Maximilien d'Autriche, fils de l'empereur Frédéric III, sans avoir l'intention de tenir parole à aucun d'eux. Le comte de Saint-Pol connaissait bien les secrets sentiments du duc; mais il voulait le contraindre à consentir au mariage de sa fille avec Charles de France, comme condition et base d'une nouvelle ligue du *Bien Public,* et il se flattait de réduire le duc Charles à opter entre la guerre contre le roi, soutenu de tous les princes, et l'alliance des ducs de Guyenne, de Bretagne, de Bourbon, de la maison d'Anjou, etc., au prix de la main de « mademoiselle Marie ».

Le roi, qui ne soupçonnait pas cette profonde intrigue, poursuivait ses préparatifs militaires, tout en s'efforçant d'accroître sa popularité par la bienveillance qu'il témoignait aux gens de moyen état [1] : il réunit les députés des villes de commerce et de fabrique, pour délibérer avec eux sur les dommages occasionnés par la saisie des marchandises françaises dans les états de Bourgogne et par les courses des navires bourguignons; tout négoce fut défendu, par représailles, avec les seigneuries du duc Charles, et deux foires annuelles furent établies à Caen, afin que les marchands de France pussent trafiquer directement avec l'Angleterre, au lieu de se rendre à la foire d'Anvers. Beaucoup d'autres ordonnances avaient été et continuèrent d'être rendues en faveur du commerce, « tantôt en organisant les corps de métiers, tantôt en multipliant et protégeant les foires, tantôt enfin en réglant le cours des monnaies étrangères, aussi bien que nationales, proportionnellement à leur valeur intrinsèque, et, malgré les préjugés qui obscurcissaient encore la science de l'économie politique, la plupart de ces ordonnances sont sages et justes [2]. » Bientôt après la réunion des gens de négoce, une assemblée de notables, composée de

1. A condition toutefois qu'ils ne se montrassent point récalcitrants sur le fait des impôts : on voit, par une ordonnance du 18 mars 1470, comment il entendait les libertés publiques à cet égard : il mande aux gouverneur, lieutenant et trésorier général du Dauphiné, qu'ils aient à réunir les Trois Etats de ce pays, afin de leur demander 45,000 florins pour l'aide accoutumée, plus 24,000 florins d'aide extraordinaire. Si les États refusent, on n'en établira pas moins l'impôt, avec toutes contraintes sur quiconque refusera de payer. — *Ordonn.* XVII, p. 289. Ceci montre ce qu'il faut penser, dès cette époque, de la liberté des États Provinciaux.

2. Sismondi, *Hist. des Français*, t. XIV, p. 316. En 1468, le général des finances, Pierre Doriole, avait adressé au roi un mémoire sur les encouragements à donner à la marine marchande; il engage le roi à accorder aux navires nationaux le privilége de l'importation des épiceries : les Vénitiens, qui monopolisaient cette importation en France, y gagnaient, tous les ans, 400,000 écus d'or. Doriole offrait un projet pour faire descendre les laines, les huiles et autres marchandises à Bordeaux, et les transporter de là en Flandre et en Angleterre. Duclos, t. I, p. 343. — Un édit royal, de 1470, accorda de grands priviléges aux mineurs habiles qui viendraient de l'étranger travailler aux mines d'or, d'argent, cuivre, plomb, potin, étain, azur (cobalt), etc., récemment signalées dans le Dauphiné, le Roussillon et la Cerdagne. Une autre ordonnance nous apprend qu'on ramassait chacun an pour cinq ou six cents marcs d'or de paillettes, dans les sables de certaines rivières du Languedoc. *Ordonn.* XVII, p. 483. — Il faut citer, sous un autre rapport, l'édit du 13 mai 1470, qui renouvelle les ordonnances de Charles VII sur la connaissance des délits des gens de guerre par les tribunaux ordinaires des localités. *Ordonn.* t. XVII, p. 293.

soixante et un princes du sang, prélats, seigneurs, grands officiers de la couronne, membres des cours souveraines de justice et de finances [1], fut convoquée à Tours, sous la présidence du roi René (novembre 1470). Le roi, bien qu'il n'eût qu'à se louer des États Généraux, avait préféré cette forme d'assemblée, où ne siégeaient que « gens par lui nommés, et qu'il pensoit qu'ils ne contrediroient pas à son vouloir, » dit Comines. Le chancelier exposa devant l'assistance comme quoi le duc Charles, après avoir extorqué au roi, par violence et trahison, le traité de Péronne, n'était pas resté fidèle à ce traité, n'avait pas rendu au roi l'hommage qui lui était dû, avait porté en public la croix rouge d'Angleterre, renonçant ainsi à sa qualité de prince français, avait donné enfin toutes sortes de marques de sa malveillance contre le roi et la France.

Les notables répondirent tout d'une voix que, « par les fautes et outrages de monsieur de Bourgogne », le roi était quitte et déchargé de toutes les promesses du traité de Péronne, que tous les princes, seigneurs et autres, qui s'étaient rendus garants du traité, étaient déliés de leur garantie, que les ducs de Guyenne et de Bretagne étaient affranchis des serments d'amitié prêtés audit duc Charles, et que tous les fiefs que le duc tenait de la couronne devaient être saisis et séquestrés. Plusieurs des princes et seigneurs qui adhérèrent à cette décision étaient tout disposés à trahir Louis à la première occasion : ils furent les premiers à offrir de servir et d'aider le roi de leurs corps et de leurs biens. « Il fut conclu que le duc seroit ajourné à comparoir en personne au parlement de Paris [2], et on lui dépêcha un huissier du parlement, qui l'ajourna en la ville de Gand, comme il alloit ouïr la messe : il en fut fort ébahi et mal content, et il fit prendre et emprisonner ledit huissier » (Comines). Le duc Charles était pris au dépourvu : il avait trop mauvaise opinion du roi pour le croire capable d'une résolution vigoureuse, et il s'était persuadé que Louis se contenterait de lui faire une guerre d'intrigue et de chicane. Une lettre du duc de Bourbon venait de lui révéler les véritables desseins

---

1. Sur les 61, il y avait 32 magistrats.
2. La décision de l'assemblée fut publiée sous forme de déclaration royale le 3 décembre 1470.

du roi. Le duc de Bourbon, quoiqu'il eût servi efficacement le roi depuis cinq ans, ne voulait pas lui laisser obtenir de succès décisif. Il était mécontent de la grande autorité que le roi donnait à Dammartin dans le Midi et qui diminuait sa propre situation. Charles revint à la hâte de Gand à la frontière picarde, où il ne reçut que de fâcheuses nouvelles : plusieurs de ses principaux serviteurs avaient quitté sa cour pour aller joindre le roi ; un de ses frères, le bâtard Baudouin, les suivit [1] ; la fidélité des villes picardes était fort suspecte, et ces villes n'étaient pas contenues par des garnisons, la Bourgogne n'ayant pas encore suivi l'exemple de la France quant à l'organisation d'une armée permanente ; les troupes régulières du duc Charles consistaient en hommes « payés à gages ménagers », c'est-à-dire vivant en leurs maisons et ménages, « faisant montre » (passant la revue) tous les mois, et recevant quelque argent pour se tenir toujours à la disposition du prince ; cette organisation était beaucoup moins coûteuse que celle des compagnies d'ordonnance, et permettait d'armer beaucoup plus de monde à moins de frais ; mais son insuffisance et son infériorité, à tous autres égards, fut bientôt démontrée à Charles par l'expérience. Le duc se hâta de mander toutes ses forces.

Il était trop tard. L'orage avait crevé. Les Français étaient en Picardie.

Le 10 décembre 1470, le connétable se présenta devant Saint-Quentin : il avait une grande influence dans cette ville, tout entourée de ses seigneuries ; il promit aux bourgeois, de la part du roi, l'exemption des tailles pour seize ans, et d'autres privilèges ; les portes furent ouvertes. Pendant ce temps, Roie était livrée à Dammartin ; Montdidier se défendit : c'était la seule ville

1. S'il en faut croire Georges Chastellain et les manifestes du duc, ce jeune homme ne prit la fuite qu'à cause de la découverte d'un complot tramé par lui avec les agents du roi contre la vie du duc son frère : Baudouin nia violemment cette imputation, et prétendit ne s'être attiré la haine de Charles que parce qu'il avait autrefois refusé d'assassiner leur père, le « bon duc Philippe. » Un des amis de Baudouin, émigré avant lui à la cour de France, publia une lettre dans laquelle il représentait la cour de Bourgogne comme une Sodome où « nulles gens de bien » ne pouvaient plus vivre, et accusait formellement le duc des vices les plus infâmes ; cette accusation était moins vraisemblable que le complot imputé à Baudouin contre les jours d'un prince détesté quasi de tout ce qui l'entourait.

picarde qui fût bourguignonne de cœur; Dammartin ne s'y arrêta pas et se porta vers Amiens. Un autre capitaine français occupa le Vimeu; le sire des Querdes [1], un des principaux barons de la Picardie, accourut à Abbeville avec trois mille soldats du duc, et empêcha cette place de se rendre. Amiens balançait : le duc, qui n'avait encore que quatre ou cinq cents chevaux autour de lui, hésita à se jeter dans Amiens [2]. Il essaya d'arrêter par ses lettres les généraux de Louis XI; il écrivit au connétable et à Dammartin pour leur reprocher de séduire frauduleusement ses sujets, et de seconder la violation de traités qu'ils avaient jurés et qui leur avaient été si profitables; il somma Saint-Pol de remplir ses devoirs de vassal envers la Bourgogne. Saint-Pol, et surtout Dammartin, répondirent sans ménagement : Dammartin renia hautement les souvenirs de la guerre du *Bien Public*, « qui doit plutôt, dit-il, être appelé le *mal public* »; il reprocha au duc, dans les termes les plus violents, la trahison de Péronne, et lui envoya défi pour défi. Amiens se déclara pour Dammartin [3], et le duc Charles, qui s'était avancé jusqu'à Doullens, fut obligé de se replier sur Arras. D'Arras, il écrivit une seconde lettre au connétable, sur un ton fort radouci, lui rappelant leur ancienne amitié et le priant de ne point presser si âprement cette guerre; le connétable répondit qu'il ne voyait qu'un remède au grand péril où se trouvait le duc : c'était d'accorder mademoiselle Marie au duc de Guyenne; qu'alors ce prince et bien d'autres seigneurs se déclareraient contre le roi. Le duc de Guyenne, qui était à l'armée auprès de son frère, et le duc de Bretagne, qui avait envoyé son contingent à Louis, écrivirent secrètement dans le même sens au duc de Bourgogne.

1. Ce nom, qui devait figurer avec un certain éclat, est écrit tantôt des Querdes, tantôt d'Esquerdes, tantôt des Cordes.
2. L'extrême anxiété du duc est attestée par une lettre fort extraordinaire aux communes de Flandre. C'est le plus singulier mélange de caresses et de menaces, de revendications d'une autorité absolue et d'aveux sur les limites de cette autorité. Il signifie même que, si ses sujets veulent le faire prier, d'un commun accord, de renoncer au gouvernement de ses seigneuries, déclarant qu'il ne leur est plus agréable, il y renoncera volontiers et se résignera à cette ingratitude. Kervyn de Lettenhove, IV, 152.
3. Le roi accorda divers privilèges à Amiens comme à Saint-Quentin, et déclara qu'Amiens ne pourrait plus être séparé du domaine royal. *Ordonn.* XVII, p. 414.

L'espèce d'intimidation et de contrainte qu'on tâchait d'exercer ainsi à son égard excita chez cette âme orgueilleuse plus de colère peut-être que les entreprises du roi : le duc Charles conçut une « merveilleuse haine » contre le connétable; le cœur lui revenait, à mesure qu'arrivaient ses gens d'armes; il avait autour de lui maintenant la meilleure part de ses gens « à gages ménagers », qui formaient plus de trente mille chevaux, dont quatre mille lances, et le reste, archers, cranequiniers (arbalétriers), piquiers, couleuvriniers (arquebusiers), pages et coutilliers; son grand parc d'artillerie était arrivé de Lille [1], et il attendait encore l'arrière-ban des Pays-Bas et de la Bourgogne. Il prit l'offensive : il emporta et brûla Piquigni, passa la Somme, et revint assiéger Amiens par la rive gauche; mais Amiens était défendu par une armée entière : le connétable, le grand-maître Dammartin, l'amiral bâtard de Bourbon, « tous les grands chefs du royaume », s'y étaient jetés avec quatorze cents lances (huit mille quatre cents chevaux) et quatre mille francs-archers; ils recevaient journellement des renforts. Le roi était à Beauvais avec le duc de Guyenne, le duc de Bourbon, le duc Nicolas de Calabre (auparavant marquis de Pont [2]), petit-fils du roi René; l'arrière-ban noble et une formidable artillerie. Ce n'était plus là les petites armées du temps de Charles VII : les deux princes belligérants pouvaient se présenter en bataille chacun avec quarante à cinquante mille combattants.

Tous deux peu confiants dans les hommes qui les entouraient, ils hésitèrent devant les hasards d'un choc décisif. Louis, d'après les promesses du connétable, avait compté sur des révoltes en Flandre et en Brabant, sur de grandes défections parmi les vassaux de Charles : rien de semblable n'eut lieu dans les pays d'outre-Somme, et les secours attendus d'Angleterre ne parurent pas. Le bon vouloir du comte de Warwick était paralysé par la répugnance de la nation anglaise à interrompre son commerce

---

1. Olivier de La Marche assure que le duc avait bien trois cents pièces d'artillerie, sans les arquebuses et « couleuvrines à main, qui étoient sans nombre ».
2. Le duc Jean de Calabre venait de mourir à Barcelone, en décembre 1470, après avoir guerroyé pendant trois ans contre le roi d'Aragon, avec l'assistance de Louis XI.

avec les Pays-Bas. Charles, de son côté, était alarmé des mauvaises nouvelles du duché de Bourgogne, qu'envahissaient au midi plusieurs capitaines du roi, et que menaçaient au nord les Lorrains, sujets de la maison d'Anjou et alliés de Louis XI. Ne pouvant ni reprendre Amiens, ni forcer les Français à combattre, il vit qu'il fallait fléchir ou devant le roi ou devant le comte de Saint-Pol, qui lui réitérait toujours ses offres conditionnelles au nom des princes. Charles aima mieux traiter avec son suzerain qu'avec son vassal révolté : il envoya par un page six lignes de sa main au roi, s'humiliant devant lui, et témoignant son regret de lui avoir « couru sus » à l'instigation d'autrui. De telles paroles avaient dû coûter cher à l'orgueil du Bourguignon. Le roi Louis en fut très-joyeux, répondit courtoisement, et une trêve de trois mois fut provisoirement signée le 4 avril, en dépit des capitaines, qui ne souhaitaient que bataille, et du connétable, qui voyait ses grands projets renversés. Chacun gardait ce qu'il tenait, et le roi se trouvait content, pour cette fois, d'avoir recouvré Saint-Quentin et Amiens.

Les deux partis se remirent donc en observation, attendant l'issue des événements bien plus graves qui se passaient en Angleterre et qui devaient réagir sur les affaires du continent. Le 10 mars, Édouard IV était parti du port de Veere en Zélande, avec une escadre de navires ostrelins (orientaux), comme les Flamands et les Hollandais appelaient les marins allemands des villes hanséatiques. Le duc de Bourgogne, quoique informé du traité du prince de Galles avec Louis XI, n'avait point autorisé ouvertement l'entreprise hasardeuse du roi détrôné ; mais il lui avait fourni de l'argent pour payer ses vaisseaux et commencer sa campagne. Édouard et son plus jeune frère, le fameux Richard, duc de Glocester (Richard III), prirent terre à Ravensport en Yorkshire, dans les anciens domaines de leur maison : ils se virent bientôt à la tête de forces considérables, et marchèrent sur Londres. Trois corps d'armée s'avancèrent pour envelopper Édouard ; mais Warwick avait eu l'imprudence de confier un de ces corps au duc de Clarence, frère d'Édouard. Clarence était gagné d'avance et avait oublié tous ses ressentiments contre son frère : il passa du côté d'Édouard au lieu de lui fermer le chemin de Londres. Édouard rentra sans obstacle dans cette capitale, renvoya Henri VI à la Tour, et ressortit de Londres pour combattre Warwick. Le 14 avril 1471, le comte de Warwick, trahi par son propre frère, le marquis de Montagu, fut vaincu et tué dans la plaine de Barnet, à dix milles de Londres. Le même jour, Marguerite d'Anjou et le prince de Galles, arrivant de France, débarquaient à Weymouth en Dorsetshire : les partisans de la rose rouge et les débris des troupes de Warwick leur formèrent promptement une armée ; mais Édouard les atteignit à Tewkesbury, sur la Saverne, avant qu'ils eussent pu se joindre aux Gallois armés en leur faveur (4 mai 1471). Une dernière bataille anéantit la faction de Lancastre : l'armée de la reine fut écrasée ; le jeune prince de Galles, fait prisonnier, fut égorgé par Clarence et Glocester en présence d'Édouard ; on jeta Marguerite d'Anjou dans la Tour de Londres, et le pauvre Henri VI, depuis longtemps réduit à un état d'idiotisme, fut tué dans sa prison, de la main ou par les ordres de Richard de Glocester, qui préludait ainsi à son effroyable carrière.

Telle fut la fin de ce Henri VI, dont le front avait porté les deux couronnes de France et d'Angleterre, au milieu de si grands et si tragiques événements : avec lui finit la maison de Lancastre ; il pouvait s'en remettre à ses meurtriers du soin de le venger ; la race fatale d'York ne devait pas tarder à se dévorer elle-même.

Avec la race de Henri V avaient péri, dans les vicissitudes inouïes des dernières années, presque toutes les grandes maisons d'Angleterre ; les Français y voyaient la main vengeresse de Dieu, le châtiment de la mort de Jeanne Darc et de tant d'iniques agressions. « Durant les guerres d'York et *Lanclastre* (Lancaster) », dit Comines, « il y avoit eu en Angleterre sept ou huit grosses batailles, et étoient morts cruellement soixante ou quatre-vingts princes ou seigneurs des maisons royales[1], et ce qui n'étoit mort étoit fugitif en la maison du duc de Bourgogne ; tous seigneurs jeunes, car

---

1. L'usage s'est établi dans ces guerres, dit Comines, de « sauver le peuple et tuer les seigneurs, » contrairement à ce qui se pratiquait dans les autres pays : les vainqueurs, quels qu'ils fussent, ne s'acharnaient qu'après les chefs du parti vaincu, et, conservant jusque dans leur fureur quelques sentiments de patriotisme, ne détruisaient pas inutilement les forces vitales de leur nation. Édouard IV dérogea toutefois à cet usage dans sa dernière campagne, que signalèrent de grands massacres.

leurs pères étoient morts en Angleterre ; et les avoit recueillis le duc de Bourgogne en sa maison, lesquels j'ai vus en si grande pauvreté, avant que ledit duc eût connoissance d'eux, que ceux qui demandent l'aumône ne sont si pauvres ; et j'ai vu un duc de *Cestre* (Chester) aller à pied sans chausses, après le train dudit duc (de Bourgogne), pourchassant sa vie de maison en maison... C'étoit le plus prochain de la lignée de *Lanclastre*, et il avoit épousé la sœur du roi Édouard... Ceux de *Sombresset* (Somerset) et autres y étoient. Tous sont morts depuis en ces batailles. Leurs pères et leurs gens avoient pillé et détruit le royaume de France, et possédé la plus grande partie par maintes années : tous s'entre-tuèrent ; ceux qui étoient passés (repassés) en vie en Angleterre, et leurs enfants, ont fini comme vous voyez ! » (Comines, l. III, c. 4.)

La ruine des Lancastre eut en France un contre-coup fâcheux pour Louis XI : tous les ennemis secrets du roi relevèrent la tête ; en vain Louis s'efforça-t-il de retenir près de lui son frère, pour l'empêcher de redevenir l'instrument des factieux. Le duc de Guyenne voulut absolument retourner dans son duché (juillet 1471), et, dès qu'il eut passé la Charente, il ne garda plus de mesure : il sollicita ouvertement la main de mademoiselle de Bourgogne, que le duc Charles lui laissait espérer de nouveau, et envoya l'évêque de Montauban à Rome solliciter du pape les dispenses de parenté pour ce mariage. Odet d'Aidie, sire de Lescun, qui avait toujours grand crédit sur le duc de Guyenne, avait juré vingt fois au roi Louis de le servir fidèlement ; mais, jugeant plus avantageux d'être le ministre tout-puissant d'un prince souverain que l'agent subalterne d'un roi, il excitait au contraire le duc de Guyenne à violer ses promesses et à conspirer contre son frère. Jamais prince ne subit plus de trahisons que ce Louis XI, qu'on s'est habitué à considérer comme le type de la perfidie.

Louis tâcha encore de ramener son frère par la douceur : il chargea le sire du Bouchage, un de ses plus intimes conseillers, d'aller rappeler au duc de Guyenne son serment prêté sur la redoutable croix de saint Laud, et de lui représenter l'injustice de sa conduite envers le roi, qui l'avait investi d'un si bel apanage, et qui ne lui avait donné, depuis ce temps, aucun sujet de plainte. Le roi offrait à « monsieur Charles » d'agrandir encore ses domaines, de lui donner l'Angoumois, le Rouergue, le Limousin, et même le Poitou Le sire du Bouchage ne gagna rien sur l'esprit du prince, qui rappela d'Espagne le comte d'Armagnac, le remit en possession de ses seigneuries, malgré les officiers du roi, et le nomma son lieutenant général en Guyenne. Les intrigues étaient activement renouées entre les ducs de Guyenne, de Bretagne et le duc de Bourgogne, qui s'était bientôt repenti de son coup de tête. Le duc de Guyenne fit prêter serment à ses vassaux de le servir envers et contre tous, « même contre le roi »; plusieurs refusèrent, et se retirèrent « en France ». La ligue des princes était réorganisée, plus formidable que jamais, et les princes ne dissimulaient plus leurs intentions.

« J'aime mieux le bien du royaume qu'on ne pense », disait Charles de Bourgogne à son chambellan Comines; « car, pour un roi qu'il y a, j'en voudrois six ! » On ne se déguisait pas davantage à la cour de Guyenne ; on se vantait que « Anglois, Bourguignons, Bretons, alloient courre sus au roi, et qu'on mettroit tant de lévriers à ses trousses, qu'il ne sauroit de quel côté fuir. » Le puissant comte de Foix et de Béarn, héritier présomptif du royaume de Navarre, jusqu'alors ami du roi, s'était rapproché du duc de Guyenne et des Armagnacs ; il avait marié une de ses filles au duc de Bretagne, et pensait en faire épouser une autre au duc de Guyenne, si le mariage avec Marie de Bourgogne ne se réalisait pas : tout le Midi semblait prêt à tourner contre le roi ; la mort du duc Jean de Calabre avait rendu la Catalogne au roi d'Aragon, et le Roussillon était menacé. Louis ne voyait partout que pièges et que périls : sa propre sœur, la duchesse de Savoie, qui gouvernait sous le nom d'un imbécile mari, et qu'il venait de secourir contre des beaux-frères rebelles, le trahissait de nouveau ! Il ne se décourageait pas ; il renforçait son armée, se tenait toujours prêt à la défense, et tâchait de désunir ses ennemis par son habile diplomatie. Le dévot monarque n'oubliait pas non plus de recourir à la protection du ciel : le 1er mai 1472, il ordonna par toutes les églises du royaume une « moult belle et notable procession », et pria « son bon populaire », manants et habitants de sa cité de Paris et de ses autres villes et pays, « que dorenavant, à l'heure de midi, lorsque sonneroit la grosse cloche, chacun fléchit un genou en terre, en disant: *Ave, Maria*, pour obtenir bonne paix au royaume de France. » Ce fut l'origine de l'*Angelus*, usage adopté et perpétué depuis dans tous les pays catholiques (J. de Troies).

Il y avait déjà près d'un an, à cette époque, que la dernière révolution d'Angleterre était accomplie; mais la trêve avec la Bourgogne avait été prorogée, et les intérêts des adversaires de Louis s'étaient trouvés trop complexes jusque-là pour leur permettre d'agir de concert. Le duc de Bretagne, le connétable, le duc de Bourbon et ses frères voulaient le mariage de Marie de Bourgogne et de « monsieur de Guyenne »; le roi Édouard repoussait avec énergie une alliance qui, en cas de mort du petit dauphin Charles et d'avénement du duc de Guyenne à la couronne, eût mis entre les mains de ce prince une puissance effrayante pour l'Angleterre; Édouard ne consentait à aider les princes qu'au prix de l'abandon de ce dessein, qui, au fond, ne convenait pas plus à Charles de Bourgogne qu'à lui. Le Bourguignon, de son côté, négociait à la fois avec Édouard, avec les princes et avec le roi, qui lui faisait des propositions très-avantageuses pour le détacher de la ligue: le roi offrait de lui restituer Amiens, Saint-Quentin, tout ce qui avait été conquis en Picardie, et de lui abandonner les comtes de Nevers et de Saint-Pol, objets de sa haine implacable, « pour prendre leurs terres à son plaisir, s'il pouvoit »; le roi demandait en retour que Charles abandonnât les ducs de Guyenne et de Bretagne, et fiançât au petit dauphin, qui n'avait pas deux ans, la princesse Marie, qui en avait quinze. Le duc Charles accueillit assez bien les avances du roi, et signa même, au Crotoi, le 3 octobre 1471, un projet de traité d'après ces bases; mais il y mettait fort peu de loyauté, et ne visait qu'à recouvrer les villes picardes, afin de se dédire après. Le roi s'en doutait, et ne voulait pas évacuer les villes picardes avant de tenir le pacte d'alliance; le duc ne voulait pas remettre le pacte avant de tenir les villes. Tout l'hiver et le printemps s'écoulèrent dans ces incertitudes. Enfin Charles se décida: il jura la paix et dépêcha en France son échanson pour porter ses lettres d'alliance scellées de son sceau, et recevoir le serment du roi, qui était dans ses résidences de la Loire, surveillant attentivement ce qui se passait en Guyenne, et tenant de grosses troupes sur les marches de Saintonge et de Bretagne.

Le roi, qui avait paru si empressé d'arriver à ce résultat, différa pendant plusieurs jours la confirmation du traité, au grand étonnement de l'envoyé bourguignon; puis tout à coup il lui donna son congé sans rien conclure : « Quand le gibier est pris », dit-il, « il n'y a plus de serment à jurer. »

Il venait de recevoir une nouvelle, prévue assez longtemps d'avance, et qui devait changer la face des affaires : le duc de Guyenne, atteint depuis plusieurs mois d'une maladie de langueur, était trépassé le 24 mai 1472, à Bordeaux. Cette mort arrivait si à propos pour le roi, que tous ses ennemis la lui imputèrent sur-le-champ; quelques circonstances très-suspectes paraissaient appuyer cette terrible accusation; l'abbé de Saint-Jean-d'Angéli, aumônier du duc, avait été gagné par le roi et correspondait secrètement avec lui; ce religieux passait déjà pour avoir empoisonné madame de Thouars, maîtresse du duc, fort hostile aux intérêts de Louis XI. A peine Charles de France avait-il rendu le dernier soupir, que l'abbé de Saint-Jean et le chef de cuisine du prince furent arrêtés par ordre du sire de Lescun, qui déclara hautement que son maître était mort « par le fait des hommes du roi ». Le duc de Guyenne, durant sa longue maladie, n'avait cependant témoigné de soupçon contre personne, et avait nommé le roi son exécuteur testamentaire.

Ce qui est certain, c'est que Louis était informé, presque jour par jour, des progrès de la maladie de son frère, et qu'il en suivait la marche avec un espoir mal déguisé; il s'était préparé à tout événement : il avait réuni des troupes nombreuses sur les marches du Poitou et de la Saintonge, et noué des intelligences à La Rochelle et dans mainte bonne ville d'Aquitaine. Aussitôt après la mort du duc, le comte de Dammartin et d'autres capitaines entrèrent en Guyenne, et tout ce grand duché rentra sans coup férir sous l'obéissance du roi, qui en donna le gouvernement au sire de Beaujeu, frère du duc de Bourbon; presque tous les officiers et les serviteurs du feu duc s'empressèrent de se soumettre à Louis XI; mais Louis ne put gagner le sire de Lescun.

Ce seigneur, ne voyant aucun moyen de résister, s'embarqua pour la Bretagne, et emmena prisonniers l'abbé de Saint-Jean-d'Angéli et « l'écuyer de cuisine », son complice supposé ; ces deux hommes furent jetés dans les prisons de Nantes, et l'on répandit le bruit qu'ils avaient avoué leur crime ; mais il n'y eut aucune procédure contre eux. L'année suivante, le roi, raccommodé avec le duc de Bretagne, et parvenu à se rattacher le sire de Lescun à force de dons et de faveurs, affecta lui-même un vif désir d'éclaircir la vérité, et envoya plusieurs prélats et membres des parlements à Nantes pour instruire le procès des deux prisonniers : rien ne transpira sur les opérations de ces commissaires, et, un matin, après un violent orage, on trouva l'abbé de Saint-Jean mort dans son cachot. Beaucoup de gens prétendirent qu'il avait été tué par la foudre ou même étranglé par le diable ; d'autres pensèrent que les commissaires royaux s'étaient débarrassés de lui dans la crainte d'en trop apprendre[1]. Les contemporains ajoutèrent foi assez généralement au fratricide imputé à Louis XI ; ce prince, dans une lettre confidentielle adressée à Tannegui Duchâtel, gouverneur de Roussillon, attribue la mort de son frère à la violation du serment qu'il avait prêté sur la fatale croix de saint Laud[2] ; mais Louis était-il sincère avec Duchâtel, et n'avait-il pas cru pouvoir aider la vengeance du ciel sur le parjure ? Les exemples de fratricide sont bien communs parmi les princes dans ce siècle sinistre ! La meilleure justification du roi paraît être dans la longue maladie de son frère. Un homme empoisonné avec un fruit[3] ne survit pas huit mois.

---

1. On prétend que Louis d'Amboise, évêque de Lombez, livra au roi les pièces du procès, qui furent brûlées, et que ce fut là le commencement de la haute fortune de la maison d'Amboise. J. Bouchet, *Annales d'Aquitaine*.

2. Duclos, *Preuves*, p. 323.

3. Une pêche partagée avec un couteau empoisonné, dit-on. Suivant une anecdote rapportée par Brantôme (*Digression sur Louis XI*), le roi se serait trahi un jour devant le fou de son frère, « qu'il avoit retiré avec lui, pour ce que ledit fol étoit plaisant. » Un jour que le roi était en oraison à Cléri, devant l'autel de Notre-Dame, qu'il appelait sa bonne patronne, le fou, à qui Louis ne prenait pas garde, l'entendit invoquer la sainte Vierge de la sorte : « Ah ! ma bonne dame, ma petite maîtresse, ma grande amie, en qui j'ai toujours eu mon reconfort, je te prie d'être mon avocate envers Dieu, pour qu'il me pardonne la mort de mon frère, que j'ai fait empoisonner par ce méchant abbé de Saint-Jehan !.... Mais aussi qu'eussé-je pu faire ? Il ne faisoit que

La colère de Charles de Bourgogne, lorsqu'il apprit tout à la fois la mort du duc de Guyenne et le refus du roi de signer la paix, fut d'autant plus vive, qu'au moment où il se voyait ainsi déçu, il s'était lui-même préparé à tromper le roi le plus habilement, ou, pour mieux dire, le plus perfidement du monde; son seul but, en traitant avec Louis, était de rentrer en possession des villes picardes; une fois maître de ces places, il se proposait de déclarer qu'il n'entendait pas abandonner ses alliés, ni renoncer aux traités de Saint-Maur et de Péronne. Tout semblait favoriser ses plans : au moyen de son appât ordinaire, la promesse de la main de sa fille, il venait d'enlever au parti du roi l'héritier de la maison d'Anjou, le jeune Nicolas, duc titulaire de Calabre et duc de Lorraine; le roi René avait secrètement consenti à cette alliance, qui rompait le mariage convenu entre le duc Nicolas et Anne de France, fille du roi; l'armée bourguignonne était sur pied; le duc Charles, instruit par l'expérience, avait organisé, depuis un an, douze cents lances d'ordonnance à l'instar de celles du roi, et pouvait entrer en campagne à l'instant [1].

Ainsi fit-il : la ruse ayant échoué, il recourut à la force, et,

me troubler mon royaume. Fais-moi donc pardonner, ma bonne dame, et je sais bien ce que je te donnerai. »

Le fou, s'étant avisé de railler le roi à table sur ce qu'il avait entendu, disparut sans qu'on eût jamais de ses nouvelles.

Brantôme et ses anecdotes, quand elles ne sont pas contemporaines, sont fort sujets à caution ; mais la scène qu'il raconte, vraie ou non, est bien dans le caractère de Louis XI, ce roi « si sage, si subtil et si puissant, » dit un chroniqueur contemporain (Olivier de La Marche, *Introduction*), « et qui achetoit la grâce de Dieu et de la vierge Marie à plus grands deniers qu'oncques ne fit roi. » Le chroniqueur qui porte ce témoignage de Louis XI est au niveau des sentiments religieux de son héros ; la chose lui paraît toute simple. La séparation de la morale et de la religion, réduite à des pratiques extérieures, était à peu près complète dans bien des esprits, et jamais le génie du christianisme n'avait été aussi dénaturé et aussi perverti que dans le siècle qui précéda la Réforme.

1. Il avait tenu les États des Pays-Bas à Abbeville en juillet 1471, et en avait tiré une nouvelle aide de 120,000 écus, lesquels 120,000 « il fit monter jusques à 500,000, « dit Comines. Avec cette aide, il organisa ses ordonnances. « Et crois bien que les gens d'armes de soulde (l'armée permanente) sont bien employés sous l'autorité d'un sage roi ou prince, mais, quand il est autre, ou qu'il laisse enfants petits, l'usage à quoi les emploient les gouverneurs n'est pas toujours profitable, ni pour le roi, ni pour les sujets. » Comines, t. III, c. 4. Il est remarquable de voir Comines, le confident de Louis XI, se rapprocher sur ce point de l'opinion de Thomas Basin, le mortel ennemi de ce monarque.

devançant de quelques jours la fin de la trêve, qui avait été prorogée jusqu'au 13 juin, il se jeta avec rage sur la partie de la Picardie occupée par les hommes du roi. Après avoir passé la Somme à Péronne, une des villes picardes qu'il avait conservées, il saccagea, brûla tout, et attaqua Nesle, petite place défendue par cinq cents francs-archers; ces miliciens, peu habitués aux lois de la guerre, ayant lancé quelques flèches et tué un héraut tandis qu'on parlementait, les Bourguignons assaillirent et forcèrent la ville, pénétrèrent dans l'église, où s'étaient réfugiés les archers et les habitants, et massacrèrent tout. Le duc, entrant à cheval dans la nef inondée de sang et remplie de cadavres, s'écria, dit-on, « qu'il voyoit moult belle chose, et qu'il avoit avec lui de moult bons bouchers » (J. de Troies). Le lendemain, il fit pendre ou mutiler ceux des francs-archers qui avaient échappé à la première fureur des Bourguignons, et brûler et raser la ville (12-13 juin). On l'appela désormais Charles le *Terrible*. Charles se dirigea ensuite sur Roie : la garnison, composée de quinze cents francs-archers et d'un corps de nobles de l'arrière-ban, épouvantée du sort de Nesle, capitula et évacua Roie à la première sommation (16 juin); ce fut à Roie seulement que le duc publia sa déclaration de guerre, où il accablait le roi d'un torrent d'injures, et l'accusait formellement d'avoir empoisonné son frère. Ces déclamations ne produisirent aucun effet sur le peuple : l'ancienne popularité de la maison de Bourgogne était oubliée; les pauvres gens n'aimaient pas le roi, qui les surchargeait d'impôts arbitraires et qui châtiait impitoyablement la moindre résistance; mais ils craignaient davantage encore le brutal et cruel duc de Bourgogne, dont les sujets étaient plus malheureux que ceux de Louis XI [1]. Nesle raviva les souvenirs de Dinant et de Liége. Charles apprit bientôt à ses dépens quels sentiments il inspirait au peuple.

Son plan de campagne était d'envahir la Normandie et d'y opérer sa jonction avec le duc de Bretagne : il prit sa route par Beauvais, et, le 27 juin, son avant-garde se présenta devant cette

---

1. La faveur que Louis témoignait aux institutions municipales contrastait avec l'hostilité du duc contre ces institutions, contraste qui tenait à ce que les communes françaises n'étaient plus assez fortes pour inquiéter le roi ni pour refuser l'impôt.

place vers les portes de Bresle et du Limaçon : la ville n'étant pas forte et n'ayant d'autre garnison que quelques gentilshommes de l'arrière-ban [1], les gens du duc s'imaginaient l'enlever d'un coup de main; mais la population de Beauvais se défendit avec un héroïsme digne du siége d'Orléans. La compagnie des arquebusiers de la ville fit merveille : les femmes et les filles, se pressant autour de la châsse de sainte Angadresme, patronne de Beauvais, montaient hardiment sur le rempart pour apporter des munitions aux combattants; les plus courageuses roulaient de grosses pierres ou versaient des flots d'huile et d'eau bouillantes sur les ennemis. Heureusement l'avant-garde bourguignonne avait peu d'échelles et peu de munitions. Ceux des assaillants qui gravirent jusqu'au haut du mur furent rejetés dans le fossé, et une jeune fille, Jeanne Fourquet, dite Hachette, arracha des mains d'un porte-étendard bourguignon une bannière déjà plantée sur la muraille. La porte de Bresle avait été brisée de deux coups de canon : faute de boulets, l'ennemi ne put continuer son feu; les Bourguignons essayèrent de forcer le passage à l'arme blanche; on leur jeta à la tête des fascines enflammées; ils reculèrent; on entassa des matières combustibles derrière la porte rompue, et cette barrière de flammes, entretenue avec les ais, les planches et les chevrons des maisons voisines, arrêta l'ennemi jusqu'au soir.

Ce brave peuple n'eût pu que retarder sa perte, si le duc, qui parut vers le soir avec sa bataille, avait eu la précaution de cerner la place; la puissance de son armée lui rendait la chose facile. Charles, comptant sur son artillerie et ne pensant pas être obligé d'en venir à un blocus, ne fit pas franchir à ses gens la petite rivière du Thérain, qui traverse Beauvais, et n'investit point la partie méridionale de la ville. Cette faute sauva Beauvais : le lendemain 28 au matin, une colonne de douze cents cavaliers entrait dans la ville par la rive sud du Thérain : c'étaient les deux compagnies d'ordonnance de la garnison de Noyon; elles avaient chevauché quinze lieues sans débrider. Les gens d'armes, archers et coutilliers, laissant leurs chevaux et leurs bagages entre les

---

1. Ce qui inculpe fort le connétable, comme le remarque M. Michelet.

mains des femmes, coururent joindre les bourgeois sur les remparts. Le maréchal Rouault suivit avec cent autres lances; puis, le 29, ce fut un corps d'armée entier, compagnies d'ordonnance, francs-archers, arrière-ban, artilleurs, pionniers, accourus d'Amiens, de Senlis, de Paris et de la Haute-Normandie.

Le duc Charles, pareil au sanglier, animal auquel ses contemporains l'ont souvent comparé, ne se détournait jamais de sa route : au lieu de renoncer à Beauvais, dont la possession n'avait pour lui qu'une importance secondaire, et de suivre son premier dessein, il résolut de tirer vengeance à tout prix des audacieux bourgeois qui l'avaient bravé, dût le roi employer toutes les forces du royaume à les défendre. Charles s'établit donc devant Beauvais, fit ouvrir la tranchée et battre en brèche durant plus de dix jours; la ville, n'étant pas hermétiquement bloquée, ne cessa de recevoir des renforts en hommes et en munitions; toutes les cités du nord, Paris surtout, n'épargnaient rien pour réconforter les assiégés : la capitale avait levé trois mille soldats, et dépêcha son prévôt et ses meilleurs arbalétriers. Rouen, Orléans même, malgré la distance, firent des envois considérables : c'était un zèle universel. Le roi, qui, maître de la Guyenne, tenait en échec le duc de Bretagne, avait expédié Dammartin pour surveiller le connétable et diriger les autres capitaines; « il y avoit tant de gens dans la ville, qu'ils eussent suffi à défendre, non pas une muraille, mais la haie d'un champ » (Comines).

Le duc ordonna néanmoins un assaut général le 9 juillet, contre l'avis de ses capitaines : les compagnies bourguignonnes s'y portèrent bravement et parvinrent à planter trois bannières sur le rempart; mais elles furent reçues d'une si terrible façon, qu'après avoir vu leurs bannières abattues et une foule d'hommes tués ou mis hors de combat, elles durent renoncer à l'attaque. Les bourgeois et les femmes de Beauvais ne déployèrent pas moins de courage qu'au premier combat, et secondèrent admirablement les gens de guerre. Le lendemain, la garnison sortit et se jeta sur le parc du duc : le sire d'Orson, grand maître de l'artillerie bourguignonne, fut tué, et les assiégés ramenèrent en triomphe dans Beauvais plusieurs pièces d'artillerie, entre autres un gros canon pris naguère à Montlhéri par les Bourguignons. Le duc fut convaincu, par cette sanglante expérience, de l'inutilité des assauts : il n'avait pas plus d'espoir de prendre Beauvais par famine; car les denrées se vendaient à bien meilleur marché dans la ville que dans son camp; il était menacé d'être affamé lui-même par Dammartin, qui manœuvrait sur ses flancs; il s'obstina toutefois à rester sous les murs de Beauvais jusqu'au 22 juillet, et ne leva enfin le siége qu'après avoir exhalé sa rage dans un second manifeste : il y déclarait qu'il ne quittait Beauvais, « laquelle ville il lui eût été facile d'avoir à son plaisir et volonté », que pour ne pas tarder davantage à joindre « son frère de Bretagne », et à poursuivre, de concert avec lui, contre le roi et les siens, la vengeance de la mort du duc de Guyenne [1].

Il délogea donc « sans trompettes » dans la nuit du 22 juillet, et entra en Normandie par Aumale : il prit et brûla Eu, Saint-Valeri-en-Caux, Longueville, Neufchâtel, petites villes sans défense, et commit d'affreuses dévastations dans le riche et fertile pays de Caux; mais il n'y prit pas une seule place importante, et se présenta en vain devant Dieppe et devant Rouen : les habitants et les garnisons ne répondirent à ses sommations que par de vigoureuses sorties. Sa position devint bientôt fort désavantageuse : de nombreux partis français, escarmouchant autour de son armée, lui coupaient les vivres et enlevaient tous ses détachements; les maladies tourmentaient son armée; les populations manifestaient contre les envahisseurs une haine implacable, et le duc de Bretagne, bien loin de pouvoir entrer en Normandie pour se réunir au Bourguignon, était assailli dans son duché par le roi en personne avec des forces bien supérieures aux siennes. Les plus sages des serviteurs du duc Charles ne pronostiquaient rien de bon pour l'avenir, à voir comment allaient croissant ses emportements, son obstination et sa cruauté, tandis que le roi se montrait de plus en plus prudent et habile. Ce fut vers ce temps-là que le service du duc fut abandonné par son chambellan Philippe de Comines [2]; jeune encore, Comines était déjà le politique qui,

---

1. Sur le siége de Beauvais, voyez la relation publiée dans les *Preuves* de Comines, éd. Lenglet, n° CLXXXIX. — Comines, l. III, c. 10. — Jean de Troies.

2. Il était de la maison des sires de Comines, dans la Flandre wallonne, et son père avait été grand bailli de Flandre.

le premier chez les modernes, devait écrire l'histoire en penseur et en homme d'État. Comines ne voulait plus endurer les boutades d'un maître fantasque et brutal, et s'était décidé à s'attacher à un prince plus capable d'apprécier l'étendue et la finesse de son esprit. Ses liaisons avec Louis XI dataient du séjour forcé de ce monarque à Péronne; ces deux hommes s'étaient dès lors compris et convenus; le côté moral n'était pas ce qui dominait chez Comines, bien que les belles maximes ne lui fissent jamais faute. La désertion d'un homme de cette intelligence était un signe fâcheux pour Charles.

Le duc eut cependant encore assez de bon sens pour ne pas s'obstiner à pousser vers la Bretagne et pour se replier *sur la Picardie*, et de là sur l'Artois, que menaçaient les capitaines du roi. Il n'avait gagné dans son expédition que l'horreur du peuple et la ruine des milliers de malheureux dont il avait brûlé les habitations et les récoltes.

Le roi n'avait pas perdu son temps : pendant que ses lieutenants recevaient si bien le duc de Bourgogne, il était entré en Bretagne afin d'imposer au duc François une paix séparée, mais sans quitter des yeux les événements du Nord. Il témoigna aux habitants de Beauvais la plus vive reconnaissance, et leur accorda le privilége d'acquérir des fiefs nobles sans payer finances et sans être tenus au service de l'arrière-ban, la libre élection de leurs maires et pairs, et le droit de se réunir en assemblées générales pour les affaires de la commune: il les exempta de la taille et de plusieurs autres impôts; il enjoignit l'établissement d'une procession solennelle à Beauvais le 27 juin de chaque année, et ordonna que les vaillantes femmes de Beauvais marcheraient désormais avant les hommes à la procession de sainte Angadresme, autour de cette châsse et de ces reliques qu'elles avaient apportées sur le rempart pendant les assauts; il dispensa les femmes de Beauvais des lois somptuaires. Louis fit par calcul tout ce qu'une âme plus généreuse eût fait par effusion de cœur [1].

---

[1] *Preuves* de Comines, nos CXCI-CXCII. Troies avait obtenu aussi l'élection de ses échevins et conseillers municipaux; de même Poitiers, Tours, Niort, Fontenai-le-Comte. Le régime communal, auquel la royauté avait cherché à substituer le régime prévôtal, tendait à se relever avec l'appui du roi le plus absolu qui eût encore paru en

Le roi n'eut que des succès en Bretagne : il prit Champtocé, Ancenis, Machecoul, et poussa jusqu'aux portes de Nantes; mais, comme à l'ordinaire, il fit plus par les négociations que par les armes. La Champagne était entamée par les Bourguignons et les Lorrains : le comte d'Armagnac avait allumé la guerre en Gascogne; les Anglais commençaient à descendre en Bretagne pour secourir le duc François, qui avait promis son hommage à Édouard IV; le roi employa toute son habileté à séduire de nouveau l'homme adroit et redoutable qui gouvernait le duc de Bretagne. Il savait que Lescun, très-ambitieux et très-avide, gardait toutefois des sentiments français et répugnait fort à l'alliance anglaise. Lescun accepta l'amirauté de Guyenne, les sénéchaussées des Landes et de « Bourdelois », plusieurs capitaineries en Guyenne, de l'argent comptant et une grosse pension[1] : il passa au service du roi, que naguère il accusait hautement de fratricide, et fit conclure une trêve d'une année entre le roi et le duc François, à des conditions qui, du reste, n'avaient rien que d'avantageux au duc.

Une autre trêve de cinq mois fut signée avec le duc de Bourgogne (3 novembre). Cette trêve n'était, par elle-même, qu'un petit événement; mais elle marque une date importante, celle d'un grand changement de direction dans la politique du duc de Bourgogne. La suspension d'armes fut prorogée à plusieurs reprises, et le duc Charles, au lieu de renouveler ses efforts pour se venger du roi, chercha d'un autre côté des dédommagements à l'insuccès de sa campagne de France. Son opiniâtreté n'était pas de la constance : elle consistait à s'acharner contre l'obstacle au lieu de le tourner; mais, s'il était enfin

France : contraste assez singulier ; c'est que Louis XI se sentait assez fort pour n'avoir pas grand'chose à craindre des libertés locales : le maire élu ne résistait pas plus que le prévôt aux impôts établis « de la pleine puissance » du roi. La Rochelle reçut, en 1472, un privilége d'une nature toute particulière et surprenante : ce fut de pouvoir continuer son commerce avec les Anglais et les autres ennemis de l'État en temps de guerre : ce privilége en faisait une véritable république maritime. *Ordonn.* XVII, p. 492. Louis n'épargnait rien pour faciliter le commerce. En 1473, il conclut un traité avec les villes de la Hanse teutonique (Hambourg, Brême, Lubeck, etc.), rivales de la Flandre et de la Hollande : les *Ostrelins* (gens de l'*est*) comme on nommait les marins de ces villes, furent autorisés à trafiquer librement dans toute la France.

1. Il eut le comté de Comminges après la mort du bâtard d'Armagnac, en 1473.

forcé de renoncer à l'abattre, avec l'obstacle il abandonnait le but même; au lieu de travailler avec persévérance à réparer son échec, il se détournait brusquement dans une autre direction. Au contraire du roi, qui avait mille moyens et un seul but, il se perdait dans un labyrinthe de projets qui s'enchevêtraient et s'entravaient les uns les autres. La nature hétérogène de la puissance bourguignonne poussait à ces complications; les défauts de l'homme outraient le défaut de la situation. Placé entre la France et l'Empire, Charles de Bourgogne voulait affaiblir, diviser l'une, et dominer l'autre. Il s'était d'abord attaqué à la France; après de premiers succès mal soutenus, il s'était rebuté et s'apprêtait maintenant à porter vers l'Allemagne le principal effort de sa fiévreuse activité. Le sagace Louis, bien instruit des intérêts, des passions et des forces auxquels Charles allait se heurter avec son aveugle impétuosité, se garda bien de l'obliger à tourner tête de nouveau vers la France, et lui aplanit avec joie l'entrée de la nouvelle carrière au bout de laquelle le duc de Bourgogne et l'état bourguignon devaient se briser ensemble.

LIVRE XLI

LUTTE DES MAISONS DE FRANCE ET DE BOURGOGNE

(SUITE)

Louis XI et Charles le Téméraire, suite. — Projets de Charles sur l'Empire. Il acquiert la Gueldre et l'Alsace. — Meurtre d'Armagnac. — Révolte de l'Alsace. Ligue du Rhin et des Suisses contre Charles. Siége de Neuss. Bataille d'Héricourt. — Guerre de Roussillon. — Le roi saisit l'Anjou. Succès du roi contre Charles. — Charles traite avec l'empereur. — Descente des Anglais en Picardie. Traité entre la France et l'Angleterre. — Procès et supplice du connétable de Saint-Pol. — Conquête de la Lorraine par Charles. Charles attaque les Suisses. Bataille de Granson. Bataille de Morat. Ruine de la puissance bourguignonne. Siége de Nanci. Dernière défaite et mort de Charles. — Marie de Bourgogne. — Louis XI réunit la Bourgogne à la couronne, occupe la Franche-Comté, reprend la Picardie, saisit l'Artois. — Troubles de Flandre. Supplice des ministres de Charles. — Révolte de la Franche-Comté. — Révolte et ruine d'Arras. — Mariage de Marie de Bourgogne et de Maximilien d'Autriche. — Supplice du duc de Nemours. — La Franche-Comté reconquise. — Bataille de Guinegate. — Suppression des francs-archers. Introduction des mercenaires étrangers. — Trêve. — Projets de réformes. — Louis XI au Plessis-lez-Tours. — Réunion de l'Anjou, du Maine et de la Provence à la Couronne. — Mort de Marie de Bourgogne. Traité entre Louis XI, Maximilien et les Pays-Bas. — Derniers moments et mort de Louis XI. Grands accroissements de la France sous ce règne. — Marche de la Renaissance. Décadence de la scolastique. L'Imprimerie.

1473 — 1483.

L'année 1473 vit Charles le Téméraire s'enfoncer décidément dans la voie qui devait le mener au précipice, et la Bourgogne avec lui.

Dès 1469, il avait mis la main sur la Haute-Alsace et le Brisgau, et commencé à dominer les deux rives du Haut-Rhin, grand accroissement de puissance, mais qui le mettait en contact et en conflit avec de redoutables voisins, avec les Suisses. Au premier mécontentement donné par le lieutenant du duc, les Suisses avaient rompu leur alliance avec la Bourgogne et traité avec le roi de France (13 août 1470). Le duc transigea ; mais les querelles ne pouvaient manquer de renaître.

En 1473, le duc Charles se retourna vers le Bas-Rhin. Il y avait eu, dans une des grandes seigneuries de ces contrées, une querelle de famille si atroce, qu'elle avait effrayé même ce temps de parjures, de cruautés, de luttes implacables entre parents. Presque tous les princes de ce siècle avaient été en révolte contre leurs pères; mais on n'avait pas encore vu un fils enlever son père en trahison, le traîner prisonnier, à pied, demi-nu, pendant toute une nuit d'hiver, puis le jeter, six années durant, au fond d'un cachot, ainsi que fit Adolphe de Gueldre à son père, le duc Arnold. Philippe le Bon puis Charles le Téméraire s'étaient entremis à plusieurs reprises entre les deux ducs de Gueldre. Le pape et l'empereur intervinrent, et sommèrent le duc de Bourgogne de faire rendre la liberté au père. Charles ne demandait pas mieux que de se faire juge et maître des ducs et du duché. Adolphe relâcha son père; mais, après de longs débats où l'on vit le vieillard présenter, devant Charles, le gage de bataille à son fils, Adolphe refusa un accommodement imposé par Charles. Celui-ci le fit arrêter, condamner à une prison perpétuelle par le chapitre de la Toison d'Or, tribunal parfaitement incompétent (3 mai 1473), et se fit vendre par le vieil Arnold l'héritage de Gueldre et de Zutphen. Il envahit ces deux seigneuries. Les populations se défendirent. Le vieux duc Arnold, qui les avait fort mal gouvernées, était très-impopulaire, la tyrannie bourguignonne très-redoutée, et, si le duc Adolphe était exclus pour indignité, ses enfants innocents devaient hériter à sa place. La ville de Nimègue recueillit l'aîné de ces enfants, neveu par alliance de son spoliateur [1], et soutint un siège en sa faveur contre le duc Charles. Aucun secours ne venant aux gens de Gueldre, il fallut finir par céder. La ville capitula; les enfants furent remis au duc de Bourgogne, et Charles prit possession de la Gueldre et du Zutphen, position importante pour compléter la domination des Pays-Bas, serrer de près Cologne et entamer la Basse-Allemagne (juillet 1473).

---

1. La femme d'Adolphe de Gueldre était une Bourbon, sœur de la première femme de Charles le Téméraire.

Charles poursuivait, pendant ce temps, d'actives négociations avec le vieil empereur Frédéric d'Autriche et avec la plupart des électeurs et des princes d'Allemagne. Il offrait à l'empereur, pour son fils Maximilien, la main de Marie de Bourgogne et l'immense héritage bourguignon, au cas où il n'aurait pas d'enfants mâles [1]; il demandait en échange le vicariat général de l'Empire, qui eût préparé son accession au titre de roi des Romains, et l'érection de ses états en royaume de Bourgogne ou de Gaule-Belgique. Une conférence fut convenue entre l'empereur et le « grand duc d'Occident ».

Charles, tandis qu'il promettait sa fille au fils de l'empereur, assurait secrètement le jeune duc Nicolas de Lorraine, à qui il l'avait aussi promise, que les Autrichiens auraient les paroles, et lui l'effet. Nicolas mourut assez subitement, le 13 août. Les Bourguignons ne manquèrent pas d'accuser Louis XI de l'avoir empoisonné, accusation dont le roi se vengea en faisant condamner par le parlement un homme qui, dit-on, avait voulu séduire ses cuisiniers pour lui donner du poison à lui-même (janvier-mars 1474). Les Français accusèrent à leur tour le duc Charles.

Charles marchait de violence en violence. Avec le duc Nicolas, avait fini la descendance mâle de la duchesse Isabeau, femme du roi René. Le duché de Lorraine avait passé à Yolande d'Anjou, comtesse de Vaudemont, fille de René et d'Isabeau, et Yolande avait cédé la couronne ducale à son fils René de Vaudemont, jeune homme de vingt-deux ans. Le duc de Bourgogne crut voir, dans ces mutations, une occasion d'usurper la Lorraine. C'était la plus utile conquête qu'il pût faire. L'acquisition de la Lorraine eût avantageusement suppléé à celle de la Champagne : ce beau duché eût servi de lien aux deux moitiés de l'état bourguignon, et lui eût donné, à défaut d'unité morale, l'unité territoriale. Le duc Charles, sans aucun prétexte, fit enlever par surprise le jeune duc René II, et se le fit amener à Trèves, où il s'abouchait en ce moment avec l'empereur.

Metz avait été désigné d'abord pour l'entrevue ; mais cette grande commune, mise en défiance par une récente tentative du

---

1. Sa seconde femme, Marguerite d'York, ne lui donna point d'enfants.

feu duc. Nicolas de Lorraine pour la surprendre, avec la connivence du duc Charles, refusa de recevoir les Bourguignons dans ses murs, de peur qu'ils n'en sortissent plus. On choisit donc Trèves, et Frédéric et Charles s'y réunirent le 29 septembre.

Le duc, à la vue de l'empereur, descendit de cheval et mit un genou en terre : l'empereur le releva et l'embrassa.

« C'est folie à deux grands princes de s'entrevoir (d'avoir des entrevues), » dit Comines : « toujours en provient malveillance et envie ; par quoi feroient-ils mieux de traiter par bons et sages serviteurs ; » et le judicieux historien cite pour exemple ce qui advint à Trèves. Le faste excessif du duc Charles, ses prétentions immodérées, choquèrent l'empereur et les grands d'Allemagne. « Les Allemands méprisoient la pompe et parole du duc, l'attribuant à orgueil : les Bourguignons méprisoient la petite compagnie de l'empereur et les povres habillements : » bref, on ne fut pas cinq semaines en présence sans qu'il s'élevât bien des nuages. Charles exigeait que les quatre évêchés d'Utrecht, de Liége, de Cambrai et de Tournai [1] fussent annexés à ses états, et que les évêques fussent tenus de lui transférer leur hommage ; il eût apparemment demandé ensuite la Lorraine et tenté de forcer René II à renoncer à ses droits. Le vieil empereur, jaloux de ce vassal qui parlait en maître, et soupçonnant que le mariage de mademoiselle Marie pourrait bien être un leurre pour son fils comme pour tant d'autres, se montra peu sensible aux déclamations du chancelier de Bourgogne contre le roi de France, officiellement accusé de l'empoisonnement de son frère, et accueillit favorablement, au contraire, les ouvertures de Louis XI, qui était entré en négociation avec lui à propos de l'affaire de Lorraine, et qui n'épargnait rien pour exciter sa défiance contre le Bourguignon. Il eût été facile à Charles de dissiper la défiance de Frédéric : il n'avait qu'à réaliser sans plus de délai l'offre de la main de sa fille ; mais rien n'était plus loin de sa pensée : « J'aimerois mieux me faire cordelier que de me donner un gendre, » disait-il à ses confidents.

Charles dut renoncer à usurper directement la Lorraine. Louis

---

1. Le Tournaisis appartenait de temps immémorial à la couronne de France ; mais les empereurs conservaient d'anciennes prétentions sur ce diocèse.

avait fait arrêter un neveu de l'empereur, qui étudiait aux écoles de Paris, comme otage du duc René de Lorraine, et mis sur pied les francs-archers et l'arrière-ban de Champagne pour défendre ce duché. L'empereur obligea le duc Charles à relâcher René ; cependant Charles atteignit en grande partie son but. Ses promesses avaient gagné les barons qui gouvernaient la Lorraine, et René, pour recouvrer sa liberté, fut amené à signer un traité qui livrait au Bourguignon quatre forteresses et le libre passage pour ses troupes à travers le duché. C'était, de fait, lui livrer la Lorraine (13 octobre).

Charles ne réussit pas si bien avec la maison d'Autriche.

Les pourparlers entre Charles et Frédéric avaient continué avec un succès apparent : le 4 novembre, Charles rendit solennellement hommage à l'empereur pour tous ses fiefs impériaux, et reçut l'investiture du duché de Gueldre. L'empereur promit de rétablir en faveur du duc l'ancien royaume de Bourgogne. Le jour du couronnement fut fixé ; déjà étaient préparés la couronne, le sceptre, la bannière et les habits royaux ; déjà étaient dressés, dans l'église de Notre-Dame de Trèves, le trône de l'empereur, et, un peu plus bas, le trône du nouveau roi ; tout s'apprêtait pour la cérémonie, lorsqu'un soir, l'avant-veille du jour si impatiemment attendu, l'empereur s'embarqua furtivement sur la Moselle, et partit pour Cologne sans prendre congé [1].

Charles resta furieux d'avoir été joué par ceux qu'il avait compté prendre pour dupes ; mais sa colère même et son désir de se venger de la maison d'Autriche le confirmèrent dans ses projets sur l'Allemagne. Il prorogea de nouveau sa trêve avec le roi, sans cesser, il est vrai, d'intriguer contre Louis en France et à l'étranger, ce que Louis lui rendait avec usure [2]. Le vieux roi René et

---

1. Comines. — Th. Basin, l. IV, c. 8-9. — Pontus Heuterus, *Rerum Burgundicarum*.

2. La cour de Rome, nourrissant toujours l'espoir, ou au moins le désir de réunir la chrétienté « contre le Turc, » avait tâché, à plusieurs reprises, de faire accepter sa médiation au roi et au duc. A la fin de 1472, le pape Sixte IV avait envoyé en France, dans ce but, le célèbre Bessarion, prélat grec, qui s'était rallié à la papauté lors de la dernière tentative faite pour unir les deux églises avant la chute de Constantinople, et qui avait reçu, en 1439, le chapeau de cardinal. Cet illustre vieillard, qui était considéré en Italie comme le prince de la science, et autour de qui se groupaient tous les érudits italiens et tous les savants réfugiés de la Grèce, entendait mieux la métaphy-

son neveu le comte du Maine[1], tout en protestant de leur dévouement à Louis XI, favorisaient secrètement le duc Charles. La conduite de la maison d'Anjou envers la couronne de France n'était rien moins que loyale. L'avenir prouva cependant que le petit-fils du roi René, le nouveau duc de Lorraine, n'avait pas oublié l'offense du duc de Bourgogne.

Le roi employait la trêve, non point à se créer des embarras au dehors comme Charles, mais à consolider son autorité et à châtier ses ennemis intérieurs : le comte d'Armagnac était un des plus dangereux, par la position de ses seigneuries sur les frontières du royaume d'Aragon, qui était en guerre ouverte avec la France. Armagnac, après s'être soumis au moment de la « recouvrance » de la Guyenne par le roi, en juin 1472, avait relevé l'étendard de la révolte et fait prisonnier par trahison le sire de

sique et la philologie que la politique, et ne fut pas accueilli de Louis XI avec les égards qu'il méritait : le roi lui gardait rancune, parce qu'il avait réclamé vivement contre l'arrestation et la détention de son collègue le cardinal Balue. Bessarion suivit la cour pendant deux mois sans pouvoir obtenir d'audience, et, lorsque enfin le roi consentit à le recevoir, ce ne fut que pour l'humilier par une mauvaise plaisanterie. Bessarion ayant adressé au roi une longue harangue, ornée de nombreuses et doctes citations, Louis ne répondit qu'en prenant la longue barbe que portait le cardinal, suivant la mode grecque, et en citant à son tour un vers tiré de la grammaire latine usitée dans les écoles :

Barbara Græca genus retinent quod habere solebant.
(Grecs et Barbares conservent leur genre accoutumé.)

Tel est du moins le récit de Brantôme (*Vie de Charles VIII*) : ce qui est certain, c'est que Bessarion repartit après une seule et infructueuse entrevue avec le roi. Ciaconius assure qu'il en mourut de chagrin. Un autre légat, l'évêque de Viterbe, moins savant et moins vertueux, mais plus maniable que Bessarion, fut beaucoup mieux reçu de Louis XI, qui, n'étant point alors disposé à rentrer en guerre ouverte avec Charles de Bourgogne, encouragea le légat à publier une bulle d'excommunication contre celui des deux rivaux qui refuserait de traiter de la paix : Louis, sans se soucier si cette bulle compromettait l'indépendance de sa couronne, s'en servit pour persuader aux peuples que Charles seul s'opposait à une paix définitive. Le duc sentit le coup et appela du légat au pape. (Barante, t. X, p. 114 et suiv. — Gabriel Naudé, *Addition à l'histoire du roi Louis XI*, c. 3.) L'évêque de Viterbe conclut avec le roi une transaction relativement à la pragmatique : comme au temps de la régence anglaise, le pape eut pour lui six mois de l'année, et les collateurs et électeurs ordinaires, les autres six mois. Le roi se réservait une sorte de veto sur les bénéficiaires choisis par le pape, qui devait accorder deux expectatives sur six à la demande du roi, des parlements (pour leurs conseillers clercs), des universités, etc. Ordonn. t. XVII, p. 348.

1. Charles II, comte du Maine, fils de ce comte Charles qui avait joué un rôle assez considérable dans les affaires du royaume sous Charles VII, et qui venait de mourir en avril 1473.

Beaujeu, alors gouverneur de Guyenne, malgré un accommodement juré de part et d'autre. Louis résolut d'en finir avec ce factieux obstiné, qui n'avait pas été compris dans les trêves de Bretagne et de Bourgogne, et, dès le mois de janvier 1473, il envoya contre lui un nombreux corps d'armée conduit par le cardinal d'Albi, Jean Goffredi, qu'on appelait le *Diable d'Arras*, à cause des atrocités qu'il avait commises à Arras, étant évêque de cette ville, à l'époque du procès des Vaudois. Personne n'était plus digne de recevoir et d'exécuter des ordres d'extermination. Armagnac ne fut secouru par personne : le comte de Foix, son beau-père et son voisin, venait de mourir, laissant pour héritier un enfant en bas âge; les Aragonais employaient toutes leurs forces contre le Roussillon; Armagnac, assiégé dans Lectoure, capitula, relâcha le sire de Beaujeu, et ouvrit les portes de la ville aux lieutenants du roi. S'il faut en croire les traditions du Midi, la capitulation fut violée d'après les instructions de Louis XI, qui avait défendu d'accorder aucun quartier : la ville fut mise à feu et à sang, et tous les habitants massacrés; un franc-archer égorgea le comte aux côtés de sa femme, Jeanne de Foix [1], grosse de sept à huit mois; la comtesse fut emmenée dans un château du Toulousain; on prétend que, quelques jours après, trois affidés du roi forcèrent la captive d'avaler un breuvage qui la fit avorter [2] Les partisans du roi présentèrent le sac de la ville et le meurtre du comte comme le résultat d'une rixe provoquée par quelque nouvelle perfidie du traître Armagnac; mais cela n'est pas vraisemblable : le choix d'agents tels que le cardinal d'Albi indique assez que le roi avait médité quelque chose d'effroyable (4-6 mars 1473) [3].

Quoi qu'il en soit, le chef de la branche aînée d'Armagnac périt

---

1. Sa seconde femme; la première avait été sa propre sœur, Isabelle d'Armagnac! (*V.* notre t. VI, p. 513.)

2. Barante, t. X, p. 95. Le fait est très-douteux; ce qui est certain, c'est que la comtesse n'en mourut pas, comme on l'a prétendu ; car elle vivait encore trois ans après. Il faut grandement se défier des récits mis en circulation par la réaction qui suivit la mort de Louis XI. La seule chose dont il n'y ait pas à douter, c'est que le roi n'eût ordonné de se défaire d'Armagnac à tout prix.

3. *Hist. de Languedoc*, l. XXXV, c. 47.— Jean Masselin, *Procès-verbal des États Généraux de 1484.* — J. de Troies.

misérablement [1], par une catastrophe digne de la longue série de forfaits qui avaient souillé cette race depuis le connétable Bernard ; le chef de la branche cadette, le duc de Nemours, était réservé à un sort non moins terrible et non moins mérité. Le vieux duc d'Alençon, à qui Louis avait pardonné à deux reprises le crime de haute trahison, et qui recommençait toujours ses conspirations avec tous les ennemis de l'État, fut arrêté à son tour dans un de ses châteaux par Tristan l'Ermite, puis traduit devant le parlement, et condamné pour la seconde fois à perdre corps et biens. Louis ne voulut pas néanmoins laisser tomber la tête de son parrain, et le garda en prison à peu près jusqu'à sa mort, qui arriva en 1476.

Le roi, en accablant les grandes maisons qu'il n'espérait plus regagner, cherchait à se rattacher celles qui n'étaient que douteuses : il s'assura, autant que possible, de la fidélité des Bourbons, en accordant au sire de Beaujeu madame Anne de France, sa fille préférée, et la seule de ses enfants qui lui ressemblât par la sécheresse de l'âme et la vigueur du génie; il maria sa seconde fille, Jeanne, enfant de neuf ans, au jeune Louis d'Orléans, qui en avait à peine douze, et qu'il faisait élever sous ses yeux dans une étroite sujétion. La trêve avec le duc de Bretagne fut prorogée à diverses reprises.

La réunion du comté d'Armagnac à la couronne avait été compensée par un fâcheux revers dans une contrée voisine. Le vieux roi d'Aragon, don Juan II, après avoir achevé de reconquérir la Catalogne, venait de soulever le Roussillon contre la domination française (février 1473). Les populations, irritées des exigences fiscales de Louis XI et des atteintes portées à leurs coutumes, coururent sus aux Français, et se joignirent partout aux troupes aragonaises; il ne resta bientôt à la France que Salces, Collioure et le château de Perpignan. Le corps d'armée qui avait écrasé le

---

1. Le vicomte de Fezensac, frère du comte d'Armagnac, resta prisonnier du roi : ce fut lui qui, en 1484, dénonça à la France les horreurs du sac de Lectoure. Louis XI, tandis qu'il faisait périr Armagnac, recevait dans sa faveur l'ancien complice de ce comte, l'ex-référendaire du pape Calixte III, qui avait fabriqué les fausses bulles pour autoriser le mariage incestueux d'Armagnac. Ce misérable, nommé Ambroise de Cambrai, meurtrier et faussaire, devint maître des requêtes, puis chancelier de l'université de Paris ! — Gaguin. *Compend.* l. x, p. 152, v°.

comte d'Armagnac accourut pour reprendre la ville de Perpignan ; le roi d'Aragon, malgré ses soixante-seize ans, s'enferma dans la place, et la défendit bravement pendant deux mois. L'Aragon, la Navarre, et même la Castille, montrèrent un grand enthousiasme en faveur de ce vieillard qui faisait oublier ses crimes par son courage. Ferdinand (le *Catholique*), fils de don Juan, avait épousé récemment la célèbre Isabelle, sœur du roi de Castille Henri l'Impuissant, mariage qui eut de bien grandes conséquences pour l'Espagne et pour l'Europe : Ferdinand amena l'élite de la noblesse castillane au secours de Perpignan. Les maladies, causées par la chaleur et par la mauvaise qualité des eaux, avaient épuisé l'armée française ; hors d'état de soutenir le choc de l'armée espagnole, elle leva le siége, en brûlant si précipitamment ses logis, qu'un grand nombre de malades et de blessés périrent dans les flammes. Le château de Perpignan resta cependant aux Français. Louis XI envoya de nouvelles forces ; on transigea ; on convint que le Roussillon et la Cerdagne resteraient régis en neutralité par des officiers élus des rois de France et d'Aragon, jusqu'à ce que don Juan eût soldé à Louis la somme dont ces deux comtés avaient été le gage. Le délai d'un an était fixé pour l'acquittement (17 septembre 1473).

Le roi, si occupé qu'il fût des affaires du Midi et de l'intérieur, avait toujours les yeux sur Charles de Bourgogne, et voyait avec joie ce prince s'attirer chaque jour de nouveaux ennemis. Il semblait que Charles, par une conséquence logique de sa rupture avec l'empereur, dût se rattacher les adversaires de la maison d'Autriche, les villes libres de la Haute-Allemagne et surtout ces valeureux Suisses, dont un guerrier tel que lui était fait pour apprécier l'alliance : ce fut tout le contraire. Charles avait confié le gouvernement des cantons d'Alsace et de Souabe, que lui avait engagés Sigismond d'Autriche, à un *landvogt* ou bailli alsacien nommé Pierre de Hagenbach, confident et instrument de ses projets sur l'Allemagne [1]. Hagenbach s'y prit de façon à rendre la domination bourguignonne un objet d'horreur pour toutes les

---

1. Hagenbach était depuis longtemps au service de la maison de Bourgogne : c'était lui qui avait commandé l'artillerie bourguignonne au siége de Dinant.

populations du Rhin. Il voulut établir une violente uniformité dans ce pays de coutumes si variées, où les seigneuries féodales, les villes libres, les communautés rurales, toutes les formes de liberté et de sujétion étaient enchevêtrées. Il fit régner la terreur sous le nom d'ordre. Il foula aux pieds tous les droits et toutes les traditions. Il frappa d'impôts arbitraires (le *mauvais denier*) les habitants des domaines engagés à son maître, et envoya à l'échafaud quiconque résistait. Joignant le cynisme à la cruauté, il outragea l'honnêteté publique par d'infâmes violences. Des sujets, il passa aux voisins, vexa, menaça Mulhouse, Colmar, pour les obliger à accepter « la protection » de Bourgogne; il inquiéta Strasbourg, Bâle. Les Suisses réclamèrent pour leur alliée Mulhouse. Il dit qu'il « qu'il écorcheroit l'ours de Berne pour s'en faire une fourrure. » Les Bourguignons apprirent bientôt à leurs dépens que l'ours savait défendre sa peau!

Les Alsaciens et les Suisses tâchèrent d'obtenir justice; ils saisirent l'occasion d'un voyage que fit le duc Charles en Alsace et en Bourgogne, après les conférences de Trèves; Charles, après avoir fait une entrée à Nanci, le 15 décembre 1473, comme s'il eût été le suzerain du duc de Lorraine, passa les Vosges et alla se montrer au delà du Rhin, à Brisach. Il ne parla que pour approuver tout ce qu'avait fait Hagenbach, laissa commettre de nouveaux excès quasi en sa présence par le landvogt et par les soldats, et traîna à sa suite les envoyés des Suisses jusqu'à Dijon sans leur répondre. Il n'avait pas encore visité les deux Bourgognes depuis la mort de son père; il fit à Dijon une entrée d'un faste inouï (23 janvier 1474). Dans la harangue qu'il adressa de sa propre bouche aux États « de la duché et de la comté, » il leur rappela l'existence indépendante du royaume de Bourgogne, « que ceux de France ont longtemps usurpé et d'icelui fait duché, (ce) que tous les sujets doivent bien avoir à regret, et dit qu'il avoit en soi des choses qu'il n'appartenoit de savoir à nul qu'à lui [1]. » Les desseins que laissait entrevoir Charles n'allaient à rien moins qu'à la réunion de l'ancien royaume de Lorraine ou d'Austrasie avec celui de Bourgogne, qui avait compris jadis les états de Savoie,

---

1. Michelet, VI, 328, d'après un ms. des Chartreux de Dijon.

une partie de la Suisse et le Dauphiné [1]. On savait même que Charles espérait amener le vieux roi René à lui léguer la Provence.

Le discours de Charles aux États de Dijon confirma toutes les craintes et exalta toutes les colères des Suisses ; le duc repartit pour les Pays-Bas, sans avoir accordé de satisfaction à leurs ambassadeurs, et le retour de ces députés fut suivi d'un résultat presque incroyable : les Suisses oublièrent leur haine séculaire contre la noblesse de la Haute-Allemagne ; le ressentiment d'un commun outrage réconcilia ces mortels ennemis ; les princes autrichiens eux-mêmes se rapprochèrent des républicains de l'Helvétie par l'intermédiaire du roi de France, qui avait entretenu avec les Suisses, dans ces dernières années, des relations de plus en plus amicales, et qui négociait avec eux, en ce moment même, une alliance contre le duc Charles. Les princes de la maison de Savoie, informés de ce qui se préparait, tâchèrent de s'interposer auprès des Suisses ; mais il était trop tard. Le 25 mars 1474, un pacte de défense mutuelle fut signé à Constance, entre le duc Sigismond d'Autriche, les évêques de Bâle et de Strasbourg, le margrave de Bade, la ville de Bâle et les villes libres d'Alsace [2], d'une part, et, de l'autre, les « honorables communes confédérées » des villes et cantons de Zurich, Lucerne, Berne, Uri, Schwitz, Unterwalden, Zug et Glaris. Le roi Louis ratifia et garantit ce traité conclu sous les auspices de deux de ses agents ; le duc Sigismond scella la réconciliation de la maison d'Autriche avec les Suisses par un pèlerinage à Notre-Dame d'Einsiedlen, au milieu de ces montagnes tant de fois témoins des désastres de ses pères. Les conséquences du traité de Constance ne se firent point attendre : les riches cités de Strasbourg et de

---

1. Il venait d'établir, le 3 janvier, à Malines, un conseil souverain sur le modèle du parlement de Paris. Il y centralisa aussi ses chambres des comptes. — Il faisait fouiller les historiens de l'antiquité pour refaire des origines et des traditions à son royaume de Bourgogne. Son maître d'hôtel historien, Olivier de La Marche, revendique pour la Bourgogne les souvenirs de la grande ville d'Alise (Alesia), fondée par la femme d'Hercule, et ceux mêmes de « Vercingentorix, prince françois, » qui combattit César en ce même lieu d'Alise. Olivier de La Marche, *Introduction*, c. 2.

2. Strasbourg, Colmar, Haguenau, Schelestadt et Mulhausen (Mulhouse). V. le traité dans les *Preuves* de Comines, éd. Lenglet, n° CCXIV. Fribourg, Saint-Gall, Appenzell, ratifièrent plus tard le traité.

Bâle s'étaient engagées à prêter au duc Sigismond, sous la caution du roi Louis, les 100,000 florins que Sigismond devait à Charles. Dans les premiers jours d'avril, Sigismond signifia au duc de Bourgogne qu'il était prêt à solder sa dette, et réclama en conséquence ses domaines de Souabe et d'Alsace. Les Alsaciens n'attendirent pas la réponse du duc pour s'insurger contre Hagenbach : le landvogt fut surpris et fait prisonnier par les habitants de Brisach ; en quelques jours, les garnisons bourguignonnes furent chassées de toutes les villes, et les domaines engagés au Bourguignon relevèrent la bannière de leur ancien seigneur. Pierre de Hagenbach fut traduit par le duc Sigismond devant une cour de justice extraordinaire, composée de députés de la noblesse et des bonnes villes de l'Alsace, du Brisgau et du Bâlois ; Berne et Soleure furent invitées à s'y faire représenter : Hagenbach, déclaré convaincu d'exécutions arbitraires, de viols et d'attentats aux priviléges des nobles et des bourgeois, fut condamné à mort et décapité près de la porte de Brisach, le 9 mai 1474.

Ce grand acte de justice semblait le signal d'une terrible guerre : la trêve de Louis XI et du duc de Bourgogne allait expirer, et l'on s'attendait à voir s'armer le roi, l'empereur, les princes allemands et les Suisses contre le duc Charles, les rois d'Angleterre et d'Aragon et le duc de Bretagne. Cependant Charles et Édouard n'étaient pas encore prêts à attaquer la France : Louis XI, peu enclin à frapper les premiers coups, « ne pensoit », dit Comines, « pouvoir mieux se venger de Charles que de le laisser se heurter contre les Allemagnes, chose plus grande et plus puissante qu'on ne sauroit dire » : il prorogea volontiers la trêve jusqu'en mai 1475, tout en resserrant son alliance avec les Suisses dans les conditions les plus avantageuses pour lui. Les Suisses lui promettaient 6,000 hommes à quatre florins et demi par mois ; le roi promettait seulement aux cantons 20,000 florins par an, plus 20,000 florins par trimestre, s'il ne pouvait les secourir de ses armes en cas d'attaque du Bourguignon (25 octobre 1474).

Charles avait témoigné un si furieux courroux en apprenant la mort de Hagenbach, qu'on devait croire qu'il profiterait de la prolongation de la trêve avec le roi pour se jeter sur le duc Sigismond et sur les Suisses. Il n'en fut point ainsi néanmoins :

Charles, suivant sa coutume, s'était déjà engagé dans une autre affaire sans attendre l'issue de celle-là. Maître de la Gueldre, il avait cru le moment venu de saisir Cologne, par le même procédé qui avait réussi à Liége, en se servant du nom du prince ecclésiastique contre la population. Robert de Bavière, archevêque-électeur de Cologne, chassé de son siège par le chapitre et par le peuple à cause de ses déportements, avait demandé assistance au duc de Bourgogne; Charles s'était fait nommer avoué et mainbourg du prince dépossédé, et s'apprêtait à envahir l'électorat. Il négociait en même temps avec Édouard IV le plan d'une grande attaque contre la France pour le printemps de 1475. Il s'imagina que la campagne de 1474 lui suffirait pour restaurer l'archevêque de Cologne, en dépit de l'empereur, asseoir sa suprématie sur toute la rive gauche du Rhin et venger la mort de Hagenbach. Il confia provisoirement le soin des hostilités contre l'Alsace à ses lieutenants. La magnifique armée qu'il avait mise sur pied en écrasant ses sujets d'impôts lui inspirait une confiance sans bornes : il avait adopté le système des ordonnances de France, si ce n'est que chaque lance comptait huit hommes au lieu de six; ses troupes régulières étaient désormais au moins aussi bien disciplinées que celles du roi : on n'avait jamais rien vu de si bien exercé et de si bien équipé que les troupes à la tête desquelles le duc Charles entra sur le territoire de Cologne. Un historien du siècle suivant (Heuterus) prétend que Charles compta sous ses ordres jusqu'à soixante mille hommes; il avait fait venir trois mille archers anglais et attendait un corps d'hommes d'armes italiens, commandés par deux habiles *condottieri*.

Le landgrave de Hesse-Cassel et son frère Herman, élu administrateur du diocèse de Cologne par le chapitre avec l'approbation de l'empereur, s'étaient enfermés, avec dix-huit cents hommes d'armes et de l'infanterie, dans Neuss, la plus forte place de l'électorat : le duc vint les y assiéger (fin juillet 1474). Un premier assaut, tenté par les archers anglais, fut repoussé par la chevalerie allemande : le duc entama un siège régulier; mais la situation de Neuss, près du confluent du Rhin et de l'Erft, à portée des secours de Cologne et de la Westphalie, rendait l'entreprise fort difficile : des renforts arrivaient sans cesse à la garnison; un corps d'armée westphalien grossissait sur la rive droite du Rhin, en face du camp bourguignon; tout l'Empire finit par s'ébranler pour repousser l'agression du duc de Bourgogne. Charles n'avait sans doute pas cru que l'Allemagne, qui l'avait laissé faire en Gueldre, s'armerait tout entière en faveur des gens de Cologne; une fois l'attaque commencée, rien ne put le décider à lâcher prise; il continua indéfiniment de consumer son argent, son temps et ses soldats devant Neuss.

Pendant que les rives du Bas-Rhin étaient le théâtre de ce siége sur lequel toute l'Europe avait les yeux, la guerre prenait, sur le Haut-Rhin et au pied du Jura, un développement et un caractère que n'avait pas prévus le duc de Bourgogne. Les Bourguignons avaient d'abord mis à feu et à sang, à peu près sans résistance, les riches campagnes du landgraviat d'Alsace et du comté de Ferrette (août 1474); Charles espérait que les Suisses n'interviendraient pas; depuis la mort de Hagenbach, il avait essayé de les détacher de la ligue germanique, en répandant beaucoup d'argent parmi eux. Le comte de Romont, frère du duc de Savoie et seigneur du pays de Vaud, s'était chargé de retenir chez eux ses redoutables voisins, tandis que les Bourguignons châtieraient l'Alsace. Mais, lorsque le bruit des cruautés et des dévastations que commettaient Étienne de Hagenbach, frère du landvogt décapité, et le comte de Blamont, maréchal de Bourgogne, se fut répandu en Suisse, il ne fut plus possible d'arrêter les montagnards : les députés de tous les cantons se réunirent à Lucerne, confirmèrent le pacte des ligues helvétiques avec le roi de France et les seigneurs allemands, et décrétèrent la guerre contre le duc de Bourgogne et ses alliés (26 octobre). Le défi des Ligues suisses fut envoyé au maréchal de Bourgogne; celui du duc Sigismond et des barons de Souabe fut adressé au duc Charles, en son camp devant Neuss. Peu de jours après, dix-huit mille combattants, moitié Suisses, moitié Souabes et Alsaciens, équipés avec l'argent du roi, se réunirent sur les frontières de la Franche-Comté et de l'Alsace : ils rencontrèrent à Héricourt, entre Belfort et Montbéliard, une vingtaine de mille hommes conduits par le maréchal de Bourgogne et par le comte de Romont : cette armée était composée des milices féodales des deux Bourgognes et des états de Savoie,

renforcées du corps lombard appelé d'Italie par le duc Charles.
Les Suisses se battirent comme autrefois à Bâle contre les *Armagnacs* : rien ne tint contre leurs longues hallebardes et leurs énormes sabres; l'armée bourguignonne fut complétement battue (13 novembre), et l'hiver sauva seul la Franche-Comté d'une invasion immédiate.

Mais ni les périls de la Bourgogne, ni l'approche du moment où Édouard d'Angleterre allait réclamer la mise à exécution d'une alliance offensive, ne pouvaient arracher l'obstiné Charles du siége de Neuss : il était parvenu à bloquer étroitement cette ville, malgré les quinze ou vingt mille Westphaliens établis sur la rive droite du Rhin, sous le commandement du fameux Guillaume de La Mark, le « Sanglier des Ardennes » ; mais la place n'en réussit pas moins à tenir jusqu'au printemps, et l'empereur, que les cris de toute l'Allemagne avaient forcé de sortir de son inaction, parut alors sur la rive gauche avec la grande armée teutonique, encore incomplète et déjà forte de soixante mille combattants; Neuss ne pouvait tarder d'être puissamment secouru. C'était le moment pour le duc de traiter. Le lâche et avare Frédéric n'eût pas été difficile sur les conditions. Ni le légat du pape, ni le roi Christiern de Danemark, qui vint à Dusseldorf offrir sa médiation aux deux partis, n'obtinrent rien de Charles le Téméraire : il refusa tout à la fois d'accepter une transaction pour son protégé l'archevêque Robert, et de proroger de nouveau la trêve avec le roi Louis, qui s'était allié à l'empereur et qui avait promis d'envoyer vingt mille hommes à l'aide des Allemands, mais qui, les voyant assez forts pour tenir tête aux Bourguignons sans son assistance, ne se hâtait guère de leur tenir parole. Charles espérait encore emporter Neuss et occuper l'électorat de Cologne sous les yeux de quatre-vingt mille Allemands, forcer l'empereur à la paix, puis se retourner contre Louis XI et assaillir la France de toutes parts : il comptait sur le concours, non-seulement d'Édouard IV, mais du duc de Bretagne, des princes angevins, de don Juan, roi d'Aragon, et de son fils Ferdinand le Catholique, héritier de Castille du chef de sa femme, la grande Isabelle; il comptait même sur René, duc de Lorraine, qu'il avait si cruellement offensé, sur Yolande de France, régente de Savoie, propre sœur de Louis XI, et sur Galéas Sforza, duc de Milan. Par un traité conclu le 25 juillet précédent, le roi d'Angleterre et le duc de Bourgogne s'étaient partagé d'avance la dépouille de Louis XI : Charles avait juré d'aider Édouard à recouvrer « son royaume de France », moyennant la cession de la Picardie, de la Champagne, du Rethelois, du Nivernais et de quelques autres seigneuries[1].

Lors même que Charles eût été assuré de la coopération active de tous les princes qu'il nommait ses alliés, sa conduite n'en eût pas été plus sage ; mais la ligue dont il menaçait Louis XI n'existait que dans son imagination : le roi d'Aragon, il est vrai, avait recommencé les hostilités en Roussillon, au lieu de payer sa dette au roi Louis ; mais, loin d'être en état de pénétrer dans le midi de la France, il ne put pas même empêcher les Français d'emporter Elne (décembre 1474), et de reprendre Perpignan, après un long siége où les habitants souffrirent des extrémités inouïes de misère et de famine avant de capituler (mars 1475)[2]. Les affaires intérieures de l'Espagne absorbaient les forces de l'Aragon ; dans ce moment où don Ferdinand et sa femme Isabelle disputaient le trône de Castille à Juana *la Bertrandeja*, fille équivoque du dernier roi Henri l'Impuissant[3], dont Isabelle était la sœur[4], les princes aragonais s'estimèrent heureux d'obtenir de Louis XI une suspension d'armes et sa neutralité pour la « querelle de Castille » ; le Roussillon et la Cerdagne demeurèrent au pouvoir des Français. Quant au jeune duc de Lorraine, non-seule-

---

1. Le roi, pour rendre la pareille à Charles, proposa à l'empereur un traité de partage des états de Bourgogne : Frédéric répondit assez spirituellement en citant aux ambassadeurs français le vieil apologue de l'ours et des chasseurs, qui vendent la peau de l'ours avant de l'avoir couché par terre.
2. Ce succès avait coûté cher, et les troupes françaises avaient tant souffert dans la guerre de Roussillon, qu'on appelait ce pays « le cimetière des François » (Jean de Troies). Louis XI, exaspéré de la longue résistance de Perpignan, eût violé indignement la capitulation et exercé d'impitoyables vengeances, si ses capitaines n'eussent résisté à ses ordres, dans l'intérêt de sa domination autant que de leur honneur. Louis XI se montre à nu « sans vergogne », dans sa correspondance à ce sujet. *V.* les *Lettres* réunies par Barante, 4ᵉ édition, t. X, p. 288 et suiv.
3. Mort le 12 septembre 1474.
4. La légitimité de la naissance de Juana était fortement contestée : les partisans d'Isabelle surnommaient Juana la *Bertrandeja*, et la réputaient fille de Bertrand de Lédesma, et non du roi Henri l'*Impuissant*. Malgré le principe du droit romain : *Is pater est quem nuptiæ demonstrant*, Juana finit par être écartée du trône.

ment il faillit aussi à Charles, mais entraîné par Louis XI, il ratifia la ligue de la Haute-Allemagne, et envoya défier le Bourguignon au camp de Neuss : le héraut lorrain jeta aux pieds du duc Charles un gantelet ensanglanté, en signe de guerre à feu et à sang. Louis, malade de corps, mais plus actif d'esprit que jamais, se multipliait pour susciter des obstacles à son ennemi : Charles n'était pas aussi habile en intrigues : les négociations secrètes dans lesquelles il parvint à engager le vieux roi René, touchant l'héritage de la Provence, ne servirent qu'à donner l'occasion à Louis XI de mettre la main sur l'Anjou et le Barrois, qui ne se défendirent pas¹.

Le printemps était arrivé : l'armée d'Angleterre se trouvait prête à passer le détroit²; déjà lord Scales, beau-frère d'Édouard IV, était venu par deux fois inviter le duc Charles à quitter le siége de Neuss et à se rendre en Picardie, afin d'aider le roi anglais à faire la guerre au royaume de France³; Charles n'écoutait rien; « Dieu lui avoit troublé le sens et l'entendement ! »

1. Le roi accorda de grands priviléges à la ville d'Angers, y établit deux foires franches par an, institua un corps municipal électif, composé d'un maire, de dix-huit échevins et de trente-six conseillers, avec droit de justice criminelle jusqu'à la peine capitale exclusivement. Toutes ces charges municipales conférèrent la noblesse, avec faculté de ne pas suivre la coutume nobiliaire du pays quant aux successions (le droit d'aînesse était très-rigoureux en Anjou ; toutes les propriétés nobles passaient à l'aîné) : tous les bourgeois d'Angers reçurent en outre le droit d'acquérir des fiefs nobles. Louis XI multipliait tellement ce genre de concessions, qu'il est impossible de n'y pas voir le dessein formel de faire passer une grande partie de la propriété foncière des mains des nobles dans celles des bourgeois : Louis XI provoquait ce mouvement de la propriété, que Louis IX autrefois avait arrêté par ses Établissements : depuis la création des armées permanentes, la royauté n'avait plus besoin de compter sur le service des fiefs, ni intérêt de maintenir la terre aux mains de la caste guerrière. Il faut aussi voir une intention politique dans ces anoblissements qu'on prodiguait aux fonctionnaires municipaux d'une multitude de villes, et qui tendaient à former une sorte de patriciat bourgeois plus docile et plus dévoué à la couronne que la noblesse féodale. *Ordonn.* t. XVIII, p. 87.

2. « .....En Angleterre... les choses sont longues ; car le roi ne peut entreprendre une telle œuvre (la guerre) sans assembler son parlement (qui vaut autant à dire comme les Trois États), qui est chose très-juste et sainte. » Comines, l. IV, c. 1. Édouard avait détaché l'Écosse de la France, et marié une de ses filles à l'héritier d'Écosse.

3. Dès le mois d'octobre précédent, Édouard avait envoyé un héraut sommer Louis XI de lui restituer « ses duchés de Guyenne et de Normandie », faute de quoi il descendrait en France « à toute sa puissance ». Louis répondit froidement qu'il conseillait à Édouard de n'en rien faire, et lui expédia en présent un loup, un sanglier et un âne (J. de Troies). Ce cadeau énigmatique désignait apparemment les trois principaux ennemis de Louis XI : le loup était Édouard ; le sanglier, Charles, et l'âne, François de Bretagne.

Et cependant sa situation devenait de plus en plus périlleuse : les États des Pays-Bas, réunis à Gand, à la fin d'avril, venaient de refuser un impôt du sixième du revenu exigé par le duc: l'empereur lui tenait tête avec cent mille combattants, car l'armée teutonique n'avait cessé de s'accroître; le duc de Lorraine ravageait le Luxembourg; la Franche-Comté était désolée par les Suisses, et le roi Louis avait mis ses gens d'armes en campagne dès le 1er mai, jour de l'expiration de la trêve. Montdidier, Roie et Corbie furent pris, pillés et brûlés, en dépit de leurs capitulations[1]; les troupes royales « gâtèrent » au loin le pays jusqu'aux portes d'Arras, et « déconfirent » la garnison de cette ville. Le roi, « en menant guerre si âprement et cruellement », espérait forcer le duc à demander la cessation des hostilités. On se battait aussi très-vivement en Nivernais, sur les marches de Bourgogne; le duc de Bourbon n'avait pu rester neutre, quoiqu'il en eût grande envie; les francs-archers et les milices féodales des seigneuries de la maison de Bourbon (Bourbonnais, Auvergne, Forez, Beaujolais, etc.) donnèrent bataille, non loin de Château-Chinon, au comte de Roussi, gouverneur de Bourgogne, un des fils du connétable de Saint-Pol. Le général bourguignon fut vaincu et fait prisonnier (20 juin 1475), et « la duché » de Bourgogne se trouva exposée aux courses des Français comme la Franche-Comté aux courses des Suisses.

Le duc Charles s'était enfin décidé : après avoir livré à la grande armée impériale, sur les rives de l'Erft, un combat brillant, mais sans résultat, Charles était rentré en pourparlers avec l'empereur par l'entremise du légat du pape, précisément à l'instant de recueillir le fruit de tant d'efforts; car la famine allait forcer Neuss à se rendre, sous les yeux de tout l'Empire. Une trêve de neuf mois fut conclue : la question de l'archevêché de Cologne fut remise à la décision du saint-père, et Neuss fut placée en dépôt aux mains du légat. Charles réitéra la promesse de marier sa fille au fils de Frédéric, et l'empereur fit la paix sans y comprendre la ligue du Haut-Rhin ni même son parent Sigismond d'Autriche. Charles décampa le 26 juin; il avait consumé onze mois

---

1. Les pauvres habitants se réfugièrent à Amiens en foule. L'échevinage d'Amiens les traita fort humainement, et leur permit d'exercer leurs métiers dans la ville. *Preuves* de Comines, éd. de mademoiselle Dupont, t. III, p. 299.

à sa vaine entreprise, et se trouvait à la veille de commencer une guerre de conquête avec un trésor vide et une armée si ruinée, si rompue, qu'il ne l'osa jamais montrer à ses amis les Anglais, et l'envoya piller le Barrois et la Lorraine, au lieu de la diriger sur la Picardie[1].

Édouard IV descendit à Calais, le 5 juillet, à la tête de quinze cents hommes d'armes et de quatorze mille archers à cheval, avec force gens de pied et artisans pour servir l'artillerie, conduire les chariots et dresser les tentes, sans aucuns pages ni gens inutiles. Les subsides de guerre avaient été votés avec enthousiasme par le parlement anglais. Le roi d'Angleterre envoya au roi Louis un héraut appelé *Jarretière*, chargé d'une lettre de « défiance » (défi), par laquelle Édouard réclamait « son royaume de France, afin qu'il pût remettre l'Église, les nobles et le peuple en leur liberté ancienne, et les ôter des grandes charges et travaux où les tenoit son adversaire Loys ». Le roi, qui cherchait à gagner des amis partout, fit des présents au héraut, et lui dit « plusieurs belles raisons pour admonester le roi Édouard de prendre appointement avec lui ». Louis n'avait pas grand'peur des menaces du monarque anglais : il pensait qu'Édouard et le duc de Bourgogne ne seraient pas longtemps d'accord.

Charles avait promis de seconder les Anglais avec une armée formidable lors de leur descente en France. Le roi Édouard fut fort étonné de ne pas trouver aux champs une seule compagnie bourguignonne : après neuf jours, le duc Charles arriva enfin à Calais, mais il était presque seul, et il proposa à son allié, au lieu de réunir leurs forces pour marcher sur Rouen ou sur Paris, d'entrer en campagne chacun de leur côté, lui, par la Lorraine, Édouard, par le Laonnois et le Soissonnais, pour se réunir ensuite devant Reims, où Édouard serait sacré roi de France. Les Anglais

---

1. *V.* les détails du siége de Neuss dans la chronique de Jean Molinet, Boulenois, ami du célèbre Georges Chastellain, et son continuateur dans la charge d'historiographe de la maison de Bourgogne. Cet écrivain bizarre et boursouflé outre les défauts de Chastellain sans avoir ses hautes qualités : il y a, entre les historiens du parti bourguignon et Comines, la même différence qu'entre Charles le Téméraire et Louis XI : d'un côté, enflure, emphase, divagations; de l'autre, sagacité, finesse, précision, netteté de vues. *V.* aussi, sur le siége de Neuss, Olivier de La Marche, l. II, c. 3.

commencèrent à murmurer : Charles les apaisa quelque peu en les assurant qu'ils seraient puissamment secondés par le connétable de Saint-Pol, oncle de leur reine par alliance. Ce seigneur, qui possédait presque tout le Vermandois et la Thierrache, avait servi le roi dans les campagnes de 1471 et 1472, tout en intriguant contre lui; depuis ce temps, il avait repris ses allures de neutralité suspecte : il avait même commis un acte hostile au roi, en faisant sortir de Saint-Quentin, par surprise, le gouverneur nommé par le roi, et en se cantonnant dans cette ville. Louis XI hésitait à employer la force contre Saint-Pol et à le rejeter ainsi dans le parti de Bourgogne; mais il lui gardait une mortelle rancune; Charles de Bourgogne ne le haïssait pas moins; si bien que le roi et le duc, qu'il avait joués et trahis tour à tour, avaient déjà failli s'unir pour le perdre. La neutralité n'était plus possible : les Anglais, à travers l'Artois et la Picardie, s'avançaient vers Saint-Quentin; le connétable écrivit au duc de Bourgogne qu'il le servirait, lui et ses alliés, envers et contre tous. Charles et Édouard voulurent mettre Saint-Pol à l'épreuve, et entrèrent en Vermandois. Le connétable ne put se décider à livrer Saint-Quentin, sa garantie et son refuge, et l'avant-garde anglaise fut repoussée à coups de canon, lorsqu'elle se présentait amicalement aux portes de cette ville.

L'irritation fut extrême dans l'armée d'Angleterre : le départ du duc Charles, qui courut presser une levée en masse ordonnée en Flandre sous des menaces terribles, accrut la colère et les soupçons des Anglais[1]. A peine le duc s'était-il éloigné, qu'un héraut se présenta au roi Édouard de la part de Louis XI, et « remontra bien et habilement » au roi anglais comme quoi il avait peu de chances d'en venir à ses fins, « monsieur de Bourgogne » le délaissant de la sorte, et comme quoi le roi ne souhaitait que de vivre en bonne amitié avec lui : le héraut fit entendre à Édouard que Louis, pour avoir la paix, l'indemniserait volontiers de ses dépenses (12 août). L'abandon du duc Charles

1. Il faut dire que les torts étaient un peu partagés. C'était malgré Charles que les Anglais étaient descendus par Calais. Charles voulait qu'ils descendissent en Normandie, ce qui eût décidé le duc de Bretagne à reprendre les armes; puis tous se fussent rejoints devant Paris. V. Comines; éd. de mademoiselle Dupont, t. I, p. 335; note 2.

avait fort découragé les Anglais, qui, habitués dans leurs luttes civiles à une guerre de coups de main, ne savaient plus, comme leurs devanciers, supporter les fatigues et les privations d'une longue campagne. La Picardie était ravagée par ordre du roi même, les vivres rares; les Anglais n'ignoraient pas que les pays du roi étaient en excellent état de défense, et que la moindre place leur coûterait cher à emporter. La plupart des grands lords se laissèrent gagner aux présents et aux pensions que leur offrait Louis XI; « le roi Édouard et une partie de ses princes trouvèrent ses ouvertures très-bonnes », et, malgré le farouche duc de Glocester (Richard III), on convint d'expédier, de part et d'autre, des plénipotentiaires dans un village voisin d'Amiens. Les ambassadeurs anglais réclamèrent d'abord la couronne de France, puis les duchés de Normandie et de Guyenne; mais c'était affaire de pure forme, et ils se réduisirent peu à peu à demander 75,000 écus comptant, le mariage du petit dauphin Charles avec la fille aînée du roi Édouard, quand ces enfants seraient nubiles, et le paiement annuel de 50,000 écus au roi Édouard, tant que lui et Louis XI vivraient : ils offraient, à ce prix, une trêve de sept ans. Louis accepta sans balancer. « Il n'étoit chose au monde, » dit Comines, « qu'il ne fût disposé à faire pour jeter le roi d'Angleterre hors du royaume, excepté de lui céder quelque terre, car il eût mis toutes choses en péril et hasard avant que de consentir à cela. » Un emprunt considérable fut contracté à Paris pour subvenir à tant de frais. Le jour fut pris pour une entrevue où les deux rois signeraient la trêve [1].

Le duc Charles, à la nouvelle de ce qui se préparait, revint à la hâte de Bruges, où les États de Flandre lui avaient accordé, non la levée en masse, mais 100,000 ridders d'or et la solde de quatre mille hommes. Édouard et Charles eurent ensemble une explication très-vive, et se séparèrent complétement brouillés; Charles

---

1. Comines fait une remarque curieuse à propos des négociations avec les Anglais. « Jamais, » dit-il, « ne se mena traité entre les François et les Anglois, que le sens des François et leur habileté ne se montrât par-dessus celle des Anglois, et ont lesdits Anglois un mot commun (un proverbe); c'est que, aux batailles qu'ils ont eues avec les François, toujours ou le plus souvent ont eu gain, mais, en tous traités qu'ils ont eus à conduire avec eux, ils y ont eu perte et dommage. » La diplomatie anglaise s'est fort relevée depuis!

repartit sur-le-champ, en refusant d'être compris dans la suspension d'armes (19 août). Édouard s'émut peu des emportements du Bourguignon, et se rendit à Piquigni-sur-Somme, où eut lieu l'entrevue des rois de France et d'Angleterre, avec toutes les précautions jugées nécessaires dans ce siècle de déloyauté. On se fit grande « chère » de part et d'autre : Louis et Édouard jurèrent de tenir « ce qui avoit été promis entre eux », une main sur le missel, l'autre sur un morceau de la vraie croix. Édouard avait abordé Louis avec grande déférence, et l'avait salué en s'inclinant presque jusqu'à terre; néanmoins il continuait, comme ses devanciers, à se qualifier de « roi de France et d'Angleterre », et n'appelait Louis que « le sérénissime prince Loys de France »; Louis ne s'arrêta pas à ce qu'il considérait comme une simple question d'étiquette. On lut à haute voix le traité, qui, outre les conventions précitées, autorisait toute espèce de relations et de négoce entre les sujets des deux couronnes, et prescrivait, afin de faciliter le commerce, la nomination de députés français et anglais chargés de régler en commun le change des monnaies dans les deux pays. Les 50,000 écus à payer annuellement par Louis XI devaient être garantis par la banque florentine des Médicis. Les deux rois s'engagèrent à se secourir mutuellement contre tous rebelles et ennemis intérieurs [1], et à étendre le bénéfice de la trêve à leurs alliés respectifs, si ceux-ci le désiraient. Édouard s'obligea enfin à rendre la liberté à la veuve de Henri VI, Marguerite d'Anjou, moyennant une rançon de 50,000 écus (29 août) [2].

Les deux rois passèrent quelques jours à Amiens en fêtes, puis Édouard et son armée reprirent la route de Calais, au grand regret, non-seulement du duc de Bourgogne [3], mais du connétable, qui avait tout tenté pour retenir les Anglais, et qui trem-

---

1. Le roi Édouard livra à Louis les noms des Français qui intriguaient contre lui en Angleterre. Édouard et les siens avaient plus de vanité, mais non pas plus d'honneur que Louis.

2. *V.* les pièces dans les *Preuves* de Comines, éd. Lenglet, nos CCXXXIX-CCXLII. Le duc de Bretagne non-seulement accepta la trêve, mais conclut avec le roi un traité de paix définitif le 9 septembre. Le roi le nomma même son lieutenant général dans tout le royaume, titre, bien entendu, purement honorifique.

3. Édouard offrit à Louis de s'unir à lui, l'année prochaine, contre le duc de Bourgogne, moyennant un bon prix. Louis le remercia; il ne voulait des Anglais sur le continent ni comme alliés ni comme ennemis.

blait que le duc Charles ne s'accommodât à son tour avec le roi, trop certain qu'il était de faire les frais de l'accommodement. Ses craintes se réalisèrent! Charles, voyant l'invasion de la France manquée, voulait se dédommager aux dépens du duc de Lorraine; sa première colère une fois passée, il s'empressa d'accepter la trêve qu'il avait repoussée : la trêve fut signée pour neuf ans (13 septembre); les conditions en furent tout à l'avantage du duc de Bourgogne; le roi lui restituait les places prises depuis l'ouverture des hostilités, lui promettait Ham, Bohain et Beaurevoir, domaines du connétable, abandonnait, par articles secrets, l'alliance de l'empereur et des gens de Cologne, reconnaissait à Charles le droit de recouvrer par les armes ses possessions d'Alsace, et d'attaquer les Suisses, s'ils secouraient les Alsaciens. Louis ouvrait toutes les barrières devant Charles, afin de lui rendre l'infatuation qui devait le précipiter à sa perte. Charles reconnut les concessions de Louis en abandonnant le roi d'Aragon, et en jurant de « faire son léal pouvoir de faire prendre et appréhender la personne du connétable pour en faire punition telle que faire se doit, en dedans huit jours, sans le recevoir à pardon ».

La personne du connétable était déjà sous la main du duc, en ce moment. Saint-Pol, qui avait si bien fortifié son château de Ham [1], comme place de refuge, n'osa s'enfermer ni dans cette forteresse, ni dans Saint-Quentin. Il n'attendit pas en Vermandois la nouvelle du traité du roi avec Charles. Il avait écrit au roi pour tâcher de se justifier; Louis lui manda de venir le trouver, parce qu'il était « empêché en beaucoup de grandes affaires » et qu'il avait bien besoin « d'une tête comme la sienne ». — Je n'ai que faire du corps, et ne veux que la tête, » avait ajouté le roi, en s'adressant à ses confidents (Comines). Saint-Pol comprit le sens de la sinistre équivoque de Louis, sans avoir besoin d'en connaître le commentaire. Il crut trouver plus de pitié chez le duc Charles, dont il avait été si longtemps l'ami et le guide; il lui fit demander un sauf-conduit, qui fut envoyé après quelque hésitation : Saint-Pol se retira à Mons, et offrit Saint-Quentin au duc. Ceci se passait le 26 août, avant la conclusion du traité du 13 sep-

---

1. La fameuse tour de Ham est le donjon de ce château.

tembre : dès le lendemain de la signature du traité, le roi en personne entra dans Saint-Quentin, sans que les gens du connétable essayassent de résister; puis il somma le duc de remplir ses engagements et de livrer Saint-Pol. Charles ne pouvait qu'être parjure, soit qu'il sauvât, soit qu'il livrât ou immolât lui-même Saint-Pol : entre deux trahisons, il voulut se donner le temps de choisir la plus profitable; il fit arrêter le connétable et l'envoya prisonnier à Péronne, mais suspendit l'exécution des promesses faites au roi, sans les dénier. Il avait entamé l'invasion de la Lorraine, pris Pont-à-Mousson (26 septembre), Épinal (19 octobre), commencé le siége de Nanci (24 octobre). Les troupes royales menaçaient de secourir la Lorraine. Charles traita de nouveau avec Louis, qui lui laissa le choix entre la dépouille entière de Saint-Pol et les places qu'il avait prises ou prendrait en Lorraine (12 novembre). Charles choisit la dépouille du connétable, dans laquelle le roi consentit à comprendre même Saint-Quentin, que Saint-Pol ne tenait que par coup de main! Charles n'avait choisi que pour la forme et comptait bien tout avoir, Vermandois et Lorraine. Il envoya l'ordre à ses officiers de remettre le connétable aux gens du roi, le 24 novembre, à moins qu'ils n'eussent reçu la nouvelle de la prise de Nanci. Son principal lieutenant, l'Italien Campo-Basso, lui répondait d'avoir Nanci le 20. Nanci tombé, Charles eût manqué de parole au roi. Nanci ne tomba point avant le 20; Campo-Basso trahissait le duc Charles et prolongeait le siége. Le chancelier de Bourgogne, Hugonet, et le sire d'Humbercourt, qui avaient reçu les ordres de Charles, étaient les ennemis personnels de Saint-Pol. Le 24 novembre au matin, ils se hâtèrent de livrer le captif à l'amiral de France. Le jour même, un contre-ordre arriva : il était trop tard!

Saint-Pol fut conduit à Paris et enfermé à la Bastille. Le chancelier de France, Pierre Doriole, demanda au prisonnier s'il voulait avouer de son plein gré la vérité sur les accusations portées contre lui et recourir à la clémence du roi, ou bien être interrogé par voie de justice. Saint-Pol préféra ce second parti, et son procès fut instruit dans les formes par-devant le parlement de Paris. La procédure ne fut ni longue ni compliquée : les gens du roi avaient entre les mains des preuves accablantes de toutes les félonies de Saint-Pol, de toutes les intrigues par lesquelles il avait fomenté la guerre civile ; on établit même, par son propre aveu, qu'il avait promis au duc Charles de faire périr le roi ; il prétendit, à la vérité, n'avoir jamais eu intention de tenir parole. Le 19 décembre, son arrêt lui fut signifié par la cour de parlement : Louis de Luxembourg, comte de Saint-Pol, était condamné à être décapité comme criminel de lèse majesté. La sentence fut exécutée le même jour en place de Grève, devant l'Hôtel-de-Ville de Paris.

Ainsi tomba cette sinistre fortune des Luxembourg, cimentée du sang de Jeanne Darc. Fondée par le mal, elle croula par le mal. Saint-Pol n'obtint ni la pitié ni les regrets de personne : cet homme faux et cruel partageait avec le duc de Bourgogne l'animadversion populaire. Ce fut une grande et terrible nouveauté que l'exécution juridique d'un si puissant seigneur, veuf d'une sœur de la reine, allié à tous les souverains de la chrétienté, et issu d'une maison qui avait donné trois empereurs à l'Allemagne. Les temps étaient bien changés depuis la guerre du *Bien Public*.

Avant que la tête du comte de Saint-Pol fût tombée sous le glaive du bourreau, Charles de Bourgogne avait recueilli le prix du sang. La Lorraine, abandonnée du roi et secourue seulement par quelques Alsaciens et quelques Suisses, ne put résister aux armes bourguignonnes ; Nanci se rendit le 30 novembre. Charles y entra triomphalement, jura, comme duc de Lorraine, de respecter les priviléges de la ville et du duché, assembla les Trois États de Lorraine, et, chose rare chez lui, leur dit de « bonnes paroles » pour gagner leur affection : il leur déclara qu'il voulait choisir Nanci pour sa ville capitale, pour le siége de ses cours souveraines de justice et de finances, et sa résidence habituelle. Nanci était, en effet, au centre de ses vastes états, et, grâce à la possession de la Lorraine, « il venoit dorenavant de Hollande jusques auprès de Lyon, toujours sur sa terre ». Son projet de réunir les anciens royaumes de Bourgogne et d'Austrasie semblait retrouver de grandes chances de succès. Charles venait de signer avec l'empereur un traité d'alliance (27 novembre)[1] : il

---

1. Un mois après, Frédéric III signa un second traité tout contraire avec Louis XI, le roi et l'empereur s'engageant à attaquer les états de Bourgogne chacun avec trente

continuait à négocier secrètement avec le roi René pour obtenir la succession de la Provence et les droits sur Naples, au détriment du duc de Lorraine, petit-fils du roi René, et de Charles, comte du Maine, neveu de ce roi; il disposait « du bien de la maison de Savoie comme du sien propre »; il étendait son influence à Venise, à Rome, à Naples; le duc de Milan, infidèle, par peur, aux vieilles alliances de son père, le laissait recruter en Lombardie une foule d'aventuriers, dont Charles préférait les services à ceux de ses propres sujets. Avec la moindre prudence, Charles eût pu redevenir plus redoutable que jamais : un an de trêve bien employé eût suffi pour consolider sa domination sur la Lorraine, réparer ses pertes, et rétablir ses finances et son armée. Le roi eût bien pu ainsi être encore une fois dupe de ses propres artifices.

Mais le repos était loin de la pensée de Charles le Téméraire : il ne rêvait que vengeance, et vengeance immédiate, contre les Suisses, qui avaient battu ses sujets, pillé ses terres, et qui, en ce moment même, envahissaient les domaines de ses alliés. Jacques de Savoie, comte de Romont et seigneur du pays de Vaud, oncle du jeune duc Philibert de Savoie, oubliant la journée d'Héricourt, avait de nouveau provoqué les Ligues helvétiques en servant d'intermédiaire entre Charles et ses *condottieri* d'Italie. Les gens de Berne et de Fribourg, sans attendre leurs amis des cantons forestiers, chassèrent le comte en quinze jours de toutes ses seigneuries, et poussèrent jusqu'à Genève, principale cité de « la duché » de Savoie; Genève fut obligée de se racheter par une forte rançon.

Le duc Charles n'eut pas même la patience d'attendre le printemps pour aller guerroyer, dans ce rude pays, contre ces rudes adversaires : il mit en mouvement, dès les premiers jours de janvier 1476, son armée, toute rompue encore des suites du siége de Neuss et de la guerre de Lorraine. Lorsque les Suisses apprirent que le « grand-duc d'Occident » s'avançait contre eux en personne, ils conçurent quelque alarme, malgré tout leur courage, et dépêchèrent à Charles des ambassadeurs qui offrirent

mille hommes. La diplomatie de ce temps est un chaos de perfidies. *V.* les pièces dans les *Preuves* de Comines ; éd. Lenglet.

la restitution de ce qui avait été enlevé au comte de Romont. Les Suisses, indignés que le roi de France ne se déclarât pas en leur faveur, selon ses promesses, eussent même consenti à devenir les alliés du Bourguignon contre lui. Louis, alors, eût payé cher ses déloyautés. « Monseigneur, » dit au duc un des envoyés, » vous n'avez rien à gagner contre nous : notre pays est pauvre et stérile; les éperons et les mors des chevaux de votre *host* valent plus d'argent que tous les hommes de nos territoires n'en sauroient payer pour leurs rançons, s'ils étoient tous pris » (Comines).

Charles ne prit en considération ni les offres des députés suisses, ni les lettres du roi, qui, pour l'exciter davantage, le conjurait de laisser ces pauvres gens en paix, ni les vives représentations des États de Flandre contre les nouvelles taxes demandées pour cette guerre. « C'est la dernière fois », répondit le duc aux États, « que je proposerai mes demandes à mes sujets, au lieu de leur faire connoître mes volontés. J'ai le droit de requérir leurs services, et de mettre des impôts quand bon me semble. » Il avait doublé les impôts depuis son avénement.

Le duc, parti de Nanci le 11 janvier, réorganisa ses troupes en Franche-Comté, passa le Jura sans opposition, au commencement de février, avec une vingtaine de mille hommes et la plus belle artillerie de l'Europe; il traînait après lui, pour imposer aux ambassadeurs italiens qu'il attendait en Suisse, sa magnifique chapelle, sa vaisselle d'or et d'argent, et cet immense trésor de pierreries, de vases précieux, d'ameublements incomparables, que tous les rois de l'Europe enviaient aux ducs de Bourgogne, et qui égalait la splendeur des monarques asiatiques. Déjà le comte de Romont avait recommencé les hostilités avec quatre mille Savoyards : six mille Piémontais et Lombards vinrent encore grossir l'armée de Bourgogne [1]. Les garnisons suisses évacuèrent les places du comte de Romont, Yverdun, Jougne, Orbe, et se retirèrent à Granson, sur la rive occidentale du lac de

---

1. Des récits exagérés donnent quarante à cinquante mille hommes au duc. Il est douteux qu'il en eût trente mille. Malgré la rigidité du duc Charles, un troupeau de filles de joie suivaient l'armée. *Chroniq. du chapitre de Neufchâtel*, ap. Comines, éd. de mademoiselle Dupont, t. II, p. 5 ; note 2.

Neufchâtel. L'armée bourguignonne mit le siége devant Granson, château que les Suisses avaient enlevé au sire de Château-Guyon, de la maison de Chalon-sur-Saône, vassal du duc Charles (19 février). Les Suisses, au nombre de huit cents, se défendirent avec héroïsme [1]; les murs de la forteresse étaient presque ruinés par le canon : les assauts n'en réussirent pas mieux ; la force échouait; on recourut à la trahison : un gentilhomme de l'armée annonça à la garnison que Fribourg était brûlé et Berne rendu, mais que le duc, touché de leur vaillance, leur accordait la vie sauve. Ces braves gens crurent le traître, et le suivirent sans défiance; mais à peine eurent-ils mis le pied dans le camp des Bourguignons, que le duc les fit saisir et livrer à son grand prévôt : la plupart furent pendus aux branches des arbres les plus proches, qui rompaient sous le poids des cadavres; le reste fut jeté dans le lac (28 février).

Cette malheureuse garnison eût été sauvée, si elle eût résisté quelques jours de plus : les hommes de tous les cantons s'étaient assemblés à Morat et à Neufchâtel ; les gens de Berne, de Fribourg, de Soleure, de Zurich, de Baden, de l'Argovie, de Lucerne, de Schaffhouse, de Saint-Gall, d'Appenzell, étaient accourus sous la conduite de leurs avoyers et de leurs bourgmestres; les formidables montagnards des Waldstætten étaient descendus des hautes vallées; tous arrivaient « à grands sauts, avec chants d'allégresse, ... tous hommes de martial courage, faisant peur et pourtant plaisir à voir [2] ». Bâle, Strasbourg, Colmar, Schelestadt et le margrave de Bade, seigneur de Neufchâtel, avaient commencé d'envoyer leurs contingents à leurs bons alliés des Ligues. Les Suisses n'attendirent pas les barons de Souabe ni les gens de Sigismond. Lorsqu'avec les renforts des Alsaciens, ils comptèrent une vingtaine de mille combattants, ils résolurent d'aller droit à l'ennemi et de venger leurs frères. Le 2 mars au matin, ils s'avancèrent de Neufchâtel contre l'armée de Bourgogne. Charles avait assis son camp dans une excellente position : sa droite était

---

1. Pendant ce siége (26 février), le duc fit publier que quiconque déserterait serait écartelé! ce qui indique, comme le remarque M. Michelet, que l'armée n'avait pas grand élan.

2. *Chroniq. de Neufchâtel*, ap. Michelet, VI, 383, note 2.

appuyée au lac de Neufchâtel, sa gauche, aux marais du mont Thévenon ; son front était protégé par la petite rivière d'Arnon, et surtout par sa puissante artillerie. Le duc perdit tous ces avantages par son outrecuidance : il ne voulut pas laisser aux « vilains » l'honneur d'attaquer les premiers, et, sortant de ses retranchements, il marcha au-devant des Suisses en côtoyant le lac. Il conduisait lui-même l'avant-garde, composée, non point d'arquebusiers, de canonniers et de gens de trait, comme il eût été convenable, mais de l'élite des hommes d'armes. Le chemin était resserré entre le lac et les montagnes ; il était impossible à la cavalerie de s'y déployer ; le champ de bataille ne pouvait être plus mal choisi ; mais le duc n'écoutait aucune observation et oubliait les règles les plus élémentaires de cet art de la guerre qu'il avait tant étudié : l'orgueil, l'entêtement, la colère, exaltaient son cerveau jusqu'à la folie.

Les deux avant-gardes se rencontrèrent près du château de Vaux-Marcus. Les Suisses, à quelques cents pas des Bourguignons, mirent un genou à terre et se recommandèrent à Dieu. « Ils demandent merci », criaient les Bourguignons. Les gens du duc Charles furent bientôt détrompés ; les Suisses se relevèrent !..... C'était le bataillon carré de Schwitz, Berne, Soleure et Fribourg, conduit par Nicolas de Scharnacthal, avoyer de Berne. Le duc voulut les refouler, pour gagner du champ et essayer de se mettre en bataille. Les premiers escadrons de l'hôtel du duc et de la noblesse bourguignonne se brisèrent contre un rempart de piques de dix-huit pieds [1] : le sire de Château-Guyon, le plus grand baron de la Bourgogne, et quelques autres chevaliers de renom restèrent sur la place. Le duc ordonna un mouvement en arrière vers le camp, pour trouver un meilleur terrain ; cet ordre augmenta la confusion. Avant que Charles eût pu reformer ses lignes, son avant-garde fut rejetée sur le gros de l'armée, qui recula jusqu'au camp. Un long mugissement retentit dans la montagne, sur la gauche des retranchements bourguignons : c'étaient *le taureau d'Uri* et *la vache d'Unterwalden;* on nommait ainsi deux énormes trompes de corne d'aurochs, que les monta-

---

1. Les lances bourguignonnes n'en avaient que dix. Les Suisses fichaient en terre obliquement le bout de la hampe, et présentaient la pointe à hauteur de poitrail.

gnards des Waldstætten prétendaient avoir été données à leurs ancêtres par l'empereur Charlemagne. Les gens d'Uri, d'Unterwalden, de Lucerne avaient tourné par un sentier abrupt, et, à travers les sapinières, débouchaient sur le flanc de l'ennemi.

A ces sons effrayants, à la vue de ces nouveaux adversaires, dont on voyait reluire les armes aux pâles rayons d'un soleil d'hiver, et qui descendaient des hauteurs, tête baissée, à grands pas, comme si rien ne dût les arrêter, une terreur panique s'empara de l'armée bourguignonne; tout s'enfuit, tout se dispersa, l'armée s'éparpilla dans toutes les directions, comme « fumée épandue par vent de bise [1] ». Le duc, furieux, désespéré, n'avait plus, dit-on, auprès de lui que cinq cavaliers lorsqu'il se résigna à fuir à son tour : il ne s'arrêta qu'à Nozeroi, à seize lieues de Granson. Le camp, l'artillerie, le pavillon de velours du duc, son trésor, sa chapelle remplie de châsses et de statues d'or, d'argent et de cristal, ses joyaux, jusqu'à son chapeau de velours cerclé de pierreries, jusqu'à son sceau ducal, à sa splendide épée de parade et à son collier de la Toison d'Or, tout devint la proie des montagnards; « rien ne se sauva que les personnes »; la déroute fut si prompte que la perte en hommes fut presque nulle; mais aucune victoire, depuis des siècles, n'avait donné un si prodigieux butin aux vainqueurs. Ces « povres gens de Suisses » ne se doutaient pas « des biens qu'ils avoient en leurs mains » : ils prenaient les plats d'argent pour de l'étain, les vases d'or pour du cuivre, et se partageaient à l'aune les draps d'or et de soie, les damas, les velours, les tapis d'Arras. Des diamants et des rubis, qui avaient à peine leurs pareils aux Indes, étaient jetés dédaigneusement dans la neige comme des morceaux de verre, ou passaient de main en main pour quelques florins; plus tard, les papes et les rois se les disputèrent au prix de monceaux d'or [2] !

1. *Chroniq. de Neufchâtel*, ap. Comines; éd. de mademoiselle Dupont, t. II, p. 8, note 2.

2. Le gros diamant du duc, qui avait, dit-on, orné autrefois le turban du grand Mogol, et qui n'avait pas son pareil dans la chrétienté, fut vendu un florin par un montagnard à un curé des environs, et, passant de main en main, finit par rester dans celles du pape Jules II, au prix de 20,000 ducats d'or : il orne la tiare du pape. Un autre, beaucoup moins beau, a été célèbre en France depuis le XVIe siècle, sous le

Les Suisses apprécièrent mieux des richesses d'une autre nature, qu'ils trouvèrent dans le camp bourguignon : une immense artillerie, une multitude d'arquebuses à crochet[1] et d'autres armes offensives et défensives de toute espèce. Armes, étoffes, meubles précieux, bagages et munitions furent distribués à l'amiable, entre les cantons montagnards et les bonnes villes; les bannières des barons vaincus furent appendues aux voûtes des églises de Suisse et d'Alsace[2]. Ce fut, avec si peu de sang versé, la plus grande bataille que gens de commune eussent jamais gagnée : Courtrai même ne s'y pouvait comparer.

Le roi Louis, qui s'était rendu de Touraine à Lyon, pour être plus près du théâtre de la guerre, eut, dès le surlendemain, la nouvelle de la défaite du duc Charles : on peut juger de sa joie[3]. Le succès donnait raison au système de temporisation qu'il avait opposé à la fougue de Charles le Téméraire : la puissance bourguignonne s'était précipitée d'elle-même sans que la France eût rien risqué pour l'abattre. Granson rompit immédiatement l'alliance des petits états du sud-est avec le duc Charles : le roi René, que Louis XI menaçait d'un procès criminel et de la confiscation de ses seigneuries saisies deux ans auparavant, jura, sur la croix de saint Laud, de renoncer à toute intelligence avec le duc de Bourgogne, vint trouver Louis à Lyon et lui promit l'héritage de tous les domaines de la maison d'Anjou, si le comte du Maine, duc de Calabre, mourait sans enfants; ce prince, neveu du roi René, était beaucoup plus jeune que Louis, mais sa mauvaise santé présageait une fin prématurée. L'infortunée Marguerite d'Anjou, délivrée de sa captivité par les bons offices et par l'argent de Louis, avait, de son côté renoncé à tous droits sur l'héritage paternel en faveur de son libérateur : le duc René de Lorraine, petit-fils du roi René par sa mère, se trouvait seul lésé

---

nom de « Sanci ». Un troisième est demeuré à la maison d'Autriche.—Barante, t. XI, p. 27-32.

1. L'arquebusier, pour viser, appuyait son arme sur un bâton fiché en terre et terminé par une sorte de fourche ou de crochet.

2. Six cents bannières, partie conquises à la bataille, partie trouvées dans des bahuts, au camp. Comines, II, 20, note 3.

3. Il exprima cette joie à sa façon, en faisant un pèlerinage à Notre-Dame-du-Puy en Velai, et en prenant deux maîtresses à la fois, deux marchandes de Lyon. J. de Troies.

par cet arrangement. Louis octroya au roi René, pour reconnaître sa soumission, mainlevée de la saisie des duchés d'Anjou et de Bar, en gardant toutefois garnison au château d'Angers. Le duc de Milan abandonna également l'alliance bourguignonne pour revenir à celle de l'ancien ami de son père, le grand Sforza. La régente de Savoie, aussi astucieuse et aussi politique que le roi son frère, commença de se rapprocher secrètement de lui. L'orgueilleux Bourguignon sentit lui-même qu'il fallait fléchir devant le rival qu'il avait tant de fois outragé : il dépêcha au roi un ambassadeur, « avec humbles et gracieuses paroles », pour prier Louis de « lui tenir loyaument la trêve ». Louis répondit très-« amiablement » : il voyait le duc courir à une perte inévitable, et n'estimait point nécessaire d'y contribuer directement; il fit d'ailleurs le plus pompeux accueil à des envoyés suisses qui se rendirent près de lui à Lyon, tâcha de leur faire oublier son abandon à force de caresses, et leur promit de grandes sommes d'argent pour leurs cantons et communes.

Le duc, quelques semaines après la bataille, se reporta en avant du Jura avec ce qu'il avait pu rassembler de troupes, et s'établit près de Lausanne, pour y reformer son armée; mais les émotions de Granson l'avaient brisé; il tomba malade de douleur et de honte; il ne prenait plus aucun soin de sa personne; il laissait croître sa barbe jusqu'à ce qu'il eût revu, disait-il, le visage des Suisses. Sa complexion même était bouleversée; lui, si sobre, lui qui, jusqu'alors, s'abstenait de vin et, chaque matin, buvait de la tisane et mangeait de la conserve de roses pour rafraîchir l'ardeur excessive de son sang, il se sentait tout glacé; son sang ne circulait plus; il recourait aux vins les plus capiteux pour réchauffer son cœur et son estomac, et étourdir ses tristes pensées. Un habile médecin italien, Angelo Catto [1], parvint à ranimer son esprit et ses sens, et le guérit avec des ventouses (Comines). Sa tête ne se remit qu'imparfaitement, mais le désir et l'espoir de la vengeance lui revinrent avec la santé, et une activité fébrile succéda à son profond abattement. Une partie des fuyards de Granson l'avaient rejoint peu à peu, non par zèle, mais par contrainte,

---

[1]. Il passa depuis au service de Louis XI, qui le fit archevêque de Vienne. C'est lui qui engagea Comines à rédiger ses mémoires.

car il avait mandé aux gouverneurs de ses provinces d'envoyer au gibet tous les déserteurs qui rentreraient dans leurs foyers. Une douzaine de mille hommes appelés des Pays-Bas, trois mille mercenaires anglais, quatre mille Italiens, rendirent à son armée un aspect imposant; avant la fin de mai, il se vit au moins aussi fort qu'à Granson; et, dans les premiers jours de juin, il se dirigea sur Morat, petite, mais forte ville, que les Bernois avaient enlevée à la maison de Savoie, et qui était comme le boulevard de Berne, sur qui Charles voulait décharger sa colère.

L'armée suisse, après la victoire et le partage du butin, s'était séparée sans autre exploit que de reprendre Granson et d'en pendre par représailles la garnison bourguignonne; elle n'avait pas songé à poursuivre le duc au fond des gorges du Jura ni aux bords du lac du Genève, et ne s'était point imaginé que son ennemi vaincu pût être si tôt en mesure de tenter une seconde fois le sort des armes. Les gens de Berne, cependant, ne furent pas pris à l'improviste : ils avaient surveillé les préparatifs du duc; au premier bruit de sa marche, seize cents hommes, l'élite de la population bernoise, se jetèrent dans Morat, sous les ordres d'Adrien de Bubenberg, qui avait été longtemps le chef du parti de Bourgogne en Suisse, et qui n'en montra que plus d'énergie contre les Bourguignons. Le ban de guerre fut de nouveau publié par toutes les villes et les campagnes de la confédération. Une assemblée fédérale, tenue à Lucerne, défendit à tout combattant de quitter son harnais, soit de jour, soit de nuit : le jeu, les jurements, les querelles, les rixes, furent sévèrement interdits; chaque combattant devait élever son âme à Dieu au moment de l'attaque, frapper sans relâche jusqu'à ce qu'il eût abattu tout ce qui se trouvait devant lui, et ne pas faire de prisonniers. Quiconque prenait la fuite pendant le combat devait être mis à mort par son voisin; il était prescrit de respecter les femmes, les enfants, les vieillards, les prêtres et les églises, et défendu de brûler les moulins et les villages.

L'armée de Bourgogne avait assis son camp, le 11 juin, devant Morat, et entamé le siége avec vigueur : le duc avait encore une nombreuse artillerie, malgré les pertes immenses de Granson; il avait fait fondre les cloches des églises de la Franche-Comté et du pays de Vaud pour en forger des canons. Mais en vain la brèche fut-elle largement ouverte : trois assauts furent repoussés avec grand carnage. La résistance opiniâtre de Bubenberg donna le temps aux confédérés de se réunir sur la Sarine, entre Berne et Morat : la noblesse de Souabe et de Tyrol, les vassaux du duc Sigismond, avaient joint les Suisses, ainsi que les milices de Bâle et des villes d'Alsace; le jeune duc René de Lorraine, qui, chassé de ses états par le duc de Bourgogne, s'était réfugié à Lyon, arriva aussi de France à la tête de trois cents gentilshommes lorrains dévoués à sa fortune[1]. « Les alliés », dit Comines, « pouvoient être trente et un mille hommes de pied, bien choisis et bien armés; c'est à savoir : onze mille piques, dix mille hallebardes, dix mille couleuvrines (arquebusiers), et quatre mille hommes de cheval. »

Cette puissante armée traversa la Sarine le 21 juin, et passa la nuit sur les hauteurs boisées dont la chaîne se prolonge entre cette rivière et Morat. Le lendemain, au point du jour, les confédérés s'ordonnèrent en trois batailles : l'avant-garde fut confiée au Bernois Hans de Hallwyl; le corps de bataille, à Henri Waldmann, de Zurich, arrivé le matin même avec ses gens[2], et à Gaspard Hertenstein, de Lucerne; le duc de Lorraine et le comte de Thierstein commandaient la cavalerie. Avant qu'on se mît en mouvement, les comtes de Thierstein et d'Eptingen conférèrent l'ordre de chevalerie à tous les capitaines des bourgeois et des montagnards : le duc de Lorraine reçut l'ordre avec le doyen des bouchers, qui portait la bannière de Berne, sublime égalité de l'héroïsme devant la mort.

Le duc Charles était sorti de ses retranchements, et avait rangé son armée pour attendre l'attaque; mais, voyant les confédérés demeurer immobiles sur le revers des collines, tandis que ses

1. V. les détails touchants sur les malheurs du jeune duc et la sympathie qu'il inspirait, ap. Michelet, VI, 392-393, d'après la *Chronique de Lorraine*, dans les *Preuves* de D. Calmet, et Villeneuve-Bargemont.

2. « La veille au soir, pendant que tout le monde, à Berne, était dans les églises à prier Dieu pour la bataille, ceux de Zurich passèrent. Toute la ville fut illuminée; on dressa des tables pour eux; on leur fit fête. Mais ils étaient trop pressés; ils avaient peur d'arriver tard; on les embrassa, en leur souhaitant bonne chance..... Beau moment... de fraternité si sincère, et que la Suisse n'a retrouvé jamais! » Michelet, VI, 393.

gens étaient trempés d'une pluie battante, il commanda qu'on rentrât au camp. « Il est temps », s'écria Hans de Hallwyl : « à genoux, mes amis, et faisons notre prière ! »

Le ciel s'éclaircit en ce moment, et le soleil apparut radieux au-dessus de Berne.

« Braves gens », cria Hallwyl, « Dieu nous envoie la clarté de son soleil ! Allons ! pensez à vos femmes, à vos enfants, et vous, jeunes gens, à vos amoureuses ! »

« Granson ! Granson ! » rugirent les montagnards, qui étaient presque tous à l'avant-garde ; et les deux premiers corps des alliés, descendant avec impétuosité des hauteurs, se ruèrent droit au camp de Bourgogne. La lutte fut longue et sanglante : les Suisses furent repoussés à plusieurs reprises ; l'artillerie bourguignonne abattait ces vaillants hommes en foule, et la cavalerie du duc fit plusieurs sorties avec succès ; Charles commençait à espérer la « recouvrance » de son honneur, quand un tumulte effroyable s'éleva du milieu du camp ; Hallwyl et son avant-garde s'étaient glissés derrière les retranchements et pénétraient dans les quartiers du duc. Le reste des confédérés revinrent à la charge, franchirent le fossé et la haie qui fermaient le camp, s'emparèrent de l'artillerie et la tournèrent contre les Bourguignons. Dès lors, le sort de la journée fut décidé ; mais ce ne fut point, comme à Granson, une ignominieuse déroute : les gardes du duc et tous les gens de sa maison, les archers anglais, la noblesse flamande et bourguignonne, qui composaient l'aile droite de Charles, combattirent avec une bravoure désespérée ; le « grand bâtard, » Antoine de Bourgogne, frère du duc, se défendit non moins vaillamment à l'aile gauche ; mais bientôt l'arrière-garde suisse et la garnison de Morat enveloppèrent complétement les Bourguignons. Le corps savoyard et piémontais du comte de Romont (9,000 hommes), campé de l'autre côté de Morat, n'osa ou ne put empêcher cette manœuvre. Le duc de Somerset, capitaine des Anglais, le comte de Marle, fils aîné du feu connétable de Saint-Pol, qui continuait de servir celui qui avait livré son père, et maints autres barons, furent tués ; la bannière du duc tomba, puis celle du « grand bâtard » : ce fut le signal de l'anéantissement de l'armée. La résistance prolongée des troupes ducales n'avait servi qu'à rendre le massacre plus effroyable ; des milliers de braves jonchaient l'enceinte du camp ; des milliers de fuyards furent poussés dans le lac ; les vainqueurs n'accordèrent point de quartier. Le duc, quand tout fut perdu, s'ouvrit passage à la tête de trois mille chevaux, qui se dispersèrent en quelques heures, et arriva, lui douzième, à Morges, sur le lac de Genève, après une course de douze lieues [1].

Le duc alla coucher le lendemain à Gex, où il s'arrêta quelques jours pour se refaire une escorte : l'excès de la fureur et du désespoir soutint quelque temps chez lui une énergie fiévreuse ; il ne parlait que de faire pendre ou décapiter tous ceux de ses sujets qui ne s'empresseraient pas de se livrer corps et biens à sa disposition ; il fit arrêter traîtreusement à Gex son alliée la régente de Savoie, dont il soupçonnait la fidélité ; puis, rentrant en Franche-Comté, il convoqua les États de toutes ses provinces, afin d'exiger de ses sujets « le quart de leur avoir, » et de remettre sur pied une armée de quarante mille hommes.

Mais le prestige qui environnait le nom de Charles le Terrible était dissipé : les États de la Franche-Comté, réunis à Salins, résistèrent au duc en face, bien qu'avec des formes respectueuses, et lui offrirent seulement trois mille hommes pour défendre leur province. La Comté envoya secrètement au roi pour traiter de la paix. Les États de « la duché », assemblés à Dijon, hors de la présence du duc, s'exprimèrent avec bien plus d'énergie encore, et refusèrent hautement de consommer la ruine de leur pays [2],

---

1. Les cadavres des vaincus (huit mille combattants, dit Comines, sans les gens à la suite), furent jetés dans une fosse immense qu'on remplit de chaux vive ; quand les corps furent consumés, on entassa les ossements dans une chapelle appelée l'*ossuaire des Bourguignons*. On y lisait cette inscription :

DEO OPTIMO MAXIMO.
INCLYTI ET FORTISSIMI BURGUNDIÆ DUCIS EXERCITUS, MORATUM OBSIDENS,
AB HELVETIIS CÆSUS, HOC SUI MONUMENTUM RELIQUIT.

(A Dieu très-bon et très-grand. L'armée du célèbre et très-vaillant duc de Bourgogne, détruite par les Suisses au siége de Morat, a laissé d'elle ce monument.)

Ce monument, qui n'eût dû inspirer à des républicains que respect et sympathie, a été détruit, en 1798, par des régiments français composés de soldats bourguignons, dont le patriotisme peu éclairé vit une offense dans ce souvenir.

2. « La duché », à laquelle le duc demandait plus d'hommes que d'argent, contrai-

pour soutenir une querelle insensée. Les États de Flandre et de Brabant, convoqués à Bruxelles [1], déclarèrent que, si le duc était pressé et environné des Suisses et Allemands, ils l'iraient tirer d'entre ses ennemis, mais qu'ils ne l'aideraient plus d'hommes ni d'argent pour reprendre l'offensive. La Flandre retint la princesse Marie, que réclamait son père. L'exaspération était universelle contre Charles : nobles, clercs et bourgeois détestaient également ce despote impitoyable qui comptait pour rien le bien-être et la vie de ses sujets ; ils cessèrent de lui obéir en cessant de le craindre. Leur désobéissance, inévitable et pourtant inattendue, brisa cette âme de bronze : Charles s'affaissa dans une morne atonie. Il resta près de deux mois immobile au fond d'un vieux château du Jura, à la Rivière, près de Joux et de Pontarlier, attendant toujours des soldats qui ne vinrent pas, sombre, inabordable, n'ouvrant son cœur à personne, étouffant ses rugissements dans la solitude comme un lion blessé.

Tout achevait cependant de crouler autour de lui : à la nouvelle de l'arrestation de la duchesse de Savoie, l'amiral de France et le sire du Lude, gouverneur du Dauphiné, étaient entrés en Savoie et avaient provoqué la réunion des États de ce pays, qui se mirent sous la protection du roi, et qui confièrent à Louis XI leur jeune duc Philibert et les villes de Chambéri et de Montmélian : la duchesse elle-même, aidée par des agents français, s'évada du château de Rouvres, près de Dijon, où elle avait été conduite, alla trouver le roi son frère au Plessis-lez-Tours, et se réconcilia pleinement avec lui ; la paix fut conclue, par l'intermédiaire de Louis XI, entre la maison de Savoie et les Suisses, qui envoyèrent au roi une solennelle ambassade, composée de la plupart des capitaines de Granson et de Morat. Louis accueillit splendidement ces hommes redoutables, les combla de présents, surtout Bubenberg, le défenseur de Morat : il leur offrit d'attaquer lui-même le duc de Bourgogne du côté de la Flandre, pourvu que toutes les forces de l'Helvétie, qu'il s'engageait à solder durant la cam-

---

rement à ce qu'il faisait en Flandre, avait payé au maximum 80,000 livres par an d'impôt direct en 1473 et 1474. Michelet, VI, 390, d'après les archives de Dijon.

1. Les États de Flandre avaient déjà refusé une levée de dix mille hommes au mois de mai.

pagne, se portassent en Lorraine. « Cette duché » était déjà envahie par le duc René, à la tête de milices alsaciennes et de volontaires lorrains. Toutes les villes ouvrirent joyeusement leurs portes au jeune duc, aussi doux et aussi « accort » que Charles était rude et discourtois. René mit bientôt le siège devant Nanci, défendu par un millier de Bourguignons et d'Anglais : le prince lorrain n'avait qu'un très-petit corps d'armée : les Français n'avaient pas encore rompu la trêve, et peut-être Charles eût-il pu secourir la garnison de Nanci ; mais Charles ne tenta rien à temps, et, lorsque enfin le bruit des succès de René le tira de son inaction, lorsqu'il se décida à marcher vers la Lorraine avec quelques milliers d'hommes, tristes débris de ses armées ou nouvelles levées franc-comtoises, il était trop tard : Nanci était rentré, le 6 octobre, au pouvoir de son prince. Charles continua sa route, résolu de reprendre la cité qu'il n'avait pas su garder : il fut rejoint, chemin faisant, par les comtes de Nassau et de Chimai[1], avec un corps de troupes des Pays-Bas. Un certain nombre de gens de guerre lui revenaient, attirés par ses dons et ses promesses. René, dont les auxiliaires s'étaient déjà dispersés, n'était pas en état de livrer bataille ; il annonça aux habitants de Nanci qu'il les secourrait sous deux mois, leur laissa tout ce qu'il avait de soldats, et partit pour aller « quérir » les Suisses.

Une assemblée générale des villes et des cantons suisses fut tenue à Lucerne le 25 novembre : les « seigneurs des Ligues » octroyèrent au duc René toute liberté de recruter chez eux[2]. Le jeune duc promit beaucoup d'argent, avec la garantie du roi Louis ; huit mille hommes d'élite s'enrôlèrent pour la guerre de Lorraine, se réunirent à Bâle la veille de Noël, et entrèrent en Alsace. Les deux mois expiraient : la situation de Nanci devenait critique ; les murs étaient ruinés par l'artillerie ennemie, et la disette sévissait dans la ville : la misère, il est vrai, était pire

---

1. Philippe de Croï, connu auparavant sous le titre de sire de Quiévrain. Les Croï étaient rentrés en grâce auprès du duc Charles.

2. Il y eut de l'hésitation. Les Suisses hésitaient à aller faire la guerre loin de chez eux. Le légat du pape (qui fut le fameux Jules II) travaillait en Suisse contre la diplomatie française. *V.* les détails curieux dans les *Preuves* de D. Calmet, *Histoire de Lorraine*, p. 93 ; le duc René venant au conseil de Berne avec un ours privé, pour flatter les Bernois, etc.; et Michelet, VI, 405.

encore au camp du duc Charles : le froid, la faim, le fer des assiégés décimaient les Bourguignons; les assauts échouaient; le duc n'avait ni vivres ni argent; tous ses convois étaient interceptés, tous ses détachements enlevés; Charles n'en était que plus opiniâtre. Dur à son propre corps, il était sans pitié pour les autres. Il s'emporta contre ses meilleurs officiers, qui le pressaient de lever le siége et de se retirer dans le Luxembourg. Il ne se fiait plus qu'au comte de Campo-Basso, *condottiere* napolitain [1], qui le trahissait et qui avait promis sa perte au roi Louis et au duc René.

Charles, sur ces entrefaites, fut informé que René approchait avec vingt mille Suisses, Souabes, Alsaciens, Lorrains et Français : l'armée de Bourgogne était si épuisée qu'on n'y comptait pas trois mille combattants valides; quatre cents soldats avaient été gelés dans la nuit de Noël, beaucoup jusqu'à la mort! Campo-Basso leva le masque en désertant avec ses gens, et alla joindre le duc René; les Suisses refusèrent de recevoir le traître dans leurs rangs.

L'unique ressource qui restât au duc Charles était de se replier vers Pont-à-Mousson, et de se mettre à couvert derrière la Moselle : c'était l'avis de tous ses lieutenants; mais il déclara qu'il voulait donner l'assaut ce soir-là, et la bataille le lendemain. Les gens de la ville, ranimés à la vue des feux qui brillaient au loin sur les tours de Saint-Nicolas [2], repoussèrent l'assaut, et rechassèrent les assaillants jusque sous leurs tentes; le lendemain matin, 5 janvier, l'armée libératrice déboucha par la route de Lunéville. Des tourbillons de neige obscurcissaient l'atmosphère, et une décharge de l'artillerie bourguignonne apprit seule la position du duc Charles à l'avant-garde des confédérés, que commandaient Wilhelm Herter, bourgeois de Strasbourg, et le comte de Thierstein. Herter et Thierstein firent un détour à travers les bois, et, tandis que la cavalerie lorraine de René chargeait de front, les fantassins alsaciens et souabes de Herter assaillirent les Bourguignons en flanc et en queue; au même instant, le duc

---

1. Il était d'origine française et issu de la maison de Montfort.
2. Grande abbaye à deux lieues de Nanci : le Saint-Denis des ducs de Lorraine.

Charles entendit mugir des voix trop connues! c'étaient le *taureau d'Uri* et la *vache d'Unterwalden*[1]. Les soldats bourguignons se débandèrent. Le duc voulut courir du côté où commençait le désordre: comme on lui posait son « armet » sur la tête, le lion d'or qui en formait le cimier vint à tomber; le duc dit tristement : *Hoc est signum Dei!* (ceci est un présage de Dieu!); puis il piqua des deux et se précipita dans la mêlée. En peu d'instants, la petite armée bourguignonne fut écrasée; les seigneurs et les plus braves des hommes d'armes qui entouraient le duc Charles furent tués ou pris, le reste fut complétement dispersé, et le duc René, n'ayant plus un seul ennemi en tête, entra triomphalement dans sa capitale, aux acclamations de la garnison et du peuple.

Cependant on ignorait le sort du duc de Bourgogne : personne ne l'avait vu depuis le moment où le sort de la journée avait été décidé; il n'était point prisonnier; on ne retrouvait pas son corps sur le champ de bataille, et l'on ne recueillait aucune nouvelle de lui sur les routes qu'il eût pu prendre pour fuir. Enfin, le surlendemain, Campo-Basso amena au duc René un page espagnol qui dit avoir vu tomber le duc de Bourgogne, et qui s'offrit à guider les recherches : il mena les gens de René aux bords de l'étang de Saint-Jean, à peu de distance de Nanci; on trouva, à demi enfoncé dans la vase glacée du ruisseau qui forme cet étang, un cadavre dépouillé et mutilé, qui avait la tête fendue de l'oreille à la bouche, et le tronc et les cuisses traversés de grands coups de lance : ce corps fut reconnu pour celui de Charles le Téméraire. Le duc, déjà blessé à la tête par un boulanger de Nanci, avait tenté de traverser le ruisseau sur la glace pour gagner la route de Metz; la glace s'était rompue sous les pieds de son cheval, et le duc avait été achevé, soit par des gens de guerre qui ne le reconnurent pas, soit par des affidés de Campo-Basso. Il n'avait que quarante ans.

Le cadavre du « grand duc d'Occident » fut porté à Nanci, et « fut mis en une chambre noire », où le duc René vint le visiter. « Votre âme ait Dieu, beau cousin », dit le duc de Lorraine, en

---

1. « L'un gros et l'autre clair. » *Preuves* de D. Calmet, *Hist. de Lorraine*, p. 106.

prenant la main glacée du Bourguignon ; « vous nous avez fait moult de maux et de douleurs ! »

« Il lui fit faire un moult beau service », et assista aux funérailles avec tous les capitaines de l'armée victorieuse et les chefs captifs de l'armée vaincue. René lui-même menait le deuil, portant une longue barbe d'or qui lui tombait jusqu'à la ceinture, suivant l'usage emprunté par les anciens preux aux généraux romains, lorsqu'ils avaient gagné quelque grande victoire [1].

Ainsi s'écroula « le grand et somptueux édifice » de la puissance bourguignonne ; ainsi tomba cette noble maison « qui tant avoit été riche, glorieuse et honorée de près et de loin, » cette branche cadette des Valois, qui avait semblé sur le point d'étouffer la branche aînée sous le luxe de ses rameaux ! Charles le Téméraire fut le dernier des ducs de Bourgogne : il ne laissait après lui qu'une fille, dont l'héritage, objet de tant de brigues, allait être déchiré en lambeaux quasi sans que personne se levât pour le défendre ; car les « meilleurs hommes » des Pays-Bas et des Bourgognes, ceux qui eussent soutenu « l'état et l'honneur » de la maison ducale, étaient morts, captifs ou « tournés François » par la folie de Charles le Téméraire. Pourquoi s'étonner que cette puissance éphémère, fille du hasard, ait péri par la démence ? La France, l'Angleterre et les autres grands états qui ont subsisté, ont pu souffrir des chances de l'hérédité monarchique ; mais

---

1. Sur la dernière campagne et la mort de Charles le Téméraire, V. Comines, l. v, c. 1-8, — et *Preuves* de l'édition Lenglet, n° CCLXXX ; — J. Molinet, t. I, c. 29-35 ; — J. de Troies ; — Olivier de La Marche, l. II, c. 6-8 ; — Barante, t. XI ; — Muller, *Hist. des Suisses* ; — Michelet, VI, l. XVII, c. 1-2. — Le corps de Charles resta dans l'église Saint-Georges de Nanci jusqu'en 1550, que son arrière-petit-fils Charles-Quint le fit transférer dans le somptueux tombeau qui se voit encore à Saint-Donat de Bruges.

Voici une des épitaphes qu'on fit à Charles le Téméraire :

> Te piguit pacis, teduitque quietis ; in urnâ,
> Mortue jam Carole, litis amice, jaces.
> Æthera num pateant tibi, vel descensus Averni ?
> Sollicitus nec eras, me neque cura premit.
>
> *Cité par Teschenmacher, Hist. de Clèves.*

« Toi qui avais la paix en haine, toi qui ne pouvais supporter le repos, ô Charles, ami de la discorde, te voici donc dans la tombe ! — Que tu sois maintenant monté aux cieux ou descendu aux enfers, tu ne t'en souciais guère, et je ne m'en soucie pas davantage. »

c'étaient des nations, des corps doués d'une vitalité propre, animés de sentiments collectifs et d'idées générales : les dynasties qui les ont régis ont dû jusqu'à un certain point vivre de leur vie et obéir à leurs tendances nécessaires. Il n'en était pas ainsi de la Bourgogne : résultat fortuit des jeux de l'hérédité et de l'ambition d'une famille, ce ne fut qu'un état, non point une nation : la réunion de si grandes forces dans une seule main, avec ce caractère de pur accident, sans but défini, sans rôle providentiel, était bien propre à donner le vertige à l'homme qui disposait de ces forces.

Cet homme avait, depuis dix ans, tant remué le monde et tenu les nations dans une telle attente, qu'on ne pouvait croire sa carrière si tôt finie : le bruit courut qu'il était captif en Allemagne, ou caché au fond de la forêt des Ardennes, si fameuse dans ses romans favoris [1] ; ses sujets, plus par crainte que par espérance, refusaient d'ajouter foi à sa mort : dix ans après la bataille de Nanci, on rencontrait encore des gens qui assuraient que le duc reviendrait et se vengerait de ses ennemis [2].

Charles était bien mort, pourtant : il n'y avait plus maintenant qu'un seul roi en France, et Louis XI pouvait enfin agir comme tel, sans plus redouter ni ménager personne : les seigneurs de sa cour, qui avaient presque tous conspiré maintes fois contre lui et dû recourir à sa clémence obligée, furent loin de partager sa joie ; ils eurent grand'peine à déguiser leur terreur lorsque Louis leur conta les nouvelles de Nanci, et, dans le repas auquel il les convia, aucun d'eux, dit Comines, « ne mangea la moitié de son saoul ».

Le roi avait été informé du résultat de la bataille au château du Plessis-lez-Tours, dès le 9 janvier, de grand matin, grâce « aux postes qu'il avoit ordonnées dans son royaume. » L'institution des postes, jadis en vigueur dans tout l'empire romain, n'avait été qu'un moment ressuscitée par Charlemagne ; Louis XI l'or-

---

1. Le goût des romans héroïques et de la musique avait été la seule ouverture de cette âme fermée et sombre.
2. Il y avait des gens qui vendaient à crédit « joyaux, vaisselles, chevaux, plus trois fois qu'ils ne valoient, à condition de payer à sa revenue ». J. Molinet, II, 66.

ganisa dans un but purement politique et diplomatique, sans prévoir que les courriers du roi deviendraient les intermédiaires de tous les citoyens d'une extrémité de la France à l'autre, et que la sûreté et la régularité, garanties aux correspondances privées par l'intervention de l'État, centupleraient un jour les relations de particulier à particulier et de province à province [1].

Le lendemain, 10 janvier, un messager du duc de Lorraine apprit à Louis XI qu'on avait retrouvé le corps du duc de Bourgogne, et apporta au roi, en preuve de sa mission, le casque brisé du vaincu. Ce fut une heure solennelle que celle où Louis XI reçut la nouvelle de la mort de Charles le Téméraire : une occasion unique, inappréciable, semblait s'offrir de réunir pacifiquement à la France les Pays-Bas entiers avec les deux Bourgognes. Cet empire nouveau qui, depuis un siècle, oscillait entre la France et l'Allemagne, la France pouvait peut-être l'absorber en un jour, en un instant, par l'échange d'un anneau de mariage ! L'énorme différence d'âge entre l'héritière de Bourgogne et le dauphin n'était point un obstacle infranchissable ; les convenances de la nature ne sont pas ce que l'on consulte dans les combinaisons monarchiques ; et, s'il n'est pas naturel qu'une fille de vingt ans épouse un enfant de sept, il ne l'est pas davantage qu'une fille ou qu'un enfant hérite de la fonction de commander aux hommes comme on hérite d'un bien matériel.

Quelle devait donc être la conduite du roi ? Il y avait deux politiques extrêmes ; l'une, toute de paix et d'expectative, sacrifiant tout à l'espoir du grand mariage, et s'abstenant absolument de toucher à l'héritage jusqu'à la solution ; l'autre, toute de violence et de guerre, rejetant l'idée du mariage, ne visant qu'à l'entière destruction de l'état bourguignon, confisquant sur un vassal infidèle [2] tout ce qui venait du royaume, et convoquant princes et peuples au démembrement de ce qui relevait de l'Empire. La première pouvait être une politique de dupe ; la seconde devait

1. L'édit qui prescrit l'établissement des postes est, comme nous l'avons dit, du 19 juin 1464 ; mais le service ne fut complétement organisé qu'une dizaine d'années après. V. l'édit dans les *Preuves* de Duclos, p. 214. Les relais étaient établis de quatre lieues en quatre lieues.
2. Pour les rébellions et félonies du feu duc envers son suzerain, et spécialement pour ce que Charles ne s'était jamais acquitté de l'hommage féodal.

probablement échouer par ce qu'elle avait d'excessif, quoique, au fond, la Bourgogne n'eût pas mérité mieux de la France. Le moyen terme, et le meilleur, était de faire valoir les droits de la couronne, c'est-à-dire de reprendre, non par confiscation, mais par dévolution, 1° ce que Charles avait gardé de la Picardie, comme momentanément aliéné ; 2° le duché de Bourgogne, comme échu à la couronne en vertu du droit des apanages, qui, tel que l'avait développé le parlement de Paris, excluait les filles et les collatéraux ; 3° la Flandre wallonne (Lille, Douai, Orchies), comme cédée jadis par Charles V sous condition de retour à défaut d'hoir mâle ; occuper provisoirement l'Artois, et, si l'on pouvait, la Flandre flamingante, en vertu du principe de la garde-noble, et, en même temps, conclure le mariage. Si la princesse Marie se refusait absolument à épouser le petit dauphin, la marier à un prince français, s'il était possible, et, en tout cas, à un prince sans puissance personnelle [1], et exclure à tout prix soit le fils de l'empereur, Maximilien d'Autriche, soit les prétendants anglais.

Les engagements pris pour le dauphin avec la fille du roi d'Angleterre n'étaient pas de nature à arrêter Louis XI : la France, unie à la Bourgogne, était trop forte pour craindre la vengeance des Anglais, et l'on eût apaisé sans doute, à prix d'or, le voluptueux et besoigneux Édouard IV, fort alourdi par l'oisiveté et les excès de table.

Cette troisième politique, celle que préconise le judicieux Comines, était précisément celle que Louis XI avait projetée, de sang-froid, à tête reposée, quand il combinait les chances de l'avenir ; il était « encore en ce propos, huit jours devant qu'il sût la mort du duc. Ce sage propos lui commença un peu à changer, le jour qu'il sut la mort du duc de Bourgogne... [2]. » Il commença de mêler dans sa pensée la politique de confiscation et de destruction avec celle de dévolution et de mariage, pour se décider finalement à l'une ou à l'autre suivant les circonstances, au risque de les faire

---

1. Favoriser l'affranchissement de Liége, de la Gueldre, d'Utrecht, réveiller les prétentions de la branche de Nevers au partage du Brabant et du Limbourg étaient encore d'excellents moyens de diminuer l'état bourguignon.

2. Comines, l. v, c. 12.

échouer toutes deux ! Son cœur faux trop souvent faussait son esprit sagace, et la haine de la ligne droite était devenue chez lui système et manie. Le grand rôle qu'il avait à remplir était trop simple, trop à ciel ouvert : il le manqua !

Il manqua l'ensemble, nous allons le voir ; mais il eut toutefois de très-grands et de durables succès partiels, et ce ne furent pas du moins l'activité ni l'énergie qui lui firent défaut.

Dès le 9 janvier, aussitôt après la réception des premières dépêches, Louis avait écrit à Georges de La Trémoille, sire de Craon[1], qui commandait un corps d'observation dans le Barrois, et à Chaumont d'Amboise, gouverneur de Champagne, d'occuper militairement les deux Bourgognes, s'il était vrai que le duc fût mort, et d'annoncer à « ceux du pays » son intention de marier sa filleule Marie de Bourgogne avec le dauphin : des « lettres royaux » furent adressées en même temps aux bonnes villes du duché, pour leur rappeler que « ledit duché étoit de la couronne et du royaume de France » : le roi protestait d'ailleurs qu'il voulait garder le droit de mademoiselle de Bourgogne comme le sien propre. Le même jour, 9 janvier, Philippe de Comines et l'amiral bâtard de Bourbon partirent en poste pour la Picardie et l'Artois, afin de « recevoir en l'obéissance du roi tous ceux qui s'y voudroient mettre. » Des agents moins notables, avec une mission moins ostensible, furent expédiés en Flandre et dans le reste des Pays-Bas.

Sitôt que la mort du duc fut certaine, Louis, dans de nouvelles lettres aux villes bourguignonnes, revendiqua nettement le duché, comme dévolu à la couronne. Le roi alla plus loin : il exigea un subside des provinces et des bonnes villes, pour l'aider « à remettre, réunir et réduire à la couronne et seigneurie de France les duché et comtés de Bourgogne, Flandre, Ponthieu, Boulogne, Artois et autres terres et seigneuries que naguère tenoit et occupoit feu Charles, en son vivant duc de Bourgogne [2] » (19 janvier). Ceci semblait impliquer la confiscation. Pendant ce temps, l'héritière et la veuve de Charles, Marie de Bourgogne et Marguerite

---

1. Fils du trop fameux Georges de La Trémoille.
2. *Lettre aux commissaires près les États de Languedoc,* dans les *Preuves* de Comines, n° CCLXXXII. *V.* aussi le n° CCLXXXI. — Molinet, t. II, c. 57. — Comines, l. v, c. 10. — Barante. — Duclos. — D. Plancher, *Hist. de Bourgogne, Preuves.*

d'York, lui expédiaient de Gand une dépêche habile et touchante où elles l'invoquaient en quelque sorte contre lui-même, et où Marie se disait prête à se départir des seigneuries ou villes que le roi réclamerait [1] (18 janvier). Les députés de Marie rencontrèrent le roi en route pour la Picardie. Il les renvoya à son conseil à Paris et passa outre.

Tout réussissait au roi du côté de la Bourgogne : en vain Marie et son conseil protestèrent-ils que « la duché » n'était point du domaine de la couronne ni de la nature des apanages, prétention mal fondée, il faut le dire, et que les femmes y succédaient; en vain la princesse invita-t-elle le parlement et la chambre des comptes de Bourgogne à maintenir le pays sous son obéissance (23 janvier) : les arguments des Français, appuyés par l'influence de l'évêque de Langres et du prince d'Orange, chef de la maison de Châlon, et surtout par sept cents lances des ordonnances du roi, l'emportèrent auprès des Etats de Bourgogne : tandis que quelques villes, Châlon, Beaune, Semur, voulaient résister, et se faisaient assiéger et mettre à rançon, les États reconnurent Louis XI « pour leur souverain droiturier et naturel seigneur, » et remirent en la main du roi « la duché » avec toutes ses dépendances, les comtés de Mâconnais, Charolais et Auxerrois, et les seigneuries de Château-Chinon et Bar-sur-Seine, suppliant seulement le roi de garder à mademoiselle de Bourgogne son droit, ainsi qu'il l'avait promis (29 janvier). Les commissaires du roi jurèrent en son nom la conservation des priviléges de la province, le maintien de chacun dans ses charges et offices, et l'abolition de tous les impôts établis depuis la mort du « bon duc Philippe. » La croix de Saint-André fut remplacée par la croix blanche droite. Ce fut ainsi que le duché de Bourgogne fut réuni définitivement à la couronne de France [2]. Le parlement ducal de Beaune, dit les « Grands Jours de Bourgogne », fut maintenu avec rang de cour souveraine, indépendante du parlement de Paris. La chambre des comptes de Dijon fut aussi conservée mai-août 1477. — Ordonn. de France, t. XVIII).

1. Kervyn de Lettenhove, ap. *Mém. de l'Acad. royale de Belgique*, t. XXI, n° 3 des bulletins.
2. Comines, *Preuves*, n° CCLXXX.

La Franche-Comté ne fit pas plus de résistance : quoique cette contrée appartînt à l'Empire, et que la couronne de France, au point de vue féodal, n'eût rien à y prétendre, le roi en avait réclamé la garde, « pour le bien du pays et de mademoiselle de Bourgogne, et en faveur du mariage indubitablement espéré de monseigneur le dauphin et de ladite damoiselle ». La France avait sur la Comté un droit bien autrement légitime que le droit féodal; c'était le droit de l'origine, de la langue et des frontières naturelles ; mais personne, alors, ne revendiquait un tel droit. Les États de la Comté, voyant leur pays pressé entre les troupes royales et les bandes suisses qui ravageaient leurs frontières, acceptèrent la protection du roi (19 février)[1]. Le parlement de Dôle fut maintenu, et une section du conseil du roi fut établie à Dijon sous le titre de chambre du conseil des deux Bourgognes (mai 1477).

Les progrès du roi ne furent pas moins rapides en Picardie : les populations picardes ne demandaient qu'à redevenir françaises ; Abbeville ouvrit ses portes avec empressement à l'amiral et à Philippe de Comines ; Saint-Quentin arbora spontanément la bannière de France ; tout le Vermandois, la Thiérrache et le Santerre furent soumis en peu de jours par le roi en personne ; Péronne, naguère le théâtre de son abaissement, lui fut livrée par le gouverneur Guillaume Biche, qui avait été tour à tour son favori et celui de Charles le Téméraire : il n'y eut, dans toute cette contrée, que le petit château du Tronquoi, près Saint-Quentin, qui se défendit et se fit prendre d'assaut. Corbie, Doullens, Montreuil, les places bourguignonnes de l'Amiénois et du Ponthieu, se rendirent toutes sans combat. Ces grands et faciles succès confirmèrent malheureusement le roi dans la voie où il s'engageait contre le sentiment de ses plus sages conseillers. Il ne vit plus dans le mariage de son fils et de Marie qu'un pis-aller auquel on pourrait toujours revenir; il essaya d'abord de dépouiller entièrement l'orpheline, et entreprit de s'approprier tout ce qui était du royaume, de mettre la main sur les provinces wallonnes de l'Empire, partie pour les garder, partie pour les donner à des feudataires français, et, quant « aux autres grands pièces comme Brabant, Hollande, etc. », les

---

1. Molinet, c. 38.

livrer à des seigneurs d'Allemagne, « qui seroient ses amis et lui aideroient à exécuter sa volonté. »

Tandis que Comines et l'amiral sommaient Arras de reconnaître l'autorité royale et entraient en négociation avec le sire de Crèvecœur des Querdes, gouverneur de la ville et du comté, des agents subalternes fomentaient la discorde à Gand, résidence de la princesse Marie, et dans les autres villes de Flandre, afin d'ôter à l'héritière de Bourgogne tout moyen de résistance : le plus actif était le barbier-chirurgien du roi, Olivier le Mauvais ou le Diable, personnage d'une moralité digne de son nom[1], et qui travaillait sans scrupule à bouleverser son pays natal; car il était de Thielt, près de Courtrai. Les communes de Flandre, Gand surtout, n'avaient d'ailleurs pas besoin d'excitation étrangère : le jour du service funèbre du duc Charles, les églises avaient été partout désertes, et les grandes villes de Flandre et de Brabant avaient commencé à refuser violemment taxes et gabelles; la réaction fut en proportion des dix ans de tyrannie qu'on venait de subir : tout ce qui avait participé au gouvernement depuis la mort de Philippe le Bon, tout ce qui restait de seigneurs et de conseillers du duc Charles autour de « mademoiselle Marie », était en butte à la haine et aux menaces du peuple; les populations de langue flamande poursuivaient surtout de leur ressentiment les seigneurs wallons et bourguignons, et c'était par des cris contre les Français que se manifestait cette opinion populaire que le roi avait contribué à soulever : la moyenne noblesse, favorable aux cours splendides, aux grandes monarchies, et sensible aux dons et aux promesses du roi, souhaitait le mariage de mademoiselle Marie avec le dauphin; les communes ne voulaient, au contraire, que recouvrer et étendre leurs libertés locales et n'entendaient point passer d'un despote à un autre. Seulement, leur hostilité contre la monarchie bourguignonne servait Louis XI : elles ne demandaient qu'à voir Marie réduite à « la comté de Flandre ». La princesse Marie tâcha d'apaiser les Flamands : elle abolit les nouveaux subsides, restitua à Gand, à Bruges, tous les privilèges

---

1. Son nom, en flamand, était *Necker*, esprit des eaux, *ondin*, mal traduit par *Diable*. Kervyn de Lettenhove, t. IV, p. 204. Le roi avait récemment changé ce nom en celui de Le Daim, et Olivier avait été anobli et investi du comté de Meulan.

supprimés par son père et par son aïeul [1], promit de consulter en toutes choses les Trois États de Flandre, et d'écarter d'elle les conseillers français de son père.

En ce moment même, cependant, les deux principaux de ces conseillers, le chancelier Hugonet et le sire d'Humbercourt, comte de Meghem, se rendaient près du roi, à Péronne, comme membres d'une grande ambassade, avec une lettre de créance par laquelle mademoiselle Marie signifiait à Louis XI qu'elle avait « pris en sa main » le gouvernement des états à elle échus, et composé son conseil privé de la duchesse douairière, sa belle-mère, d'Adolphe de Clèves, sire de Ravenstein, son cousin, de messire Hugonet et du seigneur d'Humbercourt, seules personnes investies de sa confiance. Cette conduite double devait avoir de tragiques résultats. Les envoyés de Marie venaient demander au roi le maintien de la trêve, et lui offrir la restitution des villes et terres cédées par les traités d'Arras, de Saint-Maur et de Péronne, le rétablissement de la juridiction du parlement de Paris sur les états bourguignons, et l'hommage pour les seigneuries relevant de la couronne. Ce n'étaient pas des propositions sérieuses! Louis répondit que tout son désir était de marier Marie à son fils, et qu'en attendant, il allait réunir à la couronne les seigneuries qui y étaient reversibles, et occuper les autres comme tuteur et suzerain de mademoiselle de Bourgogne. Il invita les ambassadeurs à lui faire remettre la partie d'Arras qu'on nommait la cité, et qui, relevant de l'évêque et non du comte d'Artois, devait appartenir à la couronne : les ambassadeurs n'osèrent refuser, et s'engagèrent à appuyer le projet de mariage. Le roi n'accorda qu'une surséance d'armes jusqu'au 2 mars. Il prit possession de la cité d'Arras le 4 mars, et, continuant ses progrès, se saisit de Béthune, de Lens, de Hesdin, de Térouenne et de Boulogne : le peuple, dans la

---

1. A Bruges, les doyens des métiers firent lacérer solennellement la sentence donnée contre leur ville, en 1439, par le duc Philippe (7 mars). La grande charte octroyée à Gand par la princesse, le 11 février, était toute une constitution. Le grand conseil de Malines (parlement) était supprimé, et chaque province ressaisissait sa cour souveraine et tous ses autres priviléges. Les États de chaque province pourront se réunir sans autorisation. Le prince ne pourra faire la guerre sans l'aveu des États, etc. Un conseil supérieur, moitié clercs, moitié nobles, est établi pour tous les États de Bourgogne, mais ses attributions sont fort limitées. *V.* Kervyn de Lettenhove, *Hist. de Flandre,* t. IV, p. 187 et suiv.

plupart de ces villes, s'était déclaré pour les Français. Le roi eut une telle joie de se voir maître de Boulogne, si importante par sa position maritime, qu'il fit hommage de la ville et du comté à la sainte Vierge, et « ordonna que tous ses successeurs rois de France tiendroient dorénavant ladite comté de la Vierge Marie[1] ». Le puissant sire des Querdes et tous ses amis étaient passés au parti du roi : la ville d'Arras et les États d'Artois prêtèrent serment à Louis, comme suzerain de leur comtesse, du consentement des ambassadeurs de Marie, en attendant que mademoiselle de Bourgogne eût rendu hommage au roi (1er avril). Saint-Omer, seule entre les villes d'Artois, refusa le serment. Pendant ce temps, le Hainaut était envahi par un autre corps d'armée aux ordres de Dammartin.

Une députation des États de Flandre et de Brabant s'était présentée sur ces entrefaites à Louis XI, pour le prier d'accorder « nouvelle surséance de guerre » et de leur assigner une journée afin de traiter de la paix. Les États s'étaient prononcés formellement en faveur du mariage. « Mademoiselle de Bourgogne », disaient les députés de Gand, « ne souhaite que la paix, et se conduit en toutes choses par le conseil des Trois États de son pays. — On vous trompe, » répliqua le roi; « mademoiselle de Bourgogne gouverne en secret ses affaires par des gens qui ne désirent point la paix; vous serez désavoués. » Les députés se récrièrent : le roi leur donna la lettre de créance où Marie lui avait signifié la composition de son conseil privé (11 mars). Les députés repartirent furieux; de retour à Gand, ils se présentèrent à l'audience de la princesse pour rendre publiquement compte de leur mission : aux premiers mots qu'ils dirent de la lettre, Marie s'écria que c'était une imposture, que jamais elle n'avait rien écrit de semblable. Le chef de la députation, le pensionnaire de Gand, tira de son sein la fatale dépêche, et la lui remit devant tout le monde. La princesse demeura interdite et muette.

Cet incident déchaîna l'orage : le peuple était déjà en goût de vengeance : le jour même du retour des députés, la tête d'un des magistrats qui avaient trempé dans les humiliations de

---

1. Louis XI donna le comté de Lauraguais à la maison de La Tour-d'Auvergne, en échange de ses droits sur le comté de Boulogne.

Gand, en 1468 et 1469, venait de tomber sur l'échafaud. Le soir, Hugonet et Humbercourt furent arrêtés. Quelques jours après, le peuple, irrité qu'on ne fît pas justice, prit lui-même la justice en main, se leva en *conseil armé* (*wapeninghe*), suivant la vieille tradition teutonique, et campa sur le Marché du Vendredi jusqu'à ce que l'œuvre sanglante fût accomplie. Tout ce que put faire la princesse, fut d'adjoindre huit commissaires au corps de ville, échevins et doyens. Les deux ex-ministres furent accusés d'avoir livré Arras au roi et coopéré à la violation des franchises de Gand, sous le duc Charles. Il y avait bien d'autres griefs; mais peu importe; c'était ce dernier seul qui les tuait. Le peuple fut implacable, comme l'avaient été si souvent les princes. Les princes avaient dit : « Quiconque attente à la majesté du suzerain doit mourir. » Le peuple répondit : « Quiconque a violé les libertés publiques doit mourir ! » Les malheureux étaient condamnés d'avance : on eût dû au moins leur épargner l'inutile barbarie de la torture [1]. Les Gantois, déjà si arrêtés dans leur rigoureux dessein, étaient encore excités à frapper par des voix implacables; c'était le duc de Clèves, qui espérait faire épouser son fils à la princesse, et qui voyait dans les ministres captifs les champions de l'alliance du dauphin; les Liégeois, qui ne respiraient que la ruine de tous les amis de leur tyran; le comte de Saint-Pol, fils du connétable, qui poursuivait la vengeance de la mort de son père.

Marie de Bourgogne essaya de disputer ces deux têtes à tant de formidables passions; abaissée par la duplicité, elle se releva par l'humanité et le courage. Seule, en habit de deuil, un simple couvre-chef sur la tête, elle alla à l'Hôtel-de-Ville demander aux juges la grâce des deux victimes; les juges eux-mêmes tremblaient; elle n'obtint rien. Elle courut au Marché du Vendredi, où le peuple se tenait en armes; elle monta au balcon de l'*Hoog-Huys*, et là, les yeux en pleurs, les cheveux épars, elle supplia le peuple d'avoir pitié de ses serviteurs et de les lui rendre. Ceux qui la

---

1. Ils appelèrent au parlement de Paris. On ne reçut pas leur appel. Il y avait là deux droits en présence : le droit de la couronne et de sa cour suprême, et le vieux droit teutonique des jugements sans appel, que revendiquait toujours la Flandre. Comines, l. v, c. 13, édit. de mademoiselle Dupont.

voyaient de plus près s'attendrirent. Beaucoup de voix crièrent « que son plaisir fût fait; qu'ils ne mourussent point! » mais des cris contraires éclatèrent dans les profondeurs de la foule. Un moment, les piques se baissèrent de part et d'autre. Le parti de la clémence se sentit le plus faible; il céda... (31 mars 1477).

L'héritière de Bourgogne rentra dans son palais, le cœur plein d'une haine inextinguible contre le roi, dont la perfidie avait attiré sur elle ce coup affreux. Tout espoir d'alliance fut perdu sans retour.

Trois jours après, les deux ministres furent décapités sur le Marché du Vendredi (3 avril)[1].

Jusque-là tout avait réussi au roi : les séductions exercées sur les grands, l'étourdissement et l'incertitude des populations avaient empêché toute résistance sérieuse; mais ces prospérités trop rapides furent bientôt compromises par les abus et les fautes d'une confiance immodérée; cet homme, qui se défiait tant des hommes, se confia trop dans les choses. Les exactions des agents avides et corrompus qu'il employait de préférence irritèrent les villes d'Artois et des Bourgognes[2]. Les bonnes dispositions de la noblesse du Hainaut, mal accueillies et mal exploitées[3], se changèrent en hostilité; l'habile et sage Comines, qui eût pu concilier tant de gens au roi en Flandre, avait été écarté au profit de vils intrigants; le prince d'Orange, qui avait, pour ainsi dire, donné les Bourgognes au roi, s'était vu préférer le sire de Craon dans le gouvernement de « la duché ». La réaction commença par la Franche-Comté : les villes comtoises, plus opposées au roi que la noblesse, se révoltèrent, sur une proclamation de l'empereur qui leur rappelait leurs devoirs envers l'Empire : le prince d'Orange se mit à la tête de la rébellion, surprit et battit le sire de Craon

---

1. Comines, t. II, p. 125; édit. de mademoiselle Dupont. Comines a dramatisé son récit en supposant que l'échafaud était dressé, et que les deux têtes tombèrent devant la princesse, ce qui n'est pas exact. Plusieurs magistrats du parti du feu duc avaient été décapités avant les deux ministres.

2. Louis eût bien voulu empêcher les soldats de piller, cependant. Il s'était engagé formellement, par une ordonnance, à payer les dettes des soldats envers leurs hôtes. Michelet, VI, 440.

3. « ..... Lui sembloit qu'il auroit bien tout sans eux (Comines, l. v, c. 13). » Quand l'agent du Hainaut vint vers le roi, un des favoris, du Lude, demanda ce que les villes lui donneraient « en conduisant leur affaire ».

à Vesoul (19 mars), souleva la plupart de la noblesse des deux Bourgognes, appela à son aide bon nombre de soudoyers allemands et suisses, força les Français de lever le siége de Dôle, s'empara de Grai, et faillit surprendre Dijon, où avait éclaté une violente émeute contre les gens du roi. Une guerre acharnée se prolongea dans ces contrées. La jeunesse des cantons suisses, enivrée de ses victoires, avide de combats, de butin et d'aventures, affluait sous les bannières comtoises, en dépit de ses magistrats, qui voulaient qu'on restât fidèle à l'alliance du roi Louis.

La lutte prit en Hainaut un caractère non moins opiniâtre, et l'attitude de la Flandre devint franchement hostile. Olivier Le Daim, que les Gantois avaient écouté tant qu'il s'était borné à conseiller le désordre, avait été hué quand il avait voulu négocier officiellement et se présenter devant Marie pompeusement travesti en comte de Meulan : il fut obligé de quitter Gand au plus vite pour n'être pas jeté à la rivière. Arras s'était insurgée, malgré les faveurs par lesquelles le roi avait tenté de s'attacher cette riche ville; les deux moitiés d'Arras, qui étaient séparées par de fortes murailles, et dont la moindre, appelée *la cité*, avait garnison française, entrèrent en guerre l'une contre l'autre. La *ville* demanda des saufs-conduits pour envoyer des députés au roi : les députés se rendirent près de Louis XI à Hesdin, et requirent la permission d'aller à Gand prendre les ordres de mademoiselle de Bourgogne : Louis leur répondit qu'ils étaient « sages hommes », et que c'était à eux d'aviser à ce qu'ils devaient faire. Ils partirent sans défiance pour Gand sur cette réponse ambiguë. Le même jour, un gros détachement, dépêché par les garnisons de la Flandre wallonne au secours d'Arras, fut battu et dispersé par les gens du roi; aussitôt le roi, ne croyant plus rien avoir à ménager, envoya son vieux prévôt, Tristan l'Ermite, après les députés; Tristan les fit ramener tous à Hesdin et décapiter sur l'heure. Ils étaient tous déjà en terre lorsque Louis eut avis de l'exécution. Un de ces malheureux, Oudart de Bussi, Parisien de naissance, avait accepté, lors du traité des États d'Artois avec le roi, une charge de conseiller au parlement de Paris. Louis ordonna de déterrer la tête de maître Oudart, et de l'exposer sur le marché d'Hesdin, coiffée d'un mortier rouge de conseiller. Presque tous les prisonniers du dernier combat furent exécutés dans la *cité* d'Arras.

Les cruautés du roi exaspérèrent les habitants de la *ville*, parmi lesquels s'étaient réfugiés tous les fidèles *Bourguignons* de la province : les gens d'Arras plantaient des gibets sur leurs murailles, et y pendaient des croix blanches, « enseigne de France »; ils écrivirent au-dessus d'une de leurs portes ces vers si connus :

> Quand les rats mingeront les cats (mangeront les chats),
> Le roi sera seigneur d'Arras.

Toute cette exaltation tomba devant la terrible artillerie de Louis XI; après une vigoureuse défense de quelques jours contre le roi en personne, les bourgeois d'Arras, voyant la brèche ouverte, n'osèrent attendre l'assaut, et se rendirent moyennant une amnistie (4 mai), « laquelle » dit Comines, « fut assez mal tenue; car le roi fit mourir beaucoup de gens de bien ». Les obstacles, qui succédaient à des succès faciles, aigrissaient Louis. Depuis qu'il se sentait fort, il se contenait de moins en moins, et se montrait bien plus vindicatif et plus cruel qu'autrefois. Dans ses lettres, souvent d'une gaieté sinistre, il ne parle que de pendre et faire voler des têtes. Après son départ, ses lieutenants, pillards déhontés, furent plus rudes encore aux habitants, et surexcitèrent les esprits à tel point que, durant deux ans entiers, ce ne furent que complots et séditions dans Arras. Louis, au lieu de punir les vrais coupables, c'est-à-dire ses propres officiers, résolut d'anéantir la ville rebelle : il la traita presque comme Charles le Téméraire avait traité Liége; il rasa les murailles, expulsa la population en masse, abolit par ordonnance le nom même d'Arras, auquel il substitua celui de *Franchise*, et gratifia de priviléges très-étendus les bourgeois et marchands qui, de toutes les villes et pays du royaume, voudraient venir repeupler *Franchise*[1]. Fort peu de gens se décidant à quitter leur pays et leurs établissements pour venir se fixer dans une ville ruinée, au milieu du théâtre de la guerre, le roi voulut forcer chaque bonne ville

---

1. Ce nom rappelle involontairement celui de *Commune affranchie* donné à Lyon après son trop fameux siége, en 1793.

du royaume à fournir à *Franchise* un certain nombre de bourgeois et d'artisans. Il était difficile de pousser plus loin le génie du despotisme.

La prise d'Arras avait soumis tout l'Artois, excepté Saint-Omer. Peu de jours après l'entrée du roi dans la ville d'Arras, Olivier le Daim introduisit les troupes françaises dans Tournai, malgré les magistrats, mais avec la connivence d'une partie du peuple (23 mai). Tournai, par ses priviléges, était exempte de recevoir garnison, et, quoique ville française, avait obtenu de rester neutre dans les dernières guerres entre la France et la Bourgogne. La ville impériale de Cambrai ne put pas non plus « refuser ouverture » au roi, et les Cambraisiens, pour gagner les bonnes grâces de Louis, remplacèrent les aigles de l'Empire par les fleurs-de-lis de France, prétendant que Cambrai avait autrefois appartenu au royaume. Le roi fit de Tournai et de Cambrai ses deux places d'armes, et envahit en personne le Hainaut, où Dammartin avait eu peu de succès. Louis faillit périr au siége de Bouchain : comme il s'appuyait sur l'épaule de Tannegui Duchâtel, gouverneur du Roussillon, un coup d'arquebuse, dirigé contre lui, jeta Duchâtel mort à ses pieds. Bouchain et le Quesnoi se rendirent : Avesnes fut emportée d'assaut et saccagée cruellement par les francs-archers (juin); mais les populations du Hainaut et de la Flandre wallonne résistaient partout avec énergie, et il fallait acheter désormais chaque avantage au prix de beaucoup de sang; en Artois même, Saint-Omer repoussa toutes les attaques.

Les Gantois avaient levé une armée et repris l'offensive du côté du Tournaisis : ils tirèrent de prison ce duc Adolphe de Gueldre, que son père avait autrefois déshérité en faveur de Charles le Téméraire, et le mirent à leur tête : ils avaient pensé un moment à contraindre mademoiselle de Bourgogne d'épouser cet homme si indigne d'une si haute fortune. Dans la nuit du 27 juin, douze à quinze mille Flamands, conduits par Adolphe de Gueldre, allèrent saccager les faubourgs de Tournai : la garnison, forte de trois mille hommes d'élite, sortit brusquement contre eux au point du jour; les Flamands, assaillis à l'improviste et se croyant trahis les uns par les autres, furent mis en pleine déroute; le duc Adolphe fut tué sur la place; tout le bagage et l'artillerie furent pris, et la cavalerie française s'avança jusqu'à quatre lieues de Gand. Cette défaite jeta une grande consternation dans le pays, et, si le roi fût entré sur-le-champ au cœur de la Flandre, la guerre eût pu être promptement finie; mais Louis était déjà retombé dans ses habitudes louvoyantes : selon sa coutume, il ne voulut rien risquer; il n'osa laisser derrière lui Saint-Omer, Lille, Douai et Valenciennes, qui se défendaient bien, pour marcher droit à Gand et à Bruges, où régnait le plus grand désordre, et il crut amener les Flamands et les Hennuyers à se soumettre, en dévastant le plat pays, en brûlant les villages, en faisant couper les arbres et les moissons par de grandes bandes de faucheurs levés de force en France. Ces barbaries réchauffèrent au contraire la haine des populations, et ne firent que hâter l'accomplissement d'un événement bien funeste à la France : Mademoiselle de Bourgogne, assiégée par six prétendants, le dauphin, le fils du duc de Clèves, le jeune Ravenstein, Adolphe de Gueldre, le duc de Clarence, frère d'Édouard IV, et soutenu par la duchesse douairière Marguerite d'York, le lord Rivers, beau-frère d'Édouard IV, et soutenu par ce roi de préférence à Clarence [1], mademoiselle de Bourgogne s'était décidée pour un septième, le plus dangereux de tous au point de vue français. Le 16 avril, une grande ambassade de l'empereur [2] était arrivée à Bruges, où la princesse s'était transportée après la tragédie de Gand. Les envoyés de Frédéric III représentèrent à la princesse, en audience solennelle, une promesse de mariage qu'elle avait souscrite au fils de l'empereur, par le commandement du feu duc son père, et un anneau envoyé avec la lettre (en 1473). Ils s'enquirent « si elle avoit vouloir d'entretenir sa promesse ». Il avait été convenu, dans le conseil de la princesse, que Marie se bornerait à entendre les envoyés et ajournerait sa réponse. Marie, tout au contraire, répondit sur-le-champ qu'elle avouait sa lettre. Le 21 avril, le duc de Bavière la fiança au nom de Maximilien d'Autriche. Quatre mois s'écoulèrent toute-

---

1. Louis XI, quand il avait vu la résistance obstinée de a princesse Marie et de la Flandre, avait offert à Édouard IV la Flandre et le Brabant, s'il voulait l'aider à démembrer les états de Bourgogne. L'offre n'était pas sincère, il faut le dire.
2. L'archevêque de Mayence, chancelier de l'Empire, l'archevêque de Trèves, l'évêque de Metz, un des ducs de Bavière.

fois encore avant que le prince autrichien vînt joindre en Flandre sa fiancée. La lenteur et l'avarice de son père l'enchaînaient au delà du Rhin. Non-seulement Maximilien n'avait ni argent ni soldats à fournir à la cause de Bourgogne; mais il fallut que Marie lui envoyât de l'argent à Cologne pour qu'il pût se présenter honorablement en Flandre. Louis XI ne trouva, dans l'intervalle, aucun moyen de rompre les fiançailles autrichiennes.

Maximilien arriva à Gand, avec les archevêques-électeurs de Mayence et de Trèves, les ducs de Saxe et de Bavière, les margraves de Brandebourg et de Bade, et sept ou huit cents chevaux. Dès le lendemain de son arrivée, il fut marié sans pompe à mademoiselle de Bourgogne; les deux époux n'avaient pu se parler que par interprète, car ils ignoraient la langue l'un de l'autre (18 août)[1]. Ce fatal mariage livra la Belgique pour des siècles à une puissance rivale de la France, et ses conséquences pèsent encore aujourd'hui sur notre patrie[2]! L'Europe devait en pâtir autant que la France; car ce fut la première assise de la puissance autrichienne, si funeste à la liberté de tous et aux nationalités européennes. Huit jours après la consommation de ce grand événement, l'époux de l'héritière de Bourgogne écrivit au roi de France pour réclamer contre l'invasion des domaines de sa femme et proposer l'ouverture de négociations. Les progrès du roi dans le nord étaient à peu près arrêtés, quoique les Flamands eussent encore été battus le 13 août; les affaires allaient mal en Bourgogne: Louis consentit à une trêve sans terme fixe (8 septembre); on devait seulement se dénoncer de part ou d'autre la reprise des hostilités quatre jours d'avance.

Durant cette campagne si remplie, avait eu lieu à Paris un procès sanglant qui rappelait celui du connétable : Jacques d'Armagnac, duc de Nemours, comte de la Marche et de Castres, avait répondu par une incorrigible ingratitude aux bienfaits de Louis XI; quoiqu'il dût tout à ce monarque, il avait participé

---

1. Maximilien avait deux ans de moins que Marie.
2. Sur les événements de 1477, *V.* Comines, l. v, c. 10 20; — l. vi, c. 1-3; *Preuves* de l'édit. Lenglet, nos CCLXXXI-CCLXXXVIII; *Preuves* de l'édit. Dupont, t. III, p. 309-332. — J. Molinet, t. II, c. 37-50. — Olivier de La Marche, l. ii, c. 9. — J. de Troies. — Barante. — Duclos.

activement à la guerre du *Bien Public*, puis à la rébellion du comte d'Armagnac (1465-1470); deux fois pardonné, il avait renoué un grand complot avec le connétable et tous les ennemis secrets du roi, complot dans lequel trempaient presque tous les grands seigneurs de France, et qui n'allait pas moins qu'à mettre le roi en « chartre », et à mieux refaire ce que le duc Charles avait manqué à Péronne. Louis, qui entrevoyait plus qu'il ne connaissait le complot, soupçonnait son chancelier, Pierre Doriole, d'avoir épargné la torture au connétable et d'avoir hâté l'exécution, de peur que Saint-Pol n'en dît trop. Il voulait maintenant se venger sur Nemours et tout savoir sur les autres. Nemours avait provoqué sa destinée non pas seulement par des menées souterraines, mais par une attitude ouvertement malveillante, fortifiant ses places, n'envoyant personne au ban du roi, maltraitant quiconque appelait de ses officiers au parlement. Saint-Pol mort, Louis ne tarda pas à étendre sa main sur Nemours : aussitôt après la première défaite du duc Charles à Granson, Nemours fut arrêté dans son château de Carlat, en Auvergne, puis amené dans les cachots de Pierre-Scise à Lyon. Au mois d'août 1476, il fut transféré à la Bastille; une commission, présidée par le sire de Beaujeu, gendre du roi, commença le procès. Le prisonnier était les fers aux pieds dans une cage de fer. Le roi avait donné des ordres terribles. « Il faut le gehenner (torturer) bien étroit, le faire *parler clair!* »

Le malheureux parla, pour tâcher de se sauver aux dépens des autres. Il écrivit au roi une longue confession de toutes les conspirations auxquelles il avait pris part (31 janvier 1477). Tous les soupçons du roi étaient confirmés, dépassés. Le duc de Bourbon et son frère l'archevêque de Lyon avaient adhéré; Dammartin même avait été en rapport avec les conjurés, pour se ménager des deux parts. Il n'y avait guère que Beaujeu, le gendre du roi, de tout à fait intact.

De telles choses expliquent Louis XI. On comprend comment cet homme, nourri de fiel et d'amertume, et n'ayant rien en lui qui l'élevât au-dessus de ce monde de perversité, mit sa gloire à être, parmi les fourbes, le plus fourbe, parmi les méchants, le pire.

Les aveux de Nemours ne lui profitèrent pas. Louis ne pouvait frapper tout le monde. Il continua de caresser les Bourbons, Dammartin, tous ceux dont il avait besoin, et tua Nemours avec éclat. Le procès fut remis au parlement, que le roi appela à Noyon tout exprès avec d'autres « grands clercs », dit le chroniqueur parisien (J. de Troies); mais les pairs ne furent pas mandés : Nemours, lors de son second pardon (en 1470), avait renoncé formellement au bénéfice de pairie, s'il retombait en faute. Nemours fut condamné à mort et décapité aux halles de Paris (4 août 1477). Plus tard, on raconta que le roi avait fait placer les enfants de la victime sous l'échafaud de leur père, pour que son sang arrosât leur tête innocente. C'est une fable inventée par la réaction contre la mémoire de Louis XI. « Ce qui est plus certain et non moins odieux, c'est que l'un des juges qui s'était fait donner les biens du condamné, le Lombard Boffalo del Giudice, ne se crut pas sûr de l'héritage, s'il n'avait l'héritier, et demanda que le fils aîné de Nemours fût remis à sa garde. Le roi eut la barbarie de livrer l'enfant, qui ne vécut guère [1]. »

Le roi suspendit de leurs offices trois conseillers qui n'avaient pas voté la mort du duc, et s'irrita fort contre le parlement, qui réclamait en faveur de la liberté des suffrages. Il reprocha aux magistrats de faire « bon marché de sa peau », et il promulgua, le 22 décembre 1477, une ordonnance qui punissait de mort la non-révélation en matière de lèse majesté. C'était le renouvellement des anciennes lois impériales.

Louis paraissait se préparer à de puissants efforts pour le printemps suivant : il avait resserré son alliance avec le duc de Lorraine; le duc de Bretagne, si mal intentionné qu'il fût pour la couronne, n'avait osé remuer sans être soutenu par le roi d'Angleterre : Édouard IV, appesanti par la paresse et par les voluptés, résistait aux vœux du peuple anglais, qui eût voulu secourir la Flandre, et n'était nullement disposé à perdre la pension de cinquante mille écus que lui payait Louis XI : presque tous les grands seigneurs anglais étaient, comme leur roi, enchaînés par

---

1. Michelet, VI, 452. M. Michelet a, le premier, donné le vrai caractère du procès de Nemours.

des chaînes d'or aux intérêts du roi de France ; aussi Louis obtint-il que la trêve de sept ans conclue à Piquigni en 1475 fût non-seulement maintenue, mais prolongée pour tout le temps de sa vie et de la vie d'Édouard IV. Les discordes intestines de la maison d'York contribuaient aussi à empêcher Édouard de s'immiscer dans les querelles du continent. La haine mutuelle d'Édouard et du duc de Clarence, fomentée par le troisième frère, l'astucieux et sombre Richard de Glocester, venait d'aboutir à un fratricide : Édouard avait fait condamner à mort et exécuter secrètement son frère Clarence pour crime de haute trahison. L'on prétend qu'Édouard ayant laissé au condamné le choix de son genre de mort, l'ivrogne Clarence choisit d'être noyé dans un tonneau de malvoisie. (Molinet.) Édouard, après avoir fait arrêter son frère, avait, dit-on, demandé conseil à Louis XI, qui ne répondit que par ce vers de Lucain :

Tolle moras ; sæpé nocuit differre paratum [1].

Louis était donc libre de ses mouvements ; il avait écrasé la France d'impôts pour remonter son armée et son artillerie, et l'année 1478 semblait devoir être signalée par de grandes choses. L'attente universelle fut cependant trompée : le roi prit la petite ville de Condé (1er mai); Maximilien s'avança vers cette place, à la tête de vingt mille combattants. Louis XI, quoique supérieur en force, n'accepta point la bataille, ordonna l'évacuation de Condé, et consentit à une nouvelle trêve d'un an, qui fut signée le 11 juillet. Ce fut lui qui fit toutes les concessions ; car il retira ses troupes de Cambrai [2] et des places du Hainaut et de la Comté, et consentit à ce que Tournai rentrât dans la neutralité : l'empereur avait protesté contre l'usurpation de Cambrai et l'invasion du Hainaut et de la Comté par les Français, et Louis craignit que la masse de l'empire germanique ne finît par s'ébranler contre la France. Il craignit surtout que les Suisses ne tournassent contre

---

1. Point de délai : il est dangereux de suspendre ce qu'on a commencé. — *Cabinet de Louis XI.*

2. Il maintint seulement ses droits comme « vicomte de Cambrai. » Comines, II, 8C ; *note* ; éd. de mademoiselle Dupont.

lui, à la suite d'une paix perpétuelle qu'ils venaient de signer, le 24 janvier, avec Maximilien et Marie [1]. La protestation de Frédéric fut tout le secours que le vieil empereur, « le plus chiche homme du monde », voulut accorder à son fils.

La lutte avait continué sans interruption dans les deux Bourgognes depuis la révolte du prince d'Orange : Louis XI s'étant décidé à remplacer le sire de Craon par le sire de Chaumont d'Amboise, ce nouveau gouverneur, plus habile et surtout plus probe que son prédécesseur, avait rétabli les affaires du roi et ramené « toute la duché » sous l'obéissance royale ; mais la Comté était restée *bourguignonne*.

Il y eut à Boulogne, dans les derniers mois de 1478, des pourparlers « touchant le fait de la paix » : on n'était sincère ni d'un côté ni de l'autre ; Louis espérait pousser plus loin ses conquêtes ; Maximilien et les Flamands espéraient recouvrer ce qu'avait perdu la seigneurie de Bourgogne : non-seulement on ne conclut point d'accommodement définitif, mais la trêve fut rompue avant son expiration. Au printemps de 1479, les gens des Pays-Bas prirent brusquement l'offensive, se saisirent de Cambrai, sans respect pour la neutralité assignée à cette ville, et envahirent le Vermandois. Le roi se contenta de les tenir en échec, et porta son principal effort en Bourgogne : le sire de Chaumont se jeta sur la Franche-Comté, à la tête d'une belle armée que vinrent grossir beaucoup de Suisses, en dépit du traité conclu par les cantons avec Maximilien et Marie : Dôle, chef-lieu de la Comté, après que la jeunesse de l'université dôloise eut été taillée en pièces dans une sortie, fut livrée par la trahison d'un corps alsacien à la solde des habitants ; la ville fut pillée, brûlée, saccagée de fond en comble ; toutes les autres places comtoises se rendirent presque sans résistance ; Maximilien ne pouvait leur envoyer aucun secours, et tous les aventuriers suisses étaient passés dans le parti qui payait le mieux ses auxiliaires. La cité archiépiscopale de Besançon, ville libre, relevant immédiatement de l'Empire, reconnut le roi pour gardien et protecteur, aux

---

1. Ils avaient reçu 150,000 florins pour prix de la paix, et promis d'interdire à leurs hommes de servir la France.

mêmes conditions qui avaient existé entre elle et les ducs de Bourgogne; elle reçut du roi un capitaine et un chef de justice, et lui promit moitié du produit de ses taxes (3 juillet). La réduction de la Comté était complétement achevée à l'époque d'un voyage que le roi fit à Dijon vers la fin de juillet 1479. Louis jura, dans l'église de Saint-Bénigne, le maintien des libertés et franchises de cette capitale de la Bourgogne, et tâcha de gagner ses nouveaux sujets par de grandes démonstrations de bienveillance. Le parlement de Dôle fut transféré à Salins, et l'université de Dôle à Besançon.

Les affaires du roi n'allaient pas aussi bien dans le Nord, où les troupes n'étaient plus commandées par Dammartin. Louis ne pouvait oublier les révélations de Nemours, et avait mis le vieux général à la retraite. Le commandement n'y gagna pas. Les défiances du roi l'avaient porté à une réforme qui acheva d'ébranler l'armée. Il venait de casser dix compagnies d'ordonnance et de mettre en jugement plusieurs capitaines. Sur ces entrefaites, Maximilien, qui avait réuni vingt-sept mille combattants, entama le siége de Térouenne. Le sire de Crèvecœur des Querdes, le plus considérable des seigneurs qui avaient passé du service de Bourgogne au service de France, s'avança pour secourir Térouenne avec l'armée royale du Nord [1].

L'armée des Pays-Bas, très-supérieure en infanterie, mais très-inférieure en gendarmerie [2], marcha au-devant des Français : la rencontre eut lieu près de la colline de Guinegate ou Esquingate. La cavalerie française culbuta du premier choc la noblesse belge et la mit en pleine déroute; mais, au lieu de revenir sur l'infanterie flamande, elle se lança après les fuyards, et les poursuivit, la lance dans les reins, jusqu'aux portes d'Aire et de Saint-Omer. Le général français commit la faute impardonnable de prendre part en personne à cette « chasse ». Pendant ce temps, les francs-archers avaient bravement assailli la puissante infanterie de Maximilien, qui était resté à la tête de ses épais bataillons flamands, tout hérissés de piques et renforcés par trois

1. Dix-huit cents lances et quatorze mille francs-archers, suivant l'historien bourguignon Molinet; onze cents lances et huit mille francs-archers, suivant Comines.
2. Huit cent vingt-cinq lances, suivant Molinet.

mille lansquenets allemands [1] et cinq cents archers anglais. Les francs-archers furent repoussés avec grande perte : l'arrivée de la garnison de Térouenne, forte de quatre cents lances et de quinze cents arbalétriers, semblait devoir décider le succès d'une seconde attaque ; mais cette garnison aima mieux se jeter sur les bagages de l'ennemi que d'attaquer ses bataillons ; les francs-archers se débandèrent aussi en partie pour courir à cette riche proie, et Maximilien, reprenant l'offensive, leur passa sur le corps et se saisit à son tour du camp français. Les gens d'armes français revinrent trop tard de la poursuite pour renouveler le combat. Leur désir de faire de riches prisonniers avait enlevé à la France une victoire assurée (août 1479). Le champ de bataille demeura ainsi à Maximilien ; mais il perdit plus de monde, et surtout beaucoup plus de gentilshommes que les Français ; une foule de seigneurs flamands, brabançons, hollandais, étaient morts ou captifs, et le duc d'Autriche n'avait plus ni cavalerie ni bagages : il leva le siége de Térouenne comme s'il eût été battu.

Le roi néanmoins fut fort irrité de l'indiscipline de ses gens, et la mauvaise conduite de l'armée à Guinegate fut la cause ou le prétexte de grands changements dans les institutions militaires. La noblesse fut autorisée à se racheter du service féodal à prix d'argent, et les francs-archers furent supprimés ; on ne demanda plus aux paroisses qu'une taxe au lieu d'hommes. Le roi remplaça cette infanterie légère par des soudoyers armés de piques et d'arquebuses, plus propres à combattre en ligne ; le noyau de la nouvelle milice permanente fut formé de Suisses : les cantons « prêtèrent » au roi six mille de leurs redoutables fantassins. L'abolition des francs-archers fut un grand mal. Il eût fallu améliorer et non supprimer cette milice nationale ; mais le roi, toujours plus défiant et plus sombre, ne voulait plus quasi autour de lui que des mercenaires étrangers. Ne pouvant se passer de cavalerie française, il se débarrassa au moins de l'infanterie. C'était un nouveau pas dans la voie despotique !

Une autre ordonnance royale prescrivit que désormais tout le butin, y compris les prisonniers, fût mis en une seule masse

---

1. *Landsknecht; soldats du pays;* infanterie mercenaire, armée de piques et d'arquebuses, qui commençait d'être en assez grand renom.

pour être vendu à l'enchère, et le prix partagé entre tous les officiers et soldats : le roi espérait supprimer ainsi cette soif des riches rançons, qui faisait oublier aux gens de guerre le soin d'assurer la victoire.

Les hostilités se poursuivaient sur mer aussi bien que sur terre : depuis que la Normandie était redevenue française, la marine reprenait quelque essor ; Louis XI avait pour vice-amiral un très-habile homme appelé Coulon, qui obtint de brillants succès contre les sujets de « madame Marie ». Coulon s'empara de la flotte hollandaise et zélandaise, à l'époque où les bâtiments de ces contrées reviennent de la pêche du hareng. Ce fut une vraie calamité pour les Pays-Bas. Les districts voisins des embouchures du Rhin étaient en outre désolés par une rude guerre : la Gueldre insurgée avait proclamé pour son seigneur le jeune fils du duc Adolphe, bien que cet enfant fût entre les mains de Maximilien ; la Hollande était déchirée par les vieilles et interminables querelles des *Hoëks* et des *Kabelljaws;* les communes de Flandre et de Brabant se refusaient à tout nouveau subside pour soutenir la guerre contre le roi de France, et cependant le duché de Luxembourg et le comté de Namur étaient envahis par les troupes de Chaumont d'Amboise, qu'avait rendues disponibles la soumission de la Franche-Comté.

La situation de Maximilien et de Marie redevenait critique : ils n'avaient point d'assistance à attendre du lâche et avare Frédéric ; les Suisses étaient pour qui donnait la plus grosse solde, les princes allemands peu disposés à se mêler de la querelle, et aucune diversion ne s'opérait du côté de l'Espagne. Louis XI s'était réconcilié avec Ferdinand et Isabelle de Castille, en abandonnant les intérêts de Jeanne *la Bertrandéja* (octobre 1478) ; la mort du vieux roi d'Aragon venait de donner une seconde couronne à Ferdinand (janvier 1479) [1], et Ferdinand et Isabelle, occupés à comprimer les restes des partis et à fonder la monarchie espagnole par la réunion de l'Aragon et de la Castille, ne demandaient qu'à laisser dormir pour un temps la question du Roussillon. L'Angleterre était le seul espoir de Marie et de son

---

[1] La Navarre passa au petit comte de Foix, sous la tutelle de sa mère, sœur de Louis XI.

époux. Cet espoir, longtemps trompeur, finit par se réaliser : l'opinion de ce pays se prononça si violemment en faveur de l'héritière de Bourgogne, ou plutôt contre la France, qu'Édouard et ses grands se trouvèrent entraînés malgré eux à la dérive et ne purent plus résister sans danger au flot populaire. Louis XI n'avait pas su saisir l'instant décisif pour la conquête de la Belgique ; il sentait que l'heure était passée, et que cette conquête, déjà si douteuse, allait devenir impossible par l'intervention de l'Angleterre : il ne chercha plus qu'à s'assurer par une bonne paix la possession des provinces qu'il avait enlevées à l'héritage de Charles le Téméraire. La guerre se ralentit dans le courant de l'année 1480 : une trêve de sept mois fut signée le 27 août ; Louis XI avait manifesté l'intention de recourir à l'arbitrage du pape Sixte IV, qu'il pria d'envoyer en France, comme légat, son neveu Giuliano della Rovere, cardinal de Saint-Pierre-ès-liens (depuis le pape Jules II [1]). Le saint-père, effrayé de l'imminence d'une invasion turque en Italie [2], se rendit aux désirs du roi, et dépêcha son neveu au delà des monts ; mais les honneurs, les présents et les bénéfices dont Louis XI combla le cardinal de Saint-Pierre inspirèrent de la défiance à Maximilien, qui n'ac-

1. Le roi avait eu avec Sixte IV, en 1478-1479, de graves démêlés dont il était sorti à son honneur : à la suite de la sanglante conjuration des Pazzi contre les Médicis, tramée avec la connivence de la cour de Rome, le pape et le roi de Naples ayant attaqué les Florentins, alliés de la France, le roi envoya Comines en Italie, pour engager le duc de Milan et la république de Venise à secourir les Florentins, de concert avec la Savoie, et défendit tout achat d'expectatives, toute exportation d'or, d'argent ou de lettres de change pour Rome. Il accusait ouvertement le pape de complicité dans l'assassinat de Julien de Médicis. Une assemblée de l'église de France, convoquée à Orléans au mois de septembre 1478, demanda la réunion d'un concile général, épouvantail que soulevait le roi toutes les fois qu'il était mécontent du pape. Sixte IV recula, et accepta l'arbitrage des rois de France et d'Angleterre dans sa guerre avec les Florentins. Ce fut pendant ces négociations que les Génois, après avoir secoué le joug du duc de Milan, offrirent à Louis XI de rentrer sous la suzeraineté directe de la France ; mais Louis ne se soucia point de se charger du gouvernement de cette turbulente république : il avait des conquêtes plus solides à faire dans les limites naturelles de la France : « Les Génois se donnent à moi », disait-il en riant à ses familiers, « et moi je les donne au diable ! » Il aimait mieux les tenir par l'intermédiaire de Milan. Il voulait en Italie influence, non possession directe. Les Florentins étaient des alliés qui valaient des vassaux. « A chacune fois qu'ils renouvellent les gouverneurs de leur seigneurie, ils font serment d'être bons et loyaux à la maison de France. » *Lettre de Louis XI;* août 1478 ; ap. Comines, éd. Lenglet, III, 552.

2. Les Turcs débarquèrent à Otrante, le 28 juillet 1480, et saccagèrent cette ville.

cepta pas le cardinal pour arbitre. Le légat, voyant son entremise inutile, repartit après avoir obtenu du roi une concession à laquelle la cour de Rome attachait beaucoup de prix ; c'était la liberté du cardinal Balue et de l'évêque de Verdun, son complice, prisonniers d'État depuis plus de dix ans. Le saint-siége promit de juger les deux prélats; mais Balue, loin d'être condamné à Rome, y raviva son génie d'intrigue et redevint bientôt un personnage.

Au lieu de paix, on ne conclut qu'une prorogation de trêve pour un an [1].

Cette suspension d'armes de dix-neuf mois ne soulagea guère le royaume ; les fléaux de la nature, des froids excessifs, suivis de grands débordements, de stérilité et d'épidémie, remplacèrent le fléau de la guerre, et firent plus que compenser le faible allégement des charges publiques. Le roi cependant entretenait ses familiers de grands projets pour le bien de l'État : l'esprit de despotisme était accompagné chez lui d'incontestables lumières; il sentait l'utilité ou la nécessité d'une foule d'améliorations qu'il n'eût permis à personne de lui indiquer, mais qu'il eût volontiers effectuées de son propre mouvement. Dans ses dernières années, « il désiroit de tout son cœur de pouvoir mettre une grande police en son royaume, et principalement sur la longueur des procès; aussi désiroit fort qu'en ce royaume on usât d'une seule coutume, d'un seul poids, d'une seule mesure, et que toutes ces coutumes fussent mises en françois en un beau livre, pour éviter la cautelle et pillerie des avocats, qui est si grande en ce royaume que en nul autre elle n'est semblable [2]...; et, si Dieu lui eût donné la grâce de vivre encore cinq ou six ans, sans être trop

---

1. Pendant la trêve, le roi réunit sur la Seine, près du Pont-de-l'Arche, une armée de plus de trente mille combattants, dont quinze cents lances garnies et six mille Suisses : il alla la passer en revue pour se rendre compte, par ses propres yeux, du résultat de ses réformes militaires. C'est le premier exemple d'un camp de manœuvres en temps de paix.

2. Le dernier article de l'ordonnance de Charles VII sur la réformation de la justice avait déjà prescrit que toutes les coutumes, usages et styles des divers pays du royaume fussent écrits par des praticiens et gens de chacun desdits pays, et consignés dans des registres qui seraient examinés par les gens du conseil et du parlement. *Ordonn.*, t. XIV, *préface*, p. 24. Mais cette grande mesure n'avait point été mise à exécution.

pressé de maladie, il eût fait beaucoup de bien à son royaume ». (Comines, l. vi, c. 6.)

Mais, en attendant ces réformes qu'il n'eut pas le temps d'exécuter, Louis opprimait ses sujets « plus que roi n'avoit jamais fait », comme l'avoue Comines lui-même ; il réprimait sans pitié les moindres agitations occasionnées par l'énormité des taxes et par les désordres des soldats[1], et repoussait rudement les représentations que le parlement lui adressa plusieurs fois avec courage[2]. Les charges publiques avaient été presque triplées depuis la mort de Charles VII ; Louis, à la fin de son règne, levait 4,700,000 livres de tailles, au lieu de 1,800,000, et les autres impôts à proportion, entretenait quatre à cinq mille lances au lieu de dix-sept cents, afin de se passer de l'arrière-ban, et plus de vingt-cinq mille soldats d'infanterie permanente, à la place des francs-archers payés seulement en temps de guerre. La multitude de ses agents officiels ou secrets, les innombrables pensionnaires qu'il s'était attachés par des chaînes d'or dans toutes les cours de l'Europe, en Angleterre, en Italie, en Espagne, en Suisse, en Allemagne, toute sa diplomatie corruptrice, enfin, lui coûtait peut-être autant que son armée : ses dons continuels aux églises étaient encore une source d'exorbitantes dépenses. Il voulait acquérir des *pensionnaires* jusque dans le ciel, et faisait de la diplomatie avec la Vierge et les saints, comme avec les simples mortels. Bien loin que le fardeau populaire fût allégé par le bon ordre d'une administration sévère, l'immoralité de la plupart

1. Il y avait eu de l'agitation à Paris en 1478, autour d'un prédicateur cordelier qui déclama violemment contre les abus, et qui fut envoyé en exil. Le peuple avait menacé de le défendre par force. Les femmes venaient au sermon avec des couteaux dans leurs poches. J. de Troies.
2. Louis XI haïssait le parlement, qu'il accusait de favoriser la chicane, et qui surtout avait le tort, à ses yeux, de trop aimer les formes légales et régulières. Une seule fois, dit-on, il écouta le parlement : ce fut à l'occasion d'un édit tyrannique sur le commerce des grains, édit qui, publié dans le but de diminuer la disette, l'avait accrue ; une nombreuse députation du parlement, conduite par le premier président La Vacquerie, jurisconsulte artésien rallié à Louis XI, adressa au roi de très-vives remontrances. Comme le roi s'emportait en menaces, La Vacquerie lui déclara, au nom de tous ses collègues, qu'ils étaient prêts à résigner leurs charges plutôt que d'enregistrer des édits contraires à leur conscience. Le roi céda. — J. Bodin : *De la République*. Malheureusement, le fait n'est point attesté par des documents contemporains.

des fonctionnaires aggravait un poids déjà insupportable. Louis avait révoqué la sage ordonnance qui soumettait les délits des soldats aux magistrats civils, et le pauvre peuple, ne pouvant plus recourir à cette juridiction protectrice, se voyait, comme autrefois, abandonné aux pilleries et aux insolences de la soldatesque [1].

Aussi Louis, haï par la noblesse et par le peuple des campagnes, n'inspirait-il point d'affection à la bourgeoisie, malgré la faveur qu'il avait montrée aux corps municipaux, malgré les libertés qu'il avait octroyées ou restituées à beaucoup de villes, et la protection éclairée qu'il accordait à l'industrie [2]. Impopulaire chez tous, il se défiait de tous; il évitait les grandes villes et surtout Paris; ses courses et ses pèlerinages devenaient moins fréquents, et il restait presque toujours confiné dans son château de Montils-lez-Tours, auquel les fortifications dont il l'entourait avaient valu le nom de Plessis (*plexitium*, parc, lieu fermé). Ce sombre manoir, aux guérites où veillaient jour et nuit quarante arbalétriers, aux murailles hérissées de broches de fer, aux fossés semés de chaussetrapes, attristait de son ombre lugubre le « jardin de la France », le doux et voluptueux pays de Touraine, tout plein encore des

---

1. Ce défaut de protection fit perdre au roi, dans l'esprit du peuple des campagnes, la reconnaissance qu'eût pu lui valoir une ordonnance très-sage et très-politique, qui ôta aux seigneurs dont les châteaux n'étaient pas situés sur les frontières, le droit vexatoire de guet et de garde qu'ils exigeaient de leurs paysans. Le droit de guet et de garde fut remplacé par une taxe annuelle de 5 sous (d'argent). Ce fut encore un grand coup porté à la féodalité, un coup qui rompit le dernier lien militaire entre le seigneur et ses sujets. Duclos, t. II, p. 214. — *Ordonnances*, t. XVIII.

2. Il avait fait planter des mûriers, et essaya d'encourager l'éducation des vers à soie : il fit venir d'Italie beaucoup d'habiles ouvriers pour établir des manufactures d'étoffes d'or, d'argent et de soie, sous la direction de Guillaume Briçonnet. C'est de son règne, vers 1470, que date la fabrication des soieries à Tours, qui fut longtemps, pour cette industrie, ce que Lyon est devenu depuis sur une plus vaste échelle. Il autorisa les ecclésiastiques et les nobles à se livrer au trafic par terre et par mer sans déchoir, à condition que ceux qui commerceraient par mer ne pourraient faire venir leurs marchandises que sur des vaisseaux français. — Duclos, t. II, p. 248. — Il continuait à favoriser la bourgeoisie : en août 1480, il avait établi à Clermont-Ferrand un consulat et maison commune, malgré l'évêque suzerain, puis avait érigé Clermont en ville jurée, c'est-à-dire en ville de jurande, ville de corps de métiers.—Des lettres de décembre 1477 attestent qu'il existait sous son règne une grande association commerciale, intitulée la *Compagnie françoise*, composée de marchands hansés de Paris et d'autres villes, et investie de certains priviléges pour le transport et la vente du vin et d'autres denrées et marchandises; des lettres du roi y affilient les bourgeois de Tournai. *Ordonnances*, t. XVIII, p. 312.

souvenirs de la « dame de Beauté ». Les sentinelles avaient ordre de tirer sur quiconque approcherait du château pendant la nuit ; on arrêtait tout alentour les passants et les voyageurs sur le moindre soupçon : l'on ne voyait autour du Plessis « que gens pendus aux arbres, car Tristan l'Ermite, prévôt des maréchaux (le roi l'appelait son compère), faisoit pendre, géhenner (torturer) et mourir les gens sans grands indices ni preuves, et les prisons et autres maisons circonvoisines du château étoient pleines de prisonniers, lesquels on oyoit bien souvent de jour et de nuit crier pour les tourments qu'on leur faisoit, sans ceux qui étoient secrètement jetés en la rivière ».

On accuserait volontiers d'exagération ce tableau tracé par un écrivain très-passionné contre Louis XI (Claude de Seissel); mais Comines lui-même en dit assez pour qu'on ne puisse douter que de grandes cruautés n'aient été commises au Plessis et ailleurs. Les terreurs qui assiégeaient Louis XI, terreurs motivées par maintes tentatives d'empoisonnement et d'assassinat, avaient exaspéré sa dureté naturelle : il tenait ses prisonniers les plus illustres, entre autres le comte du Perche, prince du sang (fils du duc d'Alençon)[1], dans des cages de fer de huit pieds carrés, « avec des fers très-pesants et terribles aux jambes, et au bout desquels étoit une grosse boule de fer (un boulet), et l'on appeloit ces chaînes les fillettes du roi » (Comines)[2]. Louis était, au reste, le premier et non pas le moins malheureux de ses captifs ; car il n'osait guère mettre le pied hors de son triste Plessis. Il en inter-

---

1. Ce comte était un homme de mauvaises mœurs ; mais il n'avait jamais conspiré et n'avait commis d'autre crime d'État que de vouloir se retirer en Bretagne sans la permission du roi, encore parce que des gens qui aspiraient à sa dépouille l'avaient effrayé sur les intentions de Louis à son égard. Le parlement le condamna seulement à demander pardon au roi, et à lui remettre tous ses châteaux. Le duc de Bourbon, le dernier des grands qui avaient inquiété le roi, ne fut point arrêté ni poursuivi en justice ; mais on lui rogna de près sa suzeraineté sur les provinces du centre, et les officiers du roi lui firent l'existence assez dure dans sa vieillesse. *V.* Michelet, VI, 474.

2. Les comptes de dépenses de Louis XI sont pleins des mémoires des serruriers qui forgeaient ces terribles chaînes. — *V.* le t. I des *Archives curieuses de l'Histoire de France*, publiées par Cimber et Danjou. Ces comptes offrent de singuliers contrastes : à côté des mémoires des serruriers et des sergents de Tristan, on y voit les coûts et frais des « voluptés » du roi ; tant pour avoir conduit de Dijon à Tours une bourgeoise dijonnaise que le roi ramena de son voyage de Bourgogne ; tant pour l'achat de deux douzaines de « petits oiseaux appelés serins, etc. »

disait presque absolument l'entrée aux princes et aux grands : il logeait ses conseillers et ses ministres eux-mêmes à Tours, et ne les mandait au Plessis que par nécessité, se contentant habituellement de communiquer avec eux par lettres : il avait relégué sa femme en Dauphiné; il faisait élever son fils hors de sa vue, au château d'Amboise, et ne recevait que très-rarement au Plessis sa fille Anne et son gendre le sire de Beaujeu, qui lui avaient toujours été fidèles et affectionnés. Il ne s'entourait que d'astrologues, de médecins, et « de mauvaises gens de petite condition », comme Olivier le Daim ou Jean Doyat, qui lui devaient tout, et que sa mort devait replonger dans le néant. A peine encore se fiait-il à ceux-là, et il changeait continuellement ses valets de chambre, de peur que ses ennemis ne les corrompissent. Il s'abandonnait à mille fantaisies pour secouer un moment l'ennui qui le rongeait : il faisait acheter des animaux rares dans mainte région lointaine : il mandait de toutes parts des joueurs de « bas et doux instruments »; il faisait venir des bergers qui jouaient devant lui les airs et dansaient les danses de leur pays. Mais rien ne réussissait à le distraire; l'objet de son caprice, à peine atteint, ne lui causait plus qu'impatience et dégoût (Jean de Troies).

Les ennemis de Louis ne s'apercevaient point si son âme était bourrelée, si son cerveau était troublé de lugubres visions : ses forces physiques diminuaient de mois en mois, mais sa redoutable activité était doublée par l'espèce de fièvre qui le consumait, et de nouveaux succès couronnaient toujours sa politique. L'infortunée Marguerite d'Anjou, rachetée par lui des prisons d'Édouard IV, lui avait transporté, par donation entre-vifs du 7 mars 1475, tous les droits, part et portion qu'elle pourrait avoir à revendiquer sur l'héritage du roi René, son père. A la mort du vieux René, qui trépassa le 10 juillet 1480, Louis XI réunit à la couronne le duché d'Anjou, en vertu du principe des apanages (l'exclusion des femmes et des collatéraux), et se saisit de la plus grande partie du Barrois, en vertu de la donation de Marguerite et des créances considérables qu'il avait sur les princes angevins. René, duc de Lorraine, fils d'une autre fille du roi René, réclama inutilement. Charles d'Anjou, comte du Maine, hérita de la Provence; son oncle, le roi René, la lui avait léguée, ainsi que le titre de roi de Sicile, avec substitution au roi Louis après Charles. René de Lorraine ne fut pas plus écouté pour la Provence que pour le reste.

Louis XI était résolu à ne pas laisser échapper la meilleure part de la riche succession angevine, et ses affidés circonvinrent si bien le nouveau « roi de Sicile », prince faible et maladif, que Charles d'Anjou, en décédant sans postérité (10 décembre 1481), confirma le testament du roi René et désigna le « Roi Très-Chrétien [1] » pour son héritier; avec lui finit la seconde maison d'Anjou. Ce fut ainsi que la Provence fut réunie au royaume, et que la France atteignit au sud-est sa frontière naturelle des Alpes [2]. Le comté du Maine et les droits sur Naples suivirent le sort de la Provence [3]. Le duc René de Lorraine tenta inutilement de soulever la Provence contre le roi : les populations s'abandonnèrent sans résistance à la force insurmontable qui absorbait leur patrie dans le royaume de France; la maison provençale des Forbin, qui s'était dévouée à la cause française, eut une influence décisive sur ce grand événement. Palamède de Forbin prit possession de la comté au nom du roi, fit reconnaître par les États de Provence, assemblés à Aix, la validité du testament du feu comte Charles, et promit, au nom du roi, le maintien des priviléges de la Provence. La France ne pouvait faire une acquisition plus belle : la Flandre seule, avec Anvers et les bouches de l'Escaut, eût pu égaler l'importance de la Provence : la possession de la côte provençale et de ses beaux ports doublait les forces maritimes de la France, qui n'avait auparavant sur la Méditerranée que les plages marécageuses, les bas fonds et les lagunes du Languedoc : avec Marseille, la France devint une des grandes puissances riveraines de la mer intérieure.

Peu après que le roi eut pacifiquement conquis ce magnifique

---

1. C'est à partir de Louis XI que les rois de France ont pris officiellement le titre de « Roi Très-Chrétien » et celui de « Majesté. » Le premier de ces deux titres était déjà employé, mais non obligatoire auparavant.

2. Pas complétement, cependant, puisqu'elle n'a pas Nice, démembrement de la Provence annexé au Piémont.

3. Le Mans obtint les priviléges qui avaient été accordés à Angers lors de la première saisie de cette ville ; les maires, pairs et conseillers du Mans furent anoblis, etc. — La chambre des comptes d'Angers avait été conservée lors de la réunion définitive de l'Anjou à la couronne (octobre 1480, janvier 1482). *Ordonnances*, t. XVIII, p. 389-749.

héritage de la maison d'Anjou, il reçut des Pays-Bas une nouvelle « qui lui causa une très-grande joie : » madame Marie de Bourgogne était morte des suites d'une chute de cheval, le 27 mars 1482, à l'âge de vingt-cinq ans ; on dit qu'une pudeur touchante, mais déraisonnable, l'empêcha de laisser examiner et traiter une secrète blessure, et fut cause de sa mort. « Ce fut un très-grand dommage pour ses sujets, car onc depuis n'eurent bien ni paix », dit Comines. Les gens de Gand et des autres bonnes villes de Flandre et de Brabant, qui s'étaient montrés d'abord si rudes à la pauvre duchesse, avaient fini par la prendre en amitié et « révérence » ; mais, aussitôt qu'elle eut rendu le dernier soupir, ils s'emparèrent de ses deux petits enfants, Philippe et Marguerite, imposèrent un conseil de régence et de tutelle au duc Maximilien, qui, accueilli d'abord avec enthousiasme, n'avait ni mérité ni conservé leur confiance, et, n'accordant plus aucune obéissance à ce prince étranger, ils ouvrirent directement des négociations avec le roi Louis. Maximilien, sans argent et presque sans troupes, était hors d'état d'employer la force contre les gens des communes : l'assistance de la noblesse belge et les faibles secours qu'il tirait d'Allemagne ne suffisaient pas pour couvrir les frontières des Pays-Bas et soutenir la guerre dans la Gueldre et le pays liégeois : toute cette contrée était en feu, depuis les bords de l'Yssel jusqu'aux portes de Namur ; la Gueldre combattait toujours pour son jeune duc ; le diocèse d'Utrecht était révolté contre son évêque bourguignon ; Guillaume de La Mark, le *Sanglier des Ardennes*, à la tête d'aventuriers recrutés en France, avait massacré Louis de Bourbon, évêque de Liége, obligé le chapitre à élire son fils comme successeur du prélat égorgé, et s'était fait proclamer avoué de Liége : il donnait la main aux insurgés de Gueldre et d'Utrecht, au duc de Clèves, à tous les ennemis de Maximilien. Les Français, pendant ce temps, prenaient Aire, menaçaient de nouveau Saint-Omer, et rentraient dans le Luxemboug.

C'était entre les mains des Gantois que se trouvaient les « enfants d'Autriche » : Louis XI, profitant du vif désir de paix qu'éprouvaient les Flamands, se mit à « pratiquer », avec son habileté ordinaire, les « gouverneurs » de Gand, « afin de traiter le mariage de monseigneur le dauphin et de la fille du duc Maximilien. » Les Gantois étaient harassés d'une guerre qui ruinait leur industrie et le négoce de Bruges, et, pourvu que Louis renonçât à la conquête de la Flandre, ils étaient disposés à de grandes concessions aux dépens des provinces wallonnes. Rien n'était plus opposé aux vues de Maximilien; mais le prince autrichien ne pouvait agir en maître aux Pays-Bas : « il étoit jeune et mal pourvu de gens de sens », car les meilleurs des anciens conseillers de Bourgogne étaient morts ou « tournés François » : après une tentative de violence, qui lui réussit fort mal, il fut obligé de venir joindre à Alost l'assemblée des Trois États de Flandre, de Brabant et des autres provinces qui composaient l'héritage de ses enfants; les États le contraignirent à donner pleins pouvoirs à quarante-huit députés par eux désignés. Ces plénipotentiaires allèrent ensuite s'aboucher à Arras avec le sire des Querdes, le premier président la Vacquerie et deux autres ambassadeurs du roi. Le traité de paix fut signé le 23 décembre 1482 : on arrêta que le mariage du dauphin et de Marguerite d'Autriche serait solennisé, « ladite damoiselle venue en âge requis » (elle n'avait pas trois ans); aussitôt les scellés échangés, Marguerite devait être remise à M. de Beaujeu, ou à un autre prince du sang commis par le roi; elle apportait en dot au dauphin les comtés d'Artois, de Bourgogne, de Mâcon et d'Auxerre, et les seigneuries de Salins, Bar-sur-Seine et Noyers, lesquels feraient retour au duc Philippe, frère de Marguerite, ou à ses hoirs, faute d'héritiers mâles ou femelles issus du dauphin et de Marguerite. Le roi abandonnait ses légitimes prétentions sur la Flandre wallonne, sauf à les revendiquer au cas où la dot de Marguerite retournerait à sa famille. Le comté d'Artois, si cruellement ravagé depuis la mort de Charles le Téméraire, était exempté de tous impôts pour six ans : les anciens habitants d'Arras ou de *Franchise,* comme le roi l'avait nommée, pouvaient rentrer librement dans leur malheureuse ville; Saint-Omer demeurait neutre aux mains de ses habitants, jusqu'à la célébration du mariage du dauphin et de Marguerite. Le roi s'obligeait à ne plus soutenir Guillaume de La Mark [1], les Liégeois, les gens d'Utrecht et de Gueldre, ni le duc de

---

1. La Mark fut décapité deux ans après, en punition de l'assassinat de l'évêque de Liége et de beaucoup d'autres crimes.

Clèves. Il eût bien dû faire au moins une exception pour Liége¹ !

Les ambassadeurs de Maximilien et des Trois Etats des Pays-Bas vinrent chercher la ratification du roi et du dauphin; puis le seigneur et la dame de Beaujeu allèrent recevoir, des mains des Flamands, mademoiselle Marguerite, qui devait être élevée en France jusqu'à son mariage, et qui fut magnifiquement accueillie à Paris d'après les ordres du roi.

C'était un grand affront pour le roi Edouard, dont la fille, fiancée depuis sept ans avec le dauphin, portait déjà le titre de dauphine de France : le monarque anglais manifesta une violente colère, et parut vouloir s'arracher à ses voluptés pour tirer vengeance de Louis XI; mais sa mort subite, causée par ses excès, ou peut-être par un nouveau crime de son frère Richard, qui ne devait pas tarder à s'emparer de la couronne au détriment des enfants d'Édouard, débarrassa Louis XI du dernier péril qui pût le menacer. Louis commença même à méditer sérieusement le projet de chasser les Anglais de Calais.

Ainsi Louis XI triomphait, moins complétement, il est vrai, qu'il eût pu triompher en 1477; il régnait en maître absolu sur un royaume dont il avait reculé au loin les limites; la maison de Bourgogne, rivale de la maison royale, n'existait plus, et les héritiers du dernier des « grands ducs d'Occident » avaient confirmé eux-mêmes, par la foi des traités, la validité des conquêtes du vainqueur : Louis avait atteint le but de ses immenses intrigues.

Il ne devait pas jouir de son triomphe : la mort, qui avait combattu pour lui en frappant tous ses adversaires, étendait la main sur son front ridé, que courbaient les fatigues et les soucis plus que les années. Dès le mois de mars 1481, une attaque d'apoplexie avait mis ses jours en danger : il ne se remit jamais bien de cette violente secousse : sentant ses forces décliner, il commença de

---

1. Il y avait dans le traité une clause remarquable. Le roi s'obligeait à faire confirmer le traité par les Trois États de son royaume. « S'il advenoit, que Dieu ne doint! que le roi ou monseigneur le dauphin ou leurs successeurs rois de France y contrariassent, en ce cas, lesdits Etats ne les aideront ou favoriseront, ainçois, au contraire, porteront toute aide, faveur et assistance à monseigneur le duc (Maximilien), à son fils et à ses pays pour l'entretenement dudit traité. » *V.* J. Molinet, t. II, c. 91.

changer de conduite à l'égard de son fils; il l'avait fait jusqu'alors élever solitairement à Amboise, sans lui donner aucune instruction, disant qu'il serait toujours assez docte s'il savait ces cinq mots latins : « *Qui nescit dissimulare nescit regnare* » (qui ne sait dissimuler ne sait régner). Il tâcha de réparer cette négligence, commanda qu'on enseignât au dauphin l'histoire, la seule des sciences littéraires qu'il estimât, et fit composer sous ses yeux pour l'éducation de son fils un volume de maximes morales, politiques et militaires, intitulé *le Rosier des Guerres*. Ce livre est un tardif hommage à des principes dont Louis s'était raillé toute sa vie. Comme la plupart des rois arrivés au bord de la tombe, Louis invitait son successeur à suivre ses conseils plutôt que son exemple [1].

Le 21 septembre 1482, trois mois avant la conclusion du traité d'Arras, le roi s'était transporté au château d'Amboise, et là, en présence de plusieurs seigneurs du sang et autres grands personnages, il avait adressé à son fils « de belles et notables paroles pour l'édification de sa vie et bonnes mœurs, gouvernement, entretenement et conduite de la couronne de France », l'engageant, quand il serait roi, à ne point « débouter » de leurs offices les bons serviteurs qu'il y trouverait, et confessant que lui-même s'était mal trouvé d'avoir agi de la sorte envers les serviteurs du feu roi Charles, son père. L'enfant jura qu'avec l'aide de Dieu, il obéirait aux commandements paternels. Louis XI ne voyait guère, dans l'intérieur du royaume, qu'un seul prince qui pût être dangereux pour son successeur : c'était son gendre Louis, duc d'Orléans, alors âgé de vingt et un ans, qui avait été nourri à la cour sous une rigoureuse surveillance. Le duc d'Orléans fut amené à Amboise, et le roi lui fit jurer, par le nom de Dieu créateur, par le saint canon de la messe, par les saints Évangiles, sur la damnation de son âme et sur son honneur, de servir loyalement le dauphin devenu roi, de ne participer à aucune entreprise contre lui, et de ne point entretenir avec le duc de Bretagne

---

1. Le rédacteur du *Rosier des Guerres* se nommait Etienne Porchier. Le *Rosier des Guerres*, autrement dit *Rosier historial*, contient, outre les maximes, un résumé des Grandes Chroniques de Saint-Denis. Il a été imprimé en 1522, et Duclos en a inséré les principales maximes dans les pièces de son *Histoire de Louis XI*.

d'intelligences contraires au bien de l'État. Depuis la mort de Charles le Téméraire, le duc François II n'avait plus osé troubler le royaume, mais Louis XI n'ignorait pas que, toujours opiniâtre en son mauvais vouloir, il restait lié par des traités secrets avec l'Angleterre.

Tout en exprimant ainsi ses dernières volontés comme s'il eût été au lit de la mort, et quoiqu'il eût passé marché pour son tombeau avec deux artistes [1], Louis XI ne se résignait pas encore à mourir : « nul plus que lui ne fut convoiteux de vivre ». Il mettait tour à tour son espérance dans les secours des hommes et dans ceux du ciel : lui qui, autrefois, ne croyait guère à la médecine, s'abandonnait maintenant, avec une aveugle crédulité, à son médecin Jacques Coictier, homme brutal et cupide, qui lui extorquait des sommes immenses, non par la flatterie, mais par la menace : « Je sais bien, » lui disait Coictier, « qu'un matin vous m'enverrez où vous en avez envoyé tant d'autres, mais je jure Dieu que vous ne vivrez point huit jours après. » Louis souffrait tout de son médecin, devenu son tyran. Les gages de Coictier, dans les huit derniers mois, montèrent jusqu'à dix mille écus d'or mensuellement, et il se fit donner en outre les seigneuries de Rouvres, de Saint-Jean-de-Losne, de Saint-Germain-en-Laie, etc., et la première présidence de la chambre des comptes. Louis partageait ses munificences entre Coictier, représentant de la science terrestre, et les saints les plus fameux par leurs miracles; il envoyait de riches présents aux églises les plus vénérées des fidèles, et faisait venir des reliques de tous les coins de la chrétienté. Le pape Sixte IV lui en expédia tant, que le peuple de Rome fit une émeute pour empêcher de dégarnir ainsi la métropole du catholicisme. Parmi ces reliques figuraient « le corporal sur quoi monseigneur saint Pierre chantoit la messe »; la sainte ampoule, « qui jamais n'avoit été remuée de son lieu [2]; il vouloit en prendre

1. Conrad de Bologne, orfévre, et Laurent Wrin, fondeur flamand. Louis fixa lui-même la forme, les dimensions et les ornements du monument funéraire, au prix de 1,000 écus d'or. V. Duclos, t. II, p. 275. Novateur jusque dans la tombe, il voulut être inhumé, non point à Saint-Denis, parmi ses devanciers; mais à Notre-Dame-de-Cléri, entre Orléans et Blois. Son tombeau a été détruit dans les Guerres de Religion. Le monument actuel ne date que du xviie siècle.

2. Le pape autorisa le transport de la sainte ampoule, malgré l'abbé de Saint-Remi.

semblable onction qu'à son sacre » ; les « verges de Moïse et d'Aaron », la croix de saint Laud et la croix de Victoire. « Il avoit », dit Claude de Seissel, « son chapeau tout plein d'images, la plupart de plomb ou d'étain, lesquelles il baisoit à tout propos..., se ruant à genoux, quelque part qu'il se trouvât, quelquefois si soudainement, qu'il sembloit plus blessé d'entendement que sage homme ». Il mandait autour de lui « hommes solitaires et femmes d'excellente dévotion ». Il vint à ouïr la renommée d'un homme de grande sainteté et austère vie, nommé frère François de Paule, du pays de Calabre, lequel fut premier fondateur de l'ordre des frères minimes : il supplia notre saint-père le pape Sixte *le quart* et le roi de Naples de donner congé à ce saint homme pour qu'il vînt en France, et, à sa venue, il se mit à genoux devant lui, afin qu'il lui plût allonger sa vie. Le bon chrétien répondit ce que sage homme doit répondre : le roi lui bâtit un monastère près de sa maison du Plessis-lez-Tours » (Comines). Louis ne sollicitait même plus les gens d'église de prier pour la rémission de ses péchés : « faisant un jour réciter par un prêtre l'oraison de saint Eutrope, et voyant que ladite oraison requéroit la santé de l'âme et du corps, il commanda qu'on ôtât ce mot d'âme. — C'est assez, dit-il, que le saint nous octroie la santé du corps, sans l'importuner de tant de choses à la fois [1] ».

La grande peur qu'il avait de mourir était si bien connue des populations et l'on avait si mauvaise opinion de lui, que les rumeurs les plus bizarres et les plus atroces s'accréditèrent au sujet des remèdes qu'il employait pour retarder sa fin. On prétendit que Louis, par l'ordonnance de Coictier, « buvoit et humoit » le sang de jeunes enfants afin de réchauffer son sang appauvri. L'historien Gaguin, général des Mathurins, qui avait été employé par Louis XI dans des négociations importantes, a rapporté ce bruit sans le démentir.

Mais la médecine, les reliques, les oraisons, tous les expédients bons ou mauvais, furent impuissants à retenir la vie dans ce corps qui semblait « une anatomie ambulante » (un squelette am-

---

1. Avec toute cette superstition, Louis resta, jusqu'au dernier jour, inaccessible à l'influence du clergé. C'est là un des traits les plus originaux de son caractère. V. l'anecdote de l'archevêque de Tours, ap. Sismondi, t. XIV, p. 617.

bulant). Louis avait beau s'habiller magnifiquement, contre son ancienne coutume ; l'or et le velours ne faisaient que rendre son étisie et sa décomposition plus évidentes ; le 25 août 1483, jour de la Saint-Louis, il fut frappé d'une nouvelle attaque d'apoplexie, et perdit la parole et la connaissance. Il recouvra toutefois l'usage de ses sens, mais il se sentit tellement faible qu'il « se jugea mort ; il envoya quérir sur l'heure monseigneur de Beaujeu, mari de sa fille Anne, et lui commanda d'aller au roi son fils qui étoit à Amboise, en lui recommandant le roi sondit fils, et lui donna toute la charge et gouvernement dudit roi. Après, il envoya le chancelier porter les sceaux audit roi son fils, et tous ceux qui le venoient voir, il les envoyoit à Amboise devers le roi, les priant de le servir bien ». (Comines.)

Louis n'avait pourtant pas encore pris son parti, et il pressait instamment le « bon chrétien », ainsi qu'on nommait l'ermite calabrais, de vouloir bien « lui allonger sa vie », car il ne doutait pas que frère François de Paule n'eût ce pouvoir. Mais, sur l'avis d'un docteur de Sorbonne, maître Olivier le Daim et maître Coictier lui signifièrent, « en brèves et rudes paroles, qu'il n'eût plus d'espérance au saint homme ni en autre chose ; car c'étoit fait de lui, et il ne falloit plus songer qu'à sa conscience. »

Ce redoutable génie retrouva son énergie au dernier moment : Louis languit six jours sans proférer une plainte, demanda les sacrements de l'Église, et continua jusqu'à la fin de parler des affaires publiques aux gens qui l'entouraient, en recommandant qu'on tînt le royaume en paix pendant cinq ou six ans, « jusques à ce que le roi fût grand en âge ». Il mourut le samedi 30 août 1483, dans sa soixante et unième année.

Ce fut, suivant Comines, celui des princes de ce temps dont il y eut le plus de bien et le moins de mal à dire. Il serait difficile de faire une satire plus sanglante des princes du quinzième siècle.

Ce règne, si agité, si oppressif, si douloureux aux peuples, avait fait de très-grandes choses pour l'unité française. Il lui avait rendu la Picardie, des sources de l'Oise jusqu'à Boulogne ; il lui avait donné la Bourgogne, la Provence, l'Anjou, le Maine, le Barrois, le Roussillon ; acquis, du moins à titre provisoire, l'Artois et la Franche-Comté. Il avait appuyé la France aux Pyrénées orientales, au Jura, aux Alpes maritimes, et puissamment avancé l'œuvre capitale des frontières naturelles [1]. Il avait abattu les *sires des fleurs de lis*, cette seconde grande vassalité pire que la première, et frappé la petite féodalité après la grande, en lui enlevant toute force militaire. Il avait favorisé le développement de la bourgeoisie et des forces industrielles et commerciales. Mais, si l'accroissement de la puissance nationale était immense, si le progrès social était, à certains égards, incontestable, le despotisme aussi était en progrès; ses instruments se fortifiaient et se perfectionnaient; la religion de la force et de la ruse, « la religion du succès [2] », détrônait partout la religion du devoir et du droit; la moralité n'avait pu être absolument étouffée dans le monde politique sans s'altérer profondément dans la vie privée. Une brillante aurore intellectuelle commençait de s'entrevoir à l'horizon; les esprits fermentaient et s'élançaient vers des lumières nouvelles; mais ce n'était pas dans de bonnes conditions morales que la France allait aborder les grandes nouveautés de la Renaissance.

Louis avait montré, dans sa propre personne, ce que peut être l'activité de l'intelligence séparée de la moralité. Esprit inquiet, curieux, novateur par goût autant que par système, il avait encouragé toute innovation qui ne contrariait pas son autorité. Il avait favorisé les lettres et les sciences; l'art de guérir fit des progrès sous ce roi valétudinaire : la chirurgie fit une grande conquête; la taille de la pierre fut, d'après l'autorisation du roi, tentée pour la première fois sur la personne d'un condamné à mort, qui guérit et fut gracié [3]. Les connaissances littéraires, sans être l'objet d'une protection aussi éclatante que la médecine, furent traitées avec bienveillance. Louis recueillit plusieurs des savants grecs, qui, de l'Italie, leur premier asile, commençaient à se répandre dans les régions d'Occident : Georges Glizin, Grégoire de Tiferno, Hermonyme de Sparte, Andronicus le Dalmate, vinrent « éveiller

---

1. « Le royaume... jusque-là tout ouvert, se ferma pour la première fois, et la paix perpétuelle fut fondée pour les provinces du centre. » Michelet, VI, 490.
2. Michelet, VI, 489.
3. Jean de Troies. Les Arabes avaient eu la première idée de la lithotritie

les muses helléniques aux rives de la Seine ». La France commença de ressentir l'heureuse influence des études philologiques, qui marchaient à pas de géant en Italie depuis l'impulsion qu'elles avaient reçue du cardinal Bessarion et du grand pape Nicolas V. Les trésors enfouis de l'antiquité latine étaient exhumés en foule du fond des cloîtres [1]; les trésors de l'antiquité grecque étaient apportés d'outre-mer par de hardis voyageurs ou de nobles émigrés de la science, qui, pareils aux fugitifs de Troie, emportaient en fuyant leurs dieux exilés sur la terre hospitalière d'Ausonie. En peu d'années, le monde savant avait vu doubler ou tripler le nombre des monuments classiques qu'il possédait : avec la multiplication des monuments coïncidaient d'immenses travaux pour l'épuration et l'explication des textes, et pour la restauration des deux sciences qui nous révèlent les mystères de l'organisation et de la vie des langues, la grammaire, qui est l'anatomie du langage, la rhétorique, qui en est la physiologie. Les philologues avaient l'ardeur et l'audace d'une secte novatrice, et menaçaient d'envahir tout le domaine de l'intelligence. Déjà la jeune érudition littéraire attaque avec vigueur la vieille scolastique, qui a si longtemps étouffé les belles-lettres : l'étude des modèles classiques s'est entièrement perdue dans les universités ; la grammaire est fort mal enseignée, la rhétorique n'est plus enseignée du tout à Paris depuis longues années. La scolastique, après avoir aiguisé l'esprit, l'a desséché : elle a tué le beau, et, depuis longtemps, elle a cessé de chercher le vrai. Cette gymnastique sans but, qui s'évertue dans le vide, n'osant plus s'attaquer aux grands objets que lui interdit la théologie, n'est plus une philosophie : l'abus du raisonnement est devenu la honte de la raison. Les problèmes qui ont préoccupé la scolastique dans ses jours de gloire reparaissent, sous d'autres formes, chez des philosophes italiens qui puisent directement aux sources grecques, et, quant

---

1. Le Pogge, à lui seul, retrouva huit *Orationes* de Cicéron, un Quintilien complet, Columelle, une partie de Lucrèce, trois livres de Valérius Flaccus, Silius Italicus, Ammien Marcellin, Tertullien, et douze comédies de Plaute. Cette rénovation de la science est bien résumée dans l'*Histoire de la littérature de l'Europe aux* XVe, XVIe *et* XVIIe *siècles,* de Henri Hallam, t. I, c. 2. Le mouvement des études latines, en Italie, était antérieur de plus d'un siècle à la renaissance grecque, et n'avait pas cessé de se développer depuis Pétrarque.

aux formes propres à la scolastique, elles vont s'abîmer, avec leur terminologie de plus en plus barbare, sous les dédains de la Renaissance. Le goût renaissant du beau langage et des grâces antiques va tuer, à son tour, cette barbarie pédante, et l'éternelle querelle des réalistes et des nominaux, qui a passionné, durant des siècles, les plus grands esprits de l'Europe, est destinée à s'éteindre au milieu des sarcasmes, et, qui pis est, de l'indifférence.

Dans le monde des idées, les morts s'agitent longtemps encore avant de se résoudre à disparaître. La vie avait beau se retirer des écoles, des milliers d'esprits vulgaires et faussés s'obstinaient à disputer sur les bancs universitaires. De 1470 à 1474, ils firent tant de bruit, que Louis XI, impatienté, voulut trancher la vieille question par ordonnance. Les réalistes, longtemps vaincus et comprimés dans l'université de Paris, avaient repris l'offensive, avec l'appui des docteurs de Louvain et de Cologne, et les deux partis avaient appelé à Rome, qui semblait incliner vers les nominaux. Louis XI, poussé, dit-on, par son confesseur, fit une contre-révolution en sens inverse, et prohiba tout à coup les livres d'Ockam, de Buridan, de Pierre d'Ailli et des autres docteurs nominalistes des deux derniers siècles (1er mars 1474). Les réalistes chantèrent victoire; les nominaux crièrent à la persécution; les littérateurs, les grammairiens se raillèrent des uns et des autres [1]. Les nominaux se donnèrent tant de mouvement, qu'ils parvinrent à faire révoquer l'édit du roi et à tirer de captivité leurs livres favoris dès 1477. Louis, sans doute, n'y attachait pas grande importance.

Durant ces progrès de l'érudition classique et cette décadence de la scolastique, la littérature vulgaire n'était pas entièrement stérile : la France avait produit un poëte; à Charles d'Orléans avait succédé Villon; au poëte né sur les marches du trône, le poëte né, non pas dans l'humble demeure du peuple, mais dans les bouges infects d'une populace sans nom, dans la fange de la *cour des miracles*. Cet homme, dont le nom même n'est qu'un

---

1. *V.* la lettre de Robert Gaguin, zélé latiniste, à Guillaume Fichet, ancien recteur de l'université et professeur de rhétorique, citée par Barante, t. XII, p. 167.

sobriquet infamant [1], cet homme, qui végéta dans la misère et le vice, parmi les *truands* de Paris, entre l'hôpital et la potence, peut se poser hardiment en face de son rival fleurdelisé : il ne sera pas vaincu dans cette lutte poétique. Il puise, dans sa vie de vagabond et de bohême, des inspirations d'une énergie étrange et inconnue : il efface les grâces languissantes de Charles d'Orléans par l'éclat et l'originalité de son coloris, et parfois, d'entre ses chants de mauvais lieux, s'élèvent des cris de l'âme, des accents de profonde mélancolie, que n'égalent pas les plaintes les plus touchantes du royal prisonnier d'Azincourt. Qui ne connaît cette ballade où Villon se demande ce que sont devenus les héros du temps passé : — *Où est le preux Charlemagne ? — Où est Jeanne Darc ?* — et répond, à chaque strophe qui évoque un souvenir glorieux, par ce doux et triste refrain : *Mais où sont les neiges d'antan* (les neiges de l'an passé) ?

L'histoire, comme on l'a dit ailleurs, allait se transformer sous la plume de Comines, qui, avant Machiavel, retrouva la trace des historiens politiques de l'antiquité, et se rapprocha, par la pensée, de ce monde renaissant, dont les philologues cherchaient à se rapprocher par les formes et le langage. Ce n'était pas seulement, au reste, vers les origines grecques et latines de la civilisation européenne que se portait l'ardeur investigatrice de la Renaissance ; ceux des doctes qui avaient conservé le sentiment religieux remontaient aussi à l'étude de l'antiquité sacrée, non pas encore dans les textes hébraïques, mais dans la Vulgate ou dans la version helléno-judaïque des Septante ; on traduisait la Bible dans presque toutes les langues vulgaires. Pendant ce temps, les connaissances relatives à l'activité physique de l'homme, à ses rapports avec le monde extérieur, les sciences naturelles et les sciences exactes, si longtemps stationnaires, commençaient à faire effort pour se débarrasser de leurs langes traditionnels, et pour reprendre ce noble essor des Albert le Grand et des Roger Bacon, interrompu depuis le XIIIe siècle. La fermentation était universelle dans les intelligences ; l'instinct du monde ne fut pas trompé ; un événement providentiel arma la pensée humaine

---

1. *Villon* signifie escroc.

d'un instrument de propagation qui devait changer la face de l'univers : l'IMPRIMERIE fut découverte.

Ce furent les bords du Rhin qui virent surgir cette invention « révélée au genre humain par une inspiration divine », suivant l'expression d'un des grands hommes du siècle suivant (Mélanchthon). La Chine possédait depuis longtemps les premiers rudiments de ce grand art, comme de presque tous les autres, sans en pousser les applications à leurs conséquences logiques : étrange contraste que cette faculté d'invention si étendue, qui ne sait pas déduire les conséquences des prémisses, et que ne soutient pas de son souffle l'esprit de perfectibilité ! La Chine savait donc tirer des impressions sur le papier ou sur toute autre substance au moyen de caractères fixes sculptés sur des planches de bois. Ce procédé, auquel notre stéréotypage est revenu en lui donnant d'immenses perfectionnements, paraît avoir été connu en Europe vers la fin du XIVe siècle, et l'on a conservé huit ou dix livrets, renfermant un petit nombre de pages imprimées en caractères très-grossiers, que l'on croit avoir été publiés dans les Pays-Bas, de 1400 à 1440[1]. Les résultats de cette innovation, qu'on ne pouvait appliquer à aucun ouvrage de quelque élégance ou de quelque étendue, furent d'abord trop bornés pour attirer l'attention publique, mais éveillèrent les méditations d'un esprit d'élite : Jean Gutenberg, Mayençais de naissance, établi depuis l'enfance à Strasbourg, conçut, vers 1440, l'idée de substituer aux caractères fixes des caractères mobiles : dès lors, l'art sortit de son état d'embryon : l'art fut appelé à la véritable vie[2]. La pensée

---

[1]. De là les prétentions des Hollandais, qui revendiquent l'honneur de la découverte de l'imprimerie pour Laurent Jansson Coster, de Haarlem.

[2]. Quels que puissent être les développements du stéréotypage, du clichage, développements qui s'accroissent tous les jours, il est bien évident que l'art ne pouvait naître et croître par ce procédé, applicable seulement aux ouvrages publiés à un très-grand nombre d'exemplaires et destinés à être fréquemment réédités. Le clichage était réservé à la presse des temps démocratiques; aussi est-ce la France qui l'a renouvelé ou plutôt créé. — La découverte de l'imprimerie avait été précédée d'une autre invention sans laquelle ses résultats eussent été beaucoup moins vastes, à savoir : la fabrication du papier, que l'Europe doit aux Arabes. Le papyrus avait cessé d'être en usage depuis la conquête de l'Égypte par les musulmans, et le parchemin, qui l'avait remplacé, était trop coûteux pour servir de véhicule à tous les besoins de la pensée humaine. Le papier de coton, connu, mais peu employé au Xe siècle, puis devenu d'un usage assez fréquent aux XIIIe et XIVe, fut enfin remplacé par le papier

de Gutenberg, conçue et couvée à Strasbourg, vit le jour à Mayence : Gutenberg trouva, dans cette dernière ville, les ressources nécessaires à la réalisation de son œuvre ; Jean Fust, riche négociant, fournit les capitaux, et Pierre Schœffer, serviteur de Jean Fust, perfectionna la découverte de Gutenberg par l'invention des poinçons d'acier gravés. Les trois associés débutèrent hardiment par l'impression d'une Bible entière ; le prototype de tous les livres imprimés parut à Mayence avant 1455 ; « nous pouvons », dit un historien littéraire (M. Hallam), « nous figurer ce magnifique et vénérable volume s'avançant en tête des innombrables myriades de ses successeurs, et appelant, pour ainsi dire, la bénédiction divine sur le nouvel art, en consacrant ses prémices au service du ciel...[1] »

Les principales villes de la Germanie répondirent avec ardeur au signal donné par Mayence : Bamberg, Cologne, Ulm, Bâle, Augsbourg, organisèrent des presses rivales ; Strasbourg se mit sur les rangs avec un éclat digne de la cité qui avait porté dans son sein la pensée éclose à Mayence : l'Encyclopédie latine de notre Vincent de Beauvais parut à Strasbourg en 1473, par les soins de l'actif et intelligent Mentelin : Cicéron, Virgile, Térence, Ovide, cinq éditions latines et deux éditions allemandes de la Bible, sortirent rapidement des presses teutoniques, et d'habiles ouvriers allemands commencèrent à répandre l'art nouveau dans toute l'Europe : l'imprimerie fut portée, dès 1465, en Italie, où elle fut accueillie avec transport et prit rapidement un essor immense : les Pays-Bas la reçurent avant la mort de Philippe le Bon ; Deventer, Utrecht, Louvain, Bruges, entrèrent en lice ; la Hongrie et la Pologne eurent aussi leurs presses ; l'Espagne et l'Angleterre publièrent leurs premières éditions en 1474. La France les avait devancées : en 1469, étaient arrivés à Paris trois pressiers de Jean Fust, Ulrich Gering, Martin Crantz et Michel Friburger, appelés par Guillaume Fichet, recteur de l'université ; leur atelier fut établi, sous la protection de Jean de Lapierre, célèbre docteur

---

de linge, que les Arabes et les Juifs d'Espagne employaient dès le XIIe siècle. V. *Littérature de l'Europe,* etc., par Henri Hallam, l. I, c. 1.

1. Cette bible latine est désignée sous le titre de Bible Mazarine, parce que le premier exemplaire qui ait attiré l'attention des savants a été trouvé à la Bibliothèque Mazarine de Paris.

en théologie, dans le collége de Sorbonne; la presse, qui devait prêter une si puissante assistance à tous les novateurs, eut pour berceau, à Paris, le sanctuaire de la vieille foi et de la vieille intolérance. La royauté ne s'effaroucha pas non plus de cette redoutable nouveauté, et Louis XI protégea les imprimeries parisiennes et le commerce des illustres imprimeurs mayençais, qui avaient envoyé un commis porter à Paris une partie de leurs éditions. Le premier ouvrage publié à Paris paraît avoir été le recueil des Épîtres de Gasparin de Barziza, l'un des plus renommés latinistes d'Italie. Angers, Caen et Lyon, puis beaucoup d'autres villes françaises, suivirent l'exemple de Paris. Les Grandes Chroniques de Saint-Denis furent publiées en 1476, parmi beaucoup d'ouvrages religieux ou classiques[1]. Les livres se multiplièrent bientôt à tel point, que les poëtes contemporains, dans leur enthousiasme hyperbolique, prétendirent « qu'il s'imprimoit autant de livres en un jour qu'on en copioit autrefois à la main dans une année. »

Rien ne saurait peindre l'allégresse avec laquelle le monde littéraire célébra ce « don du ciel [2] » : on comprenait universellement la grandeur des résultats immédiats de l'imprimerie, si l'on ne prévoyait pas encore la portée indéfinie de ses conséquences indirectes; chacun proclamait que la multiplication des livres et l'abaissement de leur prix allait faire la science toute à tous. Ce que ne virent pas les contemporains, c'est que le retour de l'ésotérisme devenait à jamais impossible : la science ne serait plus jamais le partage d'une caste fermée, comme dans les religions

---

1. Une traduction française de la Bible parut vers 1477; une Bible italienne avait paru à Venise en 1471; une Bible hollandaise parut en 1477; une Bible catalane (ou valencienne), en 1478.

2. J'ai vu grand multitude
    De livres imprimés
    Pour tirer en étude
    Povres mal argentés.
    Par ces nouvelles modes,
    Aura maint écolier
    Décrets, Bibles et Codes
    Sans grand argent bailler.

J. Molinet, *Recollection des merveilles advenues de notre temps*. Les poëtes latins du temps ont chanté l'imprimerie en vers moins plats que ceux de Molinet, écrivain prosaïque en vers et emphatique en prose.

antiques, ou d'une corporation exclusive et jalouse; la distinction du *clerc* savant et du *laïque* ignare achevait de s'effacer; les matériaux de la connaissance humaine, les traditions religieuses et historiques, livrés à toutes les mains, à toutes les intelligences, allaient appeler invinciblement le libre examen et l'exercice illimité de la raison et de la conscience de tous. L'esprit humain, éveillé, sollicité, fécondé partout et toujours par la diffusion des instruments scientifiques, allait développer une puissance de création incessante et progressive, dont rien, dans les âges écoulés, ne pouvait donner la moindre idée.

C'était à la Germanie, après Dieu, qu'on reportait la gloire de l'art nouveau : de toutes parts s'élevait un concert de louanges en l'honneur de ce peuple, qui naguère encore grossier et *demibarbare*, venait de révéler son génie au monde par un si grand bienfait. On évoquait le chœur sacré des poëtes et des sages pour remercier dignement ces Teutons qui rendaient une vie nouvelle et impérissable aux œuvres des siècles passés[1]. Cette révélation apparue aux bords du Rhin, entre la France et la Germanie, semblait un signe d'alliance intellectuelle entre ces deux grandes races auxquelles Dieu a assigné un rôle si élevé dans les destins de la civilisation générale. Les instincts des deux peuples semblent l'avoir ainsi compris, à entendre ces échos qui répètent de siècle en siècle les chants d'allégresse des premiers jours de l'imprimerie, à voir ces fêtes, à la fois teutoniques et françaises, qui perpétuent de génération en génération la mémoire de Gutenberg! Hier encore, l'Europe s'est émue au récit du jubilé de Strasbourg, dont le caractère a rappelé à nos temps prosaïques le souvenir des beaux jours de la Grèce, et bien des fronts, courbés par des méditations tristes et sévères, se sont relevés, éclairés d'un rayon d'espérance, en entendant cet appel sublime de la

---

1.
    Laude condignâ venerare vatum
    Turba Germanos, studio sagaci
    Scripta qui quondam renovare nôrunt
        Arte premendi.
    Verè quod quis modico parare
    Optimos possit veterum libellos,
    Hoc dedit nobis meritò colendus
        Teutonus orbis.
        Henric. Bebelius. *Carmen in laudem Germaniæ.*

voix populaire à cette presse qui a renversé les erreurs et les préjugés de nos ancêtres :

> Toi qui sus détruire,
> Tu sauras créer [1] !

---

1. Écrit en 1841. Sur la renaissance des lettres grecques et latines et l'origine de l'imprimerie, *V.* principalement *Hallam's Introduction to the litterature of Europe in the XV th. XVI th. et XVII th. centuries*, ou la traduction française de M. Alphonse Borghers. C'est le premier essai d'histoire générale de la littérature moderne tenté sur des proportions aussi étendues.—*V.* aussi les excellentes dissertations de Naudé, publiées sous le titre d'*Addition à l'Histoire du roi Louis XI*, Paris, 1650. On trouve, dans les notes de M. Hallam, l'indication de tous les écrivains qui ont traité de l'origine et des progrès de l'imprimerie. Depuis, M. Léon Delaborde a publié un ouvrage sur l'histoire de l'imprimerie.

LIVRE XLII

ANNE DE FRANCE.

CHARLES VIII. Gouvernement d'ANNE DE FRANCE. — Réaction contre le règne de Louis XI. — États Généraux de 1484. Réduction des impôts. — Lutte entre Anne de France et les ducs d'Orléans et de Bretagne. — Avénement des Tudor en Angleterre. — Réunion de l'Aragon et de la Castille. — Guerre de Bretagne. Bataille de Saint-Aubin-du-Cormier. Captivité du duc d'Orléans. Mort du duc de Bretagne. ANNE DE BRETAGNE. — Guerre de Flandre et d'Artois. — L'Angleterre et l'Espagne secourent la Bretagne. — Charles VIII remet le duc d'Orléans en liberté. Réconciliation des princes. — Reddition de Nantes. Siége de Rennes. Traité de mariage entre Charles VIII et Anne de Bretagne. La Bretagne unie à la France. Fin du gouvernement d'Anne de France. — Les Anglais assiégent Boulogne. — Charles VIII traite avec l'Espagne et rend le Roussillon. — Paix achetée à l'Angleterre.—Paix avec la maison d'Autriche. Renonciation à l'Artois et à la Franche-Comté.—Projets de Charles VIII sur l'Italie.

1483 — 1493.

La mort de Louis XI avait causé en France une joie presque universelle : le sombre monarque n'était guère regretté que des favoris de bas étage qui sentaient leur fortune crouler avec sa vie, et de quelques politiques tels que Comines, qui s'effrayaient de voir un enfant de treize ans appelé à recueillir ce redoutable héritage en présence de tant d'intérêts froissés et de passions exaspérées. Il s'opérait contre le gouvernement de Louis XI une réaction analogue à celle qu'on avait vue se manifester à la fin du règne de Philippe le Bel, le roi du vieux temps auquel Louis XI avait le plus ressemblé. La noblesse reprochait au feu roi ses sanglantes rigueurs et ses préférences pour les petites gens et les étrangers : les parlements ne lui pardonnaient pas son dédain des formes légales, son funeste penchant pour les commissions extraordinaires [1] et pour la justice sommaire de ses prévôts, ni les aliénations immodérées du domaine royal, qui avaient diminué les ressources de la couronne et accru les charges de l'État; le peuple criait contre les impôts excessifs qu'aggravaient encore les horribles vexations des percepteurs et des officiers royaux, et contre les désordres impunis des soldats; un concert général de plaintes et de malédictions s'élevait de tous les points du royaume. La réaction n'alla pourtant pas si loin qu'au temps de Philippe le Bel; une main de femme suffit à l'arrêter; la monarchie était bien autrement forte qu'en 1314.

Charles VIII, né le 30 juin 1470, était entré dans sa quatorzième année, et, par conséquent, majeur aux termes de la fameuse ordonnance de Charles V : il n'y avait donc pas lieu d'établir une régence; mais le gouvernement du royaume et la direction du conseil étaient livrés au premier occupant, sans qu'on pût prévoir le terme de la lutte qui allait s'engager entre des ambitions rivales; car le roi, faible d'esprit et de corps, n'annonçait rien moins que des talents précoces; sa minorité, de fait, sinon de droit, paraissait même devoir se prolonger au delà du terme ordinaire.

Le vrai danger pour l'État était moins dans la fermentation publique, assez facile à apaiser par des réformes qu'avait en partie prévues et indiquées Louis XI lui-même, que dans les prétentions des princes du sang à relever leur funeste puissance écrasée sous les coups de Louis. Le feu roi, en mourant, avait confié son fils et son autorité à sa fille Anne et à son gendre Pierre de Bourbon, sire de Beaujeu. Sa veuve, Charlotte de Savoie, tremblante encore devant la mémoire de ce tyrannique époux, ne réclama pas contre cette exclusion; elle ne survécut d'ailleurs que quelques mois à Louis. Anne de France avait travaillé d'avance à s'emparer de l'esprit du petit roi, à qui elle inspirait une déférence crain-

---

1. La plus grande indignité était le partage, parfois à l'*avance,* des biens de l'accusé entre les juges; mais Charles VII, et d'autres rois avant lui, en avaient donné l'exemple à Louis XI.

tive, et s'était attaché la plupart des conseillers, des capitaines et des serviteurs de Louis XI. Anne, âgée de vingt-deux ans, était la seule des enfants de Louis XI qui ressemblât à son père : elle avait la ténacité, la dissimulation et la volonté de fer du feu roi; aussi disait-il d'elle, avec sa causticité accoutumée, que c'était « la moins folle femme du monde, car, de femme sage, il n'y en a point ». Elle prouva qu'il y en avait une; car elle poursuivit, avec une sagacité et une énergie admirables, tout ce qu'il y avait eu de national dans les plans de Louis XI. « Elle eût été digne du trône par sa prudence et son courage, si la nature ne lui eût refusé le sexe auquel est dévolu l'empire [1]. » Ce jugement d'un contemporain est celui de la postérité. Le mari d'Anne, homme d'un âge mûr, d'un sens droit et d'une certaine capacité pratique, n'était que le premier et le plus utile des instruments de sa femme. Par lui, elle espérait se concilier les autres princes de la maison de Bourbon, le duc Jean de Bourbon et l'archevêque de Lyon, frères du sire de Beaujeu, le vieux comte de Montpensier, leur oncle, le comte de Vendôme et son fils, leurs cousins, l'amiral de Bourbon, leur frère bâtard. Le rival naturel d'Anne et de son mari était l'autre gendre de Louis XI, le premier prince du sang, le duc Louis d'Orléans, à qui sa naissance assignait la place d'honneur dans le conseil : ce nom d'Orléans réveillait de tristes souvenirs. Mais le duc Louis avait à peine vingt et un ans : comprimé, durant toute sa première jeunesse, sous la main de fer de son terrible beau-père, enchaîné, dès l'enfance, à une femme digne d'estime par sa douceur et sa bonté, mais dont l'extérieur repoussait tout autre sentiment, ce ne fut point à l'ambition qu'il consacra ses premiers jours de liberté : il s'émancipa d'abord en écolier plutôt qu'en prince, et ne rompit son frein que pour se jeter à corps perdu dans un tourbillon de plaisirs : les femmes, le jeu, les tournois, les chevaux, la table, laissaient peu de prise chez lui aux soucis de la politique : il aimait mieux courtiser les filles, rompre des lances, « sauter des fossés de quinze pieds », que de discuter des « lettres royaux [2] ». Cependant il partageait

---

1. *Historia Ludovici XII* (auteur anonyme).

2. *Hist. latine de Louis XII*, dans le *Recueil des historiens de Charles VIII*, de Godefroi, p. 255-256.

avec les Bourbons les apparences du pouvoir, et son cousin Dunois, fils et héritier du grand comte de Dunois [1], fort habile homme et rompu aux intrigues diplomatiques, n'épargnait rien pour le pousser au timon des affaires. Dunois était le guide du duc d'Orléans et de son cousin le comte d'Angoulême, jeune homme d'un caractère assez effacé. Tout ce qui restait de membres et d'alliés de la maison royale était accouru siéger au conseil, et les premières lettres et édits de Charles VIII sont signés de plusieurs d'entre eux [2].

Quelques actes de réparation et de satisfaction indispensables signalèrent les commencements du nouveau règne : tout ce qui avait souffert, tout ce qui avait été froissé, opprimé, justement ou injustement, sous le feu roi, c'est-à-dire à peu près tout le royaume, requérait impérieusement justice : le peuple appelait à grands cris l'abolition des impôts et le châtiment des *méchants conseillers* de Louis XI. Une foule de grands seigneurs, le comte du Perche, les enfants du duc de Nemours, le comte de Bresse, le frère du dernier comte d'Armagnac, le prince d'Orange et bien d'autres demandaient, les uns, la liberté, les autres, la restitution de leurs biens confisqués; le duc René de Lorraine vint à son tour réclamer le duché de Bar et le comté de Provence, comme l'héritage de sa mère. Les revendications menaçaient d'aller loin!

Dès le 22 septembre, toutes les aliénations du domaine royal, faites au profit, soit de l'Église, soit des particuliers, furent révoquées : la nécessité de cette mesure n'était pas contestable. Le comte du Perche fut délivré de la cruelle prison où il languissait, et recouvra le duché d'Alençon, confisqué naguère à juste titre sur son père. Le duc Jean de Bourbon, à qui Louis XI avait fait endurer beaucoup d'affronts et de vexations dans les dernières années, fut investi de la lieutenance générale du royaume et de l'épée de connétable, vacante depuis la mort du comte de Saint-Pol, c'était le plus puissant des princes du sang, par l'étendue de ses domaines; mais ses infirmités et son amour du repos le rendaient

---

1. Mort en 1468.
2. Le sire de Beaujeu prend, dans ces lettres, le titre de comte de Clermont, titre affecté à l'héritier présomptif du duché de Bourbon.

peu propre à participer activement au gouvernement : sa belle-sœur ne comptait lui demander que l'appui de son nom. Le comte de Dunois se fit donner une forte pension, avec le gouvernement du Dauphiné, tandis que le duc d'Orléans devenait lieutenant-général dans l'Ile-de-France, la Picardie et la Champagne. Le prince d'Orange, le comte de Bresse, furent remis en possession de leurs terres : ce n'était que justice, au moins pour le prince d'Orange, car le traité d'Arras avait stipulé amnistie réciproque pour tous les faits relatifs à la guerre de la succession de Bourgogne. Le duc René de Lorraine, grâce à l'appui du duc de Bourbon et de madame de Beaujeu, qui visait à se servir du héros de Nanci contre les princes d'Orléans, obtint la restitution du Barrois, sans remboursement des sommes pour lesquelles le roi tenait Bar en engagement, une compagnie de cent lances, et 36,000 francs par an pour quatre années, « pendant lequel délai se connoîtroit du droit de la comté de Provence ». « Madame Anne » n'entendait pas aller plus loin que la concession du Barrois, et ne voulait que gagner du temps pour la Provence. D'après le droit féodal, les prétentions de René étaient fondées : la succession féminine était si bien admise en Provence, que c'étaient deux femmes qui avait porté successivement ce comté dans les deux maisons d'Anjou ; mais un autre droit plus conforme à la raison et à la nature des choses tendait à se substituer au droit féodal : c'était le droit de la nationalité française, reconnu et accepté ici par la Provence.

Ces grâces accordées aux princes furent accompagnées de rigueurs contre les plus odieux des ministres du dernier règne : Olivier le Daim, comte de Meulan, fut sacrifié à la vindicte populaire, et Doyat, au ressentiment du duc de Bourbon, dont il avait été le serviteur, et qu'il avait gravement offensé[1]. Olivier fut condamné à mort pour divers crimes, entre autres pour avoir fait périr secrètement un prisonnier dont la femme lui avait sacrifié son honneur pour prix de la grâce de son mari : le barbier comte de Meulan fut pendu au gibet de Montfaucon, et ses biens furent

---

1. C'était lui qui était allé, comme commissaire du parlement, instrumenter dans les seigneuries bourbonnaises sur les entreprises du duc contre l'autorité royale, arrêter ses officiers jusque dans ses châteaux, etc. *V.* Michelet, VI, 474.

donnés au duc d'Orléans. Doyat fut battu de verges au pilori des halles, et perdit les deux oreilles après avoir eu la langue percée d'un fer chaud, supplice réservé aux blasphémateurs et aux calomniateurs : on lui coupa une oreille à Paris, l'autre à Montferrand, où il avait exercé l'office de bailli royal. Le médecin Coictier en fut quitte pour la perte de ses terres et de ses châteaux, avec une rançon de 50,000 écus.

L'opinion publique demandait plus que le châtiment de quelques misérables : les princes, divisés entre eux, peu connus du peuple, qui n'avait guère pour eux ni affection ni crainte, sentaient l'impossibilité de maintenir le régime despotique de Louis XI, et la nécessité de recourir à une autorité nationale pour obtenir l'obéissance des masses : le peuple n'eût pas tardé à refuser universellement la continuation des impôts arbitraires. Le droit réagissait avec une force irrésistible contre la tyrannie du fait : mille voix répétaient « qu'il n'étoit roi ni seigneur sur terre qui eût pouvoir de lever un denier sur ses sujets en sus des revenus de son domaine, sans l'octroi et consentement des peuples. » Comines, l'admirateur de Louis XI, consacre tout un chapitre de ses Mémoires (l. V, c. 19) à la discussion de ce principe, qu'il proclame non-seulement équitable, mais essentiel à la prospérité des états, et il regrette hautement que le feu roi ne l'ait pas respecté : « En Angleterre, dit-il, les rois ne peuvent rien entreprendre de grand ni lever de subsides sans assembler le parlement, qui vaut autant à dire comme les Trois États, ce qui est chose juste et sainte. » Et il déclare que « les gens qui sont en crédit et autorité sans l'avoir en rien mérité » sont les seuls qui craignent les grandes assemblées, parce qu'ils redoutent d'y être connus pour le peu qu'ils valent. Le conseil du roi, sur la proposition du duc d'Orléans, décida la convocation des États-Généraux à Tours pour le 5 janvier 1484, malgré les cris de quelques personnages « de petite condition et de petite vertu, qui disoient que c'étoit crime de lèse-majesté que de parler d'assembler les États, et que c'étoit pour diminuer l'autorité du roi » (Comines, l. V, c. 19). Les amis de « Madame », ainsi qu'on nommait Anne de France, et ceux du duc d'Orléans, s'étaient trouvés d'accord sur cette importante question : chacun des deux partis, qui commençaient à se dessiner dans le conseil, espérait l'assistance des États contre l'autre.

Le journal des États de 1484, rédigé par un des représentants les plus recommandables de l'ordre du clergé, par Jean Masselin, official de l'archevêché de Rouen, est parvenu jusqu'à nous [1] : c'est le document le plus étendu que nous possédions sur les assemblées nationales de la France avant le XVI° siècle ; il est d'un haut intérêt, et nous verrons qu'il nous a conservé des incidents très-dignes de mémoire. Néanmoins, les États de 1484 devaient être moins remarquables par leurs actes que par leur mode de composition, c'est-à-dire que par les innovations opérées dans le système d'élection. Louis XI, en 1468, avait déjà bouleversé la vieille forme des États, mais sans constituer véritablement un nouvel ordre à la place de l'ancien. La fille de Louis XI et les membres du conseil qui gardaient la pensée du feu roi, au milieu de la réaction féodale, effacèrent des élections toute trace de féodalité, complétèrent et régularisèrent l'œuvre de Louis. Avant Louis XI, les États ne s'étaient composés que des feudataires immédiats du roi, prélats, barons, représentants des bonnes villes [2] et des communautés ecclésiastiques ou laïques relevant de la couronne. Aux États de 1484, les élections se font d'après un règlement uniforme, par bailliages et sénéchaussées, par divisions purement administratives ; ce n'est plus comme feudataires du roi, mais comme sujets du royaume, que l'on convoque les électeurs : et, pour la première fois, les paysans, au moins les paysans libres, sont appelés à prendre part aux opérations de premier degré : ils envoient des délégués de villages aux bailliages inférieurs ou prévôtés, où se nomment les électeurs de troisième degré qui vont, au chef-lieu du bailliage, choisir les députés du Tiers [3].

La portée sociale d'un tel changement n'a pas besoin de com-

---

[1]. Il a été publié en 1835, par M. Bernier, dans la collection des *Documents inédits sur l'Histoire de France*. On a publié depuis le journal d'un autre député, Jean de Saint-Délis.

[2]. Les « bonnes villes et lieux insignes » étaient les places ayant commune ou marché. Nous avons dit que la couronne avait établi que tous les évêques et toutes les communes relevaient d'elle.

[3]. De même pour les cahiers de requêtes et doléances. La paroisse fait son cahier : les cahiers de paroisses sont refondus dans l'assemblée du second degré (cantonale, comme nous dirions aujourd'hui) ; puis les cahiers de second degré dans le cahier du

mentaire. Il y a maintenant un vrai Tiers-État embrassant tout le corps du peuple; le paysan n'est plus la chose du seigneur, l'appendice du fief; il est l'égal du bourgeois; il est membre de l'État.

Ce n'est pas tout : le même esprit d'unité et d'égalité, au moins relative, se manifeste dans le règlement appliqué aux deux ordres privilégiés. Là, tous votent directement et non par triple degré; et non-seulement le bas clergé élit des représentants, mais les évêques ne sont appelés aux États que s'ils obtiennent les suffrages de l'ordre ecclésiastique, et non en vertu de leur titre épiscopal. De même dans la noblesse, aucun grand baron n'est membre des États s'il n'est élu par les gentilshommes. Les Trois Ordres, sous ce régime, apparaissent comme trois nations superposées, dans lesquelles l'égalité règne. On sent se dessiner ici la différence profonde entre le génie démocratique de la France et le génie aristocratique de l'Angleterre.

Il n'y eut d'exception aux principes nouveaux que pour les provinces qui s'administraient par États-Provinciaux annuels, et qui continuèrent de choisir leurs députés dans leurs États-Provinciaux, sans recourir aux assemblées populaires de trois degrés. Cela est certain au moins pour le Languedoc, et il en résulta, en principe, une véritable infériorité politique pour ces contrées autrefois si en avant des autres, leurs États-Provinciaux gardant un caractère oligarchique en présence d'une transformation toute démocratique [1].

Infériorité en principe, disons-nous, car, en fait, la transformation dont nous parlons ne porte pas les fruits qu'on devrait en attendre. Par cette œuvre posthume sortie de la tombe de

---

bailliage. « Dans toutes ces assemblées, les suffrages se donnaient à haute voix sur l'appel des noms, et des coffres ou bahuts, placés à la porte de la salle, recevaient les mémoires et observations de tous les citoyens. » *Rapport sur les mémoires envoyés pour concourir au prix d'histoire sur les États Généraux, fait au nom de la section d'histoire* (Académie des sciences morales et politiques), par M. Amédée Thierry; p. 40; 1844. C'est le *Rapport* très-sérieusement étudié de M. Amédée Thierry, qui, combiné avec des communications dues à l'obligeance de M. de Stadler, nous a éclairé sur l'importante transformation de 1484. Il est probable, néanmoins, que le système n'eut pas immédiatement toute sa régularité.

1. Les évêques et un certain nombre de barons formaient, les uns en vertu de leur titre, les autres par droit héréditaire, les deux premiers ordres des États de Languedoc. Le Tiers se composait de magistrats des bonnes villes.

Louis XI et qui est peut-être ce qui plaide le mieux pour sa mémoire, il semble qu'une constitution libre soit prête à surgir du sein même du despotisme, que les bases en soient fondées. Hélas! on peut faire de la sorte une certaine égalité, mais ce n'est pas ainsi que la liberté se fonde. Les esprits sont mal préparés. Personne ne paraît comprendre à fond la portée d'une telle nouveauté, ni ceux pour lesquels elle est faite, ni ceux mêmes qui l'ont faite. Ceux-ci en refuseront les conséquences; ceux-là ne sauront pas les prendre : ils en auront le désir; ils tenteront un faible effort, ne le soutiendront pas; puis tout retombera.

Quelques indices révèlent que le mouvement électoral ne fut pas ce qu'il aurait dû être; qu'il émut peu les masses, particulièrement au centre, à Paris. Le règlement promulgué par le conseil avait statué que chaque bailliage ou sénéchaussée, sauf exceptions pour certains districts, ou trop ou trop peu considérables, élirait trois députés, un de chaque ordre; mais ce règlement ne fut pas exactement suivi : la Provence n'envoya en tout que quatre députés, et plusieurs bailliages n'en envoyèrent pas un seul; d'autres, il est vrai, dépassèrent leur contingent. La Flandre, invitée à se faire représenter, n'expédia que sur la fin de la session une ambassade chargée de réclamer l'exécution du traité d'Arras : on n'avait pas même adressé pareille invitation à la Bretagne, dont Louis XI, engagé dans d'autres conquêtes, avait été obligé de respecter l'indépendance de fait. Il paraît que la Franche-Comté joignit ses délégués à ceux de la Bourgogne ducale, mais on n'a pas leurs noms. Le nombre total des députés, dans les listes qu'on a conservées, ne s'élève pas à deux cent cinquante [1].

[1]. Voici les chiffres connus : Pour la ville, prévôté et vicomté de Paris, sept députés, trois clercs, deux nobles et deux bourgeois; le duché de Bourgogne, comprenant les bailliages de Dijon, Châlon, Autun, Auxois, la Montagne, Charolais et Bar-sur-Seine, dix-neuf députés; le duché de Normandie, vingt députés pour les six bailliages de Rouen, Caux, Caen, Evreux, Cotentin et Gisors; la Guyenne proprement dite ou Bordelais, trois députés; le comté de Champagne, comprenant les bailliages de Troyes, Sens, Chaumont et Vitri, treize députés; le Languedoc proprement dit, comprenant les sénéchaussées de Toulouse, Beaucaire et Carcassonne, onze députés; le bailliage de Tournai, trois députés; les bailliages de Vermandois ou de Laon et de Saint-Quentin, six députés; la sénéchaussée de Poitou, six députés; la sénéchaussée d'Anjou et le pays de Loudunois, neuf députés; la sénéchaussée du Maine, huit; le bailliage de Touraine, trois; le bailliage de Berri, quatre; les pays de Bourbonnais et Forez, six; la sénéchaussée d'Artois, trois députés; le bailliage d'Hesdin n'en envoya

Les États, convoqués pour le 5 janvier, allèrent, le 7, visiter le jeune roi dans la résidence de son père, au Plessis, et, le 15 seulement, les princes amenèrent Charles VIII présider à Tours la séance d'ouverture, dans la grande salle de l'archevêché. Le roi siégea sur une estrade avec les princes du sang, les pairs ecclésiastiques et le chancelier : les principaux seigneurs du royaume se tenaient debout derrière le siége royal ; au bas et en face de l'estrade étaient assis les chevaliers de l'ordre de Saint-Michel et les prélats qui ne faisaient pas partie du corps des États ; le reste de la salle était occupé par les bancs des députés, qui siégèrent tous ensemble, non pas sans distinction de rang, mais au moins sans distinction d'ordre : les prélats, barons, chevaliers, officiers royaux, les gens revêtus de quelque dignité, tous les personnages notables, s'assirent pêle-mêle sur les premiers bancs, et les autres députés, sur les bancs les plus éloignés de l'estrade. Cette espèce de fusion des Trois Ordres, que nous avons déjà signalée aux États de 1468, et qui se retrouve dans les opérations de l'assemblée de 1484, ne se renouvela pas dans les États des XVIe et XVIIe siècles ; l'esprit nobiliaire réagit plus tard contre cette manifestation prématurée d'unité, prophétie lointaine de la grande assemblée qui devait confondre pour toujours les ordres privilégiés dans le corps de la nation.

Guillaume de Rochefort, chancelier de France[1], ouvrit la session

pas ; la sénéchaussée d'Auvergne et le bailliage des montagnes d'Auvergne, six ; les comtés de Roussillon et de Cerdagne, six ; le bailliage de Chartres, trois ; le bailliage de Mantes, trois ; le pays et seigneurie d'Orléans, quatre ; le bailliage d'Alençon et comté de Perche, cinq ; le bailliage d'Amiens, trois ; la sénéchaussée de Ponthieu, trois ; la prévôté de Péronne, Roie et Montdidier, trois ; le bailliage de Senlis, un seul ; le bailliage de Meaux, quatre ; le bailliage de Montargis, trois ; le bailliage de Melun, trois ; les comtés de Nivernais et Rethelois, réunis, malgré la distance qui les sépare, comme appartenant au même seigneur, trois députés ; les bailliages de Mâcon et d'Auxerre, six ; le pays de Provence, quatre seulement ; la sénéchaussée de Boulenois, trois ; la ville et le gouvernement de La Rochelle (pays d'Aunis), six ; les sénéchaussées d'Angoumois et de Saintonge, six ; les sénéchaussées de haut et bas Limousin, dix ; les sénéchaussées de Rouergue, Agénais, Périgord et Querci, dix-huit ; la sénéchaussée de Bazadois, la ville et la cité de Condom et le comté de Fézensac, sept ; la sénéchaussée des Landes, trois ; le pays de Dauphiné, comprenant les sénéchaussées de Viennois, de Valentinois et des Montagnes, treize ; le comté de la Marche, cinq ; la sénéchaussée de Lyon, cinq ; le pays de Beaujolais, trois. V. le *Journal* de J. Masselin et les pièces à la suite. — Cette énumération fait connaître les principales divisions administratives du territoire français à la fin du XVe siècle.

1. Un de ces légistes bourguignons qui s'étaient ralliés à Louis XI.

par une longue harangue pleine d'effusions et de promesses; il exposa les efforts déjà tentés par le roi et son conseil pour le soulagement du peuple, le renvoi des six mille Suisses que Louis XI avait entretenus à grands frais, le licenciement de plusieurs autres corps de troupes, le dessein qu'avait le conseil de subvenir désormais aux dépenses personnelles du roi avec les revenus du domaine, et de ne demander de sacrifices au peuple que pour la défense et l'entretien du royaume. Il promit la réforme de la Justice et de l'Église, le rétablissement des bonnes ordonnances de Charles VII, la promulgation de nouveaux édits qui seraient discutés avec les États, et une enquête sur les malversations commises sous le feu roi.

Le 17 janvier, l'assemblée, sur la proposition de Jean-Henri, chantre de Notre-Dame et député de Paris, se partagea, non point par ordres, mais par bureaux provinciaux, afin de rédiger, d'après les cahiers de bailliages, les cahiers provinciaux contenant les « griefs, oppressions et molestations du pauvre peuple » et les demandes de réformes. Les bureaux, au nombre de six, correspondaient aux six grandes généralités financières du royaume et aux six régions qui divisaient le territoire et que l'on qualifiait de *nations*, savoir : 1° la *France* (Ile-de-France, Picardie, Champagne, Brie, Orléanais, Nivernais, Auxerrois et Mâconnais); 2° la Bourgogne; 3° la Normandie, avec Alençon, le Perche et le Vexin français; 4° l'Aquitaine ou Guyenne et Gascogne; 5° le Languedoc, auquel on avait joint la Provence, le Dauphiné, le Roussillon et la Cerdagne; 6° le Languedoïl, renfermant toutes les provinces du centre, depuis l'Anjou et le Maine jusqu'au Lyonnais, et depuis le Berri et l'Auvergne jusqu'à la Saintonge [1]. Les États élurent ensuite pour président de l'assemblée l'évêque de Lombez, abbé de Saint-Denis et député de Paris; choix malheureux, comme l'observe Masselin, qui fut lui-même président de la *nation* de Normandie.

Les bureaux ne perdirent pas de temps : dès le 22 janvier, la

---

1. La qualification de *langue d'oïl*, par opposition aux pays de la langue d'oc, n'était pas absolument juste : les patois ou dialectes provinciaux de plusieurs des régions du centre, par exemple, du Limousin et de l'Auvergne, avaient conservé le caractère languedocien.

rédaction des cahiers particuliers fut achevée; les six bureaux réunis élurent trente-six commissaires chargés de résumer les cahiers particuliers en un cahier général [1]. On renvoya après toutes les autres matières les questions relatives à la garde et à l'éducation du roi et à la composition du conseil, questions, dit Masselin, hautes, difficiles et périlleuses entre toutes. Personne, ni dans les États ni à la cour, ne prenait au sérieux la majorité d'un roi de quatorze ans. Le parti d'Orléans voulut gagner les devants : les ducs d'Orléans et d'Alençon, les comtes d'Angoulême, de Foix [2] et de Dunois, députèrent vers la commission des trente-six, pour l'exhorter non-seulement à demander avec fermeté l'allégement des charges publiques, sans craindre le ressentiment des gens qui possédaient ou qui sollicitaient des pensions de la couronne, mais encore à choisir pour le conseil royal des hommes probes, expérimentés et innocents des maux du peuple ; les princes d'Orléans excitaient les États à ne souffrir dans le conseil aucun complice des misères publiques, offraient leurs secours pour ce noble but, et se déclaraient prêts à renoncer les premiers à leurs pensions. La commission remercia vivement les princes de ces témoignages d'un zèle trop exagéré pour être bien sincère.

La commission lut le projet de cahier général, le 2 février, aux six bureaux réunis. Le premier chapitre, concernant les affaires de l'Église, fut l'occasion d'une scène orageuse : la commission, conformément au vœu presque universel de l'assemblée, réclamant le rétablissement intégral de la Pragmatique Sanction, quelques évêques protestèrent au nom du saint-siége; l'explosion de l'indignation générale fut telle qu'on faillit les expulser de l'assemblée. L'épiscopat gallican, si favorable à la Pragmatique du temps de Charles VII, avait modifié beaucoup ses opinions à cet égard sous Louis XI; tous les prélats qui avaient dû leurs mitres soit directement à la cour de Rome, soit à la recommandation du roi près du pape, durant les suspensions de la Pragmatique, penchaient du côté du saint-siége, et le corps des évêques entreprit

---

1. Un seul cahier pour les trois ordres.
2. Le vicomte de Narbonne, prétendant au comté de Foix contre le petit roi de Navarre.

de soutenir la lutte contre les États appuyés par le parlement ; le corps des évêques protesta contre la prétention des deux ordres laïques à s'immiscer dans les affaires ecclésiastiques, et prétendit que d'ailleurs tous les évêques étaient de droit membres des États-Généraux, et qu'on avait porté atteinte à leurs prérogatives en n'appelant qu'un certain nombre d'entre eux à siéger dans l'assemblée. Les États passèrent outre : le clergé inférieur faisait cause commune avec les laïques. La question des offices donna lieu à des débats moins violents, mais non moins dignes d'intérêt ; Louis XI, qui ne respectait aucune règle, pas même celles qu'il avait faites, avait fort mal observé sa propre ordonnance, qui statuait que les officiers royaux ne pourraient être privés de leurs offices sans jugement : tous les officiers dépossédés arbitrairement demandaient l'intervention des États pour être rétablis dans leurs charges. Un grand bouleversement administratif eût pu résulter de cette application rigoureuse d'un principe auquel on opposait un principe contraire, à savoir : que les offices étaient censés vaquer à la mort du roi dont les officiers tenaient leurs pouvoirs : c'était le même axiome en vertu duquel les traités internationaux avaient été si longtemps considérés comme rompus de fait par la mort d'un des souverains qui les avaient contractés ; axiome d'origine barbare et tout opposé à la maxime monarchique des légistes : « Le roi ne meurt jamais ».

La réclamation des officiers destitués fut le signal d'un débordement de récriminations contre le règne passé ; mille voix appelaient de Louis XI aux délégués de la nation : le sire de Croï revendiquait ses seigneuries retenues contrairement au dernier traité d'Arras ; les héritiers du connétable de Saint-Pol réclamaient qu'on leur rendît au moins les biens de leur mère ; le duc René de Lorraine invoquait la médiation des États pour faire valoir ses droits sur la Provence ; on demandait pour le frère du dernier comte d'Armagnac l'héritage de sa famille ; pour les enfants du duc de Nemours, du pain, et un asile où reposer leur tête. Les infortunes des grands n'eurent pas le privilége d'émouvoir seules l'assemblée ; on dépeignit avec force les cruautés et les exactions dont la gabelle du sel avait été le prétexte, les amendes arbitraires affermées aux commissaires chargés de les appliquer, en paiement de leurs avances au roi ; les supplices prodigués pour les moindres délits avec une horrible légèreté ; on prétendait que, dans l'Anjou, le Maine et le pays Chartrain seulement, plus de cinq cents personnes avaient été suppliciées à cause de la gabelle !..... Les États ajournèrent les réclamations privées après les affaires publiques.

On arriva à la grande affaire du conseil : il s'agissait ici de quelque chose de plus que d'adresser des remontrances au pouvoir, ou de débattre ses demandes pécuniaires, il s'agissait de s'immiscer directement dans le gouvernement même. Le président de l'assemblée proposa préalablement de supprimer, pour cette grave occurrence, la division par bureaux, et de voter par bailliages ou par têtes ; aucune proportion n'existait entre les bureaux, et les nations de *France* et de Languedoïl étaient plus nombreuses à elles deux que les quatre autres ensemble. Les quatre autres nations se refusèrent à ce changement : chaque bureau proposa donc ses vues sur l'organisation du conseil. Après la mort de Louis XI, le conseil avait été composé provisoirement de quinze personnes : le sire de Beaujeu, les comtes de Dunois et de Comminges (Lescun), les sires d'Albret, des Querdes, d'Argenton (Comines), et plusieurs autres serviteurs du feu roi ; tous les princes avaient en outre droit de séance. Les hommes du règne passé, qui s'étaient efforcés de se rattacher chacun à quelqu'un des princes, n'épargnaient pas les intrigues pour réduire le vote de l'assemblée à une vaine formalité, et pour se faire confirmer purement et simplement dans leur position au conseil. Mais bon nombre de députés avaient pris leur mission au sérieux : l'avis le plus large fut celui de la nation de Normandie, énoncé par son président Jean Masselin ; les Normands proposèrent que les États nommassent dix-huit délégués, qui, réunis à huit d'entre les quinze membres du conseil provisoire, éliraient le conseil définitif : les bureaux d'Aquitaine et de Languedoïl appuyèrent les Normands. L'abbé de Cîteaux, au nom des Bourguignons, conseilla, par égard pour les princes, de maintenir les anciens membres du conseil, en leur adjoignant un nombre égal de conseillers choisis par les États, les princes conservant d'ailleurs le droit de siéger quand ils voudraient ; les Languedociens se rallièrent aux Bourguignons. On remarque avec surprise que l'avis des Parisiens fut le moins hardi de tous : leur orateur, Jean de Réli, chanoine de Notre-Dame, demanda seulement l'adjonction de neuf nouveaux conseillers aux quinze anciens. Paris et la nation de France soutinrent mal leur suprématie dans les États de 1484 : les députés parisiens, éloignés de la grande cité et n'étant pas inspirés de son souffle puissant, semblèrent n'avoir rien conservé de leurs devanciers du xive siècle, et furent les plus accessibles de tous aux séductions des grands. Le président de l'assemblée, choisi parmi eux, parut n'avoir d'autre but que d'entraver toutes les résolutions énergiques : c'était un vil et médiocre intrigant, une espèce de Balue subalterne; il se fit traiter en pleine assemblée de menteur et de parjure par l'évêque du Mans. L'assemblée eût pu cependant beaucoup oser : les rivalités des princes eussent favorisé les entreprises des délégués de la nation. Après les chefs du parti d'Orléans, le sire de Beaujeu fit, à son tour, exciter les États à disposer sans crainte du conseil tout entier, et à ne pas fournir aux princes un sujet de discorde en leur laissant le choix des conseillers. L'assemblée ne fut point au niveau de sa position; elle manqua de décision. Son historien, Masselin, se plaint amèrement que les amis de la vérité et du bon droit aient été vaincus dans cette lutte par les menées corruptrices des méchants. Les *méchants* eussent échoué, si l'assemblée se fût senti assez de foi en elle-même, assez de force et de science, pour dominer et les princes et les hommes dressés par Louis XI au gouvernement de la France. L'assemblée résolut de conserver douze des anciens conseillers et d'en élire vingt-quatre autres, « mais en requérant, en quelque manière, le consentement des princes ». Cette réserve rendait tout le reste illusoire.

Le 6 février, douze délégués des États allèrent visiter les ducs d'Orléans et de Bourbon, pour tâter le terrain sur la composition du conseil : le duc de Bourbon répondit qu'il ne voulait gêner en rien la liberté des États; la réponse du duc d'Orléans fut évasive, et diverses circonstances firent suffisamment comprendre que les princes demandaient à l'assemblée un avis et non une sentence. Les débats de l'assemblée recommencèrent alors, et s'élevèrent à une hauteur théorique qu'ils n'avaient pas encore atteinte. Deux opinions tranchées entrèrent en lice : l'une affirmait qu'il appartenait aux États Généraux seuls de choisir les dépositaires de l'autorité royale, lorsque le roi, par un motif quelconque, ne pouvait par lui-même exercer son pouvoir : cette opinion voulait qu'on procédât, « non par supplication, mais par décret et d'autorité » : l'autre parti prétendait que le gouvernement, en cas d'empêchement du roi, était dévolu aux princes du sang royal, comme à ses tuteurs légitimes, et que le droit des États se bornait au vote des impôts, les autres matières ne leur étant soumises que par le bon vouloir des princes : c'était la théorie de ce funeste gouvernement des sires des fleurs de lis, que la France n'avait que trop vu à l'œuvre sous Charles VI ! Il est resté de cette discussion un discours justement célèbre dans les fastes de l'éloquence française : c'est celui de Philippe Pot, sire de La Roche, grand sénéchal de Bourgogne, brillant et vigoureux plaidoyer en faveur des droits de la nation contre l'oligarchie princière. Le sire de La Roche attaqua sans ménagement les droits imaginaires qu'on attribuait, soit au plus proche héritier de la couronne, soit à tous les princes du sang royal : « La royauté, dit-il, est une fonction, non point un héritage, et ne doit point, à l'instar des héritages, être nécessairement confiée à la garde des tuteurs naturels, des plus proches du sang. » Il ne se renferma pas dans la question du moment, et s'élança avec hardiesse sur un plus vaste terrain : « L'histoire nous enseigne, s'écria-t-il, et j'ai appris de mes pères, qu'au commencement les rois furent créés *par la volonté du peuple souverain*[1] *:* on élevoit au rang suprême les plus vaillants et les plus sages, et chaque peuple élisoit ses chefs pour son utilité. Les princes doivent enrichir l'État (*rempublicam*) et non s'enrichir à ses dépens. La *république* signifie la *chose du peuple :* qui peut contester au peuple le droit de prendre soin de *sa chose*, et comment les flatteurs osent-ils attribuer le pouvoir absolu au prince, qui n'existe que par le peuple ? Quiconque possède, par force ou autrement, sans le consentement du peuple, le gouvernement de la chose publique, n'est qu'un tyran et un usurpateur du bien d'autrui... Nous ne discuterons

---

1. *Populi rerum domini suffragio :* Masselin, p. 146. Masselin a traduit en latin les principaux discours pour les insérer dans son récit.

pas ici les limites du pouvoir d'un roi en âge de gouverner; mais c'est bien le moins que, dans le cas contraire, le pouvoir retourne à sa source, c'est-à-dire au peuple... J'appelle peuple, non la plèbe, mais les Trois États réunis, et j'estime les princes eux-mêmes compris dans les États Généraux : ils ne sont que les premiers de l'ordre de la noblesse... »

Les nobles n'avaient pas tenu un tel langage aux États de 1356! Le vieil esprit féodal s'élève, chez quelques hommes d'élite, du sentiment de l'indépendance individuelle à la conception des libertés publiques, et revêt, dans les paroles du sire de La Roche, une forme romaine et antique : le gentilhomme bourguignon ne se borne pas à rappeler les États Généraux du xive siècle, il fait appel aux souvenirs de la république romaine pour confirmer sa théorie du droit d'élection, et revêt, pour ainsi dire, la toge par-dessus son haubert : nous avions déjà signalé chez l'évêque Thomas Basin la première apparition, dans nos annales, de ce républicanisme classique qu'enfante la Renaissance, et qui deviendra un élément si considérable de la politique moderne; la Renaissance ne ressuscite pas seulement les formes littéraires, mais les traditions politiques et philosophiques de l'antiquité. Les légistes du moyen âge avaient réveillé l'empire romain; la Renaissance plonge plus avant dans le passé, jusqu'à la république romaine, jusqu'aux républiques grecques. Une minorité hardie, parmi la noblesse française, persévérera dans cette voie, et passant, au xviiie siècle, de l'antiquité à la Révolution, aboutira à Mirabeau et à La Fayette; mais la grande majorité de la noblesse demeurera toujours étrangère à l'esprit politique.

L'assemblée n'était pas au niveau du sire de La Roche [1]; on l'applaudit, mais on n'osa le suivre : la « nation de France » fit même un pas de plus en arrière, et conclut à s'en remettre entièrement aux princes et aux conseillers provisoires de la composition définitive du conseil. Les Bourguignons maintinrent leur proposition, en ajoutant que le roi ne pourrait rien décider sans la majorité du conseil : les Normands se rapprochèrent des Bourguignons; la discussion fut longue, confuse et sans issue. L'esprit

---

1. Peu importe que le sire de La Roche, comme le croit M. Michelet, voulût favoriser « madame Anne; » cela ne change rien au caractère de son discours.

provincial contribua, au moins autant que les menées des princes, à empêcher les États de prendre un rôle plus hardi et plus actif : les *nations* de France et de Languedoïl favorisaient les princes, parce que la plupart des sires du sang et des membres du conseil provisoire appartenaient à leurs provinces ; les intérêts généraux étaient sacrifiés à des relations locales et à des intérêts éphémères.

Faute de s'entendre, on recourut à un nouvel ajournement, et l'on décida de procéder à la lecture du cahier général devant le roi et les princes, en renvoyant l'article du conseil à quelques jours. La deuxième séance royale eut lieu le 10 février : Masselin observe que tous les députés fléchirent le genou à l'entrée du roi. La pompeuse et pédantesque harangue du chanoine de Jean de Réli, orateur des États, dura si longtemps, qu'on ne put lire ce jour-là que les trois premiers chapitres du cahier ; le reste fut renvoyé au 12 février, et, dans l'intervalle, on se remit à l'affaire du conseil et de la garde de la personne du roi. De guerre lasse, les sections d'Aquitaine et de Languedoc abandonnèrent la cause des États Généraux et portèrent la majorité du côté des sections de France et de Languedoïl : il semblait que la nation ne se sentît pas plus majeure que le roi, et n'osât prendre la responsabilité de se diriger elle-même. « Le chapitre du Conseil » fut enfin arrêté : on y statua que toutes les lettres et mandements du conseil seraient donnés au nom du roi, chose inévitable, puisque l'âge de Charles VIII ne permettait pas de nommer un régent, et que le roi serait prié d'assister le plus souvent possible au conseil. En l'absence du roi, la présidence du conseil appartiendrait au duc d'Orléans ; la seconde et la troisième place étaient assignées au duc de Bourbon et au sire de Beaujeu ; tous les princes avaient droit de siéger ; les conseillers provisoires étaient maintenus, et le roi et « messeigneurs de son conseil » étaient invités à s'adjoindre douze nouveaux conseillers ou davantage, choisis dans les six bureaux des États. Le parti d'Orléans était parvenu à empêcher qu'on insérât dans ce chapitre une phrase concernant le maintien des sieur et dame de Beaujeu dans la garde et gouvernement du roi ; mais la préséance accordée à Bourbon et à Beaujeu sur le comte d'Angoulême et le duc d'Alençon compensait cet échec, et madame Anne, maîtresse, par le fait, de la personne du roi son frère, avait le pouvoir de réduire à néant la présidence du duc d'Orléans en envoyant le jeune monarque au conseil.

On lut, le lendemain, au roi les quatre derniers chapitres du cahier général, y compris le chapitre du Conseil. Si l'assemblée avait reculé devant une intervention active dans le gouvernement, elle ne faiblit pas du moins dans la peinture des maux publics et dans l'indication des remèdes. Ce qui domine dans les remontrances des États, c'est le ressentiment contre la mémoire de Louis XI et contre les agents du feu roi, l'irritation contre la fiscalité du saint-siége, et la tendance à se reporter au règne de Charles VII, c'est-à-dire du conseil de Charles VII, comme à l'idéal du gouvernement.

Dans le premier chapitre, celui de l'Église, étaient énergiquement réclamés le rétablissement définitif de la Pragmatique et l'interdiction absolue des exactions papales. C'était trop, pour le pauvre peuple, de la double fiscalité temporelle et spirituelle : le peuple n'était que trop bien fondé à s'immiscer dans la question de la Pragmatique, quoi qu'en pussent dire les évêques ! Les États interjetaient appel au futur concile, en tant que de besoin, se plaignaient de la cessation des conciles provinciaux, et blâmaient les saisies arbitraires du temporel des ecclésiastiques sous Louis XI.

Le chapitre de la Noblesse requérait : 1° que les nobles hommes ne fussent plus sans cesse convoqués par ban et arrière-ban, sans être « raisonnablement payés de leurs gages »; 2° que les seigneurs, en cas de ban et arrière-ban, menassent avec eux leurs tenants fiefs, sans que les tenanciers d'arrière-fiefs pussent être appelés à servir le roi ailleurs qu'en compagnie de leurs suzerains. Les États sollicitaient la révocation des ordonnances de Louis XI sur la chasse, et exprimaient le désir que les places frontières, les sénéchaussées et les bailliages fussent plutôt confiés aux nobles hommes des provinces où ils étaient situés, qu'à des étrangers, comme sous le feu roi. Il est remarquable que des requêtes de cette nature aient été appuyées par les députés de la bourgeoisie : l'abus, que les « gens de petit état » et les étrangers employés par Louis XI avaient fait de leur autorité, amenait une sorte de réaction en faveur de la noblesse, et la délibération en commun avait dû produire d'ailleurs une pression des nobles sur les bourgeois, qui compromettait l'indépendance des votes de ceux-ci.

Dans le troisième chapitre étaient exposés plus longuement et plus âprement encore les griefs du « commun » ou du Tiers-État, la pesanteur des tailles, augmentées de plus des trois cinquièmes par Louis XI; les exactions de la cour de Rome; les violences des soldats et des percepteurs. « Le royaume est comme un corps qui a été évacué de son sang par diverses saignées, et tellement que tous ses membres sont vidés... Ce pauvre peuple, jadis nommé *françois* (franc, libre), est maintenant de pire condition que le serf; car un serf est nourri, et lui périt de faim!... » Les États demandaient donc l'entière révocation des aliénations du domaine royal faites par le « feu roi Loys » en faveur des églises et des particuliers [1], la suppression ou au moins la réduction des pensions [2], la diminution du nombre et des gages des officiers, la réduction de la gendarmerie au chiffre où elle était sous Charles VII, la restitution aux juges ordinaires du droit de juger les soldats, et l'établissement de commissaires nobles pour surveiller les garnisons.

Tout en professant un grand respect pour les souvenirs du temps de Charles VII, nom qui personnifiait pour eux la grande œuvre du conseil de France, les États, instruits par l'expérience, parurent considérer comme une faute grave le consentement plus ou moins explicite accordé par l'assemblée de 1439 à l'établissement de la taille permanente : ils annoncèrent l'espoir de l'abolition intégrale des tailles, estimant que les aides et gabelles, même réduites, suffiraient, avec le domaine, aux besoins ordinaires de la couronne et de l'armée : « s'il vient aucune néces-

---

1. C'était demander seulement l'exécution sérieuse de l'ordonnance du 22 septembre précédent.

2. « Icelles pensions ne se prennent pas sur le domaine du roi, mais se prennent toutes sur le Tiers État, et n'y a si pauvre laboureur qui ne contribue à payer lesdites pensions..... Au paiement d'icelles, y a aucunes fois telle pièce de monnoie qui est partie de la bourse d'un laboureur dont les pauvres enfants mendient aux portes de ceux qui ont lesdites pensions, et souvent les chiens sont nourris du pain acheté des deniers du pauvre laboureur, dont il devoit vivre. » — Cahier général à la suite du Journal des États, p. 676.

sité de guerre, » on assemblera les Trois États pour aviser à une taille extraordinaire.

Les États conseillèrent au roi de refuser l'entrée du royaume au légat que le pape se proposait d'y envoyer, et qui n'était autre que le trop fameux Balue : les États ne voyaient dans les légats que des sangsues qui venaient pomper l'argent de la France.

Le chapitre « de la Justice » n'était pas moins considérable : les États réclamaient contre la vénalité patente ou secrète des offices, pratiquée sous Louis XI au mépris du principe d'élection : le mode ancien d'élection que recommandaient les États était la présentation de trois candidats entre lesquels le roi choisissait : les États invoquaient l'édit de 1467 sur l'immutabilité des offices, sinon par jugement ; ils demandaient qu'on régularisât l'organisation et les attributions du grand conseil de la justice (conseil d'État et des parties), ce haut tribunal de l'hôtel du roi, qui empiétait sur les fonctions du parlement et des autres tribunaux. Les États voulaient qu'on n'accordât le privilége du *Committimus*, c'est-à-dire de l'évocation au grand conseil, qu'aux officiers ordinaires et commensaux de l'hôtel du roi, et pour leurs affaires « personnelles » et non « réelles »[1]. Ils tendaient généralement à réduire le plus possible les juridictions exceptionnelles au profit des juges ordinaires : ils réclamaient qu'on envoyât annuellement des membres du parlement tenir l'*échiquier* en Normandie et les *grands jours* dans les autres provinces, attaquaient vivement les commissions extraordinaires et les usurpations des prévôts des maréchaux au temps de Louis XI, demandaient le châtiment des prévôts et des commissaires qui avaient abusé du pouvoir illégal à eux accordé, et la révocation de toutes les confiscations arbitraires, priaient le roi de faire ouïr en justice les seigneurs et autres qui avaient porté plainte devant l'assemblée. La rédaction par écrit de toutes les coutumes et styles du royaume, conformément à l'ordonnance de Charles VII ; l'interdiction d'engager et de saisir les animaux et les outils nécessaires au labourage ; la réduction du nombre des gens de finances et des sergents, qui

---

1. L'origine de ce privilége qu'avaient les commensaux de l'hôtel de n'être jugés que par les juges de l'hôtel, remontait jusqu'aux plaids du palais ou de la *truste* des rois mérovingiens.

étaient le fléau des provinces (les sergents étaient à la fois huissiers et gendarmes); l'observation fidèle des lois et des ordonnances des anciens rois, depuis Philippe le Bel, et leur lecture publique une fois par an dans chaque cour de justice : telles étaient les principales améliorations réclamées par les États.

Au chapitre de « la Justice » succédait celui de « la Marchandise ». Les États priaient le roi de faciliter « le cours de ladite marchandise », tant à l'intérieur qu'à l'extérieur du royaume; de révoquer tous « travers » et péages établis depuis la mort de Charles VII; de ne plus faire percevoir « l'imposition foraine » (le droit d'exportation) qu'aux frontières, et de tenir la main à la réparation des ponts, passages et chaussées. On remarque, auprès de ces équitables réclamations, un article hostile aux foires trimestrielles de Lyon établies par Louis XI : les États se plaignent des abus causés par le libre usage des monnaies étrangères dans ces foires, et de l'argent qui sort de France en échange des « draps de soie » d'Italie [1].

On a vu plus haut ce que renfermait le chapitre « du Conseil ». Tout l'ensemble du cahier général était dominé par une proposition glissée à la fin du chapitre de la Justice. Il semble, était-il dit, que, pour le bien et réformation du royaume, le seigneur roi doit déclarer que les États du royaume, Dauphiné et pays adjacents, seront assemblés dans le terme de deux ans « prochainement venants, et ainsi continués de deux ans en deux ans ». Cette phrase simple et modeste ne renfermait rien moins que la demande de la fondation du gouvernement représentatif, qui avait existé, plus ou moins, en fait, durant une partie des xive et xve siècles, mais qui se posait ici, pour la première fois, d'une manière systématique.

Le chancelier répondit à la lecture du cahier par quelques louanges sur le zèle et la haute capacité des États [2]; mais, dès le

---

1. Deux de ces quatre foires furent transférées à Bourges, mais elles retournèrent à Lyon en 1498.

2. Des incidents dramatiques avaient interrompu et suivi cette lecture : l'orateur des États, Jean de Réli, ayant intercalé dans son discours une vive recommandation au roi en faveur des malheureux enfants du duc de Nemours, l'aîné de ces jeunes gens vint se mettre à genoux devant le trône et présenter lui-même sa supplique. Ce spectacle arracha des larmes à toute l'assemblée. L'émotion fut plus violente encore

lendemain, on eut la preuve du mauvais vouloir du conseil : les États, en consentant à laisser aux princes le choix des nouveaux conseillers qui seraient adjoints aux anciens, entendaient bien au moins se réserver l'élection des délégués spéciaux qui auraient à débattre avec les membres du conseil les articles du cahier. Cette réserve si modérée ne fut pas même respectée, et le conseil désigna d'autorité seize membres des États pour discuter avec lui les articles; en même temps, on démeubla la salle des États comme pour presser la clôture de la session. L'on avait trop présumé de la soumission des Trois Ordres : ils refusèrent de reconnaître aucun caractère officiel aux seize élus du conseil ; on fut bien obligé de tenir compte de leur résistance ; car les impôts n'étaient pas votés. Une nouvelle séance générale eut donc lieu le 19 février : le duc de Bourbon, en sa qualité de connétable, prit la parole « sur le fait de l'armée » ; il établit que les offres de l'assemblée ne suffisaient point à la sûreté de l'État, et qu'on ne pouvait tenir sur pied moins de deux mille cinq cents lances (quinze mille chevaux) et de sept à huit mille fantassins réguliers. Jean Masselin répliqua, le lendemain, au nom de l'assemblée, que les États ne pouvaient rien décider sur l'armée, avant que les regis-

quand on vit Charles d'Armagnac, comte de Fezensac, presque perclus et hébété par suite des cruels traitements qu'il avait endurés, s'agenouiller à son tour au pied du trône, et que son avocat déroula le tableau, fort chargé, il faut le dire, de la destruction de la famille d'Armagnac, le meurtre du dernier comte au mépris de la foi jurée, l'avortement forcé et la mort de sa femme, le long supplice de son frère Charles (Fezensac), enseveli pendant quatorze ans dans la boue d'un cachot humide, presque sans vêtement et sans pain, battu de verges, torturé sans autre but que sa souffrance pour elle-même : l'agitation redoubla quand l'avocat interpella en face Castelnau de Bretenoux, Olivier Le Roux, Luillier, Robert de Balsac, instruments des atrocités qu'il dénonçait à la France, et qui étaient présents, soit dans le corps des États, soit à la suite du roi : ils haussaient les épaules, secouaient la tête et souriaient avec dédain. L'avocat demanda leurs têtes. Le roi promit justice. Après la séance, le vieux comte de Dammartin déclara, dans la chambre du roi, qu'on n'avait agi à Lectoure que suivant l'ordre de Louis XI, et que tout ce qui avait été fait était juste, parce qu'Armagnac était un traître. Le comte de Comminges (Lescun) et quelques autres des assistants répondirent à Dammartin qu'il avait « menti par la gorge » ; les épées furent tirées en présence du roi, et peu s'en fallut qu'ils ne s'entr'égorgeassent sous les yeux de Charles VIII. Castelnau et Le Roux présentèrent leur défense peu de jours après, et nièrent péremptoirement le fait relatif à la comtesse : il n'y eut point d'arrêt contre eux ; la mémoire de Louis XI était trop directement en cause ; mais Charles d'Armagnac fut remis en possession des comtés d'Armagnac et de Rodez, qui, après sa mort, furent de nouveau réunis à la couronne.

tres des recettes du domaine et des divers impôts autres que la taille leur eussent été communiqués, et qu'on eût constaté l'insuffisance de ces divers subsides. Les six généraux et les six contrôleurs des finances apportèrent des rôles de recettes, qui, à la première audition, soulevèrent un cri d'indignation unanime : le revenu du domaine n'y était évalué qu'à un peu plus de 100,000 livres; les aides, quart du vin et gabelle, qu'à 650,000. Des mensonges aussi grossiers ne pouvaient tromper personne : le revenu réel s'élevait presque au triple des sommes énoncées.

Le gouvernement, toutefois, avait plus de tort dans la forme que dans le fond, et les hommes les plus intelligents de l'assemblée sentirent qu'il y avait quelque chose d'exorbitant à vouloir, comme le cahier général, non-seulement rendre le consentement des États nécessaire pour le renouvellement de la taille, ce qui était parfaitement juste, mais supprimer absolument la taille actuelle; c'est-à-dire diminuer les ressources de l'État en sens inverse de l'accroissement de ses besoins. Jean Cardier, juge et député du Tiers État de Forez, rallia toutes les opinions dans un discours qui mérite d'être cité à côté de celui du sire de La Roche : il fit payer cher à la mémoire de Louis XI les concessions qu'il accordait au pouvoir royal[1]. Après avoir retracé à grands traits le sombre tableau de ce règne tyrannique, il représenta que ce serait un soulagement immense pour le peuple de reporter les impôts au taux de 1439, et proposa de voter 1,200,000 livres pour l'armée, en sus du domaine et des aides et gabelles, non plus à titre de taille permanente, mais à titre d'aide et pour deux ans seulement, époque où les États devaient être convoqués de nouveau. Les conclusions de Jean Cardier furent adoptées : Masselin fut chargé de les porter aux princes, et de demander la réduction des dépenses[2] et celle de l'armée sur le pied du règne de Charles VII : le chancelier fit quelques observations sur le changement de la valeur des monnaies de compte depuis Charles VII, et réclama 1,500,000 livres au lieu

---

1. *V.* dans le *Journal* de Masselin, p. 350 et suivantes, ce discours, qui renferme des traits dignes de Tacite.
2. En Bourgogne, les gages des officiers de finances s'étaient triplés depuis le temps de Philippe le Bon.

de 1,200,000, seulement pour rétablir l'équilibre¹ ; il ajouta que dans la répartition de cette somme ne devaient point entrer les provinces réunies par Louis XI au royaume, le roi leur réservant d'autres charges, et prétendit qu'il n'y avait plus lieu à délibérer, mais à rendre grâces au roi d'une si grande réduction d'impôts.

La réclamation du chancelier n'avait rien d'exagéré ; mais il n'eût pas fallu l'imposer avec ce ton d'autorité que les États n'étaient nullement disposés à subir : tous les bureaux, sauf celui de France, furent d'avis de refuser le supplément de 300,000 livres ; on rappelait avec amertume l'origine et les progrès du système d'impôts de la monarchie. « Le domaine », disait-on, « a été donné au roi (*regi traditum*) pour les charges ordinaires de l'État, puis les nécessités de la guerre ont amené successivement la gabelle du sel, les aides, le quart du vin, qui, par grave abus, se sont perpétués durant la paix, et comme annexés au domaine ; on les a déclarés insuffisants à leur tour, et la taille est venue, qu'on veut éterniser comme eux ». On ne réfléchissait pas assez que les ressources de la nation avaient crû avec les besoins de l'État. Les princes et les membres du conseil essayèrent de gagner isolément les plus récalcitrants des députés : les grands prétendaient que, lorsque le peuple montrait une opposition déraisonnable, le roi avait droit de lever l'argent nécessaire à l'entretien et au salut de l'État. Quelques-uns même s'emportaient contre l'insolence « des vilains, qui ne sont faits que pour sujétion et non pour liberté ». Mais les députés tenaient bon, et niaient radicalement le droit du roi à lever des impôts non octroyés. Les États consentirent enfin à ajouter les 300,000 livres pour cette année, comme don de joyeux avénement. Masselin annonça cette concession au nom des États, dans la séance générale du 28 février, et releva vertement le chancelier : « Ce n'est point grâce, mais justice, d'abolir les mauvaises coutumes, et l'abus n'acquiert jamais prescription. » Il termina en suppliant le roi de rappeler les États dans deux ans, les députés n'entendant pas qu'aucuns deniers fussent dorénavant levés sans leur aveu. Le chancelier remercia l'assemblée, s'excusa quelque peu

---

1. Le marc d'argent étant à 10 livres environ, les 1,200,000 livres valaient 6 millions et 1/2 de notre monnaie, représentant au moins 30 millions de valeur relative.

d'avoir « peut-être exagéré l'autorité du roi et la sujétion du peuple », et invita les États à choisir des délégués pour revoir les articles du cahier et s'entendre avec les gens du roi sur la répartition de la somme octroyée. Ainsi la résistance des États n'avait point été vaine. Masselin donne sur la répartition des détails d'un grand intérêt pour l'appréciation de l'état du pays et de la richesse relative des provinces. La Normandie, à elle seule, fut taxée à 373,910 livres, près du quart de la somme totale; le Languedoïl (provinces du centre) et l'Aquitaine ensemble, à 608,300 livres; la *France* (Ile-de-France, Champagne, Orléanais et une partie de la Picardie), à 208,900 livres; le Languedoc, avec la Provence, le Lyonnais, le Forez et le Beaujolais, à 186,990 livres; le Dauphiné, à 20,000 seulement; la Bourgogne à 45,000; le Ponthieu et le Santerre, à 55,000 [1]. En Languedoc, la taille était « réelle », non « personnelle », par conséquent plus équitablement répartie, chaque propriété étant taxée selon sa valeur, et non chaque contribuable selon l'appréciation vague de sa position et de ses moyens. L'inégalité des charges, l'abus des exemptions prodiguées non-seulement aux particuliers, mais à des villes, à des cantons entiers, au détriment du reste du pays, se révélèrent d'une manière effrayante dans la discussion : dans l'élection de Rouen, aucune ville « fermée » ne payait la taille. On cria vigoureusement contre ces priviléges, mais toute la société était bâtie de priviléges, et les États n'osèrent porter la main sur cet immense échafaudage.

On ne pouvait faire un pas sans se heurter à quelqu'une des inégalités qui hérissaient le corps social : après les débats sur la répartition de la taille, s'éleva une nouvelle querelle sur la répartition de la taxe destinée à indemniser les députés, « selon l'ancienne et équitable coutume » (*more solito*). Un avocat de Troies demanda que chacun des trois ordres payât ses représentants, ce qui s'était fait d'avance en Poitou et dans quelques autres provinces. Philippe de Poitiers, député de la noblesse de Champagne, répondit avec une extrême violence à ce qu'il qualifia d'attaque contre les droits de la noblesse et du clergé; il s'appuya sur des

1. La répartition, il faut le dire, n'était pas d'une équité rigoureuse; on avait coutume de surcharger la Normandie et de ménager le Midi et la Bourgogne.

arguments fort singuliers : il prétendit que chaque député tenait ses pouvoirs de tous les électeurs des trois ordres et non d'un seul ordre, et que les nobles représentaient beaucoup mieux le menu peuple que ne faisaient les gens de loi; qu'il était dont juste que le peuple payât également « tous ses représentants », les nobles n'ayant d'autre impôt à solder que leur sang pour la défense publique. L'établissement d'une armée permanente sapait cet argument par la base; mais il est curieux de voir le privilége invoquer ainsi le principe d'unité qui doit un jour l'abattre. Le privilége fut maintenu.

Les députés avaient exprimé le désir que des États Provinciaux périodiques, pareils à ceux de Normandie et de Languedoc, fussent convoqués dans les quatre autres généralités financières : ils demandèrent que le choix des élus fût rendu au peuple; on avait discuté si les provinces n'offriraient pas de prendre à ferme leurs impôts et d'en remettre le produit net au roi, afin de renverser tout ce système de perception qui pesait si lourdement sur le pays. On laissa tomber ce projet. On n'obtint que le choix de lieutenants provisoires des élus, et l'on ne réalisa point un système général d'États Provinciaux : chaque contrée garda ses usages particuliers à cet égard.

Le conseil, une fois l'impôt voté, ne songea plus qu'à se débarrasser des États. Le roi prit congé d'eux le 7 mars, et partit pour Amboise. Les États avaient également à se plaindre du chancelier et des gens de finances; ceux-ci tâchaient de recommencer leurs fraudes et d'enfler la somme votée dans le détail de la répartition; le chancelier et les membres du conseil ne montraient guère plus de bonne foi dans la discussion du cahier; les réponses qu'ils faisaient aux articles proposés étaient généralement vagues et sans forme exécutoire, lors même qu'elles étaient approbatives. Un théologien, « ardent et audacieux partisan du peuple », déclara, en pleine assemblée, que la cour se moquait des États depuis qu'elle tenait leur argent. Les États réclamèrent, par l'organe de Jean Cardier, que les articles approuvés obtinssent sur-le-champ force de loi, et qu'on statuât sans délai sur les articles demeurés en suspens. Le chancelier répondit que le conseil, accablé d'affaires, ne pouvait terminer si promptement, et engagea l'assemblée à se dissoudre, en laissant à trois ou quatre délégués de chaque bureau le soin de surveiller l'expédition définitive du cahier. Les députés les plus énergiques et les plus attachés à leur devoir voulaient que l'assemblée restât réunie jusqu'à la fin ; mais la servilité de quelques-uns et la lassitude de la plupart l'emportèrent : l'assemblée forma la commission demandée par le chancelier, et se sépara le 14 mars 1484. Les réponses du roi aux articles du cahier général furent publiées peu de jours après. Rien n'était statué sur la Pragmatique, les cardinaux de Bourbon (archevêque de Lyon) et de Tours et les autres prélats du parti romain ayant gagné la majorité du conseil; mais le parlement continua d'agir comme si la Pragmatique eût été formellement rétablie. La plupart des articles des autres chapitres étaient accordés; quelques-uns n'obtinrent que des réponses évasives : il fut dit que « le roi étoit content que les États se tinssent dedans deux ans, et qu'il les manderoit. » Le conseil ne s'expliqua pas sur le retour périodique des États.

Ainsi se termina cette assemblée, dont l'histoire jette tant de lumières sur l'état social de la France à la fin du xve siècle. L'assemblée de 1484 relâcha les ressorts du gouvernement, si violemment tendus par Louis XI, et replaça la France dans une situation plus tempérée; il semble qu'elle eût conquis une incalculable influence sur les destinées du pays, si elle eût exigé, avant de se séparer, la promesse formelle de la périodicité des États, et formé dans son propre sein le conseil du roi. Elle n'osa point une si grande chose : elle améliora le présent, mais ne s'assura point de l'avenir. Lorsque, après deux ans, arriva l'époque fixée pour la réunion d'une nouvelle assemblée, le conseil royal trouva, dans la situation du royaume, des prétextes pour ne point rappeler les États Généraux, et, dans la complaisance des États Provinciaux et des bonnes villes, les moyens de se passer du concours de l'assemblée nationale. Cette faiblesse du pays est l'excuse de l'assemblée. L'idée du gouvernement représentatif permanent n'était point établie au cœur des masses : elles invoquaient les États Généraux comme un grand remède contre les grands maux, et les oubliaient quand le gouvernement mettait dans ses exigences un peu de réserve et de modération.

Les dissensions des deux partis d'Orléans et de Beaujeu, contenues jusqu'alors dans de certaines bornes, avaient éclaté avec violence après la séparation des États. « Madame Anne » dictait des lois au conseil par la bouche du jeune roi ; le parti d'Orléans tâchait d'attirer à lui le duc de Bourbon, en excitant la jalousie de ce prince contre son frère et son impérieuse belle-sœur. Le duc d'Orléans fit une démarche plus grave et plus suspecte ; il partit pour la cour du duc de Bretagne, malgré le serment qu'il avait prêté à Louis XI de ne point s'unir à ce vieil ennemi de la couronne pour troubler la France. Le duc François II n'avait guère en ce moment les moyens de se mêler des affaires des autres, occupé qu'il était de résister à ses propres barons, insurgés contre lui en haine de son favori Pierre Landois. Comme au temps des premiers Montfort, un parti français et un parti anglais se disputaient la Bretagne : le duc et sa cour penchaient vers l'Angleterre ; la noblesse et le peuple, vers la France. Un autre Olivier le Daim, Pierre Landois, ancien tailleur, homme hardi, adroit et sans scrupule, gouvernait François II aussi absolument que l'avait fait jadis le sire de Lescun : il était vendu à l'Angleterre ; il avait successivement été en correspondance avec Édouard IV et Richard III, et avait fait périr tout récemment le chancelier de Bretagne Jean Chauvin, à cause de son attachement à la France. Ce favori de bas étage était détesté de la noblesse : le 7 avril, les principaux des barons bretons entrèrent brusquement, les armes à la main, dans le château de Nantes, pour se saisir de Landois, et arrêtèrent le duc. Landois s'échappa, et les bourgeois de Nantes, quoique très-hostiles au favori, forcèrent les barons à relâcher le duc ; mais les hostilités continuaient, quand Louis d'Orléans arriva en Bretagne.

Landois, espérant acquérir un puissant protecteur, se mit, lui et son maître, à la discrétion du duc d'Orléans, et obséda ce jeune prince des plus dangereuses instigations. Madame Anne, inquiète de ces menées, pressa le sacre du roi, afin de donner à l'autorité de son jeune frère plus de prestige aux yeux du peuple. Le duc d'Orléans revint tenir sa place au sacre, qui fut célébré à Reims le 30 mai. Il ne restait plus, des six anciennes pairies laïques, que le comté de Flandre qui ne fût pas réuni à la couronne, et le petit comte de Flandre, Philippe d'Autriche, ne fut pas représenté au sacre. Après l'offrande, le roi fit cent quatre chevaliers, dont les premiers furent ces deux enfants de Nemours qui avaient excité la sympathie de toute la France [1]. Charles VIII fit son entrée, le 5 juillet, dans « sa bonne ville » de Paris, qui l'accueillit avec l'imposant et pittoresque cérémonial d'usage : des mystères et des allégories en action saluèrent, de distance en distance, le royal cortége. Cette jeune et brillante cour était quelque chose de tout nouveau pour la génération parisienne qui avait grandi sous Louis XI ; durant deux mois, ce ne furent que tournois, bals et festins à l'hôtel des Tournelles ; le duc d'Orléans était le grand ordonnateur de toutes les fêtes ; le meilleur calcul politique qu'il pût faire, était de se livrer ainsi à ses goûts ; car le jeune roi, qui manifestait déjà pour les plaisirs bruyants et les jeux guerriers un penchant peu en harmonie avec sa frêle complexion, commençait à prendre de l'affection pour « son beau cousin d'Orléans ». Madame Anne vit le danger, et, tremblant qu'un caprice d'enfant ne lui arrachât le pouvoir des mains, elle se hâta d'emmener Charles à Montargis ; Charles, habitué à la domination de sa sœur, n'osa résister, et ce brusque départ enleva au duc d'Orléans la chance d'une pacifique révolution de palais (septembre 1484).

Le duc Louis résolut de ne rentrer à la cour que pour en chasser les Beaujeu : tous les princes du sang, même le vieux Bourbon, semblaient disposés à s'unir contre ce singulier gouvernement d'une femme qui régissait l'État sans que son nom parût ni pût paraître dans aucun acte officiel. Dunois retourna près du duc de Bretagne afin de cimenter la ligue. Mais « madame Anne » ne laissa pas prendre les devants à ses adversaires ; le 29 septembre, elle assura, par un traité en forme, à elle et à son mari, l'alliance du duc de Lorraine ; le 22 octobre, elle fit signer à Charles VIII une convention d'une haute importance avec le sire de Rieux et trois autres grands barons de Bretagne, qui s'engagèrent à reconnaître le roi comme futur successeur du duc Fran-

---

[1]. J. Molinet. — Les héritiers de Nemours ne furent cependant relevés complétement des conséquences de l'arrêt de leur père qu'en 1491. — Godefroi, *Recueil des historiens de Charles VIII*, p. 614.

çois II, au détriment des deux filles de ce duc¹, moyennant promesse de respecter les libertés bretonnes ; enfin, le 25 octobre, elle et son mari conclurent un pacte d'amitié, intelligence et confédération avec les trois membres de Flandre (Gand, Bruges et Ypres), dirigé d'une part contre les adversaires des Beaujeu, de l'autre contre Maximilien, qui, parvenu à se faire reconnaître tuteur de son fils Philippe par la plus grande partie des Pays-Bas, voulait contraindre les grandes communes de Flandre à suivre l'exemple de leurs voisins. Anne fit signifier à Maximilien, de par le roi, suzerain du comté de Flandre, qu'il eût à s'abstenir de toutes hostilités à l'égard du duc Philippe, comte de Flandre, et de ses sujets, lesquels étaient sous la protection du roi de France ; elle envoya le maréchal des Querdes au secours des Flamands. C'était vraiment, chez cette femme, si peu affermie dans le pouvoir qu'elle s'était arrogé par le seul droit de son génie, une témérité héroïque que de reprendre ainsi les plus secrets desseins de son père et d'aborder de front la réunion de la Bretagne à la France, tout en maintenant la suzeraineté de la couronne sur la Flandre.

Dunois avait, de son côté, au nom du duc d'Orléans, traité, le 23 novembre, avec François de Bretagne, « pour délivrer le roi de ceux qui le retenoient prisonnier » : le duc Louis n'arma cependant point encore, et tenta de décider en sa faveur l'opinion publique et les grands corps de l'État par une démarche toute pacifique : il se rendit à Paris peu accompagné, alla descendre au parlement, et remontra, par l'organe de son chancelier, à cette cour suprême, comme quoi madame de Beaujeu tenait indûment en sujétion la personne du roi ; elle prétendait, à ce qu'il assura, tenir Charles en tutelle jusqu'à l'âge de vingt ans ; elle avait « mis en ses mains tout le fait des finances », dépassé déjà de trois ou quatre cent mille livres l'impôt octroyé par les États, et s'apprêtait à augmenter la taille d'un million ou davantage pour solder

1. Louis XI, dans un but que la mort l'empêcha de poursuivre, avait acheté de Nicole de Blois, descendante du fameux Charles de Blois, les vieux droits de la maison de Blois-Penthièvre au duché de Bretagne ; c'était là le titre que voulait faire valoir madame de Beaujeu, en l'appuyant au besoin sur le principe général de la Loi Salique, ou de l'exclusion des femmes, que le parlement s'efforçait d'appliquer à tous les grands fiefs.

ses créatures : elle avait exigé des gardes du roi un serment qu'ils ne doivent qu'au roi seul. Le duc alla jusqu'à dénoncer un prétendu complot contre sa vie. Le duc Louis requit la cour de parlement de faire en sorte que le roi vînt à Paris, pour y gouverner librement par le conseil de ladite cour et des autres notables serviteurs de la couronne ; le duc protestait qu'il n'agissait point par ambition personnelle, et qu'il était prêt à se retirer à quarante lieues de la personne du roi, si madame de Beaujeu s'en éloignait seulement de dix lieues (17 janvier 1485).

Le premier président La Vaquerie répondit, avec beaucoup de mesure et de prudence, que la cour de parlement « étoit instituée afin d'administrer justice, et non point afin d'avoir l'administration de guerre, de finances, ni du fait et gouvernement du roi et des princes. — Par ainsi, ajouta-t-il, venir faire ses remontrances à la cour, sans le bon plaisir et exprès consentement du roi, ne se doit pas faire. » Le parlement envoya des députés porter au roi les remontrances du duc, mais sans prendre aucunement parti [1].

Louis d'Orléans ne fut pas plus heureux auprès de l'université, qui refusa aussi d'intervenir. Chacun sentait que le pouvoir était dans les mains les plus capables. Le peuple ne témoignait que de l'indifférence pour les débats des princes, et madame Anne crut pouvoir, sans risquer de soulever Paris, essayer de trancher la querelle par un coup de vigueur : elle dépêcha de Melun à Paris une troupe de gens de guerre, avec ordre d'enlever le duc Louis et de l'amener prisonnier à la cour.

Le duc Louis était aux halles, où il jouait à la paume. Il monta en hâte sur une mule, et se sauva de Paris, lui troisième ; il gagna le duché d'Alençon. Le duc (l'ex-comte du Perche) l'accueillit à bras ouverts, et ces deux princes, dirigés par Dunois, l'âme du parti, se préparèrent vivement à la guerre ; ils écrivirent à tous leurs amis et partisans de prendre les armes, et se mirent en mesure de soutenir un siége dans Verneuil.

Madame de Beaujeu rentra aussitôt à Paris avec le roi (5 février), déclara le duc Louis et les siens privés de leurs pensions,

---

1. *Regist. du parlement*, cités par Godefroi ; *Recueil des historiens de Charles VIII*, p. 466. *V.* aussi, dans ce *Recueil*, les traités ci-dessus mentionnés.

de leurs honneurs, de leurs commandements militaires, dépouilla le duc d'Orléans du gouvernement de *France* et de Champagne, et le comte de Dunois de celui de Dauphiné, pour donner ces deux gouvernements aux comtes de Dammartin et de Bresse. Ces rigueurs n'eussent servi qu'à précipiter la révolte, si les princes eussent été appuyés, comme ils l'espéraient, par les provinces du centre et de l'ouest; ils comptaient sur le comte d'Angoulême, cousin germain du duc Louis, pour soulever les pays poitevins, et sur le duc de Bourbon, pour armer le Bourbonnais, l'Auvergne et le Forez; car Madame Anne n'avait pu regagner son beau-frère; mais Bourbon et Angoulême agirent mollement; les troupes envoyées par le duc de Bretagne ne purent arriver jusqu'à Verneuil; la cour s'était avancée jusqu'à Évreux; Dunois, voyant la lutte trop inégale, conseilla lui-même au duc d'Orléans de s'accorder avec les Beaujeu et de retourner près du roi; on transigea, et les princes se montrèrent ensemble à Rouen autour de Charles VIII, qui présida l'échiquier de Normandie le 27 avril.

Le duc Louis, et surtout ses conseillers, ne purent se contenter de vains honneurs sans pouvoir réel : Madame Anne avait consolidé son empire sur l'esprit du roi; cette fois, ce fut le duc d'Orléans qui, de lui-même, quitta la cour : il se retira sur ses terres, à Blois, où il recommença ses armements et ses intrigues. Le comte de Dunois, aussi remuant et aussi rusé diplomate que son père avait été grand capitaine, entraîna son jeune parent dans des menées beaucoup plus coupables que les précédentes : par l'intermédiaire de Landois, Louis d'Orléans entra en correspondance avec l'archiduc Maximilien et avec le trop fameux Richard de Glocester, qui était monté au trône d'Angleterre en marchant sur les cadavres de ses neveux, les enfants d'Édouard IV. Landois alla plus loin, et osa répandre des bruits injurieux sur la naissance de Charles VIII, qu'il accusait d'être un enfant supposé par Louis XI [1]. Une coalition dangereuse s'organisa contre la couronne de France. Maximilien venait d'obtenir sur les communes

---

1. *Mémoires sur Charles VIII*, publiés dans le tome Ier des *Archives curieuses de l'Histoire de France*, d'après un manuscrit de la bibliothèque de Saint-Germain-des-Prés.

flamandes des avantages qui le mettaient à même de se venger des Français : la Flandre wallonne, puis la West-Flandre, et Gand enfin, lassées d'une longue et opiniâtre lutte, s'étaient décidées à transiger avec ce prince, et Maximilien avait recouvré le gouvernement des Pays-Bas tout entiers (fin juin 1485); le tyran d'Angleterre, de son côté, ne demandait pas mieux que de détourner, par une guerre continentale, les passions soulevées contre lui. Mais madame de Beaujeu prévint ses ennemis, et frappa la première avec autant de vigueur que de célérité.

Il y avait alors en Bretagne un réfugié gallois qui inspirait de vives inquiétudes à Richard III : Henri Tudor, comte de Richemont, descendait, par les mâles, des anciens chefs kymris du pays de Galles, et, par les femmes, de la maison de Lancastre, exterminée dans les guerres des *Deux Roses*[1]. Bien qu'il n'eût point de droits au trône, la branche de Lancastre-Somerset, à laquelle il appartenait, ne sortant que d'un bâtard légitimé, tous les anciens partisans de *la Rose Rouge*, tout ce qui gémissait de la tyrannie de Richard III, tournait les yeux vers Henri Tudor, comme vers un futur libérateur, et les amis de *la Rose Blanche* eux-mêmes étaient disposés à l'accepter, à condition qu'il épousât la fille d'Édouard IV. Richard avait maintes fois conjuré le duc François II de lui livrer ce redoutable ennemi, mais Landois n'avait pu jusqu'alors décider son maître à une telle infamie; François II avait seulement promis de retenir Tudor dans une sorte de captivité honorable. Les troubles de Bretagne, en 1484, avaient affranchi Tudor de cette surveillance : favorisé par les seigneurs bretons et par le conseil de France, il avait assemblé à Saint-Malo cinq mille soldats, et s'était embarqué, le 2 octobre 1484, pour l'Angleterre : cette tentative avait échoué par une combinaison de circonstances malheureuses, et Henri Tudor était revenu en Bretagne. L'ordre de le livrer fut enfin extorqué à François II par Landois; mais Henri fut averti à temps : il s'échappa de Vannes, se jeta dans les forêts et gagna l'Anjou; il trouva sur

---

1. La reine Catherine de France, fille de Charles VI et veuve du conquérant Henri V, s'était éprise d'un jeune Gallois nommé Owen Tudor, et l'avait épousé en secondes noces. Le père de Henri Tudor était issu de ce mariage, et sa mère, Marguerite de Somerset, descendait de Jean de Gand, chef de la branche de Lancastre.

le territoire français non-seulement un asile, mais des vaisseaux, de l'argent, quelques soldats, et résolut de tenter de nouveau la fortune, qui, dans les révolutions d'Angleterre, avait si souvent couronné les plus téméraires entreprises. Il se rembarqua, le 31 juillet 1485, à Harfleur. A peine avait-il touché la terre britannique, et rassemblé six à sept mille hommes sous ses drapeaux, que Richard III vint fondre sur lui à la tête de troupes bien supérieures en nombre. Un seul jour, comme dans la plupart des guerres civiles d'Angleterre, termina la querelle. Richard III, abandonné de la moitié des siens, fut vaincu et tué sur la place; la dynastie des Plantagenêts mourut avec lui sur le champ de bataille de Bosworth (22 août). Par un retour du sort qui semblait réaliser les vieilles prophéties des bardes gallois, les léopards [1] des Plantagenêts tombèrent devant *le dragon rouge* et *la vache brune* de Galles [2], et l'on vit s'asseoir sur le trône d'Angleterre une dynastie issue de cette race cambrienne si cruellement traitée par les Anglais. Le triomphe de Henri Tudor, devenu le roi Henri VII, enleva aux mécontents français l'assistance de l'Angleterre [3] : une autre révolution venait de leur ravir l'appui de la Bretagne.

Le duc François et son ministre Landois, qui étaient à Nantes, et les barons insurgés, cantonnés à Ancenis, s'étaient préparés de part et d'autre à un choc décisif : l'armée ducale s'avança vers Ancenis; mais, une fois en présence des insurgés, au lieu de les combattre, elle se joignit à eux, tant la haine contre Landois était générale. Les deux armées réunies marchèrent sur Nantes : à leur approche, les Nantais se soulevèrent avec fureur; Landois épouvanté se cacha au fond d'un bahut, dans la chambre de retrait du duc. L'insurrection était devenue universelle : le chancelier de Bretagne lui-même avait lancé un décret de prise de corps contre Pierre Landois, meurtrier de son prédécesseur.

---

1. Ou plutôt les *lions passants*.
2. Henri Tudor, à Bosworth, associa ces deux insignes à l'étendard de Saint-Georges. Hall. La *vache brune* est probablement la vache cosmogonique des chants bardiques, la vache de Hu. V. La Villemorqué, *Barzaz-Breiz*, t. I; *Ar-Rannou*. Le fils aîné de Henri VII reçut le nom d'Arthur.
3. Une trêve de trois ans, avec toute liberté de commerce, fut conclue entre les deux couronnes.

Le duc trembla pour sa propre personne : en entendant rugir les flots populaires qui venaient battre contre le château, le vicomte de Narbonne, beau-frère du duc, s'écriait « qu'il aimeroit mieux commander à un million de sangliers en colère qu'à un tel peuple ». François II, saisi de terreur, remit son favori au chancelier, en priant seulement que « nul grief ne lui fût fait hors justice ». Landois, jugé et condamné à mort par une commission extraordinaire, fut pendu le 14 juillet : on ne communiqua la sentence au duc qu'après l'exécution, et ce faible prince, par un édit du 13 août, justifia tous les actes des barons qui avaient pris les armes contre Landois [1].

La chute de Landois déconcerta la faction des princes : le duc de Bourbon et le comte d'Angoulême n'eurent pas le temps de joindre le duc d'Orléans avec la noblesse de leurs provinces; le duc Louis, assiégé dans Beaugenci par le sire de La Trémoille, général des troupes royales, et n'ayant pas même réussi à faire déclarer pour lui sa ville d'Orléans, qui reçut sans résistance Madame Anne et le duc de Lorraine, fut derechef réduit à se soumettre, et revint à la cour au commencement d'octobre. Dunois, dont Madame Anne craignait le génie intrigant, fut envoyé en exil à Asti, seigneurie que Louis d'Orléans possédait au delà des Alpes, du chef de son aïeule Valentine de Milan. Bourbon et Angoulême déposèrent les armes.

Un seul des ennemis de Madame Anne restait debout, l'archiduc Maximilien : il n'avait point exécuté la diversion qu'il avait promise aux princes français, tout occupé qu'il était de graves intérêts personnels et dynastiques : il parvint, après bien des efforts, à s'assurer la succession à l'Empire, du vivant de son père, et à se faire élire roi des Romains à Francfort, le 16 février 1486, par six des sept électeurs. Ce titre augmenta beaucoup son influence sur les deux rives du Rhin, et fut dans ses mains un instrument redoutable. Il se crut enfin assez fort pour rompre le traité d'Arras et prendre l'offensive contre la France au printemps de 1486 : il envahit l'Artois à la tête de quatorze ou quinze mille Suisses et lansquenets, et d'une nombreuse gendarmerie wallonne

---

1. *V.* Lobineau, l. xx. — D. Morice, l. xiii.

et teutonique. Térouenne fut surprise et pillée le 9 juin, et Maximilien en personne prit Lens; cependant deux maréchaux de France, le Picard des Querdes et le Breton de Gié (de la maison de Rohan) arrêtèrent les progrès du roi des Romains, et l'hiver arriva sans que Maximilien eût recouvré « la comté » d'Artois, comme il l'avait espéré. L'armée française avait été augmentée l'hiver précédent : on avait mis sur pied, sous le titre de « mortes-paies », un corps de douze mille fantassins, tout à fait analogues aux francs-archers supprimés par Louis XI, et l'on n'avait pris sur cette institution d'autre avis que celui de petites assemblées de notables convoquées assez arbitrairement dans chaque bailliage [1]. Les six mille Suisses de Louis XI reparurent bientôt derrière les « mortes-paies ».

La rupture du traité d'Arras et le renouvellement de la guerre avaient néanmoins ranimé toutes les espérances des princes, et la coalition se réorganisa : un traité secret fut signé, le 13 décembre, entre le roi des Romains, les ducs d'Orléans, de Bretagne, de Bourbon, le roi et la reine de Navarre [2], le duc de Lorraine, le vicomte de Narbonne, oncle et naguère compétiteur de la reine de Navarre, les comtes d'Angoulême, de Nevers, de Dunois, de Comminges, le prince d'Orange, le sire Alain d'Albret, père de Jean d'Albret, mari de la reine de Navarre, enfin presque tous les grands seigneurs du royaume. Leur but était, disaient-ils, « de faire entretenir les ordonnances des Trois États, violées par l'ambition et convoitise de ceux qui entouroient le roi et avoient débouté d'auprès de lui les princes et seigneurs de son sang, et ému la guerre entre lui et le roi des Romains. » C'était une nouvelle guerre du *Bien Public*, qui se préparait contre la fille de Louis XI, ou plutôt contre l'État dont elle défendait courageusement la cause. Quelque intérêt qu'Anne eût à retenir le duc de Lorraine dans son alliance, elle n'avait ni pu ni voulu y mettre le prix qu'il en exigeait, l'abandon de la Provence, et ce beau comté

---

1. *Recueil* de Godefroi, *Preuves*, p. 502.
2. La couronne de Navarre avait passé dans la maison de Foix en 1473, puis dans la maison d'Albret, par le mariage de la reine Catherine de Foix avec Jean d'Albret, en 1484. Cette alliance réunissait dans une seule main la Navarre, le Béarn, les comtés de Foix et de Bigorre, enfin la majeure partie des Pyrénées françaises, et la seigneurie d'Albret, qui formait une portion considérable de la Gascogne occidentale.

avait été réuni définitivement à la couronne par ordonnance royale du mois d'octobre 1486, du consentement et à la requête des États de Provence [1]. Le duc René, irrité, s'était rejeté dans le parti des princes. L'attitude de la Bretagne était aussi bien changée : la révélation des projets de Madame Anne sur la réunion à la couronne avait amené une vive réaction contre la France; il s'était manifesté un mouvement qui rappela, au moins pour un instant, le soulèvement de la Bretagne au temps de Charles V, lorsque ce roi avait prononcé la confiscation de « la duché ». Le châtiment d'un favori détesté avait apaisé l'irritation publique contre le duc, et François II, mieux conseillé, avait fait appel, avec succès, aux sentiments d'indépendance des Bretons. Dès le mois de septembre 1485, on lui avait fait tenter un coup d'éclat : il avait établi à Vannes un parlement destiné à juger en dernier ressort les appels de tous les sujets de « la duché. — Les rois, ducs et princes de Bretagne », disait-il dans le préambule de son édit, « n'ont jamais reconnu créateur, instituteur ni souverain, fors Dieu tout-puissant. » C'était une véritable déclaration d'indépendance : la Bretagne l'accueillit avec joie : plusieurs grands barons jurèrent de défendre les droits des deux jeunes filles du duc; la noblesse et les communes suivirent cette impulsion, et, dans des États tenus à Rennes en 1486, il fut réglé que les deux filles du duc lui succéderaient par droit de primogéniture, et qu'on ne les marierait pas sans l'aveu des États de Bretagne. Anne, l'aînée, enfant de dix ans, fut invitée par l'assemblée à jurer qu'elle ne consentirait jamais à l'assujettissement de son pays.

Les hostilités éclatèrent, au commencement de 1487, dans l'intérieur du royaume : avant de recourir aux armes, le duc d'Orléans et ses amis tentèrent encore une fois d'abattre Madame Anne par des moyens d'une autre nature; le duc Louis n'était probablement pas sans remords de ses liaisons avec les ennemis de l'État, et deux hommes d'une haute capacité, qui s'étaient attachés à sa cause, eussent bien voulu le conduire au pouvoir par une voie

---

1. V. *Recueil* de Godefroi, *Preuves*, p. 537. — Le consentement formel de la Provence, le droit d'élection, était le véritable titre du roi. V. *Traité des droits du roi*, etc., et *Réponse aux prétentions du duc de Lorraine*, dans le *Recueil* de Godefroi, p. 476-484.

moins criminelle : c'étaient Philippe de Comines et Georges d'Amboise, évêque de Montauban, qui fournit depuis une si brillante carrière. Ces deux personnages et d'autres partisans du duc d'Orléans tramèrent le projet d'enlever Charles VIII, ou plutôt de le faire évader; car Madame Anne exerçait réellement sur le jeune roi une sorte de contrainte morale à laquelle il désirait, mais n'osait se dérober : une fois hors de ses mains, Charles eût été tout au duc d'Orléans. Le complot fut découvert; Georges d'Amboise et Comines furent arrêtés, et le duc Louis, sommé de se rendre près du roi à Amboise, se réfugia en Bretagne (janvier 1487). Le prince d'Orange, fils d'une sœur du duc François, et le vieux Lescun, comte de Comminges, qui conservait, à soixante-dix ans, son activité inquiète et intrigante, rejoignirent à Nantes les ducs de Bretagne et d'Orléans, et s'efforcèrent d'achever la réconciliation de François II avec ses barons, afin de pousser la Bretagne sur la France. Ils échouèrent : la Bretagne voulait résister, non point attaquer.

Madame Anne comprit sa situation, et dirigea ses premiers coups, non contre la Bretagne, mais contre l'Aquitaine, que les princes dominaient de la Charente aux Pyrénées, par le comte de Comminges, gouverneur de Guyenne, par le comte d'Angoulême, et par les maisons d'Albret et de Foix. Le roi, le conseil et un corps d'armée peu nombreux, mais choisi, passèrent la Loire dès les premiers jours de février : les troupes royales se portèrent rapidement de Poitiers sur Saintes; le sénéchal de Carcassonne, Odet d'Aidie, occupait cette ville avec la compagnie d'ordonnance de son frère, le comte de Comminges. La population des villes était partout contre les factieux : la plupart des soldats d'Odet, quoique Béarnais ou Gascons, passèrent « du côté du roi, » et Odet fut forcé de s'enfuir à Blaie, où l'armée royale vint l'assiéger : Bordeaux et Bayonne avaient pris les armes contre les garnisons de leurs châteaux; la défection de Bordeaux força Odet de capituler, et de rendre non-seulement Blaie, mais toutes les places qu'il tenait au nom de son frère. Le roi fit son entrée, le 7 mars, à Bordeaux, où il fut « merveilleusement » accueilli. Le comte d'Angoulême se soumit; le vieux duc de Bourbon vint trouver le roi, et se réconcilia sans réserve avec son frère et sa belle-sœur. Madame de Beaujeu fit donner à son mari le gouvernement de la Guyenne.

Après qu'on eut « ordonné les besognes » du Midi, le conseil et l'armée du roi se dirigèrent sur l'Anjou et le Maine : le roi et Madame s'arrêtèrent à Laval, tandis que les troupes royales entraient en Bretagne. Un nouveau revirement s'était opéré dans l'esprit des Bretons : le duc François, destiné à être toujours gouverné, était tombé sous l'influence absolue du duc d'Orléans, du comte de Dunois, du prince d'Orange et du comte de Comminges. Les barons de Bretagne s'irritèrent de se voir dominer par des étrangers : la puissante maison de Rohan, le sire de Rieux, maréchal de Bretagne, le sire de Châteaubriand, et jusqu'au sire d'Avaugour, bâtard du duc, se révoltèrent de nouveau, signèrent un pacte pour l'expulsion des étrangers, et nouèrent des négociations avec le conseil du roi; Madame Anne eut la prudence de ne pas remettre en avant la question de réunion, et de ne réclamer que le renvoi du duc d'Orléans et des siens. Les barons demandèrent au conseil royal un secours de quatre cents lances et quatre mille fantassins; Madame Anne dépêcha douze mille combattants, qui emportèrent Ploërmel et marchèrent sur Vannes; le duc François et ses hôtes, les princes rebelles, n'ayant avec eux presque aucune gendarmerie, n'osèrent se défendre dans Vannes; ils s'embarquèrent à la hâte et gagnèrent Nantes; ils y furent bientôt assiégés (juin). Dunois et Comminges avaient songé à se ménager des secours du dehors : ils avaient engagé François II et le duc d'Orléans à offrir simultanément la main de l'héritière de Bretagne, la jeune Anne, au roi des Romains, à Alain d'Albret, père du roi de Navarre, et à l'héritier de Rohan : le sire d'Albret répondit à cette offre en rassemblant trois ou quatre mille Gascons et Béarnais, à la tête desquels il essaya vainement de percer jusqu'en Bretagne : Maximilien ne montra pas moins d'empressement, et envoya par mer le bâtard Baudouin de Bourgogne, avec quinze cents bons soldats qui débarquèrent à Saint-Malo; Dunois était sorti de Nantes pour aller soulever la Basse-Bretagne; il rejoignit, avec quatre ou cinq mille Bas-Bretons, les gens du roi des Romains, et ramena ce renfort à Nantes.

Le conseil royal vit bien qu'on ne pouvait espérer réduire

Nantes ni par force ni par famine : cinquante mille hommes n'eussent pas suffi à bloquer cette vaste cité. Le siége fut donc levé le 6 août, et l'armée fut employée à occuper de fortes positions dans la Haute-Bretagne. L'approche de l'hiver ralentit les hostilités : les villes et forteresses conquises furent munies de garnisons, et Madame Anne reconduisit le roi à Paris par la Normandie, où l'on demanda aux États Provinciaux la continuation et sans doute l'augmentation des subsides [1]. Le conseil royal, ne voulant pas rappeler les États Généraux, et ne pouvant faire de l'arbitraire pur, se fit ainsi octroyer les impôts en détail par les provinces et par les bailliages, et prétexta la guerre étrangère et civile pour se dispenser de tenir les engagements de 1484.

La cour voulut procéder contre ses adversaires par les lois en même temps que par les armes : les ducs d'Orléans et de Bretagne furent seulement ajournés en la cour de parlement ; mais Dunois, Comminges et beaucoup d'autres affidés des princes furent condamnés par contumace à perdre corps et biens, par un arrêt du 23 mai 1488; Comines, deux mois auparavant, avait été exilé pour dix ans dans une de ses terres, avec confiscation du quart de ses biens, après avoir passé huit mois dans une de ces terribles cages de fer dont Louis XI avait montré l'usage à sa fille. La peine fiscale lui fut remise un peu plus tard.

La puissance des Beaujeu s'était fort accrue depuis la mort du vieux duc de Bourbon (1er avril 1488) : le duc Jean II ne laissant point d'enfants légitimes, le sire de Beaujeu, son frère, devint chef de la maison de Bourbon à sa place, et joignit aux comtés de Clermont et de la Marche et à la seigneurie de Beaujolais les duchés de Bourbonnais et d'Auvergne et le comté de Forez : il reprit le gouvernement de Languedoc, qu'avait possédé le duc Jean II, et céda le gouvernement de Guyenne au comte d'Angoulême, qui s'était tout à fait séparé de son cousin d'Orléans.

Cependant les affaires de Bretagne avaient quelque peu changé de face depuis l'hiver. Madame Anne, une fois les troupes françaises introduites dans la Bretagne, était bien résolue à ne plus les en

---

1. Guillaume de Jaligni, *Histoire de plusieurs choses mémorables advenues ès années 1486-1489.* — Jaligni était le secrétaire du sire de Beaujeu; son récit est le principal monument de ce temps.

retirer, et à marcher à son but avec aussi peu de scrupules que l'eût pu faire son père. Mais là commencèrent les obstacles : à la suite d'une révolte du peuple de Nantes, le duc d'Orléans, Dunois, Orange et Comminges, sentant qu'ils perdaient leur hôte sans se sauver eux-mêmes, avaient offert de quitter la Bretagne si l'on voulait leur rendre leurs biens et leurs offices et leur permettre de rentrer en France; Madame Anne refusa : les barons bretons, qui n'avaient pris les armes que pour chasser les princes, et qui étaient déjà mécontents et inquiets de la conduite des généraux français, ne voulurent pas servir plus longtemps d'instruments au conseil du roi : presque tous les seigneurs, sauf les Rohan, « se retournèrent devers le duc François » avec leur impétuosité ordinaire. Châteaubriand, Ancenis, Vannes, furent délivrés des garnisons royales. Alain, sire d'Albret, violant un traité récent avec les gens du roi, amena par mer en Bretagne quatre mille Gascons et Navarrois. L'espoir d'obtenir la petite princesse Anne avait décidé Albret à se jeter à plein corps dans la querelle de Bretagne : « le mariage eût été mal sortable, » dit Jaligni; « car ledit seigneur étoit un peu couperosé au visage, et âgé pour le moins de quarante-cinq ans; la fille (Anne) n'en avoit qu'environ douze (onze). »

L'armée royale entra en campagne au mois d'avril : le commandement en chef avait été confié à un général de vingt-huit ans, Louis de la Trémoille [1], qui annonçait de grands talents militaires. Ce jeune capitaine, à la tête de douze mille combattants, emporta et démantela Châteaubriand et Ancenis, puis se dirigea contre Fougères, « la plus belle et forte place de Bretagne après Nantes. » Les États de Bretagne, assemblés à Nantes, firent de grands efforts pour repousser l'invasion. Le duc d'Orléans, le sire d'Albret, le maréchal de Rieux, réunirent à Rennes une armée égale à celle de la Trémoille; ils comptèrent sous leurs étendards quatre cents lances (deux mille quatre cents chevaux), huit mille fantassins bretons et gascons, un millier de lansquenets allemands envoyés par Maximilien, et quelques centaines d'archers anglais, volontaires attirés par leur haine nationale contre la France, malgré les défenses de leur roi. Les Bretons marchèrent en toute hâte au

---

1. Petit-fils de ce Georges qui avait été si funeste à la France sous Charles VII.

secours de Fougères. Arrivés à quelques lieues, ils apprirent que Fougères s'était rendue : son excellente position et ses hautes murailles n'avaient pu la protéger contre les canons de La Trémoille; le perfectionnement de l'artillerie française rendait presque impossible la défense de toute place qui n'avait pas une très-forte artillerie et une très-nombreuse garnison.

Les chefs de l'armée bretonne, déjà retombés dans leurs discordes, se portèrent en assez mauvais ordre sur Saint-Aubin-du-Cormier, petite ville qu'ils voulaient reprendre sur les Français. Ceux-ci marchèrent au secours de Saint-Aubin. Après une canonnade meurtrière, l'avant-garde française, commandée par Adrien de L'Hôpital, fondit sur l'avant-garde bretonne, aux ordres du sire de Rieux : L'Hôpital fut d'abord repoussé; mais, soutenu par La Trémoille avec le corps de bataille, il tourna la cavalerie de Rieux, alla donner sur la masse d'infanterie qui formait le corps de bataille des Bretons, et sépara des lansquenets l'infanterie bretonne, que les fantassins français assaillirent de front, tandis qu'elle était prise en queue par cent hommes d'armes des mieux montés et tout bardés d'acier, eux et leurs chevaux. Les fantassins bretons furent enfoncés. La cavalerie s'enfuit. L'infanterie fut hachée; les capitaines, voulant persuader aux Français qu'un puissant secours était arrivé d'Angleterre, s'étaient avisés de faire prendre la croix rouge à beaucoup de leurs gens et de les mêler aux archers anglais : les Français massacrèrent tout ce qui portait cet insigne détesté; le prince d'Orange, qui était du nombre, n'évita la mort qu'en arrachant sa croix rouge et en se cachant sous des cadavres; il y fut découvert et pris par un hallebardier suisse. Les lansquenets, à la tête desquels se trouvait le duc d'Orléans, mirent bas les armes et obtinrent quartier; le duc « fut en danger de sa personne, et les gens de pied l'eussent dépêché, » sans quelques hommes d'armes qui le sauvèrent (27 juillet 1488).

Le duc d'Orléans et le prince d'Orange avaient été conduits prisonniers à Saint-Aubin-du-Cormier. On raconte que, le soir, La Trémoille, revenu de la poursuite des vaincus, soupa avec les deux princes et les gentilshommes pris à leurs côtés : à la fin du repas, il fit amener deux franciscains. « Princes, » dit-il, « je n'ai pas puissance sur vous, et, l'eussé-je, je ne l'exercerais pas : je renvoie votre jugement au roi ; quant à vous, chevaliers, qui avez violé les serments du saint ordre de chevalerie et commis le crime de lèse majesté, vous allez mourir. » Il ne laissa aux gentilshommes prisonniers que le temps de se confesser, et fit exécuter sur-le-champ l'arrêt de mort que le parlement avait rendu contre eux par contumace.

Tel est du moins le récit de l'*Histoire latine de Louis XII*, par un contemporain anonyme : cette histoire ne cite pas le nom d'une seule victime, et aucun autre écrivain de l'époque ne parle de cette scène sanglante, qui contraste fort avec le caractère que la tradition attribue à Louis de la Trémoille, *le chevalier sans reproche*, d'après son panégyriste Jean Bouchet[1].

Le prince d'Orange fut envoyé au château d'Angers, où se tenait la cour en ce moment ; le duc d'Orléans fut traîné de forteresse en forteresse ; on l'enferma d'abord à Sablé, puis à Lusignan, et enfin à la tour de Bourges.

Malgré la consternation qui régnait par toute la Bretagne, Rennes, où s'étaient réfugiés les débris de l'armée vaincue, refusa d'ouvrir ses portes. La Trémoille n'en entreprit point le siége, et, jugeant que « le principal étoit de gagner les ports de mer, » pour intercepter les secours étrangers, il dirigea l'armée contre Saint-Malo, qui capitula promptement. Les gens du roi y gagnèrent un immense butin ; une foule de Bretons de tout le pays environnant « avoient retiré leurs biens en ladite ville, comme en un refuge, » et tous ces biens furent abandonnés aux vainqueurs : la capitulation n'avait réservé que les propriétés des bourgeois. Tant de revers abattirent le courage des Bretons. Le duc François II sollicita la paix en des termes dont l'humilité était toute nouvelle de sa part. François II, dans ses lettres, appelait le roi « son souverain seigneur, » et s'intitulait « sujet » de Charles VIII. Madame Anne, qui s'était déjà fait investir du comté de Nantes, ne voulait pas qu'on écoutât la requête ; mais, pour la première fois, elle rencontra de l'opposition dans le conseil royal et dans le jeune Charles : le chancelier Guillaume de Rochefort alla,

---

1. Auteur des *Annales d'Aquitaine*, des *Sérées* (soirées), etc.

dit-on, jusqu'à déclarer que le roi n'avait point de droits légitimes sur l'héritage de Bretagne. « Madame de Bourbon » fut contrainte de renoncer à poursuivre à outrance le duc François, et, le 20 août, des conventions de paix furent signées à Sablé en Anjou. Le duc s'obligea, par ce pacte, à renvoyer de Bretagne tous les étrangers ennemis du roi et à ne plus les recevoir à l'avenir; il promit de ne pas marier ses filles contre le gré de Charles VIII, à peine d'une amende de deux cent mille écus d'or dont les Trois États de Bretagne se rendraient garants, et consentit à laisser en dépôt au roi Fougères, Saint-Aubin-du-Cormier, Dinant et Saint-Malo, avec leur territoire.

Le duc de Bretagne ne survécut que peu de jours au traité de Sablé : ce prince, usé de corps et d'esprit, au point de ne plus *comprendre* les maux qu'il avait attirés sur son pays et sur luimême, mourut le 9 septembre, laissant à une enfant de douze ans sa couronne ducale, que l'épée d'un Artus de Richemont eût à peine suffi à défendre.

La mort de François II rendit toute liberté aux projets de Madame de Bourbon sur la Bretagne : par le dernier traité, le roi n'avait aucunement abandonné ses prétentions à l'héritage du duché. Aussitôt le duc mort, le conseil royal réclama la garde-noble (tutelle) des damoiselles de Bretagne, confiée par François II expirant au maréchal de Rieux et à la comtesse de Laval : le conseil requit en outre que « Madame Anne, » l'aînée des deux orphelines, ne prît pas le titre de duchesse, jusqu'à ce que des commissaires eussent prononcé entre les droits respectifs du roi et des jeunes princesses. Ces conditions ne furent ni ne pouvaient être acceptées des Bretons. Les troupes royales se remirent en mouvement : la Basse-Bretagne fut envahie; Guingamp, Brest, le Conquêt, tombèrent au pouvoir des Français (octobre 1488-février 1489). La Bretagne expiait cruellement la longue et heureuse paix dont elle avait joui pendant la lutte de la France et de la Bourgogne : elle était sillonnée en tous sens par une guerre dévastatrice, de Nantes à Saint-Malo et de Vitré à Brest; les faibles secours du dehors n'avaient servi jusqu'alors qu'à prolonger ses maux : la seule puissance étrangère qui eût un grand intérêt à empêcher la conquête française, et qui pût fournir des moyens suffisants pour y mettre obstacle, l'Angleterre, était gouvernée par un roi mal affermi sur le trône, plus avide d'argent que de gloire, et tout à fait étranger à la vieille haine des Plantagenêts contre les Valois; il n'avait personnellement que des motifs de reconnaissance envers la cour de France. Henri VII résistait donc aux tendances belliqueuses de son peuple, et s'était contenté jusqu'alors d'offrir sa médiation. Quant à Maximilien, loin de pouvoir aider qui que ce fût, il n'avait pas trop de toutes ses forces pour soutenir sa propre querelle dans les Pays-Bas.

La guerre de Bretagne n'avait pas fait négliger au gouvernement français les affaires du nord, et la campagne de 1487 avait été très-heureuse pour les armes françaises en Artois. Le 27 mai 1487, la grande et forte ville de Saint-Omer, qui avait été déclarée neutre par le traité d'Arras, mais qui observait mal sa neutralité et penchait pour Maximilien, fut surprise et occupée militairement par le maréchal des Querdes : deux mois après, Thérouanne fut livrée par ses bourgeois, « François de cœur », à ce maréchal, qui défit ensuite les lieutenants de Maximilien auprès de Béthune. Les échecs de Maximilien rendirent courage aux communes de Flandre, qui avaient eu à se repentir de lui avoir restitué la mainbournie (la régence). Les grandes taxes levées pour soutenir une guerre impopulaire, les rapines des courtisans, les insolences des soldats allemands, exaspéraient la bourgeoisie flamande. Les Gantois s'insurgèrent pendant l'hiver au nom de leur jeune comte Philippe et du roi leur suzerain, et s'emparèrent de la ville et du château de Courtrai (9 janvier 1488) : Ypres refusa de recevoir les soldats du roi des Romains, et le mouvement gagna bientôt Bruges, où se trouvait Maximilien. Les métiers de Bruges déployèrent leurs bannières, se retranchèrent sur le marché avec quarante-neuf bouches à feu, bloquèrent Maximilien dans son hôtel, et l'obligèrent à se remettre entre leurs mains : le roi des Romains « fut logé au Cranenbourg, hôtel d'un épicier », et étroitement gardé, tandis qu'on arrêtait son chancelier et tous ceux de ses officiers et serviteurs qui ne parvinrent point à s'échapper de la ville (5 février). Plusieurs gentilshommes et gens de finances furent cruellement torturés, puis décapités sur le marché de Bruges : le chancelier et les principaux dignitaires furent envoyés prisonniers à Gand, où l'on exécuta un certain nombre de gros bourgeois du parti de Maximilien.

Il s'ensuivit une rude guerre des « trois membres » de Flandre, soutenus par les troupes françaises d'Artois et de Picardie, contre la noblesse belge et allemande de Maximilien, maîtresse de la plupart des petites villes et forteresses : le Brabant, le Hainaut et la Flandre wallonne ne suivirent pas l'exemple de Gand et de Bruges. La captivité du roi des Romains avait excité une vive émotion en Allemagne, et le vieil empereur Frédéric avait obtenu des princes et des villes de l'Empire une armée de vingt mille hommes, à la tête de laquelle il passa le Rhin et s'avança en Brabant. Le pape Innocent VIII seconda l'empereur par un monitoire qui menaçait les villes flamandes d'interdit et d'excommunication, si elles ne rendaient la liberté à l'héritier du Saint Empire romain. Des négociations s'étaient engagées par l'intermédiaire des provinces restées fidèles à Maximilien, et une transaction fut signée le 16 mai à Bruges : Maximilien promit que ses troupes étrangères quitteraient la Flandre sous quatre jours, et les Pays-Bas sous quatre autres; il jura, sur la vraie croix et le corps de saint Donat, patron de Bruges, de pardonner aux « Brugelins », aux Gantois et à leurs adhérents, de renoncer à la mainbournie de Flandre, et de rentrer en paix avec la France selon le traité d'Arras. Le roi de France et les États de toutes les provinces des Pays-Bas furent appelés à signer ce pacte, et Maximilien remit aux Flamands des otages considérables en garantie de sa foi. À peine cependant eut-il recouvré sa liberté, que, sans se soucier du sort des otages, il défendit de publier le traité, laissa ses soldats ravager le plat pays, courut rejoindre à Louvain l'empereur et l'armée allemande arrivée d'outre-Rhin, et marcha contre Gand avec son père, prétendant qu'il ne s'agissait plus de sa querelle, mais de celle de l'Empire, et que Gand devait obéissance à l'empereur pour la partie de la ville et du burgraviat située à la droite de l'Escaut.

Maximilien n'eut que la honte de sa mauvaise foi ; l'armée impériale, après six semaines d'inutiles ravages, fut obligée d'évacuer le territoire de Gand et de se replier sur Anvers. Bruxelles, Louvain, la plus grande partie du Brabant, se soulevèrent en faveur des Flamands; Liége se mit sous la protection du roi de France, et l'insurrection se propagea jusqu'en Hollande. L'armée impériale s'était dissipée; Frédéric était retourné au delà du Rhin; Maximilien passa en Hollande : derrière lui, le 13 novembre, les châtellenies de la Flandre wallonne (Lille, Douai et Orchies) conclurent un traité de neutralité et de libre commerce avec les Français et les pays insurgés : Maximilien se vit réduit à autoriser cette convention pour ne pas pousser la Flandre wallonne à une défection complète. L'année 1488 finit donc sous les plus heureux auspices pour le gouvernement français : au nord comme à l'ouest, aux Pays-Bas comme en Bretagne, tout semblait couronner la politique de la fille de Louis XI [1].

Au commencement de 1489, Maximilien eut quelque retour de fortune : les agents français ne purent amener les communes de Hainaut à suivre l'exemple de leurs voisins; Namur avait résisté à la surprise de sa citadelle; Anvers était restée fidèle au roi des Romains, par rivalité commerciale avec Bruges, et Malines, par jalousie contre Bruxelles. Le 11 février, une conspiration, tramée par les bourgeois de Saint-Omer, rendit à Maximilien cette importante place, et la plupart des villes de la West-Flandre, entraînées par la noblesse, reconnurent de nouveau la mainbournie du roi des Romains. Ces avantages n'eussent pas longtemps arrêté les progrès des Français, s'il ne se fût opéré sur ces entrefaites de grands mouvements dans la politique européenne : l'irritation qu'excitait en Angleterre la réunion imminente de la Bretagne à la France avait enfin forcé Henri VII à sortir de son inertie : Henri conclut deux traités d'alliance, au mois de février 1489, avec Maximilien et avec la jeune duchesse Anne de Bretagne [2]. La puissante monarchie récemment fondée au delà des Pyrénées par l'union de l'Aragon et de la Castille commença aussi d'intervenir au dehors : les « rois des Espagnes », Ferdinand et Isabelle, tout en pressant les musulmans d'Espagne dans Grenade, leur dernier

---

1. Sur les affaires de Flandre, V. principalement J. Molinet.
2. Anne devait jurer de ne pas se marier sans l'aveu du roi d'Angleterre, et lui livrer deux places maritimes en garantie.

asile, avaient redemandé à la France le Roussillon et la Cerdagne, et, sur le refus du gouvernement français, avaient pris une attitude hostile : ils entrèrent dans la ligue qui se formait pour défendre l'indépendance de la Bretagne. Ce fut là comme le premier germe de ces coalitions contre la France qui remplissent l'histoire moderne.

Deux mille Espagnols descendirent dans le Morbihan, au mois de mai 1489, et six mille Anglais débarquèrent, vers le même temps, à Guerrande, pendant que les garnisons de Calais et de Guines se mêlaient activement à la guerre de Flandre, et aidaient les gens de Maximilien à se saisir d'Ostende. Les troupes françaises ne firent plus de progrès en Bretagne, mais elles s'enfermèrent dans les places fortes qu'elles avaient conquises, et les Bretons et leurs auxiliaires n'en reprirent pas une seule. Français, Anglais, Espagnols, Bretons même, dévastaient le pays à l'envi : l'anarchie comblait les maux de la guerre; deux factions se disputaient les lambeaux de cette malheureuse contrée et la personne de sa jeune souveraine : le maréchal de Rieux, le comte de Comminges et la comtesse de Laval, sœur du sire d'Albret et gouvernante des filles de François II, voulaient tenir les engagements pris envers Albret, et lui livrer la main de l'héritière de Bretagne; le comte de Dunois, le chancelier Montauban et le prince d'Orange, qui avait obtenu sa liberté à condition de travailler « à trouver une bonne paix » entre sa nièce Anne et le roi, s'opposaient énergiquement au mariage d'Albret, et cherchaient à se ménager, suivant les circonstances, soit la faveur de Maximilien, soit le pardon de la cour de France, qui avait peut-être dès lors conçu de secrets desseins dont on vit plus tard l'effet. Les Anglais appuyaient Albret : les Espagnols soutenaient Maximilien; Albret et Rieux dominaient à Nantes; les jeunes princesses étaient entre les mains des chefs du parti opposé, et Anne de Bretagne, caractère aussi énergique que son père avait été faible, repoussait personnellement, avec toute la ténacité bretonne, les prétentions du sire d'Albret; l'âge et la laideur du sire Alain lui inspiraient une répugnance invincible. Albret et Rieux essayèrent la force et la ruse : ils voulurent attirer la princesse à Nantes pour s'emparer d'elle. Un autre prétendant, le vicomte de Rohan, chef du parti français en Bretagne, tenta aussi d'enlever Anne pour la marier à un de ses fils. Dunois garantit Anne de cette double embûche, et la conduisit à Rennes, où elle fut proclamée duchesse de Bretagne par les Trois États.

Le gouvernement français ne fit plus de grands efforts par les armes, et rentra dans les voies diplomatiques enseignées par Louis XI : il tâcha de se débarrasser de la guerre de Flandre, pour concentrer toutes ses visées sur la Bretagne. Maximilien était en ce moment à Francfort, où son père et lui avaient convoqué une diète, afin de solliciter de nouveaux secours contre la France : des ambassadeurs français furent expédiés à Francfort, et la paix sortit de cette assemblée convoquée pour la guerre. Un traité fut signé, le 22 juillet 1489, entre les envoyés de Charles VIII et Maximilien, stipulant tant pour lui que pour son fils Philippe et pour ses alliés : les conventions de 1482 en étaient la base; le « roi très-chrétien » promettait son intervention amiable pour ramener les pays de Flandre, Brabant et leurs adhérents, sous l'obéissance du roi des Romains, et consentait à rétablir les seigneurs d'Albret, de Dunois, de Comines et leurs alliés en la jouissance de leurs biens séquestrés, Maximilien faisant même promesse à l'égard des adhérents de la France aux Pays-Bas. Le roi de France consentait à remettre aux mains de Madame Anne de Bretagne les villes, places et forts qui étaient en la puissance du feu duc au temps du traité de Sablé, Saint-Malo, Fougères, Dinant et Saint-Aubin demeurant en dépôt aux mains du duc de Bourbon et du prince d'Orange; le tout à condition que Madame Anne « fît vider les Anglois hors de Bretagne ». Il était stipulé que « la question entre le roi très-chrétien et Madame Anne » serait jugée, avant trois mois, « par juges ordonnés du consentement des deux parties » : ce terme de trois mois était également assigné à une entrevue entre le roi Très-Chrétien et le roi des Romains, où l'on déciderait de la liberté du duc d'Orléans, de la possession de Saint-Omer et de toutes les autres questions en litige (J. Molinet, t. IV, c. 220). A la nouvelle du traité de Francfort, Bruxelles, que désolait une cruelle épidémie, ouvrit ses portes aux lieutenants du roi des Romains, et les autres villes brabançonnes suivirent cet exemple : les communes de Flandre se soumirent à l'arbitrage du roi de France. Elles n'eurent pas lieu de se louer de la sentence arbitrale donnée au Plessis-lez-Tours, le 30 octobre 1489.

A la vérité, les priviléges des Flamands furent maintenus, et une amnistie complète fut accordée; mais la mainbournie de Flandre fut restituée à Maximilien; Gand, Bruges et Ypres, et leurs adhérents, furent condamnés à payer au roi des Romains 300,000 écus d'or (525,000 livres) sous trois ans, et à lui demander pardon, par l'organe de leurs magistrats, « vêtus de noir, desceints (sans ceinture), nus pieds, têtes découvertes et à genoux ». Les princes pouvaient bien se servir des insurrections bourgeoises les uns contre les autres, mais ils se regardaient tous au fond comme solidaires contre les mutineries des petites gens [1].

La paix de Francfort ne profita guère à la Bretagne; elle n'y fut observée par personne : les Anglais et les Espagnols, n'ayant pas reçu les indemnités promises par le conseil de Bretagne, n'évacuèrent qu'incomplétement le pays; les Français eurent ainsi un excellent prétexte pour ne pas l'évacuer du tout; une ambassade bretonne ne put rien conclure avec le conseil de France. D'une autre part, l'entrevue projetée entre Charles VIII et Maximilien n'eut pas lieu. Le peu d'ardeur que montrait le roi d'Angleterre et les embarras qui retenaient Maximilien en Allemagne faisaient espérer sans doute à Madame Anne de France et aux gens du conseil que la Bretagne serait bientôt à leur discrétion. Les hostilités continuaient sans éclat dans l'intérieur de la péninsule bretonne : au printemps de 1490, les Français et les Bretons conclurent un armistice de quelques mois, tandis que la duchesse Anne renouvelait son alliance avec Maximilien, l'Angleterre et l'Espagne. Une résolution très-importante fut prise par Anne de Bretagne et ses conseillers, après que Dunois, Orange et le chancelier Montauban eurent tenté en vain de s'entendre avec le gou-

---

[1]. Pendant les négociations de Francfort, le conseil du roi manda à Amboise les principaux des prélats et des membres du parlement, pour aviser à la levée d'une décime sur le clergé de France; mais la décime ne fut point accordée, et les gens du parlement s'y montrèrent au moins aussi opposés que les gens d'église eux-mêmes : leur objection capitale était que le pape ne consentait jamais à ces levées sur le clergé sans s'en approprier une grande partie qui ne revenait plus dans le royaume. — Jaligni.

vernement français. Anne se décida à donner sa main au roi des Romains : dans le courant de l'été de 1490, le comte de Nassau arriva en Bretagne avec la procuration de Maximilien, et épousa secrètement la jeune duchesse au nom de son maître. Anne fut mise au lit, et l'ambassadeur, tenant la procuration de Maximilien, introduisit sa jambe nue dans la couche nuptiale. Ce bizarre simulacre d'une consommation de mariage par procuration n'atteignit pas et ne pouvait atteindre son but, à savoir d'imprimer au mariage un caractère indissoluble. Maximilien eût porté un coup terrible à la France, s'il se fût transporté lui-même en Bretagne au lieu de son ambassadeur; mais les plus grands intérêts l'enchaînaient aux bords du Danube, où il relevait en ce moment la puissance autrichienne ébranlée et mutilée par Mathias Corvin, roi de Hongrie, le digne fils du héros transylvain Hunyad, qui avait arrêté Mahomet II sur le Danube après la chute de Constantinople. Mathias Corvin, qui avait conquis Vienne sur Frédéric III, venait de mourir en avril 1490 : Maximilien aussitôt recouvra Vienne, et envahit à son tour la Hongrie, dont il disputa la couronne au Polonais Ladislas, roi de Bohême, successeur de Georges Podiebrad.

Tandis que le roi des Romains jouait ailleurs le rôle de conquérant, l'héritage de sa nouvelle épousée allait se perdant de jour en jour : on réussit à garder, durant quelques mois, le secret du mariage d'Anne; mais ce secret finit par transpirer : le sire d'Albret, le prétendant évincé, avait les moyens de se venger, et en usa : il traita avec Anne de France et son mari, et livra aux Français le château de Nantes, pour 110,000 écus comptants, la restitution de ses biens, une pension de 25,000 francs et d'autres faveurs. La surprise du château entraîna la reddition immédiate de la ville (février 1491), et Charles VIII fit son entrée à Nantes le 4 avril. L'occupation de cette grande cité était un événement décisif. Maximilien, engagé dans une guerre très-vive contre son compétiteur au trône de Hongrie, ne pouvait secourir la « reine des Romains », et ce vain titre, qu'Anne de Bretagne avait pris solennellement au mois de mars 1491, ne valut pas un soldat de plus à l'orpheline. Les troubles de Flandre n'avaient pas tardé à recommencer : Bruges et Gand révoltés (novembre 1490, mai 1491), l'Écluse livrée aux Français, ne permirent pas aux lieutenants de Maximilien de tenter une diversion contre le nord de la France. Henri VII, que la duchesse Anne n'avait pas remboursé de ses avances, n'envoyait aucun renfort, et Ferdinand et Isabelle étaient tout occupés au siége de Grenade. Le gouvernement français eut tout le loisir de poursuivre ses progrès par les armes, et surtout par les négociations.

Des changements considérables avaient eu lieu sur ces entrefaites à la cour de France : Charles VIII devenait homme ; il commençait à exprimer une volonté personnelle, et le pouvoir de « Madame la Grande, » ainsi qu'on nommait Anne de France dans le royaume et au dehors, avait beaucoup diminué ; sa domination s'était changée en une simple influence, prépondérante encore, mais non plus absolue. Madame de Bourbon ne s'imposait plus incessamment au roi ni au conseil ; elle et son mari séjournaient fréquemment dans leurs terres. La sœur d'Anne et du roi, cependant, Jeanne de France, duchesse d'Orléans, qui aimait fort son mari sans être payée de retour, assiégeait de ses continuelles supplications le roi, le duc et la duchesse de Bourbon, afin d'obtenir la liberté du duc Louis. Georges d'Amboise, évêque de Montauban, le plus fidèle conseiller du prince captif, avait été élargi après une longue détention ; il remua tant qu'il gagna l'amiral de Graville, très-puissant dans le conseil, le chambellan Miollans et d'autres jeunes seigneurs qui entouraient le roi. Madame de Bourbon était peu favorable aux vœux des amis du duc Louis ; mais Miollans et les autres jeunes gens pressèrent Charles VIII de se montrer vraiment roi, « en délivrant monseigneur d'Orléans » sans l'aveu de « ceux qui auparavant l'avoient tenu sous leur gouvernement. » Le roi ne résista pas aux conseils de ses compagnons de plaisir, aux larmes de sa sœur Jeanne, ni à sa propre inspiration : il partit un soir du Plessis-lez-Tours, sous prétexte d'aller à la chasse, et chevaucha devers le Berri jusqu'au pont de Barangon, d'où il envoya chercher le duc d'Orléans à la tour de Bourges. Le pauvre duc Louis fut bien joyeux de voir s'ouvrir, après trois ans de captivité, les portes de sa prison : du plus loin qu'il aperçut le roi, il mit pied à terre, et s'agenouilla en pleurant. Charles,

« qui avoit le cœur tout généreux et libéral, » lui sauta au cou, « et ne savoit quelle chère (quel accueil) lui faire, pour donner « à connoître qu'il agissoit de son propre mouvement » : Charles emmena Louis, couchant avec lui dans le même lit, et lui donnant publiquement les plus grandes marques d'amitié : il le nomma gouverneur de Normandie (mai 1491)[1].

La délivrance du duc d'Orléans ne fut pas, comme on eût pu le craindre, le triomphe d'une faction sur une autre : le royaume y gagna au contraire une force d'union qui lui avait manqué jusqu'alors : le duc Louis était sans fiel; il ne chercha point à se venger « des sieur et dame de Bourbon, » et Charles VIII, guidé par de sages avis, tout en manifestant confiance et affection à son beau-frère d'Orléans, ne fut point ingrat envers sa sœur Anne. Il engagea Louis d'Orléans et les Bourbons à se réconcilier : on se rapprocha sincèrement des deux côtés, et, le 4 septembre, Louis, duc d'Orléans, et Pierre, duc de Bourbon, signèrent à La Flèche un accord par lequel ils mettaient à néant toutes rancunes, haines et malveillances, s'engageaient à être l'un pour l'autre comme bons frères, parents et amis, et à vivre et mourir pour le service du roi Charles. Les deux princes prirent pour garants et « compagnons » de leur accord le comte de Dunois, l'évêque Georges d'Amboise, le chambellan Miollans, et d'autres notables personnages[2].

Le nom de Dunois, ce grand artisan de troubles et d'intrigues, apposé au bas d'un semblable traité, attestait l'extinction totale des factions : la délivrance du duc Louis avait entièrement rallié Dunois aux intérêts nationaux, et cet habile et remuant diplomate travaillait depuis quelque temps, d'accord avec le prince d'Orange, à défaire son propre ouvrage, l'union de la duchesse Anne avec Maximilien, et à conduire les affaires de Bretagne au dénoûment le plus heureux pour la France.

L'armée française avait entamé, au mois d'août, le siège de Rennes, où la duchesse s'était enfermée avec le maréchal et le chancelier de Bretagne, Rieux et Montauban, le prince d'Orange, le maréchal du roi des Romains, et tout ce qui restait d'auxiliaires

---

1. Saint-Gelais, *Histoire de Louis XII.* — *Ludov. Aurelian. Vita.*
2. Godefroi; *Recueil des historiens de Charles VIII*, p. 616.

anglais, allemands, espagnols. Les mutineries de ces soldats, qu'on ne payait pas, entravèrent la défense des bourgeois et de la noblesse bretonne : la situation devint critique. Maximilien se mit trop tard en mesure d'intervenir : ce fut seulement dans les premiers jours de novembre qu'il s'accommoda avec le roi Ladislas de Bohême, que la diète hongroise lui avait préféré, moyennant le renouvellement d'un pacte de famille qui promettait à l'Autriche, dans certains cas, la réversibilité de la couronne de Hongrie [1]. Maximilien sollicita et obtint en même temps des secours de la diète germanique contre la France; mais il n'était plus temps : Maximilien et les autres souverains de l'Occident n'avaient vu dans l'invasion de la Bretagne par les Français qu'une guerre de conquête, et ne comprenaient pas le but secret de la cour de France : ce but fut atteint. Après de longs pourparlers, le prince d'Orange était venu trouver le roi à Laval, de la part de la duchesse, et, dans le courant d'octobre, des conventions préalables, que l'histoire n'a pas conservées, avaient été signées entre le roi et Madame Anne de Bretagne. Par un second traité, en date du 15 novembre, Charles VIII et Anne remirent la décision de leurs droits respectifs à vingt-quatre commissaires, dont moitié élue par chaque partie : le duché devait être évacué par les troupes étrangères; la ville de Rennes était confiée en dépôt aux ducs d'Orléans et de Bourbon; une pension de 40,000 écus était assurée à Madame Anne, dans le cas où ses « prétentions » seraient rejetées, et on lui assurait la liberté de se rendre en Allemagne près du roi des Romains [2].

A l'abri de ce traité public, destiné à tromper le représentant du prétendu mari de la duchesse, se préparaient des conventions mystérieuses, dont personne en Europe n'avait le moindre pressentiment : les négociateurs français n'avaient cessé de presser en secret Anne de Bretagne de rompre un mariage contracté sans l'aveu de son suzerain, contrairement aux principes du droit féo-

---

1. Pacte parfaitement illégal, la couronne de Hongrie n'étant point héréditaire.
2. Charles VIII agissait déjà comme en pleine possession de « la duché »; il avait convoqué les Trois États de Bretagne à Vannes, le 8 novembre, pour leur demander un fouage extraordinaire, à l'occasion de la nouvelle réduction du pays en son obéissance. V. les historiens de Bretagne.

dal : suivant Molinet, le chroniqueur wallon de Maximilien, ils offrirent à la princesse le choix entre trois maris, Louis de Luxembourg, le comte d'Angoulême et le jeune duc de Nemours : Anne répondit qu'elle n'aurait jamais « autre mari que roi ou fils de roi ». On la prit au mot! On ne renouvela point la faute de Louis XI envers Marie de Bourgogne. Maximilien ni personne n'avait jamais soupçonné par quel coup hardi la question de Bretagne allait être tranchée : Charles VIII était marié, dès l'enfance, à Marguerite d'Autriche, fille de Maximilien, qu'on élevait à la cour de France avec le titre et les honneurs de reine ; mais l'âge de l'épousée, qui n'avait encore que onze ans en 1491, avait heureusement retardé la consommation du mariage : on décida d'enlever à Maximilien sa femme et de lui renvoyer sa fille : on se résolut à perdre, s'il le fallait, la riche dot de Marguerite, l'Artois et la Franche-Comté, pour avoir la Bretagne. Le 15 novembre, le jour même du traité, les portes de Rennes furent ouvertes au roi, qui entra dans la ville, peu accompagné, se rendit près de la duchesse, et s'entretint longuement avec elle; trois jours après cette entrevue, Charles VIII et Anne de Bretagne furent fiancés secrètement dans une chapelle, en présence du duc d'Orléans, de la duchesse de Bourbon, du prince d'Orange, du comte de Dunois et du chancelier de Bretagne [1]. Le roi repartit aussitôt pour Langeais en Touraine, où la duchesse vint le joindre au bout de quinze jours, et leur mariage fut célébré solennellement dans ce château le 16 décembre. Charles avait vingt et un ans; Anne, près de quinze. Par leur contrat de mariage, le roi et la duchesse confondirent tous leurs droits et prétentions sur le duché de Bretagne, en les transférant mutuellement au dernier vivant : il fut convenu que Madame Anne, si elle survivait au roi, ne pourrait convoler en secondes noces « qu'avec le roi futur, ou autre présomptif successeur de la couronne [2]. »

---

1. Molinet, c. 238. — Le comte de Dunois mourut peu de jours après avoir ainsi réparé ses torts envers l'État.

Godefroi, *Preuves,* p. 622. La nouvelle reine fit son entrée à Paris le 8 février 1492 ; elle y fut accueillie avec enthousiasme par un peuple immense; » tel honneur lui étoit bien dû, » observe l'historien contemporain Saint-Gelais ; « car il y a longtemps qu'aucune dame n'apporta tant de biens à la couronne qu'elle fit. » — *Recueil* de Godefroi, p. 97. — Jean de Saint-Gelais était un gentilhomme de la maison du comte d'An-

Ce dénoûment soudain, si habilement amené, réunit pour toujours la Bretagne à la France, au moment où l'Europe croyait déjà voir cette province aux mains de l'ambitieuse maison d'Autriche. La vieille Armorique, dont tous les ennemis de la France comptaient faire leur place d'armes et leur poste avancé, se retourna tout à coup, et devint l'avant-garde de la France contre l'Angleterre : elle livrait à la nation française cent lieues de côtes de plus, et, pour défendre ces côtes, tout un peuple d'intrépides soldats et de marins héroïques. Tout le magnifique littoral gaulois, depuis les confins de la Flandre jusqu'à Bayonne, était français désormais, excepté cette plage de Calais, qu'ombrageait encore la bannière des léopards, comme un dernier stigmate de la conquête étrangère.

Le grand acte qui venait de s'accomplir ne trouva point de résistance parmi les populations bretonnes : elles étaient harassées par cinq années de combats et de souffrances, et la transaction qui finissait leurs maux ménageait leur orgueil national : leur patrie ne fut point réunie au domaine de la couronne; Charles VIII, les gouvernant comme duc de Bretagne et non comme roi de France, confirma tous leurs priviléges (7 juillet 1492), promit aux Trois États de « la duché », convoqués à Nantes le 8 novembre 1492, qu'aucun « fouage », aide ou subside ne serait levé sans leur aveu, et que nul n'aurait droit d'appeler des « grands jours » de Bretagne au parlement de Paris, sinon pour déni de justice ou faux jugement[1]. Les Bretons, surtout ceux de la Haute-Bretagne, avaient toujours été portés d'inclination pour la France : traités avec les égards dus à des populations fières et courageuses, ils se montrèrent fidèles aux nouveaux liens qui les attachaient au royaume, mais sans cesser d'être Bretons avant tout. Jamais au contraire le génie particulier de la Bre-

---

goulême. Deux autres membres de cette famille se distinguèrent dans les lettres : ce furent les poëtes Octavien de Saint-Gelais, évêque d'Angoulême, frère de l'historien Jean, et Mellin de Saint-Gelais, fils d'Octavien, qu'on regarda de son temps comme le rival de Marot.

1. Rennes et Saint-Malo reçurent de grands priviléges : les bourgeois de Rennes eurent droit d'acquérir des fiefs nobles sans être tenus à l'arrière-ban, etc. Lobineau, l. XXII, p. 818. Les *grands jours* de Bretagne furent érigés en parlement régulier et annuel, par ordonnance du 27 novembre 1495.

tagne n'eut plus d'éclat et de spontanéité que sous le règne si populaire de la « duchesse Anne », qui resta toujours Bretonne de cœur sur le trône de France, et n'eut de pensées et d'amour que pour son pays natal. L'antique poésie des Kimris fut ravivée par un élément emprunté à la France : les drames tirés de la Bible et de la légende s'introduisirent dans les fêtes pittoresques de la Basse-Bretagne; les Bas-Bretons s'emparèrent de nos *mystères*, si bien appropriés à leur esprit religieux, et y imprimèrent un cachet plus sévère et plus mélancolique; on joue encore aujourd'hui, aux *pardons* du Léonnais et de la Cornouaille, les mystères du xvie siècle[1]. Il y eut en même temps un grand mouvement d'architecture et de sculpture, coïncidant avec le commencement de la Renaissance française : une multitude d'édifices, dans toutes les parties de la Bretagne, portent l'empreinte de cette époque; on voit partout, même dans les villages, la courbe favorite des architectes du xve siècle, l'ogive évidée : ces maisons de granit ne se renouvellent pas de génération en génération comme nos bâtisses de briques et de plâtre[2]. La période de la « duchesse Anne » a laissé un monument qui n'a pas de supérieur en France et n'en saurait avoir qu'en Italie. Ce chef-d'œuvre, qui repose dignement sous les voûtes de la grandiose cathédrale de Nantes, c'est le tombeau érigé par Anne au dernier duc de la Bretagne indépendante, à son père François II. Les plus illustres maîtres de l'Italie pourraient avouer cette grande et simple ordonnance, ce mélange d'élégance et de force, cette noblesse de formes, cette ampleur de draperies, ce choix exquis d'ornements; mais ce qui marque le mausolée de François II d'une puissante originalité, c'est que l'artiste, en s'élevant assez haut vers l'idéal pour atteindre la vraie grandeur et la vraie beauté, n'a pas perdu de vue son pays et sa race : son œuvre, transportée dans les musées de Florence et de Rome, décèlerait encore une main celtique; ses figures n'ont pas la beauté grecque ou romaine; elles sont la forte expression de ce vieux type gaulois qui est resté marqué en traits ineffaçables

---

1. *V. Les derniers Bretons*, par M. E. Souvestre.
2. Les plus beaux monuments d'architecture bretonne sont toutefois antérieurs. En Léonnais, le merveilleux clocher (*kreisker*) de Saint-Pol, la collégiale du Folgoat, Notre-Dame-du-Mur, à Morlaix, etc., datent du duc Jean IV.

chez les femmes de la Bretagne. Le nom du sculpteur qui a légué à la Bretagne et à la France le tombeau de François II est resté longtemps enseveli dans un injuste oubli avec toutes nos autres gloires artistiques d'avant le xvie siècle : c'était un artisan du Léonnais appelé Michel Columb.[1]

Le mariage de Charles VIII et de la duchesse Anne, en rendant la paix à la Bretagne, semblait devoir allumer la guerre partout ailleurs avec une nouvelle furie : Maximilien éprouva un vif ressentiment du double affront que venait de lui faire Charles VIII, et la réunion de la Bretagne à la France excita une irritation extrême en Angleterre; mais le pouvoir de Maximilien ne répondait pas à son désir de vengeance : les princes et les villes libres de l'Empire n'étaient point disposés à de grands sacrifices pour soutenir la maison d'Autriche, et les troubles de la Flandre paralysaient les forces du roi des Romains; la plus grande partie de l'année 1492 s'écoula sans que Maximilien eût pu faire autre chose que de protester par de vaines paroles. Vers l'automne enfin, la guerre civile de Flandre fut apaisée : Gand avait traité à la fin de juin; l'Écluse capitula le 12 octobre, après un long et terrible siége, où une escadre anglaise avait secondé les gens du roi des Romains; les troubles s'apaisèrent aussi à Liége et en Hollande. La France parut alors menacée d'une attaque sérieuse. Le roi d'Angleterre n'avait guère semblé voir jusque-là dans les événements du continent qu'un prétexte pour lever des subsides et remplir ses coffres : il n'avait pas fait la guerre quand la guerre eût eu vraiment un but, le maintien de l'indépendance bretonne. Maintenant que toute chance d'atteindre ce but était perdue, Henri VII devait être encore moins porté à la guerre; mais il crut devoir accorder aux passions populaires une satisfaction qu'il comptait faire tourner au profit de ses intérêts personnels. Il annonça donc en termes pompeux au parlement le grand dessein de recouvrer « son royaume de France », selon le style d'usage à la chancellerie anglaise, et déclara qu'il comptait non-seulement sur le roi des Romains et les princes de l'Empire, mais sur le

---

1. Né en Léonnais, il développa et acheva son talent dans une de nos florissantes écoles de la Loire, à Tours, où il passa la plus grande partie de sa vie.

concours efficace des « Rois Catholiques », qui avaient récemment mis à fin la conquête du dernier boulevard des infidèles en Espagne, et consolé la chrétienté de la chute de Constantinople par la prise de Grenade (2 janvier 1492)[1].

L'enthousiasme fut grand parmi les populations anglaises, qui en étaient toujours aux souvenirs de Poitiers et d'Azincourt, et maint *gentleman* vendit son fief pour s'en aller à la conquête de la France. Les lenteurs de Henri VII, et le peu de souci que montrait le gouvernement français des menaces de l'Angleterre, étaient cependant de mauvais augure pour l'entreprise. L'expédition anglaise ne descendit à Calais qu'au commencement d'octobre : elle était forte de seize cents lances et de vingt-cinq mille fantassins. Henri VII mit le siége devant Boulogne. La place était dans le meilleur état de défense, et les premières approches des Anglais furent repoussées avec grande vigueur : de fâcheuses nouvelles arrivèrent successivement au camp anglais; on apprit que Maximilien était toujours en Allemagne, et que ses lieutenants, malgré leurs succès en Flandre, étaient tenus en échec sur la frontière par le maréchal des Querdes; puis le bruit se répandit que les « Rois Catholiques » traitaient avec la France, moyennant la restitution du Roussillon et de la Cerdagne. Ce bruit était vrai : la cour de France s'était décidée à ce sacrifice, sans même exiger le remboursement des sommes autrefois prêtées par Louis XI sur ces deux comtés. Le traité par lequel la France abandonnait sa frontière naturelle des Pyrénées orientales ne fut publié qu'au mois de janvier suivant; mais il était arrêté dès le mois d'octobre. Ferdinand et Isabelle renouvelèrent à ce prix la vieille alliance de la France et de l'Espagne, promirent de ne jamais marier leurs enfants à ceux de Maximilien et de Henri VII, et de ne pas s'opposer aux projets que Charles VIII nourrissait sur Naples : on vit plus tard ce que valaient ces promesses[2].

---

1. Triste consolation! Pour l'humanité, ce fut une calamité après une calamité, et la ruine de la civilisation moresque n'offrit pas même l'espèce de compensation qu'avait eue la chute de Constantinople. Les lettres grecques, chassées du Levant, s'étaient répandues en Occident : les arts moresques périrent avec Grenade.
2. On dit que Ferdinand avait acheté deux franciscains, dont l'un avait accès près du roi et l'autre était le confesseur d'Anne de France, et que ces adroits intrigants persuadèrent à madame de Bourbon et à Charles VIII que l'âme de leur père serait

Henri VII laissa paraître beaucoup de découragement : le siége de Boulogne n'avançait pas; les remparts de la ville bravaient l'artillerie anglaise, très-inférieure à celle des Français; les Anglais, accoutumés aux chocs tumultueux de leurs luttes civiles, avaient perdu toute habitude de la guerre régulière; ils s'ennuyèrent promptement de bivouaquer dans la boue sous un ciel d'automne, et les lords et les capitaines, instruits par Henri des propositions de la France, conseillèrent presque tous la paix à leur roi. Dès le 3 novembre, un traité fut signé à Étaples, par lequel les rois de France et d'Angleterre arrêtèrent entre leurs royaumes une paix inviolable, pour tout le temps de leur vie à tous deux et un an après « le trépassement » du dernier mourant, le successeur du premier mourant étant tenu de confirmer et ratifier la paix dans l'année de son avénement; la liberté de commerce était stipulée entre les deux royaumes, sauf l'observation des lois, statuts et coutumes de chaque contrée; les alliés des deux parties pouvaient être compris, à leur vouloir, dans ce traité, qui devait être garanti par les Trois États de France et d'Angleterre, et le Saint-Père serait requis d'excommunier celui des deux rois qui se rendrait parjure. Suivant des conventions qui ne furent point consignées parmi les articles d'Étaples, Charles VIII s'engagea de payer à Henri VII, en dedans quinze années, 620,000 écus d'or, au nom d'Anne de Bretagne, sous prétexte d'indemniser le roi anglais des secours qu'il avait fournis à la Bretagne, plus 125,000 écus d'or en son propre nom, comme arrérages d'une pension promise autrefois pour cent ans aux rois d'Angleterre par l'évêque d'Elne, plénipotentiaire de Louis XI : Louis, tout en payant à Édouard IV une pension que la vanité anglaise qualifiait de tribut, n'avait jamais ratifié cette promesse, et avait rompu toute relation avec l'Angleterre à la mort d'Édouard [1].

Ce traité, qui ne satisfit nullement les Anglais, eût dû mécontenter la France bien davantage encore; la France n'était pas dans

---

tourmentée en purgatoire jusqu'à ce que « le bien mal acquis » fût restitué aux héritiers légitimes. Le Roussillon n'était point « un bien mal acquis », et l'anecdote est fort peu croyable quant à madame Anne. V. la Préface de Lenglet-Dufresnoi sur Comines.

1. Rymer, t. XII, p. 481-506.

une situation à acheter la paix de personne, et c'était un étrange et triste spectacle que de voir ceux qui gouvernaient cette puissante et belliqueuse nation livrer son or à l'Anglais, sa frontière à l'Espagnol[1]. Ce n'était pourtant pas le courage qui manquait à Charles VIII, mais l'intelligence des vraies destinées de la France. Il eût pu non-seulement tenir tête à ses adversaires, mais prendre l'offensive avec la plus belle armée et la plus formidable artillerie de l'Europe; il eût pu, grâce à la réunion de la Bretagne, donner à la France une grande marine, et diriger les forces nationales vers la conquête de Calais; toutes les chances eussent été pour la France dans cette lutte, et sans doute les orgueilleuses illusions des Anglais eussent été cruellement dissipées au premier choc : la supériorité militaire des Français était certaine.

Le jeune roi ne comprit pas; la tête pleine de romans des croisades et de folies héroïques, il dédaigna la gloire solide qui s'offrait sous sa main pour courir après de brillants fantômes; il abandonna l'œuvre poursuivie avec tant de succès par son père et par sa sœur, l'œuvre de l'achèvement territorial de la France, et voulut se débarrasser à tout prix des guerres qui grondaient aux frontières pour se livrer tout entier à sa passion d'aventures lointaines et de romanesques entreprises! Qu'importaient Calais et Perpignan à qui rêvait Constantinople et la Terre-Sainte?

Les hostilités, si promptement terminées avec Henri VII, ne se prolongèrent plus beaucoup contre le roi des Romains : la nuit même qui suivit la conclusion du traité d'Étaples, les lieutenants de Maximilien avaient remporté un avantage signalé; Arras leur avait été livré par quelques-uns de ces bourgeois que Louis XI avait autrefois chassés de leur patrie, et qui n'avaient jamais déposé leurs sentiments hostiles contre la France. Arras fut cruellement puni : ses prétendus libérateurs le pillèrent impitoyablement, sans épargner même les citoyens qui les avaient appelés. Peu de temps après, Bapaume fut pris aussi par l'ennemi, et l'on reçut de mauvaises nouvelles de la Franche-Comté : une insurrection générale venait d'y éclater; les Comtois, attachés au sang

---

1. La ville de Perpignan, dont les sentiments avaient fort changé, protesta énergiquement contre le traité qui la séparait de la France. V. le *Recueil* de Godefroi, p. 671-673.

de leurs anciens princes, ne se considéraient plus comme sujets du roi de France depuis que Charles VIII avait répudié la fille de Marie de Bourgogne. Besançon même avait été entraîné dans le mouvement.

La supériorité des armes françaises eût pu réparer promptement ces échecs; mais les négociations s'étaient déjà rouvertes. Maximilien, stipulant tant en son nom qu'en celui de ses enfants, Philippe et Marguerite, demanda qu'on lui rendît sa fille, qui était encore gardée en France, et, avec elle, la dot qui avait été assignée à cette jeune princesse par le traité d'Arras en 1482, c'est-à-dire les comtés d'Artois, de Bourgogne et de Charolais, et la seigneurie de Noyers. Charles VIII céda à Maximilien comme à Henri VII et à Ferdinand; on a dit que, cette fois au moins, il n'avait cédé qu'à des prétentions légitimes, et qu'il n'avait aucun titre à garder la dot en répudiant la femme. Charles VIII ne pouvait, en effet, spolier Marguerite d'Autriche, contre le gré des populations dont on l'avait déclarée souveraine; mais Charles VIII n'eût jamais dû souffrir que l'Artois et la Franche-Comté sortissent de la maison de France, et le mariage de Marguerite avec un des princes français eût dû être la condition absolue de la paix. On ne fit aucune réserve de ce genre; la paix fut conclue à Senlis, le 23 mai 1493, par l'entremise des ambassadeurs de l'empereur Frédéric, et Marguerite quitta la France, emportant avec elle deux provinces [1].

Charles VIII, grâce à tant de sacrifices, se vit enfin libre de bouleverser, avec une témérité d'enfant, les destinées du monde! Le fracas des révolutions qu'il suscita, l'éclat des succès que lui valut un concours de circonstances qu'il n'avait ni préparées ni prévues, qu'il ne comprit même pas, ont abusé, sur le compte de ce « grand roi », de ce « roi petit de taille et grand de cœur », la vive imagination de Brantôme et le jugement de presque tous nos vieux historiens [2]. Le judicieux Comines, qui connaissait mieux l'héritier de Louis XI, tout en louant son courage et la bonté de

---

1. Il semblait qu'on eût dû, au moins, revendiquer les vieux droits de la couronne sur la Flandre wallonne; mais le traité de 1482 avait interdit cette revendication si le mariage de Charles et de Marguerite manquait par le fait de la France.

2. Brantôme, *Éloge du roi Charles VIII*. — Jean Bouchet, *Panégyrique de Louis de La Trémoille*, etc.

son cœur, le représente comme un jeune homme « de peu de sens, plein de son vouloir et pas accompagné de sages gens », et confirme ainsi en partie le portrait, un peu chargé, qu'a tracé de Charles VIII l'historien florentin Guicciardini (Guichardin). « La nature lui avoit refusé presque tous les avantages du corps et de l'esprit; il étoit faible et malsain de complexion, petit de taille, laid de visage, sauf les yeux qui avoient du feu et de la dignité, monstrueusement disproportionné de ses membres [1]..., illettré au point de savoir à peine lire, avide tout ensemble et incapable de commander, ennemi de tout travail et de toute application, dénué enfin de prudence et de jugement : son désir de gloire n'étoit que fougue de tempérament; sa libéralité, que caprice; sa fermeté, qu'obstination; sa bonté, que foiblesse. — Ce qui met le comble à nos maux », ajoute l'historien italien, « c'est que nous ne pouvons imputer notre honte au mérite de notre vainqueur [2]. »

Tel était le prince dont la faible main déchaîna ces grandes guerres qui ouvrirent l'ère moderne. Le principal mobile de Charles VIII fut le désir de voir « choses nouvelles et de faire qu'il fût parlé de lui. »

Son plan, son rêve, fut de conquérir Naples, en vertu des droits de la maison d'Anjou, transmis à son père avec la Provence, puis de faire de Naples une étape pour Constantinople, d'abattre le Grand Turc et d'aller prendre à Sainte-Sophie la couronne des empereurs d'Orient.

Ici, comme d'ordinaire, il faut se garder de trop accorder les grands effets aux petites causes : s'il n'y avait eu en jeu que l'imagination romanesque d'un jeune homme, l'entreprise eût été arrêtée dès les premiers pas; mais de grandes causes appelaient les armes étrangères en Italie, et, en tête de ces causes, comme nous le montrerons, la volonté aveugle de l'Italie elle-même. Il n'y a point à s'étonner que le jeune roi ait cédé à de telles attractions.

1. Barthélemi Coclès, célèbre physionomiste italien, rapporte que Charles VIII avait la tête grosse, le nez long, les yeux grands et saillants, le tronc large et fort, les cuisses et les jambes menues et grêles.

2. Fr. Guicciardini *Storia*, l. I. — La grande histoire de Guichardin est le principal monument qui existe sur les guerres d'Italie, depuis l'invasion de Charles VIII jusqu'à l'année 1534.

Pour y résister, il eût fallu l'esprit politique de Louis XI ou d'Anne de France. L'Europe entrait dans une situation nouvelle, et il y avait toute une politique nouvelle à trouver.

L'abstention absolue dans les affaires d'Italie, l'indifférence n'était pas possible à la France. L'Italie en décadence se trouvait entre trois grandes puissances, toutes trois récemment organisées et concentrées, la France, l'Espagne et le Turc. La France avait un immense intérêt à empêcher les deux autres d'envahir l'Italie. Devait-elle l'envahir elle-même et provoquer la guerre sur ce terrain, ou se borner à surveiller ses rivaux et s'apprêter à couvrir contre eux l'Italie, ou bien enfin prendre position en s'abstenant de conquérir pour la couronne et en poussant sur Naples une nouvelle maison d'Anjou, c'est-à-dire le duc de Lorraine, ainsi dédommagé de ses prétentions sur la Provence?

Charles VIII prit le premier parti, le plus chanceux et le moins raisonnable, le plus opposé aux vrais intérêts de la France, et s'y prépara, nous l'avons vu, par une série de fautes.

Les causes des événements qui vont se dérouler, nous les indiquerons tout à l'heure. Pour la France, la vraie cause fut ce système de l'hérédité féodale, qui transmet et partage les peuples comme un héritage, sans tenir compte ni des nationalités ni des divisions naturelles du globe. Le système dynastique, en investissant nos rois de prétentions héréditaires sur diverses parties de l'Italie, pousse la France à devenir conquérante de protectrice qu'elle devrait être, lui vaut une gloire stérile et disputée, amène, par la pénétration réciproque et rapide de l'Italie et de la France, une vive accélération dans le mouvement de la Renaissance et de la civilisation française, mais aboutit à constituer, contre la France, refoulée chez elle, et sur le cadavre de l'Italie, une puissance formidable sous laquelle faillira plusieurs fois s'abîmer toute la civilisation moderne, la puissance austro-espagnole.

LIVRE XLIII

GUERRES D'ITALIE.

Charles VIII, suite. — L'Italie au xve siècle. Philosophie, Lettres et Arts. Gloire de Florence. Pic de La Mirandole. Brunelleschi. Léonard de Vinci. Horribles scandales de la papauté. Alexandre VI. Splendeur intellectuelle. Décadence politique et religieuse. Luttes intestines. Le prophète de Florence. Savonarola. Essai de régénération. Appel à la France. — Charles VIII revendique Naples. Expédition de Charles VIII. Les Français à Pise, à Florence, à Rome. Conquête de Naples. — Ligue de l'empereur, de l'Espagne, du pape, de Venise et de Milan contre la France. Retour de Charles VIII. Bataille de Fornovo. — Fautes des Français. Incurie du roi. Naples reperdu. — Le prophète de Florence échoue. Martyre de Savonarola.— Mort de Charles VIII. —Christophe Colomb. Découverte du Nouveau Monde. Vasco de Gama. Passage du Cap. Route de l'Inde.

1493 — 1498.

Avant d'entrer dans le récit des événements qui ruinèrent l'indépendance de l'Italie, contribuèrent à renverser l'équilibre de l'Europe, et exercèrent sur la France une si puissante réaction par le contact des mœurs et des arts italiens, il est nécessaire de jeter un rapide coup d'œil sur l'Italie du xve siècle ; il faut planer un moment, du haut des Alpes, sur cette illustre et malheureuse contrée, avant de s'abattre dans ses plaines avec les armées étrangères. On ne saurait comprendre l'histoire politique et intellectuelle des trois derniers siècles, sans entrevoir ce que fut l'Italie dans la période qui les précéda ; l'Italie, cette sœur aînée, cette institutrice de la civilisation moderne, si cruellement traitée par ses élèves et par ses frères !

Depuis les beaux siècles de l'antiquité, le monde n'avait point présenté d'aussi magnifique spectacle que celui qu'offrait l'Italie à la fin du moyen âge : elle se parait de milliers de chefs-d'œuvre, comme une reine qui se pare une dernière fois de tous les joyaux de sa couronne, à l'instant de descendre du trône et de tendre ses mains aux fers. Sa supériorité avait été longtemps incontestable dans la science du gouvernement ; elle l'était encore dans l'industrie, dans le commerce, dans presque toutes les applications pratiques de l'activité humaine ; elle l'était devenue dans les lettres et les arts. La suprématie qu'avait eue la France, aux XIIe et XIIIe siècles, dans le monde idéal de la poésie, de la plastique et de la philosophie, l'Italie en avait hérité aux XIVe et XVe.

La Renaissance italienne continuait de marcher à pas de géant, soutenue par l'imprimerie et par une science nouvelle qui s'appliquait à décrire les monuments du passé en attendant qu'elle pût en déterminer l'ordre de succession et les origines diverses : l'archéologie, *la science des choses anciennes*, était née à Rome, la ville des ruines [1]. La renaissance des lettres antiques en était à sa seconde période : le goût succédait à l'érudition pure ; la littérature savante, au savoir indigeste et aveugle : les hommes de la génération précédente n'avaient été, suivant l'expression d'un historien (M. Hallam), que « les pionniers de la science » ; d'autres mains firent porter une noble moisson à la terre qu'ils avaient défrichée. La Terre Promise, qu'avait appelée et que n'avait pas vue Pétrarque, amant également malheureux de Laure et de l'antiquité, était conquise maintenant. Cet Homère, dont Pétrarque baisait les manuscrits sans pouvoir les lire, il était révélé, dans toute sa splendeur première, au génie italien, et, avec Homère, Platon et toute la Grèce. La philosophie avait suivi l'essor des belles-lettres. Aristote, imparfaitement révélé par les traducteurs latins et les commentateurs juifs et arabes, avait eu sa renaissance prématurée au XIIIe siècle ; Platon avait la sienne au XVe, qui lisait, admirait, idolâtrait sa parole, sa langue autant que sa pensée. Le platonisme avait reparu, non pas subtil, douteur et abstrait comme à l'Académie, mais mystique et enthousiaste comme à Alexandrie. Les doctes exilés de la Grèce s'étant fait la guerre au nom de Platon et d'Aristote, la jeune science italienne avait pris parti en majorité contre le dieu de la vieille scolastique. La lutte continuait toutefois, et les deux partis en

---

1. Les plus anciens ouvrages d'archéologie publiés sont de Biondo Flavio, secrétaire du pape Eugène IV et de ses successeurs.

venaient à poser, beaucoup plus hardiment et plus directement, les redoutables problèmes qui avaient éclaté maintes fois dans la scolastique. Parmi les péripatéticiens de Padoue dominait le panthéisme averrhoïste, qui nie l'âme individuelle et n'admet que l'âme universelle du genre humain. Les néoplatoniciens de Florence se croyaient chrétiens orthodoxes, voulaient associer Orphée à Moïse, Platon à Jésus-Christ, défendaient la cause de l'âme, mais pour lui proposer comme but et fin suprême l'absorption en Dieu; c'est-à-dire qu'ils revenaient au panthéisme par un autre chemin, tirant logiquement l'inévitable conséquence de toute doctrine purement ascétique et contemplative, et ne pouvant s'arrêter à cet inconséquent et contradictoire paradis du moyen âge, où la foi, l'espérance et l'activité étaient supprimées et où l'on prétendait maintenir l'individualité de l'âme en supprimant les éléments de l'individualité [1]. L'orthodoxe cardinal Bessarion, l'introducteur de la nouvelle école platonicienne en Italie, avait été bien vite dépassé.

Dans ce vaste tourbillon d'idées soulevé par la Renaissance, toute l'antiquité revenait à la fois : Épicure et le matérialisme atomistique à côté de Platon et d'Aristote; le docte Laurent Valla s'était fait récemment l'apologiste d'Épicure et n'avait pas manqué de disciples; enfin la mythologie elle-même redevenait une sorte de culte d'imagination pour une foule d'érudits et d'artistes, qui n'étaient pas bien loin de croire à Vénus et au grand Jupiter.

Le saint-siége avait, un moment, réagi avec violence. Le sanguinaire et avide Paul II, triste champion du christianisme, avait, en 1468, entamé une brusque persécution contre les philosophes et les savants qui renouvelaient « les superstitions païennes ». Il ne s'attaqua pas aux pires. Un platonicien mourut dans les tortures sous ses yeux. La réaction fut promptement arrêtée. Les successeurs de Paul II, non par humanité ni par tolérance, mais par indifférence et préoccupation d'autres intérêts, laissèrent la Renaissance reprendre librement son cours. L'idéalisme platonicien continua de s'épanouir en paix dans Florence, cette Athènes du moyen âge, qui avait trouvé deux Périclès chez les deux

---

1. *V.* notre t. IV, p. 276, sur la doctrine de l'École.

grands Médicis, l'aïeul et le petit-fils, Cosme et Laurent : l'Académie était ressuscitée dans les jardins de la villa des Médicis ; Laurent le Magnifique venait s'asseoir entre les disciples de Marsile Ficin, l'oracle de la nouvelle Académie, et l'anniversaire de la naissance de Platon se célébrait sur la montagne de Fiesole avec autant d'éclat que la fête de la naissance du Christ. Marsile Ficin ne tarda pas à être effacé, et l'Académie vit éclore dans son sein un génie qui semblait destiné à égaler tout ce que l'antiquité avait produit de plus sublime : c'était Pic de La Mirandole, ce prodigieux enfant qui avait épuisé toute la science humaine à l'âge où l'esprit de l'homme commence à peine de s'ouvrir aux connaissances supérieures, et à qui il ne restait plus, à vingt-quatre ans, que de se montrer aussi puissant pour créer que pour comprendre [1]. Il l'essaya! Sa vraie gloire n'est pas dans cette universalité de savoir si surprenante, mais pourtant explicable par le peu de développement qu'avaient alors les sciences exactes et physiques : les générations qui nous ont précédés n'ont peut-être pas été aussi bien en position que la nôtre d'apprécier ce qu'il y eut de véritablement grand dans cet homme ; on s'est trop préoccupé des rêves que put susciter dans son ardente imagination l'étude de la théurgie et de la kabale juive [2] ; il faut chercher le sens métaphysique sous l'enveloppe mystique : sa grande et immortelle pensée, celle qui l'arracha, tout rayonnant de beauté, de jeunesse et de gloire, aux voluptés et aux vanités du monde, ce fut la recherche de l'unité essentielle des traditions du genre humain à travers toutes les formes et sous tous les voiles qui cachent cette unité. Planant avec une impartialité souveraine au-dessus des sectes de son temps, il se sépara de ces érudits exclusifs qui reniaient l'ère chrétienne pour n'adorer que l'antiquité : il débuta

1. A seize ans, il savait le droit civil et le droit canon ; à vingt-quatre, toutes les sciences physiques et métaphysiques et toutes les langues alors connues en Occident, y compris l'arabe, l'hébreu, le chaldaïque et le syriaque ; ce fut à vingt-quatre ans qu'il soutint à Rome ses fameuses thèses *De omni re scibili*.
2. Encore ne faudrait-il pas s'exagérer la crédulité de Pic à l'égard des sciences occultes, car il écrivit un traité contre l'astrologie, et cela tandis que la croyance à l'astrologie était encore si générale, que Florence attendait le moment fixé par les astrologues pour remettre à son général le bâton de commandement. Sismondi, *Républiques italiennes*, t. XI, p. 416. Ses études mystiques paraissent avoir eu pour but la recherche d'une théorie de symbolisme applicable à l'explication des livres saints.

par défendre, dans une lettre admirable de raison et d'éloquence[1], la cause des anciens scolastiques, c'est-à-dire de la philosophie du moyen âge, contre le dédain des philologues; puis il s'efforça de démontrer qu'on se trompait en opposant fondamentalement entre eux Aristote et Platon, et voulut enfin entreprendre de concilier, non plus seulement Platon et Aristote, mais les juifs et les Grecs, les chrétiens et les Arabes, mais tous les sages anciens et modernes, en les expliquant et en les complétant les uns par les autres dans une « harmonie générale de la philosophie »!.....

Pic était venu trop tôt : le monde ne pouvait porter encore une telle pensée; les preuves et les instruments eussent manqué à l'idée, et la science générale eût été hors d'état de confirmer l'intuition prophétique du sublime rêveur; Pic tomba épuisé sur les fondements du temple dont il avait posé les premières pierres: il mourut à trente et un ans, retiré de ce monde dans tout l'éclat de sa belle jeunesse, comme ce Raphaël qui lui ressembla par les sentiments aussi bien que par la destinée, qui exprima par le pinceau la même foi que Pic avec la plume, mais qui, plus heureux, a légué son œuvre achevée et triomphante à l'admiration des hommes[2].

L'art italien, en effet, a atteint, pour un moment du moins, ces sommets suprêmes que la philosophie italienne n'a fait qu'entrevoir; tandis que l'Académie suivait de ses vœux ardents l'essor sitôt brisé de son jeune héros, les écoles de peinture réalisaient l'idéal le plus élevé et le plus compréhensif qu'ait conçu jusqu'ici l'intelligence humaine. Cette *Harmonie*, que Pic de La Mirandole appelait dans les choses de la philosophie, les divins maîtres de Florence, complétés par un enfant de l'Ombrie, l'accomplirent dans les choses de l'art.

On n'attend pas sans doute que ce livre essaie de résumer l'histoire immense de l'art italien; à peine sera-t-il possible d'en rappeler ici en peu de lignes les principales phases, jusqu'à l'époque où il déborda sur la France et sur l'Europe. Depuis la

---

1. *Apud Politiani epistolas*, l. IX.
2. Sur toute cette période, V. Hallam, *Littérature de l'Europe*, t. I, c. 3, Section 4.

fin de l'antiquité jusqu'au xiiie siècle, l'art de l'Italie avait été un mélange d'éléments romans et d'éléments byzantins [1]. La peinture et la sculpture ne connaissaient alors que d'immuables types hiératiques. Au xiiie siècle, deux autres éléments, partis des deux pôles opposés, vinrent se rencontrer en Italie et illuminer de leur double reflet les rigides fantômes byzantins. Le style ogival passa les Alpes, d'un élan qui coïncidait avec le mouvement mystique imprimé par saint François d'Assise, et apporta en Lombardie, puis en Toscane, les types élancés et pieusement passionnés que sa statuaire mariait si bien aux lignes aiguës et légères de son architecture. Pendant que les architectes allemands et les Français, les maîtres des Allemands, introduisaient à Vérone, à Venise, puis à Florence et à Naples, le style ogival [2], les marins de Pise rapportaient dans leur cité le goût antique avec les débris de la sculpture grecque, et l'architecte-sculpteur Niccolo de Pise inaugurait dans ses œuvres élégantes le premier essai de la Renaissance. Du mariage de ces deux principes, le sentiment librement religieux de la France, de la Gaule chrétienne, et la grâce harmonieuse de l'Hellénie, naquit à Florence le père de la peinture moderne, l'immortel Giotto. L'observation de la nature vivante compléta l'idéal nouveau qui délivra l'Italie des langes de l'hiératisme byzantin. La peinture italienne montra au monde, pour la première fois, la beauté de forme unie à la beauté d'expression, et l'amour divin uni à l'amour de la nature. L'art antique, dans ses dernières périodes, avait exprimé quelquefois la passion humaine, la passion dans le fini, jamais l'aspiration douloureuse vers l'inconnu, jamais la passion du divin et de l'infini.

L'équilibre des éléments de l'art ne tarda pas à pencher du côté de l'antique; l'impulsion de la Renaissance était trop forte et répondait trop bien aux instincts traditionnels de l'Italie, pour ne pas entraîner les artistes avec les philosophes et les savants. Le système ogival avait été promptement modifié par l'esprit de

---

1. Ce mélange existait aussi chez nous; mais le principe byzantin n'y figurait que dans une très-faible proportion, tandis qu'en Italie, il régnait à Venise et disputait le terrain sur beaucoup d'autres points. Le splendide développement de la mosaïque lui appartient.

2. L'établissement d'une dynastie française à Naples, sous Charles d'Anjou, seconda les conquêtes du style ogival.

l'Italie et par les convenances du climat; et la main qui avait créé la grande peinture, la main de Giotto, avait laissé aussi sur l'architecture sa noble et gracieuse empreinte. Un autre Florentin de génie, Filippo Brunelleschi, au lieu d'une simple modification, fit une révolution tout entière. « Frappé de stupeur », raconte Vasari, « à l'aspect des merveilleux monuments de Rome », ce sanctuaire de l'antiquité, dont l'art du Nord n'avait osé franchir les portes [1], Brunelleschi étudia profondément le système des constructions romaines, pour en reproduire la puissance et en dépasser la hardiesse : il appliqua les mathématiques à l'architecture avec une rigueur, une certitude inconnues avant lui, et jamais égalées depuis; dépassant tout à la fois en science les anciens et le moyen âge, il supprima la forêt de supports extérieurs qui appuyaient la cathédrale ogivale, voulut faire de la coupole, employée avec timidité par le moyen âge italien, le principe essentiel d'une nouvelle architecture religieuse, et jeta dans les airs, soutenu par les seules lois de l'équilibre, le dôme gigantesque de Sainte-Marie-des-Fleurs [2]. Dans son grandiose éclectisme, Brunelleschi avait associé aux règles et aux quatre ordres antiques restaurés l'ogive, dont il reconnaissait la supériorité sur le cintre. Après lui [3], l'antique ne tarda pas à tout envahir dans l'architecture italienne, les lignes comme les proportions et les ornements [4]. L'avenir devait décider si la grandeur de Brunelleschi n'avait pas été une grandeur toute personnelle, et si l'art, spécialement l'art religieux, avait gagné à ce radical changement; si, enfin, l'architecture d'origine française était surpassée, était même véritablement remplacée.

L'Italie n'en doutait pas, toute charmée des élégantes constructions qui ravivaient ses souvenirs et souriaient à son génie. Elle avait raison, tout au moins, de ne pas douter de sa supériorité

---

1. L'église des Dominicains, dite de la *Minerve*, est le seul édifice de Rome où se soit glissée l'ogive.
2. 131 pieds de diamètre : les coupoles byzantines avaient 30, 40, 50 pieds au plus. Le Panthéon et les Invalides en ont 62 et 75.
3. Mort en 1446.
4. Leone Batista Alberti anathématise l'*arc en tiers-point*, et ce qu'il appelle le goût *tudesque*, c'est-à-dire introduit par des Allemands à Florence, et toute la Renaissance fait chorus.

dans les autres arts. Tous continuaient à se développer dans une magnifique harmonie au sein de la glorieuse Florence. Ghiberti et Donato, l'un le rival, l'autre l'ami de Brunelleschi, transportant à Florence la tradition agrandie de l'école grecque de Pise, avaient enorgueilli leur patrie par des miracles de sculpture : Ghiberti, dès le commencement du xv⁰ siècle, avait couvert de ses incomparables bas-reliefs ces portes de San-Giovanni que Michel-Ange proclama « dignes d'être les portes du Paradis » : les arts secondaires, l'orfévrerie, la ciselure, la gravure [1], la menuiserie, étroitement liés aux arts principaux, les aidaient dans leur tendance à une plastique plus correcte et plus précise : Paolo Uccello introduisait dans la peinture la perspective, et Masolino, le clair-obscur, le jeu des ombres et de la lumière, cette magique science que ne connaissait pas l'école de Bruges dans son uniforme splendeur : la forte réalité, qu'avaient exprimée Van-Eyck et ses rivaux de Cologne, pénétrait, avec Masaccio, dans cette Italie où Giotto avait intronisé l'idéal, et s'associait à l'idéal pour l'animer, non pour l'éteindre. « Tout ce qui a été fait avant Masaccio est peint », dit le Vasari ; « mais tout ce qu'il a fait est vivant comme la nature même. »

Les instruments et les ressources matérielles de l'art ne cessaient de s'accroître : l'importance attachée à la précision des formes, depuis que l'expression du visage ne suffisait plus à l'art et que le corps humain se dégageait des flottantes draperies du moyen âge, amenait l'étude de l'anatomie, et, tandis que le dessin marchait à une perfection toujours plus sévère, la couleur s'illuminait d'un éclat inconnu : l'Italie empruntait à l'école flamande le procédé de la peinture à l'huile, et le chaud et riche coloris des maîtres de Bruges, allumant au soleil orageux de l'Adriatique l'éblouissant foyer de Venise, projetait de loin ses reflets sur les créations de la peinture florentine, qui avaient gardé jusqu'alors dans leur beauté la pâleur originelle de la fresque. La couleur, éclose parmi les nuages des étés du Nord, venait demander au ciel brillant et changeant des lagunes ses suprêmes magnificences, et Giorgion, unissant à l'éclat de Bruges

---

1. La gravure sur cuivre fut inventée vers 1460.

le clair-obscur de Florence, élevait la bannière de la puissante école vénitienne. D'une extrémité à l'autre de l'Italie, l'art déployait, dans toutes les directions, une ardeur, une force, une fécondité indicibles : des maîtres illustres et de florissantes écoles surgissaient dans les moindres cités; l'universalité encyclopédique des hommes qui dirigeaient ce prodigieux essor confond l'imagination; les principaux artistes, cultivant à la fois toutes les branches de l'art, étaient en même temps à la tête du mouvement des sciences exactes et naturelles, et s'associaient à tous les progrès des lettres et de la philosophie : l'architecte Leone-Battista Alberti inventait l'optique et la sonde marine, égalait dans les exercices du corps les athlètes et les héros de l'ancienne Grèce, improvisait, au sein de l'Académie platonicienne, un commentaire sur le sens symbolique et philosophique de l'Énéide; « architecte, peintre, sculpteur, graveur, perspectiviste, musicien, orateur, poëte, critique, historien, moraliste, physicien, mathématicien, Léon-Battista Alberti serait unique dans l'histoire, si Léonard de Vinci n'eût point existé [1]. » Dans cet impérissable nom du Vinci se résument toutes les grandeurs de Florence, si pourtant une seule ville a droit de réclamer cet homme que revendique l'humanité tout entière.

En Léonard se résume, à un degré bien plus sublime que chez Alberti, cette universalité qui fut le caractère du génie italien, et surtout ce double élan qui emporta l'Italie de la Renaissance à la fois vers le réel et vers le beau, vers les sciences de la nature et vers les arts plastiques. Léonard est la personnification de ce naturalisme héroïque qui se manifesta dans Florence en même temps que l'idéalisme abstrait et mystique des néo-platoniciens, principes parfois alliés, contraires au fond. Léonard est la réaction même contre le christianisme ascétique du moyen âge, qui craignait et repoussait la nature, en dehors comme au dedans de l'homme. Il tend, avec une aspiration immense, dans l'ordre de la science, à pénétrer, à dominer la nature, dans la sphère de l'art,

---

1. Leclanché, *Commentaires sur Vasari*. Nous avons fait des emprunts, sur la marche et le développement de l'art, à l'ouvrage de M. H. Fortoul, *De l'Art en Allemagne*, publié en 1841; mais avec des réserves nécessaires, l'auteur attribuant à l'Allemagne des éléments dont l'origine française n'est plus douteuse aujourd'hui.

à exprimer la nature, mais la nature avec toute la poésie de ses formes sans nombre et de sa vie infinie, comme la comprenaient les anciens, avec toute la précision, la rectitude et l'harmonie de ses grandes lois, comme la comprendront les modernes. Il est à la fois Archimède et Apelle, Galilée et Buffon; un Aristote artiste, pourrait-on dire. Il reprend, avec une sûreté de déduction et une audace d'intuition inouïes, la parole de Roger Bacon : « l'observation et l'expérience nous donneront le monde ». Il prophétise toutes les hautes découvertes de l'astronomie, de la physique, de la géologie, de l'histoire naturelle [1]. Comme un conquérant qui fait du haut d'une montagne la distribution de ses royaumes, il appelle de loin tous les découvreurs et leur partage les règnes de la nature à conquérir. Aussi fécond dans la pratique que dans la théorie, de la même main qui bâtit des citadelles et qui dessine le beau système d'irrigation de la Lombardie, il évoque sur la toile ces souriantes et rayonnantes images qu'il peut bien déguiser sous les noms de Jésus, de Marie ou de Jean-Baptiste, mais qui ne sont, en réalité, que les divinités du paganisme éclairé et agrandi, que les dieux de la religion du grand Pan (ses monstres et ses terribles batailles ne sont que l'autre aspect des choses, la nature dans ses violences). Giotto est bien loin. L'homme enivré de luimême et de sa royauté naissante sur la nature se chante ici son propre hymne au lieu de reporter la louange à son auteur. Seule peut-être, dans l'œuvre de Léonard, l'immortelle Cène de Milan n'est point païenne; mais, dans son austère majesté, elle est plus philosophique et historique que chrétienne. Toute la conception

---

1. Il indique le vrai système planétaire, la machine à vapeur, le thermomètre, le baromètre, le mortier à bombe. Il signale, dans les termes les plus lucides, l'unité de composition de l'être organisé, la théorie de Geoffroy Saint-Hilaire. « Les découvertes qui illustrèrent les Galilée, les Kepler, les Mœstlin, les Maurolicus, les Castelli... le système de Copernic, et jusqu'aux théories de nos géologues modernes, sont indiqués par Léonard de Vinci dans l'espace de quelques pages (Hallam, *Littérature de l'Europe*, etc.; c. 3, section 5). Il avait des notions profondes des lois du mouvement, de la vision, etc. Ses écrits attestent que le mouvement annuel de la terre était dès lors admis par beaucoup de philosophes. Les antiques enseignements de Pythagore recommençaient à percer sous le système de Ptolémée. — *V.* Venturi, *Essai sur les ouvrages physico-mathématiques de Léonard de Vinci* (Paris, an v de la république). Les manuscrits de Léonard de Vinci appartiennent à la France, où ce grand homme a fini ses jours : souvent promis à la France et au monde, ils n'ont pas encore été publiés, à l'exception de son *Traité de la peinture*.

idéale du XIIIᵉ siècle a disparu, remplacée par la réalité historique élevée au sublime.

Léonard avait donné le dernier mot de la pure Renaissance et de la perfection plastique, mais non le dernier mot de l'art italien. Après le grand païen, un suprême effort allait se faire pour réunir, comme nous l'avons indiqué, dans une harmonie finale, aux pieds du Dieu des chrétiens, le christianisme et l'antiquité, l'Ancien et le Nouveau Testament, la Grèce et le moyen âge. Raphaël et Michel-Ange allaient paraître.

Magnifique spectacle! avons-nous dit; merveilleux épanouissement de civilisation qui dépassait de si loin le reste de la chrétienté! Ne semblerait-il pas que l'Italie dût régner sur l'Europe par l'esprit ainsi qu'elle avait régné autrefois par l'épée! Elle allait régner, en effet, mais comme la Grèce autrefois sur Rome, comme l'esclave règne sur le maître ignorant qui l'asservit et qu'il enseigne!

L'art et la science étaient debout en Italie, la tête dans les nues. La société croulait. L'arbre couvert d'un feuillage luxuriant et de fleurs incomparables était rongé au cœur. Le monde idéal de l'art et le monde social et politique offraient un contraste à donner le vertige. Il y avait là, entre le beau et le bien, un divorce tel que le genre humain n'avait rien vu de semblable; l'esthétique de Phidias et d'Apelle avec les mœurs de la Rome des Césars! La société périssait, non par affaissement et langueur, mais par fermentation dissolvante. Ces fiévreuses énergies, qui, chez les uns, s'épuraient et se calmaient pour enfanter des chefs-d'œuvre, tournaient chez les autres à toutes les fureurs des sens, à toutes les dépravations de l'esprit, à tous les délires du crime. Les vertus politiques périssaient chez le citoyen; les vertus religieuses chez le prêtre. Les populations flottaient de l'incrédulité aux superstitions des sciences occultes[1]. La liberté politique s'é-

---

1. « Les iniquités et les péchés s'étoient multipliés en Italie, parce que ce pays avoit perdu la foi du Christ. On croyoit généralement que tout dans le monde, et les choses humaines surtout, n'avoient d'autre cause que le hasard. Certains pensoient qu'elles étoient gouvernées par les mouvements et les influences célestes. On nioit la vie future; on se moquoit de la religion. Les sages du monde la trouvoient trop simple, bonne tout au plps pour les femmes et les ignorants. Quelques-uns n'y voyoient qu'un mensonge d'invention humaine..... Toute l'Italie étoit livrée à l'incré-

teignait presque partout. Les républiques s'étaient perdues dans d'étroites oligarchies ou dans des tyrannies, œuvres de la corruption ou de la violence, et ces oligarchies ou ces tyrannies étaient de beaucoup dépassées dans le mal par la royauté héréditaire de Naples et bien plus encore par la royauté théocratique de Rome. Depuis Nicolas V et Pie II, chez qui le génie politique, l'amour des lettres, la dignité des mœurs, couvraient encore l'affaiblissement de la foi et du sentiment chrétien, la papauté avait descendu tous les degrés de l'abîme; par le farouche et avide Paul II, par le fangeux et sanglant Sixte IV, qui avait fait du Vatican une Gomorrhe rivale en abomination du sérail othoman, par Innocent VIII, patron de tous les forfaits, sous qui Rome avait été une caverne de voleurs, d'assassins et de ravisseurs, la papauté était arrivée jusqu'à Alexandre VI. Rome, revenue aux jours de Tibère et de Néron, saluait d'acclamations idolâtriques le monstre qu'un conclave simoniaque venait de proclamer le vicaire du Christ[1] : l'inceste, le meurtre, la révolte contre Dieu et contre la nature semblaient avoir pris définitivement possession de la chaire de saint Pierre par cet homme qui résumait, avec une effroyable grandeur, les vices et les crimes de ses devanciers, et qui apparaissait comme une incarnation de l'esprit du mal.

L'excès du mal suscite une héroïque tentative de réaction. Un homme, en qui revit le moyen âge dans toute sa ferveur, le dominicain Girolamo Savonarola (Ferrarais de naissance, Florentin d'adoption; toute grandeur naissait ou aboutissait à Florence), se lève et annonce, de la part de Dieu, à Florence, à Rome, à l'Italie, un immense châtiment et la nécessité de la pénitence, la nécessité de passer par les angoisses de la mort

---

dulité..... Les femmes elles-mêmes nioient la foi du Christ, et tous, hommes et femmes, retournoient aux usages des païens, se plaisoient dans l'étude des poëtes, des astrologues et de toutes les superstitions. » Benivieni, ap. Perrens; *Jérôme Savonarole*; p. 44, 2ᵉ édit.

1.   Cæsare magna fuit, nunc Roma est maxima; sextus
   Regnat Alexander. Ille vir, iste Deus.

« Rome fut grande sous César : elle est bien plus grande, aujourd'hui que règne Alexandre VI. L'un fut un homme, l'autre est un Dieu. »
Inscription citée par Sismondi, *Républiq. italiennes*, t. XII, p. 62.

pour renaître et relever la *cité du juste*. Tribun et prophète, il prétend régénérer le catholicisme et l'Italie en les retrempant dans leur passé, en les refoulant jusqu'au xiiie siècle. Il tonne à la fois contre toutes les nouveautés et contre toutes les corruptions, contre les horribles scandales de la cour de Rome, contre l'art païen et la science païenne [1], contre le luxe et les voluptés, contre les idées et contre les mœurs. Sa parole éclate avec une telle puissance que Florence se convertit et quitte brusquement ses atours de courtisane pour les voiles de religieuse ; les héros du néo-platonisme, Marsile Ficin, Pic de La Mirandole lui-même, s'inclinent devant le grand ascète ; une grande partie des artistes, Fra-Bartoloméo en tête, se rejettent de l'école de Léonard vers les sentiments, sinon vers les formes de Giotto et du mystique Fra-Angelico ; la Renaissance et ses patrons, les Médicis, chancellent sous le flot de la réaction populaire ; le Vatican se trouble, surpris, comme la Babylone de Balthazar, au milieu de l'orgie. Alexandre VI essaie d'imposer silence au prophète avec un chapeau de cardinal. « Je ne veux d'autre chapeau que celui du martyre, rougi dans mon sang ! » répond publiquement Savonarola. Alexandre VI recule, saisi de stupeur : « Cet homme, s'écrie-t-il, est un vrai serviteur de Dieu ! »

Ces démons ivres des fureurs de la chair ne sont pas encore le dernier degré de l'abîme : le remords passe quelquefois sur eux comme un orage ; le démon sophiste, le démon de l'orgueil abstrait est le seul qui ne se repente jamais !

Remords stérile ! éclair fugitif ! Alexandre se replonge dans son enfer, et la lutte ne tardera pas à s'engager entre le pontife et le prophète.

Savonarola domine à Florence : il étonne, il ébranle au dehors. Mais l'Italie entière ne se précipite point à genoux sous le sac de cendre comme il l'y conviait ; l'impiété résiste, la conversion tarde, le déluge approche. Il viendra un vengeur qui réformera par l'épée l'Église et l'Italie. Le prophète est la voix ; l'autre sera le bras. Il viendra d'outre les monts. Ce ne sera pas l'empereur.

---

1. Il n'était point ennemi de toute science ; car il organisa dans son couvent de Saint-Marc une école de langues orientales.

L'empereur est impuissant, comme le pape est maudit. Ce sera le fils de saint Louis. Le peuple des croisades, le grand peuple fidèle du moyen âge, la France, est appelée à châtier et à sauver l'Italie, à « réformer l'Italie et l'Église, » à « servir de ministre à la Justice! »

Illusion du génie évoquant un passé qui ne peut revenir! La France de Jeanne Darc, durant l'extase sublime de 1429, eût compris sans doute; la France de Louis XI ne saurait comprendre. La mission de la France du moyen âge est finie; celle de la France moderne n'a pas commencé. Et, d'ailleurs, une nation peut bien être délivrée par une autre nation du joug étranger, mais ne saurait s'affranchir que par ses propres efforts des maux dont la source est en elle-même. C'est la profonde erreur du cosmopolitisme catholique. Savonarola méconnaît les vraies causes de la chute de l'Italie, et renouvelle, lui si patriote et si pur, les égarements par lesquels sa patrie s'est perdue.

La perte de l'Italie, en effet, a été le cosmopolitisme transmis de la Rome des Césars à la Rome des papes. Tandis que les autres peuples ont été se formant, se concentrant, se constituant selon leur génie propre, cette brillante civilisation italienne méconnaissait le principe essentiel de la civilisation moderne, la personnalité des nations. L'Italie gardait l'habitude de s'ouvrir à tous les peuples, espérant toujours les dominer tous de nouveau par l'empereur ou par le pontife. L'Italie voulait être un organe central et non un corps indépendant, et son rêve de domination universelle l'empêchait de constituer sa nationalité et aboutissait à la servitude. Toutes les républiques, excepté Venise, qui dut sa force et sa durée à cette exception, reconnaissaient au-dessus d'elles l'empereur ou le pape. Si l'on n'eût senti que le poids de l'un des deux, on l'eût secoué à la fin; mais la perpétuelle bascule des deux puissances épuise l'Italie en vaines actions et réactions. *Guelfes* et *Gibelins* font qu'il n'y a pas d'Italiens. Aucun des deux grands partis n'hésite à appeler l'étranger, qui n'est plus l'étranger dès qu'il soutient le pape, pour les Guelfes, ou l'empereur, pour les Gibelins. Les républiques, à leur tour, dans leurs querelles de ville à ville, ne font point de différence entre l'*étranger* italien ou l'étranger véritable.

On voit quelle est l'erreur de Savonarola. L'Italie marche à sa perte pour avoir demandé son salut au pape et à l'empereur. Maintenant qu'elle n'espère plus rien de l'empereur, l'étranger allemand, ni du pape, « l'éternel étranger », comme on l'a nommé, puisqu'il ne peut être ni chef ni membre d'aucune nation, Savonarola appelle un troisième étranger, le roi de France [1].

Autre principe de décadence dérivant du premier! L'esprit italien a été trop large d'une part, trop étroit de l'autre. Pas de nation : le monde et la commune. Le monde! l'Italie n'a pu le saisir. La commune! elle se réduit de plus en plus, comme force collective. Les conquêtes opérées par des communes sur d'autres communes ne sont pas des agglomérations, mais des destructions de forces politiques. La commune vaincue disparaît; la victorieuse, plus grande en territoire, est plus faible en citoyens! Les démocraties tournent en oligarchies. Comme autrefois les hommes civilement libres diminuaient sous l'empire romain, ainsi diminuent les hommes politiquement libres dans les cités italiennes; un historien a donné des chiffres d'une éloquence terrible : l'Italie aurait eu, au XIIIe siècle, près de 1,800,000 citoyens investis des droits politiques [2]; dix fois moins au XIVe; dix fois moins encore, c'est-à-dire environ 18,000 au XVe [3]! Les oligarchies tendent à tomber, presque partout, sous des tyrannies, et ces tyrannies, à leur tour, sont faibles, malgré l'intelligence supérieure de certains tyrans [4], parce qu'elles n'expriment pas des puissances collectives ni des sentiments de masses. Les fils de *condottieri* et les fils de banquiers qui se partagent les principautés achèvent d'éteindre la vie politique.

Sur ce point, Savonarola voit plus clair : il fera, pour raviver la république à Florence, des efforts qui ajouteront du moins quelques jours glorieux aux souvenirs de l'Athènes italienne, et,

---

1. Gênes et Florence avaient donné l'exemple depuis un siècle.
2. Alors que le droit politique, grande et glorieuse innovation, était fondé exclusivement sur le travail, et qu'on ne votait que comme exerçant une profession. On était, dans le vrai sens du mot, citoyen actif.
3. Sismondi; *Républiques italiennes*, t. XII, p. 17. Ces chiffres ne sauraient être qu'approximatifs.
4. Les Sforza de Milan, par exemple.

longtemps encore après sa mort, son ombre disputera sa chère Florence à la ruine commune de l'Italie.

Pour nous résumer, à la fin du xv° siècle, les esprits, jetés hors de la politique et de la liberté, sont, les uns à l'art, les autres à la vie effrénée des sens et des ambitions perverses. Les idées générales ont émigré dans la métaphysique pure et la physique. Plus de jurisconsultes ; plus de théoriciens du droit civil et du droit politique. Plus d'idéal social ; plus de juste et d'injuste, ni de règle de la vie. De là, cet effrayant divorce que nous avons signalé entre l'idéal et le réel [1]. L'esprit de l'Italie est remonté dans le ciel de l'art. Son corps est en enfer [2].

Ainsi divisée contre elle-même, dissoute politiquement, dissoute moralement, comment l'Italie résisterait-elle à l'invasion? Sa splendeur et sa faiblesse l'attirent également ; et ce n'est pas assez ; elle n'est pas seulement prête à la subir : elle l'appelle ! Celui que Savonarola invoque comme un fléau de Dieu, d'autres lui font signe comme à un instrument d'intrigue ! Les princes d'Italie ne comprennent pas que le temps n'est plus des passagères descentes impériales ou des petites guerres angevines et aragonaises : trois grandes et ambitieuses monarchies, libres de porter au dehors avec persévérance tout le poids de leurs forces, la Turquie, l'Espagne, la France, pressent l'Italie à l'est, au sud, à l'ouest ; ce n'est pas la volonté qui manque à l'empereur Maximilien pour fermer le cercle au nord avec l'Allemagne. Quand les étrangers remettront le pied en Italie, ils n'en sortiront plus.

Le premier danger était venu des Turcs [3]. Après la prise de Constantinople, l'héroïque résistance des Magyars, des Roumans, des Albanais, avait seule suspendu le débordement des barbares

---

1. Ce divorce se retrouve parfois dans la vie des artistes mêmes. Pérugin, le peintre des madones et des saintes, qui garde contre Léonard la tradition chrétienne, n'a plus que la forme, le moule, mais non la pensée de ses maîtres. Au dire de Vasari, il ne croit pas à l'immortalité de l'âme ! Et ces Siciliens qui s'arrachent par le poignard le secret de Jean de Bruges ! Il y a là d'étranges et terribles histoires !
2. Sur l'ensemble des destinées de l'Italie au moyen âge, *V.* le beau livre de M. Edgar Quinet ; les *Révolutions d'Italie,* t. I et t. II, 1ʳᵉ part. Jamais ce grand sujet n'avait été pénétré à de telles profondeurs.
3. Danger plus grand pour l'Europe, en général, que nous ne l'avions admis. *V.* notre t. VI, p. 488. M. Michelet en a montré éloquemment toute l'étendue. *V. Réforme,* t. Iᵉʳ.

sur l'Europe centrale et méridionale. Le sabre hongrois avait sauvé l'Allemagne; mais le torrent othoman n'en avait pas moins roulé jusqu'à l'Adriatique, et l'Italie était restée sous le coup des menaces de Mahomet II. Des deux républiques maritimes, l'une, Gênes, était ruinée par la perte de ses possessions du Levant [1]; l'autre, Venise, avait encore augmenté sa vaste domination dans l'Archipel et dans l'Adriatique à la faveur de ces mêmes catastrophes qui ruinaient sa rivale [2]; elle avait défendu opiniâtrément ses domaines, quinze années durant, contre les furieuses attaques des barbares; mais la gloire de Venise avait été la honte du reste de l'Italie; personne n'avait porté secours aux Vénitiens, lorsque, par trois fois, les incendies allumés par l'invasion turque, avaient roulé comme une mer de feu dans le Frioul. Venise s'étant décidée à acheter la paix avec le Turc, en sacrifiant quelques positions dans la Morée et l'Albanie (1479), le pape et le roi de Naples n'avaient pas caché leur regret que Venise n'eût pas été plus abaissée et plus humiliée par les infidèles. L'année même où les Turcs pénétrèrent dans la Marche Trévisane, le pape avait appelé les Suisses en Lombardie contre les Sforza (1478); Venise, à son tour, pour se venger du pape et du roi de Naples, s'entendit avec Florence, c'est-à-dire avec les Médicis, et tâcha de susciter contre le Napolitain soit le duc René de Lorraine, héritier naturel des droits de la maison d'Anjou sur Naples, soit même un prétendant plus formidable, le roi Louis XI. Le régent de Milan, Ludovic Sforza, le prince le plus éclairé et le moins mauvais, sinon le meilleur, de l'Italie [3], s'interposa et fit abandonner par Florence ce dangereux appel à l'étranger (1480). Mais Venise n'avait point pardonné, et ne craignit pas, pour atteindre le roi de Naples, d'attirer les Turcs à Otrante! Le sac d'Otrante et l'occupation de ce point de débarquement par les musulmans répandirent l'effroi

---

1. Elle avait perdu Péra, le faubourg latin de Constantinople, qui lui donnait le Bosphore, et Caffa, le port de Crimée qui était l'entrepôt du commerce de l'Europe avec la Perse et l'Asie centrale (1453-1475).
2. Elle s'était saisie de Chypre, en 1473, à l'extinction de la dynastie française de Lusignan.
3. Le grand protecteur de Léonard de Vinci, qu'il appela et garda de longues années à Milan. Ludovic gouvernait au nom de son neveu Jean Galéaz, encore enfant.

dans toute l'Italie : on savait que le terrible conquérant de Constantinople haletait après Rome, comme autrefois Alarik ou Attila! La mort de Mahomet II (3 mai 1481) détourna la tempête : ses deux fils Bayézid (Bajazet II) et Djem (Zizim) se disputèrent sa succession : Bayézid vainqueur s'engagea ensuite dans une guerre assez malheureuse contre le soudan mameluk d'Égypte et de Syrie, n'essaya pas de conquérir une seconde fois Otrante reprise par les Napolitains, et évita d'attaquer les chrétiens, qui eussent pu soutenir les prétentions de son frère, devenu leur hôte. Djem s'était réfugié à Rhodes sous la protection des chevaliers de Saint-Jean, qui l'envoyèrent en France quelque temps avant la mort de Louis XI : Djem habita plusieurs années la commanderie de Bourganeuf, au fond du comté de la Marche, et le séjour de ce prince othoman en France ne contribua pas peu à exciter vers l'Italie et l'Orient l'imagination de Charles VIII.

L'invasion turque éloignée, les gouvernements italiens recommencèrent à s'entre-battre; puis la guerre civile éclata dans le royaume de Naples, où le vieux roi, Ferdinand le Bâtard, spéculait sur la faim de ses sujets par d'odieux monopoles : il accaparait « toute la marchandise de son royaume », dit Comines. Le pape Sixte IV était son complice dans l'accaparement des grains. Innocent VIII, successeur de Sixte IV (1484), se brouilla avec Ferdinand, soutint les barons napolitains révoltés, et offrit l'investiture du royaume de Naples au duc de Lorraine; mais le duc René, qui n'avait point encore alors perdu tout espoir de recouvrer la Provence, ne voulut point abandonner les intérêts qui le retenaient en France, ni se lancer dans une pareille entreprise sans être soutenu par le gouvernement français (1485). Le pape continuait cependant à négocier en France, et les princes italiens ne furent pas seuls à s'en inquiéter. Les rois des Espagnes, Ferdinand et Isabelle, qui possédaient la Sardaigne et la Sicile, et qui désiraient écarter également de l'Italie les Turcs et les Français, intervinrent en faveur de leur cousin de Naples, et firent accepter leur médiation; mais les conditions de la paix furent bientôt violées par Ferdinand de Naples : il dépouilla et fit périr beaucoup de grands seigneurs au mépris de l'amnistie proclamée; d'autres, à la tête desquels Antonello de San-Severino, prince de Salerne, se réfugièrent en France, et n'épargnèrent nul effort pour préparer l'orage qui devait les venger : les cruautés et les extorsions de Ferdinand avaient réveillé l'ancien parti d'Anjou dans la noblesse et dans le peuple de Naples.

L'appel aux Français s'éleva sur ces entrefaites d'une autre extrémité de l'Italie : Gênes, affranchie de la suzeraineté milanaise par une insurrection, puis insurgée de nouveau contre la tyrannie du doge qu'elle s'était donné, invoqua cette vieille suzeraineté française que Louis XI avait déléguée naguère au duc de Milan : Ludovic Sforza parvint à arrêter l'effet de cet appel, et à faire rendre amiablement à son neveu le titre, à lui l'autorité de doge de Gênes. Le gouvernement français, absorbé par la guerre de Bretagne, agréa cet arrangement, à condition que Ludovic reconnût la suprématie de la couronne de France sur Gênes (1490). Charles VIII venait de faire au pape une concession plus contraire aux intérêts extérieurs de la France : Innocent VIII, déconsidéré pour avoir abandonné les rebelles de Naples après les avoir poussés à la révolte, espérait relever son influence par la possession de la personne de Djem, cet illustre exilé qui pouvait être appelé à un si grand rôle dans les affaires d'Orient : Innocent demanda donc instamment Djem au roi de France et au grand-maître de Rhodes, et Charles VIII laissa partir Djem, sauf à le reprendre plus tard pour en faire l'instrument de ses romanesques desseins sur Constantinople. Au moment où Djem allait quitter la France, arrivait à Paris un ambassadeur de son frère Bajazet II, qui venait proposer au roi l'alliance des Othomans à des conditions avantageuses pour la France et pour la chrétienté : le sultan requérait Charles VIII de garder Djem toute sa vie en France, et de s'unir aux Othomans contre les Mameluks d'Égypte et de Syrie : à ce prix, il promettait de céder la Palestine à la France, après qu'il l'aurait enlevée aux Mameluks, et il offrait à Charles VIII toutes les reliques conquises à Constantinople et en Grèce, avec une forte pension pour l'entretien de Djem [1]. Les positions que la Provence avait données à la France sur la Méditerranée, et le souvenir des croisades et des *Francs*, toujours vivant chez les

---

1. Guillaume de Jaligni, p. 65, dans le *Recueil* de Godefroi.

populations de la Syrie, rendaient l'entreprise proposée par Bajazet moins chimérique que ne l'étaient les projets du roi contre les Turcs [1]; mais Charles ne comprit pas plus les intérêts de la France en Orient qu'en France même (1489).

Les excitations qui partaient sans cesse de l'Italie n'expliquent que trop la direction imprimée à l'ambition du jeune roi. Innocent VIII ne cessait de provoquer Charles à attaquer Naples. Ce pontife mourut le 25 juillet 1492, avant que la France fût prête à répondre à ses instances [2]. Laurent de Médicis l'avait précédé dans le tombeau (8 avril 1492) : l'éclatante auréole dont les arts et les lettres entouraient « ce prince du gouvernement » florentin avait longtemps caché aux regards de l'étranger l'affaissement politique de Florence [3] : Laurent, néanmoins, n'avait pas possédé les qualités pratiques de l'homme d'état au même degré que les facultés de l'imagination et de l'intelligence spéculative, et l'un de ses derniers actes avait été aussi peu honorable pour sa maison que pour la république : la grande banque qui avait fait la fortune des Médicis, simples particuliers, était en décadence depuis que les Médicis devenaient princes, et que leurs facteurs se transformaient en représentants de princes. La banque, depuis nombre d'années, ne se soutenait plus qu'aux dépens des revenus de l'État; les choses en vinrent à tel point qu'il fallut que la maison de Médicis ou la république de Florence fît banqueroute. Ce fut la république qu'on sacrifia! On réduisit l'intérêt de la dette publique de trois à un et demi pour cent; on supprima beaucoup de fondations pieuses; on altéra les monnaies, pour sauver la fortune des Médicis, que Laurent put ainsi retirer du commerce et

---

1. Il y avait, dans cette transaction avec les Turcs, le grand avantage d'assurer aux chrétiens le libre commerce avec l'Égypte, et, par l'Égypte, avec l'Inde.
2. Le journal contemporain de Stefano Infessura raconte sur les derniers jours d'Innocent VIII une effroyable anecdote. Un médecin juif ayant persuadé au pape de tenter le prétendu remède de la transfusion du sang, trois jeunes garçons furent successivement soumis à l'appareil qui devait faire passer le sang de leurs veines dans celles du vieillard. Tous trois moururent dès le commencement de l'opération, et le médecin juif prit la fuite plutôt que de faire de nouvelles victimes. Sismondi, *Républiq. italiennes*, XI, 555, d'après le *Diario di Stefano Infessura*.
3. *V.* dans les *Révolutions d'Italie*, d'Edgar Quinet, t. II, c. xiv, l'exposé de la manière dont les Médicis étaient parvenus à la direction de Florence en s'interposant entre la plèbe et l'aristocratie bourgeoise, et en patronant une répartition de l'impôt plus équitable que celle qu'avait établie l'aristocratie.

convertir en fonds de terre (1490). Cet énorme abus d'une autorité extralégale ranima les regrets des amis de la liberté, et fournit des armes redoutables au tribun sacré qui déjà bravait ouvertement les Médicis. Pierre de Médicis, jeune homme de vingt et un ans, succéda néanmoins au pouvoir de son père sans résistance immédiate; mais il était douteux qu'il pût se maintenir longtemps devant l'agitation croissante que soulevaient les prédications de Savonarola.

Quelques reproches qu'eût pu mériter Laurent le Magnifique, sa mort fut un malheur pour l'Italie. Laurent eût tâché de détourner l'orage qui menaçait la Péninsule; son fils, au contraire, attira la tempête. Il existait un pacte fédéral entre Naples, Milan, Florence et Ferrare, et Ludovic Sforza eût souhaité non-seulement de resserrer cette alliance, mais d'engager le pape et Venise dans une confédération générale qui pût fermer l'Italie aux étrangers. Le vieux roi Ferdinand de Naples agréait ce dessein, dont le succès lui importait plus qu'à personne; mais son fils Alphonse, duc de Calabre, beau-père du duc de Milan, Jean Galéaz, ne pardonnait pas à Ludovic de ne laisser qu'un vain titre à ce prince et de perpétuer sa minorité : Alphonse, qui aspirait avec une ambition violente et aveugle à la domination de l'Italie, entraîna son père et Pierre de Médicis, mari d'une Napolitaine, et un traité particulier entre Florence et Naples rompit la quadruple alliance : Ludovic, aussi irrité qu'effrayé, fit signer une contre-ligue au nouveau pape Alexandre VI et à Venise. Il ne s'en tint pas là : il sentit qu'Alphonse, une fois roi de Naples, ferait tout pour lui arracher le pouvoir et la vie, afin de régner à Milan sous le nom de l'incapable Jean Galéaz : le changement de la politique florentine levait le principal obstacle aux desseins d'Alphonse; la contre-ligue était une faible garantie, car personne ne pouvait se fier au pape, et l'appui de l'astucieuse et envahissante Venise n'était guère plus sûr pour Ludovic. Le sentiment de son danger poussa cet esprit prudent et circonspect aux dernières extrémités. Il ne se sentait pas soutenu par l'affection des Lombards, qu'il accablait d'impôts; il recourut aux étrangers, qu'il s'était efforcé jusqu'alors, avec une grande sollicitude, d'écarter de l'Italie. Il offrit la main de sa nièce Blanche Sforza, sœur du duc titulaire

Jean Galéaz, avec une dot de 400,000 ducats, à Maximilien, qui venait de succéder sur le trône impérial à son père Frédéric III (20 août 1493), obtint en échange un diplôme secret qui lui conférait l'investiture du duché de Milan, refusée jusqu'alors aux Sforza, et, d'autre part, dépêcha une ambassade à Charles VIII, dans le courant de 1493, pour l'exhorter à revendiquer « son royaume de Naples ». Des agents secrets avaient déjà sondé le terrain. Les envoyés de Ludovic, secondés par les émigrés napolitains, montrèrent à Charles VIII les passages des Alpes ouverts par l'alliance de la Savoie et par la vassalité du marquisat de Saluces, qui relevait du Dauphiné; toutes les ressources de Milan et de Gênes au service des armes françaises; les états de l'Italie centrale, et surtout la cour de Rome, disposés à embrasser la cause française contre les princes aragonais; enfin la haine générale des Napolitains pour la maison régnante : le succès de l'entreprise était, suivant eux, certain et facile.

L'accueil que fit Charles VIII aux ouvertures de Ludovic dépassa les espérances et peut-être les désirs de celui-ci : le jeune roi était tout persuadé d'avance, comme ne l'attestaient que trop les déplorables traités qu'il venait de conclure avec l'Angleterre, l'Espagne et l'Autriche, afin d'acheter sa liberté d'action vis-à-vis de l'Italie. Le « voyage d'Italie » ne fut pourtant pas décidé sans opposition. Madame Anne de France et son mari, et les des Querdes, les Comines, les Graville, tous les politiques formés à l'école de Louis XI, tous les conseillers qui avaient l'expérience des affaires et l'intelligence des intérêts de l'état, s'efforcèrent d'arrêter le fatal entraînement de Charles VIII, et de lui faire accepter les propositions du vieux roi de Naples, qui offrait de payer tribut et de tenir son royaume en fief de la couronne de France. Le maréchal des Querdes surtout luttait contre l'expédition d'Italie, après avoir lutté en vain contre les traités d'Étaples et de Senlis : il eût bien souhaité d'entraîner dans une autre direction les armes de la France : « il avait accoutumé de dire que la grandeur et le repos de la France dépendaient de la conquête des Pays-Bas [1]. » Toutes les représentations furent inutiles. La

---

1. Lenglet-Dufresnoi, préface aux Mémoires de Comines, I, LXXXII.

jeune noblesse qui entourait Charles VIII ne rêvait que la belle Italie, ses richesses et ses voluptés, son soleil et ses femmes, et les seuls personnages un peu plus graves qui eussent quelque influence sur le roi poussaient dans le même sens, afin d'enlever Charles à l'autorité de sa sœur. C'étaient Étienne de Vesc, ancien valet de chambre du roi, devenu sénéchal de Beaucaire, puis premier président de la chambre des comptes, et Guillaume Briçonnet, évêque de Saint-Malo et surintendant des finances : les ambassadeurs milanais firent espérer à celui-ci le chapeau de cardinal, à celui-là un duché dans le royaume de Naples, et les deux favoris employèrent à confirmer le roi dans son dessein un crédit qu'ils devaient à l'habitude et à l'affection de Charles, plus qu'à leur mérite [1]. Le duc d'Orléans, qui aimait la guerre et qui nourrissait l'arrière-pensée de la conquête du Milanais pour son propre compte, en vertu des droits de son aïeule Valentine Visconti [2], parlait et agissait de la même manière. Un pacte secret fut donc signé entre le roi de France et le régent de Milan : Ludovic promit le passage par les terres de sa domination, la liberté pour les Français d'armer une flotte à Gênes, un secours de cinq cents lances et un prêt de 200,000 ducats : Charles s'obligea de défendre envers et contre tous le gouvernement de Ludovic, d'entretenir dans Asti, qui appartenait au duc d'Orléans, deux cents lances françaises pour secourir au besoin le Milanais, et d'octroyer à Ludovic la principauté de Tarente, aussitôt après la conquête du royaume de Naples [3].

Au printemps suivant, une ambassade de Charles VIII alla requérir les principaux états de l'Italie de se déclarer en faveur de la France : les Vénitiens prétextèrent la nécessité où ils étaient de se garder contre le Turc, pour éviter de prendre parti et attendre les événements; le peuple de Florence, qui gardait aux Français une sympathie traditionnelle, eût voulu qu'on leur

---

1. Comines ; — Guicciardini. C'était probablement de Vesc qui avait jeté dans l'esprit de Charles VIII, encore enfant, les premières idées de guerre en Italie.

2. Il possédait, du chef de Valentine, le comté d'Asti en Piémont. En 1447, son père, le duc Charles, avait envoyé un petit corps d'armée à Asti pour revendiquer le Milanais, après la mort du dernier des Visconti. Francesco Sforza avait repoussé les troupes *orléanoises*, comprimé un mouvement républicain à Milan et usurpé le duché.

3. Guicciardini.

accordât le libre passage; mais Pierre de Médicis, tout en protestant de son respect et de son dévouement pour la couronne de France, déclara qu'il ne pouvait rompre son alliance avec Alphonse II, récemment monté sur le trône de Naples à la place de son père (25 janvier 1494). Alphonse avait aussi ramené, à force de concessions, le pape Alexandre VI, qui paraissait d'abord incliner vers la France, mais qui avait fini par comprendre que l'établissement d'une grande puissance étrangère en Italie contrarierait son désir passionné de créer des principautés à ses bâtards. Alexandre VI exhorta Charles VIII à respecter les droits de suzeraineté du saint-siége sur Naples, et à porter ses prétentions devant le tribunal du souverain pontife, au lieu de les faire valoir par les armes. Alexandre VI ne s'en tint pas à cette protestation et ne garda point la neutralité : il accorda l'investiture de Naples à Alphonse; il arma, joignit ses troupes à celles de Naples, entraîna dans le même parti le duc d'Urbin, les princes de la Romagne, le seigneur de Bologne, et prit une part très-active aux négociations entamées par Alphonse avec le sultan Bajazet II, pour en obtenir des secours contre les Français. Alphonse résolut de saisir l'offensive et de provoquer une double révolution à Milan et à Gênes contre Ludovic Sforza : il envoya dans la Romagne un corps d'armée commandé par son fils Ferdinand, avec ordre d'entrer dans le Milanais et d'appeler les populations à la révolte pour rendre au prince légitime son autorité, tandis que la flotte napolitaine, sous les ordres de Frédéric, prince de Tarente, frère d'Alphonse, attaquerait Gênes avec l'aide du parti hostile à la suzeraineté milanaise. Ce plan hardi eût pu réussir s'il eût été mis sur-le-champ à exécution; mais les artifices de Ludovic, qui tenait toujours l'Italie dans l'incertitude de ses véritables intentions, et les hésitations du pape et de Florence, firent perdre à Alphonse un temps précieux : les vastes armements qui s'accéléraient en France, en Lombardie et dans les ports de Marseille, de Gênes et de Villefranche (comté de Nice), ôtaient chaque jour une chance au roi de Naples.

L'été avançait, et l'on ignorait encore si Charles VIII prendrait en personne la conduite de l'expédition, et si le gros de l'armée française se dirigerait sur Naples par terre ou par mer : le roi avait quitté, avant la fin de l'hiver, sa résidence de Montils ou Plessis-lez-Tours, sans accorder d'audience à une députation que la ville de Paris lui expédiait pour tâcher de rompre « le voyage d'Italie ». Dans cette entreprise, où la jeune noblesse saluait joyeusement une carrière illimitée d'aventures, de gloire et de butin, la bourgeoisie ne voyait qu'une suite effrayante de charges et de sacrifices dont on ne pouvait pressentir le terme ni le résultat : le roi avait débuté, près de la ville de Paris, par une demande d'emprunt de 100,000 écus d'or, et trouva fort mauvais qu'on lui envoyât des remontrances au lieu d'argent[1]. Il fit un long séjour à Lyon durant les préparatifs de la campagne : un nouvel émigré italien vint renforcer à Lyon cette troupe de bannis qui ravivaient incessamment par leurs excitations passionnées l'ardeur conquérante du roi; c'était le fameux cardinal de Saint-Pierre-ès-Liens, Julien de La Rovère, implacable ennemi du pape régnant; le cardinal Julien avait fui les états romains pour échapper aux vengeances d'Alexandre VI, et, sans se soucier s'il était bien logique au neveu de Sixte IV de flétrir Alexandre VI, il accourait exhorter le roi de France à renverser à la fois « l'usurpateur » de Naples et le tyran qui souillait la chaire de saint Pierre. Ainsi ce même Julien, qui devait plus tard, sous le nom de Jules II, s'épuiser en gigantesques efforts pour rejeter les étrangers hors de l'Italie, contribua plus que personne à les y attirer : il révéla au roi le plan offensif d'Alphonse contre Milan et Gênes; on dépêcha aussitôt à Gênes trois mille soudoyers suisses; on réunit les escadres de Marseille et de Villefranche à la flotte équipée dans le port de Gênes, et le duc d'Orléans partit de Lyon afin de se mettre à la tête de ce formidable armement : il fut impossible aux Napoli-

---

1. Rob. Gaguin. — *Arnoldi Ferroni*, lib. I. — L'histoire latine d'Arnould Le Féron, conseiller au parlement de Bordeaux, comprend les fastes de la France de 1494 à 1546. — Une autre histoire latine, plus étendue, est celle de François Beaucaire (*Belcarius*), évêque de Metz, qui va de 1462 à 1567. L'école de l'histoire chronique s'éteignait avec le moyen âge; après elle, notre littérature historique se divise en deux branches : d'un côté, les histoires latines, imitant la forme et cherchant à imiter l'esprit des historiens de l'antiquité, trop souvent au détriment de la vraie couleur historique; de l'autre part, les mémoires particuliers, où l'esprit français se déploie dans toute sa liberté, son mouvement, sa grâce et sa sagacité, et qui sont une des gloires de notre langue. La vivace individualité gauloise n'est nulle part mieux accentuée. Aucune nation n'a rien de pareil.

tains de rien tenter contre Gênes. Le dessein d'Alphonse avorta également du côté du Milanais : une avant-garde française avait déjà passé les Alpes sous le commandement d'Évrard Stuart, sire d'Aubigni, petit-fils du connétable d'Écosse, tué en combattant pour la France dans *la journée des Harengs* : Stuart d'Aubigni opéra sa jonction avec le comte de Caiazzo, général de Ludovic Sforza, et ces deux capitaines prévinrent les Napolitains en se portant au-devant d'eux dans la Romagne.

Alexandre VI ne fut pas plus heureux qu'Alphonse : il avait envoyé à Charles VIII une sommation de renoncer à la voie des armes, sous peine des censures ecclésiastiques; il avait imploré l'assistance des Espagnols et des Turcs, et accordé aux « rois catholiques » une décime sur leur clergé, à condition qu'ils interviendraient contre la France; mais Charles VIII ne tint aucun compte des menaces du pape; Ferdinand et Isabelle prirent l'argent, donnèrent de belles promesses et ne se pressèrent pas d'agir; enfin le sultan, qui n'avait point hérité du génie de Mahomet II, s'empressa bien de marchander auprès du pape la tête de son frère Djem, mais non pas d'envoyer des troupes en Italie.

Charles VIII cependant était encore à Lyon, beaucoup moins occupé des apprêts de son expédition que de tournois, de bals, de festins et surtout d'intrigues amoureuses avec les belles dames de la ville : il consacrait les jours et les nuits à toutes sortes de voluptés, et suivait de son mieux les exemples de son beau-frère d'Orléans, « beau personnage », dit Comines, « et aimant son plaisir » : la présence de sa jeune femme n'arrêtait pas ses galanteries; les remontrances de sa sœur, madame de Bourbon, n'eussent peut-être pas eu plus de pouvoir, si une maladie contagieuse, qui se déclara dans Lyon, ne l'eût enfin décidé à quitter cette ville : après avoir confié la régence du royaume pendant son absence au duc Pierre de Bourbon, il passa de Lyon à Vienne, dans les premiers jours d'août, afin de se diriger de là vers les Alpes; mais, quand l'armée fut réunie au pied des Alpes, Charles VIII se trouva sans un écu pour entrer en campagne. Tout ce qu'on avait ramassé d'argent avait été follement dissipé par le roi à Lyon, ou dépensé non moins inutilement à fréter de nombreux navires de transport qui restaient sans emploi, puisqu'on se décidait pour la route de terre : les premières sommes avancées par Ludovic avaient déjà disparu, ainsi qu'un emprunt de 100,000 francs, conclu à un intérêt exorbitant avec une maison génoise; l'ordre que le roi avait donné à Lyon, le 18 juillet, d'aliéner pour trois ans les revenus du domaine, ne pouvait de quelque temps remplir le trésor. Les adversaires de l'entreprise, à la tête desquels étaient le duc et la duchesse de Bourbon, renouvelèrent alors leurs représentations avec tant d'énergie et d'ensemble, que le cœur faillit au surintendant Briçonnet, et qu'il n'osa plus défendre le voyage d'au delà des monts contre le sentiment de tous les gens « sages et raisonnables », dit Comines : le sénéchal Étienne de Vesc demeura seul de son avis. Le roi se laissa arracher un contre-ordre qui suspendit la marche de l'armée : pendant quelques heures, on crut tout rompu; mais le roi était déjà revenu à son projet; il emprunta 50,000 ducats à un marchand milanais, et se mit en route. S'il faut en croire Guicciardini, c'étaient les véhémentes paroles du cardinal de Saint-Pierre-ès-Liens qui avaient raffermi Charles dans son premier dessein [1].

Charles se rendit, le 23 août, de Vienne à Grenoble, passa le mont Genèvre le 2 septembre, et descendit en Piémont le 3 [2], avec la fleur de la jeune noblesse française; « gaillarde compagnie », dit Comines, « mais de peu d'obéissance ».

Un premier choc avait lieu, en ce moment même, sur la côte de

1. Guicciardini, l. I.—Comines, l. VII, c. 5.—Continuateur de Monstrelet, an. 1494. — *Arnold. Ferroni,* lib. I. — Saint-Gelais.
2. La frontière était alors entre Chaumont et Suze : Sezanne, Oulx, Exilles, Fenestrelles, la source de la Doire, appartenaient au Dauphiné. — Au passage du roi à Oulx, on amena devant lui un homme qu'on accusait d'être un des « principaux maîtres de la Vau-Pute » ou Vauderie : le roi, « après l'avoir ouï parler », le remit au prévôt du lieu, qui le fit pendre à un arbre.—*V.* Pierre Desrey, *Relation du voyage de Charles VIII à Naples.* — Nous avons eu plus d'une fois à rappeler dans ce livre, depuis le XIIIe siècle, l'existence d'une espèce de peuplade de vaudois, qui, persécutée de temps à autre, plus souvent oubliée, avait perpétué ses croyances de génération en génération dans quelques hautes vallées des Alpes, sur les confins du Piémont et du Dauphiné. Au commencement du règne de Charles VIII, les vaudois montrèrent, dans les bourgs et les villages de la montagne, un prosélytisme assez remuant pour attirer l'attention du pape Innocent VIII, qui envoya en Dauphiné Alberto Cattaneo, archidiacre de Crémone, avec ordre de requérir l'assistance de l'autorité royale contre les hérétiques. Le commissaire du pape, soutenu par le conseil souverain du Dau-

Gênes : la flotte napolitaine du prince de Tarente, obligée de renoncer à attaquer Gênes, avait essayé de porter le théâtre de la guerre dans la Rivière du Levant (Ligurie orientale); elle avait débarqué au bourg de Rapallo, à quelques lieues de Gênes, trois mille soldats commandés par des bannis génois, qui espéraient entraîner leurs compatriotes à l'insurrection. On ne leur laissa pas le temps de s'y fortifier : le duc d'Orléans s'embarqua sur la flotte franco-génoise avec un corps français et suisse, et fit voile pour Rapallo. Le prince de Tarente, n'osant accepter une bataille navale, se retira dans le port de Livourne avec sa flotte, et abandonna les troupes descendues à terre. Les Napolitains, chassés de Rapallo, s'enfuirent à travers les montagnes.

Ce fut là le début des guerres d'Italie. La déroute de Rapallo sembla d'un sinistre augure pour le parti vaincu, et inspira de sombres pressentiments aux Italiens qui avaient pris part à la victoire. La fureur sauvage des soudoyers suisses, qui n'accordaient nul quartier pendant ni après le combat, et qui massacrèrent les prisonniers entre les mains des Génois qui les avaient reçus à merci, excita dans Gênes autant d'indignation que d'épouvante. Les Italiens du nord, qui avaient joué, pour ainsi dire, jusqu'alors avec l'invasion étrangère, passaient peu à peu de l'insouciance à l'abattement et à l'effroi : on ne parlait que d'apparitions, de naissances monstrueuses, de prodiges terribles; ce n'était plus le seul Savonarola, mais une foule d'astrologues et d'inspirés, qui annonçaient des misères comparables aux calamités des anciennes invasions barbares [1].

---

phiné, prêcha une sorte de croisade dans la province : quelques-uns des principaux hérétiques furent suppliciés; les habitants de Pragela (*Pratus Gelatus*) abjurèrent « leurs erreurs » à Briançon ; mais ceux de la Vallouise (Fenestrelles et environs), de Fressinières, de l'Argentière et de la *Vau-Pute* (vallée empestée ; ainsi nommée sans doute parce qu'elle était le foyer de la secte), refusèrent de renier leur foi, se retirèrent dans les gorges les plus sauvages des Alpes, et s'y défendirent opiniâtrement. Ils capitulèrent enfin après plusieurs escarmouches meurtrières ; mais ils ne se soumirent que de bouche et non de cœur, et retournèrent promptement, quoique avec plus de mystère, à leurs prédicants vaudois, qu'ils appelaient des *barbes* (de *barba*, oncle), d'où le nom de *barbets* donné aux paysans de ces montagnes. — V. la relation d'Albert Cattanée, dans le *Recueil des historiens de Charles VIII*, de Godefroi, p. 227 et suivantes.

1. Guicciardini; l. I, c. 34-38. — Comines, l. VII, c. 6. — Saint-Gelais. — Bart. Senarega, *Annal. Genuenses*, apud Muratori, t. XXIV, p. 541, etc. — Guicciardini

Le roi Charles, accueilli « en grand triomphe » à Suze par la duchesse régente de Savoie [1], était arrivé le 5 septembre à Turin : de là il se rendit à Asti, où Ludovic Sforza vint le trouver, avec sa femme, son beau-père Hercule d'Este, duc de Ferrare, et une brillante suite de cavaliers et de dames de Milan. Ludovic, qui pressait fort la marche des Français de peur qu'ils n'hivernassent en Lombardie, n'eût pas dû s'entourer d'une telle escorte. Charles VIII recommença à Asti ses folies de Lyon : son titre de roi et ses libéralités compensaient, auprès des beautés lombardes, son extérieur assez désavantageux. Au milieu de ses excès, Charles fut pris d'une maladie violente [2], et en péril de mort durant six ou sept jours; après la fièvre cessée, la convalescence du roi fit encore perdre une quinzaine. Les seigneurs français, fatigués de la chaleur du climat, ennuyés de tant de délais, opinèrent pour qu'on remît la partie et qu'on s'en retournât; mais Ludovic insista, fit de nouvelles avances d'argent, de munitions, d'équipages, et Charles VIII jura par la sainte Vierge de ne pas faire un pas en arrière qu'il n'eût visité « l'église à monsieur saint Pierre de Rome ». Il quitta enfin Asti le 6 octobre, et traversa le Montferrat pour entrer en Milanais; sa pénurie était telle, que, la duchesse douairière de Savoie et la marquise de Montferrat lui ayant offert par civilité « leurs biens et bagues », il emprunta leurs joyaux, qu'il mit en gage pour 25,000 ducats. Il suivit les rives du Pô, de Casal à Plaisance, qui appartenait, ainsi que Parme, au duché de Milan : Ludovic Sforza l'avait accompagné jusque-là; mais un événement important rappela Ludovic à Milan : le jeune duc Jean Galéaz, son neveu, venait de mourir au château de Pavie, quel-

observe qu'on avait tué plus de cent hommes aux Napolitains, et que ce nombre de morts passait alors en Italie pour un grand carnage. Les soldats mercenaires, dans les guerres entre princes italiens, ne songeaient qu'à gagner leur solde avec le moins de sang possible, changeaient de parti pour quelques écus avec une parfaite indifférence, et se ménageaient réciproquement par une habitude de camaraderie fort différente de l'ancienne fraternité des chevaliers. L'esprit guerrier et la pratique militaire avaient disparu, tandis que les grands hommes de l'Italie, les Alberti, les Léonard de Vinci, avaient des vues aussi élevées sur la théorie de la guerre que sur toutes les autres sciences.

1. Blanche de Montferrat. Le duc régnant, fils de cette princesse, était alors Charles-Jean Amé, enfant de huit ans.
2. De la petite vérole, dit-on, ou peut-être d'une maladie nouvelle qui commençait de se manifester en Europe, et sur laquelle nous reviendrons.

ques jours après avoir reçu la visite de Charles VIII. On crut généralement que Galéaz avait été empoisonné par Ludovic, qui se fit sur-le-champ proclamer duc de Milan, à l'exclusion d'un enfant de cinq ans qu'avait laissé Galéaz. Les Français, fort émus des plaintes de la belle duchesse Isabelle, la femme de Jean Galéaz et la fille de ce roi de Naples qu'ils allaient détrôner, témoignèrent tout haut, avec plus de loyauté que de prudence, la mauvaise opinion qu'ils avaient de leur allié Ludovic, et l'on put prévoir que la bonne intelligence ne serait pas de longue durée.

Ce fut à Plaisance [1] qu'on arrêta définitivement la marche de l'armée, qui avait à choisir entre la route directe de Naples par la Toscane et la Campagne de Rome, ou le chemin des Abruzzes par la Romagne et la Marche d'Ancône. On choisit la première de ces deux routes. Des renforts furent expédiés à la division française de Stuart d'Aubigni, qui, de concert avec les troupes milanaises, tenait en échec dans la Romagne le duc Ferdinand de Calabre, et le gros de l'armée s'avança de Parme vers les défilés des Apennins, que Pierre de Médicis et les républiques toscanes avaient promis de défendre. Les Français, pour descendre du Parmesan dans la Toscane, avaient à traverser la Lunigiane, canton montueux, malsain et hérissé de forteresses, où les Toscans eussent pu arrêter longtemps l'armée étrangère; mais les Toscans étaient beaucoup plus disposés à accueillir les Français qu'à les combattre : chacun mettait en eux son attente; Pise espérait leur devoir son affranchissement de la domination florentine; les patriotes florentins attendaient d'eux le renversement des Médicis [2]; toute l'Italie centrale « avouoit les François comme saints, estimant en eux toute foi et bonté; lequel propos ne leur dura guère, pour les désordres et pilleries des soldats (Comines) ».

1. Des lettres du roi, datées de Plaisance, au mois d'octobre, ordonnèrent, contrairement au principe proclamé par le parlement et par les États Généraux, l'aliénation d'une portion du domaine, jusqu'à concurrence de 120,000 écus d'or. — Recueil de Godefroi, p. 685. — D'autres lettres, données à Pontremoli, le 29 octobre, requirent du clergé de France un emprunt pour un an. La part du diocèse de Troies est fixée à 1,500 écus d'or; *ibid.*, p. 687.

2. Le roi, par le conseil de Ludovic, avait chassé de France tous les commis et agents de la maison de Médicis, en conservant aux autres commerçants florentins leurs priviléges. — Guicciardini.

La disposition des états romains était la même que celle de la Toscane, et les chefs de la puissante famille Colonna venaient de se révolter contre le pape et de s'emparer du port d'Ostie au nom du roi de France. La vive irritation du peuple de Florence, l'approche de « toute la puissance » du roi Charles, et le sac de deux ou trois petites places, épouvantèrent tellement Pierre de Médicis, qu'il alla trouver le roi dans son camp sous les murs de Sarzane, lui demanda la paix, et lui livra en dépôt non-seulement Sarzane, Sarzanello et Peitra-Santa, les clefs de la Toscane, mais Pise, Livourne et toutes les places du Pisan, pour tout le temps que durerait la guerre : il promit en sus un prêt de 200,000 ducats.

La pusillanimité de Médicis souleva d'indignation les Florentins : le peuple voulait bien la paix et l'alliance française, mais non pas à des conditions déshonorantes, et, lorsque Pierre rentra dans Florence, il trouva la ville soulevée au cri de vive la liberté ! Les magistrats, foulant aux pieds la dictature usurpée par la famille Médicis, déclarèrent Pierre et ses deux frères traîtres et rebelles à la république (9 novembre). Pierre, vaincu et dépossédé sans combat, fut trop heureux de pouvoir s'enfuir à Bologne. Deux révolutions éclatèrent le même jour, l'une à Florence, l'autre à Pise : tandis que les Florentins chassaient les Médicis, les Pisans imploraient de Charles VIII la restitution de leur indépendance perdue depuis un siècle. Quoique Charles VIII connût fort peu la grandeur passée de Pise et les droits que cette noble et malheureuse cité avait à sa compassion, il fut ému par l'éloquente harangue du député des Pisans et par les cris de liberté que proférait le peuple, et répondit « qu'il ne vouloit que justice, et qu'il étoit content que ceux de Pise eussent leurs libertés ». Les officiers de la république florentine furent aussitôt expulsés de la ville, et le lion de Florence fut jeté à l'Arno par le peuple, aux cris mille fois répétés de « vive la France » !

Le roi prit, le lendemain, la route de Florence, après avoir livré aux Pisans une des deux citadelles bâties à Pise par les Florentins et mis garnison française dans l'autre. Il avait reçu à Pise une ambassade florentine : c'était Savonarola qui la conduisait. Le prophète salua le conquérant comme l'envoyé de Dieu et lui promit la victoire en ce monde et le paradis dans l'autre, à condition qu'il fît miséricorde en tous lieux, et surtout à Florence, et qu'il protégeât l'innocence et ne fût point « l'occasion de multiplier les péchés ». Charles répondit par de vagues protestations de bon vouloir, continua sa marche et s'arrêta quelques jours à Signa, à sept milles de Florence, pour y attendre Stuart d'Aubigni et son petit corps d'armée. D'Aubigni n'avait plus d'ennemis en tête : le duc de Calabre, à la nouvelle de la surprise d'Ostie par les Colonna et de la soumission de Pierre de Médicis à Charles VIII, avait évacué la Romagne et s'était replié sur le Tibre et sur Rome. Beaucoup de gens excitaient Charles VIII à traiter rigoureusement Florence, qui, disaient-ils, n'avait chassé Médicis qu'à cause de son obéissance au roi : la rançon de cette riche ville tentait bien des cupidités. Mais les Florentins ne laissèrent aucun prétexte à la guerre; ils offrirent au roi le passage par leur cité avec toutes sortes de marques d'honneur et de respect. Les portes furent ouvertes à l'armée française, et le roi, après avoir reçu les clefs de Florence des mains des magistrats, entra dans la ville sous un poêle de drap d'or porté par quatre des plus notables Florentins, et alla descendre au palais des Médicis (17 novembre)[1].

Dès la première conférence entre le conseil du roi et les magistrats florentins, on reconnut cependant qu'on était loin de s'entendre : Charles VIII prenait les honneurs qu'on lui avait rendus pour une reconnaissance de souveraineté, et s'imaginait avoir conquis Florence, parce qu'on l'y avait reçu armé de toutes pièces, « la lance sur la cuisse », et monté sur son cheval de guerre : il déclara qu'il voulait rappeler Pierre de Médicis, comme son lieutenant à Florence, et imposer une amende à la ville. Les Florentins avaient pris leurs mesures pour n'être pas tout à fait à la discrétion de leur hôte; ils avaient rempli de gens armés les palais de leurs principaux citoyens, qui étaient comme autant de forteresses, et prévenu tous les paysans des environs d'accourir au premier son du tocsin; ils protestèrent avec énergie.—Eh bien!

---

1. Le jour de l'entrée de Charles VIII à Florence, mourut Pic de La Mirandole, triste présage pour Florence et pour l'Italie! — Hermolaüs, Politien, le peintre Ghirlandaio, le poëte Boiardo, moururent aussi de 1493 à 1494.

s'écria le roi : « je ferai sonner mes trompettes ». — « Sonnez vos trompettes », répliqua le Florentin Pietro Capponi : « nous sonnerons nos cloches! » Il arracha des mains d'un secrétaire du roi l'ultimatum de Charles VIII, et le déchira.

Le roi, étonné de cette hardiesse, fit rappeler Capponi qui sortait; on discuta de nouveau : Charles VIII abandonna les Médicis, et se rabattit à un subside de 120,000 ducats (ou florins), avec l'occupation militaire de Pise, Livourne, Sarzane, Sarzanello et Pietra-Santa, « jusqu'à ce qu'il eût recouvré son royaume de Naples ». Il s'engagea à rendre ces places aux Florentins, une fois l'expédition terminée, stipulant seulement une amnistie en faveur des Pisans : il leur ôtait ainsi la liberté aussi légèrement qu'il la leur avait rendue. Les Florentins acceptèrent.

Les paroles étaient données, mais le traité n'était pas signé. Plusieurs jours se passèrent. Le roi ne signait pas. On commença de craindre, dans la ville, que la réflexion n'eût aigri Charles, et qu'humilié d'avoir cédé à une menace et appréciant mieux la supériorité de ses forces, il ne voulût livrer Florence au pillage. Les magistrats recoururent de nouveau à l'intervention de Savonarola : le prophète alla trouver le roi; Charles céda, il signa[1]. Florence rentra « en l'alliance et protection perpétuelle » de la couronne de France, et remplaça, en signe d'indissoluble amitié, la fleur de lis rouge qu'elle portait dans ses armes par les fleurs de lis d'or de France. La paix fut jurée par le roi et par les magistrats de la république dans la cathédrale de Sainte-Marie-des-Fleurs[2] (26 novembre).

Charles partit le 28 : la beauté de la saison, bien qu'on fût en plein hiver, favorisait sa marche; il se porta sur Sienne, qui reçut garnison française, puis sur le Patrimoine de Saint-Pierre; les Français pensaient que « l'héritier de Naples », le duc Ferdinand de Calabre, tenterait de défendre les abords de Rome; mais la défection successive des petits princes romagnols, du seigneur de Bologne, du duc d'Urbin, et enfin des Orsini ou

---

1. Perrens; *Savonarola*, p. 99-101.
2. Guicciardini, l. i. — Comines, l. vii. — André de La Vigne, secrétaire d'Anne de Bretagne, *Relation du voyage de Charles VIII*, etc. — Pierre Desrey, *id.* — Jacopo Nardi, *Istoria fiorentina*. — Pauli Jovii *Hist.* — Sismondi.

Ursins, cette noble maison romaine qui dominait dans le Patrimoine de saint Pierre comme les Colonna dans la Campagne de Rome, empêcha le duc Ferdinand de faire face nulle part. Les Français avancèrent paisiblement d'étape en étape; Alexandre VI, frappé d'épouvante, flottait entre mille projets contraires : tantôt il voulait soutenir un siége, tantôt se soumettre aux Français, tantôt s'enfuir de Rome avec ses cardinaux. Charles VIII, à Florence, avait renvoyé son légat sans audience. Alexandre, à force d'intrigues, obtint que des pourparlers s'ouvrissent; mais à peine les ambassadeurs français étaient-ils arrivés à Rome, qu'Alexandre, changeant de résolution, appela dans la ville le duc de Calabre et son corps d'armée. L'approche des Français, la fermentation des Romains, l'insurrection générale des campagnes, obligèrent bien vite le pape à renouer les négociations. Il y eut de vifs débats autour du roi : plusieurs de ses conseillers, les Italiens surtout, voulaient qu'on entrât de force dans Rome, sans écouter Alexandre. Charles cependant consentit à reprendre les pourparlers, et protesta qu'il ne voulait point porter atteinte à l'autorité de l'Église; mais il exigea l'ouverture des portes de Rome avant tout traité, en disant qu'il s'accommoderait de vive voix avec le pape. Alexandre céda et espéra que le torrent des *Gaulois*, n'étant point irrité par les obstacles, s'écoulerait sans renverser son trône. Le 31 décembre au soir, le duc de Calabre et ses Napolitains sortirent de Rome par la porte de San-Sebastiano, tandis que Charles VIII y entrait par la porte del Popolo (porte du Peuple), à la clarté de mille torches.

Le défilé de l'armée française dura six heures; le peuple de Rome contemplait avec admiration et terreur cet appareil beaucoup plus formidable par la qualité que par le nombre : à l'avant-garde marchaient les épais bataillons des Suisses et des lansquenets allemands, vêtus de justaucorps serrés et de chausses collantes qui dessinaient leurs formes colossales, bariolés d'éclatantes couleurs, armés de longues piques, d'énormes hallebardes, d'arquebuses et d'épées à deux mains (sabre de cinq à six pieds de long)[1]. Après cette pesante infanterie mercenaire venait l'infan-

---

1. Le panégyriste de La Trémoille, Jean Bouchet, prétend qu'ils étaient seize mille : ils étaient probablement huit à dix mille.

terie légère française, les archers et les arbalétriers, la plupart levés parmi les adroites et agiles populations de la Gascogne[1]; puis se déployaient en longues colonnes les magnifiques compagnies des ordonnances de France[2]. Le roi parut enfin, la couronne en tête, couvert d'une armure dorée et resplendissante de perles et de pierreries, entre les cent gentilshommes et les quatre cents archers de sa maison, troupe d'élite et par le luxe et par le courage. Trente-six canons de bronze et une multitude de coulevrines et de fauconneaux fermaient la marche. Les gens de guerre italiens, qui en étaient restés aux bombardes des premiers temps, masses énormes et grossières qu'on ne pouvait remuer et qui faisaient beaucoup de bruit et peu d'effet, ne se lassaient pas d'admirer cette nouvelle artillerie, légère, mobile, également propre aux siéges et aux batailles; et ces canonniers si prompts à dresser leurs batteries, si lestes dans leurs manœuvres, si rapides dans leur feu (Guicciardini, l. I, § 41-42).

Le roi alla descendre au palais de Saint-Marc. Alexandre VI s'était retiré dans le château Saint-Ange, suivi seulement de quelques cardinaux, et ne voulait ni abandonner cette forteresse ni accorder d'entrevue au roi; ses frayeurs n'étaient pas sans motif : le cardinal de La Rovère, le cardinal Sforza, et plusieurs autres, exhortaient ardemment Charles VIII à poursuivre la convocation d'un concile, la réforme de l'Église et la déposition du pape; le cardinal Julien de La Rovère avait entre les mains les preuves des intelligences d'Alexandre VI avec le « Grand Turc », et les pièces d'une négociation entamée entre eux pour déjouer les projets des Français sur la Grèce et se défaire du prince Djem, qu'Alexandre retenait près de lui au château Saint-Ange. Bajazet avait offert au pape 300,000 ducats, afin « qu'il lui plût délivrer Djem des angoisses de ce monde et l'envoyer dans un monde

---

1. Paul Jove et Guicciardini ne parlent que de cinq à six mille hommes d'infanterie légère : le biographe de La Trémoille en compte douze mille.
2. Seize cents lances (neuf mille six cents chevaux), suivant Guicciardini; deux mille cinq cents lances, suivant Paul Jove; trois mille six cents lances, selon le biographe de La Trémoille, qui exagère toujours. Les historiens sont d'accord pour porter à cinquante ou soixante mille hommes la multitude qui entra dans Florence et dans Rome, en y comprenant les valets, les suivants d'armée et le train des équipages et de l'artillerie. — V. Paul Jove, l. II, p. 41. — André de La Vigne, dans Godefroi, p. 119-122.

meilleur¹ ». L'acte d'accusation d'Alexandre VI n'eût pas été difficile à dresser : on n'aurait eu que la peine de choisir dans la longue série de crimes et d'infamies qui composait sa vie. L'obstination d'Alexandre à rester enfermé dans le château Saint-Ange irritait le roi et favorisait les efforts du cardinal Julien. Deux fois les canons français furent braqués sur le château Saint-Ange ; mais Alexandre avait acheté le surintendant Briçonnet par la promesse du chapeau rouge : Briçonnet et quelques autres courtisans intervinrent en faveur du pape. Charles VIII, retenu par un respect superstitieux pour la papauté, et surtout pressé d'arriver dans « sa bonne ville de Naples », déclina le grand rôle qu'on lui présentait et qui était fort au-dessus de sa portée. Ces projets de réforme de l'Église n'étaient d'ailleurs sérieux et sincères qu'à Florence, au couvent de Savonarola : le cardinal Sforza et la plupart de ses collègues accusaient Alexandre VI d'avoir *indignement acheté* le souverain pontificat ; ils devaient le savoir, en effet, car c'étaient eux qui en avaient été les *indignes vendeurs !* La corruption du haut clergé rendait impossible une réforme pacifique et régulière : il fallait que l'église catholique eût été frappée, mutilée, démembrée, pour qu'elle essayât de sauver les restes de son empire en se régénérant.

Un traité fut conclu, le 11 janvier 1495, entre le roi et le pape : Alexandre, rassuré pour sa personne et bien résolu à violer ses serments à la première occasion, subit la plupart des conditions qu'il plut à Charles de lui imposer ; Alexandre s'obligea de laisser au roi Civita-Vecchia et de lui livrer Terracine et Spolète, comme places de sûreté, jusqu'après la conquête de Naples ; de lui remettre, pour six mois, le « sultan Gem (Djem), frère du Grand Turc », et de recevoir en grâce les cardinaux et les barons romains du parti français ; toutefois, quant au royaume de Naples, Alexandre n'en promit l'investiture que « sauf réserve des droits d'autrui » : il accorda le chapeau rouge au surintendant des finances Briçonnet, évêque de Saint-Malo, et consentit que le cardinal de Valence, son fils bâtard, suivît le roi à Naples avec le titre de légat, mais en réalité comme otage. C'était ce trop fameux

---

1. *V.* les pièces de cette étrange négociation dans les *Preuves* du livre VII de Comines, n° IX. — Édit. de Lenglet-Dufresnoi.

César Borgia, « qui sembloit n'être né », dit Guicciardini, « qu'afin qu'il se rencontrât un homme assez scélérat pour exécuter les desseins de son père Alexandre VI » (1. I, § 4). Rodrigue Borgia avait usurpé, pour lui et son fils, ces deux grands noms d'Alexandre et de César, comme s'il eût dessein de profaner l'antiquité aussi bien que le christianisme.

Le roi et le pape se virent enfin, le 16 janvier, dans une galerie du Vatican : le roi salua le pape en fléchissant deux fois le genou ; le pape se découvrit, et prévint la troisième génuflexion en s'avançant pour embrasser le roi, qui ne lui baisa ainsi ni le pied ni la main en particulier ; mais, trois jours après, Charles VIII se soumit publiquement, dans l'église Saint-Pierre de Rome, au cérémonial inventé par l'orgueil des souverains pontifes, et « rendit l'obédience » au pape avec les honteuses formalités d'usage[1]. Il se conduisit d'ailleurs en maître pendant tout son séjour à Rome, faisant dresser ses « justices » (ses gibets) et publier ses bans par la ville, comme en pays sujet ou conquis.

Charles VIII quitta Rome le 28 janvier, à la tête de son armée pourvue d'indulgences plénières ; il emmenait avec lui le cardinal César Borgia et le sultan Djem ; mais César Borgia s'échappa dès le lendemain, et Djem ne resta pas longtemps entre les mains du roi de France : le prince othoman portait dans son sein des germes de mort ; Alexandre VI avait gagné les 300,000 ducats offerts par Bajazet II. Djem expira, le 26 février, des suites d'un poison lent qu'on lui avait fait prendre avant

---

1. Journal de Burkhardt (*Diarium Burchardi*), Strasbourgeois, maître des cérémonies d'Alexandre VI, dans le tome Ier des *Archives curieuses de l'Histoire de France*, publiées par Cimber et Danjou.—Le traité du pape et du roi se trouve dans le Recueil de Godefroi, p. 286.—André de La Vigne, dans son *Journal du voyage de Charles VIII*, assure que le roi toucha et guérit à Rome environ « cinq cents personnes travaillées du mal des écrouelles ». Cette prétention des rois de France à guérir les écrouelles, en vertu d'un privilége miraculeux attaché à leur couronne ou plutôt à leur sacre, est une des singularités de notre histoire. On en connaît mal l'origine ; elle était en vigueur dès le XIe siècle, et tous nos vieux historiens, surtout les chroniqueurs officiels, y font de fréquentes allusions comme à un fait incontestable. Les maladies scrofuleuses ne semblent pourtant pas de celles sur lesquelles peuvent agir soudainement ou l'imagination ou les influences magnétiques. Mais l'amour-propre monarchique et national s'en mêlait, et l'on n'entendait pas douter d'une prérogative aussi honorable pour la couronne. Les rois d'Angleterre avaient, du reste, la même prétention, sans doute aussi bien fondée.

son départ de Rome; du moins, ce fut l'opinion universelle.

La terreur régnait à la cour de Naples : déjà un corps franco-italien avait pénétré par la Sabine dans les Abruzzes, et les populations se révoltaient partout en faveur des Français, tant le despotisme cupide et cruel du roi Alphonse et de son père avait jeté de ferments de colère dans les esprits. L'arrogant et belliqueux Alphonse restait à Naples, immobile et comme frappé de stupéfaction : « il entra en telle peur que, toutes les nuits, ne cessoit de crier qu'il voyoit les François; que les arbres et les pierres crioient France » (Comines). Aussitôt que son fils fut de retour de Rome, il abdiqua en faveur de ce jeune prince, s'embarqua avec son trésor, et alla se réfugier en Sicile, sur les terres de son parent Ferdinand le Catholique : il mourut quelques mois après, au fond d'un couvent de Mazzara.

Le nouveau roi Ferdinand II essaya d'arrêter les Français à l'entrée de la terre de Labour : il alla se poster avec toutes ses forces dans les défilés de San-Germano, près du Garigliano, pour y attendre Charles VIII; son courage était ranimé par la nouvelle de la rupture qui venait d'éclater entre la France et l'Espagne : don Antonio de Fonseca, ambassadeur des Rois Catholiques près de Charles VIII, avait déclaré au roi de France que ses maîtres ne souffriraient pas qu'il imposât sa domination à toute l'Italie, fît violence au pape et détrônât la dynastie aragonaise de Naples. Cette protestation excita un furieux orage parmi les chefs de l'armée française, qui reprochèrent à l'ambassadeur, dans les termes les plus durs, la perfidie de ses maîtres, et la violation de promesses qui leur avaient valu le Roussillon et la Cerdagne. Fonseca répondit en déchirant publiquement le traité de Barcelone. Mais la protestation de l'Espagne et l'abdication du roi Alphonse n'arrêtèrent ni l'invasion française ni la révolution napolitaine. Il était trop tard! Charles VIII avançait à grandes journées : deux petites places de la Campagne de Rome, appartenant à des barons de la faction aragonaise, ayant osé résister à l'armée d'invasion, furent emportées d'assaut, et tout ce qui s'y trouva fut passé au fil de l'épée. Cette effroyable manière de guerroyer, « qu'on ne pratiquoit plus en Italie depuis plusieurs siècles », dit Guicciardini, porta l'épouvante parmi les troupes de Ferdinand II :

l'infanterie napolitaine se débanda à l'approche de l'avant-garde française. Ferdinand ramena ses gens d'armes à Capoue, espérant défendre le passage du Vulturne; le bruit d'une sédition à Naples le força de courir vers sa capitale : il rétablit l'ordre à Naples, et revint en hâte à Capoue. Les portes lui furent fermées; un de ses principaux capitaines, le Lombard Jean-Jacques Trivulce (Trivulzio), qui depuis joua un très-grand rôle dans les guerres d'Italie, venait de traiter avec les Français, pour le corps qu'il commandait et pour les habitants de Capoue; les autres généraux s'étaient retirés à Nola, et il ne restait plus à Ferdinand une compagnie d'hommes d'armes disposée à combattre pour sa cause.

Le malheureux prince retourna à Naples; mais déjà la multitude se soulevait dans cette grande ville avec une nouvelle fureur : Ferdinand, voyant tout perdu, brûla ou coula à fond tous les vaisseaux qu'il ne pouvait emmener, laissa quelques troupes dans les châteaux de Naples, et gagna la Sicile avec une quinzaine de galères. Le lendemain (22 février), le roi Charles entra dans Naples, au milieu des acclamations du peuple entier, et d'une allégresse si générale « qu'on eût dit qu'il étoit le père et le fondateur de la ville » : le roi de France avait gagné le cœur de ces populations mobiles et ardentes, en accueillant gracieusement les députés qui lui présentèrent les clefs de Naples, en leur octroyant de grands priviléges pour leur cité, et en diminuant de 200,000 ducats les impôts du royaume. Les châteaux de Naples capitulèrent au bout de peu de jours, et tout le reste du royaume, sauf Brindes, Bari, Otrante, Gallipoli, Reggio et deux ou trois forteresses, se soumit en quelques semaines. Le bruit du triomphe des Français passa la mer et alla porter l'épouvante parmi les Turcs et l'espoir dans le cœur des Grecs [1].

La foudroyante rapidité de la conquête surpassait toutes les espérances : Charles VIII « n'avoit pas été obligé de tendre une

---

1. Guicciardini. — André de La Vigne. — Paul Jove, etc. — *V.* dans André de La Vigne (Recueil de Godefroi, p. 143), la description des richesses de toutes sortes qu'on trouva dans le Château-Neuf de Naples : « Je crois, dit André, qu'en la maison du roi, de monsieur d'Orléans et de monsieur de Bourbon tout ensemble, il n'y a pas tant de bien qu'il y avoit là-dedans pour lors. » C'était le fruit de cinquante ans de tyrannie : Alphonse n'avait pu emporter que l'argent comptant.

seule tente, ni de rompre une seule lance » (Guicciardini). — Les François », disait le pape Alexandre VI, « n'ont eu d'autre peine que d'envoyer leurs fourriers, la craie en main, pour marquer les logis ». Cette prodigieuse fortune enivra les jeunes têtes du roi et de ses compagnons d'armes, et les jeta dans une infatuation funeste. « Il ne sembloit plus aux nôtres que les Italiens fussent hommes » (Comines). Au lieu d'achever sa victoire, et de presser vivement le peu de villes maritimes qui tenaient encore pour Ferdinand II, Charles VIII se plongea tout entier dans les délices de Naples [1], et ne s'occupa plus des affaires publiques que pour partager comme un butin presque toutes les charges et les offices du pays à ses favoris et à ses serviteurs, tandis que la plupart des nobles napolitains de l'ancien parti d'Anjou, promoteurs et auxiliaires de la révolution, étaient écartés des emplois et de la faveur tout autant que les Aragonais eux-mêmes, et ne recevaient aucun dédommagement de ce qu'ils avaient souffert. On n'obtenait rien qu'en achetant l'appui d'Étienne de Vesc ou de quelque autre courtisan.

Charles VIII s'aliéna promptement la faction qui lui avait ouvert les portes de Naples, et ne regagna pas ses adversaires : il perdit ainsi le fruit des mesures populaires qui avaient signalé son avénement. Il donna également un sujet de rupture à son allié Ludovic de Milan par le refus de la principauté de Tarente, qui avait été promise à ce prince comme prix de sa coopération, et qu'il avait certes bien gagnée. Ludovic répondit à ce manque de foi en suspendant les nouveaux armements maritimes commencés à Gênes pour le compte des Français. Ludovic n'avait au fond ni prévu ni désiré le rapide triomphe de Charles VIII ; il savait que les Français n'avaient pour lui ni affection ni estime, et la conduite du duc d'Orléans, demeuré malade à Asti pendant l'expédition, lui inspirait les plus vives alarmes. Le duc Louis, seul descendant légitime des Visconti, traitait hautement *le More* [2] d'usurpateur, et se disait le « droit héritier » du duché de Milan.

---

1. Le journal d'André de La Vigne est caractéristique : « Le matin, le roi alla ouïr messe... Après dîner, le roi alla jouer et se divertir... » Telle est la formule presque invariable du journal, durant le séjour de Charles VIII à Naples.

2. On appelait Ludovic *il Moro* à cause de son teint basané.

Ludovic, qui avait appelé les Français en deçà des Alpes, se voyait plus menacé par eux qu'aucun prince italien : il se rapprocha des puissances qui avaient le même intérêt que lui à empêcher l'assujettissement de l'Italie par Charles VIII. L'Italie, étourdie, mais non pas domptée, sortit de sa stupeur, mais ce fut pour appeler l'étranger contre l'étranger, les Espagnols et les Allemands contre les Français. Le 31 mars, un pacte d'alliance fut signé à Venise, entre l'empereur Maximilien, les Rois Catholiques, le pape, la république de Venise et le duc de Milan.

Le traité de Venise n'était en apparence qu'un pacte de défense mutuelle, par lequel les contractants s'engageaient seulement à entretenir pendant vingt-cinq ans, à frais communs, une armée de trente-cinq mille cavaliers et de vingt mille fantassins, « pour la préservation de leurs états respectifs » ; mais les plénipotentiaires des confédérés étaient secrètement convenus d'aider le jeune Ferdinand à reconquérir Naples, d'expulser les Français de toute l'Italie, et de faire des diversions contre le territoire français. On vit bientôt les premiers effets de ce traité dans le refus formel que fit le pape d'accorder à Charles VIII l'investiture définitive du royaume de Naples, dans le débarquement d'un corps d'armée espagnol en Sicile, et dans l'apparition d'une flotte vénitienne sur les côtes de la Pouille. Charles avait différé jusqu'alors de faire une entrée solennelle dans la capitale de son nouveau royaume, comme roi de Sicile (de Naples) et de Jérusalem : il avait attendu que le saint-père se décidât à le couronner ; il résolut enfin de se passer de sacre et d'investiture, et l'entrée eut lieu le 12 mai : Charles avait pris l'habit impérial, le manteau écarlate fourré d'hermine, la couronne fermée au front, le globe d'or « en la main dextre, et en l'autre le sceptre », manifestant par ces insignes ses prétentions à l'empire d'Orient. André Paléologue, neveu du dernier empereur grec mort sur la brèche à Constantinople, lui avait cédé tous ses droits [1].

Les grands projets de guerre au Turc étaient pourtant bien loin, et les populations grecques, slaves et roumanes, asservies

---

1. *V.* sur ce sujet une dissertation de M. de Foncemagne, dans le tome XVII de l'Académie des Inscriptions.

par les Othomans, appelaient en vain « le grand roi des Francs » : les complots des chrétiens d'Albanie, de Macédoine et de Grèce, révélés à leurs maîtres par l'imprudence des agents de Charles VIII et par la perfidie des Vénitiens, n'aboutirent qu'à faire périr dans les supplices des milliers de victimes. La ligue de Venise n'eût permis dans aucun cas à Charles VIII de poursuivre ses projets sur l'empire d'Orient; mais il n'eut pas besoin d'être arrêté par cet obstacle : Charles VIII et la jeune noblesse française, déjà las d'une gloire si peu coûteuse et des plaisirs de Naples, aspiraient à revoir la France; le dessein du retour était déjà sérieusement agité, avant que Philippe de Comines, ambassadeur de France à Venise, eût averti le roi de la ligue organisée contre lui [1]. Cette nouvelle décida tout à fait le roi et son conseil, et l'on ne songea plus qu'à se hâter, d'après les avis de Comines, de peur que les confédérés n'eussent le temps d'enlever Asti au duc d'Orléans et de fermer le passage au roi. Charles VIII pourvut sans prudence ni jugement au gouvernement du royaume de Naples en son absence : il nomma vice-roi son cousin Gilbert de Bourbon, comte de Montpensier, « hardi chevalier, mais peu sage » et indolent, « qui ne se levoit qu'il ne fût midi », dit Comines ; il donna la charge de grand chambellan et l'administration des finances à Étienne de Vesc, qu'il avait créé duc de Nola et gouverneur de Gaëte : c'était un homme de très-mince capacité, et dont tout le mérite était d'avoir conseillé obstinément cette guerre ; la nomination du brave Stuart d'Aubigni, devenu comte d'Acri et marquis de Squillazzo, à l'office de connétable de Naples et au gouvernement de Calabre, ne put compenser les inconvénients des autres choix. Il ne restait d'ailleurs ni argent dans les coffres, ni provisions dans les forteresses : les immenses approvisionnements d'armes, de vivres, de munitions et d'équipements de tout genre, amassés par les rois aragonais dans toutes les places fortes, avaient été gaspillés ou vendus au profit des courtisans, du consentement et par l'octroi du roi ! Charles VIII laissa à ses

1. Burckhardt raconte que les Français, à cette nouvelle, représentèrent devant leur roi des *tragédies* et des *comédies*, c'est-à-dire des *sotties*, où ils tournaient en ridicule les puissances coalisées. On n'a pas conservé ces pièces de circonstance, mais nous aurons à en mentionner du même genre sous Louis XII.

lieutenants huit cents lances françaises (quatre mille huit cents chevaux), deux mille cinq cents Suisses, la meilleure partie de l'infanterie française et cinq cents lances italiennes commandées par les Colonna et les Savelli, grands seigneurs romains que Charles VIII avait beaucoup plus favorisés que les Napolitains, et qui ne lui furent pas longtemps fidèles. Il partit de Naples le 20 mai, à la tête d'un millier de lances, en comptant sa maison et la compagnie italienne de Jean-Jacques Trivulce, et d'environ cinq mille fantassins suisses, français et gascons, le tout ne formant guère plus de dix mille combattants.

Le roi ne traversa point les états romains en ennemi : le pape n'avait pas rompu toutes négociations avec lui, et avait promis de l'attendre à Rome; mais Alexandre VI manqua de parole : soupçonnant toujours chez autrui les trahisons qui lui étaient familières, il n'osa confier sa personne aux Français, et se retira à Orvieto. Charles, néanmoins, après avoir traversé Rome, évacua, comme il s'y était engagé, Terracine et Civita-Vecchia : en arrivant à Sienne (13 juin), il trouva la Toscane en feu; Pise, Sienne, Lucques, s'étaient coalisées contre Florence; les garnisons françaises avaient pris parti pour les Pisans; les Pisans réclamèrent la promesse du roi, qui s'était fait garant de leur liberté; les Florentins invoquèrent le traité plus explicite par lequel Charles s'était obligé à leur rendre les villes de leur seigneurie occupées temporairement par les Français, et firent valoir la fidélité avec laquelle ils avaient refusé d'adhérer au traité de Venise. Le roi, différant sa décision, partit de Sienne, laissant quelques soldats dans cette ville, où une faction avait proclamé le comte de Ligni, un des capitaines français, chef de la république; puis il se dirigea vers Pise. Savonarola, qui était le véritable chef du gouvernement de Florence [1] et qui avait empêché les Florentins de se

---

1. Après le départ du roi, la république florentine s'était réorganisée d'après les inspirations de Savonarola. On avait établi : 1º un impôt unique de 10 pour 100 sur le revenu foncier; 2º un conseil général, sur le modèle de Venise, composé de tous les citoyens de trente ans, remplissant de certaines conditions; ils étaient trois mille deux cents sur une population d'une centaine de mille âmes; c'était une demi-démocratie; le grand conseil, divisé en trois sections fonctionnant alternativement, nommait aux magistratures, votait les lois, prononçait sur les appels en matière criminelle. 3º Un conseil de quatre-vingts membres, espèce de sénat, élaborait les projets de loi présentés par la seigneurie (le pouvoir exécutif), délibérait sur toutes les grandes

joindre à la ligue de Venise, vint se présenter au roi sur son chemin, et lui reprocha, au nom de Dieu, sa négligence à réformer l'Église, à tenir ses serments envers Florence, et à réprimer les désordres de ses gens : le prophète florentin annonça au roi que Dieu, « qui l'avoit conduit au venir, le conduiroit encore à son retour », et qu'il sortirait à son honneur des périls de la route, mais qu'il serait cependant puni « pour ne s'être bien acquitté de son devoir », et que, sous peu, la main de Dieu s'appesantirait sur lui, s'il ne changeait de conduite. Charles, étonné et un peu effrayé, ne répondit que par des paroles incohérentes et contradictoires, et promit enfin de contenter les Florentins quand il serait à Lucques. Les Florentins lui offraient un prêt de 100,000 florins et un petit corps d'armée, à condition qu'il leur rendît leurs domaines : les Pisans, de leur côté, supplièrent si douloureusement le roi de ne pas les livrer à leurs ennemis, que les soldats français, et même les Suisses, attendris par les plaintes de ce pauvre peuple, se soulevèrent en tumulte contre les membres du conseil royal qui favorisaient les Florentins. Les gentilshommes offraient leurs chaînes d'or, les soldats offraient l'abandon de leur solde pour qu'on n'acceptât pas l'argent des Florentins. Il y eut là un élan de cœur qui rachetait bien des désordres, et qui rendit aux Français toute la sympathie des opprimés, des populations conquises, des cités dépouillées de leurs droits, c'est-à-dire de la masse italienne.

Charles VIII, forcé de fausser sa promesse d'une part ou de l'autre, n'eût pu se tirer de cet embarras qu'en ménageant entre les deux partis une transaction qui garantît la liberté des Pisans et rendît aux Florentins quelque suprématie politique sur Pise : il continua de tergiverser, renvoyant après son arrivée à Asti la

affaires, surtout de l'extérieur et de la guerre, etc. Une amnistie avait été votée pour les partisans du régime déchu, chose inouïe dans les révolutions italiennes, mais avec menace d'une rigoureuse justice à l'avenir, et Jésus-Christ avait été proclamé roi de Florence, Savonarola étant son ministre et le conseil des conseils, sans autorité officielle. La démocratie, devenue le gouvernement du Christ, avait droit de punir ses ennemis comme impies; étonnante constitution, où l'esprit pratique ne faisait pas défaut à l'enthousiasme. V. Perrens, *Savonarola*, l. II, c. 2. Seulement, la position de Savonarola, très-forte à l'intérieur, était faible à l'extérieur, parce qu'elle était inconséquente; lui, le prophète de justice, il maintenait le droit de conquête de Florence sur Pise, c'est-à-dire le droit contre le droit, le droit de l'injustice.

réponse définitive qu'il avait déjà traînée de Naples à Sienne, et de Sienne à Lucques; mais il décida provisoirement par le fait en faveur des Pisans, et laissa garnison française tant à Pise que dans les autres places maritimes. De Pise, il marcha vers les Apennins pour gagner la Lombardie méridionale et Asti (23 juin) [1].

La Lombardie, sur ces entrefaites, était le théâtre de grands mouvements militaires : les Vénitiens, qui hésitaient encore à commencer la lutte, avaient signifié qu'ils n'attaqueraient pas le roi de France, si les Français n'attaquaient eux-mêmes le duc de Milan; Charles VIII avait envoyé l'ordre au duc d'Orléans de ne pas entamer la guerre; mais Ludovic, qui voulait engager les hostilités, provoqua le duc d'Orléans dans Asti, et le somma d'évacuer cette place et de renoncer à prendre le titre de duc de Milan; le duc Louis, qui avait reçu des renforts de France, sortit d'Asti, refoula devant lui le corps qui lui était opposé, et, le 11 juin, surprit Novarre, qui lui fut livrée par des gentilshommes ennemis du *More*. Si le duc d'Orléans eût marché droit à Milan, Ludovic eût été probablement renversé par une révolution populaire; mais le duc Louis n'osa tenter un coup aussi hardi : Ludovic eut le temps de réunir des forces considérables, et de mander d'Allemagne un grand nombre de lansquenets : le duc d'Orléans fut bientôt forcé de se tenir sur la défensive, et, tandis que le gros des troupes milanaises resserrait le duc d'Orléans dans Novarre, le reste des gens de Ludovic alla joindre l'armée vénitienne, qui s'assemblait aux environs de Parme, afin de barrer le passage au roi de France.

Si les capitaines italiens eussent mis plus de résolution et de célérité dans leurs mouvements, et qu'ils eussent occupé les passages des montagnes qui séparent la Lunigiane du Parmesan, la position du roi serait devenue très-critique : il eût été obligé de se replier sur Pise; mais François de Gonzague, marquis de Mantoue, et Robert de San-Severino, comte de Caiazzo, généraux de la république de Venise et du duc de Milan, ne pensant pas que les Français osassent venir droit à eux, laissèrent Charles

---

1. Comines, l. VIII, c. 2-4. — Guicciardini, l. II, § 21.

franchir tranquillement des défilés où la nature était à elle seule un obstacle presque insurmontable : force avait été d'abandonner tous les chariots; l'infanterie suisse traîna l'artillerie à bras avec d'incroyables fatigues, que redoublait l'ardeur d'un soleil d'été; les gens d'armes et les archers se partagèrent les boulets, le plomb, les gargousses; on n'abandonna pas un canon, l'on ne perdit pas une livre de poudre. Toute l'armée fut admirable de zèle, de patience et d'énergie ; durant cinq jours d'efforts inouïs, on n'entendit pas une plainte. L'armée se trouva enfin réunie, le 5 juillet, à l'entrée des plaines de Lombardie, au village de Fornovo, sur le Taro. Les ennemis, campés à une demi-lieue de cette bourgade, eussent pu accabler l'avant-garde française avant qu'elle fût jointe par le reste de l'armée; mais ils préférèrent permettre aux Français de descendre dans la plaine, afin de les y écraser d'un seul coup. La supériorité numérique des confédérés était énorme : Comines ne leur donne pas moins de trente-cinq mille combattants, dont deux mille six cents lances et deux à trois mille *estradiots* [1], excellente cavalerie légère levée par les Vénitiens en Albanie et en Morée, et dont la manière de combattre était assez analogue à celle des Arabes et des Mameluks. A l'aspect des nombreux pavillons qui couvraient les coteaux du Taro, Charles VIII et ses compagnons d'armes hésitèrent : le roi essaya de négocier avec les provéditeurs vénitiens [2], et, le lendemain 6 juillet au matin, il leur fit savoir qu'il ne voulait que passer son chemin, sans dessein d'attaquer le duc de Milan ni ses alliés. Les généraux ennemis et l'un des provéditeurs décidèrent de combattre.

L'armée de France avait été ordonnée en trois batailles; à l'avant-garde, commandée par le maréchal de Gié et par le Milanais Jean-Jacques Trivulce, à qui l'on se fiait comme à l'ennemi personnel de Ludovic, avait été mis « tout l'effort et l'espoir de l'host, » les Suisses et le reste de l'infanterie, l'artil-

---

[1]. Stradiots ou estradiots, du grec στρατιώτης, *homme de guerre*.
[2]. Le sénat de Venise envoyait ordinairement, près de son général en chef, deux provéditeurs qui le surveillaient, et sans le consentement desquels il ne pouvait agir. Le rôle des représentants du peuple à l'armée, sous la République française, rappela celui de ces provéditeurs.

lerie, trois cent cinquante lances et les archers de la garde du roi. Le roi en personne menait le corps de bataille; l'arrière-garde était conduite par le vicomte de Narbonne (comte titulaire de Foix) et par le sire de La Trémoille. Les mesures de l'ennemi avaient été assez habilement combinées pour cerner la petite armée française : deux gros corps de troupes franchirent simultanément le Taro, au-dessus et au-dessous des Français; le premier de ces corps, composé de Milanais et de Romagnols, sous les ordres du comte de Caiazzo, se porta contre l'avant-garde française; le second corps, beaucoup plus nombreux et où figurait l'élite des gens d'armes vénitiens et mantouans et des estradiots, fut lancé sur l'arrière-garde du roi par le marquis de Mantoue; deux autres détachements d'estradiots, de gens d'armes et d'arbalétriers reçurent ordre, l'un de prendre en flanc la bataille du roi, l'autre de tourner Fornovo et l'arrière-garde française, pour aller enlever le riche bagage des Français, qu'on avait fait passer à la gauche de l'armée, et qui formait un convoi de plus de six mille bêtes de somme. Le reste de l'armée italienne demeura immobile à l'autre bord du Taro, pour servir de réserve et garder le camp.

L'attaque du bagage commença l'action, et l'arrière-garde, qui était faible, fut un moment en grand péril : le roi, voyant de loin la masse d'ennemis qui allaient charger cette division, quitta le corps de bataille et courut avec sa maison au secours de l'arrière-garde. Le premier choc des lances fut terrible : le nombre des Italiens balança l'impétueuse valeur des Français et la supériorité de leurs armes offensives[1]. Charles VIII, vers qui « tiroient » tous les plus vaillants des ennemis, se trouva dans un extrême danger : séparé des siens, assailli de toutes parts, il n'échappa que grâce à la vigueur de son bon cheval noir, appelé *Savoie*. L'élite de ses gens d'armes parvint enfin à le dégager; mais ils n'eussent réussi qu'à retarder sa perte et la leur, si les estradiots eussent fait leur devoir aussi bien que les gens d'armes du marquis de Mantoue : quinze cents de ces chevau-légers grecs, admirablement montés et armés de cimeterres d'une excellente

---

1. Les lances françaises étaient beaucoup plus fortes que les lances italiennes.

trempe, devaient se mêler aux hommes d'armes pour rompre l'ordonnance des Français; mais, quand ils aperçurent de loin leurs camarades qui pillaient sans résistance les bagages du roi, ils quittèrent tous le combat pour courir au butin : beaucoup d'hommes d'armes et de fantassins italiens les suivirent; pas un Français, au contraire, ne quitta son rang. En peu d'instants, le combat changea de face : le corps de bataille des Français, arrivé sur la trace du roi, vint prendre en flanc les ennemis; la gendarmerie vénitienne et lombarde, abandonnée de sa cavalerie légère, plia sous l'effort redoublé des Français; Rodolphe de Gonzague, oncle du marquis de Mantoue, qui remplissait les fonctions de « maréchal de l'host », ayant été tué, le corps de réserve, demeuré de l'autre côté du Taro, ne reçut point d'ordres, et n'avança pas pour soutenir le marquis. La lourde gendarmerie italienne fut culbutée, poursuivie, hachée jusque dans le lit du Taro, et l'infanterie qui la soutenait fut taillée en pièces ou dispersée. On ne fit pas un prisonnier : les Français se criaient les uns aux autres : — Souvenez-vous de Guinegate [1]!

Pendant ce temps, le corps du comte de Caiazzo avait été repoussé et rejeté au delà de la rivière par l'avant-garde française, sans même en venir à « coucher les lances ».

Cette bataille, qui n'avait pas duré une heure, coûta aux Italiens près de trois mille cinq cents hommes; aux Français, deux cents à peine : elle assura le salut du roi et de l'armée. Le succès complet d'une expédition si mal concertée, et le retour triomphant du roi, en dépit de tous les obstacles, trompaient toutes les prévisions de la sagesse humaine. L'honneur en devait revenir aux admirables soldats et aux habiles capitaines, qui eussent mérité un autre général que Charles VIII.

L'armée française arriva devant Asti le 15 juillet. L'armée italienne alla joindre devant Novarre le duc de Milan, qui, à la tête de vingt mille combattants, bloquait le duc d'Orléans dans cette ville. Ludovic avait reçu d'Allemagne un renfort de dix ou douze mille lansquenets, la plupart levés à ses frais ou à ceux de Venise; car Maximilien, « l'empereur sans argent », n'avait pu solder

---

1. A Guinegate, en 1478, la gendarmerie française avait perdu une victoire assurée, pour s'être amusée à faire des prisonniers.

qu'une faible partie du contingent qu'il devait fournir à la coalition. Le glorieux combat de Fornovo, que les Français nommèrent *la journée de Fornoue*, n'empêchait pas les affaires d'Italie de prendre un fâcheux aspect. Sienne avait chassé sa faible garnison; Florence tâchait de recouvrer de vive force les places qu'on lui retenait; les nouvelles de Naples étaient mauvaises; Gênes s'était tournée avec le duc de Milan contre les Français, et, peu de jours avant la bataille de Fornovo, une attaque française, par terre et par mer, contre Gênes avait complétement échoué.

Le roi avait établi son camp sous Asti, en attendant qu'il lui vînt de France et de Suisse assez de renforts pour faire lever le siége de Novarre ou obliger les alliés à la paix; la garnison de Novarre souffrait beaucoup, et le duc d'Orléans ne cessait de presser le roi de le secourir; mais l'insouciant monarque n'avait pas tant de hâte : il s'était épris de la fille d'un gentilhomme de Chieri, et la belle Anna de Soleri l'occupait beaucoup plus que la guerre. Il ne se décida que vers le 11 septembre à porter son camp à Verceil pour se rapprocher de Novarre. Le pape lui avait mandé de sortir d'Italie sous dix jours, à peine d'excommunication : l'on ne fit que rire du Borgia parodiant Grégoire VII ou Innocent III; mais des négociations plus sérieuses continuèrent, par l'intermédiaire de la duchesse régente de Savoie, avec Ludovic et les Vénitiens. Le roi s'était enfin décidé à regagner les Florentins. L'éloignement avait affaibli l'impression produite par les prières des pauvres Pisans; on ne les sacrifia pas tout à fait : on stipula pour eux une amnistie et la faculté d'exercer le commerce et de parvenir aux emplois : Florence se rengagea dans l'alliance française. La paix avec Milan n'offrait pas de grandes difficultés : Ludovic ne demanda que la restitution de Novarre.

C'était uniquement dans l'intérêt des prétentions du duc d'Orléans sur le Milanais, que les Français tenaient à la possession de Novarre, place située au cœur de la Lombardie, à dix lieues de Milan. Le retard des renforts suisses et la détresse de la garnison de Novarre obligèrent enfin le roi et le duc Louis à céder : Novarre fut évacuée par les débris de ses défenseurs, et la paix fut signée le 10 octobre. Ludovic s'engagea de remettre les châteaux de Gênes en séquestre dans les mains de son beau-père le duc de Ferrare, demeuré neutre entre la France et la coalition. Ludovic se reconnut derechef vassal du roi pour Gênes, promit de laisser faire à Gênes des armements pour le compte de la France, et de ne rester uni à la ligue « qu'autant qu'il n'y auroit rien contre le roi de France »; il jura non-seulement de ne donner aucun secours aux princes aragonais, mais d'accorder le passage sur ses terres aux Français, et même d'accompagner le roi, s'il retournait en personne à Naples. Le roi, de son côté, promit de ne pas seconder les prétentions du duc d'Orléans sur Milan, et Ludovic s'engagea de payer 50,000 ducats à ce duc, et donna quittance au roi de 80,000 ducats qu'il lui avait prêtés[1].

Les Vénitiens ne voulurent point accéder directement à la paix, et dirent qu'ils n'avaient point de guerre pour leur compte avec le roi, mais qu'ils avaient seulement aidé leur allié le duc de Milan.

Ludovic ne remplit pas plus ses engagements envers la France, que les Français ne remplirent les leurs envers Florence.

Charles n'attendit ni l'exécution des promesses de Ludovic ni la réponse du sénat de Venise : il laissa à Asti un corps de troupes commandé par Trivulce, et rentra en France par Briançon, le 23 octobre, après quatorze mois d'absence ; il arriva à Lyon le 9 novembre, et, s'arrêtant dans cette grande ville, qu'il affectionnait particulièrement, « il n'entendit plus qu'à faire bonne chère et à jouter, et de nulle autre chose ne lui chaloit » (il ne se souciait de rien d'autre). (Comines.) La mort de son fils unique Charles Orland ou Roland, enfant de trois ans, qu'il avait ainsi nommé en mémoire du héros de ses romans favoris, et les désastreuses nouvelles qui arrivèrent de Naples, ne l'arrachèrent pas même à ses plaisirs.

Dans la semaine où Charles VIII avait quitté Naples, son compétiteur Ferdinand était débarqué à Reggio avec des troupes espagnoles et siciliennes que conduisait Gonsalve de Cordoue, le plus illustre des capitaines formés dans la guerre de Grenade : un grand nombre de Calabrois accoururent sous la bannière de Fer-

---

1. V. le traité dans Godefroi, p. 722 et suiv.

dinand ; Stuart d'Aubigni, gouverneur de Calabre, ne laissa pas
au prince aragonais le temps de se renforcer davantage ; il vint
l'attaquer avec un petit corps français et suisse, et le défit complétement à Seminara : les *génétaires* (chevau-légers espagnols),
mal secondés par les Calabrois et par les Siciliens, ne purent
soutenir le choc de la gendarmerie française. Ferdinand fut forcé
de s'enfuir par mer à Messine avec Gonsalve. Ferdinand ne perdit
pas courage : il savait que son parti s'accroissait de jour en jour,
et que la plupart des villes napolitaines, et la capitale elle-même,
qui l'avait chassé naguère, étaient dans les meilleures dispositions
à son égard. « Ces Napolitains », dit Guicciardini, « sont le peuple
le plus inconstant de toute l'Italie. » Les fautes de Charles VIII
et les qualités personnelles de Ferdinand, bien supérieur à son
rival, excusaient l'inconstance populaire. La noblesse féodale
avait conservé dans le royaume de Naples une puissance détruite
depuis longtemps dans les républiques italiennes ; Charles VIII
avait mécontenté cette noblesse, sans faire assez pour s'attacher
les villes et les soustraire à l'influence des seigneurs.

Ferdinand renouvela donc sa tentative avant que le bruit de sa
défaite eût pu décourager ses amis ; il réunit aux galères qu'il
avait conservées la flotte d'Espagne et tous les bâtiments que
purent lui fournir les ports de Sicile, fit voile pour le golfe de
Naples, et se mit en devoir de débarquer à un mille de cette ville,
quoiqu'il n'eût qu'une poignée de soldats. A la vue de ce mouvement, le vice-roi Gilbert de Montpensier eut l'imprudence de
sortir de Naples avec presque toute la garnison pour s'opposer au
débarquement de Ferdinand : à peine les Français furent-ils
dehors, que Naples entier s'insurgea au son des cloches de toutes
les églises. Montpensier se hâta de regagner la ville ; mais il s'efforça en vain de comprimer l'insurrection, et, après un combat
opiniâtre dans les rues, les Français furent contraints de se renfermer dans les trois châteaux de Naples, tandis que le prince
aragonais rentrait dans la ville aux cris de joie du peuple. Cet
événement eut lieu le lendemain de la bataille de Fornovo (7 juillet).
Presque toute la côte méridionale du royaume suivit l'exemple de
la capitale, et releva les bannières de Ferdinand ; en même temps,
les Vénitiens, plus, il est vrai, pour leur compte que pour celui

de Ferdinand, envahissaient les places de l'Adriatique, Monopoli, Brindes, Otrante, Trani.

Ferdinand avait entamé sur-le-champ le siége des châteaux de Naples.

Le vice-roi, manquant de vivres, capitula le 6 octobre, et promit d'évacuer les forteresses de Naples et de se retirer en Provence, s'il n'était « recous dedans trente jours ». Tandis que Montpensier signait cet accord, les troupes françaises, disséminées dans les provinces voisines, s'étaient réunies sous les ordres du sire de Préci, et avaient mis en déroute un corps de l'armée de Ferdinand, quatre fois plus nombreux qu'elles; elles parurent bientôt devant Naples; mais Montpensier s'était lié les mains par la trêve, et Préci ne fut pas assez fort pour s'ouvrir le passage jusqu'aux châteaux de Naples. Montpensier, après avoir manqué l'occasion de sauver Naples pour ne pas violer la trêve jurée, ne garda pourtant pas jusqu'au bout sa parole : il s'embarqua, une nuit, avec deux mille cinq cents de ses gens, alla descendre à Salerne, et recommença de tenir la campagne. Les châteaux de Naples n'en furent pas moins obligés de se rendre par famine; mais les généraux français, qu'appuyait encore un parti assez considérable, continuèrent la lutte dans l'intérieur du royaume : si Charles VIII eût envoyé à ses fidèles capitaines la moindre partie de l'argent qu'il dissipait follement, son royaume de Naples eût pu encore être sauvé, ou, tout au moins, la suzeraineté française, avec un tribut garanti par la possession de quelques places maritimes, eût été facilement établie par une transaction honorable que proposaient les Vénitiens; mais le roi ne sut faire ni la guerre ni la paix.

Charles VIII, au commencement de l'année 1496, annonça l'intention d'aller, avec une puissante armée, châtier le duc de Milan, qui n'avait rempli que très-incomplétement ses promesses, et secourir « ses hommes de Naples »; mais le cardinal Briçonnet, qui gouvernait toutes les affaires de l'État et particulièrement les finances, apporta tant de retards et d'entraves aux apprêts de l'expédition, qu'il en dégoûta le roi; on le soupçonna de s'être laissé gagner par les ducats du pape et du duc de Milan. Les beaux yeux d'une fille d'honneur de la reine aidèrent puissamment Briçonnet à retenir Charles VIII. Le duc d'Orléans, qui voyait le roi « assez mal disposé de sa santé » et affaibli par ses déréglements, ne voulut pas non plus s'éloigner, de peur que Charles, dont il était devenu l'héritier par la mort du dauphin, ne trépassât en son absence. Tout l'été et l'automne se passèrent en tergiversations, et les Français du royaume de Naples furent à peu près abandonnés à eux-mêmes, si ce n'est qu'une escadre provençale vint débarquer à Gaëte un petit corps d'infanterie. Le vice-roi Montpensier, soutenu par quelques grands seigneurs romains et napolitains, guerroya encore plusieurs mois contre Ferdinand; enfin celui-ci, que renforcèrent successivement les Vénitiens et Gonsalve de Cordoue, parvint à enfermer la petite armée française dans la ville d'Atella, en Basilicate, et l'y resserra étroitement. La division, conséquence accoutumée du malheur, régnait parmi les chefs : les soldats, surtout les mercenaires suisses et allemands, réclamaient à grands cris leur solde arriérée; les Suisses, au nombre de quinze cents, restèrent néanmoins fidèles jusqu'à la fin; mais sept cents lansquenets désertèrent à l'ennemi. Après trente-deux jours de siége, le vice-roi, cerné par des forces infiniment supérieures, capitula pour la seconde fois, et s'engagea, s'il n'était secouru avant un mois, à rendre Atella et les autres places qui dépendaient de lui, l'artillerie comprise, à condition qu'on laissât chefs et soldats retourner en France, « vies et bagues sauves » (20 juillet 1496).

Cette triste capitulation ne fut pas même observée par l'ennemi: après la reddition d'Atella, Ferdinand prétendit que le vice-roi devait lui livrer toutes les places françaises du royaume, quoique Montpensier eût expressément réservé Gaëte, Venosa et Tarente, dont Charles VIII avait nommé directement les gouverneurs. Avant que le différend eût été réglé, Ferdinand d'Aragon et Gilbert de Montpensier moururent tous les deux. Les troupes françaises et auxiliaires, en attendant qu'on les laissât embarquer, avaient été réparties entre Baïes (Baia) et Pouzzoles (Pozzuolo), lieux très-malsains vers la canicule : une épidémie se déclara; la plupart des soldats et le général lui-même, harassés par la fatigue et les privations, tombèrent malades, languirent et moururent. Montpensier expira le 5 octobre; mais son vainqueur n'existait déjà plus : Ferdinand II, atteint du même mal que le vaincu, était mort dès le 7 septembre. A Ferdinand succéda sans opposition son oncle Frédéric (don Federigo), prince aimable, habile et populaire, qui réduisit assez promptement les garnisons de Gaëte, de Venosa et de Tarente à évacuer ces places, et à faire voile pour la France avec les débris de l'armée du vice-roi : le brave d'Aubigni, gouverneur de Calabre, avait langui en proie à la fièvre durant presque toute cette campagne, circonstance à laquelle Ferdinand et Frédéric avaient dû en grande partie leurs succès.

A la fin de 1496, il ne restait rien à la France des conquêtes de Charles VIII; l'expédition française avait passé sur l'Italie et disparu comme une trombe; mais le sol, bouleversé par cette trombe, ne reprit plus son premier aspect : les traces imprimées ne s'effacèrent pas; les germes qu'avait dispersés en tous lieux la tempête portèrent leurs fruits; la France, ou du moins la portion remuante et guerrière de la population française, garda, depuis la campagne de Naples, une aveugle ardeur de conquêtes lointaines, une infatuation funeste de sa supériorité militaire, des passions enfin toutes pareilles à celles qui avaient poussé si longtemps l'Angleterre sur la France. Les Espagnols et les Allemands, de leur côté, introduits en Italie, comme les Français, par les Italiens eux-mêmes, apprirent à diriger leurs convoitises vers ce beau pays, que tous ses voisins commencèrent à considérer comme une proie à disputer ou à partager. L'imminence du péril n'eut pas la vertu de réunir les états italiens; les dissensions intérieures de la péninsule devaient se prolonger jusqu'à ce que tous les mouvements et tous les bruits se fussent éteints dans le silence de l'esclavage [1]!

1. L'expansion d'un fléau nouveau, la syphilis, en Italie et dans le reste de l'Europe, coïncida avec l'invasion de Charles VIII. Les Français, qui prirent dans le pays conquis la maladie vénérienne, l'appelèrent le *mal de Naples*; les Italiens, qui ignoraient cette maladie avant la guerre et qui virent les Français la répandre partout sur leur passage au retour de Naples, l'appelèrent le *mal français* : les Flamands et les Portugais, qui la reçurent d'Espagne, l'appelèrent le *mal espagnol*, et une opinion qui a longtemps prévalu impute, en effet, aux Espagnols d'avoir apporté cette contagion sur les navires de Christophe Colomb, au retour de son premier voyage dans les régions inconnues au delà du grand Océan Atlantique (janvier 1493). Il paraît incontestable que le mal vénérien existait aux Antilles, avec un caractère moins violent que

Pendant que Charles VIII oubliait, dans les bras de ses maîtresses, les valeureux soldats qui défendaient péniblement et inutilement sa trop facile conquête, la guerre avait continué en Toscane entre les Florentins, leurs voisins de Sienne et de Lucques et leurs anciens sujets de Pise. Le dernier traité de Florence avec Charles VIII (de septembre 1495) avait été à peu près mis à néant par la désobéissance des capitaines français. On ne restitua guère aux Florentins que Livourne; d'Entraigues, commandant de la citadelle de Pise, gagné par son amour pour une belle Pisane, remit la forteresse, non point aux commissaires florentins, mais aux citoyens de Pise, qui ne voulaient rentrer, à aucune condition, sous la seigneurie de leurs anciens maîtres; d'autres officiers français vendirent Sarzane et Piétra-Santa aux Génois et aux Lucquois. Florence tenta en vain de soumettre Pise de vive force : le duc de Milan et les Vénitiens secoururent efficacement Pise, et dans l'espoir de s'approprier cette ville, et pour affaiblir les Florentins et les contraindre d'abandonner l'alliance française; Florence fut attaquée sur son propre territoire : l'empereur Maximilien, attiré par le duc de Milan, vint en personne se mettre à la tête des coalisés, et assiéger Livourne. Les exhortations de Savonarola soutinrent le courage de Florence : les Florentins résistèrent avec une obstination magnanime et restèrent fidèles à la France, qui racheta enfin ses torts par l'envoi d'un secours

celui qu'il prit en Europe; mais les hommes les plus instruits dans l'histoire pathologique n'admettent plus que ce fléau soit exclusivement provenu du Nouveau Monde ni qu'il fût entièrement nouveau en Europe, lorsqu'il y éclata si furieusement à la fin du xvᵉ siècle. Il n'a certainement point été inconnu des anciens; on croit le retrouver dans certaines épidémies du moyen âge, par exemple dans le *mal des ardents*, et il paraît s'être plus ou moins combiné avec la lèpre. Le système de défense adopté dans toute la chrétienté contre la lèpre dut contribuer à empêcher la propagation des principes morbides de ce genre. Quand la contagion lépreuse s'affaiblit, que les précautions se relâchèrent (les ladreries, si nombreuses et si remplies au xiiiᵉ siècle, étaient presque abandonnées au xvᵉ), ces affections recommencèrent à se répandre d'abord sourdement, puis grandirent et se déchaînèrent avec une rage effroyable, remplaçant la lèpre par une de ces révolutions dont l'histoire pathologique offre maint exemple. Une ordonnance du prévôt de Paris, du 15 avril 1488, qui enjoint aux lépreux de sortir de la capitale, concernait probablement déjà les syphilitiques confondus avec les lépreux. Il n'y a plus d'équivoque pour l'ordre du parlement de Paris, du 6 mars 1497, qui prescrit aux malades étrangers à Paris de quitter la ville et les faubourgs, et enjoint d'enfermer et de traiter les malades parisiens. Dulaure, *Histoire de Paris*, t. III, p. 145. Sur les commencements de la syphilis, *V.* Guicciardini, l. ii, c. 33; Fracastor, poëme latin de *Syphilis*; Astruc; P. Dufour, etc.

maritime à Livourne. Maximilien, obligé de lever le siége, quitta la Toscane, puis l'Italie, laissant aux Italiens une opinion médiocre de sa personne et un grand mépris pour sa puissance : singulière figure dans l'histoire que ce monarque sans argent et sans soldats, qui échoua dans presque toutes ses entreprises, fut toute sa vie hors d'état d'égaler ses forces et ses ressources à ses titres et à ses prétentions, et qui, enfin, si faible, fonda une si énorme puissance par deux mariages conclus à propos, le sien et celui de son fils [1].

Le roi de France, à qui manquaient, non pas les ressources matérielles, comme à Maximilien, mais la capacité et la volonté, essaya faiblement de se venger de la perte de Naples sur Ludovic Sforza. Au commencement de 1497, il confia une douzaine de mille hommes à Trivulce et au cardinal Julien de La Rovère. C'était à Milan que Ludovic était le plus faible; en l'attaquant brusquement dans sa capitale, on l'eût peut-être abattu d'un seul coup; mais Charles VIII ne voulut pas exciter à Milan une révolution au profit du duc d'Orléans, que ses favoris lui rendaient de nouveau suspect, et donna ordre d'attaquer Gênes : on échoua, bien que sans grande perte. Cette expédition manquée fut suivie d'une trêve de six mois entre la France et les coalisés (mars-octobre 1497). La trêve, au bout de six mois, fut renouvelée entre la France et l'Espagne seulement : les deux cours avaient entamé des négociations secrètes; les Rois Catholiques commençaient à laisser entrevoir leurs arrière-pensées sur l'Italie : aussi peu soucieux de la foi des serments que des liens de la parenté, Ferdinand était tout disposé à tourner contre son cousin le roi de Naples les armes qu'il avait employées en sa faveur, et à violer ses engagements envers l'Italie, ainsi qu'il l'avait fait envers la France [2].

1. Avec les héritières de Bourgogne et d'Espagne. On a exprimé cette fortune de la maison d'Autriche dans un vers latin devenu célèbre :

Bella gerant alii; tu, felix Austria, nube!

« Que d'autres fassent des conquêtes par la guerre; toi, heureuse Autriche, demande les tiennes à l'hymen! »

2. Contrairement au traité de Barcelone, Ferdinand et Isabelle avaient marié, en 1496, leur fils et deux de leurs filles aux deux enfants de Maximilien et au fils aîné de Henri VII. L'un de ces mariages, celui de Jeanne d'Aragon avec Philippe d'Au-

De nouveaux orages s'amassaient ainsi sur l'Italie, pendant que l'issue de la tentative que Florence, la cité italienne par excellence, avait faite pour se régénérer, présageait les destinées de la péninsule. Une lutte inévitable s'était engagée entre le pontife de Rome et le prophète de Florence, après de longues hésitations de la part d'Alexandre VI, à qui Savonarola semblait inspirer une sorte de terreur. Savonarola avait résisté à une défense de prêcher intimée par le pape : il continuait à foudroyer la corruption romaine, à annoncer de nouvelles vengeances du ciel, à imposer dans Florence, avec la dernière rigueur, sa réforme ascétique. Le mardi gras de 1497, il fit brûler sur la place publique un monceau de livres, de tableaux, d'instruments de musique et d'ustensiles de toilette, enlevés de gré ou de force à leurs possesseurs. Des chefs-d'œuvre de peinture, des livres et des manuscrits précieux périrent en foule. L'ascétisme monastique ne brûlait pas seulement la Renaissance païenne, mais, avec elle, la pure et immortelle poésie du moyen âge : on ne distingua rien : Pétrarque fut mis sur le bûcher avec Boccace et Pulci. La réforme de Savonarola était condamnée par ses actes : elle rejetait le monde vers le désert du monachisme ; elle ne le conduisait pas à la cité de l'avenir.

La Renaissance était trop forte pour succomber sous une réaction du moyen âge, qui ne représentait pas même le moyen âge tout entier : l'Italie tourna contre le prophète : dans Florence même, le fanatisme des réformateurs, la compression qu'ils exerçaient, avaient rejeté dans le parti opposé une foule d'esprits qui acceptaient la réforme politique, non la réforme ascétique ; Florence était divisée en trois factions, qui échangeaient les noms injurieux de *piagnoni* (pleureurs, plaignards), d'*arrabiati* (enragés) et de *bigi* (gris). Les premiers étaient les pénitents, les dévots de Savonarola ; les seconds, les épicuriens, les *libertins*, comme on dit plus tard ; les troisièmes, les partisans des Médicis. *Arrabiati* et *bigi* se réunirent contre les *piagnoni*, et Alexandre VI, encouragé par les discordes des Florentins, lança enfin l'excom-

triche, eut de bien vastes conséquences. *V.* le livre VII de Comines sur toutes ces négociations. L'infant d'Espagne mourut peu après son mariage avec la fille de Maximilien.

munication sur Savonarola (12 mai 1497). Le prophète de Florence protesta contre la validité de l'excommunication; mais il hésita à son tour à pousser la lutte aux dernières extrémités; il reculait devant le schisme. Sur ces entrefaites, le parti des Médicis ayant comploté une contre-révolution, qui avorta, plusieurs des chefs furent condamnés à mort par les magistrats; ils appelèrent au grand conseil populaire. La loi qui autorisait l'appel avait été rendue sous l'inspiration de Savonarola. Les *piagnoni*, cependant, craignant un acquittement qui, suivant eux, perdait la république, passèrent outre à l'appel et firent exécuter les condamnés. Savonarola approuva, au moins par son silence (21 août 1497). Il se justifia sans doute à ses propres yeux par ces maximes et ces exemples de rigueur biblique qui ont entraîné tant d'autres chefs de parti; mais cet acte de *salut public* ne sauva rien. La seigneurie de Florence, plus faible après ce sang illégalement versé, louvoya devant une nouvelle sentence papale (octobre), et Savonarola dut quelque temps s'abstenir de la chaire. Il y remonta avec un terrible éclat durant le carnaval de 1498. Son parti était pris. Il attaqua nettement l'infaillibilité du pape : « le pape, en tant que pape, est infaillible : s'il se trompe, il n'est plus pape... Vous croyez que Rome me fait peur : je n'ai aucune peur; nous marcherons contre eux comme contre des païens..... nous ouvrirons la cassette, et il sortira tant d'ordure de la cité de Rome, que l'infection s'en répandra par toute la chrétienté [1]..... L'Église ne me paraît plus l'Église!..... Il viendra un autre héritier à Rome »!.....

Il avait eu la vision d'une croix noire plantée sur Rome! En même temps, il écrivit aux principaux souverains de l'Europe

---

1. Les fêtes du Vatican rappelaient celles des plus immondes d'entre les Césars; le sang s'y mêlait à de monstrueuses orgies : au mois de juin précédent, César Borgia, cardinal de Valence, avait fait assassiner le duc de Gandia, son frère aîné et son rival heureux auprès de leur sœur Lucrèce Borgia : « le bruit couroit que les deux frères avoient dans leur propre père un rival auprès de leur sœur. » Guicciardini, l. III, c. 47. Alexandre VI, qui aimait ses enfants avec fureur, comme les tigres aiment leurs petits, fut d'abord si étourdi par ce coup de foudre, qu'il confessa ses crimes en plein consistoire et annonça la résolution de s'amender, lui et sa cour; mais, au bout de quelques jours, il reprit son train de vie accoutumé, reporta sur l'assassin l'affection qu'il avait eue pour la victime, et se dédommagea de son éphémère repentir par un nouveau débordement de débauches et de cruautés.

pour les exciter à provoquer un concile général et la déposition du pape. La lettre adressée au roi de France fut interceptée par Ludovic Sforza, qui l'envoya au saint-père. Alexandre VI, furieux, fulmina un nouveau bref plein de menaces contre Florence. Le gouvernement florentin, découragé par l'inaction et l'abandon du roi de France, plia et interdit la chaire à Savonarola (17 mars 1498). Les dominicains virent se déchaîner contre eux les autres ordres mendiants, depuis longtemps jaloux de leur suprématie. Savonarola, dans ses harangues passionnées, s'était dit maintes fois prêt à subir l'épreuve du feu pour attester la vérité de sa mission. Un franciscain le défia d'entrer dans le feu avec lui. Le bûcher fut dressé. Dominicains et franciscains, *piagnoni* et *arrabiati*, tout le peuple s'assembla sur la place de la Seigneurie : on disputa pendant des heures sans pouvoir s'entendre sur les conditions de l'épreuve ; évidemment, Savonarola se repentait, mais trop tard, d'avoir parlé de tenter Dieu. Une grosse pluie finit par disperser l'assistance (7 avril).

Le prestige était dissipé. Savonarola était perdu. Le lendemain, les *arrabiati* arrachèrent aux magistrats l'ordre d'arrêter le prophète, et assaillirent en armes le couvent de Saint-Marc. Savonarola fut traîné en prison, et traduit devant un tribunal à la tête duquel le gouvernement florentin appela deux commissaires du pape. L'un des deux était le général même des dominicains. A la torture, Savonarola rétracta sa mission : sorti de la torture, il rétracta sa rétractation ; il en fut ainsi à plusieurs reprises ; « lutte admirable entre la faiblesse du corps et l'énergie de l'âme » [1]. Les fautes et les erreurs du réformateur disparaissent dans la sainteté de ses derniers moments. Il fut condamné au feu : c'était la papauté brûlant de ses propres mains la foi du moyen âge. Quand on le mena au supplice, le juge ecclésiastique lui déclara qu'il était retranché de l'Église : — *De la militante*, répondit Savonarola, donnant à entendre que son martyre l'introduisait dans l'*Église triomphante* (23 mai 1498). Comme Jeanne Darc, il soutint jusqu'au bout la vérité de sa mission ; mais il n'eut pas, comme Jeanne, le bonheur de sauver sa patrie en

---

1. Perrens, *Vie de Savonarole*, p. 276.

mourant pour elle[1]! Son œuvre, à lui, mêlée d'ombre et de lumière, ne venait pas de si haut que l'œuvre de Jeanne, et, si la philosophie lui doit le respect que méritent les fortes convictions et les morts héroïques, elle ne peut revendiquer de lui que le sentiment et non la doctrine. La papauté, qui l'avait tué quand elle était païenne ou athée, le revendiqua lorsqu'elle redevint catholique et qu'elle accomplit vers le moyen âge, avec plus de politique et moins d'ascétisme, le retour qu'il avait tenté. La Réforme le disputa au *papisme*, pour ses attaques contre l'infaillibilité et ses prophéties contre la Babylone romaine; elle en fit un héritier de Jean Huss, un précurseur de Luther. En réalité, les armes de cet Achille n'appartiennent complétement à personne; son cœur avait de puissantes aspirations; mais sa pensée était plus au passé qu'à l'avenir. Pour mesurer sa force, qu'il suffise de dire que Michel-Ange et Machiavel sont sortis de lui tous les deux, l'un par filiation directe, l'autre par réaction.

Peu de jours après le supplice du martyr, une lettre du roi de France arriva pour demander sa grâce. Le roi de France ne se nommait plus Charles VIII, mais Louis XII.

Dans l'année qui précéda la mort de Savonarola, le prophète, suivant le témoignage de Comines, avait écrit plusieurs fois à Charles VIII pour le menacer d'un châtiment prochain de la part de Dieu, s'il ne revenait promptement en Italie « réformer l'Église par l'épée et chasser les tyrans ». Charles n'était pas venu, mais les menaces de Savonarola s'étaient accomplies, et le roi de France, après avoir vu disparaître successivement trois fils au berceau, était lui-même descendu dans la tombe.

Vers les derniers mois de 1497 et les premiers de 1498, on avait remarqué dans la conduite et dans l'esprit de Charles VIII une amélioration qui n'était peut-être que le résultat de l'affaiblissement de sa santé. Sa vie était moins désordonnée; il s'entretenait plus volontiers de choses sérieuses. Au commencement de 1498, il s'était établi au château d'Amboise, et y faisait faire de vastes constructions et de grands travaux d'art par « plusieurs

---

1. *V.* Guicciardini et les autres historiens florentins, la *Vita del padre Girolamo Savonarola*, les *Annales ecclesiastic. Rainaldi*, et Comines, l. VIII, c. 26 ; — *Comment le saint homme frère Hiéronyme fut brûlé à Florence*, etc.

ouvriers excellents, comme tailleurs (sculpteurs) et peintres, qu'il avoit amenés de Naples », dit Comines [1].

« Il avoit pourtant toujours en son cœur de faire le retour en Italie, et confessoit bien y avoir fait des fautes largement, et lui sembloit que, s'il pouvoit recouvrer ce qu'il avoit perdu, il pourvoiroit mieux que par le passé à la garde du pays ». Il entretenait toujours des intelligences avec les Florentins, avec le duc de Ferrare, le marquis de Mantoue, le seigneur de Bologne, et même avec le pape; il parlait beaucoup de la guerre, sans faire grand effort pour s'y préparer. D'autre part, il songeait « à vivre désormais selon les commandements de Dieu, à mettre la justice, l'Église et les finances en bon ordre, en sorte qu'il ne levât plus sur son peuple que 1,200,000 francs de taille, outre son domaine ». C'était la taille primitive de 1439, renouvelée pour deux ans, en 1484, par les États Généraux, qu'on n'avait plus assemblés depuis; les tailles avaient été arbitrairement reportées par degrés, à partir de cette époque, à deux millions deux cent mille livres. « Il mettoit grand' peine à réformer les abus de l'ordre de Saint-Benoît et d'autres *religions* (d'autres ordres); il avoit bon vouloir, s'il eût pu, qu'un évêque n'eût tenu que son évêché, et un cardinal, deux, et qu'ils eussent résidé sur leurs bénéfices... Il avoit mis sus une audience publique, où il écoutoit tout le monde, et spécialement les pauvres... Il avoit suspendu aucuns de ses officiers pour pilleries...

« Étant le roi en ce bon vouloir, le septième jour d'avril, veille de Pâques fleuries, il partit de la chambre de la reine Anne de Bretagne, sa femme, et la mena avec lui pour voir jouer à la paume ceux qui jouoient aux fossés du château [2] ». En passant par une vieille galerie obscure et « dérompue », il se heurta le front contre la porte; quoique un peu étourdi du choc, il pour-

1. C'est la première indication que nous fournissent les historiens sur l'introduction des arts italiens en France. On ne sait le nom que d'un seul de ces « ouvriers excellents » : il s'appelait Paganini; c'était un statuaire modénais. Il exécuta le tombeau de Charles VIII, en marbre noir, avec figures en bronze doré. V. l'*Histoire de l'Abbaye de Saint-Denis*. Les grosses tours du château d'Amboise, entre autres celle « par où l'on monte à cheval », datent de Charles VIII. Cette tour offre, au lieu d'escalier, une rampe si large et si douce, qu'on peut faire monter jusqu'à la plate-forme un escadron de cavalerie.

2. Comines, l. VIII, c. 25.

suivit son chemin et regarda longtemps les joueurs, en « devisant » avec tout le monde. Tout à coup on le vit tomber à la renverse : on le releva; il étouffait; il ne pouvait parler; on le transporta dans un galetas voisin, et on le coucha « sur une pauvre paillasse »; il ne se releva plus, et, après neuf heures d'agonie, « ce grand et puissant roi se départit du monde en si misérable lieu » : il avait été étouffé par un catarrhe ou frappé d'apoplexie. Il n'avait pas vingt-huit ans. Il laissa de vifs regrets à tout ce qui l'entourait : les registres du parlement assurent que, le jour de ses funérailles, la plupart des assistants étaient « comme demi-morts », et qu'un sommelier et un archer de la garde moururent subitement de douleur; c'était là une touchante oraison funèbre. Ce roi, dit Comines, était « peu entendu, mais si bon qu'il n'étoit point possible voir meilleure créature [1] ».

Par la mort de Charles VIII, la ligne directe des Valois prit fin, et la couronne fut transférée à la branche collatérale de Valois-Orléans, descendue de Louis Ier, duc d'Orléans, second fils de Charles V [2].

Si importants qu'eussent été pour l'Europe les événements du règne de Charles VIII, des événements d'un caractère bien plus extraordinaire et d'une portée bien plus vaste encore, d'une portée que rien n'avait jamais égalée dans l'histoire, s'étaient passés pendant ce règne hors de la sphère d'action de la France. Une découverte bien plus merveilleuse encore que l'imprimerie achevait d'inaugurer magnifiquement l'ère moderne; un monde nouveau, une moitié inconnue du globe terrestre, se révélait inopinément à l'Europe, au moment où celle-ci aspirait seulement à relier par de nouveaux liens les diverses parties de l'ancien monde.

L'existence du double continent de l'hémisphère occidental n'était probablement pas restée entièrement ignorée des Phéni-

---

1. Il y a là des phénomènes très-intéressants à observer : l'attachement passionné du serviteur pour le maître, et l'extrême violence, mais aussi la mobilité des impressions appartiennent à un ordre moral différent du nôtre, et que le moyen âge avait hérité des barbares.

2. Le marc d'argent, qui était à 8 liv. 15 s., et le marc d'or, qui était à 118 liv. 10 s. du temps de Louis XI, furent portés, sous Charles VIII, le premier à 10, puis à 11 liv., et le deuxième à 130 liv. 3 s. 4 d. — *Art de vérifier les dates.*

ciens et des Carthaginois, maîtres des Açores, de Madère et des Canaries : les vagues traditions des Grecs sur l'Atlantide prouvent qu'un attrait mystérieux appelait déjà la pensée des anciens vers les régions où le soleil se couche; ils sentaient, pour ainsi dire, le monde incomplet, et les beaux vers de Sénèque le tragique semblent prophétiser Colomb : « Des siècles lointains viendront où l'Océan dévoilera les secrets qu'il tient sous sa garde : on verra s'ouvrir un vaste continent; de nouveaux Typhis découvriront de nouveaux mondes, et Thulé ne sera plus l'extrémité de la terre [1] ». L'empire romain cependant ne chercha point à exhumer des sépulcres de Tyr et de Carthage les secrets que ces dominatrices des mers avaient peut-être emportés avec elles en mourant. Plusieurs siècles après la chute de l'empire romain, les pirates scandinaves, qui avaient colonisé l'Islande, poussant plus loin à l'ouest leurs courses hardies à travers la mer du Nord, découvrirent le Groënland, puis d'autres régions plus méridionales, avec lesquelles leurs communications furent bientôt interrompues [2]; mais ces voyages téméraires des Scandinaves aux xe et xie siècles n'eurent aucune influence sur l'Europe : c'était du côté de l'Orient que se tournait alors la chrétienté : il fallait que le mouvement des croisades eût cessé, et surtout que l'Europe, quittant les voies du moyen âge et renonçant à des agressions stériles contre l'Asie musulmane, n'enfermât plus sa pensée dans le bassin de la Méditerranée, et aspirât à se répandre plus largement sur le monde; il fallait enfin que les nations chrétiennes de la péninsule espagnole, sentinelles avancées de l'Europe vers la grande mer Atlantique, eussent achevé leur lutte de huit cents ans avec les restes des conquérants arabes, et fussent libres de s'élancer dans la carrière sans bornes que leur ouvrait l'Océan.

Ces temps vinrent : avec le xve siècle naquit la grande naviga-

1.
   . . . . Venient annis
   Sæcula seris, quibus Oceanus
   Vincula rerum laxet, et ingens
   Pateat tellus, Typhisque novos
   Detegat orbes, nec sit terris
   Ultima Thule.
      Medea.

2. On croit que c'étaient le Labrador, Terre-Neuve et l'Acadie.

tion; mais ce qu'il faut se garder d'oublier, c'est qu'en se hasardant sur l'Océan Atlantique, c'était encore vers l'Asie qu'on tendait : on espérait retrouver par mer ces régions du haut Orient où les Marco-Polo, les Rubruquis, les Mandeville, avaient pénétré par terre au prix de tant d'efforts, de périls et d'étonnantes aventures. Au Portugal appartint la gloire d'entreprendre et d'accomplir cette œuvre, sous l'impulsion d'un de ces génies initiateurs qui président aux phases principales de l'histoire : ce fut l'infant don Henri, majestueuse figure qui semble planer encore, comme le génie de la navigation moderne, sur ce cap Saint-Vincent du haut duquel don Henri dirigea, pendant un demi-siècle, les nefs aventureuses des *découvreurs* portugais. Des instruments inconnus à l'antiquité donnaient enfin au navigateur des guides plus certains que les étoiles à travers les déserts de l'Océan, et l'assuraient de reconnaître non-seulement sa direction par les quatre points cardinaux, mais la hauteur relative du pôle et des astres, et par conséquent la hauteur à laquelle lui-même se trouvait sur le globe. La boussole, connue en Chine de temps immémorial, avait été communiquée par les Chinois aux Arabes, et importée par ceux-ci en Occident vers le XII° siècle : l'invention de l'astrolabe, vers le milieu du XV° siècle, par le savant conseil d'astronomes et de géographes qu'avait groupés autour de lui don Henri, acheva d'armer les marins pour les voyages de long cours : les Portugais bravèrent les terreurs fantastiques de cette zone torride qui passait pour entourer le globe d'une ceinture de flammes, résolurent de tourner le vaste continent de l'Afrique, et, après lui, le monde musulman, pour gagner le monde indo-chinois que les régions musulmanes séparent de l'Europe, y porter la croix et les armes chrétiennes, et en arracher le commerce aux sectateurs de l'islamisme. C'était seulement par ses richesses que la Haute Asie enflammait alors l'avide imagination de l'Europe; l'Europe retournait vers sa mère sans la connaître, et ne soupçonnait pas que cet antique berceau du genre humain gardait à l'avenir des secrets plus précieux que les trésors de Golconde ou de Delhi.

Des navigateurs français avaient montré la route aux *découvreurs* de don Henri : suivant des traditions qui paraissent dignes de foi, les Dieppois, alors les meilleurs marins et les armateurs les plus actifs de la Normandie, avaient, dès la seconde moitié du xive siècle, pénétré dans des parages où ne se hasardaient point encore les Espagnols ni les Portugais : ils avaient doublé le cap Non, le cap Bojador, le cap Blanc, le cap Vert, reconnu une grande partie du golfe de Guinée, fondé plusieurs comptoirs et établi un commerce régulier jusque par delà la Côte-d'Or. Les terribles catastrophes du règne de Charles VI et la conquête de la Normandie par les Anglais ruinèrent ces établissements et fermèrent l'avenir maritime et commercial qui s'était offert à la France dans cette direction [1]. Le Portugal en profita : la grandeur de l'ambition portugaise se révéla, dès 1440, par une bulle que la couronne de Portugal obtint du pape Martin V : le souverain pontife attribuait aux Portugais la souveraineté de toutes les terres qui seraient découvertes le long de l'Afrique jusqu'aux Indes inclusivement. La bulle partait du principe que la terre appartient au Christ, et que le vicaire du Christ a droit de disposer de tout ce qui n'est point occupé par les chrétiens, les infidèles ne pouvant être légitimes possesseurs d'aucune portion de la terre. Le don des terres « détenues » par les infidèles entraînait implicitement l'assujettissement des habitants, « pour leur plus grand bien », pour leur conversion volontaire ou forcée à la foi chrétienne : la résistance des infidèles légitimait toutes les violences. Ce droit des gens du catholicisme, si contraire à l'esprit chrétien, était plus inhumain que le droit des gens de l'islamisme, qui prescrit l'assujettissement du *djiaour* au tribut, mais non sa conversion forcée ou sa destruction ! L'on vit bientôt les affreuses conséquences des principes proclamés par la papauté

---

1. *V.* sur les voyages des Dieppois à la côte d'Afrique, l'ouvrage de M. Estancelin *Recherches sur les voyages et découvertes des navigateurs normands en Afrique, dans les Indes et en Amérique*. Paris, 1832. — Les traditions romanesques des Dieppois sur le capitaine Cousin, qui, de 1488 à 1490, aurait devancé Vasco de Gama aux Indes Orientales et Colomb en Amérique, sont trop vagues pour être discutées sérieusement. Les Dieppois prétendent que Cousin, naviguant sur les côtes d'Afrique, fut poussé vers l'Occident par le grand courant qui porte du cap Vert sur le cap Saint-Augustin au Brésil, et qu'il toucha le continent de l'Amérique méridionale, à l'embouchure d'un grand fleuve supposé être la rivière des Amazones. Un des frères Pinzon, qui furent depuis les lieutenants de Colomb, aurait été le compagnon de voyage de Cousin, et aurait ensuite guidé Colomb vers l'Amérique.

et appliqués par d'avares et impitoyables conquérants ; avec les premiers établissements des Portugais dans les régions habitées par la race nègre, commença la traite des noirs [1] : la race supérieure ne se révéla aux races inférieures que par la violence et la tyrannie.

Tandis que les Portugais plantaient successivement leurs comptoirs et leurs forteresses sur les plages de la Guinée et du Congo, qu'ils s'emparaient du commerce de la poudre d'or, de l'ivoire et des esclaves, qu'ils passaient la ligne équinoxiale (1471), découvraient la pointe méridionale de l'Afrique (1485), et ne reculaient un moment effrayés devant le terrible *cap des Tourmentes* que pour le saluer bientôt du nom plus heureux de *cap de Bonne-Espérance*, tandis qu'ils s'apprêtaient à entrer de l'Océan Atlantique dans la mer des Indes, un pauvre et obscur marin génois rêvait quelque chose de bien plus grand et plus hardi : un homme, qui réunissait un sublime enthousiasme de religion et d'humanité au plus exact et au plus sévère esprit scientifique, et qui mérita, par ses admirables élans vers l'unité du genre humain en Dieu [2], d'être choisi pour relier les deux moitiés du globe, Christophe Colomb, d'après ses conjectures sur la forme

---

1. Ce ne fut pas toutefois sans que le véritable esprit chrétien et le sentiment de la solidarité humaine se soulevassent contre les cruelles maximes de Rome et l'abus de la force qu'elles autorisaient. Il y a, dans un chroniqueur portugais contemporain, un beau passage sur le premier jour de la traite à Lagos en Algarves (1444). « O toi, Père céleste... je t'en supplie, que mes larmes n'oppressent pas davantage ma conscience ! J'oublie quelle loi (quelle religion) gardoient ces hommes, mais ils appartiennent à l'humanité, et je ne puis m'empêcher de pleurer amèrement sur leurs maux..... Si les brutes... poussées par le seul instinct, compatissent aux misères de leurs semblables, que veux-tu que fasse ma nature humaine, quand j'ai devant les yeux ce misérable troupeau... criant vers le ciel comme s'ils demandoient secours au père de la nature... et que je sais que ces hommes appartiennent à la génération des fils d'Adam ! » — Gomez Eannez de Azurara ; *Chronica de Descuberta et Conquista de Guine* ; fragment cité par M. Ferdinand Denis, *Chroniq. chevaleresques de l'Espagne et du Portugal*, t. II, p. 44. Cette belle Chronique, inconnue des Portugais eux-mêmes, a été découverte par M. Ferdinand Denis entre les manuscrits de la Bibliothèque Nationale de Paris.

2. « Je dis que l'Esprit saint agit dans les chrétiens, les Juifs, les Maures et dans tous autres de toutes religions. » *Carta del Almirante* ; cité par Edgar Quinet ; *Révolutions d'Italie*, t. II, 1re part., p. 197. Il écrivait ces paroles au moment des horribles exterminations de Juifs et de Maures en Espagne, sous ce Ferdinand et cette Isabelle qu'il allait servir. C'était pour les démons de l'inquisition que ce héros de l'Évangile et de l'humanité allait conquérir un monde !

sphérique de la terre, corroborées par l'étude des anciens et par l'opinion du savant Florentin Toscanelli, avait jugé qu'on devait rencontrer, en voguant toujours au couchant, ces Indes que les explorateurs portugais cherchaient au sud-est : s'il eût connu l'énorme distance qui, dans cette direction, sépare l'Europe de l'Asie, il eût reculé d'épouvante; mais il croyait l'intervalle infiniment moindre, suivant les conjectures des anciens et les rapports de Marco-Polo, qui donnaient au continent asiatique une place incomparablement trop étendue sur la surface du globe. L'erreur des anciens, adoptée par Colomb, nous valut un monde. Durant vingt ans, ce grand homme mûrit sa pensée, la fortifia de toutes les lumières que lui fournissaient la tradition, l'observation et la théorie[1], l'offrit successivement à toutes les puissances européennes qui pouvaient lui prêter les moyens de la réaliser : Gênes, sa patrie déchue, n'eut pas le génie de chercher une compensation splendide de ses pertes du Levant; Venise, l'heureuse rivale de Gênes, devait repousser tout projet qui tendait à éloigner de la Méditerranée le commerce de l'Inde : quant au Portugal, il avait sa voie tracée, il touchait au but, et ne voulut point s'engager dans une route nouvelle et pleine de hasards. Colomb s'adressa donc à l'Espagne; mais Ferdinand et Isabelle, absorbés par la guerre de Grenade, le traînèrent de délai en délai pendant plusieurs années : il écrivit aux rois de France et d'Angleterre; Charles VIII et Henri VII répondirent favorablement; Colomb se mettait en route pour la France quand Isabelle le rappela!... Quel changement dans les destinées de notre patrie et de l'univers, si la France eût été détournée de l'Italie vers l'Amérique!... L'Espagne l'emporta, pour le malheur du Nouveau Monde, pour le malheur de l'Espagne elle-même! Mystères terribles de la Providence!

Colomb eut encore à surmonter bien des obstacles : les doutes de l'économe et prudent Ferdinand, l'opposition du conseil ecclésiastique, qui considérait la doctrine de la sphéricité de la terre, empruntée par Colomb aux philosophes grecs, comme contraire aux livres saints, et qui appelait à son aide tous les Pères de

---

1. Il alla jusqu'en Islande recueillir les souvenirs consignés dans les sagas de Snorro sur le Groënland et le Vinland.

l'Église pour confondre le téméraire novateur[1]; mais la grande Isabelle, dont le génie avait compris l'aventurier génois, leva toutes les difficultés, et l'expédition fut décidée dans ce même mois de janvier 1492 qui avait vu tomber Grenade. Christophe Colomb partit, avec trois navires, du port de Palos, en Andalousie, le 3 août 1492, jour qui ne s'effacera jamais de la mémoire des hommes! Après quelque relâche aux îles Canaries, il remit à la voile le 6 septembre : cinq semaines après, le 14 octobre, il rencontrait, entre lui et les Indes, un monde dont il n'avait pas soupçonné l'existence, et les Européens se trouvaient face à face avec cette race rouge qui occupait, à l'insu de nos aïeux, une moitié inconnue de la terre. Colomb se rendit d'abord si peu compte de sa découverte, qu'il prit l'archipel des Antilles pour l'archipel du Japon.

La nouvelle de la découverte des Antilles[2], quoiqu'on ne devinât pas encore derrière cet archipel le nouveau continent, et qu'on n'y vît que l'avant-garde de l'Inde, excita une vive fermentation parmi les peuples maritimes : un Vénitien établi en Angleterre, Jean Cabot, voulut perfectionner l'idée de Colomb et joindre l'Inde par le nord-ouest, route qu'il estimait avec raison plus courte que celle de la zone torride, d'après la forme de la sphère. Henri VII lui donna deux vaisseaux : il fit voile par le nord pour le Japon et l'Indo-Chine, et fut arrêté par le continent septentrional du Nouveau-Monde : le Labrador fut la première partie de ce continent qu'aperçut le regard des Européens (1497). De Gênes et de Venise, ces deux reines bientôt déchues de la navigation méditerranéenne, sortirent ainsi les deux hommes qui inaugurèrent la navigation transatlantique : ce fut le glorieux

---

1. Saint Augustin déclare formellement la croyance à l'existence des antipodes incompatible avec les fondements de la foi. Les principaux des Pères grecs et latins pensent de même. Ils rejetaient tout le progrès de l'astronomie et de la géographie opéré à partir du VIIe siècle avant J.-C. (l'ère druidique et pythagoricienne), pour reprendre la tradition hébraïque et homérique de la terre plate et entourée de l'Océan. On fit de la terre un parallélogramme au-dessus duquel le ciel s'élevait comme une tente. Le tabernacle dressé par Moïse dans le désert était, disait-on, l'image du monde.

2. Colomb avait touché d'abord à Guanahini, une des îles Lucayes, qu'il nomma San-Salvador (Saint-Sauveur), puis il découvrit les grandes Antilles, Cuba, Haïti, etc., et enfin les petites Antilles.

testament des marines italiennes du moyen âge. L'expédition de Cabot eut du reste peu de retentissement : les terres glacées du Nord n'avaient rien qui pût attirer l'imagination européenne, fascinée par les prestiges de ces riches contrées intertropicales de ces régions d'or, que lui ouvraient d'une part Colomb, de l'autre les Portugais. Le Portugal, repentant d'avoir repoussé la fortune offerte par la main de Colomb, eut un moment la pensée de disputer à l'Espagne les fruits de l'heureuse décision d'Isabelle : les Rois Catholiques en appelèrent au pape, qui venait de leur octroyer la souveraineté des terres découvertes par Colomb et de toutes celles qui pourraient l'être dans la même direction. Les Portugais acceptèrent l'arbitrage pontifical, et Alexandre VI, partageant le monde par une ligne tirée du nord au sud par le méridien de la Grande-Canarie, donna l'Orient au Portugal, l'Occident à l'Espagne (1493)[1]. C'était Satan qui partageait la terre au nom du Christ.

Les Portugais reprirent avec une ardeur nouvelle et réalisèrent enfin le grand dessein de don Henri : du 20 au 26 novembre 1497, au milieu de la saison des tempêtes, Vasco de Gama doubla le cap de Bonne-Espérance; puis, après avoir remonté le long de la côte orientale d'Afrique jusque vers l'équateur, il entra dans la mer des Indes, fit voile vers l'orient, et toucha la côte de Malabar le 18 mai 1498, au port de Calicut.

La même année où Gama jeta les fondements de la puissance portugaise dans l'Indoustan, Christophe Colomb découvrit, au delà des Antilles, le continent de l'Amérique du Sud, vers les bouches de l'Orénoque, un de ces fleuves géants devant lesquels les rivières de l'ancien monde semblent de faibles ruisseaux. Le *continent de l'Amérique*, disons-nous en parlant de ce nouveau monde qui ne devrait porter d'autre nom que celui de *Colombie!* La postérité en effet a été aussi injuste envers Colomb que la couronne d'Espagne : celle-ci lui a refusé la récompense de ses travaux; celle-là lui a laissé ravir l'honneur de nommer le monde qu'il avait trouvé. Le Florentin Améric Vespuce (Amerigo Vespucci) vola au grand Génois cette gloire par la fraude la plus

---

[1]. La *ligne de démarcation* fut fixée définitivement à trois cent soixante-dix lieues ouest des îles du cap Vert.

gigantesque dont l'histoire ait gardé le souvenir : Améric, ayant fait, en 1499, un voyage sur la côte de terre ferme reconnue l'année d'avant par Colomb, prétendit plus tard avoir devancé d'un an Colomb, qu'il n'avait fait que suivre : ses lettres, adressées à d'illustres personnages, à Laurent de Médicis [1], au duc René de Lorraine, eurent une vaste publicité ; sa lettre au duc René fut imprimée à Saint-Dié en 1507, et l'éditeur lorrain y proposa de donner le nom d'*Amérique* à la quatrième partie du monde, qu'il croyait découverte par Vespuce. « Cette proposition, faite par un inconnu dans un coin obscur de la Lorraine, a été accueillie par l'univers, afin que rien ne manquât à la triste destinée de Colomb [2] »

1. Ce n'est pas le grand Laurent, mais son cousin, chef de la branche cadette des Médicis.
2. T. Lacordaire, art. AMÉRIC VESPUCE; *Encyclopédie nouvelle.*—V. sur les grandes découvertes du XV° siècle, Malte-Brun, *Histoire de la Géographie;* — J. Reynaud, art. COLOMB, CABOT, BEHEIM, *Encyclopédie nouvelle;* et l'éloquent chapitre d'Edgar Quinet; *Révolutions d'Italie,* t. II, 1re part., c. 7. « Si Christophe Colomb personnifie, dans ses plus nobles traits, humanité, universalité, cosmopolitisme, le génie de l'Italie, il la représente aussi mieux que personne dans ses retours de fortune. Ramené, les fers aux pieds, du nouveau monde qu'il vient de donner à l'univers, quelle image plus fidèle de l'Italie enchaînée, garrottée, prisonnière de tous les peuples, pour prix du nouveau monde idéal qu'elle a donné au genre humain ! » *Ibid,* p. 108.

LIVRE XLIV

GUERRES D'ITALIE (SUITE).

Louis XII et Georges d'Amboise. — Divorce de Louis XII. Il se remarie avec Anne de Bretagne. — Le Grand Conseil. Parlements de Normandie et de Provence. — Affaires d'Italie et d'Espagne. L'Inquisition d'Espagne, les Juifs et les Maures. — Conquête du Milanais. Gênes se donne à la France. Le Milanais reperdu et repris. Captivité de Ludovic Sforza. — Les *Enfants Sans Souci*. — Alliance avec les Borgia. Alliance avec l'Espagne. Conquête de Naples et partage du royaume de Naples avec l'Espagne. Brouille avec l'Espagne. Les Français chassés de Naples. — Fautes de Louis XII et de Georges d'Amboise. Influence pernicieuse d'Anne de Bretagne. — Etats Généraux de Tours. Grand danger évité. Rupture du traité de mariage avec l'Autriche.

1498 — 1506.

La transmission de la couronne de France à une autre branche de la maison royale s'était opérée sans agitation et sans obstacle : on murmura bien bas, autour de madame de Bourbon, l'ancienne ennemie du duc Louis, que ce prince avait « forfait » ses droits, en portant les armes contre la couronne de France dans la guerre de Bretagne,[1] ; mais ces velléités n'osèrent se manifester au dehors, et le nouveau roi, par sa conduite sensée et généreuse, prévint toute chance de troubles. « Il ne seroit décent et à honneur à un roi de France de venger les querelles d'un duc d'Orléans[2] : » telle fut la maxime qui régla les premiers actes de Louis XII. Il manda le sire Louis de La Trémoille, ce capitaine renommé qui l'avait fait prisonnier à la bataille de Saint-Aubin, et « le confirma en tous ses états, offices, pensions et bienfaits ». Il déclara qu'il

---

1. *Belcarius,* l. VIII, p. 215.
2. Chronique abrégée de Humbert Velai, publiée par Paul L. Jacob (Paul Lacroix), à la suite de Jean d'Auton.

« maintiendroit tout homme en son entier et état », et ne voulut pas se rappeler quels étaient ceux des serviteurs du feu roi qui avaient excité Charles VIII, dans les derniers temps de sa vie, à tenir dans une sorte d'exil le premier prince du sang. Il invita enfin madame Anne de France et son mari, le duc Pierre de Bourbon, à se rendre près de lui à Blois, et leur prodigua toutes sortes de marques d'estime et de faveur; sa générosité envers eux parut même, à bien des gens, dépasser grandement les bornes que prescrivait l'intérêt de l'État. Louis XI, en mariant sa fille Anne au sire Pierre de Beaujeu, avait stipulé, dans le contrat, que, si Pierre héritait des biens de la branche ducale de Bourbon (ce qui arriva), ces grands domaines, quoique fiefs féminins d'origine, retourneraient à la couronne, au cas où Pierre décéderait sans hoirs mâles. Or le duc Pierre était vieux et n'avait qu'une fille appelée Suzanne; la dernière grande seigneurie de la France centrale allait donc disparaître dans l'unité de ce domaine royal qui avait absorbé successivement tous les grands fiefs. Le roi se laissa aller à sacrifier ce dernier résultat des travaux de Louis XI, et annula, par lettres patentes du 12 mai, « les contrats et traités anciens » qui écartaient Suzanne des fiefs paternels. Le mariage de Suzanne avec son cousin Charles de Bourbon, comte de Montpensier, encore enfant comme elle, assura que l'héritage ne sortirait pas de cette maison. Le parlement de Paris, habitué à défendre contre les rois eux-mêmes les intérêts permanents de la couronne, n'enregistra les « lettres royaux » qu'après une résistance de plusieurs mois.

Louis XII ne montra pas moins de bienveillance aux bonnes villes qu'aux princes et qu'aux anciens serviteurs de Charles VIII : il promit aux députés bourgeois, qui étaient venus le complimenter, de s'occuper à soulager le pauvre peuple ; il publia une ordonnance rigoureuse pour la répression des « pilleries et violences » commises par les gens de guerre; il diminua les tailles de 200,000 livres, et dispensa Paris et tout le royaume du don de joyeux avénement. Louis XII tint les promesses de son début : son activité réfléchie, sa volonté de faire le bien, ne se démentirent point. Le jeune prince frivole et libertin était devenu un roi modéré, humain, dévoué à ses devoirs, administrateur éco-

nome et vigilant de la fortune publique, protecteur de l'ordre
et de la justice, équitable appréciateur du mérite et de la probité :
malheureusement, il avait peu d'initiative et peu d'étendue dans
l'esprit, et la facilité de son caractère le livrait outre mesure à
l'influence de ceux qu'il aimait. Il eut souvent, à la vérité, le bon
sens et le bonheur de bien placer ses affections : son principal
ministre et son meilleur ami, Georges d'Amboise, archevêque de
Rouen, qui avait partagé sa mauvaise fortune et qui partagea,
pour ne pas dire qui absorba sa puissance, fut certainement
digne de gouverner le roi et le royaume, si l'on ne considère que
l'administration intérieure; mais, au dehors, la politique aveugle
et souvent coupable, à laquelle Georges entraîna Louis, compensa
tristement les services du dedans.

Les premiers mois du règne de Louis XII furent remplis par
une importante affaire qui ne touchait pas moins aux plus chers
intérêts du royaume qu'à l'existence privée du roi. Par le contrat
de mariage de Charles VIII et d'Anne de Bretagne, les deux époux
avaient confondu, au profit du dernier vivant, leurs droits respectifs sur la Bretagne; ce duché revenait donc à la veuve, et se
trouvait de nouveau séparé de la France. Madame Anne de Bretagne était déjà retournée dans sa ville de Nantes, et s'était remise
en pleine possession de sa souveraineté. Il est vrai qu'un autre
article du contrat, afin d'obvier à cette séparation, obligeait la
duchesse à ne convoler en secondes noces qu'avec le successeur
de Charles VIII, ou avec l'héritier présomptif de la couronne ;
mais le roi était marié, depuis vingt-deux ans [1], à la seconde fille
de Louis XI, et n'avait point de fils. Louis résolut de briser l'obstacle qui le séparait de la reine veuve, et entreprit de divorcer
avec la difforme Jeanne de France, pour épouser la belle souveraine de Bretagne. On a partout répété, sur la foi de quelques
écrivains contemporains de Louis XII, que le duc d'Orléans et la
duchesse Anne s'étaient autrefois aimés, et que Louis, pendant la
guerre de Bretagne, avait disputé secrètement la main d'Anne aux
autres prétendants. Cette tradition est démentie par le simple
rapprochement des dates : lorsque le duc d'Orléans se retira en

---

1. Il en avait maintenant trente-six.

Bretagne, en 1484, la princesse n'avait que huit ans : elle n'en avait pas douze, quand il fut pris à Saint-Aubin-du-Cormier. Ce qui paraît certain, c'est que Landois, l'intrigant favori de François II, avait dès lors suggéré au duc Louis des idées de divorce, dans des vues purement politiques, et que le duc François II promit secrètement sa fille au duc d'Orléans. Quoi qu'il en soit, le duc d'Orléans, après sa sortie de prison, figura, sans répugnance apparente, dans les négociations qui amenèrent l'union de Charles et d'Anne, et fut même un des témoins du roi à Rennes et à Langeais. Tant que vécut Charles VIII, rien n'indiqua que le duc et la reine eussent l'un pour l'autre de tendres sentiments ; ils furent même, quelque temps, fort mal ensemble, à l'occasion de la mort du petit dauphin Charles-Orland, mort qui avait fait Louis héritier de la couronne. Anne garda rancune à Louis du peu de part qu'il avait pris à sa douleur maternelle. Anne enfin exprima un désespoir un peu théâtral de la mort de Charles VIII, époux très-peu fidèle, mais doux et affectueux ; elle fut la première reine de France qui porta le deuil en noir ; jusqu'alors les veuves des rois s'habillaient de blanc, ce qui leur avait valu le titre de *reines blanches*. Anne prit la couleur noire, comme symbole de la constance, « parce qu'elle ne se peut déteindre » [1].

Malgré ces démonstrations d'un deuil fastueux, la fière et ambitieuse Anne accueillit gracieusement les premières avances du nouveau roi, qui lui proposait de ne pas quitter le trône de France, et Louis eut peu de peine à l'amener, le 19 août, à signer une promesse de mariage réalisable « aussitôt que faire se pourroit ». Le roi, sans perdre de temps, avait présenté au pape Alexandre VI une requête en cassation de mariage. Les circonstances étaient favorables : le pontife romain voulait retirer son fils, le cardinal de Valence (César Borgia), de l'état ecclésiastique,

---

1. Clément Marot, t. III, p. 92, éd. de Lenglet-Dufresnoi. Ce fut alors qu'Anne adopta pour devise cette fameuse *cordelière* qu'on retrouve sur tant de monuments de cette époque, comme sur ceux d'un autre règne, les croissants de Diane de Poitiers. La cordelière ou *cordeliée*, qui formait le corps de la devise, était accompagnée de cette légende : *J'ai le corps délié*. Les jeux de mots étaient en grande faveur à la cour d'Anne de Bretagne, où le mauvais goût littéraire contrastait avec le bon goût dans les arts.

pour en faire un prince séculier ; il avait demandé pour lui la main d'une fille du roi Frédéric de Naples. Frédéric refusa cette honteuse alliance. Alexandre, irrité, se rejeta dans le parti français, et s'engagea non-seulement à autoriser le divorce du roi, mais à seconder ses projets sur l'Italie, à condition que César Borgia eût sa part. Une bulle du 29 juillet chargea trois commissaires ecclésiastiques d'informer et de procéder juridiquement sur la requête du monarque. Deux de ces délégués, le cardinal de Luxembourg et l'évêque d'Albi, frère de Georges d'Amboise, étaient tout dévoués au roi. Louis reconnut ce service en investissant César Borgia des comtés de Valentinois et Diois en Dauphiné ; il lui donna en outre une compagnie de cent lances et 20,000 livres de pension, et promit d'aider le saint-siége à soumettre les petits princes de la Romagne. Georges d'Amboise reçut d'Alexandre VI le chapeau de cardinal : c'étaient les arrhes de l'odieuse alliance qui fut la tache ineffaçable du règne de Louis XII. L'excuse du bien public, le besoin qu'on avait du pape pour le divorce, ferma les yeux à Louis, et lui fit faire les premiers pas ; il ne sut plus s'arrêter, et son règne ne cessa guère d'avoir deux faces offrant un étrange contraste, l'une de droiture, de bon sens et d'humanité à l'intérieur ; l'autre d'injustice, de violence et de déraison à l'extérieur. On a parfois comparé Louis XII à saint Louis : saint Louis ne se faisait pas le complice du tyran Ezzelin !

Jeanne de France, qui n'avait point été couronnée avec son mari, et à qui l'on ne rendait pas les honneurs de reine, fut citée à comparaître, le 30 août, au doyenné de Tours, par-devant les commissaires du pape. Les détails de ce procès ont quelque chose de triste et d'ignominieux. Jamais raisons d'État plus graves n'avaient milité en faveur d'un divorce : il semble que, tant que le sort des peuples se trouve lié à celui de chefs héréditaires, le mariage, comme l'héritage, devrait être réglé, pour ces personnes exceptionnelles, par des conditions particulières ; mais l'Église ne voulait pas admettre ces exceptions en principe et ne pouvait les repousser absolument en fait : il s'était donc établi à cet égard, comme à beaucoup d'autres, un système de transactions hypocrites, dont le divorce de Louis XII fut un des principaux exemples. Le roi, ne pouvant alléguer officiellement les vrais et valables motifs de sa requête, fut réduit à mentir, à suborner une foule de témoins, gens d'église et de cour, à jurer faussement qu'il n'avait pas consommé son mariage. Un moyen plus légitime était de rappeler la contrainte exercée par le terrible Louis XI sur le duc d'Orléans, enfant encore, pour l'obliger à épouser Jeanne; mais la longue cohabitation des deux époux, sans protestation du mari, rendait ce moyen insuffisant.

Jeanne, résignée d'avance à un sort trop prévu, ne se défendit que par devoir de conscience : la dissolution du mariage fut prononcée le 17 décembre; l'épouse répudiée se retira dans un couvent à Bourges, où elle fonda l'ordre des religieuses Annonciades; elle passa le reste de ses jours dans les œuvres d'une dévotion exaltée et charitable, et dans la société de saint François de Paule et d'autres pieux personnages. La vénération publique la suivit au fond de son asile, et le peuple, touché de ses vertus et de ses malheurs, lui fit un grand renom de sainteté. L'opinion populaire, choquée des moyens tortueux employés dans le procès, s'était prononcée avec force en faveur de la pauvre Jeanne : les prédicateurs s'élevèrent hardiment en chaire contre le divorce du roi; un des docteurs les plus renommés de l'université, Jean Standonc, principal du collége de Montaigu, soutint, dans ses leçons publiques, conformément aux paroles de l'Évangile, qu'il n'est pas permis de répudier une épouse *non adultère* : le fameux cordelier Olivier Maillard s'exprima si librement dans ses sermons, que quelques courtisans le menacèrent de le faire jeter à l'eau : « J'aime autant », repondit-il, « aller en paradis par eau que par terre [1]. » Le roi

1. Doni d'Attichi, *Histoire de Jeanne de France*. — Suivant d'autres, c'est à Louis XI que Maillard aurait fait cette réponse dans une occasion toute différente : cette version est peut-être la plus vraisemblable. Olivier Maillard et quelques autres des prédicateurs de ce temps, Menot, Raulin, etc., méritent une mention dans l'histoire, et par la haute popularité dont ils ont joui, et par la valeur réelle de leurs œuvres, qui nous ont été conservées en partie : on a trop dédaigné ces humbles précurseurs des illustres orateurs sacrés du XVIIe siècle; la familiarité souvent triviale et cynique où ils tombent était inévitable à une époque où le style soutenu était encore à naître et où les éléments du langage n'étaient ni dégagés ni classés; les prédicateurs de ce temps n'eussent pu échapper au mauvais goût qu'en imitant servilement les anciens et en se rendant incompréhensibles au peuple, pour lequel ils parlaient. Ce fumier de nos vieux *sermonnaires* contient bien de l'or pur : on y rencontre une profusion de fortes pensées, de vives images, de plaisanteries acérées et tranchantes, de véhémentes apostrophes, d'apologues ingénieux, où ont puisé plus d'une fois et les grands orateurs de la chaire moderne et les écrivains les plus originaux de notre littérature, Rabelais

calma l'opinion, non par des violences contre les mécontents, mais par de grands dons et des marques d'estime et de respect offerts à l'épouse délaissée [1].

Louis XII n'attendait plus que la dispense de parenté nécessaire pour épouser Anne de Bretagne : César Borgia, que le roi avait attiré en France pour se faire de lui un instrument, et qui était arrivé à la cour dans un appareil quasi royal, tâchait d'extorquer à Louis de nouvelles faveurs avant de souscrire à ses vœux ; l'évêque de Ceuta, un des commissaires du pape, révéla au roi que la dispense était signée d'Alexandre VI et se trouvait dans les mains de César. Louis s'apprêta à passer outre : César alors exhiba la bulle qu'il n'avait plus d'intérêt à garder ; mais l'évêque de Ceuta mourut empoisonné peu de jours après. (Guicciardini. — Tomaso-Tomasi.)

Trois semaines après le prononcé du divorce, Louis XII épousa, dans le château de Nantes, la veuve de Charles VIII : le traité de mariage, signé, le 6 janvier 1499, par les principaux seigneurs de France et de Bretagne, fut beaucoup moins avantageux à la couronne que ne l'avait été le contrat de Langeais entre Charles VIII et Anne. Anne et ses sujets, visant au rétablissement de l'indépendance bretonne, exigèrent que le duché de Bretagne fût destiné au second enfant mâle ou femelle à naître du futur mariage, ou, si les époux n'avaient qu'un seul héritier, au second enfant de cet héritier ; si la duchesse mourait sans enfant avant le roi, Louis garderait la Bretagne sa vie durant, mais, après lui, le duché retournerait aux plus prochains hoirs de madame Anne. La Bre-

et La Fontaine, par exemple ; mais ce qui recommande surtout les vieux *sermonnaires* à l'estime de la postérité, c'est leur sympathie énergique pour les souffrances du peuple et la généreuse audace de leurs attaques contre les vices des grands, des prélats, des gens de loi, de tous les oppresseurs des pauvres et des faibles. Jamais la liberté de la chaire chrétienne n'a été poussée aussi loin. Les sermonnaires des XVe et XVIe siècles ont été réhabilités, dans la mesure et avec la discrétion convenable, par M. Raulin, *Revue française*, 1836, et par M. Géruzez, dans son cours d'éloquence française, 1836-1837. M. Géruzez a combattu l'opinion accréditée sur le langage *macaronique*, c'est-à-dire grotesquement mêlé de français et de latin, qu'auraient employé ces prédicateurs : le *macaronisme* serait, suivant lui, le fait de copistes qui ont recueilli et latinisé les sermons français des prédicateurs, en conservant seulement les expressions françaises les plus caractéristiques. V. aussi les articles de M. Ch. Labitte ; *Revue de Paris* des 12 août 1838, 3 février 1839 et 26 juillet 1840.

1. V. l'analyse du procès, d'après le manuscrit original, dans l'*Histoire du XVIe siècle en France*, par P.-L. Jacob, bibliophile (P. Lacroix), t. I, p. 116-147.

tagne ne tenait encore à la France que par un bien faible lien ! Le roi jura de conserver à la Bretagne tous ses droits et libertés et son administration particulière, chancellerie, conseil, parlement, chambre des comptes, trésorerie générale, assemblée des Trois États pour la réforme des coutumes, pour l'octroi et la levée des subsides ; il promit que les bénéfices ne seraient donnés qu'aux gens du pays, d'après le choix exclusif de la reine ; qu'aucune juridiction nouvelle ne pourrait être établie, et que les libres élections épiscopales seraient défendues contre les prétentions du pape.

Toute la conduite de Louis avait montré qu'il désirait cette alliance aussi vivement comme homme que comme roi : soit qu'il eût ou non aimé la reine du vivant de Charles VIII, il lui *porta, durant tout le cours de leur union, une affection constante et unique*, qui contrasta singulièrement avec les banales et licencieuses amours de sa jeunesse. Ce fut sans doute par une sorte de flatterie délicate que des écrivains contemporains reculèrent l'origine de la passion du roi jusqu'à l'enfance de l'héritière de Bretagne. La Bretonne, qui avait l'obstination plus que la sensibilité de sa race, répondit faiblement à cette tendresse, et en abusa pour entraîner son trop docile mari à de déplorables erreurs politiques.

L'affaire du divorce n'avait point absorbé toutes les pensées du roi ni de ses conseillers, et d'importantes mesures législatives signalèrent l'avénement de Louis XII. Jusqu'à Charles VIII, le grand conseil, ambulatoire à la suite du roi, avait été à la fois conseil d'État ou de gouvernement, et tribunal jugeant les procès des officiers de la maison du roi et d'autres cas assez mal définis. Le nombre de ses membres n'était pas fixé, et ses sessions étaient irrégulières. En 1497, Charles VIII, à l'instigation du chancelier Gui de Rochefort, avait séparé le grand conseil du conseil d'État et érigé le grand conseil en cour souveraine, sous la présidence du chancelier ; le nombre des conseillers avait été fixé à vingt, « tant d'Église que laïques », outre les maîtres des requêtes de l'hôtel et deux secrétaires ; les conseillers au grand conseil avaient été assimilés pour le rang et pour le salaire aux membres du parlement, et astreints à résider alternativement six mois en cour pour leur service. Louis XII confirma l'ordonnance de Charles VIII. C'était un contre-poids que la royauté voulait donner au parlement de Paris; aussi ce grand corps ne vit-il pas de bon œil la nouvelle cour souveraine, avec laquelle il devait avoir de fréquents conflits de juridiction. « Le but de cette institution », dit Beaucaire (*Belcarius*), « étoit d'assurer à la justice une plus haute impartialité dans les procès qui concernent les grands; mais il arriva tout le contraire, et aucun tribunal ne donna plus à la faveur » (p. 222). Le grand conseil, en contact continuel avec la cour, présentait en effet moins de garanties d'équité que le parlement.

Sous la main de Louis XII et de ses ministres habiles et zélés, le grand conseil fut toutefois un instrument utile : ses membres firent partie de l'assemblée de notables que Louis XII réunit à Blois pour travailler à la réforme de la justice; le reste de l'assemblée se composait de prélats, de présidents et conseillers des parlements de Paris, de Toulouse et de Bordeaux, de sénéchaux et de baillis. Les ordonnances de Charles VII étaient déjà réduites à l'impuissance : il fallait une réforme par génération. Les deux frères Guillaume et Gui de Rochefort, qui se succédèrent dans l'office de chancelier, avaient déjà suggéré à Charles VIII deux édits de réformation, en 1490 et 1493, motivés par la nécessité de remédier « à la longueur et importables frais des procès ». L'assemblée de Blois travailla sur un plan plus étendu, et prépara une grande ordonnance en cent soixante-deux articles, qui fut publiée au mois de mars 1499. Le premier article débutait par une éclatante déclaration en faveur de la Pragmatique, et sanctionnait, après quinze ans, les principes posés par les États Généraux de 1484 : les libertés gallicanes étaient nettement proclamées, et les prélats et gens d'église étaient invités à les observer et à les défendre. L'ordonnance tâchait d'arrêter les progrès toujours croissants de la chicane : la justice mangeait le royaume; les gens de loi aimaient la monarchie, mais pour l'exploiter, et leurs exactions remplaçaient celles de la vieille féodalité qu'ils avaient détrônée. L'ordonnance interdit aux juges, sous des peines sévères, de prendre dépens ni aucune chose des parties, hors les épices réduites à un taux raisonnable, et réprima les exigences des greffiers, des sergents, de tous les agents subalternes : il fallait payer pour être assigné, payer pour être jugé, payer pour avoir copie du jugement, payer quand on perdait, payer quand on gagnait, payer quand on entrait en prison, payer quand on en sortait, acheter enfin ce que l'État doit gratuitement à tous, la justice. On a souvent comparé les impôts publics des anciens temps avec les modernes budgets, bien plus exorbitants en apparence ; mais alors l'impôt était partout en détail, partout où il ne doit pas être.

L'ignorance des magistrats et la confusion des coutumes n'étaient pas moins préjudiciables au public que les frais et les longueurs de la justice : afin d'obvier à l'ignorance des juges en matière de lois, l'édit de 1499 prescrivit l'envoi d'un exemplaire du recueil des ordonnances royales à chaque chambre des cours de parlement et aux auditoires des baillis et sénéchaux, et statua que les présidents au parlement s'assembleraient une fois par mois pour redresser et punir les infractions des ordonnances et coutumes par les magistrats[1]. La libre élection des officiers de justice fut assurée à leurs collègues, et le roi promit de ne jamais vendre les offices de judicature[2]. Les procureurs du roi n'eurent plus le pouvoir de lancer d'ajournement sans mandat d'un juge, et les notaires durent désormais faire constater par deux témoins l'identité des personnes qui requéraient leur ministère ; ces deux articles n'ont plus été effacés de nos lois. Les procureurs, qui s'étaient multipliés à l'infini et « rongeoient la substance du povre peuple », furent réduits « en nombre compétent », au moins pour quelque temps ; car les ongles de la chicane, un peu raccourcis, ne tardèrent pas à repousser de plus belle[3].

---

1. Ces séances disciplinaires furent qualifiées de *mercuriales*, parce qu'elles se tenaient le premier mercredi de chaque mois.

2. Cette promesse ne fut pas très-scrupuleusement tenue, et, dans les besoins de l'État, Louis XII fit vendre plus d'une charge sous forme d'emprunt fictif. Ce fut ainsi que le fameux Duprat, entre autres, se glissa dans la magistrature, comme nous l'apprend le procès du maréchal de Gié.

3. V. l'ordonnance dans le Recueil d'Isambert, *Anciennes lois françaises*, t. XI, p. 323-379. Le grand recueil des Ordonnances, ce majestueux monument du vieux droit français, s'arrête à Louis XII. Le Recueil de M. Isambert n'a pas des proportions assez étendues pour y suppléer complètement, et la plus considérable des anciennes collections de lois, celle de Fontanon, classée par ordre de matières et non par ordre de dates, est d'un usage assez incommode et difficile pour les recherches historiques.

Cette ordonnance, pleine d'utiles dispositions, laissait pourtant subsister d'énormes abus; elle maintenait, en matière criminelle, la torture et la procédure secrète, que la philosophie moderne était seule appelée à effacer de notre législation. Toutefois, il faut tenir compte de la défense de redoubler la torture.

Dans ce même mois de mars 1499, l'échiquier de Normandie, qui n'était jusqu'alors qu'une sorte de *grands jours* tenus par des membres du parlement de Paris, fut constitué en cour souveraine permanente, à la requête des Trois États de Normandie, et devint le parlement de Rouen. La grande sénéchaussée de Normandie ne fut plus qu'un titre honorifique. Le conseil souverain de Provence, séant à Aix, fut, bientôt après, érigé aussi en parlement (juillet 1501).

Les nouvelles lois de Louis XII causèrent une vive agitation à Paris dans le cours du printemps de 1499; on n'avait pu opérer la réforme judiciaire sans toucher aux priviléges des universités, qui entravaient sans cesse le cours de la justice. L'ordonnance de 1445, qui soumettait l'université de Paris au parlement et ses suppôts au Châtelet, n'avait pas été maintenue : tous les procès intéressant les maîtres ou écoliers étaient jugés par le tribunal exceptionnel des « conservateurs des priviléges de l'université » : ce privilége était déjà bien assez exorbitant; on en franchissait encore les limites; quiconque avait un procès et voulait en soustraire la connaissance aux juges ordinaires, introduisait ou feignait d'introduire un écolier dans la cause, et la faisait ainsi évoquer devant les conservateurs. Une multitude de gens de toute espèce n'avaient d'écolier que le nom, et s'inscrivaient parmi les étudiants pour partager leurs priviléges sans partager leurs études. Suivant la relation des funérailles de Charles VIII [1], l'université de Paris comptait, en 1498, plus de vingt-cinq mille étudiants ou prétendus tels : quatre à cinq mille étudiants seulement étaient gradués. Les édits royaux attaquèrent de front ces abus; il fut statué qu'aucun écolier ne pourrait s'adjoindre en aucune cause sans justifier qu'il y eût un intérêt réel et raisonnable; des conditions rigoureuses de stage et de présence furent

---

1. *Recueil de Godefroi*, p. 754.

prescrites aux écoliers, afin d'acquérir « le degré » et de jouir des privilèges : c'étaient quatre ans d'études non interrompues pour les *artiens*, sept pour les *décrétistes*, huit pour les médecins, quatorze pour les théologiens; personne enfin ne put plus être cité devant les conservateurs, « de plus loin que quatre journées ».

Un violent orage éclata dans l'université : les écoles furent mises en interdit; les prédications cessèrent; peu s'en fallut qu'on ne défendît aux médecins, de par la « mère université », de continuer leurs soins aux malades. Standonc, Maillard, Raulin, les docteurs et les prêcheurs les plus renommés, excitaient à la résistance : les écoliers parcouraient tumultueusement la ville, le bâton ferré au poing; la révolte semblait imminente. Le roi et le parlement ne s'effrayèrent pas de ces démonstrations, empruntées à des temps écoulés sans retour : l'État se sentait fort; la bourgeoisie n'avait qu'à se louer des réformes, et se montrait plus disposée à réprimer qu'à seconder le désordre. Le roi et le cardinal d'Amboise accueillirent sévèrement les députés de l'université, qui dut révoquer ses interdictions et courber la tête devant la loi. Olivier Maillard s'était enfui en Flandre; le savant Jean Standonc fut banni du royaume; le roi se souvint peut-être un peu trop de l'énergique opposition de Jean Standonc dans l'affaire du divorce. On ne vit plus désormais reparaître ces interdits universitaires qui avaient tant de fois troublé le vieux Paris [1].

Heureuse la France, si Louis XII se fût contenté de ces pacifiques labeurs, ou du moins n'eût dirigé ses armes que vers des conquêtes vraiment nationales! L'occasion lui en fut offerte. A la mort de Charles VIII, Maximilien, rompant le traité de Senlis, avait jeté brusquement sur la Bourgogne un corps de troupes allemandes et franc-comtoises : le vicomte de Narbonne, envoyé à la hâte avec quelques compagnies d'ordonnance, eut bientôt refoulé les agresseurs en Franche-Comté. Reconquérir la Comté eût été une belle inauguration du nouveau règne; mais Louis XII ne reprit pas l'offensive : il accueillit les propositions du jeune archiduc Philippe, qui était

---

1. *V.* les ordonnances dans le Recueil de Fontanon et dans Isambert, *Anciennes lois rançaises*, t. XI, p. 301 ; et le récit détaillé des troubles dans P.-L. Jacob, *Histoire du* XVIe *siècle en France*, t. I, p. 183-202. — Jean Standonc fut rappelé l'année suivante.

entré en possession de ses états et avait rendu hommage à Charles VIII, comme comte de Flandre, en 1495; le traité de Senlis fut renouvelé le 20 juillet 1498 : Philippe promit de ne faire valoir que par les voies de droit ses prétentions sur le duché de Bourgogne, durant sa vie et celle de Louis XII, et le roi prit le même engagement quant aux châtellenies de Lille, de Douai et d'Orchies.

Louis XII, comme son prédécesseur, n'avait d'yeux que pour l'Italie! Dès le jour de son sacre, il avait annoncé hautement ses intentions, en joignant au titre de roi de France ceux de roi des Deux-Siciles et de Jérusalem et de duc de Milan. Il employa, pendant un an, les ressorts d'une vaste diplomatie pour s'assurer l'amitié ou la neutralité de tous les états qui, en Italie ou au dehors, pouvaient entraver ses desseins. Le pape était son allié, et le mariage de César Borgia avec une d'Albret, sœur du roi de Navarre, venait de consolider cette scandaleuse alliance. Venise répondit aussi aux avances de Louis; cette république, irritée contre Ludovic Sforza, qui contrariait ses vues sur Pise, oublia sa prudence accoutumée au point de conclure un pacte offensif avec le roi de France contre le duc de Milan (février 1499). Le vertige que montra, en cette occurrence, un gouvernement aussi sagace excuse un peu, par comparaison, la déplorable politique que nous verrons pratiquer par Louis XII et Georges d'Amboise. Louis promit aux Vénitiens la cession du Crémonais et de toute la rive gauche de l'Adda, pour prix de leur coopération. Un traité assura également au roi l'assistance de la maison de Savoie, habituée à mettre les clefs des Alpes à la discrétion de la France : la sœur du jeune duc Philibert II, Louise de Savoie, réservée à un grand et funeste rôle dans nos annales, avait épousé le comte d'Angoulême, premier prince du sang; les ducs de Savoie, ainsi que ceux de Lorraine, semblaient se considérer en fait, sinon en droit, comme de grands vassaux de la couronne de France. Les Suisses, enfin, étaient d'autant plus disposés à resserrer leur alliance avec la France, que la guerre venait d'éclater entre eux et l'empereur : les anciens traités furent renouvelés à Lucerne, le 16 mars 1499. Le pacte était offensif et défensif envers et contre tous, le saint-siége excepté.

La situation des grands états européens n'était pas moins favorable aux projets de Louis XII ; l'Angleterre se resserrait en elle-même ; Henri VII avait vu son trône ébranlé par la révolte du fameux imposteur Perkins Warbeck [1], et ce prince avait d'ailleurs pour système de se tenir à l'écart des affaires du continent ; il s'occupait exclusivement de fortifier l'autorité royale à l'intérieur, et de grossir son trésor, le plus considérale que possédât aucun prince de ce temps, par toutes sortes d'exactions : l'insuffisance des ressources pécuniaires de la couronne avait été la cause la plus apparente des revers de l'Angleterre sur le continent, et l'on peut croire qu'une aveugle passion de l'or ne fut pas le seul mobile de la tyrannie de Henri VII. L'Angleterre dut à ce monarque un traité de paix perpétuelle avec l'Écosse, traité qui, par l'alliance des deux maisons de Tudor et de Stuart, prépara la réunion des deux états et balança l'effet de la réunion de la Bretagne à la France. Ce fut seulement par ces moyens pacifiques que Henri VII tâcha de rétablir l'équilibre avec la puissance croissante de la France : il avait signé, en 1497, avec Charles VIII, des conventions pour la sûreté du commerce maritime, sans cesse compromis par les violences réciproques des marins anglais et français ; il ratifia et confirma le traité d'Étaples avec Louis XII, le 14 juillet 1498.

Il y avait chez l'empereur plus de malveillance, mais bien moins de pouvoir : le vieux fédéralisme féodal et germanique, l'esprit d'isolement et d'indépendance nobiliaire et municipale, plus ou moins dompté dans le reste de l'Occident par le principe monarchique, s'était jusqu'alors maintenu en Allemagne : l'empereur, sans revenu public, sans domaine impérial, sans soldats, presque sans juridiction, n'eût été qu'un fantôme ridicule, si ses domaines patrimoniaux ne lui eussent assuré quelques ressources personnelles. La diète germanique se décida à modifier cet état de choses, dont les énormes abus finissaient par frapper tous les yeux et par blesser tous les intérêts : la célèbre diète de Worms, en 1496, supprima le droit de guerre privée, qui infestait l'Empire d'éternels brigandages, et fonda une chambre impériale, où

---

1. Warbeck s'était fait passer pour le second des enfants d'Édouard IV, assassinés dans la tour de Londres par ordre de leur oncle Richard III.

cour suprême, chargée d'assurer la paix publique et de juger les différends qui se vidaient auparavant par la guerre : les membres de la chambre impériale devaient être choisis par l'empereur sur une liste de candidats présentée par la diète. Cette grande innovation, toutefois, rencontra dans la pratique de telles résistances que le vaste corps germanique n'en devint guère plus désireux ni plus capable de porter ses forces au dehors : chacun des princes ou des villes libres qui composaient la diète se souciait peu des droits de l'Empire sur l'Italie; la Suisse les intéressait un peu plus, à cause des froissements multipliés qui avaient lieu entre les Ligues Suisses et la Haute-Allemagne ; néanmoins la diète soutint fort mal Maximilien dans la tentative qu'il fit sur ces entrefaites pour obliger les Suisses à subir l'autorité de la chambre impériale (février 1499) : les Autrichiens furent battus comme à l'ordinaire, et l'empereur, après une lutte sanglante, fut réduit à reconnaître les Ligues Suisses indépendantes de la chambre impériale et exemptes de toutes les charges de l'Empire [1]. Ce n'était pas au milieu de tels embarras, compliqués encore par une révolte opiniâtre dans la Gueldre et la Frise contre l'archiduc Philippe, que Maximilien pouvait s'opposer immédiatement aux entreprises de la France; mais il avait puissamment travaillé pour l'avenir en scellant l'alliance des maisons d'Autriche et d'Espagne [2].

L'Espagne était le seul état qui eût le pouvoir et la volonté d'intervenir activement en Italie : ce peuple, trempé par huit siècles de guerres nationales sur son propre sol, aspirait à répandre à son tour sur le monde le flot dévorant de ses passions jusqu'alors contenues dans d'étroites limites; il se sentait appelé à un rôle extraordinaire; son orgueil hyperbolique, son enthousiasme romanesque et farouche, sa soif de gloire et d'or, son fanatisme religieux, le portaient à tout entreprendre : sa sombre et persévérante énergie le rendait capable de beaucoup réaliser. La réunion des deux principaux royaumes espagnols et la conquête

1. La Suisse s'était renforcée par l'accession des Ligues Grises, et engloba bientôt Bâle, Schaffhouse et Appenzell, qui complétèrent les Treize Cantons.
2. En 1496, une grande flotte espagnole avait paru dans l'Escaut, à Anvers : elle venait amener la fiancée de l'archiduc Philippe, et chercher celle de l'héritier des Espagnes.

du dernier royaume maure s'étaient opérées sous les auspices des deux souverains les plus propres à tirer parti des dispositions nationales. Isabelle de Castille représentait le génie espagnol dans tout ce qu'il a de grandiose, d'exalté et de hardi; Ferdinand d'Aragon était l'élève le plus profond de cette diplomatie infernale, qui, systématisée par les tyrans italiens, infectait l'Europe entière : Isabelle excita les passions de l'Espagne; Ferdinand les dirigea en feignant de les partager [1]; ils donnèrent à eux deux une impulsion décisive à l'Espagne, et préparèrent toutes ses funestes grandeurs et toutes ses misères; ils engagèrent et perdirent son avenir pour des siècles par le système qu'ils adoptèrent dans les choses de la religion. Ce système ne fut que l'exagération logique de l'intolérance du moyen âge. Les chrétiens espagnols avaient toujours été beaucoup plus intolérants envers les musulmans que ceux-ci envers les chrétiens. Les Maures avaient été expulsés de la plupart des grandes villes recouvrées par les Espagnols, et les capitulations de la « recouvrance » chrétienne avaient été fort mal observées [2]. Néanmoins, il subsistait encore des musulmans dans les états de la couronne d'Aragon, et la conquête de Grenade venait de donner aux Rois Catholiques une multitude immense de sujets maures. Il y avait donc, en Espagne, deux grandes masses non chrétiennes : les Maures, fabricants et agriculteurs; les Juifs, négociants, marchands et banquiers. Il est difficile aujourd'hui d'apprécier ce qui aurait pu sortir de cette diversité d'éléments acceptée et régularisée par le gouvernement espagnol; mais Ferdinand et Isabelle résolurent d'arriver au despotisme politique par l'unité religieuse absolue : dès les premières années de leur règne, ils ravivèrent le « saint office de l'inquisition », qui ne subsistait plus guère que nominalement, et lui donnèrent une organisation nouvelle qui le rendit plus terrible qu'au temps même de saint Dominique et d'Arnaud-Amauri, mais qui le mit directement sous la main de la royauté et l'identifia, pour ainsi dire, avec elle, en le soustrayant complé-

---

1. Les contemporains suspectaient fort la religion de Ferdinand. « Avant de croire à ses serments, » disait un prince italien, « je voudrois qu'il jurât par un Dieu en qui il crût. »

2. L. Viardot, *Hist. des Arabes et des Mores d'Espagne*, t. I, ch. v, vi, vii.

tement à l'autorité des évêques [1]. Ils s'étaient, en même temps, emparés des grandes maîtrises des ordres militaires espagnols et de la nomination des évêques, sans beaucoup de résistance de la part du pape : c'était pour eux, et non pour la cour de Rome, qu'ils travaillaient. Ils firent un impitoyable usage de l'instrument de mort qu'ils avaient organisé : la persécution marcha progressivement; ils commencèrent par frapper les Maures et les juifs, qui, après avoir reçu le baptême, retournaient à leur « infidélité » : de 1478 à 1482 seulement, plus de deux mille relaps furent livrés aux flammes; après la prise de Grenade, un plus grand coup fut frappé : tous les juifs reçurent ordre de se faire baptiser ou de quitter l'Espagne. La péninsule ibérique était le pays de l'Europe où les juifs s'étaient le plus multipliés, et où ils avaient acquis le plus de richesses et de lumières : la population juive dépassait, assure-t-on, un million d'âmes; suivant le calcul le plus modéré, trente mille familles, formant vraisemblablement plus de cent cinquante mille têtes, émigrèrent en Portugal, en Afrique, en France, en Italie [2] : le reste subit l'abjuration imposée.

Sept ans après, les musulmans eurent leur tour : toutes les capitulations anciennes et nouvelles, y compris celle de Grenade, furent mises à néant, de l'avis du fameux Ximenez, archevêque de Tolède, et des principaux théologiens et casuistes espagnols, qui ne firent qu'appliquer le principe proclamé par le concile de Constance : *On ne doit tenir aucune promesse au préjudice de la foi catholique* [3]. Les musulmans, ainsi que les juifs, furent sommés d'embrasser le christianisme ou de s'expatrier. La plupart des Maures, atterrés par le malheur, confessèrent de bouche une religion qu'ils détestaient dans l'âme : l'émigration, quoique nombreuse, fut peut-être d'abord moins vaste que chez les juifs;

---

1. Un inquisiteur général et un conseil souverain de l'inquisition, à la nomination royale, furent institués pour tous les états des Rois Catholiques : le grand inquisiteur nommait les inquisiteurs particuliers, mais avec le consentement du roi.
2. Ferreras, *Histoire d'Espagne*, XIᵉ partie. — An. 1492-1493. — Le Portugal suivit bientôt l'exemple de l'Espagne. Mariana et d'autres historiens, probablement avec exagération, élèvent l'émigration jusqu'à huit cent mille âmes. Elle eut sans doute plusieurs recrudescences.
3. J. Lenfant, *Histoire du concile de Constance*, p. 47.

les révoltes qui éclatèrent dans les *sierras* grenadines furent comprimées par la force, et l'inquisition se chargea de surveiller les rechutes des infidèles convertis : les plus grands seigneurs avaient accepté avec empressement les fonctions de familiers de l'inquisition ; tout un peuple, entraîné par ses rois et par ses prêtres, se rendit l'instrument de cette effroyable tyrannie ; tout *vieux chrétien* devint l'espion des *nouveaux chrétiens ;* la délation fut sanctifiée ; la générosité, naturelle au caractère espagnol, fut profondément altérée et pervertie, et l'alliance signée entre l'État et l'Église à la lueur des bûchers frappa de malédiction l'avenir de l'Espagne. Mais elle lui donna dans le présent une force terrible, et l'exaltation du fanatisme religieux doubla l'ardeur de l'esprit de conquête : les Rois Catholiques, un œil sur le grand Océan, où ils lançaient Colomb et ses successeurs, l'autre œil sur la Méditerranée, qu'ils dominaient par les Baléares, la Sardaigne et la Sicile, visaient à la conquête des états Barbaresques et du royaume de Naples, et n'avaient assisté les princes napolitains contre Charles VIII que dans l'espoir de s'approprier un jour leurs dépouilles. Ferdinand et Isabelle avaient déjà insinué naguère à Charles VIII qu'on pourrait s'entendre sur le partage du royaume de Naples : loin de s'opposer aux desseins de Louis XII sur l'Italie, ils agréèrent ses propositions secrètes, et le partage fut convenu ; Ferdinand comptait bien tromper le roi de France après le roi de Naples, et garder à lui seul la proie tout entière : la supériorité de sa marine, la possession de la Sicile, les diversions qui pouvaient et devaient, d'un moment à l'autre, partager l'attention de la France, en contact continuel avec toute l'Europe, promettaient en effet à l'Espagne les meilleures chances.

Ainsi, d'aucun côté, Louis XII ne voyait surgir d'obstacle immédiat : il poussait avec vigueur ses préparatifs ; l'épouvante régnait à la cour de Naples et surtout à la cour de Milan, qui allait essuyer la première tout l'effort de la tempête : Florence, tiraillée entre les républicains et les partisans des Médicis [1], épui-

---

[1]. La coalition qui avait immolé Savonarola s'était rompue au pied de son bûcher. La jeunesse épicurienne, qui n'avait frappé en lui que le réformateur ascétique, s'était retournée contre le parti de la tyrannie princière, et avait maintenu la république.

sée par ses efforts incessants pour reconquérir Pise, paraissait disposée à ne prendre aucune part à la guerre de Lombardie : le duc de Ferrare lui-même, le beau-père de Ludovic, refusait de se compromettre pour son gendre; Ludovic, abandonné de tout le monde, recourut aux Othomans, et supplia Bajazet de le secourir par une diversion contre les Vénitiens; mais les ravages que les hordes turques commirent dans le Frioul ne servirent qu'à rendre odieux l'allié des infidèles, et n'arrêtèrent pas les Français. L'armée française se réunissait à Lyon : le roi, ne voulant pas augmenter les impôts, qu'il avait réduits à son avénement, s'était procuré de l'argent en vendant les charges de finances et tous ceux des offices royaux qui n'étaient pas de judicature; tout fut prêt avant la fin de juillet 1499; Louis XII vint à Lyon passer la revue de son armée, qu'il ne devait pas conduire en personne, et lui donna l'ordre de franchir les monts, sous le commandement de trois vaillants et habiles chefs, Stuart d'Aubigni, Jean-Jacques Trivulce, « très-bon françois », tout Lombard qu'il fût de naissance, et Louis de Luxembourg, comte de Ligni, dont la maison était une école « de toute prouesse de chevalerie », et qui eut l'honneur d'être le maître et le patron de l'illustre Bayart [1]. Les noms de Luxembourg, de La Trémoille, de Chabannes, si odieux, si sinistres du temps de Jeanne Darc et de Charles VII, devenaient des types de vertu guerrière : les fils rachetaient la honte des pères. Tandis que la diplomatie était au comble de la dépravation, la moralité se relevait dans la noblesse militaire des compagnies d'ordonnance, forte école de discipline et de patriotisme guerrier. L'armée de France était forte de seize cents lances (neuf mille six cents chevaux), cinquante-huit pièces de canon, et treize mille fantassins, dont cinq mille Suisses, quatre mille Gascons et quatre mille hommes des autres provinces françaises : les volontaires gascons et surtout leurs voisins les Basques, avec lesquels on les confondait, formaient une infanterie légère qui commençait d'acquérir grande renommée. Quant à la gendarmerie, jamais elle n'avait été si bonne et si belle; il y avait là une foule de jeunes héros destinés à un renom national

---

1. « De sa nourriture sont sortis trente vaillants et vertueux capitaines. » *Les Gestes du bon chevalier sans peur et sans reproche*, par le *Loyal Serviteur*.

que la postérité a consacré et qui ne s'effacera jamais de nos fastes militaires.

L'armée, qui avait achevé de s'assembler à Asti, après avoir traversé le Piémont, se mit aux champs le 13 août : beaucoup de places furent rapidement emportées ou achetées; Jean-Jacques Trivulce, proscrit autrefois par Ludovic Sforza comme chef du parti guelfe, avait de telles intelligences dans le pays et dans l'armée ennemie, que Galéas de San-Severino, général des troupes de Ludovic, n'osa essayer un seul instant de tenir la campagne, et fut réduit à s'enfermer dans Alexandrie avec presque toutes ses troupes, peu inférieures en nombre à l'armée française, mais composées quasi uniquement de nouvelles levées italiennes : Ludovic n'avait pu tirer que de bien faibles secours d'Allemagne, à cause de la guerre de Suisse. Les Français s'apprêtèrent à cerner Galéas dans Alexandrie : Galéas perdit la tête ou se laissa corrompre; il quitta, pendant la nuit, l'armée et la ville qui lui étaient confiées pour courir à Milan. Sitôt que ses soldats surent sa désertion, ils évacuèrent Alexandrie en désordre. Les Français entrèrent sans opposition; mais, malgré tous les efforts du comte de Ligni et des autres chefs, les fantassins suisses et gascons se ruèrent au sac de la ville avec une irrésistible furie, et ajoutèrent l'incendie au pillage. Le comte de Ligni punit ce qu'il n'avait pu empêcher, et fit pendre les principaux auteurs du *hutin*. Les généraux n'avaient pu employer la gendarmerie à arrêter le désordre : elle s'était lancée à la poursuite de l'armée fugitive, qu'elle acheva de disperser.

Le malheureux duc de Milan apprenait chaque jour quelque nouveau revers : les Vénitiens avaient envahi le Crémonais et s'avançaient déjà jusqu'aux portes de Lodi; les villes se rendaient sans coup férir ou se révoltaient d'elles-mêmes; partout le peuple se montrait indifférent ou hostile; la catastrophe d'Alexandrie ne fit que confirmer les Milanais dans la résolution de ne pas soutenir de siége, et l'argentier du duc fut massacré en pleine rue, à Milan, pour avoir voulu procéder à une levée de deniers. Ludovic jugea tout perdu, s'il n'obtenait promptement un puissant secours de Maximilien : *le More* se décida donc à confier Milan et tout ce qui restait encore sous son obéissance à quelques affidés, puis il partit pour aller trouver Maximilien en Tyrol. A peine *le More* était-il en route, que le comte de Caiazzo, frère de son général Galéas de San-Severino, lui déclara de vive voix qu'il renonçait à le servir, et passa dans les rangs des Français avec ses soldats. Ludovic, poursuivi de près par ce traître et par l'ennemi, ne gagna qu'à grand'peine les montagnes de la Valteline : avant qu'il fût arrivé à Inspruck, les lis de France avaient remplacé dans « toute la duché » la guivre milanaise; Milan et Pavie avaient remis leurs clefs aux généraux de Louis XII, et « toute cette duché, la plus belle et la plus riche du monde », avait reconnu la domination du roi de France. Cette magnifique conquête fut achevée en un mois : l'armée était partie d'Asti le 13 août; le château de Milan, « vendu pour argent et promesses par celui qui l'avoit en garde », capitula le 14 septembre. Ce rapide triomphe attestait moins la valeur et la science militaire des Français que la perfidie des *condottieri* et l'anéantissement de l'esprit public chez les Lombards [1].

La soumission du Milanais entraîna celle de Gênes : cette république suivait en vassale les mouvements de la politique milanaise; au bruit des revers de Ludovic, Gênes chassa ses « gouverneurs », créatures du *More*, et se replaça, comme elle l'avait fait tant de fois, sous la suzeraineté du roi de France. Le roi Louis, transporté de joie à la nouvelle des éclatants succès de ses lieutenants, accourut au delà des monts, passa par Pavie, afin de faire honneur à la célèbre université de cette ville, et entra, le 6 octobre, en grande pompe, dans « sa bonne ville » de Milan, aux cris de *viva Francia!* poussés par des milliers de voix. Tout le peuple, paré de la croix blanche, était sorti au-devant du nouveau souverain, avec le cardinal de Saint-Pierre-ès-Liens [2], toujours dévoué jusqu'alors à la France, le duc de Ferrare, le marquis de Mantoue, le comte de Caiazzo, les alliés, les voisins, les capitaines du prince détrôné. Louis reconnut le bon accueil des

---

1. *V.* Jean d'Auton, *Chroniques de Louis XII.* Les Chroniques de cet historiographe de Louis XII ont été, pour la première fois, publiées en entier en 1834 par P.-L. Jacob (P. Lacroix). Elles ne s'étendent que de 1499 à 1508. Sur cette guerre, *V.* aussi Saint-Gelais; — La Trémoille; — *Le Loyal Serviteur;* — Guicciardini; — *Belcarius*, etc.

2. Julien de La Rovère.

Milanais en réduisant notablement les énormes contributions que percevait *le More ;* au rapport d'un historien contemporain [1], Ludovic avait levé sur ses sujets jusqu'à « un million six cent huit mille six cent quatre-vingt-six livres tournois » en un an ; le royaume de France tout entier ne payait alors que quatre millions à quatre millions et demi, et cette charge paraissait lourde, et Louis XII tâcha de l'alléger graduellement. Louis et son ministre, Georges d'Amboise, saisis d'une sincère admiration pour la civilisation italienne, prodiguèrent toutes les marques de faveur aux savants et aux artistes qui remplissaient la Lombardie. Le roi repassa les Alpes au bout de quelques semaines, après avoir établi un parlement à Milan sur le modèle des cours souveraines de France, révoqué les ordonnances vexatoires des Sforza sur la chasse, et conclu, en vue de la conquête de Naples, des traités d'alliance avec la république de Florence, le marquis de Mantoue, le duc de Ferrare et le seigneur de Bologne [2]. Il avait nommé Trivulce son lieutenant général dans le Milanais, et Philippe de Clèves, sire de Ravenstein, son proche parent du côté maternel, gouverneur de Gênes, que ce seigneur devait régir de concert avec Batistino Fregoso, chef du parti français à Gênes.

Rien ne semblait pouvoir arrêter les prospérités du roi de France ; Maximilien avait renouvelé sa trêve avec Louis XII jusqu'en mai 1500 ; Naples semblait devoir subir bientôt le sort de Milan, et déjà le roi, remplissant ses engagements envers les Borgia, avait donné au duc de Valentinois, comme on appelait le fils du pape, un petit corps d'armée pour conquérir les seigneuries de la Romagne. Le drapeau de la France allait couvrir les crimes sans nom de ces deux monstres, le père et

---

1. Rob. Gaguin. *Compendium ;* la livre valait alors 4 fr. 55 à 60 c. Comines dit que Ludovic levait 650,000 à 700,000 ducats, et que le Milanais en pouvait payer 500,000 sans peine. 700,000 ducats faisaient un peu plus de 1,300,000 livres tournois, le ducat valant de 37 sous à 37 sous et demi.

2. Plusieurs littérateurs et artistes suivirent le roi à son retour en France ; entre autres le grand architecte Fra-Giocondo et l'historien Paolo-Emili, qui se faisait appeler *Paulus-Æmilius,* et qui fut chargé de rédiger en latin classique les annales de la France. *Paulus-Æmilius* détrôna notre premier historien national, Robert Gaguin. Ce fut aussi vers ce temps que Louis XII s'attacha le Savoyard Claude de Seissel, qui a écrit son panégyrique en 1508. *V.* le Recueil sur l'histoire de Louis XII, publié par Théod. Godefroi en 1615.

le fils. Dans le Milanais, la politique royale, plus honnête, ne fut pas heureuse. Louis XII, pensant qu'il serait plus agréable à ses nouveaux sujets d'être gouvernés par un de leurs compatriotes que par un Français, avait donné le gouvernement du Milanais à Jean-Jacques Trivulce. Par malheur, Trivulce employa son autorité moins en lieutenant du roi de France qu'en chef du vieux parti guelfe : au lieu de chercher à réconcilier les restes des deux factions qui se transmettaient, de génération en génération, leurs haines héréditaires, il vexa les Gibelins et s'aliéna les classes populaires par sa rudesse et sa violence : ses agents, pour exciter le peuple contre Ludovic, avaient répandu le bruit que les Français aboliraient tous les impôts : cette espérance chimérique n'ayant pu être complétement réalisée, une réaction s'opéra dans les esprits : un jour, les bouchers de Milan s'ameutèrent sur le marché, et refusèrent de payer les taxes. Trivulce accourut, et en tua plusieurs de sa main. L'irritation fut extrême parmi le peuple : les manières des soldats français, leurs hauteurs envers les hommes, leurs galanteries auprès des femmes, n'avaient pas tardé à mécontenter ces populations vaines et jalouses. Les Milanais, d'ailleurs, comme les Napolitains, avaient la mobilité des peuples qui, ne sachant pas ou ne sachant plus être libres, cherchent à se faire illusion en changeant souvent de maîtres. Le parti des Sforza se releva avec une extrême rapidité, et un vaste complot fut ourdi dans tout le duché en faveur du prince dépossédé.

Ludovic était déjà en mesure de mettre à profit ce retour de l'opinion : grâce aux trésors qu'il avait emportés en Allemagne, et à la paix qui venait de se rétablir entre l'empereur et les Suisses, Ludovic avait attiré sous ses bannières cinq cents hommes d'armes franc-comtois et huit mille Suisses, quoique les cantons se fussent engagés à ne pas laisser leurs hommes s'enrôler au service des ennemis de la France. Dès qu'on sut dans le Milanais que *le More* et son *host* s'avançaient par le lac de Côme (*Como*), une insurrection presque générale éclata (25 janvier 1500). Trivulce fut forcé de se réfugier au château de Milan ; le comte de Ligni évacua Côme devant l'armée du *More*, rejoignit Trivulce, et tous deux, laissant garnison au château de Milan, se replièrent sur

Novarre, ville guelfe et dévouée aux Français, puis de là sur Mortara, où ils s'enfermèrent afin d'attendre des secours de France. Ludovic, après avoir recouvré la meilleure partie de son duché plus vite encore qu'il ne l'avait perdue, se présenta bientôt devant Novarre, où les capitaines français avaient jeté une forte garnison sous le commandement d'Yves d'Allègre, accouru de la Romagne avec les troupes qui avaient été confiées à César Borgia. Ludovic avait été rejoint par dix mille lansquenets allemands et par de nouveaux détachements franc-comtois et albanais, et il avait levé force infanterie et cavalerie italiennes. Novarre fut vaillamment défendue, jusqu'à ce que tous les remparts « fussent par terre » : Yves d'Allègre capitula enfin le 22 mars, aux conditions les plus honorables ; la garnison sortit avec armes et bagages, et gagna Mortara, emmenant sous sa protection ceux des habitants qui ne voulurent point s'exposer à la réaction gibeline. La ville seule fut évacuée, et le château resta aux Français[1].

Là s'arrêtèrent les succès de Ludovic. Le roi n'avait pas perdu un moment pour lever de l'argent et des soldats : Paris avait prêté 200,000 livres ; les autres villes, à proportion. Avant même que Novarre eût ouvert ses portes au *More*, le cardinal d'Amboise et le sire de La Trémoille étaient arrivés en Piémont ; le premier, avec les pleins pouvoirs du roi, « pour traiter de la réconciliation des villes rebelles et besogner à tout comme le roi en propre personne », le second, avec le titre de lieutenant général commandant les forces militaires. La Trémoille avait amené un corps d'armée français, qui fut renforcé, au bout de quelques jours, par dix mille Suisses. Toutes les troupes royales opérèrent

---

[1]. Ce fut vers cette époque que le jeune Dauphinois Pierre du Terrail de Bayart, qui servait dans la compagnie d'ordonnance du comte de Ligni, et qui avait fait ses premières armes à Fornovo, se signala par un trait d'une incroyable audace. A la suite d'une escarmouche où un détachement français avait chassé un escadron lombard presque jusqu'aux portes de Milan, Bayart, sans s'apercevoir que ses camarades tournaient bride, continua la poursuite à lui seul avec tant d'impétuosité, qu'il traversa les faubourgs et entra dans la ville pêle-mêle avec les ennemis fugitifs : il poussa jusque devant le palais de Ludovic, et, là seulement, entouré par tout un peuple, il fut démonté et fait prisonnier. Ludovic, étonné et presque effrayé de cette héroïque témérité, qui lui sembla d'un fâcheux présage, fit rendre au jeune Français son cheval et ses armes, et le remit en liberté.

Les Gestes du bon chevalier, etc., etc.; chap. 14-15.

leur jonction à Mortara, qu'elles quittèrent, le 5 avril, pour aller droit à Ludovic. Le 8 avril, les deux armées furent en présence auprès de Novarre : l'*host* de Ludovic avait l'avantage du nombre; mais ce ramas de mercenaires sans nationalité n'avait ni la discipline ni l'ardeur des troupes françaises, et les Suisses des deux partis avaient reçu de leurs cantons défense de se battre les uns contre les autres : ceux qui servaient Ludovic eussent encouru la peine de haute trahison en contrevenant à cette défense, les cantons étant alliés du roi Louis. Après les premières canonnades, l'infanterie suisse et allemande du *More*, voyant les Français s'ébranler pour charger, tourna le dos et rentra dans Novarre : le reste de l'armée fut obligé de suivre cet exemple.

Les Français établirent aussitôt leurs quartiers autour de la ville ; mais ce n'était point par des combats ni par des assauts que l'on comptait en finir avec Ludovic : la trahison environnait de toutes parts le duc de Milan; les Suisses, les Allemands et les Bourguignons (Franc-Comtois) de Ludovic commencèrent, dès la nuit suivante, à parlementer avec les Français et les Suisses de l'armée royale : les capitaines suisses avaient été gagnés à prix d'or; les Suisses, les Allemands et les Bourguignons promirent de rendre leurs armes et de vider la place et le pays, moyennant un sauf-conduit pour eux et leurs biens; par un reste de pudeur, ils demandèrent d'abord les mêmes conditions pour leurs camarades, les soldats lombards et albanais; « les lieutenants du roi » refusèrent, et les négociateurs n'insistèrent pas. Le comte de Ligni, ayant ouï dire que Ludovic s'était échappé de Novarre, voulut s'en assurer, et envoya dans la ville deux de ses capitaines, qui trouvèrent le malheureux duc plongé dans un sombre abattement : ces officiers conseillèrent à Ludovic de se remettre à la clémence du roi. Ludovic accepta, et voulut suivre les envoyés français; mais ses Allemands le retinrent par force, de peur qu'on n'observât point leur sauf-conduit, une fois que le duc se serait rendu : ils accordèrent, pour toute faveur, à la victime de leur perfidie la liberté de se cacher parmi eux à leur sortie de la ville (Jean d'Auton, c. 31). Le 10 avril, au matin, tous les Suisses, Allemands et Bourguignons de Ludovic sortirent de Novarre : les cavaliers lombards et les estradiots « saillirent » aussi, espérant s'ouvrir un passage et gagner pays, grâce à la vitesse de leurs chevaux; mais les Français, qui gardaient le pont du Tésin, tuèrent ou prirent la plupart de ces malheureux soldats, à la vue de l'infanterie suisse et allemande, qui déposait tranquillement les armes, suivant les conventions de la veille. Les généraux français, pensant bien que Ludovic devait être dans les rangs de ces fantassins, les obligèrent à défiler « deux à deux, trois à trois », sous les piques des Suisses du parti français : malgré cette précaution, peut-être n'eût-on pas reconnu le *More*, qui s'était déguisé en soldat suisse, « les cheveux troussés sous une coiffe, une gorgerette autour du col, avec un pourpoint de satin cramoisi, des chausses d'écarlate, et la hallebarde au poing[1] »; des Allemands ou des Suisses le dénoncèrent pour 200 écus, et il lui fallut « bailler sa foi » au comte de Ligni, qui le ramena au château de Novarre.

La part que prirent les Suisses à cette grande trahison tacha honteusement leur renommée : la victoire des cantons sur Charles le Téméraire avait été à la fois l'apogée de leur gloire et le commencement de leur décadence morale : dès que les Helvétiens, enivrés d'orgueil et avides des jouissances que leur refusait leur sauvage patrie, eurent commencé d'échanger leur héroïque pauvreté contre l'or des rois, ils ne furent plus qu'un peuple de dangereux mercenaires, ayant la force, le courage, mais aussi tous les vices de ces anciens Barbares qui remplissaient les armées des empereurs romains. Il fallut les passions religieuses de la Réformation pour leur rendre quelque chose des vertus des anciens temps.

L'Italie semblait désormais « leur province » : ils voulurent s'assurer la faculté d'y descendre à volonté, et les Suisses de l'armée royale, en rentrant chez eux, s'emparèrent de Bellinzona, place qui commande le versant italien du Saint-Gothard et la vallée du haut Tésin; ils la gardèrent comme leur part dans la conquête du Milanais, et Louis XII fut obligé d'y consentir pour garder l'alliance des cantons.

Sur ces entrefaites, le cardinal d'Amboise entra dans Milan, le

---

1 Jean d'Auton. — Guicciardini. — *Les Gestes du bon chevalier.*

17 avril, jour du vendredi saint, accompagné de Trivulce et d'une nombreuse escorte : la consternation régnait au sein de cette grande ville ; deux députations, expédiées au cardinal, avaient été accueillies par des paroles sévères et menaçantes. Georges d'Amboise se rendit en solennel appareil à la maison de ville, où une longue procession d'hommes, de femmes et d'enfants, vêtus de blanc, la tête nue en signe d'humilité, vinrent requérir merci de leur « damnable rébellion ». Le cardinal d'Amboise n'abusa point de la victoire : il pardonna à Milan au nom de « son seigneur le roi Loys », et, parmi les moteurs de la révolte, quatre seulement furent mis à mort ; encore ces condamnés étaient-ils coupables de trahison plutôt que de simple révolte. Milan et les autres cités rebelles furent soumises à des amendes modérées pour le paiement des frais de l'expédition ; les républiques de Sienne et de Lucques, le marquis de Mantoue et le seigneur de Bologne, qui avaient fourni quelques secours au *More*, détournèrent le ressentiment des vainqueurs en payant des contributions de guerre. Louis XII remplaça, dans le gouvernement du Milanais, Jean-Jacques Trivulce par Charles d'Amboise, seigneur de Chaumont, neveu du cardinal Georges.

La modération du roi envers le Milanais ne s'étendit pas jusqu'à Ludovic Sforza : Ludovic fut envoyé en France, où Louis XII refusa de le voir et le traita avec une dureté barbare. Louis XII n'observa pas envers *le More* sa maxime, que le roi de France devait « oublier les injures du duc d'Orléans ». *Le More* fut enseveli au fond d'un cachot, sous la grosse tour de Loches : ce fut seulement dans les derniers temps de sa vie qu'on adoucit sa captivité et qu'on lui donna le château pour prison. Le cardinal Ascanio Sforza, son frère, que les Vénitiens avaient arrêté et qu'ils livrèrent à Louis XII, reçut un accueil plus humain, et gagna même, à force de souplesse, la faveur du roi et du cardinal d'Amboise. La personne qu'on plaignit le plus dans cette famille, ce fut le jeune Francesco Sforza, petit-neveu de Ludovic et fils du feu duc de Milan, Jean Galéas : le roi l'obligea de se faire moine, et retint en prison les trois bâtards du duc Galéas, père de Jean Galéas et frère aîné de Ludovic ; le roi ne put cependant se rendre maître de toute la famille Sforza ; les deux fils de Ludovic étaient parvenus à s'enfuir en Allemagne.

Pour la politique extérieure, il n'y avait pas grande différence entre le *cruel* Louis XI et le *bon* Louis XII : nous n'en aurons que trop souvent la preuve. A l'intérieur, Louis XII n'était plus le même homme. Tandis qu'il jetait l'ex-duc de Milan dans « une cage de six pieds de large sur huit pieds de long »[1], il se laissait jouer et « blasonner » en plein théâtre par les clercs de la Basoche du Palais, qui, organisés en confrérie dramatique sous le titre d'*Enfants Sans-Souci*, fondaient la comédie en France, dans leurs *Sotties* (sottises) et *Moralités*[2]. Les basochiens se faisaient, avec plus de malice que de bon sens, les échos des courtisans et des gentilshommes, et raillaient, dans leurs farces allégoriques, l'économie du roi, que les grands taxaient d'avarice, parce que Louis ne leur prodiguait pas le fruit des sueurs du peuple : ils eurent l'audace de mettre en scène Louis XII buvant de l'or potable ; le roi, informé de leur outrecuidance, ordonna qu'on leur permît de rire et de « gausser » en liberté, « pourvu qu'ils ne parlassent point de sa femme et respectassent l'honneur des dames »[3].

Louis XII ne montra pas moins de bon sens et de modération dans une circonstance plus grave : depuis la mission d'Albert Catanée (voyez ci-dessus, page 255), les persécutions s'étaient renouvelées dans les Alpes dauphinoises ; une fureur d'inquisition s'était emparée du parlement de Grenoble, de l'archevêque d'Embrun et de l'évêque de Gap, que secondait la cupidité de quelques seigneurs, et les villages de la montagne étaient en butte à d'atroces rigueurs ; plusieurs victimes avaient péri ; un grand nombre de familles erraient fugitives dans les gorges les plus sauvages des Alpes. Le roi, avec l'autorisation du pape, dépêcha en Dauphiné l'évêque de Sisteron, son confesseur, et l'official d'Orléans,

---

1. Belleforest, *Cosmographie*, t. I, 2e partie, p. 33.
2. Ils qualifiaient ce bas monde de *Sottise,* ou Royaume des Sots, et élisaient entre eux un chef qui s'intitulait *prince des sots,* ou *Mère-sotte*. La comédie moderne n'est pas sortie des *sotties* et *moralités* proprement dites, qui ne firent que traduire sur la scène les allégories en usage dans la littérature depuis le *roman de la Rose ;* mais, à côté de ces abstractions dramatisées, les Enfants Sans-Souci jouaient parfois des farces où figuraient des personnages réels et dont le *Patelin* était le prototype.
3. J. Bouchet, *Annales d'Aquitaine*, p. 340. — Arnold. Ferron. l., III, p. 43.

pour examiner l'état des choses : ces deux commissaires ecclésiastiques se transportèrent dans les vallées suspectes, et prêchèrent les habitants. Les plus opiniâtres des vaudois se tinrent cachés; les autres répondirent *Credo* à tout ce que leur dirent les commisaires, et ceux-ci, après un examen rapide et indulgent, ne trouvèrent dans les hauts villages que « fermes croyants en la foi catholique ». Louis XII, suivant leur rapport, annula toutes les procédures dirigées contre les montagnards, et ordonna la restitution de tous les biens saisis. C'était chose nouvelle que de voir le « roi très-chrétien » protéger les opprimés contre les persécutions religieuses [1].

Entre la recouvrance du Milanais et la mise à exécution des projets de Louis XII sur Naples, toute une année fut employée en vastes négociations et en petites guerres où les Français ne figurèrent que comme auxiliaires. Malgré les zélés protecteurs que Pise avait conservés parmi les capitaines et les conseillers du roi, Louis avait signé une alliance offensive et défensive avec Florence, et, conformément à ce traité, il envoya aux Florentins un gros corps de troupes pour les aider à subjuguer Pise (juin 1500). L'affection mutuelle qui unissait les citoyens de Pise et les soldats français, depuis l'expédition de Charles VIII, déjoua les espérances des Florentins et les ordres du roi. Le seigneur de Beaumont, commandant de ces troupes, envoya sommer les Pisans de se soumettre : les Pisans répondirent qu'ils étaient prêts à se soumettre au roi, mais qu'ils se défendraient jusqu'à la mort contre les Florentins : cinq cents jeunes filles vêtues de blanc vinrent s'agenouiller devant les envoyés, se recommander aux Français, comme « tuteurs des orphelins, défenseurs des veuves et champions des dames », et les supplier de leur sauver l'honneur. Le récit de cette scène émut vivement les soldats; cependant la discipline l'emporta d'abord, et, sur l'ordre de leurs chefs, ils marchèrent à l'assaut avec les Florentins : les Pisans repoussèrent l'attaque des Français aux cris de *Vive la France!* Il fut impossible de décider les soldats à un second assaut : prières, menaces, argent, tout fut inutile ; il fallut lever le siége ; quand l'armée se

---

1. Jean d'Auton, 3e part., c. 4.

retira, les femmes de Pise allèrent chercher les blessés et les malades français, et les ramenèrent dans la ville, d'où on ne les renvoya que bien guéris et munis d'argent pour regagner leurs garnisons. (J. d'Auton, part. II, c. 43.)

L'assistance des Français fut plus utile à César Borgia qu'aux Florentins : la conquête de la Romagne, interrompue par le retour offensif de Ludovic Sforza en Lombardie, fut reprise aussitôt après sa seconde et dernière défaite, et un corps français aux ordres d'Yves d'Allègre seconda les opérations militaires du duc de Valentinois; les petites principautés de cette contrée furent entièrement subjuguées avant le printemps de 1501 [1], et Alexandre VI, aliénant la Romagne à peine recouvrée sur les vicaires rebelles qui l'avaient enlevée au saint-siége, créa son fils duc de Romagne : toute la conduite d'Alexandre dément les vues politiques qu'on s'est plu à lui prêter; il ne pensait nullement, comme on l'a prétendu, à conquérir au saint-siége une grande puissance temporelle en échange de sa puissance spirituelle affaiblie; il ne songeait qu'à satisfaire ses passions personnelles et la féroce ambition de son fils. Louis XII, qui ne s'était que trop souillé de complicité avec cette famille maudite, ne crut pas devoir cependant permettre l'agrandissement illimité de César Borgia, et lui défendit de rien entreprendre contre Bentivoglio, seigneur de Bologne, ou contre les Florentins, que César avait voulu obliger de rappeler les Médicis.

Rien ne s'opposait plus à la marche des Français sur Naples : Maximilien, après beaucoup de menaces demeurées sans effet, comme à l'ordinaire, avait consenti à une nouvelle prorogation de trêve, bien qu'il eût reçu de l'argent du roi Frédéric pour ne pas l'abandonner : la diète germanique ne se départait pas de son inertie habituelle; le roi Louis s'était ménagé des alliés en Allemagne, le duc de Gueldre [2] et l'électeur palatin ; enfin le jeune archiduc Philippe et ses sujets des Pays-Bas ne voulaient que paix

---

1. *V.* dans Michelet, *Renaissance*, p. 112-117, les effroyables détails de l'extermination des familles princières. — Yves d'Allègre sauva des mains de César Borgia l'honneur et la vie de la dame de Forli, mais ne put empêcher bien d'autres forfaits.

2. L'ancienne maison ducale de Gueldre était parvenue à reconquérir la plus grande partie de ses domaines sur l'archiduc Philippe.

et libre commerce avec la France comme avec l'Angleterre. Le roi de Naples, don Frédéric, épouvanté de l'orage qui s'amassait sur sa tête, renouvela les propositions faites naguère par son père Ferdinand Ier à Charles VIII, à savoir : de reconnaître la suzeraineté du roi de France, de lui payer tribut et de recevoir garnison française dans plusieurs places maritimes : ces offres, qui assuraient à la France une paisible suprématie sur l'Italie, furent follement rejetées; le 11 novembre 1500, les agents de Louis XII avaient signé à Grenade, avec les Rois Catholiques, un secret traité de partage, pacte gros de périls, de discordes et de trahisons, infâme de la part de Ferdinand et aussi peu honorable que peu avantageux pour son allié. On convint que Louis aurait Naples, la Terre de Labour et les Abruzzes, avec le titre de roi de Naples et de Jérusalem, et Ferdinand, la Pouille et la Calabre, avec le titre de duc de ces deux provinces. Ce traité de spoliation était déjà conclu depuis plusieurs mois, que Ferdinand jurait encore à son parent Frédéric de le défendre contre les Français. Des bruits de croisade couvrirent les préparatifs militaires de l'Espagne : le renouvellement des hostilités entre les Turcs et les Vénitiens, la prise de Modon, en Morée, par les Othomans, et le massacre de l'évêque et de la population chrétienne, avaient excité une assez vive agitation en Occident; les deux monarques, qui s'apprêtaient à détrôner le malheureux roi de Naples, profitèrent de cette catastrophe pour jeter de l'odieux sur Frédéric, qui, de même que Ludovic Sforza et aussi inutilement que lui, avait sollicité la protection de Bajazet II. Alexandre VI, de son côté, vit dans les progrès des Turcs un excellent prétexte pour remplir ses coffres; d'accord avec les principaux souverains de l'Europe, il proclama la croisade, ordonna la levée d'un dixième des revenus ecclésiastiques dans toute la chrétienté [1], et fit en grand le commerce des indulgences, non-seulement pour les vivants, mais pour les morts, car il fut le premier pape qui imagina de revendiquer le pouvoir de tirer les âmes du purgatoire. Louis XII et Ferdinand affectèrent de rivaliser de zèle en faveur de la croisade; Louis prétendait n'ambitionner la conquête de Naples que

1. L'université de Paris voulut en vain résister à cette exaction, qu'elle déclarait contraire aux libertés gallicanes. *Hist. Universit. Paris*, t. VI, p. 3-4.

pour combattre plus efficacement les infidèles, et il signa un traité d'alliance contre les Turcs avec Jean-Albert, roi de Pologne, et son frère Ladislas, roi de Bohême et de Hongrie. Ferdinand fit plus, et envoya dans la mer Ionienne, au secours des Vénitiens, une flotte chargée de troupes de débarquement sous les ordres de Gonsalve de Cordoue, « le grand capitaine »; mais cette flotte ne tarda pas à rentrer dans les ports de Sicile pour exécuter les desseins secrets du Roi Catholique.

L'armée française, forte seulement de neuf cents lances, de sept mille hommes de pied et de trente-six canons, quitta ses garnisons de Lombardie, le 26 mai 1501, pour se diriger sur Naples : elle était commandée par Stuart d'Aubigni, à qui César Borgia devait servir de lieutenant. L'armée de mer partit en même temps de Toulon, pour prendre à Gênes le vice-roi Philippe de Ravenstein, chargé des opérations maritimes : les gros vaisseaux ronds de Bretagne et de Normandie se joignaient pour la première fois aux galères provençales sous l'étendard de France; quatorze navires étaient arrivés par le détroit de Gibraltar à Toulon : plusieurs avaient des dimensions énormes et tout à fait inusitées, surtout « la grand nef » ou « carraque » nommée *la Charente*, et *la Cordelière*, que la reine Anne avait fait construire durant son veuvage. Jean d'Auton prétend que *la Charente* portait douze cents hommes de guerre sans les aides et deux cents pièces d'artillerie. Il est difficile de croire le chroniqueur sur parole.

D'Aubigni, renforcé par César Borgia, arriva le 25 juin devant Rome, sans avoir rencontré d'obstacle, et les ambassadeurs de France et d'Espagne signifièrent ensemble au pape le traité des deux rois touchant le partage du royaume de Naples : les droits de suzeraineté du saint-siége s'y trouvaient réservés et garantis. Alexandre VI reçut cette communication avec surprise, mais ne témoigna aucun mécontentement, et accorda par avance aux rois de France et d'Aragon [1] l'investiture des provinces qu'ils s'attribuaient.

Le malheureux Frédéric, attaqué en face par les Français, en

---

1. C'était comme roi d'Aragon que Ferdinand prétendait à Naples. Isabelle n'y avait point de prétention.

queue par Gonsalve de Cordoue, qui s'était fait ouvrir en allié les places de la Calabre et qui les occupait en ennemi, n'essaya pas de tenir la campagne : il répartit le gros de ses troupes dans Naples, Averse et Capoue, et envoya son fils aîné Ferdinand à Tarente. Capoue seule se défendit : les Colonna, chefs du parti romain ennemi des Borgia, s'y étaient enfermés avec un corps d'aventuriers de la Campagne de Rome; Capoue fut emportée d'assaut le 25 juillet : les Suisses, les Gascons, et surtout les gens de César Borgia y commirent d'horribles excès : toutes les femmes furent abandonnées à la brutalité du soldat[1], et la plupart des habitants furent massacrés. La ruine de Capoue répandit partout la terreur : le roi Frédéric ne voulut pas prolonger les misères de ses sujets par une résistance inutile; il entra en négociations avec d'Aubigni, et préféra se livrer à Louis XII, son ennemi naturel, plutôt qu'au parent qui l'avait si indignement trahi; moyennant la liberté et les biens pour lui, sa famille et ses partisans, il rendit la ville et les châteaux de Naples, Gaëte et tout ce qu'il possédait encore dans la Terre de Labour et l'Abruzze, et partit pour la France sur une escadre de dix bâtiments qui lui restaient. Louis XII ne fut pas insensible au malheur et à la confiance de ce prince, dont le caractère était digne de toute estime. Moyennant sa renonciation, au profit de Louis XII, « à tout le droit qu'il prétendoit en la moitié du royaume de Naples devant écheoir audit roi », Frédéric reçut une pension viagère de 30,000 livres et le comté du Maine, « pour lui et ses hoirs », à condition de ne pas sortir de France.

Pendant ce temps, Gonsalve de Cordoue se saisissait de la Calabre et de la Pouille, malgré la répugnance des populations, qui, maîtres pour maîtres, eussent préféré les Français aux Espagnols (Guicciardini). Le jeune Ferdinand, fils aîné du roi Frédéric, fut bientôt réduit à capituler dans Tarente : Gonsalve jura, sur le saint-sacrement, de permettre au jeune prince de se retirer où il voudrait; mais, aussitôt que Ferdinand eut évacué Tarente, il fut arrêté et envoyé en Espagne. Gonsalve s'était fait autoriser par son confesseur à violer son serment, en vertu

---

1. Sauf quarante que César envoya au sérail de son père, au Vatican!

de quelqu'une de ces arguties de casuistes qui ne manquèrent jamais dans ce siècle à la politique espagnole : l'immoralité dévote des Espagnols procédait d'une tout autre source que l'immoralité sceptique des Italiens; celle-ci venait de l'abus de la raison; celle-là, de son abdication; mais toutes deux aboutissaient au même résultat, l'étouffement de la conscience [1].

La faute du partage de Naples ne devait pas tarder à porter ses fruits. Elle fut suivie d'une autre faute pire encore! Dans le même mois où les Français entrèrent à Naples (août 1501), Louis XII, circonvenu par les obsessions d'Anne de Bretagne, qui, deux fois reine de France, fut toujours mauvaise française, et qui n'associa jamais, dans ses affections, les intérêts du royaume à ceux de « sa duché », Louis XII avait consenti à fiancer sa fille « Madame Claude », âgée de deux ans, avec Charles d'Autriche, duc de Luxembourg, petit-fils de l'empereur Maximilien et fils de l'archiduc Philippe et de Jeanne d'Aragon [2]. Cette alliance insensée, d'après les clauses du contrat de mariage de Louis et d'Anne, pouvait avoir pour résultat d'arracher la Bretagne à la France et de la livrer à la maison d'Autriche, et cela au moment où cette maison allait atteindre une effrayante prépondérance en absorbant la famille royale d'Espagne. Le 20 juillet 1500, était mort en bas âge don Miguel de Portugal, fils unique du roi de Portugal et de la fille aînée de Ferdinand et d'Isabelle : un autre enfant, Charles d'Autriche, fils de la seconde fille des Rois Catholiques, hérita, du chef de sa mère, des droits de Miguel sur l'Espagne : cet enfant fut *Charles-Quint!* Ce fut un grand malheur pour l'Europe et pour l'Espagne elle-même; l'héritier du Portugal, en réunissant pacifiquement ce pays à la Castille et à l'Aragon, eût donné à l'Espagne sa vraie et naturelle grandeur territoriale et maritime : au contraire, l'héritier d'Autriche et des Pays-Bas, devenu héritier d'Espagne, constitua, par les hasards de l'hérédité, une puissance anormale, hétérogène, monstrueuse, qui rompit l'équilibre de l'Europe, en menaça la liberté durant tout un siècle, et finit par épuiser et ruiner l'Espagne dans un

---

1. Paul. Jov. *Vita Magni Consalvi.*
2. Il n'avait qu'un an (né en 1500).

long et stérile effort à la poursuite d'un but impossible, la conquête du monde.

Les accordailles de Claude de France et du petit Charles furent suivies d'un traité de paix signé à Trente, entre Maximilien et le cardinal d'Amboise, représentant de Louis XII (13 octobre). Le roi de France, par ce traité qui comprenait les Rois Catholiques et Philippe d'Autriche, reconnaissait les prétentions de la maison d'Autriche sur la Hongrie et la Bohême, et s'engageait à seconder Maximilien dans une prochaine expédition contre les Turcs, et à adoucir la captivité de Ludovic Sforza, jusqu'à ce que le sort de ce malheureux prince eût été décidé à l'amiable; Maximilien, de son côté, promettait à Louis XII l'investiture du Milanais. Des projets menaçants contre Venise furent agités dans la conférence de Trente : la maison d'Autriche revendiquait une grande partie des possessions de Venise sur la terre ferme, et une autre portion du territoire vénitien avait été jadis enlevée au Milanais : il s'agita là des idées de partage encore plus absurdes, au point de vue français, que le partage de Naples, puisqu'il s'agissait de rouvrir aux Allemands la Haute Italie. Ces projets n'eurent pas de suite immédiate, non plus qu'un dessein d'une autre nature, qu'avait insinué le cardinal d'Amboise. Les crimes des Borgia criaient vengeance de toutes parts, et le roi Louis et son ministre n'étaient pas sans rougir de leurs indignes alliés : Georges proposa secrètement à l'empereur la convocation d'un concile général qui réformerait l'Église et déposerait Alexandre VI; une haute ambition s'était allumée dans l'âme du cardinal Georges; Maximilien la pénétra, et ne voulut point aplanir au premier ministre du roi de France le chemin de la papauté; il y eut donc dans la conférence de Trente beaucoup de paroles et peu d'effets.

Louis XII, cependant, sans attendre l'empereur, s'était engagé dans la « guerre sainte », pour prouver à la chrétienté qu'il n'avait conquis Naples que dans l'intérêt général ; aussitôt après la soumission de Naples, Philippe de Ravenstein reçut ordre de faire voile pour les mers de Grèce avec la flotte franco-génoise. Ravenstein invita Gonsalve de Cordoue à fournir le contingent naval promis par l'Espagne : Gonsalve s'en excusa sous de vains prétextes : c'était là un avertissement de se tenir sur ses gardes et de ne point passer outre. Ravenstein, néanmoins, renforcé par une escadre vénitienne, entra dans l'Archipel et assaillit Mételin (l'ancienne Mitylène, dans l'île de Lesbos). L'attaque fut repoussée par les Turcs : il fallut se rembarquer, et, au retour, une tempête dispersa et fracassa en partie la flotte française (octobre-décembre 1501).

Les Français de Naples auraient eu grand besoin en ce moment de toutes leurs forces. Louis d'Armagnac, duc de Nemours [1], que Louis XII avait nommé vice-roi de Naples, de préférence au brave d'Aubigni, et Gonsalve de Cordoue, lieutenant de Ferdinand dans les Deux-Siciles, n'avaient pas tardé à se brouiller à l'occasion du partage du royaume. Le traité de partage était si mal rédigé, qu'on eût dit que les deux rois avaient voulu se réserver mutuellement un prétexte de rupture. On avait stipulé, d'après l'ancienne division du royaume en quatre grandes provinces, que le Roi Très-Chrétien aurait la Terre de Labour et les Abruzzes, et qu'aux Rois Catholiques appartiendraient la Calabre et la Pouille; mais cette division n'existait plus depuis longtemps, et de nouvelles provinces avaient été formées aux dépens des anciennes; c'est à savoir : la Basilicate, la Capitanate et le Principat (Principautés ultérieure et citérieure); on ne put s'entendre ni sur ces contrées démembrées, qui formaient presque le tiers du royaume, ni sur le partage des droits de douanes de la Capitanate, qui devaient être divisés entre les deux rois : ces droits de douanes, qui s'élevaient à 200,000 ducats, étaient perçus sur les troupeaux du royaume, à l'époque de leur migration annuelle : de même que, dans notre Provence, les troupeaux passent l'été dans les vallées des Alpes et l'hiver dans l'île de la Camargue, les bestiaux napolitains habitaient, l'été, les montagnes des Abruzzes, l'hiver, les plaines de la Capitanate. Gonsalve ne voulut pas céder sur un point de telle importance; il s'avança dans la Capitanate, et les provinces contestées furent, durant l'hiver et le printemps suivant, le théâtre d'une petite guerre d'embuscades et d'escarmouches, quoique les deux vice-rois fussent convenus

---

1. Fils du malheureux Jacques d'Armagnac, duc de Nemours, décapité en 1477. C'était lui qu'on avait fait intervenir d'une manière si dramatique aux États Généraux de 1484.

d'attendre l'issue des négociations rouvertes entre leurs souverains. Les hostilités devinrent tout à fait sérieuses vers les mois de juin et de juillet. Le roi Louis, ne pouvant rien obtenir de Ferdinand par la douceur, manda au duc de Nemours qu'il eût à sommer Gonsalve d'évacuer la Capitanate et le Principat, et à l'y contraindre par les armes; le roi envoya par mer à Naples trois mille Suisses et deux mille Gascons.

Gonsalve avait aussi reçu des renforts espagnols, basques et allemands, et les deux armées étaient presque égales; cependant le général espagnol évita le premier choc des Français, et s'enferma dans Barlette, sur la côte de Bari, espérant lasser la fougue française par l'opiniâtreté espagnole. Barlette était mal fortifiée, et Stuart d'Aubigni, le plus habile des lieutenants de Nemours, conseilla au vice-roi d'assaillir sur-le-champ cette place, avant que Gonsalve pût tirer de nouveaux secours de Sicile et d'Espagne : le jeune duc de Nemours, brave chevalier, mais orgueilleux, obstiné et médiocre capitaine, n'écouta pas d'Aubigni, l'envoya guerroyer en Calabre avec des forces insuffisantes, laissa seulement un petit corps d'armée, sous les ordres de Jacques de Chabannes, sire de La Palisse, en observation devant Barlette, et fatigua le reste de ses troupes à prendre de mauvaises places dans la Capitanate et la Pouille, tandis que le seul ennemi que les Français dussent redouter se renforçait à l'abri des murs de Barlette, rendue imprenable par de vastes travaux. Les compagnons de La Palisse et la garnison de Barlette, qui supporta une longue disette avec une patience et une sobriété tout espagnoles, firent diversion aux ennuis du blocus par des défis et des combats chevaleresques, que les historiens du temps ont célébrés à l'envi : ce fut le fameux duel où Bayart tua Sotomayor, cousin du roi d'Espagne ; ce fut le combat de onze Français contre onze Espagnols; puis le combat de treize Français contre treize Italiens : les Italiens eurent le dessus dans cette dernière rencontre, faible consolation pour leur amour-propre tant froissé depuis quelques années [1].

L'hiver se passa ainsi : le duc de Nemours avait ramené le gros

---

1. *V.* J. d'Auton, t. II, 4ᵉ partie ; — Guicciardini, l. v; — *les Gestes du bon chevalier sans peur et sans reproche*, etc.

de ses troupes autour de Barlette; avec le printemps de 1503, la fortune commença de changer, suivant les prévisions de Gonsalve; d'Aubigni, qui s'était emparé de la Calabre presque entière, fut, à son tour, réduit à la défensive, par les renforts qui ne cessaient d'arriver de Sicile aux Espagnols; la connivence des Vénitiens, qui occupaient Trani, Brindes et Otrante, permit à Gonsalve de ravitailler Barlette par mer, et causa la destruction de quatre galères françaises devant Otrante. Sur ces entrefaites, le duc de Nemours, que la longue inaction de Gonsalve avait rempli d'une confiance téméraire, partit pour la terre d'Otrante avec la plupart de ses troupes, malgré les représentations de La Palisse, laissé dans Ruvo près de Barlette, avec une poignée de soldats. A peine Nemours se fut-il éloigné, que Gonsalve sortit à la tête de toutes ses forces, emporta Ruvo d'assaut et fit prisonnier La Palisse, en dépit de son héroïque résistance. Les autres capitaines rejetèrent avec raison ce malheur sur le duc de Nemours, et les divisions du vice-roi et de ses lieutenants furent encore une cause d'affaiblissement pour les Français.

Les dépêches qui furent, sur ces entrefaites, expédiées de France au vice-roi, semblaient dispenser l'armée de nouveaux efforts : une transaction qui devait terminer la guerre, avait été jurée à Lyon, le 2 avril, par le roi Louis et l'archiduc Philippe, fondé de pouvoirs de son beau-père Ferdinand. Louis et Ferdinand renonçaient, chacun, à leur part du royaume de Naples, en faveur des jeunes fiancés Charles d'Autriche et Claude de France : jusqu'à l'accomplissement du mariage, Louis XII conservait en garde la Terre de Labour et les Abruzzes, Ferdinand, la Pouille et les Calabres; les provinces contestées devaient être administrées en commun par l'archiduc Philippe, « procureur » de son fils Charles, et par un commissaire du roi de France. Aux termes d'un second traité que signa également l'archiduc, les rois de France, d'Espagne et des Romains [1] devaient convoquer incessamment un concile et provoquer la déposition du pape, et « les rois des Espagnes », ainsi que le roi des Romains, favo-

---

1. Maximilien, dans les actes officiels, ne portait pas le titre d'empereur, parce qu'il n'avait pas été couronné à Rome : on l'appelait le roi des Romains, ou « l'empereur élu ».

riser les prétentions du cardinal d'Amboise sur la tiare pontificale [1].

Il fallait que la fureur de la tiare aveuglât étrangement le cardinal Georges, pour qu'il pût tomber dans un piége aussi grossier et y entraîner son trop facile maître. C'était une vraie démence que de croire que Maximilien et Ferdinand aideraient le premier ministre du roi de France à hériter d'Alexandre VI. Ce qui était probable, c'est que les rivaux de la France accepteraient le premier traité, et éluderaient le second.

Cette probabilité ne se réalisa même point. Ferdinand ne se contenta pas de voir Naples promis dans l'avenir à son petit-fils. Tout l'avantage du traité étant pour les maisons d'Autriche et d'Espagne, on ne soupçonnait pas qu'il pût refuser sa ratification : Louis avait donc suspendu tous envois de soldats à Naples, et dépêché au duc de Nemours l'ordre de cesser les hostilités. Ferdinand, au contraire, n'avait voulu qu'endormir son ennemi par de frauduleuses négociations, et il avait expédié à Gonsalve renfort sur renfort, avec l'ordre secret de n'avoir égard à aucune signification de traité : Gonsalve, après avoir si longtemps évité tout engagement sérieux, prit soudain l'offensive avec autant d'énergie que de rapidité. Deux batailles décisives furent livrées à huit jours de distance l'une de l'autre : la première en Calabre, entre d'Aubigni et don Fernand d'Andrada, capitaine d'un grand secours arrivé d'Espagne; la seconde en Pouille, entre le duc de Nemours et Gonsalve de Cordoue. D'Aubigni, peu de jours après avoir défait à Terranova une forte division espagnole, fut accablé par le nombre à Séminara, le 21 avril, dans le même lieu où, huit ans auparavant, il avait vaincu le jeune roi Ferdinand II de Naples et Gonsalve de Cordoue : il se réfugia dans la forteresse d'Angitola, et fut contraint de se rendre après quelque temps de siège. Le vendredi suivant, 28 avril [2], Gonsalve, sorti de Barlette, rencontra Nemours près de Cérignoles : l'armée espagnole avait couvert son front d'un large fossé; le jour finissait, et la prudence commandait aux Français d'attendre au lendemain; néanmoins,

---
1. P.-L. Jacob, *Histoire du* XVIe *siècle*, d'après les manuscrits de Béthune, n° 8486. — Léonard, *Recueil de Traités*, t. II, p. 3-9.
2. Le vendredi était réputé jour heureux par les Espagnols. Guicciardini.

l'attaque immédiate fut décidée, après une violente altercation entre le vice-roi et deux de ses capitaines. Nemours, cette fois, penchait pour le parti le plus sage; Yves d'Allègre le piqua au vif en paraissant douter de sa valeur; Nemours irrité donna le signal et s'élança à la tête de l'avant-garde, sans même faire reconnaître la position de l'ennemi.

Le sort d'un combat commencé sous de tels auspices ne fut pas longtemps douteux : les Français, arrêtés court par le fossé qui protégeait les Espagnols, tentèrent en vain de le franchir sous le feu meurtrier d'une nombreuse artillerie; le désordre était déjà dans leurs rangs, lorsque deux charrettes qui renfermaient les poudres de l'armée espagnole sautèrent avec un bruit épouvantable; cet accident, qui semblait devoir être fatal aux ennemis, décida leur victoire : l'arrière-garde française, saisie de ces paniques si ordinaires dans un assaut nocturne, prit la fuite au fracas de l'explosion, entraînant avec elle son commandant, Yves d'Allègre, ce même capitaine qui avait forcé le vice-roi à combattre : la cavalerie de Gonsalve, s'élançant hors du camp, enfonça et culbuta le reste de l'armée; le duc de Nemours fut tué[1], et l'armée de France fut dispersée et presque détruite; ses débris reculèrent jusqu'au Garigliano et à Gaëte, tandis que la plupart des villes napolitaines et la capitale elle-même ouvraient leurs portes au vainqueur. Gonsalve entra dans Naples le 14 mai : les châteaux de Naples se défendirent vaillamment, mais durent céder aux formidables moyens d'attaque qu'employa contre eux un des lieutenants de Gonsalve, Pedro Navarro, le plus grand ingénieur militaire de ce temps, qui avait inventé ou du moins perfectionné l'art de faire jouer les mines avec la poudre[2].

La colère de Louis XII fut égale à sa douleur, quand il apprit la perte de son royaume de Naples, la mort de son vice-roi et de tant de braves gens d'armes : Philippe d'Autriche, qui avait été l'instrument involontaire de la trahison de Ferdinand, partagea

---

1. Avec lui finit cette maison d'Armagnac, qui avait joué un si grand rôle dans l'histoire du moyen âge, et qui prétendait faire remonter son origine jusqu'à Haribert, frère du roi Dagobert.

2. C'était un soldat de fortune, né en Biscaye, dans la dernière classe du peuple : nos historiens l'appellent *Pierre Navarre*. — *V.* Guicciardini. — Jean d'Auton. — Paul Jove. — Alfonso de Ulloa, etc.

le ressentiment du roi de France et manda « au Roi Catholique » que lui, Philippe, ne quitterait pas la cour de Louis XII avant que Ferdinand eût ratifié le pacte de Lyon. Mais Ferdinand prétendit que Philippe avait excédé ses pouvoirs, refusa de ratifier le traité, et ne s'émut guère des reproches de félonie qu'on lui adressait : il se fit gloire, au contraire, du « bon tour » qu'il avait joué à Louis XII ; informé que le roi de France se plaignait d'avoir été trompé *deux fois* par lui, on prétend qu'il s'écria : « Il en a menti, l'*ivrogne*; je l'ai trompé plus de dix fois ! »

Louis, altéré de vengeance, chassa de France les envoyés de Ferdinand, sans vouloir écouter de nouvelles propositions ; il résolut d'envoyer une armée et une flotte puissantes à la recouvrance de Naples, et d'attaquer les Rois Catholiques chez eux par la Biscaye et par le Roussillon.

Les entreprises de Louis XII avaient été jusque-là peu onéreuses à la France : la guerre nourrissait la guerre ; les contributions de la riche Italie entretenaient les armées françaises, et la France avait vu, chose inouïe, diminuer les impôts en temps de guerre. Louis imposa pour la première fois quelques sacrifices au royaume, et demanda aux bonnes villes et aux États Provinciaux une aide assez modique ; car Paris ne donna que 30,000 livres[1] : la taille, qui avait été considérablement réduite depuis la mort de Charles VIII, fut rehaussée de 288,105 livres[2], sans consulter les États Généraux sur cette *cruë*[3]. Louis, obtint, sans trop charger le royaume, les ressources nécessaires pour pousser activement de redoutables préparatifs. Des levées très-considérables furent faites en Suisse : le sire d'Albret et le maréchal de Gié reçurent ordre de passer la Bidassoa et de se porter sur Fonta-

---

1. *Regist. de l'Hôtel de Ville*; manuscrits de Colbert, vol. CCLII.
2. *Hist. de Languedoc*, t. V, l. xxxvi, p. 86.
3. Jean d'Auton parle à plusieurs reprises du roi « tenant ses états », ce qui nous paraît avoir induit en erreur M. de Sismondi. « Ces états, » dit le bibliophile Jacob, « n'étaient pas des États Généraux, mais des assemblées du grand conseil, du conseil privé et des princes, sous la présidence du roi, dans lesquelles on traitait toutes les questions du gouvernement civil et politique : ces conférences furent nommées *états*, sans doute parce qu'on y réglait les comptes des trésoriers, et qu'on y dressait les *états* de la maison royale. » *Hist. du* xvɪe *siècle*, etc., t. I, p. 402. Nous croyons que le bibliophile Jacob a raison, et qu'il n'y eut point d'Etats Généraux durant les premières années de Louis XII.

rabie avec quatre cents lances et cinq mille Suisses et Gascons ; le maréchal de Rieux attaqua le Roussillon, avec huit cents lances et huit mille fantassins suisses et français, soutenus par l'arrière-ban du Languedoc ; enfin Louis de la Trémoille, le meilleur général qu'eût la France, partit pour l'Italie à la tête de huit cents lances et de cinq mille fantassins gascons, que devaient rejoindre, chemin faisant, de gros corps de Suisses, de Lombards et de troupes fournies par les républiques toscanes et par les petits princes de l'Italie centrale. Le roi paraissait enfin décidé à prendre sérieusement sous sa protection la Toscane et les petits états voisins, toujours menacés par César Borgia, qui avait encore usurpé le duché d'Urbin, la seigneurie de Pérouse, etc., et qui s'efforçait de détruire, par le fer ou le poison, toutes les familles princières. Le roi ne voulait pas souffrir davantage les empiétements des Borgia, qui avaient reconnu ses bienfaits en conspirant contre lui avec les Espagnols. Les affaires du royaume de Naples étaient en meilleur état, et faisaient bien augurer du succès de l'expédition : quelques places, occupées par les Français et par les barons napolitains du vieux parti d'Anjou, se défendaient opiniâtrément ; le brave capitaine Louis d'Ars, cantonné dans Venosa, au cœur de la Pouille, se signalait par mille exploits ; Gonsalve en personne avait été vigoureusement repoussé au siége de Gaëte, où s'étaient retirés la plupart des Français échappés au désastre de Cérignoles, sous le commandement d'Yves d'Allègre ; les galères espagnoles, qui bloquaient le port de Gaëte, avaient été forcées de se retirer devant une flotte franco-génoise, qui amenait le marquis de Saluces, nommé vice-roi en remplacement du malheureux duc de Nemours ; Gaëte fut ravitaillée, et la garnison, grossie par un renfort de quatre mille Gascons et Corses, devint un véritable corps d'armée.

Tandis que La Trémoille traversait la Haute-Italie, la cour de France était retombée dans ses déplorables intrigues avec le pape : Louis voulait éviter de jeter Alexandre VI dans les bras de l'Espagne et le retenir dans l'alliance française, tout en essayant de mettre des bornes à l'ambition de César Borgia ; Alexandre et son fils cherchaient de leur côté à obtenir ou une neutralité provisoire, ou de nouvelles concessions aux dépens de leurs voisins, pour prix de leur alliance. Tout à coup, un « chevaucheur », qui avait fait, à franc étrier, en quatre jours, la route de Rome à Mâcon, apporta au roi dans cette ville une grande nouvelle : Alexandre VI n'existait plus ; il avait été enlevé, le 18 août, par une mort digne de sa vie. Il avait coutume de battre monnaie avec le poison et le poignard : lui et César burent un jour, par mégarde, le vin empoisonné qu'ils destinaient à plusieurs cardinaux dont ils convoitaient la dépouille : César guérit ; Alexandre mourut, emportant avec lui la gloire d'avoir reculé les bornes du mal et réuni dans une même existence toutes les fureurs de la passion la plus effrénée et tous les raffinements de la plus savante perversité, Tibère et Caligula.

En apprenant la vacance du saint-siége, le roi et son ministre ne pensèrent plus qu'au conclave prêt à s'ouvrir : le moment était venu de réaliser ce brillant rêve, qui, depuis plusieurs années, poursuivait le cardinal d'Amboise, et qui lui faisait fermer les yeux sur de si honteuses et de si odieuses réalités. Georges avait préludé à sa propre élévation en faisant nommer son frère Aimeri grand maître de Rhodes, et déjà il se voyait assis sur la chaire de saint Pierre. C'était surtout en vue de la succession du vieux Borgia que Georges avait tant ménagé l'abominable fils du monstre. Il croyait que l'élection papale serait dans les mains de César et des cardinaux de sa faction, et il s'étourdissait sur les moyens en vue du but. Sans doute, il s'excusait à ses propres yeux, en se promettant d'assurer à la fois la grandeur de la France et la réforme de l'Église : il projetait de purifier Rome, d'arracher la papauté à cet abîme de sang et de fange où on l'avait plongée, et d'ôter ainsi un aliment inépuisable à ce formidable esprit de discussion et d'examen qui s'éveillait en tous lieux, critique en France, incrédule en Italie, religieux en Allemagne, où de nombreux novateurs célébraient déjà, suivant l'expression d'un historien du XVIe siècle, « les fiançailles de Luther[1] ». Illusion de

---

1. Pontus-Heuterus, *Rerum Austriacarum*, etc. — Il y avait eu de violents mouvements religieux à Spire. — A Paris, dans la Sainte-Chapelle, un écolier arracha l'hostie consacrée des mains du célébrant, en s'écriant : « Quand donc finira cette folie ? » Il refusa de s'amender et fut brûlé vif. C'était l'antiquité qui lui avait tourné la tête ; tantôt il invoquait les dieux de l'Olympe, tantôt il disait qu'il suivait *la loi de Nature*. — J. d'Auton. — Nicole Gilles. — Le cardinal d'Amboise, qui avait obtenu les pou-

ces politiques qui ne savent être franchement ni dans le bien ni dans le mal, et qui veulent aller au Christ par le chemin de Satan. La main qui venait de serrer celle des Borgia n'était pas destinée à remettre l'Église dans la voie.

Georges d'Amboise partit en hâte pour Rome, accompagné d'un ancien ennemi qu'il avait cru changer en un partisan dévoué : c'était le cardinal Ascanio Sforza. Georges l'avait tiré de prison, comblé de bienfaits et de marques d'estime, et Ascanio avait juré d'user de son influence au profit de la France. César Borgia, de son côté, pour obtenir la sauvegarde du roi contre les ennemis qui l'assaillaient de toutes parts, promettait les voix des cardinaux de sa faction. Georges suspendit, à tout risque, l'expédition de Naples; il fit arrêter l'armée française à Nepi, pour appuyer son élection, et entra dans Rome aux acclamations d'un peuple nombreux, qui semblait saluer d'avance le nouveau chef de l'Église.

Mais l'intrigue, pendant ce temps, s'agitait dans l'ombre : Georges avait à son insu un concurrent redoutable dans un homme qui avait été jusqu'alors l'allié fidèle de la France; c'était le cardinal de Saint-Pierre-ès-Liens, Julien de La Rovère. Julien ne se mit point en avant; il laissa faire Ascanio Sforza, et celui-ci, qui avait conservé au fond de l'âme toute sa haine pour le roi de France et pour le ministre, ces destructeurs de sa famille, usa de l'imprudente confiance de Georges pour faire avorter ses projets : il emprunta 100,000 ducats, afin d'acheter la « voix du Saint-Esprit ». Le jour de l'élection venu, Georges n'obtint que treize voix sur trente-sept : ce fut pour lui un coup de foudre! Georges ne se résigna pas encore; il reporta ses voix sur Francesco Piccolomini, cardinal de Sienne, vieillard atteint d'une maladie mortelle. Les adversaires de Georges consentirent à cette espèce de trêve, et le cardinal de Sienne fut proclamé sous le titre de Pie III (21 septembre).

Georges se décida enfin à laisser l'armée s'éloigner de Rome;

---

voirs de légat en France, avait tenté, en 1501-1502, une réforme générale des bénédictins et des ordres mendiants, qui foulaient aux pieds leurs règles et vivaient de la façon la plus débordée : la résistance fut si vive, et le légat fut si mal soutenu par la cour de Rome, que la réforme avorta. Les scènes d'émeute les plus burlesques eurent lieu chez les jacobins et les cordeliers de Paris. Les écoliers prirent parti pour leurs maîtres et leurs camarades engagés dans les ordres monastiques.

mais six semaines de halte aux bords malsains du Tibre avaient été funestes aux troupes françaises : la *malaria* (le mauvais air) les avait décimées; La Trémoille, tourmenté de la fièvre depuis plusieurs mois, se trouva si malade, qu'il fut contraint de résigner son commandement : le roi lui donna pour successeur le marquis de Mantoue, maintenant allié des Français, qu'il avait autrefois combattus à Fornovo. Ce prince italien était loin d'inspirer aux soldats la même confiance que La Trémoille, et le cardinal d'Amboise lui-même ne vit point commencer la campagne sans de fâcheux pressentiments, comme l'atteste sa lettre du 27 septembre : il eût bien voulu qu'on pût rétablir Frédéric sur le trône de Naples, conquis par les armes françaises au profit de l'Espagne. [1].

Pie III ne siégea pas un mois sur la chaire de saint Pierre : il mourut le 19 octobre, et le conclave se rouvrit sous de fâcheux auspices : la protection accordée par les Français à César Borgia avait rallié à la faction espagnole les Orsini, tous les autres seigneurs des états romains et la population de Rome, et, quelques jours avant la mort de Pie III, une furieuse émeute avait forcé Georges d'Amboise à se réfugier au château Saint-Ange. Georges reconnut l'impossibilité de réaliser ses espérances, et, considérant le long attachement que Julien de La Rovère avait témoigné à la cause française, il crut prendre le parti le plus sage en se ralliant à ce prélat : Julien déploya une dextérité qu'on n'eût point attendue de son naturel ouvert et de son humeur violente; il gagna les Français en leur rappelant son passé, les ennemis de la France en leur annonçant un avenir tout contraire, les indifférents en leur promettant faveurs et richesses; il fut élu, au premier tour de scrutin, le 31 octobre [2]. Toute chance de réforme ecclésiastique s'était évanouie avec la candidature du cardinal d'Amboise : Julien de La Rovère prit le nom *césarien* de Jules II, comme un présage du caractère tout politique et temporel que devait avoir son règne : Jules II rappela le paganisme et la Rome impériale sous un plus noble aspect qu'Alexandre VI, mais ne fut

---

1. *Manuscrits de Béthune*, n° 8469, feuillet 30.
2. *J. Burchardi Diarium.* — Guicciardini. — *Belcarius.* — Lettres de Machiavel; *Legazione da Roma.*

pas plus chrétien que lui. On le connaissait pour un homme courageux, ardent et opiniâtre, ami chaud et implacable ennemi ; mais on ne soupçonnait pas ce qui avait fermenté dans cette tête puissante durant ces dix années où Julien était resté confondu parmi les courtisans des rois français conquérants de l'Italie. Il n'avait point brigué le souverain pontificat par une ambition vulgaire ; le pouvoir était pour lui un moyen plutôt qu'un but : exécuter au profit du saint-siége ce qu'avaient entrepris Sixte IV et Alexandre VI au profit de leurs familles, refaire un état romain puissant par le territoire et par les armes, resplendissant de la gloire des arts, le rendre l'arbitre de l'Italie à la faveur des querelles de la France et de l'Espagne, balancer les étrangers les uns par les autres jusqu'au jour de les rejeter tous hors de la péninsule, tels étaient les vastes plans, ou les vastes rêves, conçus par le nouveau pape : quant à l'état moral de la chrétienté, aux périls intérieurs de l'Église, il ne parut pas même y songer ; c'était un grand roi qui venait de s'asseoir sur le trône de Rome, et non un souverain pontife sur la chaire de saint Pierre.

Rien ne transpira d'abord des desseins de Jules II : il prit le temps de se reconnaître ; il montra beaucoup d'égards au cardinal d'Amboise, qui repartit, triste et découragé, pour la France ; il laissa crouler devant lui, sous la haine universelle, la puissance de César Borgia, partagea ses dépouilles avec quelques-uns des princes dépossédés par César et avec les Vénitiens [1], et attendit l'issue de la guerre de Naples sans s'engager dans la querelle.

La lutte ne tarda pas à être décidée : l'armée française, moins

---

1. Jules n'oublia pas tout à fait que César l'avait puissamment aidé à obtenir la tiare, et ne voulut point permettre qu'on infligeât à ce monstre le châtiment dû à ses crimes : il le fit cependant arrêter pour l'obliger à céder ses places de Romagne ; César s'échappa et alla chercher un asile à Naples, auprès de Gonsalve ; *le grand capitaine* le reçut d'abord très-honorablement, puis, un beau jour, le fit enlever et l'envoya prisonnier en Espagne. César s'évada encore, se réfugia à la cour du roi de Navarre, son beau-frère, prit une part active aux troubles qui agitaient la Navarre, et y trouva une fin romanesque et tragique. Un matin, une bande d'insurgés navarrois rencontrèrent dans un défilé, près de Viana, un chevalier couvert d'une armure dorée. Environné, seul contre une foule d'ennemis, il se défendit jusqu'à la mort ; après l'avoir terrassé et percé de mille coups, on lui arracha son heaume, et l'on reconnut César Borgia.

nombreuse que le roi ne l'avait pensé [1], était entrée dans le royaume de Naples, au commencement d'octobre : elle opéra sa jonction avec la garnison de Gaëte, jeta un pont de bateaux sur le Garigliano, et força le passage de ce fleuve (5 novembre). Le marquis de Mantoue ne sut point profiter de cet avantage pour attaquer sur-le-champ Gonsalve et marcher sur Naples : il perdit plusieurs jours en hésitations, et bientôt la saison devint si mauvaise qu'il fut impossible à l'armée de traverser les fameux marais de Minturnes, en présence d'un ennemi qui avait eu le temps de se retrancher fortement. Le marquis de Mantoue, fatigué des reproches de ses lieutenants, se retira, sous prétexte de maladie, et laissa l'armée entre les mains du marquis de Saluces, vice-roi de Naples (1er décembre); mais le nouveau général, Italien comme son devancier, ne fut guère plus respecté des troupes françaises : les chefs étaient divisés; les soldats, bivouaqués dans la boue au bord du Garigliano, désertaient ou mouraient par centaines; la température était d'une rigueur inouïe dans ce beau climat : la pluie, la neige et les vents d'hiver battaient sans cesse le camp français : les tempêtes avaient écarté la flotte; les vivres et l'argent manquèrent bientôt. Le roi n'avait rien épargné pour assurer la subsistance de l'armée; mais les impudentes malversations des trésoriers et des commissaires des vivres rendirent les soins de Louis XII inutiles : on dut alors commencer à reconnaître les inconvénients de la vénalité des charges de finances, ressource plus onéreuse à l'État que l'augmentation des impôts; les financiers se dédommageaient amplement de leurs débours aux dépens de l'armée. Les Espagnols, campés près de Sessa, ne souffraient pas moins que les Français; mais l'ordre et la discipline régnaient parmi eux, et l'exemple du *grand capitaine*, qui partageait toutes leurs misères, leur donnait l'énergie de tout endurer. « J'aime mieux perdre ici la vie », avait dit Gonsalve, « que de reculer de quelques pas pour la prolonger de cent ans ».

La nature des deux armées justifiait la résolution de Gonsalve; l'infanterie, qui faisait la principale force des Espagnols, résistait

---

1. Elle ne comptait que douze cents lances, et dix mille hommes de pied.

beaucoup mieux aux privations et aux rigueurs de l'atmosphère que la belle cavalerie des Français, qui se fondait de jour en jour : enfin l'arrivée d'un renfort italien, amené par les Orsini, fit passer la supériorité du côté des Espagnols. Après cinquante jours d'immobilité, Gonsalve saisit l'offensive, et jeta à son tour un pont sur le Garigliano (27 décembre) : les capitaines français, qui avaient dispersé leurs quartiers sur un espace de huit à dix milles, ne s'étaient nullement attendus ni préparés à cette soudaine attaque : ils tentèrent de se replier sur Gaëte ; mais leur retraite se changea promptement en déroute : ils perdirent leur artillerie légère, leur bagage, beaucoup de soldats, et les exploits de Pierre du Terrail, si fameux sous le nom du *chevalier Bayart*, et de quelques autres intrépides hommes d'armes, ne purent que sauver l'honneur français sans rendre le désastre moins irrémédiable. Les éléments s'étaient conjurés avec l'ennemi contre les Français; la grosse artillerie, embarquée sur les chaloupes de l'escadre, fut submergée avec ces barques et tout ce qu'elles portaient : Pierre de Médicis, l'ancien « gouverneur » de Florence, fut au nombre des victimes. Les restes de l'armée, entassés dans Gaëte, eussent encore suffi à défendre cette place ; mais la ville n'était point approvisionnée, et les soldats étaient tellement épuisés et découragés, que les généraux crurent devoir accepter sur-le-champ une capitulation honorable : ils rendirent Gaëte le 1er janvier, en stipulant, pour eux, leurs gens et tous les partisans de la France, la liberté et la conservation des biens; plus, la délivrance sans rançon de d'Aubigni, de La Palisse et de tous les Français faits prisonniers dans le cours de la guerre.

Bien peu de ces malheureux soldats revirent la France : la plupart d'entre eux, partis malades et affamés des bords du Garigliano, jonchèrent de leurs cadavres les chemins et les cités de l'Italie. Beaucoup de capitaines, et le marquis de Saluces lui-même, moururent, au retour, de fatigue et de chagrin. Il ne resta rien à Louis XII de sa florissante armée, ni de son beau royaume de Naples [1], et le châtiment de quelques financiers, en-

---

[1]. Excepté quelques forteresses de la Pouille, où Louis d'Ars, qui avait refusé d'être compris dans le traité de Gaëte, continua quelque temps encore de guerroyer avec une

graissés du sang des gens de guerre, fut la seule vengeance que le désolé monarque put tirer de tant de revers, plus imputables à ses fautes qu'à la fortune. Rien ne lui avait réussi durant cette fatale année 1503 : sa double attaque contre l'Espagne avait échoué; le petit corps d'armée confié au sire d'Albret et au maréchal de Gié pour attaquer Fontarabie ne fit rien, faute d'argent, et surtout faute d'accord entre les deux chefs : le sire d'Albret se conduisit de manière à se faire soupçonner d'intelligence avec l'Espagne; son fils et sa bru, le roi et la reine de Navarre, gardaient une neutralité obséquieuse envers les Rois Catholiques : cette maison devait payer cher ses complaisances pour l'Espagne[1]. Du côté du Roussillon, les hostilités furent plus sérieuses : le maréchal de Rieux, à la tête de seize à dix-huit mille combattants, avait, le 10 septembre, mis le siége devant Salces, place récemment fortifiée par Pedro Navarro, à l'entrée du Roussillon; mais Ferdinand rassembla toutes les forces de l'Espagne pour secourir Salces, et s'avança contre les Français, à la tête de quarante mille hommes; les Français se retirèrent sur Narbonne, et l'escadre qui les avait secondés fut presque abîmée par une tempête : une suspension d'armes particulière au Roussillon fut conclue pour cinq mois, le 15 novembre. Les pilleries des trésoriers n'avaient pas été moins effrontées dans cette armée que dans celle de Naples[2].

Une trêve générale de trois ans fut signée ensuite par le roi de France et les Rois Catholiques le 31 mars 1504 : Ferdinand ne demandait qu'à se consolider à loisir dans sa conquête, et le découragement avait succédé à la colère dans l'âme de Louis, qui avait craint un moment que Gonsalve ne marchât contre le Milanais. Louis avait entraîné la France dans des guerres malheureuses pour soutenir ce qu'il nommait ses droits; il sut du moins

poignée d'aventuriers français et albanais. — J. d'Auton. — Guicciardini. — Paul. Jov. *Vita magni Consalvi*. — Machiavelli, *Legazione da Roma*, etc.

1. La maison d'Albret penchait vers l'Espagne, parce qu'elle craignait les vieilles prétentions de la branche de Foix-Narbonne sur le royaume de Navarre. L'héritier de cette branche, le jeune Gaston de Foix, était le neveu de Louis XII.

2. Les trésoriers et fournisseurs volèrent, dit-on, plus de 1,200,000 livres dans la campagne de 1503, qui coûta au roi plus de 3 millions (près de 14 millions, qui en vaudraient plus de 60) outre la solde ordinaire des troupes. Seissel.

s'arrêter sur cette pente, et comprit assez ses devoirs pour ne pas ruiner la France en poursuivant à tout prix ses prétentions dynastiques.

Le chagrin des revers qui avaient succédé à de rapides et faciles triomphes faillit être mortel à Louis XII, dont le tempérament, naturellement frêle, était fort altéré à cette époque par un flux de sang chronique. Son mal s'aggrava ; il perdit l'appétit et le sommeil, maigrit jusqu'à l'étisie, et les médecins crurent reconnaître chez lui les symptômes d'une fin prochaine. Ces pronostics furent démentis par l'événement : une crise heureuse sauva Louis; il put se faire transporter de Lyon à Blois, et la douce atmosphère des rives de la Loire, tant aimées des rois aux XVe et XVIe siècles, ranima le malade défaillant, qui revint à la vie, sinon à la santé.

Le roi avait été si près du tombeau, qu'Anne de Bretagne, se croyant déjà veuve pour la seconde fois, avait tout disposé pour se retirer à Nantes avec sa fille Claude, « sitôt que Dieu auroit fait son plaisir du roi » : Anne craignait que les partisans du premier prince du sang, François d'Orléans, comte d'Angoulême et duc de Valois [1], ne s'emparassent de madame Claude pour empêcher son funeste mariage avec Charles d'Autriche et la marier au jeune François [2]. Le parti de François d'Angoulême avait pris aussi ses précautions, et les bagages que la reine expédiait à Nantes par la Loire furent arrêtés à Saumur, d'après l'ordre du maréchal de Gié, gouverneur du jeune prince, qui, tout Breton qu'il fût de naissance, s'était entièrement dévoué aux intérêts du royaume. Anne n'oublia pas cet outrage d'un de ses sujets, et, lorsque Louis XII fut convalescent, elle obséda tellement le pauvre prince, qu'elle l'obligea de disgracier le maréchal, puis de laisser mettre en jugement ce vieux serviteur de trois rois, pour avoir trop bien soutenu la cause de l'État. Anne influença les témoins et les magistrats de la manière la plus scandaleuse : tous les moyens de corruption furent employés afin de perdre le

---

1. Le comte d'Angoulême, neveu du roi « à la mode de Bretagne », c'est-à-dire fils du cousin germain du roi, était le seul représentant mâle de la branche cadette de la maison d'Orléans. Il avait alors neuf ans.

2. On prétend qu'Anne avait projeté d'enlever elle-même le jeune François et rêvé de faire abolir la Loi Salique au profit de sa fille.

maréchal, et Louise de Savoie, comtesse douairière d'Angoulême et mère de l'héritier présomptif du trône, voulant regagner la faveur de la reine Anne, son ennemie, n'eut pas honte de se joindre aux accusateurs du plus fidèle ami de son fils; néanmoins les chefs d'accusations étaient si vagues et si puérils, qu'il ne se trouva point de juges assez pervers pour condamner Pierre de Rohan, sire de Gié, à « perdre le corps et les biens »; le sire de Gié fut seulement suspendu de son office de maréchal, et dépouillé de ses commandements et de la « garde et gouvernement » du comte d'Angoulême [1].

La reine Anne n'était pas encore satisfaite d'avoir extorqué à Louis XII un pacte d'alliance qui menaçait d'enlever la Bretagne à la France; elle continua d'intriguer dans l'intérêt de la maison d'Autriche, qu'elle semblait avoir adoptée pour sa famille (elle regretta, dit-on, toute sa vie, de n'avoir pas épousé Maximilien), et ne cessa d'assiéger son mari, toujours faible et languissant, afin de lui arracher de nouvelles concessions : non-seulement indifférente, mais foncièrement hostile à la France, qui l'avait deux fois couronnée, elle ne songeait qu'à faire de sa fille une grande souveraine en démembrant le royaume de son mari. Les menées de la reine et de l'archiduc Philippe, secondées par le pape et par l'empereur, aboutirent à la conclusion d'un triple traité secret, signé le 22 septembre 1504 à Blois. Le premier de ces traités était une confédération entre Jules II, Louis XII et Maximilien contre la république de Venise : le domaine de la république en terre ferme avait été formé aux dépens de tous ses voisins; le royaume de Hongrie, la maison d'Autriche, l'Empire, le duché de Milan, le saint-siége et le royaume de Naples avaient tous à revendiquer quelque lambeau de la seigneurie de Venise; maîtresse depuis longtemps en Romagne de Ravenne et de Cervia, la république venait encore d'usurper Faënza et Rimini, au moment de la chute de César Borgia, et seule elle s'accroissait toujours parmi la décadence du reste de l'Italie; elle était l'obstacle le plus immédiat aux projets d'agrandissement territorial que méditait le pape, et Jules II fut la cheville ouvrière de la coalition

---

1. V. le récit du procès dans l'*Hist. du* XVIe *siècle,* etc., par le bibliophile Jacob, t. II, p. 32 et suivantes, d'après le manuscrit unique du procès.

contre elle : le pape devait recouvrer les places de la Romagne; l'empereur, les domaines autrichiens et les villes libres et impériales assujetties par Venise (Vérone, Padoue, Vicence, Trévise), et Louis XII, le Bressan, le Bergamasque et le Crémonais, anciennes dépendances de Milan. Louis XII sacrifiait les intérêts les plus évidents de la France au désir aveugle de recompléter « sa duché » de Milan et à son ressentiment contre les Vénitiens, qui avaient eu le tort et la maladresse de favoriser les Espagnols dans la guerre de Naples. Quant à Jules II, il immolait l'Italie à son rêve de papauté conquérante. Maximilien seul était dans le vrai rôle de l'Autriche. Le second traité était une alliance perpétuelle entre Louis XII, Maximilien et l'archiduc Philippe : le roi des Romains assurait l'investiture du Milanais au roi de France, à ses hoirs mâles, et, s'il n'en avait pas, à celle de ses filles qui épouserait un des fils de l'archiduc. Louis XII payait l'investiture 200,000 francs. On s'engageait à n'admettre les Rois Catholiques dans l'alliance que s'ils délivraient, sous quatre mois, le royaume de Naples à l'archiduc, pour le garder aux jeunes fiancés, Charles d'Autriche et Claude de France. Par le troisième traité, le roi assurait à sa fille Claude et à son futur gendre le duché de Bourgogne, dans le cas où il mourrait sans hoir mâle, et, dans tous les cas, le Milanais, la Bretagne, Gênes, Asti et le comté de Blois.

Malgré le secret dont on les enveloppait, ces traités transpirèrent dans le public : les pernicieux desseins de la reine n'étaient plus un mystère, et le mécontentement qu'ils inspiraient aux gens haut placés dans l'État descendait dans toutes les classes de la société : la reine fut fort mal accueillie à Paris, lors d'une entrée solennelle qu'elle y fit au mois de novembre, et les clercs de la basoche, dans les *moralités et comédies satyriques* qu'ils jouèrent devant elle sur la table de marbre, dans la Grande-Salle du Palais, ne craignirent pas de l'attaquer en face par des allusions hardies au procès du maréchal de Gié : le maréchal fut mis en scène sans déguisement, avec beaucoup d'autres personnages. C'était quelque chose de surprenant que de voir la comédie politique d'Aristophane renaître en pleine monarchie, non pas certes avec le génie du poëte athénien, mais avec toute son audace et sa licence. Le roi, qui avait souffert des attaques imméritées contre sa personne, punit les amères, mais trop justes railleries adressées à sa femme; plusieurs de ces *languards* (médisants) furent châtiés, et leurs jeux furent quelque temps interdits. Plus tard, Louis sut tourner contre ses ennemis cette arme populaire qui l'avait d'abord blessé lui-même; mais la comédie politique ne put soutenir longtemps son essor en France : cette plante vigoureuse demandait un air trop vif et trop libre; l'air de la monarchie devait l'étouffer.

La cour passa un sombre hiver à Paris cette année-là : l'épidémie et la disette, suites d'une extrême sécheresse, sévissaient par toute la France; la santé de Louis XII ne se rétablissait pas ; la reine était irritée et inquiète de la malveillance qu'elle inspirait au peuple, et le concert de fades louanges, que faisaient incessamment retentir autour d'elle ses poëtes à gages, avait peine à effacer de sa mémoire les voix railleuses des *Enfants sans souci* [1]. Louis XII reçut, sur ces entrefaites, une nouvelle de haute importance : la reine de Castille, la grande Isabelle, était

1. Anne entretenait toute une pléiade d'écrivains, qui, pour la plupart, faisaient assez peu d'honneur à leur protectrice : l'école de l'équivoque, fondée par le chroniqueur-poëte Molinet, était passée de la cour de Bruxelles à la cour de France, et les franches et naïves traditions de Froissart, de Charles d'Orléans, de Villon, le génie de la langue et le sens commun étaient étouffés sous l'invasion du néologisme grec et latin, de l'amphigouri et des tours de force poétiques les plus extravagants : Jean d'Auton et ses complices, les versificateurs de la reine, prosateurs quelquefois passables, mais détestables poëtes, arrivaient au dernier terme du mauvais goût gonflé d'une érudition indigeste. Octavien de Saint Gelais, mort en 1502, avait lutté courageusement pour la défense de la tradition nationale. Deux ou trois autres noms méritent qu'on fasse quelque réserve à leur égard : Jean Marot est parvenu à la postérité, à la faveur de la renommée de son fils Clément Marot; le Poitevin Jean Bouchet a laissé, comme Jean Marot, des poésies d'un tour quelquefois facile et agréable; le Hennuyer Jean Lemaire est digne de mention pour avoir, avec Octavien de Saint-Gelais, reconnu le vrai génie de la prosodie française, en proposant d'adopter, comme règles fixes, l'entrelacement des rimes masculines et féminines, déjà quelquefois employé par les trouvères, et la proscription des *e* muets à la césure de l'hémistiche. Ces règles essentielles ne furent généralement adoptées que plus d'un demi-siècle après. Il y avait, dans le mauvais goût des écrivains de ce temps, une certaine force vive, et leurs fantasques exercices sur la langue et le rhythme ont contribué à tremper et à assouplir ces instruments de la poésie : le fumier littéraire de la cour d'Anne de Bretagne a engraissé le sol pour engendrer Marot, Rabelais et la pléiade de Ronsard. — Biblioth. française de Lacroix du Maine. — *Id.* de Goujet. — Poésies de J. Lemaire, J. Bouchet, etc. Le meilleur prosateur de ce temps est incontestablement Claude de Seissel, écrivain clair, ferme et précis, digne d'être placé tout à fait hors ligne. — Nicole Gilles, auteur des *Annales et Chroniques de France*, et rival de Robert Gaguin, était mort en 1503.

morte le 26 novembre 1504, et le faisceau de la monarchie espagnole se trouvait dissous, au moins momentanément, l'Aragon restant à Ferdinand, la Castille passant à la fille de Ferdinand et d'Isabelle, à Jeanne *la Folle*, dont le triste surnom indique assez l'incapacité absolue : le cerveau faible et ardent de cette princesse n'avait pu résister aux transports d'une jalousie excitée par l'indifférence et le dédain de son mari, Philippe *le Beau*. Isabelle avait bien légué à Ferdinand, à condition qu'il ne se remarierait pas, la régence de Castille jusqu'à la majorité de son petit-fils Charles d'Autriche; mais l'archiduc Philippe contestait cette disposition, et la plupart des seigneurs castillans appuyaient ouvertement Philippe, quoique les cortès de Castille eussent reconnu la régence de Ferdinand. La querelle de Philippe avec son beau-père amena des complications favorables à la France; mais Louis XII était peu en état d'en profiter, et tout semblait présager qu'il ne survivrait guère à Isabelle : pour la troisième fois depuis peu de temps, sa vie était sérieusement en danger; son goût pour la table et la chasse aggravait une situation qui eût exigé une abstinence rigoureuse et un repos complet : l'air de son pays natal n'eut pas la même influence que l'année précédente, et son mal empira à Blois, où il était revenu avant le printemps : le cardinal d'Amboise, qui était allé à Haguenau, en Alsace, recevoir des mains de Maximilien l'investiture du Milanais pour le roi, retrouva Louis mourant à son retour (fin avril 1505).

Le deuil fut général dans le royaume quand on sut que le roi avait reçu l'extrême-onction [1] : ce n'étaient que processions, neuvaines et pèlerinages pour le rétablissement de Louis XII; une véritable désolation régnait surtout dans les villes de la Loire, à Blois, le séjour favori de Louis XII, à Amboise, à Tours, où le peuple voyait de plus près le roi et l'aimait « chèrement » : on regrettait le passé, on s'effrayait de l'avenir. Le ministre et

---

1. Le bruit de sa mort se répandit en Italie, et une belle dame de la famille génoise des Spinola, qui s'était éprise du roi à son dernier voyage en Italie, et qui l'avait choisi pour son *intendio* (sigisbé), fut si frappée de cette nouvelle, qu'elle en mourut de chagrin. Louis XII porta le deuil de Tomasina Spinola. On prétend que leurs amours n'avaient pas dépassé les bornes de la galanterie chevaleresque. V. les poésies de J. d'Auton.

l'ami du roi mourant, Georges d'Amboise, répara des erreurs bien graves en se faisant l'interprète des sentiments publics et des intérêts de l'État : Louis, au moment de paraître devant Dieu, se repentit de ses complaisances coupables pour sa femme, et, par un testament secret, il révoqua les engagements pris avec la maison d'Autriche « contre l'utilité du royaume et les promesses du sacre », et ordonna que sa fille Claude fût mariée au comte François d'Angoulême, héritier du trône, aussitôt qu'elle serait en âge (10 mai). Cette résolution, qui tranquillisa sa conscience, sembla lui porter bonheur : au moment où l'on n'attendait plus que son dernier soupir, « il revint en amendement et alla toujours depuis en amendant »; il maintint dans sa convalescence ce qu'il avait fait au lit de la mort, et la reine à son tour fut contrainte de céder : le testament du 10 mai fut renouvelé le 31, et confirmé par le serment d'Anne de Bretagne : un conseil de régence fut institué pour le cas de mort du roi, et l'on prit les mesures nécessaires pour assurer l'accomplissement du mariage de François et de Claude, déclarée héritière du Milanais et de toutes les possessions et prétentions d'Italie [1].

Cet heureux revirement changeait nécessairement toute la politique de Louis XII : quelques semaines après la signature de l'acte secret du 31 mai, arriva un ambassadeur de Ferdinand, chargé d'une importante mission; le roi d'Aragon, brouillé avec la maison d'Autriche, avouait ses torts envers le roi de France, en sollicitait l'oubli, demandait à Louis la main de sa nièce Germaine de Foix, fille de sa sœur et du vicomte de Narbonne, et proposait une transaction sur le royaume de Naples, en faveur de ce mariage. Les avances de Ferdinand furent accueillies, en vue de la rupture qu'on méditait avec le gendre et le rival du roi d'Aragon : le pacte de mariage fut conclu le 12 octobre; les deux rois s'y promettaient aide et secours pour la défense « de leurs états et de leurs droits »; Ferdinand accordait amnistie entière et restitution de biens à tous les partisans de la France dans le royaume de Naples, et s'engageait à payer un million de ducats d'or en dedans dix ans à Louis XII, comme dédommagement des pertes et

---

[1]. P.-L. Jacob, d'après les manuscrits de Colbert, in-f°, t. I, et de Dupui, n° LXXXI. — Recueil d'Isambert, XI, 443.

dépenses de la guerre de Naples : le royaume de Naples était constitué en dot à « madame Germaine », devait passer aux enfants qu'elle aurait de Ferdinand, ou, si elle mourait sans enfants, retourner à Louis XII ou à ses successeurs : le roi d'Angleterre était nommé garant et conservateur du traité [1]. C'était la première fois que Louis XII faisait un pacte avantageux.

Ce second mariage ôtait à Ferdinand ses droits à la régence de Castille, d'après le testament d'Isabelle, et Philippe d'Autriche se disposait à passer en Espagne pour arracher le pouvoir à son beau-père; mais Louis XII intervint au profit de Ferdinand, en même temps qu'il pressa vivement la solution de contestations élevées entre lui et Philippe, touchant la suzeraineté royale sur la Flandre. Philippe, qui espérait encore l'union de son fils et de la princesse Claude, céda sur tous les points à Louis XII, reconnut la juridiction du parlement de Paris sur la Flandre et le droit de régale réclamé par Louis sur l'évêché de Tournai, et accepta des conventions qui partageaient les droits et les honneurs de la régence de Castille entre lui et Ferdinand; puis il s'embarqua pour l'Espagne avec sa femme, Jeanne la Folle, sur une flotte flamande et hollandaise (10 janvier 1506). Une violente tempête abîma plusieurs de ses navires et jeta les autres sur la côte d'Angleterre. Henri VII usa, comme aux temps barbares, du droit *de bris et naufrage* envers le souverain d'un pays ami : tout en prodiguant les honneurs à Philippe, il le retint dans une captivité déguisée jusqu'à ce que ce prince eût signé un traité de commerce qui sacrifiait les intérêts des Pays-Bas à ceux de l'Angleterre, et souscrit à d'autres concessions encore : Ferdinand avait secrètement excité Henri à garder Philippe en Angleterre le plus longtemps possible.

Tandis que Philippe, à grand'peine échappé à la déloyale hospitalité du roi anglais, allait enfin descendre en Castille (fin avril 1506), les liens dans lesquels la maison d'Autriche avait tenté d'enlacer la France étaient rompus avec éclat : le cardinal d'Amboise, le chancelier de Rochefort, le sire de La Trémoille, tous les conseillers de Louis XII, le pressaient de couper court aux obsessions de la reine, en s'ôtant la possibilité de revenir sur

---

[1]. Léonard, *Recueil de Traités*, t. II, p. 35.

ses pas; le roi éprouvait quelque embarras à déchirer ses traités avec Maximilien et Philippe; il s'y prit avec adresse pour se faire imposer ses propres résolutions par la nation, qui depuis bien longtemps n'avait point eu de part directe aux affaires publiques, et qu'on ne pouvait appeler à y intervenir dans une meilleure occasion. Ce fut chose facile : l'opinion était en mouvement : partout on souhaitait l'union de la fille du roi avec le jeune prince François; partout on repoussait l'alliance autrichienne. Il suffit de lancer dans les provinces le mot magique d'États Généraux pour que tout s'ébranlât. Le roi ne se fit pas prier longtemps; il se hâta d'inviter ses parlements et ses bonnes villes à lui expédier des députés, afin d'exposer leurs vœux [1]. La haute noblesse et le haut clergé affluèrent aussi à Tours, où l'assemblée avait été convoquée, et les Trois États demandèrent au roi une audience solennelle le 14 mai 1506, dans la grand' salle du château de Plessis-lez-Tours. Thomas Bricot, chanoine de Notre-Dame et député de Paris, porta la parole au nom des États : il énuméra les bienfaits et les louables actions du roi, la réduction des tailles aux trois quarts [2], la répression des désordres des gens de guerre, la réforme de la justice, et décerna à Louis XII le titre glorieux de *Père du peuple*, que l'histoire lui a conservé; puis il mit le genou en terre, ainsi que tous les autres membres des États. « Sire », ajouta-t-il, « nous sommes venus ici, sous votre bon plaisir, pour vous faire une requête tendant au bien général de votre royaume, à savoir qu'il vous plaise donner madame votre fille unique à monsieur François, ci présent, *qui est tout François* (Français). »

Le roi s'était pris à pleurer, en s'entendant nommer de « ce doux et saint nom de père du peuple », et toute l'assistance partageait son attendrissement; Louis chargea son chancelier de répliquer que, « s'il avoit bien fait, il espéroit encore mieux faire », et qu'il conférerait avec les sires de son sang et les gens de son

---

1. Il n'y eut pas d'élections véritables comme en 1484, mais des députations des cours de justice, des corps de ville et autres corporations. Ce ne furent pas des États Généraux dans le vrai sens du mot.

2. Charles VIII avait laissé les tailles à 2,200,000 livres; elles étaient donc réduites à environ 1,650,000 livres, en 1506.

conseil, sur la requête qui lui était adressée et dont « il n'avoit jamais ouï parler ». On eût pu se dispenser de cette feinte grossière, qui termina peu dignement une scène noble et touchante; mais il semblait que le mensonge dût marquer invariablement de son cachet tous les actes de la politique de ce temps, même ceux qui, par exception, étaient louables.

Le lendemain, les députés de la Bretagne se présentèrent au roi, et appuyèrent la demande des députés de la France. La Bretagne ne voulait point être absorbée dans le royaume de France, mais désirait sincèrement lui rester unie : les Bretons étaient meilleurs Français que la reine de France.

La réponse du roi n'avait été différée que pour la forme; tout le grand conseil, renforcé par les membres des parlements, se prononça pour l'affirmative : les États furent rappelés le 19 mai; le chancelier déclara aux États que les fiançailles allaient être célébrées dès le prochain jeudi, 21 courant, et les invita d'assister en corps à la cérémonie. Les États répondirent par de bruyantes acclamations, et jurèrent de faire « accomplir et consommer ledit mariage », si le roi venait à mourir. Les fiançailles eurent lieu le surlendemain au château du Plessis, devenu aussi joyeux et aussi bruyant qu'il avait été triste et morne du temps de « Loys le onzième ». François d'Angoulême (depuis François Ier) avait alors près de douze ans : Claude de France n'en avait pas encore sept [1].

L'assemblée se sépara aussitôt après les fiançailles, sans adresser au roi aucune observation sur l'administration du royaume ni sur l'assiette de l'impôt, acceptant implicitement la permanence des tailles au taux où Louis XII les avait réduites : les députés se contentèrent de demander quelques grâces, chacun pour sa localité.

Cette assemblée ne compte pas dans l'histoire des libertés publiques, mais elle doit compter dans les fastes de la nationalité. L'œuvre d'Anne de France, complément de l'œuvre de Louis XI,

---

[1]. *V.* la relation des États dans le recueil des *Lettres de Louis XII*, t. I, p. 43. — Saint-Gelais, 181. — Jean d'Auton, t. III, p. 152. — Le recueil des *Lettres de Louis XII*, qui contient une foule de pièces, de mémoires et de lettres du cardinal d'Amboise et de beaucoup d'autres personnages français et étrangers, est une source très-précieuse de documents; il a été publié à Bruxelles, en 1712, par Jean Godefroi.

était sauvée. Que fût devenue la France, dans la lutte immense à laquelle elle était destinée contre la maison d'Autriche, si elle avait eu son ennemi cantonné sur le sol gaulois, non-seulement à Bruxelles, à Dôle, à Perpignan, mais à Rennes et à Nantes! Il restait encore bien assez de piéges et de périls dans le berceau de l'enfant d'Autriche qui devait être CHARLES-QUINT, ce berceau funeste où était « déjà centralisée la moitié de l'Europe [1] ».

1. Michelet, *Renaissance,* p. 134.

LIVRE XLV

GUERRES D'ITALIE (SUITE).

Louis XII, suite. — Révolte de Gênes. Gênes reconquise. — Marguerite d'Autriche. — Jules II. Ligue entre le pape, l'empereur, Louis XII et Ferdinand le Catholique contre Venise. Bataille d'Agnadel. Invasion des états vénitiens. Violences de Louis XII. Les deux politiques. Louis XII au dedans et au dehors. Belle défense des Vénitiens.—Prospérité de la France. Progrès de la population et de la richesse. Éclat des arts. Première période de la Renaissance en France. Brou et Gaillon. — Mort de Georges d'Amboise.—Guerre avec le pape. Menaces de schisme. Louis XII oppose concile à concile. Coalition contre la France. GASTON DE FOIX. LE CHEVALIER BAYART. — Bologne secourue. Prise de Brescia. L'INFANTERIE FRANÇAISE. Bataille de Ravenne. — Perte du Milanais et de Gênes. Les Médicis rétablis à Florence. — Ferdinand se saisit de la Navarre. — LÉON X. — Le Milanais et Gênes recouvrés et reperdus. Déroute de Novarre. — Prejean de Bidoulx et la *Cordelière*. — La France attaquée par la coalition. *Journée des Éperons*. Henri VIII et Maximilien prennent Térouenne et Tournai. Les Suisses assiégent Dijon. Traité de Dijon avec les Suisses. — Mort d'Anne de Bretagne. Paix avec l'Angleterre. Louis XII épouse Marie d'Angleterre. Mort de Louis XII. — Progrès de la législation sous ce règne. Publication des coutumes.

1506 — 1515.

La rupture des conventions de mariage entre l'héritier d'Autriche et la fille de Louis XII semblait annoncer une grande guerre entre la France et l'Aragon, d'une part, l'Autriche et la Castille de l'autre, guerre que la France n'eût certes pas redoutée. Maximilien et son fils Philippe avaient accueilli d'abord assez courtoisement les excuses de Louis XII, parce qu'ils n'étaient pas en mesure d'éclater sur-le-champ : Philippe, arrivé en Castille, avait rompu, à son tour, la transaction conclue avec son beau-père par l'intermédiaire de Louis XII : il avait rallié presque toute la grandesse castillane à sa cause, et forcé Ferdinand d'abdiquer toute participation à la régence et de se retirer en Aragon ; il visait même à se faire livrer le royaume de Naples par le vice-roi Gonsalve, Castillan de naissance, et Ferdinand passa en Italie pour prévenir l'effet de ces menées. Philippe, demeuré maître du terrain en Espagne et assuré de l'alliance de la Navarre contre la France, s'apprêta à repartir pour ses états du nord, où le duc de Gueldre, prince belliqueux qui servait de sentinelle avancée à la France entre les Pays-Bas et l'Allemagne, avait commencé les hostilités, avec l'appui du roi Louis et de l'évêque de Liége. Philippe était avide de vengeance, et son père Maximilien intriguait en Angleterre, en Suisse, en Italie, partout, contre Louis XII.

Philippe d'Autriche ne revit pas la Flandre : au moment de se rembarquer, il fut pris à Burgos d'une pleurésie qui l'enleva en quelques jours (25 septembre 1506); on dit qu'en mourant il fit appel à la générosité de Louis XII en faveur de ses enfants; un historien contemporain, Martin Du Bellai, va jusqu'à prétendre que Philippe confia par testament à Louis la tutelle de ses deux fils Charles et Ferdinand, afin de le détourner d'envahir leur héritage : le silence des historiographes et panégyristes officiels du roi, Jean d'Auton et Claude de Seissel, sur une circonstance aussi honorable pour leur maître, prouve, d'accord avec d'autres indices, que cette assertion est erronée; mais Louis XII se conduisit comme si elle eût été vraie. Il fit cesser la guerre de Gueldre, promit de traiter les orphelins « comme ses propres enfants », et tint parole : il remplit, et au delà, les devoirs de la suzeraineté envers son jeune vassal, l'héritier de Flandre. Vis-à-vis des maisons souveraines par droit héréditaire, de *la famille des rois*, comme on l'a dit, Louis XII retrouvait cette équité, cette bienveillance, cette facilité, qui disparaissaient absolument chez lui s'il s'agissait d'*usurpateurs* ou de républiques.

La mort de Philippe avait délivré Louis XII de grands embarras; cependant il restait encore au roi maint sujet d'inquiétude : Maximilien briguait la *mainbournie* des Pays-Bas, comme aïeul du petit Charles, et parlait toujours d'aller en Italie « prendre sa couronne » et rétablir son autorité impériale; le pape commençait à déployer sa politique conquérante, et, obligé par la mésintelligence survenue entre le roi Louis et l'empereur de suspendre ses projets contre les Vénitiens, il se dédommageait aux dépens des usurpateurs des états romains, montait à cheval en personne à la tête de ses troupes, et faisait rentrer Pérouse, puis Bologne, sous l'autorité du saint-siége. Le roi, bien éloigné de s'attendre à ce coup d'éclat, avait pris des engagements à la fois avec le pape et avec le seigneur de Bologne, Bentivoglio : Jules II somma tout à coup le roi de remplir les conditions de l'alliance qui les unissait, et Louis, après quelque hésitation, ordonna au gouverneur du Milanais de seconder le pape. Jules s'en montra peu reconnaissant; certaines brigues du cardinal d'Amboise avec le roi Ferdinand étaient probablement arrivées jusqu'à ses oreilles, et il savait que Georges avait tâché de s'assurer de sa survivance et pensait peut-être même à le faire déposer par un concile : Jules était peu disposé à quitter de longtemps la place.

La situation de Gênes donnait encore plus de souci au roi que les entreprises du pape : cette grande ville et son territoire étaient le théâtre d'une guerre civile qui compromettait gravement, quoique indirectement, la domination française : les vieilles querelles des nobles et des plébéiens s'étaient renouvelées avec une violence extrême, au commencement de l'année 1506. Le peuple avait eu l'avantage dans les anciennes luttes politiques; la moitié de tous les emplois publics, avec l'aptitude exclusive à la dignité de doge, avait été attribuée aux familles bourgeoises : aucun membre des familles féodales ne pouvait aspirer au *dogat;* mais, lorsque les fonctions de doge eurent été transférées à un lieutenant du roi de France, au sire de Ravenstein, petit prince allemand imbu des préjugés nobiliaires de son pays, les nobles génois relevèrent la tête, circonvinrent le roi et le gouverneur étranger par leurs flatteries, et s'efforcèrent de « seigneurier et prendre autorité sur les vilains ». Ravenstein tâcha d'abord de se montrer impartial et de contenir les deux factions; mais l'insolence des nobles, les excès qu'ils commirent, et l'abus qu'ils firent du droit exclusif de porter l'épée, lassèrent la patience du peuple : le 15 juin, à la suite d'une rixe élevée dans le marché, le peuple courut sus aux nobles et en massacra plusieurs. Ravenstein était absent; son lieutenant apaisa les principales familles qui dirigeaient le mouvement, en leur promettant désormais les deux tiers des emplois; mais le menu peuple ne se calma point, et saccagea les palais des nobles : toute la noblesse s'enfuit de Gênes, se réfugia, soit dans ses fiefs des montagnes, soit à Asti, et députa vers le roi pour réclamer sa protection. Le peuple, de son côté, essaya de se justifier auprès de Louis XII, qui renvoya le gouverneur Ravenstein à Gênes avec deux commissaires chargés de ménager une transaction (15 août).

Ravenstein trouva la ville dans une fermentation croissante, et crut devoir ratifier l'attribution des deux tiers des emplois aux plébéiens et l'élection de huit tribuns du peuple. La multitude ne s'en contenta pas : sans écouter le gouverneur, elle sortit de Gênes en armes, attaqua et prit les forteresses que le principal chef du parti nobiliaire, Jean-Louis de Fiesque (Fieschi), tenait dans la rivière du Levant, soit en son propre nom, soit au nom du roi. Fiesque et la plupart des nobles passèrent en France, et n'épargnèrent rien pour exciter la colère de Louis XII contre les « orgueilleux vilains » de Gênes ; la noblesse française, fidèle à l'esprit de caste, fit cause commune avec les émigrés : le roi ne céda point tout d'abord à leurs clameurs, et dépêcha aux Génois le premier président du parlement de Provence, porteur d'un *ultimatum* qui confirmait les lois nouvelles établies par le parti populaire, moyennant que le peuple restituât aux nobles leurs biens et leurs châteaux. L'aristocratie bourgeoise voulait accepter, mais le peuple refusa de rendre aux nobles les forteresses féodales qui leur donnaient une existence princière incompatible avec la condition de citoyens d'une république, et qui leur permettaient de couper les communications de la ville par terre. Le peuple entendait que toute la côte ligurienne fût soumise aux lois et aux magistrats. Gênes consulta ses sentiments et ses souvenirs plus que ses forces : ce peuple, autrefois le plus belliqueux de l'Italie, était bien déchu, et l'industrie manufacturière[1], qui se substituait peu à peu chez les Génois au commerce maritime, précipitait plutôt qu'elle n'arrêtait la décadence militaire du pays. La « sentence » du roi fut repoussée, et le gouverneur français quitta Gênes, laissant garnison dans les forteresses de cette ville (25 octobre). Les Génois commencèrent à négocier secrètement avec le pape, leur compatriote, et avec l'empereur, mais sans abattre les

---

1. Les soieries en étaient la principale branche.

insignes de l'autorité royale et sans commettre d'hostilités contre les Français. Ils détachèrent une petite armée contre Monaco, fief de Lucien Grimaldi, un des nobles exilés; mais leur cri de guerre était encore *Francia e popolo!*

Ces ménagements ne détournèrent pas l'orage : Louis XII voyait le Milanais ébranlé par l'exemple de Gênes, et tous les ennemis de la France prêts à se déclarer au premier échec, au premier signe de faiblesse; il voulut effacer par un coup de vigueur la mémoire des désastres de Naples, et accepta enfin les propositions de la noblesse génoise, qui offrait cent mille ducats d'or pour les frais de la guerre : l'intervention de Maximilien en faveur des Génois, ses réclamations menaçantes des droits de l'Empire sur Gênes, ne servirent qu'à affermir Louis dans la résolution de dompter les rebelles; le roi ne reçut pas mieux les représentations du pape, qui, né à Savone, d'une famille pauvre et obscure, « penchoit pour le peuple au préjudice de la noblesse », et remontrait au roi que « la dernière révolution ne lui donnoit point juste cause de porter ses armes contre Gênes » (Guicciardini). Jules, irrité du peu de succès de ses remontrances, n'osa toutefois pousser plus loin les marques de l'intérêt qu'il portait à Gênes : il attendit les événements; ainsi fit Venise. Ferdinand exécuta, bien qu'à regret, les engagements de son pacte avec Louis XII, et envoya six navires joindre devant Gênes l'escadre du brave « capitaine de mer » Prejean de Bidoulx. Maximilien convoqua la diète germanique pour tâcher de la remuer contre la France. Les événements se précipitaient, pendant ce temps. Les hostilités s'étaient engagées au mois de février 1507; tandis qu'Yves d'Allègre, commandant de Savone, renforcé par le gouverneur du Milanais et par le duc de Savoie, obligeait les Génois à lever le siège de Monaco, le capitaine du *Castelletto* (châtelet) de Gênes enlevait brusquement comme otages un grand nombre de citoyens réunis dans une église voisine de cette forteresse, et commençait à tirer sur la ville. La multitude alors cessa de se contenir, brisa partout les fleurs de lis, proclama que Gênes ne serait plus jamais sujette à aucun prince, et choisit pour doge un pauvre teinturier en soie appelé Paolo de Novi, « vieil homme et de très-petit état », mais de grand courage (15 mars). Le *Castellaccio* (petit château), le plus faible des postes occupés par les Français à Gênes, fut assailli et contraint de se rendre : la capitulation fut violée, et la petite garnison du *Castellaccio* fut égorgée par une populace forcenée, malgré les efforts des chefs génois. C'était entamer sous de tristes auspices une œuvre de régénération nationale !

Les Génois mirent ensuite le siége devant les autres forteresses, à savoir : le *Castelletto*, la citadelle et le couvent fortifié de Saint-François ; mais les garnisons françaises se défendirent vaillamment, et, avant que les Génois eussent pu s'en rendre maîtres, Louis XII arriva devant les murs de Gênes. Ce monarque, dont la santé s'était beaucoup améliorée depuis un an, s'était décidé à conduire son armée en personne et à déployer de telles forces que la lutte ne pût se prolonger. Quarante à cinquante mille combattants vinrent de France, de Suisse et de Lombardie se réunir autour d'Asti et d'Alexandrie ; le roi passa les Alpes au commencement d'avril, et prit le commandement des troupes, que conduisaient sous lui tous les plus vaillants capitaines de France, excepté La Trémoille et Trivulce, demeurés en Bourgogne et en Milanais pour surveiller les mouvements de l'empereur. Le duc de Ferrare, les marquis de Mantoue et de Montferrat, et plusieurs autres princes italiens, s'étaient rangés sous les étendards du roi.

Le doge et les tribuns avaient fortifié le môle du port et le *Castellaccio*, construit un gros bastion et beaucoup d'autres retranchements sur la montagne du Promontoire, qui domine la ville et le port, et fait occuper par leurs gens les défilés qui défendent la vallée de la Polsevera ; mais le premier aspect de l'avant-garde française suffit pour mettre en fuite ces bandes inaguerries : les défilés presque inaccessibles des Alpes liguriennes furent abandonnés à peu près sans combat, et l'armée royale, maîtresse de la vallée de Gênes, vint se loger à Ponte-Decimo (23 avril). Un désordre extrême régnait dans la ville : les riches, le « peuple gras », comme les appelaient les Français, voulaient se rendre ; le menu peuple passait tour à tour de l'abattement à la fureur. Le doge Paolo de Novi ranima la multitude par ses exhortations, et l'entraîna aux retranchements du Promontoire, dernier espoir de Gênes, qu'attaquaient déjà les Français. La Palisse, chargé d'une reconnaissance à la tête de trois mille fantassins, s'était élancé tout droit à l'assaut des boulevards de la montagne; l'élite de la noblesse française avait mis pied à terre pour le suivre, et Chaumont d'Amboise, gouverneur du Milanais, qui commandait en chef, s'était vu entraîné à engager inopinément une affaire générale : on se battait à la fois sur toutes les pentes et dans tous les replis de la montagne. La résistance des Génois fut opiniâtre et sanglante : La Palisse fut blessé et mis hors de combat; l'impétuosité française et la farouche valeur des Suisses, secondées par la supériorité des armes et de la discipline, l'emportèrent enfin : tous les passages et les retranchements furent enlevés pied à pied; la garnison du gros bastion l'évacua et s'enfuit, et le reste du peuple fut refoulé dans la ville avec un grand carnage.

Le lendemain matin, deux députés se présentèrent au camp français, où le roi arrivait en ce moment avec le cardinal d'Amboise : Louis refusa d'entendre les ambassadeurs et les renvoya au cardinal. Tandis qu'on parlementait, les trompettes sonnèrent l'alarme de toutes parts; le peuple sortait de Gênes en masse, à la fois du côté de la mer et du côté des montagnes : le doge Paolo avait compté endormir les Français par un semblant de négociation et les assaillir à l'improviste; mais l'armée fut bientôt en bon ordre de bataille, et l'issue du combat ne fut pas longtemps douteuse; le courage du vieux doge ne put préserver ses compatriotes d'une déroute complète et irrémédiable. Le doge et les hommes les plus compromis s'échappèrent, soit par mer, soit par les montagnes, tandis que la cité se rendait à discrétion et ouvrait ses portes au vainqueur irrité. Tous les postes furent occupés par la gendarmerie, et Louis XII entra dans Gênes le 29 avril, escorté de sa maison militaire, qui formait, à elle seule, un brillant corps d'armée. Devant la porte de la ville, les trente *Anciens* (*Anziani*) et les principaux citoyens, vêtus de deuil et la tête rase, se prosternèrent aux pieds du roi, en criant miséricorde; une multitude de femmes et d'enfants, couverts de vêtements blancs, imitèrent cet exemple près du *Duomo* (la cathédrale), où Louis XII mit pied à terre.

Louis n'avait pas l'intention de livrer la ville au sac et au pillage, comme le craignaient les vaincus, et l'entrée de Gênes avait été interdite à l'infanterie, qu'on craignait de ne pouvoir contenir : une amnistie fut accordée, mais elle fut chèrement achetée, et souffrit de nombreuses exceptions. Louis, aigri par les vœux hostiles qu'avait laissé échapper l'Italie, crut devoir contenir ses ennemis par la terreur : après avoir désarmé la population, il institua une commission chargée de poursuivre et de juger les « mutineries » : beaucoup de fugitifs avaient été arrêtés et ramenés à Gênes; le doge Paolo de Novi, saisi par trahison en Corse, où il s'était réfugié, fut condamné à mort et décapité avec plus de soixante citoyens, dont plusieurs, il est vrai, avaient mérité la mort par leur participation au massacre de la garnison du *Castellaccio* [1]. Les chartes, lois et statuts de la république génoise, et les traités qui garantissaient sa liberté, furent brûlés de la main du bourreau; la seigneurie de Gênes, avec les îles de Corse, de Chio et toutes ses autres dépendances, fut annexée au domaine royal, pour être régie désormais en toute souveraineté par le roi et ses lieutenants, et les Génois, taxés à 200,000 écus d'amende, eurent, en outre, à payer les frais de construction d'un nouveau fort destiné à contenir leur ville, et auquel sa destination valut le surnom de la *Briglia* (la bride). Le roi, avant de repartir, rendit pourtant aux Génois les libertés et les lois qu'il venait d'anéantir; mais ce fut comme un don de sa pure grâce, révocable à volonté; l'ancien partage par moitié des offices publics entre les nobles et les plébéiens fut rétabli, et le gouvernement de Gênes fut confié à Raoul de Lannoi, bailli d'Amiens.

Tous les ennemis secrets de Louis XII avaient espéré que sa puissance se briserait ou du moins serait longuement arrêtée sous les murs de la grande cité qu'il voulait soumettre; aussi, la rapidité surprenante de son triomphe produisit-elle une impression générale d'étonnement et de frayeur. Louis se relevait formidable des bords du cercueil où on l'avait cru longtemps près de descendre. Les Vénitiens adressèrent d'obséquieuses félicitations au vainqueur, qui parcourait triomphalement la Lombardie

---

1. Le tribun Demetrio Giustiniani fut *décollé* avec une machine dont la description se rapporte exactement à la *guillotine* moderne. *V.* J. d'Auton, t. IV, p. 56.

au milieu des fêtes et des tournois [1] : Ferdinand le *Catholique*, retournant de Naples en Espagne avec Gonsalve, alla visiter Louis XII à Savone, afin de resserrer leur alliance (28 juin) et de s'entendre contre Maximilien, qui réclamait la mainbournie des Pays-Bas et la régence de Castille. Le pape, au contraire, à la nouvelle de la prise de Gênes, resta trois jours enfermé, sans vouloir parler à personne, et se rejeta dans les bras de Maximilien.

Le roi rassura Jules II par son retour en France : il ne quitta pas toutefois l'Italie sans laisser des forces considérables dans le Milanais et la seigneurie de Gênes; car l'attitude de Maximilien devenait de plus en plus hostile. Le roi des Romains avait convoqué à Constance une diète générale de l'Empire, à laquelle il demanda une assistance efficace pour se faire couronner empereur à Rome, chasser les Français de la Lombardie, et rétablir la suzeraineté impériale sur l'Italie. La diète montra d'abord une grande chaleur, et parla de lever cent mille hommes; mais, quand elle sut que le roi de France ne poussait pas ses entreprises plus loin que la recouvrance de Gênes, elle se calma; elle octroya bien à Maximilien trente mille combattants soldés pour six mois (20 août), mais ne se soucia guère d'assurer cette solde.

Louis XII, avec moins de fracas, se préparait à la guerre plus activement encore que le roi des Romains : dégoûté du service des auxiliaires suisses, aussi mutins, aussi indisciplinables, aussi cupides qu'ils étaient braves, le roi de France cherchait à créer une bonne infanterie parmi ses sujets; Louis XII, qui se sentait populaire, ne craignait pas le peuple, et, renouvelant une ancienne ordonnance de Charles VI, il invita expressément les citoyens de tous états à s'appliquer et faire appliquer leurs enfants et serviteur à l'exercice et jeu de l'arc, arbalète et coulevrine (on confondait encore à cette époque, sous le nom de coulevrines, toutes les armes à feu de calibre inférieur, qu'elles fussent portées à la main ou montées sur affût). Vingt mille hommes de pied furent

---

1. Jean d'Auton raconte que, dans une des fêtes, les cardinaux dansèrent comme les autres avec les dames après le banquet. Les descriptions qu'il donne de ces fêtes sont très-curieuses.

levés dans le royaume : la moitié étaient Gascons; à la vérité, on appelait Gascons à l'armée tous les Méridionaux, les Languedociens comme les gens de Guyenne. La marine française fut remontée par des dons que le roi sollicita des bonnes villes : chacune paya l'équipement d'un navire [1].

Maximilien, toujours retardé par d'inextricables difficultés, ne fut point prêt à entrer en campagne cette année-là, et plusieurs mois s'écoulèrent en pourparlers et en intrigues. Marguerite d'Autriche, comtesse de Bourgogne, cette fille de Maximilien et de Marie de Bourgogne, qui avait été autrefois fiancée à Charles VIII, puis mariée successivement à l'infant d'Espagne et à un duc de Savoie, morts tous deux dans leur première jeunesse, était allée s'établir dans les Pays-Bas après la mort de son frère Philippe [2]; elle y était très-aimée et très-influente. Malgré les lettres du roi Louis aux bonnes villes de Flandre et d'Artois, elle amena les États des dix-sept provinces à déférer au roi des Romains la

1. Le corps-de-ville de Paris fut peu généreux : il ne donna qu'une nef de moins de quatre cents tonneaux. — *Reg. de l'Hôtel-de-Ville.*
2. Cette princesse, qui avait failli, tour à tour, monter sur les trônes de France, d'Espagne et d'Angleterre, avait cruellement éprouvé, dès son plus jeune âge, l'instabilité des choses humaines : fiancée à deux ans, répudiée à treize, remariée à dix-huit, elle manque de périr dans une tempête en allant trouver son second mari, l'infant des Espagnes; l'infant mourut six mois après; au bout de quatre ans de veuvage, elle se remarie à Philibert le Beau, duc de Savoie, et s'attache passionnément à ce nouvel époux : il lui est enlevé; à deux ans de distance, les deux êtres qu'elle aime le plus au monde, son mari et son frère Philippe, descendent au tombeau. Des vers touchants ont conservé jusqu'à nous l'expression de ses douleurs :

>   Me faudra-t-il toujours ainsi languir?
>   Me faudra-t-il enfin ainsi *morir*?
>   Nul *n'ara* il (n'aura-t-il) de mon mal connoissance?
>   Trop a duré, car c'est dès mon enfance !

Elle ne mourut pas : c'était une nature forte et tenace. Elle se reprit à la vie par un côté peu féminin, par la politique. Elle se consacra aux intérêts et à l'éducation des enfants de son frère, se fixa auprès d'eux à Malines, dirigea le gouvernement des Pays-Bas avec l'intelligence du diplomate et de l'administrateur le plus consommé, et, il faut bien le dire, dans un sens constamment hostile à la France, à qui elle ne pardonnait pas de l'avoir répudiée comme reine. Tête bien plus forte que celle de son père Maximilien, elle étendit son influence dans toutes les cours. Les affaires ne l'absorbaient pas tout entière; elle encouragea autour d'elle la poésie, la peinture, la sculpture, la musique, tous les arts et toutes les sciences. Dans cette existence, devenue si positive, si livrée aux intrigues de la politique la moins idéale et la moins morale qui ait existé, d'une politique à la Louis XI, cette femme étrange avait réservé une part, et comme un mystérieux sanctuaire, aux nobles souffrances de l'âme *esseulée*,

mainbournie du jeune Charles, leur seigneur, quoique l'ancienne administration de Maximilien leur eût laissé de fâcheux souvenirs. Le roi des Romains confia la régence des Pays-Bas à Marguerite, qui devait les gouverner durant bien des années; puis il partit pour Trente, où ses troupes achevaient lentement de se rassembler.

Au commencement de février, le roi des Romains entra en ennemi dans la seigneurie de Venise par le Tyrol : les Vénitiens, après beaucoup d'hésitations, s'étaient décidés pour l'alliance française, et avaient déclaré à Maximilien qu'ils ne lui donneraient point passage, s'il se présentait avec une armée allemande pour escorte. Jules II, qui avait excité vivement Maximilien à passer en Italie, le craignit autant que Louis XII lui-même, quand il le vit à la tête d'un corps d'armée, et, afin de le détourner du voyage de Rome, il lui conféra par une bulle le titre de César et d'empereur, de même que s'il eût été couronné à Rome selon les rites accoutumés. Maximilien affecta d'être satisfait de cette

---

aux regrets et aux espérances d'outre-tombe. En Belgique, elle apparaît comme une autre Anne de France : à Brou en Bresse, dans la patrie de l'époux regretté, elle se montre sous un bien autre aspect. Là, ses pleurs ont enfanté une merveille : elle voulut donner au mort bien-aimé une demeure plus splendide que les palais des rois, et dans laquelle elle pût reposer un jour près de lui. Artémise chrétienne, elle appela tous les arts à concourir à l'érection du vaste mausolée qui devait renfermer les restes de Philibert, et, durant vingt-cinq années, architectes, peintres, sculpteurs travaillèrent à élever pour elle l'église de Brou (près de Bourg en Bresse), ce temple de l'amour qui survit à la mort, de l'amour de Dante et de Pétrarque, édifice d'une grâce et d'une tristesse infinie, œuvre d'une mélancolie religieuse qu'exalte et que rassérène le sentiment de l'immortalité : ce n'est plus cette grandeur audacieuse de l'architecture du XIIIe siècle s'élançant tout droit vers Dieu seul; c'est la passion individuelle, la passion humaine, mais religieuse et chrétienne encore, empruntant, pour vêtir sa triste pensée et orner sa douleur, toutes les riches créations d'un art nouveau. L'architecte qui donna les plans était le Flamand Louis Van-Boghen : parmi les artistes qui contribuèrent avec lui à ce grand ouvrage, on cite le « célèbre tailleur d'images » Michel Columb et ses neveux, et Jean Perréal, dit Jean de Paris, peintre du roi Louis XII. Quelques « ouvriers » italiens et suisses figurent parmi les Français et les Flamands. L'édifice coûta, en vingt-cinq ans, 2,200,000 francs (environ dix millions, qui en vaudraient peut-être quarante-cinq). Marguerite, outre son douaire, était, de son chef, comtesse souveraine de Bourgogne et de Charolais, par suite du partage de la succession bourguignonne entre elle et son frère, ce qui explique comment elle put suffire à de telles dépenses. V. la notice sur Marguerite d'Autriche, à la suite du recueil des *Lettres de Marguerite et de Maximilien*, 2 vol. in-8°, 1839; publié par M. Le Glay, aux frais de la Société de l'histoire de France. — M. Edgar Quinet a écrit de belles pages sur l'église de Brou dans le tome Ier de son livre : *Italie et Allemagne*.

concession : « souffreteux d'argent », suivant son habitude, il se trouvait déjà sans ressource au début de son expédition, et, la diète germanique ne lui accordant point de nouveaux subsides, il retourna en Allemagne, laissant ses lieutenants se tirer d'affaire comme ils pourraient. Après quelques rencontres malheureuses avec les Vénitiens et les Français du Milanais, les troupes de l'empereur se débandèrent, faute de vivres et de solde, et les Vénitiens s'emparèrent de Goritz, de Trieste et de Fiume, villes autrichiennes, puis conclurent une trêve particulière de trois ans avec Maximilien, pour tâcher de s'asseoir dans la possession de ces places importantes, qui commandent le fond de l'Adriatique, et que Venise convoitait depuis longtemps. Le roi Louis n'ayant pas voulu consentir à une trêve générale sans que le duc de Gueldre y fût compris, et Maximilien refusant cette condition, les Vénitiens passèrent outre (20 avril 1508).

Louis XII s'irrita fort de ce procédé, et le sénat vénitien dérogea étrangement à sa prudence accoutumée en ménageant si peu le roi de France, à l'instant où Venise venait d'offenser mortellement l'empereur par la conquête de Trieste. Cette aristocratie persévérante et envahissante, par ses entreprises continuelles sur tous les états qui l'environnaient, s'était fait autant d'ennemis qu'elle avait de voisins. Le moment était venu où tant d'intérêts lésés et d'amours-propres froissés allaient s'unir pour se venger.

Ce fut Jules II qui rallia par son intervention tous les adversaires de Venise, et qui fit renouveler le redoutable traité de 1504. Ce pontife ardent et passionné sacrifia l'intérêt général de l'Italie à l'intérêt particulier du saint-siége, et conjura la destruction de la puissante république qui était le seul centre de résistance de la nationalité italienne. Les Vénitiens, saisis de ce vertige qui précède et annonce les catastrophes, bravèrent le pape au lieu de chercher à l'apaiser. Jules s'adressa d'abord au roi de France; mais de nouveaux sujets de refroidissement survinrent entre eux, et la négociation faillit encore se rompre. Elle fut renouée par une autre main plus adroite et moins rude : Marguerite d'Autriche, épousant la colère de son père contre Venise, se mit en correspondance avec Louis XII, lui offrit, pour lui et tous ses alliés sans restriction, la trêve dans laquelle Maximilien n'avait pas voulu comprendre le duc de Gueldre, et lui proposa de s'accorder aux dépens des Vénitiens. Il y eut de vifs débats dans le conseil du roi : l'évêque de Paris, Étienne Poncher, l'homme le plus capable et le plus sensé du conseil, appuya fortement sur la fatale expérience qu'on avait faite à Naples des traités de partage et sur l'imprudence qu'il y aurait à introduire les Allemands en Italie : il prouva, mais en vain, que la conservation de l'état vénitien n'importait à personne autant qu'aux possesseurs du Milanais. La passion l'emporta sur la raison : le roi et le cardinal d'Amboise ne voulurent voir que le châtiment du mauvais vouloir que les Vénitiens avaient souvent montré envers la France, et que la « recouvrance » des anciennes provinces milanaises. Georges d'Amboise, sauf dans le moment où il intervint si à propos entre Louis XII et l'obstinée Anne de Bretagne, fut toujours aussi nuisible à la France au dehors qu'il lui fut utile au dedans! Il faut le dire aussi, non-seulement le pape, mais la république de Florence, les princes de Ferrare et de Mantoue, les Milanais, toute l'Italie enfin, excitait la cour de France contre Venise. L'Italie était toujours le principal auteur de ses propres calamités!

Une trêve générale fut donc conclue au commencement d'octobre 1508, et des conférences s'ouvrirent à Cambrai entre le cardinal d'Amboise et madame Marguerite, fondée de pouvoirs de l'empereur son père, sous prétexte de régler l'accommodement du duc de Gueldre avec le jeune archiduc Charles, seigneur des Pays-Bas. Deux traités, l'un public, l'autre secret, furent signés le 10 décembre. Le premier était un pacte d'alliance entre Louis XII et l'empereur, pour toute la vie des deux contractants, et un an après la mort du dernier mourant : les alliés des deux souverains y étaient compris; la question de l'héritage de Gueldre était remise à des arbitres, et Maximilien, au prix de 100,000 écus d'or, ratifiait la rupture du traité de mariage de son petit-fils avec Claude de France, et renouvelait l'investiture du Milanais à Louis et à ses hoirs : toutes les autres contestations existant entre la France et les héritiers de Bourgogne étaient ajournées. Le second traité décidait la formation d'une ligue entre le pape, l'empereur et les rois de France et d'Aragon, pour reconquérir les domaines que la seigneurie de Venise retenait à ces quatre puissances. Les deux plénipotentiaires se portèrent fort de Jules et de Ferdinand : il fut convenu que le roi de France commencerait l'attaque le 1er avril prochain ; que le pape mettrait le territoire de la république en interdit, requerrait l'assistance de l'empereur comme « avoué » de l'Église, et le délierait du serment qu'il avait prêté pour une trêve de trois ans avec Venise. Le roi d'Aragon devait attaquer de son côté, et le roi d'Angleterre même était invité à se joindre à la ligue, ainsi que le roi de Hongrie. Les confédérés s'engageaient à ne point déposer les armes, avant que le saint-père eût recouvré Ravenne, Cervia, Faënza et Rimini ; l'empereur, Vérone, Vicence et Padoue, au nom de l'Empire, et Trévise, le Frioul, Roveredo, Goritz, Trieste et Fiume, au nom de la maison d'Autriche[1] ; le roi « très-chrétien », Brescia, Bergame, Crême, Crémone, la Ghiara d'Adda, toutes les anciennes dépendances du Milanais ; et le roi d'Aragon, Trani, Brindes, Otrante, Gallipoli et tout ce qui appartenait au royaume de Naples[2].

L'ambassadeur de Venise auprès de Louis XII soupçonna ce qui venait de se conclure à Cambrai : il s'efforça en vain de détourner le roi de ses projets contre la seigneurie : « — Sire », dit-il enfin, « ce seroit folie que d'attaquer ceux de Venise ; leur sagesse les rend invincibles. — Je crois qu'ils sont prudents et sages », repartit le roi, « mais tout à contre-poil (contre-temps) : s'il faut venir à guerroyer, je leur mènerai tant de fous que vos sages n'auront le loisir de remontrer la raison à mes fous ; car ceux-ci frappent partout sans regarder où[3] ! »

Jules II avait paru un moment effrayé de son ouvrage : il offrit aux Vénitiens de ne point ratifier la ligue de Cambrai, et de travailler à la dissoudre, pourvu que le sénat lui restituât Rimini et Faënza ; le sénat refusa, et Jules, poussé à bout, ratifia le traité. La confiance des Vénitiens s'appuyait à la fois sur l'espérance de voir se dissoudre d'elle-même une coalition formée d'éléments si hétérogènes, et sur les forces imposantes que leurs richesses

---

1. Vérone, Vicence et Padoue avaient été conquises en réalité par les Vénitiens sur des gouvernements locaux, et non sur l'Empire.
2. V. ces traités dans les Recueils de Léonard, t. II, p. 46, et de Dumont, *Corps diplomatiq.*, t. IV, part. I, p. 113.
3. *Exemples de hardiesse des rois et des princes,* par Pierre Sala ; manuscrit cité dans les notes de Bernier, *Hist. de Blois.*

leur permettaient de solder. Ils attirèrent sous leurs drapeaux presque tous les *condottieri* d'Italie, et réunirent sur l'Oglio jusqu'à deux mille lances fournies, quinze cents chevau-légers italiens, dix-huit cents estradiots, dix-huit mille soudoyers à pied et douze mille hommes de milice, avec une nombreuse artillerie; cette belle armée, égale à celles que pouvaient équiper les plus puissants rois, fut destinée tout entière à tenir tête au roi de France, le plus dangereux des ennemis de Venise; le sénat ne laissa que quelques petits corps de troupes sur les confins du Tyrol, du Mantouan et du Ferrarais; les ports étaient en bon état de défense.

Comme les Vénitiens l'avaient prévu, tout l'orage vint de la France : Louis passa les Alpes au commencement d'avril, et, durant tout ce mois, compagnies d'ordonnance, infanterie française, infanterie suisse, ne cessèrent de défiler vers le Milanais. La noblesse milanaise avait offert 100,000 ducats pour sa part des frais de la guerre. Louis se vit bientôt à la tête de deux mille trois cents lances françaises et lombardes, de dix à douze mille fantassins français et de six à huit mille Suisses, avec une artillerie formidable. L'infanterie française, composée de volontaires ou « aventuriers » levés dans toutes les provinces, était pour la première fois commandée par des capitaines de haute renommée, le sire de Molard, le sire de Vandenesse, frère de La Palisse, le cadet de Duras, d'une des plus grandes maisons de Gascogne, l'illustre Pierre du Terrail, seigneur de Bayart, *le chevalier sans peur et sans reproche*, qui, par l'ordre du roi, avaient quitté leurs compagnies d'ordonnance afin de mener les gens de pied. Cette innovation attestait l'importance qu'attachait Louis XII à la formation de l'infanterie nationale.

Sitôt que la campagne fut engagée par l'entrée de l'avant-garde française, aux ordres de Chaumont d'Amboise, sur le territoire de la seigneurie, le pape publia une bulle foudroyante, sous le titre de *Monitoire*, dans laquelle il énumérait les injures commises par les Vénitiens envers les souverains pontifes, et les sommait de restituer, dans vingt-quatre jours, toutes leurs usurpations, avec les revenus qu'ils en avaient tirés; en cas de désobéissance, il les déclarait criminels de lèse majesté divine, et invitait tous chrétiens à les traiter en ennemis publics, à s'emparer de leurs biens, et à « réduire leurs personnes en esclavage » (27 avril). En même temps, Montjoie, roi d'armes de France, s'était rendu à Venise et avait dénoncé la guerre à la seigneurie de la part du roi son sire.

Chaumont d'Amboise, après avoir emporté Treviglio et quelques forteresses au delà de l'Adda, avait repassé cette rivière pour se joindre à l'armée royale, qui achevait de se compléter. La grande armée vénitienne, dirigée par deux chefs de la famille romaine des Ursins ou Orsini, le comte de Pitigliano et Bartolomeo d'Alviano, profita de ce mouvement de concentration des Français pour rentrer dans la Ghiara d'Adda et reprendre Treviglio.

Ce succès coûta cher aux Vénitiens : tandis que leurs troupes pillaient Treviglio, comme en pays ennemi, l'armée du roi, accourue de Milan au bruit du canon, franchit près de Cassano l'Adda, dont les Vénitiens eussent pu aisément défendre le passage, et s'avança jusqu'à un mille du camp ennemi ; les généraux de la seigneurie n'eurent que le temps de ramener leurs gens dans leurs campements, sur la hauteur de Treviglio. La position était forte ; le roi et ses capitaines n'eurent pas l'imprudence de l'attaquer ; ils prirent la route de Vaila, pour intercepter les vivres que les Vénitiens tiraient de Crême et de Crémone. Cette manœuvre força les Vénitiens de décamper : les Français longeaient les rives sinueuses de l'Adda ; les Vénitiens, afin de prévenir leurs ennemis à Vaila, suivirent un chemin plus direct, et gagnèrent quelque avance ; mais, à la jonction des deux routes, au village d'Agnadel (Agnadello), l'arrière-garde de la seigneurie se trouva tout proche de l'avant-garde du roi. Alviano, qui commandait l'arrière-garde, huit cents lances et l'élite de l'infanterie, fit demander secours à son collègue, vieux capitaine refroidi et usé par l'âge ; il n'en reçut que l'avis de continuer sa route et d'éviter la bataille, comme le sénat l'avait prescrit. Alviano, « petit homme sec et allègre » et d'un impétueux courage, ne voulut point obéir ; la retraite était devenue aussi dangereuse au moins que le combat. Alviano fit volte-face et attendit les Français. Les Vénitiens étaient protégés par le lit d'un torrent desséché et par des vignes entourées de fossés : l'avant-garde française, qui comptait six cents lances, une nombreuse infanterie et vingt pièces de canon, s'élança sur eux avec impétuosité; mais le passage du ravin rompit son ordonnance, et Alviano, profitant de ce désarroi et des obstacles que les vignes offraient à la cavalerie française, chargea furieusement les assaillants, les rejeta au delà du ravin, et les mena battant jusque dans la plaine.

Si le comte de Pitigliano fût revenu sur ses pas avec le reste de l'armée vénitienne, le sort de la journée eût été très-douteux; mais le bruit du canon ne fit qu'accélérer la retraite de l'avant-garde vénitienne, et Alviano ne reçut aucun renfort; l'avant-garde française, au contraire, fut promptement soutenue par toute la bataille du roi. Louis XII, pour enhardir ses gens à bien faire, « s'exposa au feu comme le plus petit soudoyer », répondant aux représentations des siens que « quiconque avoit peur se mît derrière lui, et que vrai roi de France ne mouroit point de coup de canon ». L'arrière-garde française parut à son tour : elle avait traversé des fossés pleins d'eau pour tourner l'ennemi. A sa vue, la cavalerie d'Alviano perdit courage et s'enfuit; mais l'infanterie, formée principalement d'aventuriers romagnols qu'on appelait les *Brisighelle*, du nom de leur chef, se défendit héroïquement, et fut presque entièrement taillée en pièces après trois heures d'une résistance désespérée. Ces braves soldats rachetèrent, par leur mort, l'honneur militaire de l'Italie. Six mille restèrent sur la place. Alviano, couvert de sang, un œil crevé, se rendit enfin au seigneur de Vandenesse : il fut mené devant le roi, qui le reçut bien et qui lui dit qu'il aurait bon traitement et « bonne prison », et qu'il eût « bonne patience. — Ainsi l'aurai-je », répliqua le *condottiere* avec une courtoisie mêlée de fierté; « si j'eusse gagné la bataille, j'étois le plus victorieux homme du monde, et, nonobstant que je l'aie perdue, encore ai-je grand honneur d'avoir eu en bataille un roi de France en personne contre moi » (*Mémoires* de Fleuranges). (14 mai 1509.)

Vingt grosses pièces d'artillerie et le bagage des Vénitiens étaient au pouvoir du roi, et tout le pays entre l'Adda et l'Oglio était à sa discrétion; car Pitigliano ne s'était arrêté qu'aux portes de Brescia. Louis se remit aussitôt en marche pour ne pas laisser aux ennemis le temps de se rassurer : la terreur était aussi grande à Venise et dans toute la contrée que si toute la puissance de la république eût été anéantie comme le corps d'armée d'Alviano ; les troupes de Pitigliano, démoralisées et diminuées chaque jour par la désertion, s'étaient vu fermer les portes de Brescia, où le vieux parti gibelin arbora l'étendard de France : Pitigliano recula jusqu'à Vérone; Vérone, comme Brescia, refusa de le recevoir; plusieurs des villes sujettes de la seigneurie, anciennes cités libres et impériales ou annexes du Milanais, n'obéissaient que par force à Venise; les classes supérieures étaient malveillantes, la plèbe, peu disposée à se sacrifier pour l'aristocratie vénitienne, et la cruauté du roi envers les garnisons des places qui résistaient terrifiait les soldats de profession, qui, à l'exception des *Brisighelle,* ne se battaient qu'afin de gagner leur solde, et n'étaient animés d'aucun sentiment national. Le roi protégeait efficacement les villes et les bourgs qui se soumettaient[1], mais se montrait impitoyable en cas de résistance. Ce monarque, si humain pour son peuple, appliquait le vieux droit de la guerre dans toute sa férocité, le droit de vie et de mort sur le vaincu pris de vive force ou rendu à discrétion; contraste monstrueux avec le progrès de la civilisation et la splendeur des arts. Le sentiment chrétien étant sorti de la politique, et le sentiment humain n'y étant pas entré, le xvie siècle, dans les rapports internationaux, était beaucoup plus barbare que le xiiie.

Les conquêtes de Louis XII furent rapides : avant la fin de mai, Caravaggio, Bergame, Brescia, Crème, Crémone, Pizzighittone reçurent les Français dans leurs murs; Peschiera, forte place qui commande l'extrémité méridionale du lac de Garda et le cours du Mincio, fut enlevée d'assaut; la garnison fut « mise à l'épée », et le gouverneur, noble Vénitien, fut pendu aux créneaux avec son fils, pour avoir fait « une vilaine réponse » à la sommation de se rendre. Ils avaient offert une magnifique rançon. Le roi n'écouta rien. Le cœur de la vaillante chevalerie qui entourait le roi se souleva : le biographe du chevalier Bayart nous apprend que la cruauté de Louis XII étonna et affligea l'armée. Il y avait

---

1. On rapporte qu'il tua de sa propre main deux soldats suisses qui pillaient malgré sa défense. — P.-L. Jacob, t. IV, p. 62. Il fit cesser les monopoles établis par les Vénitiens, et accorda la liberté du commerce.

surtout un orgueil insensé au fond de cette colère. C'était un crime que de résister en face à un grand roi

Louis XII, en quinze jours, avait recouvré toutes les anciennes dépendances du Milanais, tout le pays entre l'Adda et le lac de Garda : il lui eût été facile de porter plus loin ses prétentions; le sénat de Venise, courbant la tête sous l'orage, avait délié du serment de fidélité tous ses sujets de terre ferme et leur avait permis de pourvoir eux-mêmes à leur sort : Vérone, Vicence, Padoue, envoyèrent leurs clefs à Louis XII ; mais le roi ne voulut point empiéter sur les droits de l'Empire, et remit ces clefs à l'ambassadeur de Maximilien, quoique ce dernier n'eût expédié qu'une poignée de soldats dans le Frioul, au lieu de paraître en personne à la tête d'une armée, quarante jours après l'entrée en campagne des Français, ainsi qu'il l'avait promis. Maximilien, reconnaissant de cette loyauté, brûla le fameux *livre rouge,* où il avait écrit de sa main tous ses griefs contre la France depuis le temps de Louis XI. Louis XII licencia ensuite la plus grande partie de son armée et retourna au delà des monts, après avoir fait dans Milan une entrée triomphale « selon l'ancienne coutume des Romains ».

Venise avait senti la nécessité de plier pour n'être point anéantie : à la nouvelle du désastre d'Agnadel, tous les ennemis de la république s'étaient précipités sur la proie terrassée par les Français; le pape avait attaqué les places de Romagne; les Espagnols avaient commencé le blocus des ports de la Pouille; le duc de Ferrare s'était ressaisi du Polésine de Rovigo et des domaines d'Este, berceau de sa maison; le marquis de Mantoue reprenait les démembrements de son marquisat; le duc de Savoie réclamait l'île de Chypre, comme héritier des Lusignan. La république tâcha de désarmer le pape et le roi d'Aragon en évacuant la Romagne et les places de la Pouille; elle s'humilia aux pieds de Maximilien et lui demanda grâce et protection dans les termes les plus soumis. Maximilien refusa de se séparer des Français; mais, comme à son ordinaire, il se trouvait tellement en retard, que la campagne du roi de France était finie avant que la sienne fût commencée. Venise reprit courage en voyant le petit nombre des troupes impériales qui occupaient ses domaines; l'arrogance et les excès de la noblesse gibeline, qui s'était emparée du pouvoir dans les villes abandonnées par les Vénitiens, amenèrent une prompte réaction. Le peuple des villes et des campagnes, par haine de ces petites oligarchies locales, se retourna vers la puissante et habile aristocratie qui lui avait assuré l'ordre civil à défaut de liberté politique [1], et la haine de l'étranger, du *Tedesco*, se réveilla soudain avec une énergie vraiment héroïque chez les paysans. Trévise chassa ses nobles et les officiers de l'empereur, et une brusque attaque, secondée par les paysans de toute la contrée, rendit Padoue à la seigneurie (17 juillet); la garnison allemande fut massacrée : le marquis de Mantoue fut fait prisonnier dans une bourgade ; l'empereur eût perdu Vérone, Vicence et tout le reste, si ses gens n'eussent été secourus par sept cents lances françaises aux ordres de La Palisse et de Bayart.

La perte de Padoue irrita extrêmement l'empereur : il fit des efforts inouïs pour réunir enfin une grande armée et y réussit. Le Vicentin, le Padouan, le Véronais, le Frioul et l'Istrie devinrent le théâtre d'une lutte acharnée, où les populations soutenaient généralement la cause de Venise. Les contingents de la France, de l'Espagne, du pape et des princes italiens arrivèrent successivement au camp impérial, et, vers le mois de septembre, « toute la puissance » des deux partis se concentra autour de Padoue, que l'empereur voulait reprendre, et que les Vénitiens avaient résolu de sauver par un suprême effort. La république entassa dans cette grande cité près de trente mille combattants italiens, esclavons, grecs, albanais; la loi qui interdisait à la noblesse vénitienne tout autre service militaire que celui de mer fut suspendue; la jeune noblesse de Venise accourut tout entière à Padoue. L'armée impériale, mêlée d'Allemands, de

---

1. *V.* quelques pages très-justes de M. Michelet sur Venise; *Renaissance,* p. 149-152. Le gouvernement de Venise a été fort calomnié. On l'a trop souvent jugé sur sa période de corruption et de décadence au xviiie siècle. Il comprimait en matière politique, mais il était très-tolérant pour les choses de l'esprit et de la religion; c'était déjà presque une Hollande sous ce rapport. En politique même, s'il pesait beaucoup, il frappait rarement, et, malgré toute la fantasmagorie des *plombs*, des *puits*, des *noyades nocturnes* et de la *bouche de fer*, il était, certes, celui de tous les gouvernements italiens qui tuait et même qui embastillait le moins. Tous les penseurs du xvie siècle le regardent comme le meilleur des gouvernements de l'Europe, bonté relative, bien entendu.

Français, d'Italiens, d'Espagnols, était bien plus nombreuse encore : le parc d'artillerie des coalisés, le plus vaste qu'on eût jamais vu, comptait deux cents gros canons et bombardes. Le siége de Padoue fut le salut de Venise : les cinquante mille combattants de Maximilien et sa formidable artillerie échouèrent contre la résolution désespérée des assiégés et contre la double ligne de boulevards et de fossés que des milliers de bras infatigables avaient ajoutés en quelques semaines aux antiques murailles romaines de Padoue. Plusieurs assauts partiels ayant été repoussés, l'empereur leva le siége au bout de seize jours de tranchée ouverte, se replia sur Vicence, et vit se fondre rapidement cette grande armée qu'il était incapable d'entretenir plus longtemps (octobre). Sa retraite livra la campagne aux Vénitiens, qui recouvrèrent Vicence et plusieurs autres places, après que l'empereur fut reparti pour l'Allemagne, bourrelé de chagrin et de honte. La seigneurie n'avait plus désormais à craindre pour son existence ; elle sentait que ni le pape ni les rois de France et d'Aragon ne souhaitaient bien sincèrement le triomphe de Maximilien, et ce fut elle à son tour qui refusa d'accorder une trêve à l'empereur [1].

L'hiver ralentit la guerre, à laquelle les Français ne prenaient plus qu'une part secondaire. Ni la guerre de Gênes ni celle de Venise n'avaient interrompu en France le mouvement général d'amélioration intérieure, qui, commencé sous Charles VIII, s'était accru sous Louis XII. Le principe de ce progrès était, avant tout, dans la vitalité propre de la nation, puis dans la bonne direction donnée à la législation, à l'administration, aux finances,

---

[1]. La guerre qui désola les états vénitiens fut fatale aux lettres : elle causa la dispersion des étudiants de l'université de Padoue, qui était, pour les nouveaux péripatéticiens, ce qu'avait été l'Académie florentine pour les néoplatoniciens. La fameuse imprimerie d'Alde-Manuce, à Venise, la plus active de l'Europe, et qui avait tant fait pour la multiplication des livres en propageant le commode format de l'in-8°, demeura fermée pendant plusieurs années. Cette même campagne vit finir une autre guerre qui se prolongeait, depuis quatorze ans, au centre de l'Italie : Pise, épuisée, ruinée, venait d'être enfin obligée de reprendre le joug des Florentins. Louis XII et Ferdinand avaient vendu à la république de Florence l'abandon de Pise ; les Florentins n'abusèrent pas de la victoire, et observèrent religieusement la capitulation accordée aux Pisans ; néanmoins, une grande partie de cette énergique population émigra plutôt que de vivre sous la domination florentine. Les jeunes gens adoptèrent les camps français pour patrie, et beaucoup de familles passèrent en France.

par les hommes spéciaux du conseil et du parlement; mais le premier ministre avait le mérite d'imprimer à toute cette activité une impulsion d'ensemble, et le roi avait le mérite de s'y associer avec zèle. Louis parcourut cet hiver-là une grande partie du royaume, et fit « beaucoup de belles choses touchant l'exercice de la justice ». A aucune époque de son histoire, la France n'avait joui d'une aussi grande prospérité : l'absence de toutes discordes civiles depuis vingt ans, le bon ordre maintenu par une administration régulière et vigilante, la sécurité des personnes et des propriétés, la protection accordée aux petits contre les grands, aux laboureurs contre les gentilshommes et les gens de guerre, portaient des fruits merveilleux : la population croissait rapidement ; les cités, à l'étroit dans leurs vieilles enceintes, élargissaient incessamment leurs vastes faubourgs; des hameaux et des bourgades sortaient de terre comme par enchantement au fond des bois et dans les landes naguère stériles. Les derniers vestiges des guerres fatales qui avaient dépeuplé la France étaient entièrement effacés, et un écrivain contemporain assure qu'un tiers du royaume avait été remis en culture dans les trente dernières années (Seissel). Le produit des terres augmentait dans une proportion énorme ; les fermes des gabelles, péages, greffes, etc., s'étaient accrues de plus des deux tiers en beaucoup de lieux, et le revenu du domaine royal, augmentant comme celui des particuliers, permettait au roi de soutenir ses entreprises sans fouler la nation. L'industrie et le commerce n'avaient pas un moindre élan : les relations se multipliaient à l'infini, et les marchands « faisoient moins de difficulté d'aller à Rome, à Naples ou à Londres, qu'autrefois à Lyon ou à Genève ». Le luxe et l'élégance des bâtiments [1], des meubles et des habits signalaient l'essor des arts et de la richesse publique. La condition de toutes les classes s'était améliorée, et le pauvre peuple, qui n'était pas accoutumé à voir ses princes prendre tant de souci de ses intérêts, en avait une profonde reconnaissance au roi et au ministre. « Laissez faire

---

1. « On voit généralement par tout le royaume bâtir grands édifices, tant publics que privés, et sont pleins de dorures non pas les planchers tant seulement et les murailles qui sont par le dedans, mais les couvertures, les toits, les tours et images qui sont par le dehors. » — Seissel. — Saint-Gelais.

à Georges », était devenu un dicton populaire, qui exprimait la confiance qu'on avait au cardinal d'Amboise. Louis XII reçut d'éclatants témoignages de l'affection du peuple dans un voyage qu'il fit de Paris à Lyon par la Champagne et la Bourgogne au printemps de 1510. « Partout où il passoit, hommes et femmes s'assembloient de toutes parts et couroient après lui trois ou quatre lieues ; et, quand ils pouvoient toucher sa mule, ou sa robe, ou quelque chose du sien, ils baisoient leurs mains..... d'aussi grande dévotion qu'ils eussent fait d'un reliquaire »(Saint-Gelais). Les Bourguignons montraient autant d'enthousiasme que les « vieux François ».

Le cardinal Georges ne recueillit point la part qui lui était due dans ces hommages populaires ; l'inséparable compagnon de Louis XII n'avait pas été, cette fois, du voyage ; tandis que la santé du roi se rétablissait quelque peu, celle du ministre déclinait rapidement. Georges, affaibli par la goutte et par d'autres infirmités, n'eut pas la force de résister à une épidémie que les historiens contemporains qualifient de coqueluche : Louis XII le trouva mourant à Lyon, où le cardinal était allé attendre le roi ; Louis n'eut que la consolation de recevoir les adieux de son « féal » Georges. Le cardinal d'Amboise s'éteignit le 25 mai 1510, n'ayant pas encore cinquante-quatre ans. Ce fut le premier de ces cardinaux ministres et presque rois, qui ont joué un si grand rôle dans l'histoire de la monarchie[1]. L'expérience n'était pas encourageante ; car les services de d'Amboise étaient tout à fait étrangers à sa dignité ecclésiastique, et ses fautes, au contraire, en procédaient en grande partie. Son rêve de papauté, et généralement ses rapports avec le sacré collége et le saint-siége avaient été fort dommageables aux intérêts et à l'honneur de la France.

Son administration intérieure a sauvé sa mémoire. Il n'y brille point par le désintéressement, qui, du reste, n'a pas été chez nous la vertu des grands ministres, et qui n'est guère compatible avec le régime monarchique. Il laissa une prodigieuse fortune, amassée aux dépens de l'Italie plus que de la France[2] ; l'usage qu'il en

---

1. Il y avait eu, avant lui, deux cardinaux dans le conseil, Balue et Briçonnet, mais non pas dans cette position dominante.

2. P.-L. Jacob, *Histoire du XVIe siècle en France*, t. IV, p. 149-152. Les sujets et les

avait fait plaide, du moins, pour sa mémoire : des anecdotes touchantes attestent la bonté de son cœur; les beaux débris de monuments trop mutilés par la main des révolutions nous apprennent l'emploi de ses trésors. Comme tous les hommes supérieurs, princes ou ministres, qui ont marqué fortement leur empreinte sur nos destinées nationales, Georges s'était fait le centre du mouvement de l'art, et avait exercé autour de lui une vivifiante influence : une des plus belles périodes de l'art français appartient à son ministère; on l'a trop longtemps absorbée dans le règne brillant de François Ier, qui, durant ses meilleures années, ne fit que la continuer en l'élargissant, et qui fit le premier pas vers la décadence quand il s'écarta de cette tradition. L'histoire de l'art dans la France du xvie siècle peut se diviser en deux époques : dans la première, l'art italien modifie l'art français par d'heureuses innovations, et l'aiguillonne d'une émulation salutaire; dans la seconde, il l'étouffe et l'absorbe : dans la première époque, les artistes italiens appelés en France concourent avec nos artistes à faire des monuments français; dans la seconde, les Français *italianisés* font des monuments italiens; l'Italie vaincue conquiert ses vainqueurs.

Le point de départ de la première époque avait été l'expédition de Charles VIII. L'épanouissement eut lieu après le voyage de Louis XII et du cardinal d'Amboise à Milan en 1499. Georges, saisi d'admiration devant les merveilles qui remplissaient la Lombardie, essaya d'attirer en France le principal auteur de ces merveilles, Léonard de Vinci. A défaut de Léonard, plusieurs artistes éminents passèrent les monts, et exercèrent une influence notable sur la transformation de l'art parmi nous; à leur tête figuraient l'architecte Fra-Giocondo, de Vérone[1], et la famille des Juste

---

alliés de la France en Italie lui faisaient au moins 80,000 ducats par an de pensions. Son mobilier seul valait deux millions, sans la vaisselle et quelques autres objets d'un prix énorme. Il légua plus de deux millions à celui de ses neveux qui lui succéda sur le siége archiépiscopal de Rouen. Ses autres legs dépassent un million. Trois millions de livres de ce temps vaudraient certainement, en valeur relative, plus de 60 millions d'aujourd'hui. Georges d'Amboise possédait d'immenses valeurs en orfévrerie et en objets d'art de tout genre.

1. Dominicain comme Fra-Angelico, comme Fra-Bartolomeo, comme bien d'autres. L'ordre de Saint-Dominique, sur la fin du moyen âge, sembla vouloir renouveler par les beaux-arts l'éclat qu'il avait dû autrefois à la métaphysique et à la théologie.

(*Giusti?*), qui s'illustra dans la sculpture, et qui paraît avoir été florentine[1]

L'art français, lorsqu'il accueillit ces missionnaires de la Renaissance, n'était nullement, comme on l'a prétendu, tombé dans l'allanguissement et le marasme. Il était aussi actif, aussi fécond que jamais. Les écoles d'architecture, de sculpture, de verrerie, d'enluminure (miniature), etc., florissaient dans nos cités, à Tours, à Blois, à Rouen, à Orléans, à Troies, à Dijon. Le style *fleuri* ou *flamboyant* continuait à déployer toute sa richesse d'imagination, et à surcharger de ses somptueuses décorations les parties inachevées de nos vieilles églises commencées dans un esprit plus sévère. Dans l'architecture civile, le mouvement donné par Jacques Cœur avait continué, et produisait des œuvres toujours pittoresques, quelquefois d'un goût irréprochable et de lignes très-heureuses. L'hôtel de ville de Saint-Quentin et l'hôtel de Cluni, à Paris (bâti pour un abbé de Cluni, frère de Georges d'Amboise), en sont des exemples. Le nom de Michel Columb, plus que sexagénaire à l'époque où s'opéra notre contact avec l'Italie, atteste si la sculpture dégénérait[2]. Il y avait toutefois, dans le style *fleuri*, nous l'avons reconnu ailleurs pour l'art religieux[3], des principes de décadence qui devaient réagir des constructions religieuses sur les constructions civiles; et cette altération du goût, qui aboutissait à suspendre aux voûtes des églises les tours de force des *clefs pendantes*, commençait à se faire sentir dans des édifices civils d'ailleurs très-remarquables, tels que le Palais de Justice de Rouen. Riche, original, d'un grand effet, ce palais est pourtant, comme lignes et comme ornementation, une œuvre de décadence comparativement à la maison de Jacques Cœur.

L'influence de Fra-Giocondo chez nous a été réelle, mais on l'a exagérée, comme nous le verrons.

1. Antoine Juste et Jean Juste étaient peut-être tous deux en France depuis quelques années. Jean Juste était déjà établi à Tours sous Charles VIII et avait débuté par le tombeau des enfants de ce roi. *V.* A. Deville, *Comptes de dépenses de la construction du château de Gaillon.*

2. Un artiste inconnu avait entamé, avant la fin du xve siècle, dans une obscure église du Bas-Maine, près de Sablé, cette vaste légende de pierre qu'on nomme les *Saints de Solesmes*, et qui, terminée seulement vers 1550, expose la marche et les modifications de l'art bien plus clairement que ne peut le faire la parole. Il y a là plus de cinquante statues, au moins de proportion humaine.

3. *V.* notre tome VI, p. 466.

L'activité des artistes ne s'épuisait pas, mais l'inspiration du moyen âge s'épuisait; quand l'antiquité, redevenue la nouveauté et la jeunesse, apparut parmi nous, elle y trouva non point la barbarie ou la torpeur, mais des esprits tout ouverts et des talents tout formés, qui appelaient d'instinct des motifs nouveaux, de nouvelles formes, un nouveau souffle. La combinaison s'opéra très-vite, mais avec beaucoup de discrétion, de mesure et de bon sens de la part des novateurs italiens comme de leurs émules français. Les données générales de l'architecture civile (l'architecture religieuse resta d'abord étrangère au mouvement) ne furent que légèrement modifiées : les constructions gagnèrent en élégance et en légèreté, mais conservèrent tous les caractères convenables à notre climat et à nos habitudes [1]. Le charmant édifice de la Chambre des comptes à Paris, œuvre de Fra-Giocondo, a malheureusement disparu [2]; mais nous avons encore, de ce temps, Amboise et Blois, surtout Blois, où Louis XII faisait bâtir alors, « tout de neuf et tant somptueusement que bien sembloit œuvre de roi », dit Jean d'Auton, la façade orientale du château, qui est demeurée la partie la plus originale de cet édifice multiforme, curieux spécimen de quatre périodes de l'art monumental [3].

Si le système de construction changea peu dans cette première période, le système de décoration fut profondément transformé. L'école sculpturale de Tours fut renouvelée par les Juste, dont l'influence se fit sentir au vieux Michel Columb lui-même et s'étendit au dehors, et peut-être est-il permis d'attribuer à Antoine

---

1. *V.* notre tome VI, p. 467.
2. Dans la cour de la Sainte-Chapelle, au Palais. Détruit par un incendie sous Louis XV. On en a conservé de bonnes gravures. *V.* le beau livre de M. Albert Lenoir sur les *Monuments de Paris*.
3. Des quatre faces du château de Blois, la première appartient aux anciens comtes du XIIe siècle; la seconde, à Louis XII; la troisième, à François Ier; la quatrième, à Gaston d'Orléans, frère de Louis XIII. Louis XII, n'épargnant rien pour l'ornement de ce château, sa résidence préférée, y réunit une magnifique « librairie », qui forme encore aujourd'hui la partie la plus précieuse des manuscrits de la Bibliothèque nationale. Elle se composait de la bibliothèque des anciens rois, de celle des ducs d'Orléans, des bibliothèques de Naples, de Pavie et du sire de La Gruthuse, et des manuscrits de Pétrarque. — L. de La Saussaye, *Hist. du château de Blois*, p. 186. Nous voyons, dans les *Comptes de Gaillon*, que les travaux de Blois et d'Amboise furent dirigés, au moins en partie, par Colin Biard, de Blois.

et à Jean Juste, probablement deux frères, l'ingénieuse idée de marier à l'ornementisme de notre *gothique fleuri* un autre système d'ornements, qui, renouvelé de l'antique, allait être consacré par une main qui a voué à l'immortalité tout ce qu'elle a touché, par la main de Raphaël [1]. Quoi qu'il en soit, l'école toute française de Rouen s'empara sur-le-champ de cette heureuse alliance, et le magnifique château de Gaillon, construit et décoré, de 1502 à 1510, pour le cardinal d'Amboise, par toute une pléiade d'artistes [2], fut le type d'un art nouveau. L'imagination du Nord

---

1. Les fresques de Raphaël datent de 1511 : les *arabesques* étaient déjà introduites en France depuis quelques années. Ces ornements, où tous les êtres et tous les objets de la nature se mêlent en combinaisons fantastiques, sans autre règle que le caprice de l'artiste et le piquant du résultat obtenu, avaient reçu des Italiens le nom de *groteschi*, parce qu'on en avait trouvé le modèle dans les mosaïques et les fresques d'anciens édifices déterrés, que le peuple appelait des *grottes*. Le nom d'*arabesques* a prévalu, quoique peu exact; les Arabes ont fait beaucoup d'usage de ces ornements, mais en les bornant au règne végétal, et ce n'est point par eux que le goût nous en est revenu.

2. La plupart sont Rouennais : un certain nombre sont de Tours ou de Blois; sur une centaine, il n'y a que trois Italiens. Les principaux architectes sont de Rouen : Guillaume Senault, Pierre Fain, Pierre Delorme, Roulland Leroux. On remarque, dans les *Comptes de Gaillon*, que Pierre Delorme, « maître maçon et tailleur d'images, taille à l'antique et à la mode françoise »; que Pierre Valence, de Tours, est à la fois, comme les grands Italiens, architecte, peintre, menuisier, charpentier, hydraulicien. Il n'y a point d'unité de plan : plusieurs architectes dirigent successivement les diverses parties de cette vaste construction, avec une liberté qui nuit à l'ordonnance, mais sert à la variété et au pittoresque, comme l'observe le savant éditeur des *Comptes de Gaillon*. C'est par erreur qu'on avait attribué la direction à Fra-Giocondo : il est resté absolument étranger à l'entreprise, et aucun architecte italien n'y a pris part; mais un sculpteur florentin, Antoine Juste, y fait très-grande figure. Ses nombreux travaux ont péri, lors de la déplorable destruction de Gaillon, pendant la Révolution; mais on a du moins sauvé le *Saint-Georges* sculpté par Michel Columb pour la chapelle du château, et qui est au Louvre. Le principal peintre est un Lombard, André de Solario. L'ensemble des dépenses de Gaillon est inférieur à ce qu'on pourrait croire et ne monte qu'à 153,600 l. 15 s. 10 d., à 11 livres le marc, c'est-à-dire 754,000 francs de notre monnaie, représentant probablement trois millions et demi de valeur relative.— Les salaires des artistes sont d'une étrange mesquinerie : de très-habiles architectes et sculpteurs sont payés, comme les autres *ouvriers*, à la journée; les habitudes étaient encore, à cet égard, celles de nos corporations du moyen âge, où la personnalité de l'artiste se dégageait si peu, et le contraste est éclatant avec les grandes existences italiennes. Les exceptions qui se produisent indiquent que cet état de choses va disparaître. Tous les détails qui précèdent sont empruntés aux *Comptes des dépenses de Gaillon*, publiés par M. Deville, dans le grand recueil des *Documents inédits sur l'histoire de France* : 1850. C'est une des publications les plus instructives qui aient paru sur l'histoire des arts en France. M. Deville (p. 143) signale le titre nouveau d'architecte (*architector*) sur les registres du chapitre de Rouen : ce titre, chose singulière, s'ap-

et celle du Midi unirent, dans un merveilleux ensemble, les dais festonnés, les niches sculptées, les aiguilles et les dentelles de pierre, les frontons brodés à jour, les balcons découpés en trèfles, en cœurs et en flammes, aériennes demeures d'un peuple de saints, de démons et de chimères, avec les cartouches de marbre, les médaillons incrustant dans les parois l'image des héros et des belles, les lacs d'amour, les pilastres fleurissants et vivants d'une végétation et d'une vie inconnues, les frises aux guirlandes sans fin où s'élancent d'entre les acanthes corinthiennes faunes et syrènes, génies et fées, grotesques ou charmantes figures, telles qu'on en voit dans les rêves. Le moyen âge avait exprimé le sentiment s'élevant en droite ligne vers Dieu : le XVIe siècle montra l'imagination errant en liberté au sein de la création et la transformant à travers un prisme lumineux; les fées détrônaient les anges. Le poëte de cet art fut l'Arioste, précédé par le Boïardo et le Pulci : le chantre ferrarais accomplissait, vers ce même temps, dans la poésie chevaleresque, par la grâce voluptueuse et la somptueuse variété de ses inventions, une révolution toute semblable à celle que subissait chez nous l'art monumental [1]. Jamais la vie n'avait été exprimée sous des formes si riantes et si pleines de séduction : jamais les *maîtres des pierres vives* n'avaient en apparence si bien mérité leur titre; mais cette vie ne florissait qu'à la surface; cet art enchanteur, émané des impressions les plus fugitives de l'âme humaine, n'avait plus les fortes racines de l'art du moyen âge : il avait les prestiges d'un beau rêve; il en eut l'éphémère durée; en moins d'un siècle, il passa comme un songe d'or.

Il ne nous reste que quelques débris des constructions de Gaillon : l'élégant portique, transféré dans la cour du palais des Beaux-Arts [2] à Paris, œuvre de l'architecte et sculpteur rouennais

---

plique non point à un maître maçon, mais au maître menuisier Colin Castille, renommé alors à Rouen, et auteur de la porte du milieu au grand portail de la cathédrale.

1. Tous les grands poëtes de l'Italie ont rattaché leurs créations aux traditions françaises : Dante est l'héritier de notre poésie cyclique et lyrique du moyen âge; Arioste s'inspira de nos romans de chevalerie et de nos héros carolingiens; plus tard, le Tasse puisa dans nos chroniqueurs des croisades.

2. Ancien Musée des Petits-Augustins. D'autres restes précieux de Gaillon ont péri par suite de l'extravagante et barbare dispersion du Musée national rassemblé aux Petits-Augustins par M. Alexandre Lenoir. La coupable incurie de la Restauration

Pierre Fain, nous montre avec quelle discrète habileté les artistes de cette génération employèrent le nouveau style, avec quelle délicatesse ils prirent garde de faner cette fleur exquise, formée de tant de couleurs et de parfums divers. Gaillon n'est plus; mais Rouen a gardé de nombreux et de brillants vestiges de l'archiépiscopat de Georges d'Amboise, qui couronna la splendeur monumentale de cette grande cité. Nulle part, on ne peut mieux juger la liberté et la variété de l'art de ce temps. Rouen se couvrit, en peu d'années, d'une multitude d'édifices civils et religieux, publics et privés, qui entourèrent d'un éclatant cortége les deux colosses de Notre-Dame et de Saint-Ouen. Le vieux et le nouveau style, le *gothique flamboyant* et la Renaissance, rivalisaient pour parer la cité [1]. Le cardinal d'Amboise, qui vint reposer au fond de sa cathédrale, parmi les merveilles qu'il avait tant contribué à faire naître, suscita encore un chef-d'œuvre après sa mort : le pompeux mausolée que son neveu et son successeur dans l'archevêché de Rouen, appelé comme lui Georges d'Amboise, lui fit élever par Roulland-Leroux dans la grande chapelle du chevet de Notre-Dame, le dispute à l'œuvre moins riche et plus sévère de Michel Columb, à l'admirable tombeau de François II de Bretagne, et n'a point été surpassé depuis à Saint-Denis.

Le mouvement de l'art continua, et les communications avec l'Italie se multiplièrent après la mort du cardinal et le retour de Fra-Giocondo dans sa patrie : des sculpteurs champenois, les frères Jacques, de Reims, et les frères Richier, de Saint-Mihiel, allèrent étudier sous Michel-Ange, et furent les précurseurs de leur compatriote Jean Cousin : l'illustre école de peinture, qui, depuis Van-Eyck et Memling, s'était perpétuée dans les Pays-Bas par Lucas de Leyde et d'autres maîtres, et que patronisait Marguerite d'Autriche, entra aussi en relations avec l'Italie [2], et deux

acheva ce qu'avaient commencé le vandalisme du règne de Louis XV, puis les passions de la Révolution et la cupidité de la *Bande noire*.

1. La riche et hardie décoration *flamboyante* de la façade de Notre-Dame et celle de la jolie église Saint-Maclou sont de Roulland-Leroux, un des architectes sculpteurs de Gaillon, et de Pierre Desaulbeaux.

2. Il en fut de même de l'école allemande du grand Albert Dürer, de Peter Vischer, Wolgemuth, Kranach, Sebald Beham, issus de l'ancienne école de Cologne, la rivale de l'école de Bruges. A cette école, dont Nuremberg fut le centre, se rattache encore le grand portraitiste Holbein, de Bâle. C'est la belle époque de la peinture allemande.

Brabançons, élèves de Raphaël, rapportèrent dans leur patrie les fameux cartons qu'exécutèrent, en or et en soie, pour le pape, les manufactures de tapisseries d'Arras. La France, où l'architecture et la sculpture étaient si florissantes, restait en arrière de la Flandre et de l'Allemagne pour la peinture à l'huile : on ne sait que le nom de Jean Perréal, dit Jean de Paris, peintre de Louis XII, qui fit, à la suite de ce prince, la campagne de 1509, pour en retracer les événements avec le pinceau, comme le poëte Jean Marot, avec la plume : l'art national de la peinture sur verre subalternisait encore la peinture sur bois ou sur toile. La peinture sur verre, s'appropriant les riches fantaisies des arabesques, encadrait ses figures dans les créations d'une architecture féerique, multipliées par son pinceau avec une rapidité que ne pouvaient suivre le marbre ou la pierre; elle reproduisait, avec la magie de ses couleurs, les grandes œuvres des maîtres étrangers, et maintenait si bien sa supériorité européenne, que Jules II mandait de France les verriers Claude et Guillaume de Marseille, pour décorer le Vatican sous les ordres de Bramante et de Raphaël [1].

Jules II avait appris la mort de Georges d'Amboise avec des sentiments bien opposés à ceux des artistes, du peuple et du roi de France : « Dieu soit loué », s'était-il écrié, « de ce qu'enfin je suis seul pape » ! Georges d'Amboise, réunissant au pouvoir de premier ministre le pouvoir de légat, que la cour de Rome n'osait lui retirer, avait exercé une autorité presque absolue sur l'église de France et du nord de l'Italie. La royauté s'agrandissait aux yeux des peuples en prenant pour premier serviteur un cardinal-légat. La mort de son rival n'apaisa pas Jules II à l'égard de la France : les intrigues du pape redoublèrent d'activité; Georges manquait à Louis dans un moment où son zèle et son énergie eussent été fort nécessaires pour réparer les fautes qui lui avaient

---

1. En ce temps florissait aussi Arnaud de Mole, qui exécuta les vitraux de la cathédrale d'Auch aux frais du cardinal de Clermont-Lodève, un des neveux de Georges d'Amboise. On retrouve à chaque instant, dans l'histoire de nos arts, cette intelligente et généreuse famille. V. Dusommerard, *les Arts au moyen âge*; — Taylor et Nodier, *Voyages pittoresques en France, Normandie*; — Deville, *Description des tombeaux de la cathédrale de Rouen*; — Allou, *Mémoire sur l'abbaye de Solesmes*, etc.; — Vasari appelle les vitraux de Guillaume de Marseille « des merveilles tombées du ciel ».

été communes avec le roi. La ligue de Cambrai, suivant l'espoir du sénat de Venise, s'était dissoute de fait, sinon authentiquement : les soumissions des Vénitiens avaient désarmé Jules II, et le souverain pontife, repentant des calamités que sa fougue vindicative attirait sur l'Italie, avait, malgré les représentations des ambassadeurs de Louis et de Maximilien, levé l'interdit fulminé contre la république de Venise (24 février 1510). Jules II ne se contenta pas de la neutralité; depuis les deux grands coups que Louis XII avait frappés sur Gênes et sur Venise, le pape jugeait la France la puissance la plus formidable de l'Europe, et la plus capable d'asservir l'Italie entière : il dirigea désormais tous ses efforts contre les maîtres du Milanais, sans songer aux périls qui pouvaient venir des possesseurs de Naples, et sans considérer que l'intérêt de l'Italie centrale était de maintenir l'équilibre entre les deux dominateurs étrangers qui occupaient les deux extrémités de la Péninsule. Entreprendre de les chasser l'un par l'autre était chose bien téméraire.

Jules se rapprocha secrètement de Ferdinand : le Roi Catholique, satisfait d'avoir recouvré ses places de la Pouille, avait à peu près cessé les hostilités contre Venise, et voyait avec inquiétude l'agrandissement de Louis XII. Le roi d'Angleterre Henri VII était mort le 22 avril 1509, laissant son trône et ses trésors (1,800,000 livres sterling) à un jeune homme de dix-huit ans, Henri VIII, qui annonçait des qualités brillantes, et qui paraissait disposé à se mêler des affaires du Continent plus que n'avait fait son père. Bien que Henri VIII eût récemment renouvelé les traités de son père avec la France (23 mars 1510), le pape l'entraîna dans une alliance défensive avec Ferdinand, dont Henri avait épousé une fille, Catherine d'Aragon, tandis que Marie d'Angleterre, sœur de Henri, était fiancée à Charles d'Autriche (24 mai). Jules espérait bien que l'alliance défensive deviendrait offensive. Les menées de Jules obtinrent en Suisse un succès plus direct encore, mais que le pontife dut moins à son habileté qu'à l'imprudence de Louis XII. L'alliance de la France et des cantons suisses expirant à cette époque, les cantons ne voulurent la renouveler qu'à raison de quatre-vingt mille francs de pension par an au lieu de soixante mille; les gouvernements cantonaux réclamèrent en même temps l'augmentation de la pension nationale et la suppression des pensions particulières que le roi distribuait dans leur pays, pour s'acquérir des créatures. Louis XII avait eu maintes fois à se plaindre de l'indiscipline et de l'insolence des soldats suisses, et il songeait à les remplacer par des lansquenets allemands, des Grisons et des Valaisans, jusqu'à ce que l'infanterie nationale pût se suffire à elle-même. Les exigences des cantons l'irritèrent; il s'écria qu'il ne se laisserait point ainsi « mettre à la taille par de misérables montagnards ». L'alliance de la France avec les Suisses ne fut pas renouvelée : les Ligues helvétiques cédèrent à l'influence de Mathias Schinner, évêque de Sion, ennemi acharné des Français et agent dévoué de Jules II, traitèrent avec le pape, s'engagèrent pour cinq ans à protéger le saint-père et les états de l'Église, et s'apprêtèrent à tirer vengeance du roi qui les avait bravées, et à secourir la république vénitienne. C'était une grande victoire pour la politique papale que d'avoir réussi à faire des Suisses les soldats du saint-siége et les champions de l'indépendance italienne.

Louis XII, alarmé des mouvements du pape, se repentit de n'avoir pas aidé Maximilien plus efficacement contre Venise, et tenta de terminer la guerre par un coup de vigueur : il ordonna au vice-roi de Milan, Chaumont d'Amboise, de conduire quinze cents lances et dix mille fantassins au secours du prince d'Anhalt, qui commandait à Vérone pour l'empereur, tandis que Maximilien entrerait en Frioul à la tête d'une armée. Maximilien, selon sa coutume, ne tint point parole et ne parut pas; néanmoins Chaumont et d'Anhalt, renforcés par le duc de Ferrare, pressèrent vivement les Vénitiens, et s'emparèrent de Vicence, de Legnago, de Feltre, de la Polésine : ils eussent poussé plus loin leurs avantages, si le défaut de solde n'eût bientôt éclairci les rangs des Impériaux, et si les Français n'eussent été rappelés dans le Milanais par les périls de ce duché. Jules II avait combiné, de concert avec les Suisses et les Vénitiens, une attaque redoutable contre le Milanais, la seigneurie de Gênes et le Ferrarais.

Jules s'assura, sinon la coopération immédiate, du moins la neutralité bienveillante de Ferdinand le Catholique, en lui accordant l'investiture du royaume de Naples, tenue en suspens par une question de tribut depuis l'avénement de Jules, et en déclarant nulle, de son autorité de suzerain, la clause du traité de Blois qui garantissait à la France la réversibilité du royaume de Naples dans le cas où Ferdinand mourrait sans avoir eu d'enfants de Germaine de Foix (7 juillet) : Jules II fit arrêter le cardinal d'Auch (Clermont-Lodève), un des neveux de Georges d'Amboise, le retint de force à Rome, ainsi que d'autres cardinaux français [1], et renvoya sans audience les ambassadeurs de Louis XII. La protection accordée par Louis au duc de Ferrare, Alphonse d'Este, « vassal rebelle de l'Église », fut le prétexte de cette rupture. Le duc d'Urbin, neveu du pape, envahit le duché de Ferrare, et une escadre vénitienne, dont Ferdinand avait toléré le rassemblement dans les ports napolitains, se présenta devant Gênes, tandis qu'un corps de soldats pontificaux et de bannis génois entrait par les montagnes dans la Rivière du Levant pour appeler Gênes à la liberté. Dix mille Suisses, quelque temps après, débouchèrent par Bellinzona dans le Milanais.

La fortune ne favorisa pas ce plan habilement conçu, mais exécuté sans beaucoup d'ensemble : le peuple de Gênes, contenu par le souvenir de ses désastres autant que par le parti nobiliaire et par les troupes françaises, ne remua point, et les galères de Venise furent obligées de se retirer devant une escadre provençale. Les Suisses s'étaient avancés en Lombardie; mais, dépourvus de cavalerie, n'ayant point de bateaux pour passer les rivières et les canaux qui coupent ce pays en tout sens, harcelés sans relâche par les gens d'armes et l'infanterie légère du gouverneur Chaumont, ils se rebutèrent bientôt, et retournèrent tout à coup chez eux sans avoir pris une seule place ni livré un seul combat (septembre 1510). Le gouverneur du Milanais avait, dit-on, acheté la retraite de leurs capitaines [2]. Les seuls avantages que remportè-

---

[1]. Quelques-uns de nos historiens l'accusent d'avoir fait empoisonner le cardinal d'Albi, frère de Georges d'Amboise; mais cette imputation ne paraît pas avoir d'autre fondement que la mort subite de ce prélat à Rome.

[2]. Le biographe de Bayart (*le Loyal Serviteur*) impute au gouverneur Chaumont l'emploi de moyens plus odieux pour arrêter l'invasion suisse : il dit que Chaumont fit placer dans une bourgade évacuée par les Français des barriques de vin empoisonné; les Suisses, contre leur ordinaire, ne burent pas, et une bande d'aventuriers français fut empoisonnée à leur place.

rent le pape et ses alliés furent la prise de Modène par le duc d'Urbin sur le duc de Ferrare, et la recouvrance de Vicence, de Bassano, d'Este et de quelques autres places par les Vénitiens. Louis XII, malgré le ressentiment que lui inspirait l'agression du pape, ne poussa pas les représailles avec la vigueur et la célérité qu'on attendait de lui, et qui avaient déconcerté ses ennemis lors de la révolte de Gênes. La perte du cardinal d'Amboise était irréparable, comme l'avouaient les successeurs de ce ministre [1] : le roi ne voyait pas plus juste que le cardinal sur les affaires générales de l'Europe, et il n'avait pas la fermeté, la décision et la pratique des affaires qui compensaient, du moins jusqu'à un certain point, les défauts de Georges. Anne de Bretagne, qui n'usa jamais de son pouvoir sur son mari que pour nuire à la France, tremblait d'être damnée avec Louis si l'on « menoit guerre » au saint-père, et ses plaintes, ses larmes, ses emportements, troublaient le pauvre prince, qui n'avait plus là son fidèle Georges pour contre-balancer la fâcheuse influence de *sa Bretonne* [2].

Louis, cependant, ne se résigna pas tout à fait aux outrages du pape, et, s'il ne pressa point la guerre « temporelle » fort énergiquement, il entreprit contre Jules une guerre d'une autre nature : il remit en avant les anciens projets de Georges d'Amboise touchant la réunion d'un concile, tâcha d'amener l'empereur et le roi d'Angleterre à seconder son dessein, et commença par s'assurer du clergé de France. Il convoqua, le 14 septembre 1510, à Tours, « les évêques, prélats, docteurs et autres gens de bonnes lettres du royaume », y compris ceux de Bretagne, de Flandre et d'Artois, et leur fit exposer par le chancelier tous ses griefs contre le pape; le concile gallican déclara que le roi pouvait, en sûreté de conscience, « guerroyer » le saint-père pour sa défense et celle de ses alliés, se soustraire à l'obédience du pape quant au tem-

---

1. *V.* les lettres de Machiavel, alors agent de Florence près de Louis XII, *Troisième légation à la cour de France,* let. 16. La correspondance diplomatique de Machiavel et ses *Mélanges Politiques* jettent de vives lumières sur la France de Louis XII.

2. Machiavel en levait les épaules. « Pour mettre un pape à la raison, » écrivait-il, « il n'est besoin de tant de formes ni d'appeler l'empereur. Les rois de France, comme Philippe le Bel, qui ont battu le pape, l'ont fait mettre par ses propres barons au château Saint-Ange. Ces barons ne sont pas si morts qu'on ne puisse les réveiller. » *Legazion.* lett. du 9 août 1510. La reine Anne n'était pas femme à permettre de tels expédients.

porel [1], et, quant aux choses pour lesquelles il faut recourir au pape, garder le droit commun et ancien et la Pragmatique-Sanction, suivant les décrets du concile de Bâle : l'assemblée déclara nulles à l'avance les censures que le pape pourrait publier « contre les princes à lui résistant », leurs sujets et alliés. Le clergé de Bretagne, s'associant aux dévots scrupules de sa souveraine, protesta, et repoussa toute décision contraire à « l'honneur de l'église romaine ». Le clergé de Flandre et d'Artois n'était pas venu. Le clergé français passa outre, arrêta que le pape serait invité à « mettre fin aux guerres et débats commencés », à commettre provisoirement en France un procureur ayant puissance de pourvoir au salut des âmes, et à convoquer un concile général, selon les décrets du concile de Bâle. Au refus du pape, l'empereur et les autres princes chrétiens devaient être requis de prêter la main à la réunion du concile : l'évêque de Gurk, ambassadeur de Maximilien, s'y engagea au nom de son maître. Le clergé de France s'ajourna au 1er mars 1511 à Lyon, après avoir accordé au roi un don gratuit de 240,000 livres. La longue domination du cardinal d'Amboise sur l'église de France portait ses fruits : le gallicanisme avait regagné dans le haut clergé tout le terrain perdu sous Louis XI.

Les hostilités continuaient en Italie : le pape avait rejoint à Bologne son général le duc d'Urbin; Jules II, plus irrité que découragé par ses échecs de Gênes et de Lombardie, excommunia le duc de Ferrare, et, avec lui, tous les capitaines et les sujets de Louis XII qui secourraient le Ferrarais. Chaumont d'Amboise, débarrassé de l'invasion suisse, répondit au pape en menaçant du gibet les porteurs de bulles et en marchant sur Bologne, où était le pape, si malade qu'on croyait qu'il n'en reviendrait pas. Jules II avait fort peu de soldats autour de lui. Déjà les Français étaient à trois milles de Bologne. Jules II, miné par la fièvre, assiégé par les plaintes et les prières de sa cour épouvantée, abandonné du peuple de Bologne, qui ne prit pas les armes à son appel, Jules II ne perdit pas un moment sa présence d'esprit ni son intrépidité : il fit signifier aux généraux vénitiens, qui étaient à Stellata sur le

---

1. Le roi n'avait pas attendu cette décision pour interdire toutes relations avec Rome, comme crime de haute trahison, par lettres du 27 août.

Pô, que, s'il n'était secouru sous trente-six heures, il s'unirait aux Français contre Venise; en attendant, il amusa Chaumont par des négociations; le gouverneur de Milan, qui n'avait eu d'autre dessein que d'obliger le pape à traiter, croyait déjà son but atteint et la paix faite, lorsqu'un corps de Vénitiens et de mercenaires turcs entra le soir dans Bologne. Le pape rompit aussitôt les pourparlers; le lendemain, arriva un renfort espagnol expédié de Naples par Ferdinand, comme feudataire de l'Église. Chaumont alors n'eut d'autre parti à prendre que la retraite. L'infatigable Jules, à peine relevé de maladie, entra en campagne au moment où les Français en sortaient, et alla diriger en personne, par le temps le plus rigoureux, l'attaque de la Mirandole [1], ceignant l'épée et la cuirasse et dressant lui-même les batteries de siége, sans se soucier du scandale qu'il donnait à la chrétienté, ni des armes qu'il fournissait à ses ennemis par cet étrange spectacle. Il entra par la brèche dans cette forte place (fin janvier 1511).

Ferrare fut à son tour sérieusement menacée; mais un détachement français sous les ordres de Bayart sauva cette capitale de la maison d'Este. « Le bon chevalier sans peur et sans reproche » augmentait chaque jour sa renommée. Le pape remit Modène aux gens de l'empereur, pour qu'elle ne tombât point entre les mains des Français, et les opérations militaires furent ralenties par la maladie simultanée du pape et du général français : le vieux pontife brava la fièvre comme ses autres ennemis, se railla des prescriptions de la médecine et recouvra la santé; le jeune général mourut. Obsédé sur son lit de mort par de superstitieuses terreurs, Chaumont avait envoyé supplier le pape de révoquer son excommunication; l'absolution pontificale lui vint trop tard (11 mars). Le maréchal Trivulce prit le commandement, mieux placé entre ses mains qu'entre celles de Chaumont; mais la guerre demeura suspendue quelques semaines : Maximilien n'avait pas trouvé chez les évêques allemands, réunis à Augsbourg, la même docilité, ou, si l'on veut, la même indépendance nationale que Louis XII chez le clergé de France : leur résistance et les instigations de Ferdinand avaient décidé l'empereur à proposer

---

1. Il faillit être enlevé, chemin faisant, par Bayart, qui lui avait dressé une embuscade.

une conférence pour traiter de la paix générale; le pape traîna l'affaire en longueur, puis finit par déclarer qu'il perdrait la tiare et la vie plutôt que de « pardonner » au roi de France et au duc de Ferrare (23 avril).

Les hostilités recommencèrent : le roi avait senti la nécessité de s'appuyer fortement sur la nation, dans une lutte où son adversaire tâchait de susciter les préjugés religieux au secours des intérêts politiques : un des poëtes valets de chambre du roi [1], Jean Lemaire, fit appel à l'opinion publique par un pamphlet d'une grande hardiesse, dédié au roi, comme « souverain protecteur de l'église gallicane » : il y annonce nettement « le grand et merveilleux schisme de l'Église, par lequel les princes séculiers seront contraints de mettre la main à la réformation ecclésiastique », schisme engendré par trois causes principales, à savoir : ambition, mère d'avarice, omission des conciles généraux, et « interdiction de mariage légitime aux prêtres de l'église latine [2] ». L'audace des propositions de Jean Lemaire fait voir que, si beaucoup de gens partageaient les scrupules d'Anne de Bretagne et son aveugle respect pour la papauté, d'autres esprits allaient bien au delà des querelles politiques du roi de France avec le souverain de Rome. Dans Rome même se trouvait en ce moment un obscur pèlerin, un pauvre moine allemand destiné à accomplir la grande révolution prédite par le poëte français : ce moine était MARTIN LUTHER!

Le maréchal Trivulce poussait cependant avec vigueur les troupes papales et vénitiennes. Jules II s'était retiré à Ravenne. Les Bolonais ouvrirent leurs portes aux Français et aux Bentivo-

---

1. Les écrivains et les artistes attachés à la cour recevaient ordinairement ce titre. Il convient de rappeler que ces offices domestiques n'étaient point regardés comme entachés d'un caractère servile, et qu'ils étaient ordinairement remplis par des gentilshommes, non-seulement chez le roi, mais chez tous les grands seigneurs. C'était un reste des habitudes féodales et chevaleresques. Le changement de l'acception attribuée aux mots *domestique* et *valet* indique le changement des idées à cet égard.

2. La plupart des historiens n'ont point accordé au pamphlet de Jean Lemaire l'attention qu'il mérite. M. de Sismondi ne le cite même pas. M. P. Lacroix (bibliophile Jacob) l'analyse, avec son exactitude ordinaire, dans son *Hist. de France au XVI° siècle*, t. IV, p. 289-293. Il faut se rappeler, quant au reproche adressé au pape touchant *l'omission des conciles*, que les Pères de Constance avaient prescrit la réunion des conciles tous les dix ans.

glio, fils de l'ancien seigneur de leur ville, et les Français, les bourgeois et les paysans des montagnes voisines fondirent tous ensemble sur l'armée papale, qui, campée à peu de distance, s'éloignait en désordre à la nouvelle de la défection des Bolonais. La déroute du duc d'Urbin fut complète : il perdit son bagage, son artillerie et l'étendard du pape (fin mai 1511). Jules II s'enfuit à Rome, effrayé pour la première fois. Il avait appris à Rimini que les Bolonais venaient d'abattre sa statue de bronze, œuvre de Michel-Ange, qui l'avait représenté en César, l'épée au poing ; on en avait fait un canon ; il reçut avis en même temps qu'on avait affiché à Modène, à Bologne et dans tout le nord de l'Italie, la convocation d'un concile devant lequel il était sommé de comparaître en personne. Le projet de ce concile, destiné à réformer tant « le chef que les membres » de l'Église, avait été définitivement arrêté, d'une part à Lyon, dans l'assemblée du clergé de France, de l'autre à Milan, entre l'évêque de Gurk, plénipotentiaire de l'empereur, cinq cardinaux échappés de la cour de Jules II, et des commissaires de l'empereur et du roi Louis : la convocation était faite au nom de ces cardinaux, et l'ouverture devait avoir lieu le 1ᵉʳ septembre à Pise. Rien n'eût été plus facile que l'occupation préalable de l'État de l'Église : le pape n'avait plus d'armée, et Ferdinand et les Suisses n'étaient pas prêts à le défendre. Mais Louis XII se contenta d'avoir rétabli dans leurs domaines le duc de Ferrare et les Bentivoglio, défendit à Trivulce de passer la frontière de la Romagne, fit reporter la guerre exclusivement sur le territoire de Venise, et résolut de ne poursuivre ultérieurement le pape que par les armes spirituelles du concile. Louis, en voulant prouver sa modération, ne prouva que sa faiblesse et son incapacité. Le concile ne pouvait réussir que par l'accord des principaux états chrétiens, et c'était se faire d'étranges illusions que d'espérer cet accord.

Jules II se sentit sauvé dès qu'il eut vu les étendards français s'arrêter à la frontière ; il leva de nouvelles troupes et reprit ses négociations avec les Suisses, avec Ferdinand, avec Henri VIII, avec Marguerite d'Autriche, qui, imputant à tort à Louis XII les entreprises continuelles du duc de Gueldre sur les Pays-Bas, et, d'ailleurs, foncièrement hostile à la France, pressait l'empereur son père d'écouter les propositions du pape et ne rêvait que coalition contre les Français. Mais ce que Jules fit de plus décisif pour parer le coup que Louis XII voulait lui porter, fut de convoquer lui-même un concile œcuménique à Saint-Jean-de-Latran pour le 1er mai 1512 (18 juillet). Cette résolution énergique faisait nécessairement avorter l'assemblée de Pise. Les rois d'Angleterre et d'Aragon s'empressèrent d'écrire à l'empereur et au roi de France pour les détourner d'opposer concile à concile : le jeune Henri VIII surtout témoignait contre le schisme une horreur qu'il devait démentir un jour avec un terrible éclat! Maximilien hésitait : la nouvelle que Jules II était retombé gravement malade tint de nouveau l'empereur en suspens, retarda l'ouverture du concile de Pise, et suggéra une étrange pensée à l'empereur. Maximilien projeta d'échanger le globe impérial pour les clefs de saint Pierre, et se porta candidat à la succession de Jules II ; il tenta d'amener Jules II à le prendre pour coadjuteur, offrit en gage aux Fugger, les fameux banquiers d'Augsbourg, son manteau impérial et les joyaux de sa couronne, pour 300,000 ducats destinés à acheter les voix des cardinaux, et promit à Ferdinand de résigner l'Empire « à leur commun fils », Charles, si Ferdinand l'aidait à obtenir la tiare. Rien ne peint mieux Maximilien, le type de l'homme à projets, que la lettre qu'il écrivit sur ce sujet, le 18 novembre, à sa fille Marguerite[1]. Jules revint encore une fois des portes du tombeau, et Maximilien dut au moins ajourner ses prétentions.

Jules, qui avait anathématisé Louis XII, sinon nominalement, au moins collectivement entre les ennemis de l'Église, fit une démarche conciliante auprès du roi de France, et lui proposa la paix à condition qu'il restituerait Bologne à l'Église, renoncerait au concile de Pise, et obligerait le duc de Ferrare à subir des conditions très-dures. Louis refusa; Jules l'avait prévu et n'avait eu pour but que de gagner du temps et de « parachever » ses négociations secrètes : le 9 octobre, une bulle du pape avertit la

---

1. V. le recueil des *Lettres de Louis XII*, t. IV, p. 1-2. C'est par erreur que la lettre s'y trouve à la date de 1512, au lieu de 1511. Le ton de la lettre est demi-plaisant : Maximilien annonce à sa fille qu'il veut être non-seulement pape, mais saint, afin qu'après sa mort elle soit contrainte de « l'adorer, ce dont il se trouvera bien glorieux. » Maximilien badine avec son dessein, mais s'occupe fort sérieusement des moyens de l'exécuter.

chrétienté de la formation d'une ligue entre le saint-siége, le roi d'Aragon et la seigneurie de Venise pour la recouvrance de Bologne et de toutes les places appartenant à l'Église « médiatement ou immédiatement » : la bulle annonçait l'adhésion prochaine du roi d'Angleterre à la « sainte ligue ». La conduite vacillante de Maximilien ne présageait que trop sa défection prochaine : aucun prélat allemand n'avait pris la route de Pise, et l'empereur s'était avisé tout à coup de réclamer la translation du concile à Mantoue, à Vérone ou à Trente. Jules II lança l'interdit sur les terres de la république de Florence et sur quiconque recevrait ou favoriserait « le conciliabule schismatique de Pise ». Florence, jadis l'arbitre de l'Italie et le centre de la politique péninsulaire, mettait désormais toute son industrie à s'effacer et à garder la neutralité de fait, quoiqu'elle fût de nom l'alliée de la France ; elle n'avait pu cependant refuser de recevoir chez ses « sujets » de Pise l'assemblée convoquée par le roi. Louis XII s'obstina jusqu'au bout, malgré l'évidente impuissance de ses efforts et la répugnance du clergé français à continuer seul contre le pape une lutte que bien des gens jugeaient sans motif depuis que Jules avait convoqué un autre concile. Quatre cardinaux, fondés de pouvoirs de trois autres, ouvrirent l'assemblée de Pise le 1er novembre. Elle se composait exclusivement de prélats français ou soumis à la domination française : l'opinion en Toscane était favorable au pape ; le clergé pisan avait cessé tous les offices et fermé les églises, et il fallut un ordre exprès de la seigneurie de Florence pour faire ouvrir aux pères du concile la cathédrale de Pise. L'attitude du peuple était si menaçante, qu'à la suite d'une rixe entre les habitants et les soldats français qui gardaient le concile, les « pères » crurent devoir abandonner Pise et s'ajourner à Milan au 8 décembre. Ils y trouvèrent la même animadversion, et, sans les menaces du nouveau gouverneur, Gaston de Foix, duc de Nemours, à qui le roi son oncle avait confié le Milanais, malgré sa grande jeunesse, le clergé milanais eût mis en interdit la ville de Milan durant le « conciliabule. » C'était l'esprit d'indépendance nationale qui se réveillait en Italie sous ces apparences religieuses.

Jules II exultait en voyant l'orage s'amasser de toutes parts contre la France ; tout le nord de l'Italie soupirait après l'expulsion des étrangers; les Suisses s'agitaient; le jeune roi d'Angleterre, plein d'une confiance illimitée dans ses forces et dans ses richesses, n'aspirait qu'à ressusciter les vieilles haines et les vieilles prétentions auxquelles son père avait prudemment renoncé; il venait de signer, le 16 novembre, un traité secret avec Ferdinand pour l'invasion de la Guyenne. Le roi d'Aragon, suspendant les conquêtes qui semblaient promettre à l'Espagne l'empire de tout le nord de l'Afrique, avait rappelé Pedro Navarro et ses meilleures troupes d'Afrique à Naples pour secourir le pape[1]. Les préparatifs menaçants des Suisses contre le Milanais empêchèrent Louis XII de prendre l'offensive contre les états du pape, comme il s'y était enfin décidé. Le roi ne devait s'en prendre qu'à lui-même de cette fâcheuse diversion : au lieu d'apaiser les Suisses, ce qui était facile, en leur accordant l'augmentation de pension dont le refus avait causé la rupture, il avait défendu tout commerce entre les cantons et le Milanais : les Suisses, habitués à tirer le vin, le blé, l'huile, toutes les denrées nécessaires ou agréables de la fertile Lombardie, furent exaspérés de cette mesure, et, dans le courant de décembre, seize mille montagnards se précipitèrent sur le Milanais. Cette invasion ne réussit pas mieux que celle de l'année précédente : Gaston, malgré son impétueux courage, se tint sur la défensive, et ce général de vingt-trois ans montra autant de sang-froid et de prudence que le vieux Trivulce lui-même; les Suisses s'avancèrent jusqu'aux faubourgs de Milan; Gaston s'enferma dans la ville; les Suisses, manquant de vivres et d'artillerie de siége, se détournèrent brusquement et marchèrent vers l'Adda, où les Vénitiens leur avaient promis de les joindre; l'armée vénitienne ne se trouvant point au rendez-vous, les montagnards s'en retournèrent par Como dans leur pays, non sans avoir probablement vendu leur retraite : les Suisses, si terribles sur le champ de bataille, entendaient mal la guerre de manœu-

1. Le cardinal Ximenez, archevêque de Tolède, avait entrepris et exécuté à ses frais la conquête d'Oran; Pedro Navarro avait pris Bougie et Tripoli peu de temps après, et Alger, Tunis et Tlemcen, effrayés des progrès des Espagnols, avaient reconnu la suzeraineté de Ferdinand. Les Portugais, de leur côté, étaient maîtres de Tanger et d'Arzile ; toute la région africaine au nord de l'Atlas paraissait sur le point de subir la suprématie européenne.

vres et de siéges; ils avaient d'excellents officiers, mais point de généraux[1].

Quelques semaines après la retraite des Suisses, les cantons contractèrent avec Maximilien et la maison d'Autriche une ligue perpétuelle qui alarma beaucoup Louis XII, car le roi comptait de moins en moins sur la fidélité de l'empereur (17 janvier 1512).
Les Espagnols s'étaient ébranlés en même temps que les Suisses : don Ramon de Cardona, vice-roi de Naples, s'était avancé sans obstacle jusqu'aux portes de Bologne, avec une armée redoutable à laquelle le pape avait réuni toutes ses forces. Le vice-roi de Naples et le cardinal-légat Jean de Médicis (depuis Léon X) comptaient sous leurs étendards deux mille lances, dix-huit cents chevau-légers et dix-huit mille fantassins, dont dix mille Espagnols commandés par Pedro Navarro, ce grand homme de guerre qui s'était élevé du rang de simple soldat à celui de capitaine-général de l'infanterie espagnole et d'amiral d'Espagne. Ils assirent leur camp devant Bologne le 26 janvier 1512. Les Français attachaient la plus haute importance, et comme point d'honneur et comme position militaire, à la conservation de cette grande ville; le roi avait déclaré qu'il défendrait Bologne comme Paris même. Gaston de Foix accourut comme la foudre à Finale, à une journée de Bologne; puis, sachant que l'étendue et la situation de la place avaient empêché les coalisés de l'investir régulièrement, il partit de Finale avec treize cents lances et quatorze mille fantassins, et une marche de nuit, par un temps affreux, à travers des tourbillons de neige, l'introduisit dans Bologne le 5 février au matin, sans avoir rencontré une seule sentinelle ennemie. Don Ramon de Cardona leva son camp et se replia sur Imola.

Les mauvaises nouvelles de la Lombardie ne permirent pas à

1. Avec l'année 1511 s'arrête l'*Histoire du* XVIe *siècle en France* par le bibliophile Jacob : quatre volumes seulement ont été publiés. Ce travail, si exact, si consciencieux, appuyé sur une chronologie si sévère et sur une si profonde connaissance des documents imprimés et manuscrits, promettait une œuvre éminemment utile à l'histoire de notre pays; son interruption est fort regrettable. Il y a tant à faire encore pour l'élucidation et la coordination de nos annales au XVIe siècle! Le bibliophile Jacob a relevé, dans la *Bibliothèque historique de la France*, ce vaste catalogue de notre histoire, un grand nombre d'erreurs et d'inexactitudes sur les documents de la seule période de Louis XII.—*V. Dissertations sur quelques points curieux de l'histoire de France,* etc. Paris, Techener, 1838. Note de 1841.

Gaston de suivre l'ennemi : tandis que le jeune général se portait sur Bologne, un corps vénitien avait surpris Brescia le 3 février, grâce à la connivence des habitants, et tout le pays bressan et bergamasque s'était soulevé au cri de « vive saint Marc »! Il était à craindre que ce succès des Vénitiens ne décidât les Suisses à une nouvelle invasion. Gaston combina ses mouvements avec une précision et une célérité dignes des plus grands capitaines : il laissa dans Bologne trois cents lances et quatre mille fantassins, et, avec le reste de son armée, il se dirigea sur Brescia si diligemment qu'il atteignit et mit en déroute, à l'Isola della Scala, l'armée vénitienne envoyée à la « recousse » de Brescia, malgré toute l'avance qu'avait sur lui Baglioni, capitaine des Vénitiens. Si Baglioni avait pu gagner Brescia, la manœuvre de Gaston eût entièrement échoué. Mais Gaston, sans être arrêté par les chemins rompus, par les rivières débordées, par les combats à livrer sur la route, parut devant Brescia le neuvième jour après son départ de Bologne, et somma les habitants de se rendre (17 février) [1].

Quoique les Bressans eussent avec eux dix à douze mille soldats vénitiens et plusieurs milliers de paysans armés, leur situation était désavantageuse; car le château, qui commandait la ville, était encore au pouvoir des Français, et la ville était presque sans défense de ce côté. Gaston offrit aux Bressans la vie et les biens saufs. Les citadins se fussent volontiers soumis; la présence du provéditeur Gritti, des troupes vénitiennes et des campagnards dévoués à Venise les contraignit à refuser. Les Français, descendant du château, se précipitèrent impétueusement sur la ville : le sol était glissant : Gaston, en vrai montagnard des Pyrénées,

---

[1]. « Gaston trouva tout naturel d'exiger de l'infanterie une rapidité que jusque-là on n'osait demander aux cavaliers. Dans une course de deux mois (qui fut toute sa vie et son immortalité), il révéla la France à elle-même, démontrant par une incroyable célérité de mouvements une chose qu'on ignorait, c'est que les Français étaient les premiers marcheurs de l'Europe, donc, le peuple le plus militaire. Le maréchal de Saxe a très-bien dit : — « On ne gagne pas les batailles avec les mains, mais avec les pieds. » (Michelet, *Renaissance*, p. 167.)

M. Michelet dit vrai; la première manifestation décisive de l'infanterie française fut une révélation de la France à elle-même; car l'infanterie française, c'est l'armée française; l'essence de l'armée. Ce premier noyau de notre grande infanterie était surtout formé de Gascons et de Picards, « race septentrionale qui a tout le feu du Midi (Michelet). »

ôta ses souliers de fer, et courut pieds nus à l'assaut. Les Vénitiens défendirent de « grand vigueur » un boulevard qu'ils avaient élevé contre la porte du château, et « le gentil chevalier sans peur et sans reproche », Pierre de Bayart, qui avait demandé à conduire la première bande des Français, fut renversé d'un coup de pique à la hanche au moment où il franchissait le rempart. Tout le monde le crut frappé à mort; le malheur de leur capitaine favori redoubla la fureur des Français; le boulevard fut balayé; les assaillants pénétrèrent de rue en rue jusqu'à la place du Broletto, où les Vénitiens s'étaient reformés en bataille. Les troupes vénitiennes, rompues pour la seconde fois, se précipitèrent en fuyant vers la porte San-Giovanni, la seule porte de la ville qui ne fût pas murée, afin de gagner la campagne; les fuyards trouvèrent devant la porte Yves d'Allègre, qui leur barrait le passage avec trois cents lances françaises. Les Vénitiens furent écrasés entre Yves d'Allègre et Gaston de Foix, et, avec eux, les paysans et les bourgeois qui avaient pris les armes en leur faveur : toutes les rues étaient encombrées de cadavres; le carnage dura jusqu'au soir. Les malheureux habitants payèrent cher la rébellion du 3 février et l'assistance qu'ils venaient de donner aux troupes de la seigneurie, en jetant de leurs fenêtres sur les Français « gros carreaux, pierres et eau chaude ». Le comte Ludovic Avogara et ses deux fils, nobles bressans qui avaient fomenté l'insurrection, furent décapités comme criminels de haute trahison. La ville fut abandonnée pendant sept jours à un atroce pillage : Gaston parvint pourtant à préserver d'insulte la plupart des couvents et les femmes qui s'y étaient réfugiées en foule; mais la population de cette florissante Brescia, qui surpassait en richesse et en élégance toutes les villes lombardes [1], Milan excepté, fut complètement ruinée. On prétend que le butin monta à trois millions d'écus.

L'abus de la victoire devait être funeste aux vainqueurs. « Il

1. « Dedans icelle », dit le biographe de Bayart, « sourdent tant de belles fontaines que c'est un droit paradis ». V. la campagne de Bologne et de Brescia, dans Guicciardini, l. x. — *Les Gestes du bon chevalier*, etc. — *Les Mémoires de Fleuranges*, etc. — V. dans *les Gestes du bon chevalier*, etc., c. 50-51, l'intéressante anecdote du séjour de Bayart, blessé et malade, chez une dame de Brescia; c'est un des traits les plus caractéristiques de la vie de ce loyal et généreux guerrier.

n'est rien de si certain », dit le biographe de Bayart, « que la prise de *Bresse* (Brescia) fut en Italie la ruine des François; car ils avoient tant gagné dans cette ville de *Bresse*, que la plupart s'en retournèrent et laissèrent la guerre, desquels il eût été bon *métier* (besoin) par après ». Il y a toutefois quelque exagération dans cette assertion. Cette campagne de quinze jours, dans laquelle le duc de Nemours avait fait lever le siége de Bologne aux Espagnols, écrasé les Vénitiens et recouvré Brescia, Bergame et leur territoire, répandit la gloire du jeune vainqueur dans toute l'Europe, et inaugura triomphalement la lutte de la France contre les coalisés. Les succès des Français ne firent cependant que resserrer les liens de la coalition : l'armée espagnole était intacte; les efforts tardifs du roi Louis pour regagner les Suisses paraissaient avoir peu de chances de succès; le mauvais vouloir de Maximilien devenait de plus en plus manifeste, et le roi d'Angleterre se déclarait en ce moment même. Quelques semaines auparavant, Henri VIII, déjà lié par un pacte offensif avec Ferdinand, avait encore protesté de ses intentions pacifiques auprès de Louis XII, afin de toucher un dernier terme de la pension annuelle que la France payait aux rois d'Angleterre en vertu du traité d'Étaples [1]. Aussitôt qu'il eut reçu l'argent, il leva le masque, annonça au parlement anglais sa résolution de combattre les ennemis du saint-siége, et obtint du parlement des subsides de guerre (14 février 1512). Les lords et les communes furent entraînés et par l'animosité nationale contre la France et par les avances intéressées du pape. Jules II avait envoyé au roi Henri la rose d'or [2], et aux prélats, lords et « honorables membres » une galéasse chargée de vins grecs, de fruits, de fromages et d'autres présents (Guicciardini, l. x).

Louis XII se réveilla devant le danger : la colère lui donna le courage d'échapper un moment à la domination de sa femme; il appela de nouveau à l'opinion publique; il fit continuer par les écrivains à ses gages la guerre de plume entamée par Jean Le-

---

1. Rymer, t. XIII, p. 310.
2. Présent que le pape adressait chaque année à celui des souverains chrétiens qu'il voulait honorer particulièrement.

maire [1], et livra le pape et le clergé à la discrétion des Enfants sans souci, qui usèrent amplement de la permission durant le carnaval de 1512, et qui mirent cette fois au service de la couronne toute l'audace de leur verve satirique [2]. Le roi alla jusqu'à faire frapper une médaille avec cette légende : *Perdam Babylonis nomen ;* trop grande parole pour une telle bouche!

Louis XII expédia en Italie des renforts de Gascons, de Picards, d'aventuriers de toutes les provinces, et manda à son neveu de détruire à tout prix l'armée de Jules II et du roi d'Aragon, puis de marcher sans scrupule droit à Rome aussitôt après la victoire,

1. Thomas Gaëtani, général des dominicains, venait de publier un pamphlet en faveur de la suprématie des papes sur les conciles et contre les doctrines des conciles *schismatiques* de Constance et de Bâle. Jean Bouchet répondit par la *Déploration de l'Église Militante,* et un anonyme, par le *Blason de la guerre du pape.*

2. *V.* dans la Collection du vieux théâtre français, le *Jeu du prince des Sots* et la *Moralité de l'Homme Obstiné* : dans la première de ces pièces, Mère-Sotte, déguisée en Mère-Église, porte le désordre dans le royaume des Sots jusqu'à ce qu'on lui arrache ses habits d'emprunt ; dans la seconde, Jules II en personne est introduit sur la scène sous le nom de l'*Homme Obstiné* : il est flanqué d'*Hypocrisie* et de *Simonie,* et *Punition divine* tient la foudre suspendue sur sa tête. Ces pièces de circonstance sont très-mauvaises en tant qu'œuvres littéraires ; leur auteur, Pierre Gringoire, qui occupait alors, parmi les clercs de la Basoche, la dignité de prince des Sots, n'était cependant pas dépourvu de talent : on a de lui un ouvrage très-peu connu, mais assez remarquable : c'est le mystère ou tragédie de *Saint Louis,* pièce historique et nationale, qui ne manque ni de mouvement ni d'intérêt, et qui ouvrait au théâtre une voie originale dans laquelle on peut regretter que les poëtes dramatiques du xvɪe siècle n'aient pas suivi Gringoire, au lieu de s'absorber, comme ils firent, dans l'imitation de l'antiquité. Il y avait, dans le drame de Gringoire, le germe de la tragédie-chronique à la manière de Shakspeare : on y trouve bien encore quelque mélange de personnages réels et de personnages allégoriques : le *Populaire* personnifié figure à côté de Louis IX, de la *reine Blanche,* etc. ; mais ce n'est plus que l'exception, et il ne reste plus que peu d'efforts à faire pour atteindre le véritable drame historique. M. Onésime Leroy a analysé et extrait le *Saint Louis* à la suite de son livre sur Jean Gerson, d'après un manuscrit ayant appartenu à la Bibliothèque de Saint-Germain-des-Prés. Il est juste d'observer que les qualités dramatiques du *Saint Louis* se retrouvent, parmi beaucoup d'absurdités et de grossièretés, dans plusieurs de nos nombreux mystères écrits du xive au xvie siècle. Des sentiments élevés ou naïfs, des mouvements passionnés, des images colorées et poétiques, brillent souvent dans le chaos des mystères, et une découverte récente doit modifier l'opinion accréditée sur le rôle de l'élément dramatique dans la littérature du moyen âge. Nous avions nous-même encore (*V.* notre tome V, p. 463) cherché à expliquer l'absence prétendue de cet élément dans la belle période de la poésie chevaleresque. Le *Mystère d'Adam,* écrit en Normandie au xiie siècle, et publié, en 1854, par M. V. Luzarche, d'après un manuscrit de la Bibliothèque de Tours, atteste que cette absence n'était point absolue, et ce mystère, comme on devait s'y attendre, est supérieur, par le fond et par le style, aux nombreux drames religieux des temps de décadence, que nous avons conservés. *V.* les intéressants articles de M. Littré, dans le *Journal des Débats* des 30 juillet et 29 août 1855.

afin de forcer le pape à recevoir la paix : le concile de Pise, retiré à Milan, dépêcha un légat à l'armée française, et autorisa Gaston à occuper provisoirement l'État de l'Église, jusqu'à ce que la chaire de saint Pierre fût remplie par un pape « légitimement » élu.

Gaston, dans le courant de mars, entra donc en Romagne à la tête de seize cents lances et de dix-huit mille fantassins, et présenta la bataille aux confédérés ; mais l'ennemi avait autant de motifs d'éviter la bataille, que les Français de la chercher : don Ramon de Cardona manœuvra durant deux ou trois semaines de telle sorte qu'on n'eût pu l'assaillir sans un grand désavantage. Les messages de Louis XII, cependant, devenaient de plus en plus pressants : le roi, ayant échoué dans ses tentatives auprès des Suisses, et sachant que Maximilien traitait pour son compte particulier avec les Vénitiens [1], le roi ordonnait de combattre au plus tôt, et envoyait offrir en même temps au pape des conditions de paix plus que modérées. Louis se décidait à rendre Bologne et à imposer d'assez grandes concessions au duc de Ferrare ; mais il pensait que ces conditions si avantageuses ne seraient acceptées de Jules II qu'après une défaite !

Gaston se porta sur Ravenne : il comptait que les ennemis se résoudraient à accepter le combat, plutôt que de souffrir la perte d'une ville aussi importante. Don Ramon de Cardona s'avança, en effet, au secours de Ravenne ; mais, avec sa circonspection habituelle, il s'établit sur la rive droite du Ronco, à trois milles de la ville assiégée, le Ronco séparant les deux armées, et les Français étant ainsi enfermés entre Ravenne et le camp espagnol. Cette situation n'était pas tolérable pour l'armée française, qui déjà manquait de vivres et qui n'en pouvait faire venir par le Pô, les Vénitiens occupant les embouchures. Un incident de grande conséquence força Gaston d'attaquer à tout hasard : il y avait dans l'armée cinq mille lansquenets allemands : l'ambassadeur de Maximilien à Rome, après avoir conclu, le 6 avril, une trêve de

---

[1]. L'absurdité des griefs qu'alléguait Maximilien pour colorer sa déloyauté était quelque chose d'incroyable : il prétendait que Louis XII avait traîné en longueur la guerre de Venise pour lui faire dépenser, à lui Maximilien, 50,000 ducats par an, tandis que cette guerre en coûtait 200,000 au roi.

dix mois avec les Vénitiens, par l'intermédiaire du pape, manda, de par l'empereur, aux capitaines des lansquenets de quitter le camp français avec leurs hommes. La lettre fut remise à Jacob d'Empfer, leur *colonel* [1], grand ami de Bayart et tout dévoué au roi Louis. Jacob ne communiqua la lettre qu'à Bayart et au duc de Nemours, et engagea Gaston à livrer assaut ou bataille avant que de nouveaux ordres arrivassent aux Allemands.

Le 9 avril, un assaut terrible fut donné à Ravenne et repoussé avec perte. L'assaut ayant échoué, on décida la bataille. Le 11 avril, jour de Pâques, à la pointe du jour, l'armée française traversa le Ronco à la vue des coalisés, qui, résolus d'attendre l'ennemi derrière les fossés de leur camp, ne s'opposèrent point au passage de la rivière. Les lansquenets passèrent sur un pont : Molard, suivi de tous les fantassins français, se jeta dans l'eau pour arriver avant les Allemands. Les deux armées renfermaient la fleur des capitaines et des soldats de la chrétienté : d'un côté, ce jeune duc de Nemours, qui promettait d'égaler les plus grands hommes de guerre ; le duc de Ferrare, qui, passionné pour l'art militaire, travaillant de sa propre main à la fonte et à la manœuvre du canon, avait dépassé les leçons des Français, et formé la plus belle artillerie de l'Europe [2] ; et La Palisse, et Bayart, et Louis d'Ars, et ces chefs intrépides qui avaient créé l'infanterie française, les Molard, les Duras, les Riberac, les La Cropte, sans parler des capitaines de lansquenets et des *condottieri* italiens ; dans les rangs opposés, Pedro Navarro, dont le nom résume toute la science guerrière de l'époque ; Fabrizio Colonna, le plus renommé des chefs italiens ; le jeune marquis de Pescaire (*Pescara*), Napolitain, le capitaine espagnol Antoine de Lève (*Leyva*), depuis si célèbres dans les guerres d'Italie. Les coalisés, qui comptaient quatorze cents lances, mille chevau-légers et douze mille fantassins, étaient inférieurs en nombre aux Français ; mais leur position rachetait ce désavantage. Les fantassins surtout étaient « merveilleusement » retranchés en leur parc ; Pedro Na-

---

1. Le colonel n'était que le premier et comme le doyen des capitaines.
2. C'est cet Alphonse d'Este, mari de Lucrèce Borgia, qui fut le patron de l'Arioste : le poëte, qui, dans un des chants de son *Orlando*, maudit, au nom de la chevalerie, l'invention des armes à feu, ne partageait pas la passion artiste de son prince pour le canon.

varro avait couvert le front de son infanterie espagnole par des chariots armés d'épieux et de lames de fer, pareils aux chars à faux des anciens, et chargés de vingt pièces de campagne et de deux cents grosses *haquebutes* (arquebuses à crochets), qui tenaient le milieu entre le canon et l'arquebuse à main.

Gaston et ses lieutenants, voyant leurs adversaires immobiles, ne voulurent pas renouveler, par un imprudent assaut, la catastrophe de Cerignola : ils comptèrent sur leur excellente artillerie pour déloger les coalisés; mais Navarro répondit aux décharges des Français par un feu tout aussi violent et aussi nourri. Cette épouvantable canonnade dura trois heures sans interruption : les gens de pied français, qui s'étaient avancés à découvert jusqu'à deux jets de pierre du camp ennemi, furent horriblement maltraités; tous les capitaines s'étaient mis au premier rang; trente-huit sur quarante restèrent sur la place; le sire de Molard, qu'on a surnommé « le père de l'infanterie française », et le bon *colonel* allemand Jacob d'Empfer furent emportés par le même boulet, comme ils trinquaient ensemble devant l'ennemi. La cavalerie espagnole et italienne ne souffrait pas moins que l'infanterie française et allemande : l'armée de Gaston s'était étendue en forme de croissant; les canons du duc de Ferrare, placés à la pointe de l'aile gauche, prenaient en écharpe toute la ligne des alliés, et emportaient des rangs entiers à chaque volée; Pedro Navarro avait préservé son infanterie en la faisant coucher à plat ventre, ce que le point d'honneur français n'avait point voulu imiter; mais la cavalerie ennemie était mise en pièces; « on voyoit incessamment voler têtes et bras, rouler à terre hommes et chevaux ». La cavalerie italienne et l'infanterie française se lassèrent presque en même temps d'être ainsi décimées sans vengeance : celle-ci se rua impétueusement à l'attaque du camp; celle-là en sortit pour charger l'artillerie française. Le vice-roi Cardona fut forcé d'appuyer les Italiens avec ses cavaliers espagnols. La gendarmerie française s'ébranla. Gaston fut le premier homme d'armes qui rompit sa lance contre les ennemis; il perça de part en part un cavalier italien.

Après une courte et terrible mêlée, la cavalerie espagnole et papale fut culbutée et complétement défaite : Fabrizio Colonna,

Pescaire et bien d'autres furent pris, avec le cardinal Jean de Médicis, légat de Jules II, que l'on conduisit devant le cardinal de San-Severino, légat du « conciliabule » de Milan. Le vice-roi Cardona s'enfuit au lieu de chercher à rétablir le combat. Le choc n'avait pas été moins furieux entre les piétons français et allemands et les bandes de Navarro. L'infanterie française et allemande, repoussée d'abord avec un grand carnage, était revenue obstinément à la charge ; mais les Espagnols, combattant à la manière des anciens Romains, avec le glaive et le bouclier, avaient réussi à rompre la phalange allemande, hérissée de piques d'une longueur démesurée, et les Gascons et les Picards avaient été également mis en désordre, lorsqu'enfin la cavalerie française accourut à la « recousse » des gens de pied et chargea en queue les bataillons de Navarro. L'infanterie espagnole fut enfin entamée, rompue, chassée de son fort et en grande partie massacrée : Pedro Navarro, désespéré, refusa d'abandonner le champ de bataille, et trouva la captivité tandis qu'il ne cherchait plus que la mort.

Cependant un gros d'infanterie espagnole s'était rallié, et se retirait en bon ordre le long du Ronco, afin de passer à gué la rivière et de gagner Ravenne. Cette bande s'éloignait peu à peu, en repoussant les détachements qui la harcelaient. Gaston aperçut quelques soldats fuyant devant ces Espagnols : au milieu de la poussière et de la fumée qui enveloppait le champ de bataille, il crut son infanterie en déroute, et, emporté par une fatale ardeur de jeunesse, il oublia son rôle de général et s'élança sur le bataillon ennemi, suivi seulement de quelques gentilshommes. Il fut entouré à l'instant et abattu de son cheval ; il se releva l'épée au poing et se défendit « comme Roland à Roncevaux » ; mais, malgré ses exploits et les efforts de son cousin Lautrec, qui criait aux ennemis d'épargner le frère de leur reine, il retomba bientôt percé de vingt coups de pique et d'épée [1].

Ainsi périt Gaston de Foix, « dont sera mémoire tant que le monde aura durée. Fort jeune (il n'avait pas vingt-quatre ans), mais déjà couvert d'une gloire immortelle, on peut dire qu'il fut

---

1. V. les *Gestes du bon chevalier*, etc.; les *Mémoires* de Fleuranges, Guicciardini et les autres historiens espagnols et italiens.

grand capitaine avant d'avoir été soldat. » Cet éloge, décerné au neveu de Louis XII par Guicciardini, n'est pas suspect dans la bouche d'un écrivain italien, et justifie la popularité traditionnelle qu'a conservée parmi nous ce jeune héros sitôt moissonné : Gaston mourut, victime de la première et de la seule faute militaire qu'il eût commise, au moment de recueillir la magnifique récompense de ses victoires : la destruction de l'armée hispano-papale ouvrait le royaume de Naples aux armées françaises, et Louis XII destinait à son neveu, non pas la vice-royauté, mais le trône même de Naples.

A voir le deuil qui régna dans l'armée française lorsque la mort du duc de Nemours fut connue, on eût pu croire qu'il n'y avait eu dans cette fatale journée que des vaincus et point de vainqueurs. Les Espagnols, dit le biographe de Bayart, « eurent perte qui de cent ans ne sera réparée » ; mais les Français n'avaient pas moins perdu par la perte d'un seul homme : « avec Gaston », dit Guicciardini, « avoit péri toute la vigueur de l'armée de France ». Ravenne cependant se rendit le lendemain de la bataille : Imola, Forli, Césène, Rimini, toute la Romagne se soumit à La Palisse et au cardinal de San-Severino, qui recevait les clefs des villes au nom du concile de Milan ; la terreur régna quelque temps dans Rome : on croyait déjà voir les Français aux portes de la ville ; le duc d'Urbin et les barons romains s'apprêtaient à passer du côté des vainqueurs, et Jules II, ébranlé par les supplications des cardinaux, signa, le 20 avril, les conditions de paix qui lui avaient été proposées vainement, avant la bataille, par deux cardinaux munis des pouvoirs du roi ; mais Jules reprit son inflexibilité et annula sa promesse, lorsqu'il connut l'attitude incertaine de l'armée française : le cardinal de San-Severino, prélat d'humeur soldatesque, disputait le commandement à La Palisse ; le duc de Ferrare était retourné chez lui, et le général des finances de Normandie, qui gouvernait Milan par intérim, venait, par une économie absurde, et, sans doute, par la déplorable influence de la reine, de licencier une partie des troupes victorieuses déjà si affaiblies. Bientôt les mouvements menaçants des Suisses obligèrent La Palisse à se replier sur le Milanais avec les deux tiers de l'armée. Mathieu Schinner, cardinal-évêque de

Sion en Valais, implacable ennemi de la France, était parvenu à déterminer les cantons à une nouvelle levée de boucliers. Henri VIII venait de signifier par un héraut, à Louis XII que leur traité était rompu, « par le fait de la guerre que menoit Louis contre la sainte église romaine et le Roi Catholique », et de grands armements s'apprêtaient dans les ports d'Angleterre ; Ferdinand armait aussi en Biscaye, et l'empereur et la gouvernante des Pays-Bas étaient de connivence ouverte avec les Anglais et les Espagnols. Louis XII rappela en deçà des monts plusieurs centaines de lances, et prescrivit à ses lieutenants de rester sur la défensive en Italie. Louis avait été atterré par la nouvelle de la mort du duc de Nemours, qu'il aimait comme un fils. « Plût à Dieu que j'eusse perdu l'Italie », s'écriait-il en versant des larmes, « et que Gaston et les autres qui sont morts à Ravenne vécussent encore ! »

Louis XII, voyant Jules II implacable, fit publier dans tout le royaume un décret par lequel le concile de Milan déclarait le pape suspendu de ses fonctions. Le clergé français, quels que fussent ses sentiments, ne résista point au roi ; mais Jules II, qui avait ouvert à Saint-Jean-de-Latran, le 3 mai, un concile beaucoup plus nombreux que celui de Milan, craignait peu ces impuissants anathèmes.

Le roi ne tarda pas à recevoir de fâcheuses nouvelles : vingt mille Suisses étaient descendus dans le Véronais ; les Suisses avaient compris la cause de leurs récents insuccès, et ils étaient allés emprunter aux Vénitiens de la cavalerie et de la grosse artillerie. Ils pénétrèrent par le Mantouan dans le Milanais ; La Palisse, nommé par Louis XII gouverneur de ce duché, avait à peine quinze mille soldats à opposer à trente mille ennemis : la défection de quatre mille lansquenets, qui le quittèrent sur l'ordre réitéré de Maximilien, le mit absolument hors d'état de tenir la campagne : il recula jusqu'à Pavie, après avoir jeté des garnisons dans les principales villes du Milanais. Les populations se soulevaient partout au cri de *viva Massimiliano Sforza!* Les confédérés avaient annoncé qu'ils venaient affranchir le Milanais du joug étranger et rendre la couronne ducale à Maximilien Sforza, fils du malheureux Ludovic *le More*, et réfugié en Allemagne depuis douze ans. Les principaux guelfes de Milan et tous les officiers des finances et de la justice du roi évacuèrent à la hâte cette capitale; les prélats du concile ou *conciliabule*, comme on appelait généralement l'assemblée antipapale, suivirent les gens du roi et repassèrent en France, à Lyon, poursuivis par les monitoires fulminants de Jules II. Le cardinal de Médicis, légat du pape, prisonnier depuis la journée de Ravenne, profita, pour s'échapper, du désordre de cette retraite : les Milanais et même les soldats français accouraient lui demander l'absolution sous les yeux des prélats du concile, tant l'épouvantail du schisme agissait encore sur les esprits!

Bientôt les Suisses et les Vénitiens parurent devant Pavie. La Palisse, craignant d'être cerné dans Pavie, évacua cette ville après un engagement meurtrier; puis il repassa en Piémont, et delà en France avec ses troupes, tandis que la populace lombarde et romagnole égorgeait partout, avec l'assentiment des délégués du pape, les soldats et les marchands français qui n'avaient pu rallier l'armée (fin juin). Quelques semaines suffirent pour ruiner la domination française, que douze ans de possession n'avaient point enracinée au delà des Alpes : deux mois après la victoire de Ravenne, Louis XII n'avait plus dans toute la Lombardie que Brescia, Peschiera, Crème et les citadelles de Milan, de Crémone et de Novarre; Bergame avait rappelé les Vénitiens; Parme et Plaisance se donnèrent au pape, qui prétendait que tout le pays au midi du Pô appartenait au saint-siége; les Suisses après avoir écrasé de contributions le pays qu'ils venaient de « délivrer », ajoutèrent à la possession de Bellinzona celle de Locarno, qui commande le lac Majeur et l'entrée de la Lombardie; les Grisons s'emparèrent de la Valteline et de Chiavenna; Janus Frégose, un des bannis génois, souleva Gênes, resserra le gouverneur français dans le fort de la Briglia (29 juin), et se fit élire doge; Bologne et toute la Romagne retournèrent sous l'obéissance de Jules II, et le duc de Ferrare s'efforça de désarmer par ses soumissions l'inflexible pontife, qui voyait cet éclatant retour de fortune justifier enfin son audacieuse politique.

Le rétablissement de la république génoise eut pour contre-coup la chute de la république florentine. Florence languissait depuis le paroxysme excité en vain par Savonarola, et la grandeur de quelques citoyens ne faisait qu'offrir un triste contraste avec l'abaissement de l'État. Florence avait usé le reste de ses forces, non point à raffermir sa liberté, mais à détruire la liberté de Pise : durant la guerre du roi Louis contre le pape, Florence n'avait su ni secourir énergiquement ni abandonner entièrement les Français, et, lorsque les événements de Lombardie eurent livré l'Italie centrale aux vaincus de Ravenne, ce fut sur Florence que les Espagnols, après avoir rétabli leur armée, dirigèrent leurs premiers coups. Le vice-roi de Naples marcha sur Florence pour y restaurer les Médicis : les Espagnols avaient besoin d'argent; le gouvernement florentin eût pu encore acheter la paix; c'était le désir du pape; mais Florence ne sut ni traiter ni combattre, et une poignée de conspirateurs, maîtres du pouvoir par un coup de main qui ne fit pas couler une goutte de sang, livrèrent la cité à Julien de Médicis et au cardinal Jean, frères de ce Pierre qui avait péri dans le Garigliano. Le gouvernement libre fut aboli, et « les Médicis », dit Guicciardini, « ayant repris leur ancien rang, gouvernèrent avec plus d'empire et d'autorité que n'avoit jamais fait leur père (le grand Laurent) » (septembre 1512).

Tandis que la France perdait ses conquêtes transalpines, son territoire national était menacé par ses plus vieux ennemis : une escadre anglaise insultait les côtes de Bretagne, et Henri VIII avait envoyé au port du Passage, dans le Guipuzcoa, sept à huit mille Anglais joindre les troupes de Ferdinand, afin d'attaquer la Gascogne.

Ce n'était pas la Gascogne, mais la Navarre, que Ferdinand voulait envahir : il était aussi naturel à l'Espagne de tendre à absorber la Haute-Navarre qu'à la France de souhaiter le Roussillon. Il fallait toutefois à Ferdinand un prétexte puisé dans le droit dynastique; ce prétexte lui vint à point nommé. Sa femme, Germaine de Foix, venait d'hériter, par la mort du malheureux Gaston, son frère, des prétentions de la branche de Foix-Narbonne sur la Navarre et sur les autres domaines occupés par la branche d'Albret-Foix; les droits de Gaston passaient ainsi dans les mains des ennemis de la France. Ferdinand agit avec sa duplicité ordinaire : au lieu de diriger les forces anglo-espagnoles contre Bayonne, ainsi qu'il en était convenu avec Henri VIII, il somma le roi de Navarre de lui livrer passage pour attaquer la France. Le roi Jean d'Albret avait jusqu'alors favorisé l'Espagne contre la France ; mais la mort de Gaston de Foix, dont Louis XII avait appuyé les prétentions, changeait les intérêts de la maison d'Albret; Jean refusa le passage, et signa un traité avec Louis XII. Jean d'Albret, caractère léger et imprévoyant, n'avait pas compris la nécessité d'être toujours préparé contre un coup de main de l'un ou de l'autre de ses puissants voisins, et, quand les Espagnols se jetèrent sur la Navarre, aidés par une faction que Ferdinand s'était attachée longtemps d'avance, Jean d'Albret n'eut ni les moyens ni la résolution de se défendre : il s'enfuit en Béarn, et laissa au pouvoir des Espagnols tout ce qu'il possédait au sud des Pyrénées, sauf trois ou quatre forteresses (juillet 1512). Ferdinand accorda aux Navarrois la conservation de leurs *fueros*, et des conditions d'existence politique analogues à celles des provinces basques et qui ont subsisté jusqu'à nos jours. Les Espagnols ne s'arrêtèrent pas au pied des Pyrénées ; ils descendirent dans la Basse-Navarre et s'emparèrent de Saint-Jean-Pied-de-Port (septembre). Ce fut seulement alors que Ferdinand offrit au général anglais, lord Dorset, d'attaquer en commun la Gascogne. Dorset, qui avait refusé de prendre part à l'invasion de la Navarre, et qui n'avait cessé de protester contre le changement du plan de campagne, répondit qu'il était trop tard pour entamer une invasion en présence d'une armée française rassemblée dans le Béarn, et se rembarqua pour l'Angleterre, très-irrité contre Ferdinand, sans avoir rompu une lance contre les Français.

Ceux-ci, qui n'avaient point été en mesure d'empêcher l'invasion de la Navarre, se trouvaient assez forts pour prendre l'offensive au moment même où le départ des Anglais affaiblit les Espagnols. Louis XII avait envoyé en Béarn l'héritier présomptif du trône, François d'Angoulême, duc de Valois, alors âgé de dix-huit ans. François, guidé par les conseils de La Palisse, tourna la position de l'armée espagnole, fortement établie à Saint-Jean-Pied-de-Port, et marcha sur Pampelune par la vallée de Roncal : la célérité du duc d'Albe, général des Espagnols, qui parvint à regagner Pampelune avant les Français, déjoua le plan de La Palisse : le duc de Valois et le roi Jean d'Albret entreprirent cependant le siége de Pampelune ; mais la saison était trop avancée ; les vivres manquaient ; la neige couvrait les vallées ; la garnison de Pampelune était trop nombreuse pour être forcée d'assaut. Malgré la sympathie des populations, il fallut évacuer le pays et revenir au nord des montagnes. La Haute-Navarre resta donc à Ferdinand ; mais la frontière française, du moins, ne fut pas entamée.

La situation de la France était sans doute encore assez périlleuse à la fin de cette année, qui avait vu de si étonnantes péripéties ; cependant Louis XII n'était pas sans espoir de voir la coalition se dissoudre par ses succès mêmes. Déjà les membres de la « sainte-ligue » se disputaient en Italie les fruits de la victoire : le pape, qui avait arraché Bologne aux Bentivoglio, Parme et Plaisance au duché de Milan, Reggio au duc de Ferrare, essayait de faire marcher de front l'agrandissement du saint-siége et l'affranchissement de la patrie italienne. Il voulait réunir le duché de Ferrare à l'État de l'Église, s'assurer la suprématie politique sur Gênes et sur la Toscane, et donner la couronne ducale de Milan à un prince italien, à Maximilien Sforza. Les Suisses, établis en vainqueurs dans les places du Milanais et tout fiers du titre de « défenseurs de la liberté du saint-siége », servaient énergiquement les vues de Jules II. Leur intérêt national était conforme à celui de l'Italie ; les Vénitiens y adhéraient également ; mais l'empereur et le Roi Catholique, ennemis naturels de l'indépendance italienne, souhaitaient secrètement de réserver le Milanais à l'un de leurs petits-fils, à Charles ou à Ferdinand d'Autriche ; tous deux étaient également opposés et à l'accroissement temporel du saint-siége et au rétablissement de la puissance vénitienne. Maximilien réclamait toujours la cession des places vénitiennes qui lui avaient été assignées par le traité de Cambrai, et protégeait contre le pape les Bentivoglio et le duc de Ferrare. L'empereur, il est vrai, se contentait de parler, mais les Espagnols agissaient : don Ramon de Cardona s'était avancé de Toscane en Lombardie, et avait reçu la capitulation de Brescia et de Peschiera, qu'il garda au lieu de les remettre aux Vénitiens. Jules n'épargna rien pour se rapprocher de l'empereur et arriver à la solution de l'affaire de Milan. Il y réussit, mais non pas gratuitement. Maximilien consentit à abandonner le duc de Ferrare et les Bentivoglio, et à laisser « provisoirement » Parme, Plaisance et Reggio entre les mains du pape, promit l'investiture du Milanais à Sforza, et reconnut le concile de Latran. L'empereur et le clergé allemand étaient restés neutres jusqu'alors entre les deux conciles. Maximilien exigea, en échange de tous ces avantages, l'abandon de Venise. Jules s'y résigna, et, par un traité signé le 25 novembre, il s'unit à l'empereur contre Venise. L'empereur alors permit à Maximilien Sforza de se rendre du Tyrol à Milan, où le nouveau duc fit son entrée le 29 décembre. Ce fut le cardinal de Sion, légat du pape et représentant de la diète helvétique, qui remit à Sforza les clefs du chef-lieu de Lombardie, pour rappeler à ce prince que sa couronne ducale lui était rendue par la vaillance des Suisses.

Jules II triomphait, ou croyait triompher! il croyait toucher au moment glorieux de l'expulsion des *barbares*; malgré le traité du 25 novembre, il espérait, sans grande vraisemblance, obtenir de Maximilien l'échange ou la vente des villes et des terres que celui-ci réclamait; alors un seul ennemi, l'Espagnol, resterait à vaincre pour affranchir la péninsule, et le pontife, confiant dans l'appui des invincibles Helvétiens, ne doutait pas de la victoire. Il voyait déjà les bannières aragonaises remplacées sur les trois châteaux de Naples par l'étendard de saint Pierre, et l'Italie, à la fois délivrée et soumise, unissant tous ses enfants sous le sceptre du pontife-roi de Rome. En même temps, Henri VIII devait assaillir le royaume de France et empêcher Louis XII d'intervenir dans les affaires d'Italie : Jules II, pour relier plus fortement le roi d'Angleterre à ses projets, avait fait rendre par le concile de Latran un décret qui transférait à Henri VIII le titre de Roi Très-Chrétien; il avait déjà fait expédier une bulle par laquelle il déclarait Louis XII déchu de la dignité royale, et offrait le royaume de France à quiconque voudrait s'en saisir.

Mais le seul ennemi que Jules II eût oublié dans ses calculs, la mort, qu'il avait fait reculer tant de fois depuis deux ans, surprit le fougueux vieillard au milieu de ses gigantesques desseins, et l'enleva le 21 février 1513, après une lutte de plusieurs jours, dans laquelle Jules conserva son indomptable énergie jusqu'à la dernière heure. Étrange assemblage de défauts éclatants et de qualités héroïques, funeste à l'Italie qu'il aimait et qu'il ne put dédommager des maux qu'il avait attirés sur elle, ce pape, dit Guicciardini, « se seroit rendu digne d'une gloire impérissable, s'il eût porté toute autre couronne que la tiare ». Faire de la papauté un instrument de délivrance et de nationalité pour l'Italie, c'était un rêve, mais le rêve d'un grand homme. Grand homme incomplet, toutefois, inégal, déréglé, variable, qui tenta l'impossible et ne réalisa pas le possible, comme on le vit dans son association avec un génie aussi impétueux, mais plus élevé, plus persévérant, plus doué de la vraie puissance, avec Michel-Ange. Il l'admira avec fureur, le délaissa avec inconstance, lui demanda une création sans égale qui les eût immortalisés ensemble [1], puis y renonça et lui imposa une autre œuvre sublime, qu'il ne comprit pas ou ne voulut pas comprendre quand elle fut achevée [2].

Au bout de sept jours de conclave, le sacré-collége proclama pape le cardinal Jean de Médicis, qui prit le nom de Léon X. C'était le plus jeune pape qu'on eût vu de temps immémorial; il n'avait que trente-sept ans [3]. Ce pontife célèbre, qui a mérité d'attacher son nom au plus beau siècle de l'histoire des arts, offrait, par son âge, ses goûts et son caractère, un parfait contraste avec son prédécesseur, et ne lui ressemblait que par sa haute intelligence; mais il n'était pas plus que lui l'homme de la tradition catholique : il fut au contraire, bien plus encore que Jules II, l'apôtre de la Renaissance, l'élève de l'antiquité; et les lettres et les arts, les plaisirs et la politique ne lui laissèrent pas le loisir de songer à la crise religieuse qui s'apprêtait, jusqu'à ce qu'elle éclatât sur sa tête comme le tonnerre. Son élection avait été l'œuvre des ennemis de la France; on pensait qu'il se souviendrait d'avoir été vaincu et pris à Ravenne par les Français, puis ramené en triomphe à Florence par les Espagnols; mais Léon X n'avait pas des ressentiments aussi implacables que Jules II contre la France, et ne voulait pas se mettre à la merci

---

1. Ce gigantesque tombeau, qui ne fut point exécuté, et dont le *Moïse* et les *esclaves* qui sont au Louvre sont des fragments.
2. La *Sixtine*.
3. On reviendra ailleurs sur le caractère et l'influence de Léon X, et sur le tableau qu'offrit Rome sous son pontificat.

de Ferdinand. Il réclama la restitution de Parme et de Plaisance, que les Espagnols avaient saisies à la nouvelle de la mort de Jules II, sous prétexte de les remettre au duc de Milan ; il reçut avec bienveillance le duc de Ferrare, et accueillit courtoisement Claude de Seissel, évêque de Marseille, porteur de propositions de paix de la part de Louis XII. Louis ne demandait pas mieux que de renoncer à son concile de Pise, de Milan ou de Lyon, qui n'était plus pour lui qu'un embarras, mais ne voulait entendre à aucune transaction quant au Milanais.

Tandis que Seissel négociait avec le pape, les événements se précipitèrent. Louis XII, loin de renoncer au Milanais, mettait tous ses soins et toute son ardeur à le reconquérir ; une trêve d'un an pour la frontière des Pyrénées venait d'être signée le 1er avril avec Ferdinand, qui désirait se consolider dans la possession de la Navarre. Cette trêve rendait un corps d'armée disponible, et le contre-coup du traité de Jules II avec l'empereur donnait des alliés à la France en Italie : une alliance offensive et défensive fut contractée entre la France et les Vénitiens, le 24 mars, aux termes de l'ancien traité de 1499 : le peuple milanais, écrasé de contributions et traité avec une arrogance brutale par les Suisses et par les Espagnols, plus maîtres dans le duché que le duc Maximilien, regrettait déjà les Français. Le duc de Savoie et le marquis de Saluces, qui avaient un moment chancelé dans leur foi, se rattachèrent au roi Louis dès qu'ils revirent les bannières françaises au pied des Alpes. Le roi se hâta d'agir avant que Henri VIII eût le temps d'exécuter la diversion qu'il méditait contre la France. Au commencement de mai, le sire de La Trémoille et le maréchal Trivulce descendirent en Piémont par Suze avec douze cents lances, huit cents chevau-légers, six à sept mille lansquenets levés dans la Gueldre et les pays du Bas Rhin, un gros corps d'infanterie française et une nombreuse artillerie. Sept ou huit mille Suisses, accourus de Milan, ne purent empêcher les Français de déboucher dans les plaines du Pô et de la Stura, et se replièrent sur Novarre. Maximilien Sforza n'eut bientôt plus d'autre asile que le camp des Suisses : la révolte éclatait autour de lui dans tout le duché, en haine, non de sa personne, mais de ses avides et farouches protecteurs. Milan releva l'étendard de France aussitôt après le départ de Maximilien : Gênes fut assaillie, du côté de la mer par une escadre française, du côté de la terre par les populations de la côte et des montagnes, qu'avaient soulevées les Adorne et les Fiesque, ennemis des Frégose, qui dominaient à Gênes depuis la dernière révolution : le doge Janus Frégose s'enfuit, et la seigneurie de Gênes rentra sous l'autorité du roi de France. Les Vénitiens s'étaient avancés pendant ce temps jusqu'à l'Adda; toute la Lombardie, excepté Novarre et Côme, échappa en trois semaines à Sforza et à ses alliés, sans que le vice-roi de Naples, campé avec une armée espagnole sur la Trebbia, près de Plaisance, fît le moindre mouvement : il avait ordre de ne pas compromettre ses troupes et d'attendre l'issue de la lutte entre les Suisses et les Français.

Il y avait du courage à Sforza de s'enfermer avec les Suisses dans cette même ville de Novarre où ils avaient jadis livré son père à La Trémoille et à Trivulce, ces mêmes capitaines qui s'avançaient aujourd'hui contre lui. Maximilien n'eut point à se repentir de sa confiance : les cantons sentirent que le prestige du nom suisse s'évanouirait, si les armes françaises renversaient l'ouvrage des armes helvétiennes, et toute la Suisse s'ébranla pour secourir le duc de Milan. La Trémoille et Trivulce s'étaient portés sur Novarre. Les remparts furent battus en brèche; mais, le matin même du jour où l'on allait donner l'assaut, on apprit qu'un grand secours suisse était entré de nuit dans Novarre : les généraux décidèrent qu'on se replierait sur Trecase, à trois milles de Novarre, et qu'on s'y tiendrait sur la défensive jusqu'à la venue des renforts attendus de France (5 juin). Le poste où s'établirent les troupes françaises pour passer la nuit était peu avantageux : c'était un terrain marécageux, une rizière bordée de bois et coupée par des canaux d'irrigation qui gênaient les manœuvres de la cavalerie et les communications des divers corps. Trivulce, seigneur de tout ce canton, avait fait choisir ce campement et détourné l'armée de se loger dans la bourgade de Trecase et dans la plaine voisine, afin de préserver ses domaines. On savait que les Suisses attendaient encore plusieurs milliers de leurs compatriotes, et l'on était loin de soupçonner qu'ils pensassent à combattre avant d'avoir réuni toutes leurs forces. Cette confiance fut fatale : un peu avant le jour, une alarme soudaine éveilla l'armée française; douze mille Suisses s'étaient avancés en silence par les bois qui s'étendent entre Novarre et Trecase, et touchaient déjà au camp français. Ils s'étaient partagés en deux grosses bandes, dont l'une fondit sur l'infanterie et l'artillerie, tandis que l'autre donnait sur le logis des gens d'armes, pour les empêcher d'aller à la « recousse » des fantassins. Les artilleurs et les lansquenets accueillirent l'ennemi par un feu meurtrier de canons et de « haquebutes » : les Suisses continuèrent d'avancer en serrant leurs rangs après chaque décharge, jusqu'à ce qu'ils eussent joint « main à main » cinq mille lansquenets de Gueldre et de Westphalie qui défendaient les canons. La lutte des Suisses et des Allemands fut terrible : la rivalité qui existait entre ces vaillants mercenaires, dont les armes, la discipline, le langage étaient semblables, enfanta des prodiges de courage de part et d'autre; mais les lansquenets ne furent pas secondés par le reste de l'armée : les Suisses pénétrèrent jusqu'à l'artillerie, s'en emparèrent et la tournèrent contre leurs ennemis; l'infanterie française et gasconne lâcha pied; la gendarmerie, embarrassée par la nature du terrain, se mit en plein « désarroi », après quelques charges malheureuses. Un corps de trois cents lances, rallié par Robert de La Mark, duc de Bouillon [1], fit seul son devoir; ce seigneur, informé que ses deux fils, les sires de Fleuranges et de Jametz, qui commandaient les lansquenets, étaient accablés par l'ennemi, se jeta en désespéré sur les Suisses, pénétra, à travers leurs bataillons, jusqu'au poste de ses deux enfants, et les trouva l'un près de l'autre couchés parmi les morts; l'aîné, Fleuranges, le *Jeune Aventureux*, avait le corps haché de quarante-six blessures; le père réussit à les enlever tous deux du milieu des ennemis, et ils survécurent comme par miracle. Cet effort partiel ne rétablit pas le combat : vingt-deux pièces de canon étaient tombées au pouvoir des Suisses; la moitié des lansquenets avait péri; le reste était en

1. Robert de La Mark, duc de Bouillon et sire de Sedan, de la même famille que le fameux *Sanglier des Ardennes*. Les La Mark étaient Wallons par leur origine et leurs fiefs des Ardennes, mais à moitié allemands par leurs terres de Westphalie. Les *Mémoires* de Fleuranges, qui s'était surnommé lui-même *le Jeune Adventureux*, sont un des monuments les plus originaux de l'époque.

déroute, et la gendarmerie fuyait, sourde à la voix de ses chefs. La Trémoille et Trivulce, la rage dans le cœur, furent obligés de suivre les fuyards.

C'était le plus funeste échec qu'eussent essuyé les Français depuis l'origine des guerres d'Italie : pour la première fois, l'honneur de la gendarmerie était compromis; une belle armée, commandée par les meilleurs généraux, venait d'être complétement battue par des fantassins sans cavalerie et sans canons. Comme à l'ordinaire, une seule bataille décida du sort de la Lombardie. Les généraux de Louis XII n'essayèrent pas de défendre les places du Milanais avec des troupes démoralisées, et ramenèrent leurs gens en France, où les rappelaient d'ailleurs les ordres réitérés du roi. Le Milanais, l'Astesan et la seigneurie de Gênes furent reperdus plus vite encore qu'ils n'avaient été regagnés : les villes lombardes en furent quittes pour payer de fortes amendes à Sforza et aux Suisses; les Adorne évacuèrent Gênes, où les Frégose rentrèrent, appuyés par les Espagnols, qui renoncèrent à leur neutralité quand ils virent les Français vaincus; il ne resta aux Français que trois ou quatre citadelles. Le vice-roi de Naples s'unit aux troupes de l'empereur pour attaquer les Vénitiens, qui, ne pouvant espérer de secours de la France, concentrèrent leurs forces dans Padoue et dans Trévise; Venise estimait facile de recouvrer le reste de ses états de terre ferme, pourvu qu'elle se maintînt dans la possession de ces deux places.

Louis XII avait besoin en ce moment de toutes ses forces pour défendre le sol français, menacé, au nord par le roi d'Angleterre, à l'est par l'empereur et les Suisses; Maximilien, se déclarant enfin ouvertement contre la France, s'était engagé à entrer dans le royaume par la Bourgogne avec une armée suisse, allemande et franc-comtoise, tandis que Henri VIII s'avancerait par la Picardie. Les machines de guerre dressées par Jules II portaient coup après la mort de leur auteur. Le parlement anglais avait accordé des subsides très-considérables à Henri VIII, qui allait avoir à solder non-seulement ses troupes, mais celles de son nécessiteux allié. Louis XII, de son côté, s'apprêta à la résistance, sans égaler pourtant ses efforts à la grandeur du péril : depuis deux ans, il avait été contraint de rehausser les tailles; il éleva les aides, subsides et gabelles, à 3,300,000 livres pour l'année, contracta des emprunts, demanda quelques dons gratuits aux bonnes villes, et engagea, jusqu'à concurrence de 400,000 livres, quelques portions du domaine royal. La campagne s'engagea par un combat glorieux pour la marine française. L'amiral anglais sir Edward Howard fut défait et tué le 25 avril, dans le port du Conquêt, en voulant enlever à l'abordage quatre galères amenées par Prejean de Bidoulx de la Méditerranée dans l'Océan. Prejean, à son tour, alla ravager les côtes de Sussex; mais il fut repoussé par des forces supérieures, et ne put empêcher l'armée anglaise de traverser le Pas-de-Calais (fin mai). La flotte anglaise, après avoir débarqué l'armée de terre à Calais, revint croiser sur les côtes de Bretagne, et y fit des descentes dévastatrices qui semblaient le prélude d'une invasion.

La marine française se mit en devoir de disputer la mer aux Anglais : Hervé Primoguet, amiral de Bretagne, et le général des galères Prejean de Bidoulx rassemblèrent à Brest une vingtaine de navires bretons et normands. Le 10 août, à la hauteur de l'île d'Ouessant, ils se trouvèrent en présence de toute la flotte ennemie, qui, assure-t-on, ne comptait pas moins de quatre-vingts voiles. Les Français, favorisés par le vent, engagèrent avec audace une lutte inégale, et prirent ou coulèrent plusieurs vaisseaux anglais avant que les autres pussent les secourir. Les Anglais ressaisirent l'offensive : le duc de Suffolk, favori de Henri VIII, assaillit la grande « nef » de la reine de France, *la Cordelière*, montée par l'amiral breton; le vaisseau de Suffolk fut bientôt démâté par un feu supérieur; la « nef » amirale anglaise, *la Régente*, commandée par l'amiral Thomas Knyvet et remplie d'une vaillante noblesse, vint à l'aide de Suffolk; puis d'autres navires encore : *la Cordelière* fut entourée par dix ou douze vaisseaux ennemis. Il fallait se rendre ou mourir : l'amiral breton Primoguet, transporté d'un désespoir sublime, jeta les grappins d'abordage sur *la Régente* et mit le feu aux deux navires à la fois : une double explosion couvrit la mer de morts et de débris; les deux nefs amirales avaient sauté ensemble avec plus de deux mille hommes qu'elles portaient. La flotte anglaise, terrifiée, reprit le large et laissa le reste de l'escadre française regagner la rade de Brest[1].

La guerre sur terre n'eut rien de cet éclat héroïque : un corps d'armée anglais, parti de Calais, avait entamé, le 17 juin, le blocus de Térouenne, place d'armes des Français dans la marche d'Artois. Henri VIII, débarqué en personne à Calais le 30 juin, ne partit pour Térouenne que le 1er août, escorté par dix mille fantassins, archers anglais et lansquenets allemands : il rencontra, chemin faisant, près de Tournehem, toute la cavalerie française de l'armée du Nord, douze cents lances commandées par le sire de Piennes, gouverneur de Picardie. Bayart et presque tous les capitaines français voulaient à l'instant « donner dedans » l'ennemi; mais le seigneur de Piennes, qui avait « charge du roi de ne rien hasarder, mais seulement garder le pays », n'y consentit point, « et passa le roi d'Angleterre et sa bande, au nez des François », dit le biographe de Bayart : on perdit ainsi l'occasion de terminer la guerre par une glorieuse capture. Henri VIII arriva sans obstacle au camp de ses lieutenants, devant Térouenne : Maximilien le joignit, le 12 août, avec un corps de cavalerie allemande, que grossirent beaucoup de gentilshommes des Pays-Bas, feudataires de l'Empire. L'empereur avait mieux aimé se mettre à la solde du roi d'Angleterre que de prendre le commandement des Suisses, soldats aussi redoutables à leurs chefs qu'à l'ennemi. Maximilien espérait avoir les profits de la guerre en laissant les honneurs à Henri VIII; il caressa la vanité de ce jeune prince fastueux et prodigue, et abaissa la majesté impériale jusqu'à arborer les couleurs de Henri VIII et à se déclarer *soldat* du roi anglais, aux gages de cent couronnes d'or par jour. Il n'en fut pas moins le véritable chef de l'armée, forte de plus de quarante mille combattants, Anglais, Allemands et gens des Pays-Bas.

1. Nous avons suivi principalement le récit de *Belcarius,* p. 421-422. Il y a des versions très-diverses sur les détails de ce fameux combat : les historiens anglais Hume et Lingard le placent même en 1512 au lieu de 1513, mais ils sont d'accord avec Belcarius sur le fait principal, la résolution et la fin héroïque de Primoguet. — V. aussi d'Argentré, du Haillan, etc.; nous avons pu consulter, en outre, le tome V, resté inédit, de l'*Histoire du* xvie *siècle en France,* du bibliophile Jacob, qui a retrouvé, dans les manuscrits de Lancelot, un poëme contemporain sur la fin glorieuse de la *Cordelière* et de son commandant.

La garnison de Térouenne se défendit avec valeur et constance; néanmoins elle commençait à souffrir grandement du manque de vivres. Louis XII manda au seigneur de Piennes de ravitailler Térouenne, « à quelque péril que ce fût ». L'armée de France s'était assemblée à Blangi-en-Ternois, près de Hesdin. Les généraux de Louis XII, le sire de Piennes, le duc de Longueville (petit-fils du fameux Dunois) [1], La Palisse, grand-maître de France, laissèrent l'infanterie au camp de Blangi, et vinrent, avec quatorze cents lances, faire une fausse attaque du côté de Guinegate, près du champ de bataille de 1479, tandis que huit cents estradiots albanais au service de France fondaient d'un autre côté sur les lignes ennemies, les traversaient au galop, pénétraient jusqu'aux fossés de la place, et y jetaient des munitions de guerre et de bouche emportées au cou de leurs chevaux.

L'excellente cavalerie légère albanaise s'acquitta heureusement de sa mission; mais, pendant ce temps, les choses allaient fort mal vers Guinegate. La gendarmerie, après avoir escarmouché assez longtemps contre les cavaliers de Henri VIII et de Maximilien, commençait à battre en retraite, lorsque tout à coup elle aperçut, au haut de la colline de Guinegate, deux gros corps d'infanterie anglaise et allemande, bien munis de canons, qui avaient tourné la hauteur sans être vus, et qui manœuvraient pour couper la retraite aux Français. Beaucoup de jeunes gentilshommes, « peu obéissants à leurs chefs », avaient ôté leurs heaumes et étaient montés sur leurs « haquenées » [2]; ils allaient sans grand ordre, buvant et se rafraîchissant à loisir; à l'apparition imprévue de l'infanterie ennemie sur leur flanc, tandis que la cavalerie les poussait en queue, ils furent frappés d'une terreur panique : ils passèrent du pas au trot, du trot au galop, entraînèrent celles des compagnies qui étaient demeurées en bonne ordonnance, et coururent « à bride avalée », sans tourner la tête, jusqu'à ce qu'ils fussent rentrés au camp de Blangi. Cette déroute fut nommée « la journée des Éperons, parce que les éperons y servirent plus que

---

1. Le comté de Longueville avait été érigé en duché-pairie en 1505.
2. Les hommes d'armes ne montaient leurs « destriers », ou grands chevaux de bataille, qu'au moment de combattre : durant la marche, ils chevauchaient sur des « coursiers » de moins haute taille, appelés « haquenées » ou « courtauds ».

l'épée ». Il y eut peu de morts, mais les ennemis « gagnèrent » plusieurs prisonniers de haut rang et de grande renommée, les principaux capitaines s'étant jetés à l'arrière-garde pour tâcher d'arrêter la fuite de leurs hommes : le duc de Longueville et le chevalier Bayart furent pris. Si Henri VIII et Maximilien avaient marché droit au camp de Blangi, dans le désordre où se trouvait l'armée française, ils l'eussent probablement tout à fait « déconfite ». L'empereur conseillait cette attaque; mais Henri VIII et ses lords ne s'y « accordèrent point » (16 août).

La « journée des Éperons » décida la perte de Térouenne : le roi autorisa la garnison à capituler : on obtint, « en appointement honorable, » que « la gendarmerie sortiroit la lance sur la cuisse, et les piétons, la pique sur l'épaule, avec leurs harnois et tout ce qu'ils pourroient porter, et que mal ne seroit fait aux habitants de la ville, ni icelle démolie » (22 août). La capitulation fut observée envers la garnison, mais violée à l'égard de la ville, car Henri VIII, à la prière de Maximilien, abattit les murailles, combla les fossés et brûla toutes les maisons, hormis la cathédrale et le cloître des chanoines. Térouenne était détestée des Artésiens, que la garnison et les belliqueux habitants de cette place frontière harcelaient par de continuels ravages : le vieux parti bourguignon regarda la ruine de Térouenne comme sa propre victoire.

A la nouvelle de la déroute de Guinegate, Louis XII, quoique fort tourmenté de la goutte, s'était fait porter en litière de Paris à Amiens, et avait envoyé à l'armée le jeune duc de Valois, qui la ramena sur la Somme, bonne ligne de défense, dans le cas où l'ennemi eût tenté de pénétrer dans l'intérieur du royaume. Mais l'ennemi n'y songeait pas : Henri VIII, à l'instigation de Maximilien, qui dirigeait les opérations militaires dans l'intérêt exclusif de sa maison, mena l'armée victorieuse contre Tournai; la conquête de cette ville française, enclavée entre la Flandre et le Hainaut, importait fort à la famille qui possédait les Pays-Bas, mais ne pouvait influer sur le sort de la guerre, ni surtout profiter aux Anglais.

Les priviléges de la commune de Tournai l'exemptaient de recevoir garnison : les bourgeois ne voulurent point de soldats français, et déclarèrent au roi que « Tournai jamais n'avoit tourné et encore ne tourneroit, et que, si les Anglois venoient, ils trouveroient à qui parler » (Fleuranges). D'anciens et glorieux souvenirs faisaient illusion aux Tournaisiens. Le temps était passé où une ville, protégée par de bonnes murailles et par une brave milice communale, pouvait défier les plus puissantes armées : le perfectionnement de l'artillerie et l'art redoutable des mines avaient décuplé la puissance de l'attaque, tandis que le système de défense était demeuré à peu près stationnaire. Il fallait désormais que le nombre et l'expérience militaire des assiégés suppléassent à la faiblesse relative de ces remparts et de ces tours qui jadis se seraient, pour ainsi dire, défendus par eux-mêmes. Les Tournaisiens furent victimes de leur présomption, et se virent promptement obligés de se rendre (24 septembre) : ils furent mieux traités que les habitants de Térouenne; non-seulement on ne saccagea pas leur cité, mais Henri VIII, à qui ils prêtèrent serment, promit, moyennant une forte amende, de respecter leurs franchises, excepté l'exemption de garnison. La prise de possession de Tournai par les Anglais commença de jeter du froid entre Henri VIII et Maximilien, qui avait compté que Henri abandonnerait généreusement cette ville à la maison d'Autriche.

Pendant que ces revers alarmaient la France septentrionale, les provinces de l'est étaient exposées à une irruption bien plus dangereuse encore : Marguerite d'Autriche, souveraine de la Franche-Comté, quoiqu'elle eût conclu avec Louis XII, en 1512, un traité de neutralité pour trois ans, s'était jointe à l'empereur, son père, afin d'exciter les Suisses à envahir la France. Les Ligues Suisses, enivrées du triomphe de Novarre, accueillirent avec acclamation le projet d'attaquer au cœur de ses états le roi qui les avait offensées par ses imprudents mépris : dix-huit mille Suisses se réunirent en Franche-Comté à la noblesse comtoise et à des troupes venues de Souabe et d'Autriche sous la conduite du duc Ulric de Wurtemberg; trente mille combattants se jetèrent sur la Bourgogne ducale, et se présentèrent devant Dijon le 7 septembre. Les principales forces de la France avaient été envoyées dans le nord, et le sire de La Trémoille, gouverneur de Bourgogne, n'avait peut-être pas à sa disposition sept ou huit mille hommes de troupes régulières : il s'enferma dans Dijon, après avoir jeté des garnisons dans trois ou quatre places voisines.

Dijon était assez mal fortifié, et deux brèches furent ouvertes par l'artillerie ennemie dès le 9 septembre, après deux jours de batterie. Un premier assaut fut vaillamment repoussé; mais on ne pouvait espérer de tenir longtemps : La Trémoille n'attendait aucun secours du roi, et les bourgeois le suppliaient de sauver leurs familles et leurs biens par une capitulation qui plus tard serait impossible. La Trémoille se résolut à traiter, et envoya demander un sauf-conduit aux capitaines des Suisses pour aller conférer avec eux en personne. Rien n'était plus loin de sa pensée que de rendre la ville : il connaissait les Suisses, leur mobilité turbulente, leur avidité; il les savait mécontents de n'avoir pas encore reçu les subsides promis par le roi d'Angleterre, et il entretenait des intelligences secrètes avec plusieurs de leurs chefs. Il mena les négociations en conséquence : il flatta les Suisses de la gloire d'être les arbitres de l'Europe; dès le lendemain 13 septembre, un traité qui réglait, non point le sort de Dijon, ni même de la Bourgogne, mais les intérêts généraux de la chrétienté, fut signé par le gouverneur de Bourgogne et par le général des Suisses, Jacques de Watteville, avoyer de Berne, qui agit comme s'il eût été le plénipotentiaire de toute la coalition. La Trémoille jura, au nom du roi, que Louis XII renoncerait au concile de Pise (qui s'était dissous de lui-même), se réconcilierait avec le saint-siége, évacuerait les châteaux de Milan, de Crémone et d'Asti, céderait ses droits sur le Milanais et l'Astesan à Maximilien Sforza, et paierait aux cantons helvétiques 400,000 écus « à la couronne ». Les capitaines suisses ne s'informèrent même pas si La Trémoille avait des pouvoirs suffisants, et promirent paix et amitié à Louis XII, en s'engageant au nom des Ligues, de la Comté de Bourgogne, du duc de Wurtemberg et du sire de Vergi, commandant des Comtois. Il fut convenu que le pape, l'empereur et les autres puissances confédérées auraient la faculté d'adhérer à cette paix.

La Trémoille ne put fournir aux Suisses que 20,000 écus comptants; il leur donna des otages en garantie du paiement intégral, et l'armée d'invasion évacua sur-le-champ « la duché ».

Le roi et la diète helvétique furent également mécontents de ce traité : Maximilien et Henri VIII appelèrent les Suisses « traîtres et vilains »; la diète mit ses capitaines en jugement, et Louis XII, excité par la reine, qui nourrissait contre le vainqueur de Saint-Aubin-du-Cormier une rancune de vingt-cinq ans, faillit suivre, à l'égard du gouverneur de Bourgogne, l'exemple de la diète. Le roi s'apaisa toutefois, et se contenta d'écrire à La Trémoille qu'il trouvait le traité « merveilleusement étrange. — Par ma foi, sire, aussi est-il ! » répliqua La Trémoille ; « mais force a été de le faire pour la mauvaise provision qui étoit par deçà, pour garder votre pays et royaume ! Je ne suis aucunement obligé de vous le faire ratifier ; par quoi pourrez-vous prendre querelle, au besoin, sur ce que je n'avois de vous pouvoir ni puissance ».

Louis comprit enfin qu'il devait à La Trémoille le salut de la Bourgogne et peut-être plus encore; il envoya 50,000 écus aux Suisses, ne ratifia point le traité, négocia, et gagna ainsi l'hiver, espérant apaiser les Suisses et remettre la France en meilleur état avant la réouverture de la campagne.

Les manœuvres de la diplomatie avaient succédé à celles des armées : Maximilien s'était séparé de Henri VIII dès la fin de septembre; la gouvernante des Pays-Bas n'épargna rien pour dissiper les nuages qui s'étaient élevés entre son père et le roi anglais; elle se rendit à Tournai, auprès de Henri VIII, avec le jeune Charles d'Autriche, héritier de Castille et seigneur des Pays-Bas; elle attira le roi d'Angleterre à Lille, l'enivra de louanges et de fêtes, et obtint de Henri VIII 200,000 écus d'or pour aider Maximilien à défendre leurs conquêtes communes jusqu'au printemps suivant; au mois de juin 1514, une triple attaque devait être dirigée contre la France par l'empereur, le roi d'Angleterre et le roi d'Aragon, la trêve de Ferdinand avec Louis XII expirant à cette époque; Charles d'Autriche, enfin, devait épouser Marie, sœur de Henri VIII. Henri, provisoirement, retourna hiverner dans son royaume, où de grands événements avaient eu lieu en son absence : Jacques IV, roi d'Écosse, allié de la France[1],

---

1. Anne de Bretagne, pour le décider à intervenir contre l'Angleterre, lui avait envoyé son anneau, et l'avait déclaré son chevalier.

avait envahi le Northumberland; le 9 septembre, ce valeureux prince avait été défait et tué à Flodden-Field par une armée anglaise que commandait lord Howard. Ce fut un des plus terribles désastres qu'eût jamais essuyés l'Écosse.

Cette catastrophe d'un fidèle ami affligea, mais ne découragea pas Louis XII : le lien qui unissait les coalisés était faiblement noué, malgré les efforts de Marguerite, qui, depuis la mort de Jules II, était devenue l'âme de la ligue; Maximilien flottait toujours entre trois ou quatre projets, et Ferdinand, tout en jurant à Henri VIII de coopérer à l'attaque de la France, négociait plus activement que jamais avec Louis XII. Le principal prétexte de la ligue, le schisme, n'existait plus : la France était réconciliée avec le saint-siége; Léon X, satisfait de voir Louis XII et le clergé gallican renoncer enfin au concile de Pise et reconnaître le concile de Latran (octobre et décembre 1513), avait levé toutes les censures lancées par son prédécesseur contre le roi et le royaume. Pendant ce temps, des pourparlers étaient engagés entre les cours de France et d'Aragon, relativement au mariage de la petite Renée de France, seconde fille de Louis XII, avec Ferdinand d'Autriche, le second des petits-fils de Ferdinand le Catholique, qui élevait cet enfant près de lui. Le 16 novembre, la reine Anne, toujours encline à favoriser la maison d'Autriche, obtint de Louis XII la cession de tous ses droits sur Milan, Asti et Gênes, au profit de Renée, qui les porterait en dot à celui des deux jeunes archiducs que désignerait le roi d'Aragon. Anne de Bretagne ne vit pas l'issue de cette négociation. Cette princesse, dont la santé était depuis longtemps altérée, mourut de la gravelle à Blois, le 9 janvier 1514, âgée seulement de trente-sept ans. Le roi Louis prit le deuil en noir, et, « huit jours durant, ne fit que larmoyer ». Anne fut longtemps pleurée de ses Bretons, auxquels elle avait témoigné une prédilection exclusive et passionnée; elle emporta les regrets des jeunes seigneurs, des lettrés et des artistes, qui avaient eu à se louer de son humeur libérale, de « son doux recueil » (accueil) et de « son gracieux parler »; mais elle ne fut regrettée ni du peuple français, qu'elle n'aimait pas, ni des hommes d'État, qui avaient toujours trouvé en elle un obstacle au bien public. Anne, gardant au fond du cœur l'espoir de renouer le mariage de sa fille aînée Claude avec Charles d'Autriche, avait traîné de délai en délai, pendant huit ans, l'accomplissement de la promesse faite aux États-Généraux de 1506 : cette promesse fut enfin réalisée quelques semaines après la mort de la reine; le 18 mai 1514, Louis XII maria sa fille aînée à l'héritier du trône, François d'Angoulême, dans le château de Saint-Germain-en-Laie, et investit les jeunes époux de « la duché » de Bretagne, sans aucune opposition de la part des Bretons, quoique le contrat de Louis et d'Anne eût destiné la Bretagne au second enfant à naître de leur mariage. Les États de Bretagne prêtèrent serment à madame Claude et à son mari, et obtinrent que l'administration de « la duché » fût remise au duc François (29 octobre).

La mort d'Anne de Bretagne n'avait point arrêté les négociations avec l'Espagne, et avait même semblé d'abord leur donner une chance de plus. Sitôt qu'on sut en Espagne la mort de la reine de France, Ferdinand adressa de nouvelles propositions à Louis XII, en son nom et au nom de Maximilien, et lui offrit, à son choix, la main de la gouvernante des Pays-Bas ou de la jeune princesse Éléonore, sœur de Charles et de Ferdinand d'Autriche. Louis, quoique fort triste de la perte de « sa Bretonne, » et vieilli par les infirmités plus que par les ans, ne pouvait se résigner à mourir sans « hoir mâle de son corps ». Il prêta l'oreille aux offres de Ferdinand : on rédigea un projet de traité, aux termes duquel le roi de France devait épouser Éléonore d'Autriche [1], et une trêve générale d'un an fut provisoirement signée, le 13 mars, par François d'Angoulême, duc de Valois, pour la France et l'Écosse, et par Quintana, secrétaire du Roi Catholique, pour son maître, l'empereur, le roi d'Angleterre, la reine Jeanne de Castille (Jeanne la Folle) et l'archiduc Charles, seigneur des Pays-Bas. Ni l'empereur ni Henri VIII n'avaient donné pouvoir au ministre espagnol; mais Maximilien, revenant toujours à son idée fixe d'accabler les Vénitiens, ratifia la trêve, malgré les avis de la gouvernante Marguerite, qui, exclusivement préoccupée des intérêts de son pupille Charles, eût voulu que l'empereur restât étroitement uni avec le roi d'Angleterre contre la France.

1. Il eût beaucoup mieux valu épouser Marguerite, qui eût apporté en dot la Franche-Comté.

Henri VIII, qui avait pris la ligue fort à cœur et qui s'était épuisé d'argent pour se préparer plus puissamment à la campagne prochaine, fut très-irrité d'avoir été la dupe de l'empereur et du roi d'Aragon, et refusa d'abord de souscrire à la trêve; mais le ressentiment qu'il exprima contre ses alliés amena une péripétie tout à fait inattendue. Le pape, craignant que le roi de France, l'empereur et le roi d'Aragon ne se réunissent pour partager l'Italie, avait commencé d'agir à la cour d'Angleterre, dans l'intérêt de la paix générale : un autre négociateur alla plus loin que les agents du pape; le duc de Longueville, pris par les Anglais à Guinegate, « homme sage et de bon esprit », avait gagné, durant sa captivité, la confiance et l'amitié de Henri VIII, qui lui laissa généreusement regagner sa rançon au jeu de mail. Longueville s'avisa de « mettre en avant le mariage du roi Loys et de madame Marie, sœur du roi d'Angleterre »; il fit entrer dans ses vues le favori de Henri VIII, Wolsey, évêque de Lincoln, et Henri accueillit favorablement cette ouverture. Longueville informa Louis XII des bonnes dispositions du monarque anglais; Louis, maître de choisir ses alliances, n'hésita pas, et dépêcha deux ambassadeurs joindre Longueville. La seule difficulté fut relative à Tournai; l'on ne put décider Henri à rendre ce seul fruit de son expédition, et Louis ne voulut point céder cette ville si française de cœur, cet antique berceau de l'empire des Franks : Louis se résigna enfin à abandonner tacitement Tournai, espérant que les Anglais ne pourraient longtemps garder une place éloignée de la mer et tout à fait inutile pour eux. Trois traités furent signés à Londres le 7 août. Le premier, se reportant au traité d'Étaples, stipulait une alliance offensive et défensive entre les deux rois; le second arrêtait le mariage de Louis XII et de Marie d'Angleterre, à qui Henri garantissait 400,000 écus de dot; par le troisième, Louis s'obligeait de payer au roi anglais 100,000 écus par an pendant dix ans, pour arrérages des sommes promises par le traité d'Étaples, et pour solde des anciennes dettes du père de Louis envers la couronne d'Angleterre. Le 13 août, le duc de Longueville épousa la princesse Marie par procuration, à Greenwich.

Ferdinand et la maison d'Autriche furent doublement joués par cette alliance; car Marie d'Angleterre avait été fiancée à l'archiduc

Charles. C'était une trop juste vengeance des « félonies » du Roi Catholique et de l'empereur. La jeune reine fut conduite à Calais, et de là à Abbeville, où l'attendait Louis XII, qui l'épousa le 11 octobre, et qui la ramena en pompe à l'hôtel des Tournelles à Paris, après l'avoir fait couronner à Saint-Denis. Louis, non moins satisfait du traité de Londres qu'épris des charmes de sa nouvelle épouse, semblait se croire rajeuni, et ne parlait que de ses grands projets : « le bon roi » comptait bien reconquérir le Milanais au printemps prochain. Il ne lui était pas réservé d'accomplir ce dessein! Ce mariage qui faisait sa joie le poussait au tombeau : en prenant à cinquante-trois ans une femme de seize, belle, vive, élevée sans beaucoup de retenue, Louis « voulut faire du gentil compagnon avec sa femme » ; il ne se soutenait depuis plusieurs années que par un régime sévère : il changea entièrement d'habitudes pour plaire à sa jeune femme, avide de bals, de tournois, de banquets; « où il souloit (avait coutume) dîner à huit heures, convenoit qu'il dînât à midi; où il souloit coucher à six heures du soir, souvent se couchoit à minuit ». Il n'écouta point ses médecins, languit et dépérit rapidement; à la fin de décembre, la dyssenterie le prit, et « nul remède humain » ne le put sauver. Il rendit son âme à Dieu le 1er janvier 1515, vers minuit [1].

Quand les « clocheteurs des trépassés » allèrent par les rues de Paris avec leurs « campanes » (cloches), sonnant et criant : « Le bon roi Loys, père du peuple, est mort! » ce fut une désolation telle qu'on n'en avait jamais vu au « trépassement » d'aucun roi. On n'entendait dans Paris que pleurs, cris et lamentations; la douleur ne fut pas moindre dans le reste du royaume. Malgré des fautes graves, ces regrets étaient mérités : aucun roi de France, depuis saint Louis, n'avait témoigné au pauvre peuple une sympathie aussi efficace : les contemporains nous apprennent que Louis XII relisait sans cesse le *Traité des Devoirs* (*de Officiis*) de Cicéron, trait caractéristique pour un roi de la Renaissance. Il est regrettable que le sentiment moral, chez Louis XII, n'ait pas dépassé les frontières. Louis XII ne légua pas son amour de l'ordre et du devoir à son brillant successeur.

---

1. *Gestes de Bayart.* — Fleuranges.

Les monuments de la législation ne font pas moins d'honneur au règne de Louis XII que les monuments des beaux-arts : le grand projet de la rédaction et de la publication générale des Coutumes françaises, annoncé, décrété même à diverses reprises depuis Charles VII, fut enfin réalisé en majeure partie sous Louis XII : en 1505, une commission composée d'une douzaine de membres du parlement de Paris, et dirigée par le premier président Thibaut Baillet et par l'avocat-général Roger Barme, fut chargée de mettre en ordre, de réviser, de purger et de publier successivement les coutumes de tous les pays de France : une partie étaient purement orales et traditionnelles; les autres, à l'exception de quelques œuvres monumentales, comme les coutumes de Vermandois et de Clermont-en-Beauvaisis, avaient été écrites par fragments et sans suite, avec toutes sortes de lacunes, d'obscurités, de contradictions et d'abus. La coutume de Touraine fut imprimée la première, et le cardinal d'Amboise en signa le procès-verbal le 15 mai 1505; celle de Melun suivit (2 octobre 1506); puis celles de Sens (7 mai 1507); de Montreuil-sur-Mer, d'Amiens, de Beauvaisis et d'Auxerre (1507); de Chartres, de Poitou, du Maine et d'Anjou (1508); de Meaux, de Troies, de Chaumont, de Vitri et d'Orléans (1509); d'Auvergne (1510); de Paris (27 mars 1511); d'Angoumois et de La Rochelle (1513-1514). Le pouvoir royal et ses agents ne procédèrent ni ne pouvaient procéder arbitrairement à des opérations qui touchaient aux fondements mêmes de la société : on s'y prit comme autrefois Charlemagne lors de la révision de la Loi Salique : dans chaque pays régi par une coutume particulière, une assemblée de gens des trois états, « comtes, châtelains, seigneurs hauts justiciers, prélats, abbés, chapitres, officiers du roi, avocats, licenciés, praticiens et autres notables bourgeois », fut convoquée afin « d'accorder » la coutume, de concert avec les commissaires du roi. Les articles une fois adoptés et la coutume publiée, elle seule devait faire foi désormais en justice, et l'ancienne preuve « par turbe » (*per turbam*), c'est-à-dire le témoignage populaire attestant l'existence de tel ou tel usage, était supprimée [1]. La mort

---

[1]. « Ce travail de rédaction et en même temps de réformation de l'ancien droit coutumier a pour caractère dominant la prépondérance du Tiers État, de son esprit,

de Louis XII ralentit cette vaste entreprise que le « bon roi » avait espéré léguer achevée à son peuple : ce travail, plus utile qu'éclatant, préoccupa moins ses successeurs, et le Code coutumier, que Louis XII avait laissé si avancé, n'était point au complet un siècle plus tard. Ce fut l'œuvre la plus considérable accomplie dans l'ordre législatif par l'ancienne monarchie : elle marque fortement l'époque de transition entre le vieux fédéralisme féodal et l'unité des Codes de la Révolution [1].

et de ses mœurs dans la législation nouvelle. Un savant juriste (M. E. Laboulaye) en a fait la remarque, et il cite comme preuve les changements qui eurent lieu, pour les mariages entre nobles, dans le régime des biens conjugaux. A ce genre d'altération que les coutumes subirent presque toutes se joignit pour les transformer la pression que le droit romain exerçait de plus en plus sur elles, et qui, à chaque progrès de notre droit national, lui faisait perdre quelque chose de ce qu'il tenait de la tradition germanique. » Aug. Thierry; *Essai sur l'Histoire du Tiers État*, p. 78-79.

1. *Coutumes et statuts particuliers de la plupart des bailliages, sénéchaussées et prévôtés du royaume de France*, in-f°. 1540. — *Le Grand Coutumier*, publié par Richebourg. — P.-L. Jacob, *Histoire du XVIe siècle en France*, t. IV, p. 275-277. — Outre le grand travail de la rédaction des Coutumes, il se publia, sous Louis XII, une multitude d'ordonnances sur des matières diverses et d'un intérêt trop spécial pour qu'il soit possible de s'y arrêter ici. En 1510, parut un édit en soixante-douze articles destiné à compléter la grande ordonnance de 1499; l'édit de 1510 fixe les droits des gradués des universités au tiers des bénéfices ecclésiastiques qui vaquaient chaque année ; les bacheliers nobles n'avaient besoin que de trois ans d'études pour être aptes aux bénéfices; il fallait cinq ans aux roturiers. Ce n'est pas là qu'on eût cru retrouver l'inégalité; mais il faut toujours, dans les actes les plus louables de l'ancien régime, s'attendre à des dissonances odieuses ou ridicules. — De nouvelles mesures furent prises pour la réduction des frais des procès. Il fut enjoint aux notaires de consigner dans des registres authentiques, par ordre de date, les actes qu'ils recevaient. — Un article d'une importance capitale supprime les procédures latines dans les affaires criminelles, et ordonne que tous les procès et enquêtes soient faits en « vulgaire langage du pays, afin que les témoins entendent leurs dépositions, et les accusés les procès intentés contre eux ». Les plaidoyers latins continuèrent toutefois encore près d'un demi-siècle. — On essaya de réprimer l'avidité du clergé comme celle des gens de justice : les curés et les vicaires de la plupart des paroisses refusaient la sépulture aux gens aisés qui n'avaient rien légué par testament à l'Église, jusqu'à ce que les héritiers eussent composé pour le défunt, et aux indigents, jusqu'à ce que la charité des passants et des voisins eût pourvu au salaire du prêtre : le parlement de Paris attaqua énergiquement ces ignobles exactions, et défendit d'empêcher ou de retarder la sépulture des paroissiens catholiques (*Regist. du parlement*). — En 1511, au plus fort des querelles de Louis XII avec Jules II, le roi, voulant donner une preuve de son zèle religieux, rendit une ordonnance très-sévère contre les « blasphémateurs et renieurs de Dieu et des saints » ; mais il ne paraît pas qu'elle ait été observée à la rigueur : jamais les « grosses paroles » n'avaient été plus à la mode. Louis lui-même jurait à tout propos *le diable m'emporte !* Le juron favori de Charles VIII avait été *par le jour-Dieu!* celui de Louis XI, *Pasques-Dieu!* — P.-L. Jacob, t. III, p. 89 ; IV, p. 179-277, etc. — *Recueil* de Fontanon, passim.

Louis XII est le premier roi de France qui ait fait graver son buste sur la monnaie, ce qui valut à ses monnaies le nom de « testons » (*tétons*, pièces à *téte*). Il laissa le taux du marc d'argent à 12 livres 15 sous.

LIVRE XLVI

GUERRES D'ITALIE (SUITE).

FRANÇOIS Ier. — Le roi, sa mère et sa sœur. — Gênes se rallie à la France. — Passage des Alpes. Bataille de Marignan. Le Milanais recouvré. — François Ier et Léon X. —Splendeur et décadence de l'Italie. Michel-Ange et Raphaël. Machiavel. — Duprat. Le CONCORDAT. — François Ier et Charles d'Autriche. Traité de Noyon. — Paix avec les Suisses. — Léonard de Vinci en France. L'art français. Jean Cousin. Les lettres en France. Clément Marot. Guillaume Budé. Les Estienne.—Tournai rendu à la France. — Fondation du Havre. — Rivalité de François Ier et du roi d'Espagne (Charles d'Autriche) pour l'Empire. Les sept électeurs. Diète de Francfort. Election de CHARLES-QUINT. — Le camp du Drap d'or. — Explosion de la RÉFORME allemande. Les *indulgences*. Reuchlin et les livres juifs. Érasme. MARTIN LUTHER. Doctrine de Luther. Conférence d'Augsbourg. Diète de Worms. La Wartbourg et Wittemberg. La France entre Rome et la Germanie.

1515 — 1522.

Le successeur du « bon roi Louis », François Ier, né à Cognac, le 12 septembre 1494, avait vingt ans d'âge, et vingt-cinq pour le développement de l'esprit et du corps, l'éducation et les habitudes d'enfance et d'adolescence ayant surexcité en lui la nature. Il y avait entre le nouveau roi et ses devanciers un contraste extraordinaire. Ce jeune homme apparaissait comme le type de générations nouvelles. Parmi tous ces princes des âges précédents, l'économe et simple Louis XII, rangé, régulier (une fois son feu de jeunesse jeté); de mœurs bourgeoises, de bon sens et de bon cœur, les affaires du dehors à part; mais sans éclat; d'esprit et de physionomie médiocres; Charles VIII, de petite mine et de petit entendement, incapable de porter ses imaginations trop grandes pour sa faible tête; puis, le sombre et ironique Louis XI, systématiquement trivial; plus loin, déjà dans la brume du passé, les premiers Valois, illettrés et fastueux, avec leurs pompes féodales contre lesquelles réagit Louis XI; dans tout ce monde disparu, pas une figure à laquelle on puisse comparer le nouveau monarque, le jeune roi de la Renaissance. Il y a, dans cette éclatante apparition, une combinaison unique de l'antiquité et de la chevalerie, pareille à la fusion de l'art du moyen âge et de l'art antique sur les monuments de ce temps. C'est comme une fleur étrange et splendide qui ne se verra qu'une fois. Ni avant, ni après, on n'a eu parmi nous et on n'aura l'idée d'une si élégante créature. Non pas que cette élégance soit son domaine exclusif; les hommes élevés comme lui et de sa génération sont comme des figures détachées des toiles de Raphaël et de Titien, artistes et modèles réagissant les uns sur les autres. Mais François semble le premier entre cette race olympienne. Louis XIV, bien plus poli, sera loin de cette beauté spontanée et de ce naturel qui est le comble de l'art, étant éclos dans le sein de l'art et identifié avec lui. François a la majesté comme l'élégance : sa force, son adresse, son intrépidité[1], répondent à sa taille de demi-dieu ou de héros de la Table-Ronde[2]. Ses traits grands et doux, son œil rayonnant, son sourire plein de grâce, son esprit ingénieux, brillant, actif, curieux de tout, comprenant tout, prêt, comme le siècle lui-même, à toute nouveauté; son imagination vive et colorée, son cœur plein d'élan, d'ouverture, de générosité prime-sautière, facile à l'émotion et à l'attendrissement, tout concourt à la séduction immense qu'exerce ce jeune homme, formé par un gouverneur initié à toutes les lumières de l'Italie[3], mais surtout par deux femmes qui exercent sur lui une double et bien diverse influence, sa mère et sa sœur.

Ces deux femmes seront son bon et son mauvais génie.

De sa sœur, la bonne et charmante Marguerite d'Angoulême, son aînée de deux ans seulement, mais qui a été si précoce d'in-

---

1. Dans son enfance, il n'aimait que les jeux les plus violents et les plus périlleux : plus tard, ses chasses eurent le même caractère. « Une fois, il trouva amusant de lâcher dans la cour du château d'Amboise un sanglier furieux qu'il venait de prendre. L'animal heurte aux portes, en enfonce une et monte dans les appartements. On s'enfuit. Lui, très-froidement, il lui va au-devant, lui plonge l'épée jusqu'à la garde; le monstre roule, et, par les degrés, retombe expirant dans la cour. » Michelet, *Renaissance*, p. 268.

2. La belle armure qui est au Louvre est d'un homme de près de six pieds.

3. Artus Gouffier, sire de Boisi, fils du chambellan de Charles VII, à qui l'on doit la révélation du « secret » de Jeanne Darc.

telligence, de raison, de sentiment, il tiendra le charme, le goût, et tout ce qu'il aura de libéral dans l'esprit; de sa mère, la violente, l'astucieuse, l'effrénée Louise de Savoie, passionnée et corrompue à la fois, égoïste et fatale jusque dans l'aveugle tendresse maternelle qu'elle associe à ses vices, et incapable de sacrifier ses vices à l'intérêt de ce fils idolâtré, de sa mère, François tiendra le sang brûlé de sensualité et l'absence de tout frein et de tout principe. Sous ces dehors remplis d'un attrait irrésistible, sous cet extérieur si fécond en promesses, au lieu du grand homme attendu et du héros accompli, on ne trouvera qu'une âme toute à l'instinct, à la passion mobile, au caprice; François méritera plus que les femmes les plus légères le reproche qu'il adressera à leur sexe[1] : la sensibilité, la générosité seront à la surface; au fond, la soif insatiable des voluptés et la personnalité absorbante; sans préméditation ni calcul dans le mal, sans perfidie réfléchie comme chez sa mère, il trompera, opprimera ou délaissera tout ce qui l'aura aimé, tout ce qui aura espéré en lui. L'art même, qu'il affectionnera plus constamment qu'aucune autre chose, il le sentira par l'imagination seule et non par l'âme, par la grâce voluptueuse, par la superficie, non par l'idéal et le divin. Il ne provoquera rien de vraiment grand en France.

Plus tard, le fond inférieur de sa nature percera dans ses traits altérés : le masque éblouissant se ternira; le grand nez aquilin s'exagèrera; l'œil rayonnant deviendra lubrique; le sourire menteur; la bouche de plus en plus sensuelle et matérielle; triste manifestation de l'abaissement d'un naturel si heureux et si riche[2].

Gaulois et Français par les défauts et par certaines qualités, mais dépourvu de ce souffle d'immortalité qui enlève l'âme gauloise dans les hautes sphères, le nouveau roi ne personnifiera que trop bien cette France de la Renaissance et des derniers Valois, pleine d'éclat et de prestiges, mais impuissante à s'organiser mo-

---

1. Souvent femme varie;
Bien fol est qui s'y fie.

2. *V.* au Louvre le portrait de François Ier, du Titien. Est-il besoin d'indiquer que nous avons emprunté beaucoup d'éléments à M. Michelet; *Renaissance,* ch. xiv ; *Réforme,* passim.

ralement, à trouver un nouveau principe d'action, et qui finira par s'abîmer dans le chaos des Guerres de Religion, déchirée entre l'esprit germanique et l'esprit romain.

Sous François Ier, comme naguère sous Louis XII, une femme va partager et quasi accaparer le pouvoir suprême. Louise de Savoie saisit, avec un frémissement de joie, l'héritage de cette Anne de Bretagne qui l'avait longtemps tenue dans l'ombre et que ses bassesses n'avaient pu désarmer. Elle va se dédommager des souffrances de son orgueil et de sa longue attente, et assurer son autorité en flattant, au lieu de contenir, chez son fils, cette ardeur de plaisirs et ce penchant au despotisme que manifeste naturellement la jeunesse unie à la puissance. François ne saura rien refuser à sa mère, et une bonne qualité du jeune roi, sa tendresse filiale, sera au moins aussi préjudiciable à la France qu'aucun de ses vices.

Tandis que la bourgeoisie et les petites gens pleurent encore le *Père du peuple*, qui a laissé sur son héritier de fâcheux pronostics que l'on se répète tout bas [1], la noblesse, lasse d'un règne économe qui s'est montré peu propice aux fortunes de cour, se presse joyeusement aux fêtes splendides qui suivent le retour du sacre [2], et salue de ses acclamations le jeune successeur de Louis XII. « Jamais », dit le biographe de Bayart, « n'avoit été vu roi en France de qui la noblesse s'éjouît autant ». Elle l'aimait au moins autant pour ses défauts que pour ses vertus.

Les premiers actes du nouveau règne témoignèrent le crédit illimité de la mère du roi. François créa madame Louise duchesse d'Angoulême et d'Anjou, et l'associa à plusieurs des prérogatives de la royauté, telles que le droit de délivrer les prisonniers dans chaque ville où elle entrerait pour la première fois, et de créer dans chaque ville un maître de chaque métier. Les deux principaux offices de la couronne, ceux de connétable et de chancelier, étaient vacants à la mort de Louis XII ; la charge de connétable n'avait été confiée à personne depuis le duc Jean de Bourbon, mort en 1488. François Ier donna l'épée de connétable au duc

---

[1]. « Ce gros garçon gâtera tout!... »
[2]. François Ier fut sacré à Reims le 25 janvier 1515 : la cérémonie eut lieu de nuit, contre l'ordinaire.

Charles de Bourbon, et les sceaux à Antoine Duprat, premier président au parlement de Paris. Le duc de Bourbon était l'amant de madame Louise ; le président Duprat était son chancelier et son conseiller intime ; tous deux également capables, par leurs talents, des hautes fonctions qui leur étaient confiées, mais tous deux également dangereux pour l'État, le premier par son orgueil, sa puissance patrimoniale, et sa naissance qui l'approchait du trône ; le second, par sa dépravation, plus profonde encore que son habileté. On ne verra que trop ce que pouvait rêver Bourbon. Quant à Duprat, il avait toutes les lumières, mais aucune des vertus de la magistrature dont il était sorti, et dont il fut sans cesse l'adversaire et l'oppresseur : avec les facultés d'un grand administrateur et d'un grand légiste, il avait une soif d'arbitraire et une haine de l'ordre légal moins inspirées par l'orgueil que par des passions basses et cupides, et il apprenait au jeune roi à préférer, sous ce rapport, les traditions de Louis XI à celles de Louis XII : on sait que François Ier « louangeoit » volontiers Louis XI « d'avoir mis les rois hors de page ».

Un autre choix du roi fut dicté par un sentiment d'affection personnelle : François nomma son ancien gouverneur, le sire de Boisi, grand-maître de l'hôtel, et partagea la « principale superintendance de ses affaires » entre Boisi et Florimond Robertet, qui avait administré les finances de Louis XII depuis la mort de Georges d'Amboise. Robertet était habile. Boisi avait des lumières et de la probité ; mais ce n'était pas un politique. Le nombre des maréchaux de France fut porté à quatre, au lieu de trois ; le roi adjoignit La Palisse à Stuart d'Aubigni, à Trivulce et à Lautrec. La dignité de maréchal fut fort rehaussée par une ordonnance de François Ier, qui, de simple commission révocable et temporaire, l'érigea en charge viagère et l'éleva au rang des grands offices de la couronne ; ce fut lui qui, le premier, appela les maréchaux ses cousins. Le maréchal de Lautrec, d'une branche cadette de la maison de Foix, reçut le gouvernement de Guyenne et d'autres faveurs : il était frère de la belle et spirituelle Françoise de Foix, comtesse de Châteaubriand, pour qui commençait d'éclater la passion du roi. La belle comtesse ne tarda pas à rivaliser de crédit avec madame d'Angoulême, et, de la mère et de la maîtresse du roi, ce ne fut pas celle-ci qui fit le pire usage de son influence [1].

François Ier ne s'absorbait pourtant pas tout entier dans les plaisirs. Dès le 20 janvier, une ordonnance royale avait augmenté d'un quart l'effectif de la cavalerie, en portant de six à huit chevaux chaque lance garnie, et des mesures avaient été prises pour assurer l'approvisionnement d'une grande armée, répartir la charge des réquisitions le plus également possible et en garantir le paiement [2]. La France était pleine du bruit des armes : François Ier aspirait ardemment à la recouvrance du Milanais, et, non content d'agir au nom de sa femme, il se fit céder personnellement par elle tous les droits de la maison d'Orléans sur cette province. Il fallait de l'argent; les campagnes de 1512 et 1513 avaient coûté cher à la France, et Louis XII, malgré toute son économie, avait laissé 1,800,000 livres de dettes; les tailles et les aides furent rehaussées; des emprunts furent contractés; on prit de toutes mains. La cavalerie française, s'il en faut croire Guicciardini, fut portée à quatre mille lances, ce qui ne faisait pas moins de trente-deux mille chevaux, d'après le règlement du 29 janvier : une multitude de lansquenets furent attirés du nord de l'Allemagne en France par le duc de Gueldre et par les La Mark; on fit venir des estradiots d'Albanie; le roi enfin s'attacha un homme qui valait à lui seul une armée : le grand capitaine Pedro Navarro languissait prisonnier en France depuis la journée de Ravenne; le vice-roi de Naples, qui s'était enfui à toute bride au plus fort du combat, avait rejeté la perte de la bataille sur Navarro, et Ferdinand le Catholique avait refusé de payer la rançon du

---

1. Martin Du Bellai, *Mém.* — *Gestes de Bayart.* — Fleuranges. — *Belcarius.*
2. Ce paiement est très-insuffisant. Un mouton n'est taxé qu'à 5 sous tournois (1 franc et quelques centimes); une poule, à 4 deniers; un chapon, 10 deniers. — Il est défendu, au moins, d'enlever les bœufs. — *Recueil* d'Isambert; *Anciennes lois françaises,* t. XII, p. 2-18. — Cet utile recueil est le seul guide qu'on puisse suivre à partir de la fin du xve siècle, en matière de législation. — Deux ordonnances étrangères aux choses de la guerre méritent aussi d'être mentionnées : celle du 18 février généralisa l'institution des « enquêteurs » ou examinateurs établis dans un certain nombre de bailliages : l'instruction des procès fut ainsi séparée du jugement, et les baillis, sénéchaux, juges et leurs lieutenants n'eurent plus qu'à débattre et à juger les affaires préparées et rapportées par les enquêteurs : cette division du travail entre les magistrats avait des avantages évidents. — Un édit du 15 juin réduit les hôtels des monnaies à quatre, Paris, Rouen, Lyon et Bayonne. — Isambert.

captif : François Ier offrit à Navarro la liberté et le commandement d'un corps d'armée ; un Castillan eût refusé sans doute ; mais Navarro était Basque, et l'on sait la faiblesse du lien qui rattachait la Biscaye à la patrie espagnole ; il accepta, envoya à Ferdinand sa renonciation aux fiefs qu'il tenait de l'Espagne, et alla lever, dans les Pyrénées, dans les Cévennes et dans les Alpes dauphinoises, une infanterie légère qu'il organisa sur le pied des redoutables bandes espagnoles.

Pendant ces vastes préparatifs, on confirmait la paix avec les états amis ; on tâchait de regagner les indécis, et d'endormir les adversaires par le bruit adroitement répandu que la France n'agirait point offensivement cette année : le traité de Louis XII avec le roi d'Angleterre fut confirmé le 5 avril ; l'alliance avec les Vénitiens fut renouvelée le 27 juin : le 24 mars, un traité de paix et amitié avait été signé avec l'archiduc Charles, prince de Castille, qui, parvenu à l'âge de quinze ans, venait d'être émancipé de la tutelle et « mainbournie » de son aïeul paternel Maximilien, et mis en possession du gouvernement des Pays-Bas : Charles avait préféré aux avis de sa tante Marguerite, qui eut peu à se louer de sa reconnaissance, les conseils de son gouverneur, le sire de Chièvres, de la maison de Croï, qui inclinait à l'alliance française, comme la plupart des gens des Pays-Bas. Au reste, le traité du 24 mars, favorable dans le présent aux desseins du roi de France sur l'Italie, devait être jugé tout autrement au point de vue de l'avenir : on y stipulait, avec d'énormes dédits et toutes les garanties qu'on avait pu imaginer, le mariage de Charles d'Autriche et de Renée de France, seconde fille de Louis XII ; Renée n'avait que six ans, et le mariage devait s'accomplir quand elle en aurait douze : moyennant le duché de Berri et 200,000 écus d'or, elle devait renoncer à tous autres droits et prétentions, ce qui s'entendait de la Bretagne. Par un autre acte du 31 mars, Charles promit de ne pas secourir son aïeul maternel Ferdinand contre les Français, si ce monarque refusait la médiation de François et de Charles pour terminer ses différends avec le roi et la reine de Navarre. La concession n'était qu'apparente de la part de Charles ; car il avait plus à craindre de Ferdinand que François lui-même : le vieux roi d'Aragon, moins affectionné à l'aîné de ses petits-fils, qu'il n'avait jamais vu, qu'au second, qui portait son nom et qui avait été élevé près de lui, avait conçu un projet très-conforme et à l'intérêt général de l'Europe et au véritable intérêt de l'Espagne : il pensait à déposséder Charles de l'héritage espagnol au profit du jeune Ferdinand, et, durant une maladie qui lui survint dans l'été de 1515, il déclara le jeune Ferdinand régent des Espagnes et grand-maître des trois ordres militaires. La France eût dû tout faire pour seconder un plan qui prévenait la menaçante réunion de l'Espagne, des Pays-Bas, des Deux-Siciles et de l'Autriche dans une seule main ; et cependant, par le traité du 24 mars 1515, François et Charles se garantirent mutuellement tous leurs états et possessions « échus et à échoir », et même les « justes conquêtes » qu'ils pourraient effectuer. Étrange imprévoyance, qu'on n'ose cependant reprocher trop sévèrement au jeune François Ier, quand on voit des politiques tels que Machiavel plus préoccupés, pour l'indépendance italienne, de la prépondérance des Suisses ou de tel autre incident du moment, que de la puissance colossale qui se formait à l'horizon. Les meilleurs politiques étaient encore bien absorbés dans le présent, et le système de la balance de l'Europe, né, comme on l'a souvent dit, au sein des guerres d'Italie, était encore dans l'enfance : il ne fut développé que par la longue lutte de François Ier et de Charles-Quint [1].

Le grand-maître Boisi avait été envoyé près de Ferdinand afin de lui offrir la prorogation de la trêve conclue l'année précédente avec Louis XII ; mais le roi d'Espagne ne voulut point de trêve, si l'Italie n'y était comprise, et dépêcha des ambassadeurs joindre en Suisse ceux de l'empereur et du duc de Milan : les liens de la coalition furent renoués entre ces trois puissances et les cantons helvétiques. François Ier avait fait beaucoup d'avances aux Suisses : il avait renoncé aux droits d'aubaine [2] sur leurs compatriotes établis en France ; il avait adressé à la diète des

---

1. V. les traités avec l'archiduc Charles et Henri VIII, dans Dumont, *Corps diplomatique*, t. IV, p. 199-209, et le tome Ier des *Négociations entre la France et la maison d'Autriche*, publiées par M. Leglay, ap. *Documents inédits sur l'Histoire de France*.

2. Droit suivant lequel les biens d'un étranger mort en France étaient dévolus à l'État.

offres avantageuses; mais le cardinal de Sion et les autres chefs de la faction « anti-gallicane » l'emportèrent encore, et la diète refusa de rien écouter si le roi ne ratifiait le traité de Dijon : les Suisses promirent même à leurs alliés d'attaquer la Bourgogne ou le Dauphiné, tandis que Ferdinand attaquerait la Guyenne pour détourner les armes françaises du Milanais. Le pape n'était pas si décidé, et accueillit mieux l'ambassadeur du roi de France : François Ier avait expédié à Rome le savant Guillaume Budé, qui était à la tête du mouvement littéraire de la Renaissance en France, et qui pouvait traiter d'égal à égal avec les hommes illustres qui entouraient Léon X. Budé obtint beaucoup d'égards et de caresses, mais point de résultat. Léon agit avec peu de franchise; il promit secrètement sa neutralité aux Français, sa coopération à leurs ennemis, et attendit, cachant sous une apparente timidité de vastes plans et de téméraires espérances : il rêvait pour sa famille ce que Jules II avait rêvé pour le saint-siége, l'empire de l'Italie, que de prétendues prophéties annonçaient aux Médicis; non content du rétablissement des Médicis à Florence, où commandait son neveu Laurent, fils du malheureux Pierre, il travaillait à former à son frère Julien une souveraineté composée de Parme, Plaisance, Modène et Reggio, et écoutait avec complaisance les insinuations des Vénitiens, qui lui faisaient entrevoir la France aidant Rome à asseoir Julien de Médicis sur le trône de Naples. Mais Guillaume Budé n'était chargé d'aucune ouverture à ce sujet, et Léon tâcha d'éviter de se compromettre, tout en souhaitant que les Français échouassent contre le Milanais.

Une négociation plus mystérieuse et plus efficace s'achevait dans l'ombre, sur ces entrefaites, et le succès en surprit les alliés et le pape comme un coup de foudre : Octavien Frégose, doge de Gênes, qui devait sa dignité aux Médicis et à la coalition, effrayé des grands préparatifs de la France et irrité des prétentions de Maximilien Sforza sur la suzeraineté de Gênes, avait traité secrètement avec un gentilhomme du connétable de Bourbon; il s'était engagé à remettre Gênes sous l'obéissance du roi de France, et à changer son titre de doge contre celui de gouverneur et de lieutenant du roi, à condition que Gênes recouvrerait toutes ses franchises abolies par Louis XII. L'exécution de ce pacte et le mouvement des troupes françaises vers les Alpes dauphinoises apprirent aux alliés que la France ne se contenterait pas, pour cette année, comme on l'avait pensé, de garder ses frontières contre les Suisses et les Espagnols : le vice-roi de Naples, qui guerroyait contre les Vénitiens dans le Vicentin, se porta de Vicence à Vérone, afin de se rapprocher du Milanais : le pape, pressé par les coalisés de se déclarer, fit avancer lentement ses troupes et celles de Florence par le Modenais et le Parmesan; mais Julien de Médicis, « capitaine-général de l'Église », ne franchit point le Pô : seulement, un corps de cavalerie d'élite, commandé par Prosper Colonna, passa sous les étendards du duc de Milan, et rejoignit les Suisses, qui descendaient à grands flots en Lombardie, et qui se préparaient à soutenir tout le poids de la lutte : ils étaient déjà plus de vingt mille; ils se jetèrent brusquement sur le Piémont, sans que le duc de Savoie, oncle du roi de France, osât leur résister; ils envahirent aussi le marquisat de Saluces, et se saisirent des défilés du mont Cenis et du mont Genèvre, afin d'empêcher les Français de déboucher, soit par la Savoie, soit par le Dauphiné, dans les plaines du Piémont. C'étaient les deux seules routes que l'on crût praticables pour une armée, et toutes deux aboutissaient à Suze, où les Suisses assirent un camp de dix mille hommes. Le reste de leurs gens étaient répartis entre Coni, Saluces et Pignerol. Prosper Colonna se trouvait aux environs de Saluces avec sa cavalerie.

L'armée d'invasion, qui, depuis plusieurs semaines, ne cessait de filer sur Lyon et le Dauphiné, fut au complet dans le courant de juillet : c'était la plus formidable qui eût jamais paru dans les guerres d'Italie; on y comptait deux mille cinq cents lances d'ordonnance, sans la maison du roi et la noblesse volontaire, quinze cents chevau-légers albanais, plus de vingt mille lansquenets allemands, dix mille fantassins gascons, basques, navarrois, languedociens et dauphinois, huit mille fantassins des provinces du nord de la France, et deux mille cinq cents pionniers enrégimentés, outre les « artilliers ». C'était une masse de plus de soixante mille soldats et de trente mille chevaux. Les lansquenets avaient pour capitaine-général Charles d'Egmont, duc de Gueldre, prince guerrier et chéri des soldats, qui rattachait à la cause de la France tout ce qu'il y avait de hardis aventuriers dans la Basse-Allemagne. Les fantassins gascons et français étaient sous les ordres de Pedro Navarro. L'artillerie (soixante-douze grosses pièces et trois cents petites), était dirigée par Galiot de Genouillac, Italien d'origine, le plus habile grand-maître de l'artillerie que la France eût possédé depuis Jean Bureau.

Le roi décerna, par ordonnance du 15 juillet, « l'administration et régence du royaume à madame Louise de Savoie, sa mère », avec des pouvoirs illimités, puis alla se mettre à la tête de l'armée, échelonnée de Grenoble à Embrun.

Arrivés au pied des Alpes, François et ses généraux se trouvèrent dans une grande perplexité : ils n'avaient pas compté être devancés par les Suisses dans les gorges du mont Cenis et du mont Genèvre; forcer le passage sur l'un ou l'autre de ces points était impossible; faire descendre l'armée jusqu'à l'embouchure du Var, et entrer en Italie par le chemin étroit et difficile appelé *la Corniche*, qui serpente entre les Alpes maritimes et la mer, le long de la côte ligurienne, c'était encourir une perte de temps peut-être irréparable, pour retrouver plus loin, au passage de Ligurie en Lombardie, des embarras et des périls analogues à ceux qu'on aurait évités. On s'arrêta au parti tout à la fois le plus sage et le plus extraordinaire, à celui de s'ouvrir une route nouvelle à travers les Alpes; un gentilhomme piémontais, Charles de Soliers (ou Soleri), seigneur de Morette, parent d'une ancienne maîtresse de Charles VIII, amena au roi les plus expérimentés des chasseurs de chamois et des pâtres de la montagne. Trivulce, Lautrec et Navarro allèrent avec ces guides reconnaître les cols qui conduisent du Dauphiné dans le pays de Saluces, et qui n'étaient point gardés par l'ennemi : ils choisirent les défilés qui mènent d'Embrun à la source de la Stura par la vallée de Barcelonette. Le passage semblait à peine praticable pour des fantassins; Navarro promit de le rendre accessible à la grosse artillerie.

Le gros de l'armée traversa donc la Durance à Embrun, et se porta par Guillestre sur Barcelonette, tandis qu'une colonne de cavalerie suivait, par Briançon, Sestrière et Rocca-Sparviera (la Roque-Épervière), un autre chemin où jamais cheval n'avait passé. L'armée escalada lentement le gigantesque amphithéâtre des Alpes, obligée à chaque instant de livrer combat à la nature rebelle, jetant des ponts sur les abîmes, faisant sauter des blocs énormes avec la poudre, traînant les canons et les hissant de roc en roc à l'aide de câbles; les soldats furent admirables d'ardeur et de persévérance. Après cinq jours d'efforts et de fatigues inouïes, la nature sauvage des Alpes fut aussi glorieusement domptée par les Français qu'elle l'avait été autrefois par le grand Annibal; le troisième soir, l'armée coucha sur les sommets de la grande chaîne qui sépare le système fluvial du Rhône de celui du Pô, la France de l'Italie : le quatrième jour, elle atteignit l'Argentière et la source de la Stura; le cinquième, enfin, elle descendit dans les plaines de Saluces, après avoir vaincu autant de périls pour redescendre que pour monter [1] (15 août). L'ennemi n'avait pas eu le moindre soupçon de sa marche; les montagnards, dévoués à la France et à la maison de Savoie, avaient gardé fidèlement le secret. Les Suisses apprirent à la fois l'approche de l'armée française et la prise de leur allié Prosper Colonna, surpris à table dans Villafranca, non loin des sources du Pô, et enlevé, avec plus de sept cents cavaliers, par la colonne française descendue de la Roque-Épervière. Les Suisses, frappés de stupéfaction et craignant d'être accablés par des forces bien supérieures, évacuèrent le pays de Saluces et le Piémont, et se replièrent sur Novarre, tandis que la grande armée de France s'avançait par Turin sur Verceil, et qu'une division de huit mille hommes, envoyée dans l'état de Gênes et secondée par les Génois, recouvrait sans coup férir toute la partie du Milanais au sud du Pô.

La discorde régnait parmi les Suisses : la solde qui leur avait été promise par le pape et le roi d'Espagne ayant éprouvé quelque retard, ils se soulevèrent contre le cardinal de Sion, qui représentait en Milanais les puissances coalisées, et se mettaient déjà en route pour leur pays, lorsque l'argent arriva et les calma un peu : ils s'arrêtèrent à Galerate; mais le cardinal de Sion ne put les empêcher d'entamer des négociations avec le roi

---

1. *V.* le beau tableau de ce passage dans M. Michelet; *Renaissance*, c. xv. Il en attribue avec raison le mérite à l'infanterie française, qui fit tous les travaux sous les ordres de Navarro.

de France. François Ier avait mis à profit leurs dissensions : il s'était saisi de Novarre, puis s'était dirigé par Pavie sur Milan, en chargeant le duc et le bâtard de Savoie, frères de sa mère, et le maréchal de Lautrec, de continuer les pourparlers commencés à Galerate avec les Suisses. Les négociations réussirent : les plus sages des capitaines suisses sentaient combien l'amitié de la France importait à leur patrie : on convint que le roi rendrait aux Ligues leur ancienne pension annuelle, leur paierait, en plusieurs termes, les 400,000 écus promis par le traité de Dijon, plus 300,000 écus pour l'évacuation des bailliages italiens et de la Valteline, qu'occupaient les Suisses et les Grisons ; qu'enfin il octroierait le duché de Nemours, une pension, une compagnie d'ordonnance et la main d'une princesse française à Maximilien Sforza, en échange de son duché de Milan, et que les Suisses rentreraient à la solde de la France. On était d'accord ; la guerre semblait terminée, et déjà le duc de Gueldre était reparti en poste pour ses états, attaqués par Charles d'Autriche [1], lorsqu'on vit descendre de Bellinzona une seconde armée de vingt mille Suisses. Cette multitude turbulente, attirée de ses montagnes par l'appât de la gloire et du butin, rejeta les conditions qu'avaient acceptées ses compatriotes, et repoussa avec colère l'évacuation des bailliages italiens : l'éloquence incendiaire du cardinal de Sion ralluma les esprits les mieux disposés pour la paix ; les Bernois seuls refusèrent de participer à la violation du traité, et repartirent pour leur pays, au nombre de six ou sept mille. Tout le reste se précipita vers Milan comme un torrent furieux. Ils y entrèrent avant que le roi eût rien tenté contre cette vaste cité, qu'il ne voulait pas exposer au pillage.

On devait s'attendre aux plus grands événements : entre Milan, le Pô et l'Adda se pressaient quatre armées, campées à quelques lieues les unes des autres ; plus de trente mille Suisses occupaient Milan ; près de cinquante mille Français et Allemands étaient à Marignan (Melegnano), à dix milles de Milan ; vingt mille Espagnols, Impériaux, Napolitains, Romains et Florentins avaient

---

1. C'était une attaque indirecte contre la France, dont le jeune souverain des Pays-Bas était l'allié ; mais rien n'avait été stipulé, dans le traité du 24 mars, sur la Gueldre ni sur Naples.

opéré leur jonction à Plaisance, sur le Pô, le vice-roi Cardona s'étant porté de Vérone sur Plaisance, où se trouvait l'armée papale et florentine; enfin quinze ou seize mille Vénitiens et Esclavons, sous le fameux Alviano, d'ennemi de la France devenu son ami, étaient accourus à marches forcées par le Mantouan et le Crémonais pour secourir le roi de France, et avaient pris poste à Lodi sur l'Adda, observant et contenant les Espagnols et les « papaux ».

Le 13 septembre, vers midi, à la suite d'un sermon frénétique prêché par le cardinal de Sion sur la grande place, on entendit mugir dans les rues de Milan *le taureau d'Uri* et *la vache d'Unterwalden*. A ce signal, les bataillons suisses se formèrent à la hâte, et, soutenus par quelque cavalerie italienne et par une assez belle artillerie, ils sortirent de Milan par la porte de Rome, et marchèrent droit au camp français. François Ier était en conférence avec le général des Vénitiens, arrivé à franc étrier; Alviano remonta aussitôt à cheval pour aller chercher son armée, et les trompettes sonnèrent l'alarme. Il était temps : à peine les troupes furent-elles sur pied, que les Suisses fondirent impétueusement sur les premiers corps de l'armée française. Les Helvétiens suivaient une grande route bordée de chaque côté d'un large fossé, circonstance favorable à l'artillerie, dont les décharges plongeaient dans les profondes colonnes ennemies, mais désavantageuse pour le déploiement de la gendarmerie française, qui ne pouvait charger qu'escadron par escadron. Le connétable et la cavalerie de l'avant-garde furent repoussés et rejetés sur l'infanterie : les lansquenets, chargés avec fureur par les Suisses, leurs implacables rivaux, s'ébranlèrent, dans la folle idée que les Français étaient secrètement d'accord avec les Suisses pour les sacrifier. Les Suisses avançaient toujours à travers les cadavres de leurs compagnons et de leurs adversaires, sous les volées redoublées de l'artillerie; déjà l'infanterie française avait beaucoup souffert, et plusieurs pièces étaient au pouvoir des montagnards; une charge terrible de deux mille « aventuriers » (fantassins) français, appuyés par le roi en personne à la tête des pensionnaires de l'hôtel (la maison du roi), arrêta l'effort de l'avant-garde helvétique, sauva les canons et rétablit le combat. Les lansquenets rassurés se piquèrent d'honneur et reprirent partiellement l'offensive ; mais toute manœuvre d'ensemble était impossible : les Suisses ayant franchi les fossés pour éviter le feu de l'artillerie et assaillir les Français à droite et à gauche de la grande route, la confusion était devenue générale; chacun attaquait ou se défendait parmi des nuages de poussière et de fumée, sans savoir ce qui se passait à cent pas de lui; mais pas une seule « bande » ne faiblit dans les deux armées. Les gens d'armes et les lansquenets se battaient avec une rage inexprimable, ceux-ci pour venger leurs camarades massacrés à Novarre, ceux-là pour recouvrer leur honneur entaché par les déroutes de Novarre et de Guinegate : depuis ces deux journées, où les gens d'armes avaient fui presque sans rompre une lance, leurs ennemis les qualifiaient de *lièvres armés;* ils lavèrent cette injure dans des flots de sang. On combattit depuis quatre heures de l'après-midi jusqu'à près de minuit; le coucher de la lune et la « nuit noire » forcèrent enfin les deux partis à suspendre leurs coups durant quelques heures; bataillons et escadrons demeurèrent entremêlés au hasard, Français parmi les Suisses, Suisses parmi les Français; on se pouvait d'autant moins reconnaître, que des deux côtés, on portait l'écharpe et la croix blanches. Le roi, qui avait reçu plusieurs coups dans ses armes, s'était placé près de l'artillerie, le poste le plus décisif et le plus dangereux, et reposa sur un affût, à quelques pas d'un gros bataillon suisse [1]. La nuit fut bien employée par les Français : les fanfares d'un trompette qui accompagnait le roi donnèrent le signal du ralliement aux différents corps, qui se reformèrent peu à peu autour du roi et de l'artillerie, et, aux premiers rayons du jour, les Français se retrouvèrent en meilleure ordonnance que les Suisses.

Ceux-ci cependant renouvelèrent l'attaque contre l'artillerie avec autant de furie que la veille; un jeune Suisse vint se faire tuer la main sur un canon, à quelques pas du roi. Les assaillants furent arrêtés par le feu meurtrier que dirigeait sur eux le grand-maître Galiot de Genouillac, et par les charges incessantes de la

---

[1]. Les détails de la lettre qu'il écrivit, le lendemain, à sa mère, ont l'inexactitude d'un jeune homme enivré de sa grande journée, à qui la tête tourne et qui « veut avoir tout fait », comme dit M. Michelet.

gendarmerie sur leurs flancs : leur centre, ne pouvant enfoncer la masse serrée des lansquenets, se replia, tandis que leurs ailes tâchaient de tourner la position des Français : cette manœuvre échoua ; l'une des ailes fut repoussée avec un grand carnage par l'infanterie de Pedro Navarro, que soutint la cavalerie du connétable ; l'autre aile ne fut pas plus heureuse contre l'arrière-garde française, et le principal effort de l'armée du roi se porta pour lors sur le centre ennemi. L'armée helvétique commençait enfin à plier, lorsque, vers neuf à dix heures du matin, le cri de *Saint-Marc !* annonça l'approche d'Alviano et de l'avant-garde vénitienne.

A l'arrivée de ces nouveaux adversaires, les montagnards, sentant l'impossibilité de disputer plus longtemps le champ de bataille, se retirèrent avec lenteur sur Milan, sans être bien « âprement » poursuivis. Le roi ne voulut point pousser au désespoir ces intrépides soldats, qu'on n'eût pu anéantir sans sacrifier encore plusieurs milliers d'hommes : il aimait mieux se réconcilier avec les Suisses que de les détruire. La victoire n'était déjà que trop chèrement achetée : François de Bourbon, duc de Châtelleraut, frère du connétable, le sire de Bourbon-Carenci, un frère du duc de Lorraine, le prince de Talmont, fils de Louis de La Trémoille, une foule de braves capitaines et de gentilshommes des plus illustres familles, gisaient morts ou mourants sur le champ de bataille, jonché de quinze ou vingt mille cadavres. Le roi et le connétable avaient failli périr dix fois ; le comte Claude de Guise, un des frères du duc de Lorraine [1], qui avait commandé les lansquenets en l'absence du duc de Gueldre, son oncle, était couvert de blessures. Le vieux maréchal Trivulce, qui avait assisté à dix-huit batailles, disait que toutes les autres journées n'étaient que des jeux d'enfants, mais que Marignan était un combat de géants. Après la victoire, le roi, voulant honorer par-dessus tous messire Pierre de Bayart, qui s'était montré « tel qu'il avoit accoutumé en pareil cas », se fit conférer l'ordre de chevalerie de la main du « bon chevalier sans peur et sans repro-

---

1. Père et aïeul des deux grands ducs de Guise. Le duc Antoine de Lorraine, fils aîné et héritier du vainqueur de Nanci, était aussi avec le roi.

che »; puis il donna l'ordre, à son tour, à Fleuranges et à plusieurs autres [1]. Bayart était digne en effet d'être ainsi proposé à toute l'armée comme le modèle de l'homme de guerre! Il était quelque chose de plus : il avait l'âme du vrai chevalier : François Ier n'en avait que les dehors.

Le cardinal de Sion, dont les passions implacables avaient causé la mort de tant de braves gens, s'était bien gardé de partager les périls de ceux qu'il avait poussés au carnage : quand il vit la bataille perdue, il craignit que la fureur des vaincus ne se tournât contre lui; il quitta Milan, s'enfuit dans les états autrichiens, emmena avec lui un frère du duc Maximilien, et tâcha de faire de l'empereur l'instrument de sa vengeance. Il avait fait auparavant une inutile tentative pour déterminer les restes de l'armée helvétique à s'enfermer dans Milan; les Suisses, abattus par la grandeur de leurs pertes, prirent pour prétexte l'impossibilité où se trouva le duc Sforza de leur payer trois mois de solde promis, et se dirigèrent, le lendemain de la bataille, vers Como, pour retourner dans leur pays. Ils laissèrent seulement quinze cents de leurs compagnons à Sforza, et annoncèrent qu'ils reviendraient bientôt en plus grand nombre chercher leur revanche contre les Français. Milan, toujours prêt à recevoir les victorieux, ouvrit aussitôt ses portes aux Français, tandis que le duc Sforza se retirait dans la citadelle avec les quinze cents Suisses et quelques Italiens. Le siége de la citadelle fut entamé sur-le-champ, sous la direction de Pedro Navarro, qui promit de livrer la place au

---

1. *V.* sur le passage des Alpes et la bataille de Marignan, *Belcarius*, p. 439-447. — Guicciardini, l. XII, § 28-34. — Les deux biographes de Bayart, le *Loyal Serviteur* et Symphorien Champier. — *Mémoires* de Fleuranges. — *Panégyrique* de La Trémoille. — *Mémoires* de Martin du Bellai, l. I. — *Lettres de François I*er* à sa mère*, dans Gaillard, *Hist. de François I*er*, t. IV, p. 390 et suiv., édit. de 1766. — Symphorien Champier donne des détails intéressants sur la scène qui eut lieu entre le roi et Bayart. Celui-ci s'excusa d'abord de faire le vouloir du roi, sur ce que « celui qui est roi d'un si noble royaume, est chevalier sur tous autres chevaliers. » Le roi insistant, « alors prit son épée Bayart, et dit : — Sire, autant vaille que ce soit Roland ou Olivier, Godefroi ou Baudouin son frère!... — Et puis après... cria hautement, l'épée en la main dextre : — Tu es bien heureuse d'avoir aujourd'hui à un si vertueux et puissant roi donné l'ordre de chevalerie! Certes, ma bonne épée, vous serez moult bien comme reliques gardée, et sur toutes autres honorée, et ne vous porterai jamais, si ce n'est contre Turcs, Sarrasins ou Mores. » — Sur les mœurs et les sentiments de Bayart, *V.* le *Loyal Serviteur*, ch. XIII, L, LI; et passim.

roi avant un mois, et qui tint parole. Maximilien Sforza, épouvanté du jeu des mines par lesquelles ce redoutable ingénieur menaçait de le faire sauter avec ses soldats et son château, capitula dès le 4 octobre, rendit les châteaux de Milan et de Crémone, abandonna tous ses droits sur le Milanais, et consentit à vivre obscurément en France, avec une pension de trente mille ducats et l'espoir d'être recommandé pour un chapeau de cardinal. On rapporte qu'il se montra moins affligé de la perte de sa couronne que satisfait d'être « délivré de l'insolence des Suisses, des exactions de l'empereur et des fourberies des Espagnols ». Il mourut oublié à Paris, en 1530.

L'effet de la journée de Marignan fut immense en Italie et en Europe, et la renommée éleva sur-le-champ François Ier à une hauteur bien capable de donner le vertige à un héros de vingt ans. Ce n'était plus là, comme Charles VIII, un conquérant de hasard, exécutant, l'épée dans le fourreau, ses faciles conquêtes : François Ier avait forcé les Alpes comme Annibal ; il avait vaincu les invincibles destructeurs de Charles le Téméraire. L'orgueilleux Henri VIII, qui avait tâché de détourner François de la guerre de Milan, fut saisi d'une indicible jalousie, et se rapprocha vivement de Ferdinand et de l'empereur. La Suisse jeta des cris de douleur et de colère, et décréta la levée de cinquante mille hommes pour venger les morts de Marignan ; mais, la première explosion passée, la lenteur des levées et la réouverture des négociations attestèrent que la plupart des cantons ne désiraient que de sauver l'honneur national ; quant à l'armée hispano-italienne postée à Plaisance, elle n'avait pas attendu, pour se séparer, que les Français se tournassent contre elle : le vice-roi espagnol, don Ramon de Cardona, s'était estimé trop heureux de pouvoir regagner le royaume de Naples, et le général des troupes romaines et florentines, Julien de Médicis, s'était empressé de se mettre à couvert en négociant avec le vainqueur ; Léon X ne songeait plus qu'à obtenir de François Ier les meilleures conditions possibles : le roi et le pape étaient déjà d'accord au moment de la capitulation de Maximilien Sforza, et leur traité fut publié le 13 octobre, à Viterbe. François Ier s'était décidé à de très-graves concessions pour s'attacher le pape et la maison de Médicis : il garantit au pape toutes les possessions de l'Église que Léon tenait ou « pourroit recouvrer », renonçant expressément au patronage des petits princes de l'État ecclésiastique, et promit aux Médicis de les maintenir « dans l'état où ils étoient en la cité de Florence », sacrifiant ainsi le vieux parti républicain et français. Léon, de son côté, garantit à François le duché de Milan, lui rendit Parme et Plaisance, et rappela ses troupes qui servaient contre Venise [1].

Le roi et le pontife avaient laissé en dehors de ce traité une grande partie de leurs intérêts et de leurs projets : ils s'étaient réservé d'en traiter de vive voix dans une conférence arrêtée pour les premiers jours de décembre, à Bologne. Les délices de la Lombardie et ses trop faciles beautés firent paraître le temps court jusque-là au jeune roi ; au lieu d'aller en personne avec toutes ses forces chasser les garnisons espagnoles et impériales des états vénitiens, et rejeter les Allemands hors de l'Italie, il se contenta d'y envoyer un gros corps de troupes sous les ordres de Navarro, qui n'eut pas ses succès accoutumés, et se plongea dans des plaisirs qui, dit-on, portèrent dès lors quelque atteinte à sa robuste constitution [2]. La diplomatie française ne restait pas cependant inactive, et obtint sur ces entrefaites un notable résultat : le roi avait offert généreusement aux Suisses après la victoire les mêmes conditions qu'auparavant : huit cantons sur treize acceptèrent (7 novembre).

Les conférences de Bologne s'ouvrirent le 10 décembre ; ce dut être un magique spectacle que cette entrevue de François Ier et de Léon X : l'un, accompagné de ces vaillants et généreux capitaines qui sont restés dans notre histoire les types de la vertu guerrière ; l'autre, entouré de ces artistes immortels dont le monde n'avait pas vu les pareils depuis le siècle de Périclès. L'aimable et séduisant Léon X, qui avait toutes les grâces de son père, Laurent le Magnifique, avec des prestiges plus éclatants encore [3], fascina

---

1. *Recueil* de Léonard, t. II, p. 137.
2. Il emporta, dit-on, de douloureux souvenirs d'une belle *fornarina* (boulangère) de Lodi.
3. L'*aimable* Léon X, avec ses mœurs faciles, savait toutefois reprendre au besoin la tradition de ses devanciers. Il coupa court à des complots qui l'inquiétaient dans le sacré-collége, en faisant étrangler le cardinal Petrucci.

sans peine la vive imagination du jeune roi, et gagna le cœur de François Ier à cette puissance pontificale, qui employait ses trésors à faire naître tant de miracles des arts. La sympathie de François Ier fut habilement exploitée : François était arrivé à Bologne avec l'intention de marcher sur Naples au sortir de la conférence : Léon représenta au roi qu'il allait attirer une diversion des Anglais contre la France, Henri VIII ayant récemment renouvelé une alliance défensive avec son beau-père Ferdinand; que le vieux roi d'Aragon était languissant et malade; que sa fin prochaine amènerait de meilleures chances, et rendrait possible une transaction sur Naples avec Charles d'Autriche. François se laissa persuader de suspendre son dessein : il consentit aussi à abandonner le duché d'Urbin aux Médicis, quoique le duc d'Urbin eût invoqué sa protection, et obligea seulement Léon de promettre la restitution de Reggio et de Modène au duc de Ferrare, allié fidèle de la France : le pape comptait bien éluder l'exécution de cet engagement; Parme et Plaisance ne lui coûtaient déjà que trop de regrets. Une plus grande affaire, qui concernait non plus les limites des états, mais l'organisation intérieure de l'Église, fut entamée dans l'entrevue de Bologne; mais elle était trop grave et trop complexe pour être si tôt terminée, et François, en quittant le pape, laissa derrière lui son chancelier Antoine Duprat, chargé d'en continuer la discussion avec deux cardinaux délégués du saint-père : il ne s'agissait de rien moins que d'abolir la Pragmatique, et de la remplacer par un nouvel ordre de choses; les pourparlers se prolongèrent huit mois, et il en sortit le célèbre Concordat.

Le roi, de retour à Milan vers la fin de décembre, licencia plus de la moitié de ses troupes, confia le gouvernement du Milanais au connétable de Bourbon, chargea Lautrec et Navarro d'aider les Vénitiens à reprendre Brescia et Vérone, puis repassa les Alpes dans les derniers jours de janvier 1516. Il apprit, en arrivant à Lyon, la mort de Ferdinand le Catholique. Les derniers actes politiques du roi d'Aragon avaient été l'envoi d'une forte somme à l'empereur pour l'aider à attaquer les Français en Italie, et la révocation du testament qui léguait la régence des Espagnes et les grandes-maîtrises des ordres espagnols au jeune Ferdinand. Au lieu d'une couronne, le vieux Ferdinand ne légua qu'une modique pension au second de ses petits-fils : il avait sacrifié des plans fondés sur son penchant et sur la raison à la crainte d'exciter une guerre interminable entre les deux frères, et peut-être à la gloire posthume d'élever une monarchie dominatrice de l'Europe (23 janvier 1516). L'ascendant de Ximenez, de cet homme qui avait été le mauvais génie d'Isabelle la Catholique et le grand promoteur de l'inquisition, l'emporta encore dans cette circonstance solennelle, et valut CHARLES-QUINT au monde. Ce fut le sombre cerveau de Ximenez qui couva le premier ce rêve de monarchie universelle qui a perdu l'Espagne. L'Europe ne le comprit pas sur-le-champ : la puissance dont héritait le jeune Charles était déjà énorme et devait encore, sous peu d'années, s'accroître des domaines et peut-être du titre impérial de Maximilien; mais cette vaste puissance paraissait mal assise, mal soudée, et vulnérable sur bien des points : les Pays-Bas avaient toujours leur vieil esprit d'indépendance et un penchant plus décidé que jamais pour l'alliance française; le royaume de Naples s'agitait et attendait le retour des Français; la Sicile était pleine de troubles; la noblesse castillane subissait impatiemment la domination rigoureuse du régent Ximenez, et l'Aragon semblait disposé à rompre le lien faible encore qui l'unissait à la Castille : les droits des fils de Jeanne la Folle à la couronne d'Aragon étaient très-sujets à contestation, la vieille loi aragonaise excluant les femmes du trône. François Ier, à la vérité, avait reconnu et garanti, par un traité récent, les droits héréditaires de Charles d'Autriche; mais du moins la question relative au royaume de Naples avait été laissée en suspens d'un commun accord.

La première pensée de François, à la nouvelle de la mort de Ferdinand, fut d'envoyer tout de suite le duc de Bourbon à Naples : le roi ne doutait pas que le pape ne secondât l'entreprise, et que le succès n'en fût très-aisé dans ce premier moment de trouble. Les événements qui survinrent tout à coup en Lombardie arrêtèrent court l'expédition, et, au lieu d'attaquer Naples, il fallut songer à défendre Milan : Maximilien avait passé l'hiver à rassembler une armée avec l'argent qu'il avait reçu de Ferdinand et de Henri VIII, qui manifestait de plus en plus ouvertement son mauvais vouloir contre la France ; l'irritation du monarque anglais était redoublée par l'avantage que la politique de François Ier avait eu sur la sienne en Écosse, où la régente, sœur de Henri VIII, et veuve du roi Jacques tué à Flodden, avait été obligée de céder la place au duc d'Albanie, chef du parti français. Au commencement de mars 1516, Maximilien descendit du Tyrol dans le Véronais, à la tête de plus de trente mille combattants, dont la moitié lui avait été fournie par les cinq petits cantons suisses non « appointés » avec la France; le cardinal de Sion avait entraîné les Waldstætten à aller chercher la revanche de Marignan : quinze ou seize mille Français et Vénitiens, qui assiégeaient Brescia, levèrent le siége à l'approche de l'empereur, et ne s'arrêtèrent qu'à Milan, pour y rejoindre le connétable, et y attendre les renforts qu'on avait demandés en toute hâte aux cantons suisses alliés de la France.

Si l'empereur ne se fût point amusé plusieurs jours au siége d'une petite place qu'il ne prit pas, les Français, trop inférieurs en infanterie, eussent été probablement obligés d'évacuer la capitale de la Lombardie, très-mal fortifiée; le retard de Maximilien donna le temps à dix mille Suisses de Berne et des sept autres cantons alliés de gagner Milan. La présence de vingt-cinq mille Suisses sous des étendards opposés amena des complications singulières : la diète helvétique envoya un ordre de rappel à ses compatriotes des deux partis, avec défense expresse de s'entr'égorger pour des intérêts étrangers; les chefs des bandes suisses commencèrent à conférer ensemble d'un camp à l'autre : l'anxiété de l'empereur et des généraux français était extrême; sur ces entrefaites, les Suisses de l'armée impériale se mirent à réclamer impérieusement leur solde arriérée : Maximilien fut saisi de terreur; il se souvint de Ludovic Sforza, et s'imaginant qu'il allait être livré au connétable, il s'enfuit à Bergame, sous prétexte d'aller chercher de l'argent. Son armée se dispersa, et Brescia fut emportée par les Français et les Vénitiens. L'issue de cette expédition rendit Maximilien la fable de l'Europe.

L'entreprise de l'empereur avait cependant fait perdre plusieurs mois aux Français et dévoilé le peu de sincérité du pape : Léon X avait manqué à sa promesse de secourir le Milanais; un coup de main sur Naples n'était plus possible; mais il semble que François Ier eût pu obtenir beaucoup de l'héritier de Ferdinand par des négociations appuyées sur des armes victorieuses. A la vérité, le régent de Castille Ximenez, ce moine guerrier et politique qui rappelait le caractère et le génie de Jules II avec le fanatisme religieux de plus, avait réussi à contenir les uns par les autres les grands et les communes de Castille, et à empêcher une restauration de la maison d'Albret en Navarre : Charles pouvait de plus compter sur l'appui du roi d'Angleterre; néanmoins c'était lui, et non le roi de France, qui avait besoin de la paix : les conquêtes espagnoles sur les côtes d'Afrique étaient compromises par une défaite essuyée devant Alger contre le fameux pirate Haroudj Barberousse : les troubles continuaient en Aragon; la Castille était comprimée plutôt que calmée, et ses populations, déjà mal disposées envers un prince élevé à l'étranger, avaient paru fort mécontentes que Charles se fût arrogé, aussitôt après la mort de Ferdinand, le titre et les honneurs de la royauté, qui n'appartenaient qu'à sa mère, Jeanne la Folle. Charles sentait la nécessité d'aller en personne prendre possession de ses couronnes d'Espagne, et n'osait quitter les Pays-Bas sans être assuré de l'amitié de la France [1]. Le résultat des pourparlers engagés à Noyon entre les gouverneurs des deux princes, devenus leurs ministres, Artus Gouffier, sire de Boisi, et Guillaume de Croï, sire de Chièvres, fut cependant en sens inverse de la situation des deux parties : Chièvres, esprit moins littéraire, mais plus politique que Boisi, eut tous les avantages, et les concessions furent faites par celui qui eût dû les recevoir : le roi de France transmit ses droits sur le royaume de Naples à sa fille Louise, enfant d'un an, que le roi des Espagnes s'engagea d'épouser au lieu de madame Renée, quand elle aurait atteint l'âge de douze ans. Charles, en attendant, conservait la possession de Naples, moyennant le paiement annuel de 100,000 écus d'or à François Ier. Un tel sacrifice eût dû être compensé par la restitution de la Navarre à la maison d'Albret : on convint seulement que Charles, sous huit mois, « contenteroit

---

1. L'amitié de la France ne suffit même pas : il fallut l'argent de l'Angleterre, un prêt de Henri VIII, les Pays-Bas ayant refusé une aide à leur prince pour s'embarquer.

la reine de Navarre et ses enfants selon la raison », et que, s'il ne les contentait pas, l'alliance du Roi Très-Chrétien avec cette maison « demeureroit en sa force et vertu[1] » (13 août 1516).

Ainsi, dès le premier moment où se rencontrèrent ces deux destinées qui devaient s'entre-heurter durant trente ans, la balance pencha en faveur de l'heureux Charles d'Autriche : le vulgaire n'en jugea pas ainsi, car les honneurs furent pour le roi de France, si le profit fut pour le roi d'Espagne ; Charles, souple, adroit, patient, et déjà, tout jeune qu'il fût, plus soucieux des réalités que des apparences, déguisait sa puissance au lieu de l'étaler, caressait dans ses lettres la vanité de François Ier, qu'il nommait « son bon père », et n'en appelait qu'à sa loyauté, à sa générosité ; il se faisait faible pour qu'on ne le vît pas trop fort. François fut sans défense contre cette tactique suggérée par le sire de Chièvres, et pratiquée par Charles avec une habileté au-dessus de son âge. Rien ne révélait au vainqueur de Marignan un rival de gloire dans ce jeune homme grave et réfléchi, qui lui semblait froid et terne : Charles n'avait ni ces dons brillants de l'esprit, ni cette soif de plaisirs, qui était la vie même de François I[er][2] ; mais à seize ans, s'il ignorait le latin, auquel il s'était montré peu docile, il étudiait à la fois quatre ou cinq langues vivantes[3], il savait l'histoire

---

1. *Recueil* de Dumont, t. IV, p. 224-228.
2. Du moins, les plaisirs n'étaient pour lui que l'accessoire, tandis qu'ils étaient le principal pour François Ier. Charles-Quint ne fut pas un stoïque. Sa mâchoire saillante (la mâchoire inférieure avancée et la grosse lèvre de la maison d'Autriche, exagération d'un trait distinctif de la maison de Bourgogne) était comme la révélation de sa gourmandise, et, s'il en faut croire les relations des ambassadeurs vénitiens, il ne fut pas non plus très-délicat ni très-modéré sur d'autres voluptés. Seulement, il n'eut point, à cet égard, la précocité de François Ier, et, dans la première jeunesse, sa timidité, plus tard, une réserve à la fois naturelle et calculée, lui fit toujours éviter l'éclat et le scandale. On exagère, du reste, en avançant qu'il ne fut « jamais jeune. » Il aima, durant quelques années, les exercices du corps, y réussit et resta toujours un excellent cavalier. Il descendit plusieurs fois dans le cirque en Espagne, et abattit des taureaux de sa main. Il fut capable d'élan et de générosité : on cite un beau trait de son adolescence. Un de ses compagnons d'enfance, le jeune seigneur de Bossut, ayant été blessé d'un coup d'andouiller par un cerf, Charles se mit à sucer la plaie, bravant le préjugé qui réputait venimeuses ces sortes de blessures. V. A. Pichot, *Charles-Quint ; Chronique de sa vie intérieure et de sa vie politique*, p. 29. C'est un panégyrique, mais plein de documents et de faits intéressants. — Dans le Ier chap. de son *Charles-Quint*, M. Mignet est favorable à Charles, mais avec plus de réserve.
3. Le mot si connu, qu'on est « autant de fois homme qu'on sait de langues différentes », est de Charles-Quint. A. Pichot, p. 28. Le mot n'est vrai qu'à condition de

et les relations des divers états de l'Occident, participait activement aux discussions de son conseil, et ouvrait lui-même toutes les dépêches concernant les affaires d'état. Tout, dans son éducation, bien secondée par son caractère, avait été immolé à la politique; tout fut de même dans sa vie : il honora aussi les arts et les lettres, moins par une vive sympathie que parce que les arts et les lettres étaient au xvi° siècle une grande puissance à ménager; il eut des maîtresses, mais aucune n'obtint sur lui d'influence : à vrai dire, François Ier eut toutes les passions; Charles-Quint n'en eut qu'une, l'ambition [1], et n'en fut que plus fatal au monde.

Le pacte de Noyon fut bientôt suivi de deux autres traités plus avantageux à la France : les cinq cantons forestiers, qui s'étaient refusés jusqu'alors à se réconcilier avec François Ier, accédèrent enfin à la paix perpétuelle conclue à Fribourg, le 29 novembre 1516, entre la France et le corps helvétique : la paix perpétuelle ne démentit pas son titre, et l'alliance de la couronne de France et de la confédération suisse subsista jusqu'à la fin de la monarchie française. Le roi avait consenti que les Suisses gardassent Bellinzona, la clef du Milanais. Maximilien ne tarda point à son tour à poser les armes : il avait perdu Brescia; Vérone était sur le point de se rendre aux Français et aux Vénitiens; l'impuissance évidente de ses efforts contre Venise, appuyée par la France, et l'appât de 200,000 ducats offerts par les Vénitiens décidèrent enfin l'empereur à signer une trêve qui fut prorogée indéfiniment, et à restituer ce qui lui restait de ses conquêtes, à l'exception de quelques places du Frioul et des confins du Tyrol. Ainsi finit la longue lutte que la république de Venise avait soutenue avec tant de courage et de persévérance, et dont elle sortit à son honneur (4 décembre 1516).

La recouvrance de Milan et de Gênes par les Français et l'affranchissement du territoire vénitien avaient rétabli momentanément quelque équilibre en Europe : les traités consacraient ce

---

les *bien savoir* : ce ne fut point le cas de Charles. Son français wallon est lourd et embarrassé; à plus forte raison, sans doute, les autres langues, qu'il ne sut pas d'enfance.

1. Nous ne nions point par là ce qu'il y eut de sincère dans le rôle qu'il s'attribua de chef de la chrétienté. Il attacha son ambition à une idée; seulement, l'idée n'était pas juste.

résultat, et les derniers jours de l'année 1516 avaient vu la paix régner par tout l'Occident : ce fut une courte trêve entre les orages passés et les tempêtes plus vastes qui se préparaient.

L'expédition de François Ier en Italie eut des conséquences beaucoup plus grandes et plus durables à l'intérieur de la France qu'au dehors, et influa également sur les mœurs, sur les arts et sur les lois, du moins sur les lois qui régissaient l'ordre ecclésiastique. Les justes griefs qu'avait donnés au roi la conduite plus qu'équivoque du pape durant l'invasion de l'empereur en Milanais, n'avaient point fait interrompre les négociations que poursuivaient à Bologne le chancelier Duprat et les commissaires du pape, touchant l'abrogation de la Pragmatique. La querelle de la Pragmatique s'était perpétuée, avec toutes sortes de vicissitudes, depuis le temps de Charles VII : tandis qu'ailleurs le pouvoir temporel transigeait avec le saint-siége, la France seule avait maintenu avec fermeté les vieilles doctrines chrétiennes renouvelées par les conciles du xve siècle contre les théories ultramontaines; elle avait bravé l'imputation de schisme pour défendre et les libertés de son église nationale et la souveraineté de l'Église universelle. La question était demeurée en suspens lors de la réconciliation de Louis XII avec la cour de Rome, et l'affaire de la Pragmatique avait été évoquée par-devant le concile de Latran, assemblée un peu plus nombreuse, mais tout aussi peu œcuménique que le « conciliabule » de Pise, et composée à peu près exclusivement de prélats italiens et d'évêques *in partibus*. Le concile de Latran ne fut saisi de la question que pour la forme, et tout se décida entre Duprat et deux cardinaux. Léon X, sentant l'impossibilité d'obtenir l'abrogation pure et simple de la Pragmatique, s'était décidé à acheter l'assistance de la royauté afin de faire disparaître le nom et le principe de cette constitution si abhorrée. Le saint-siége était disposé à tous les sacrifices pour effacer la trace des redoutables décrets de Bâle et de Constance : il aimait mieux céder en fait aux rois qu'en principe aux conciles. Déjà la cour de Rome avait laissé les rois d'Espagne et d'Angleterre, et plusieurs des princes d'Allemagne, s'emparer de la nomination aux prélatures, sans autre réserve que celle de l'institution pontificale; ce fut un marché de ce genre, mais plus solennel, que Léon X offrit à François Iᵉʳ. La Pragmatique avait un triple but : 1° la subordination du pape à des conciles généraux périodiques; 2° la suppression des exactions, qui, sous les titres d'annates, de réserves, d'expectatives, etc., etc., attiraient de France à Rome une très-grande partie des revenus du clergé; 3° la garantie aux chapitres et communautés de la libre élection des évêques, abbés et prieurs; la première de ces conditions était surtout à l'avantage de l'Église universelle; la seconde, à l'avantage de l'état; la troisième, à l'avantage du clergé français : le roi sacrifia complétement les conciles et quelque peu l'état : le pape sacrifia le clergé (18 août 1516).

Le premier article du Concordat, destiné à remplacer la Pragmatique, transféra au roi le droit d'élire les évêques, abbés et prieurs, le pape se réservant le *veto* dans le cas où l'élu ne remplirait pas les conditions canoniques; par le second article, le pape renonça aux réserves et expectatives, c'est-à-dire à donner la survivance des bénéfices pendant la vie des titulaires; mais il ne renonça pas de même aux annates, la plus exorbitante des exactions papales, et le silence du Concordat en impliqua le rétablissement [1]; les droits des collateurs de bénéfices furent ensuite reconnus et limités, et il fut statué que les collateurs ne pourraient accorder qu'à des gradués « ès universités » les bénéfices qui vaqueraient durant les mois de janvier, avril, juillet et octobre. Tout collateur, ayant de dix à cinquante bénéfices à sa disposition, en devait remettre un à la volonté du pape, ou deux, s'il en avait plus de cinquante. Il fut ordonné que les procès ecclésiastiques seraient jugés dans le royaume, soit par les juges ordinaires, soit par les commissaires du pape dans les cas réservés. Le Concordat gardait un silence significatif sur les droits et sur la périodicité des conciles. Une décime sur le clergé de France fut accordée au roi en reconnaissance du rétablissement des annates, mais à la condition que le pape et les Médicis en auraient leur part. L'abolition de la Pragmatique fut ensuite proclamée dans le concile de Latran, assemblée servile, qui ne fit qu'enregistrer les volontés du pape, qui renia les principes des conciles

---

1. Le pape prétendait prélever le revenu d'une année sur les bénéfices et sur les prélatures qui changeaient de titulaires, pour prix de l'expédition des bulles.

de Constance et de Bâle, et se sépara obscurément peu de temps après, sans que l'Europe s'aperçût, pour ainsi dire, de sa clôture [1].

Le Concordat ne fut pas, comme on l'a prétendu, un acte de faiblesse, mais plutôt un acte de hardiesse de la royauté : la royauté ne cédait que sur une question d'argent (et l'on sut bien, dans la pratique, amoindrir cette concession [2]); sur la question d'autorité, elle faisait au contraire un nouveau pas, un pas immense vers le despotisme ; elle envahissait l'ordre religieux après l'ordre politique; après avoir usurpé le droit des États dans la fixation de l'impôt, elle usurpait le droit de l'Église dans l'élection de ses chefs. En fait, pendant tout le cours du moyen âge, le pouvoir temporel avait très-fréquemment troublé la liberté des élections, quand elle n'était pas, d'autre part, envahie par le pape : quelquefois par force, le plus souvent par des recommandations équivalant à des ordres, les princes avaient imposé leurs créatures aux chapitres et aux communautés. Les corps ecclésiastiques avaient été rarement en pleine jouissance de leur liberté, et l'antique participation du peuple et même du bas clergé à l'élection des évêques avait été réduite à une vaine acclamation ; mais enfin le droit subsistait, les meilleurs rois l'avaient reconnu, la Pragmatique l'avait ravivé, et, depuis la grande réaction dirigée par les conciles du xve siècle contre la papauté, les chapitres et les couvents procédaient plus librement aux élections qu'à aucune époque des siècles précédents. Ce fut cet état de choses que renversèrent violemment François Ier et Léon X, en se partageant ce qui ne leur appartenait pas, par un échange bizarre, où, comme le dit Mézerai, le pape, puissance spirituelle, prit le temporel pour lui, et donna le spirituel à un prince temporel.

---

1. *V.* le texte du Concordat dans la *Collection des conciles* de Labbe, t. XIV, p. 338; — et dans Dumont, *Corps diplomatique*, t. IV, p. 229.

2. Le pape avait compté lever les annates d'après le revenu réel des bénéfices, qui, de même que toutes les autres propriétés, avaient doublé ou triplé de produit depuis le temps de Charles VII; mais les bénéficiaires ne se firent guère de scrupule de donner aux collecteurs papaux de fausses déclarations, et les officiers royaux et les magistrats rendirent systématiquement toute vérification impossible. — Guicciardini, l. xii, § 39.

Le Concordat fut accueilli par une clameur unanime d'indignation, non-seulement dans les rangs du clergé, mais dans ceux de la magistrature, aussi attachée aux traditions de l'église gallicane qu'à la monarchie elle-même. Le roi se rendit en personne, le 5 février 1517, au Palais-de-Justice, où il avait convoqué, avec le parlement de Paris, un grand nombre de prélats, le chapitre de Notre-Dame, et les principaux docteurs et « suppôts » de l'université de Paris : il chargea le chancelier d'expliquer à l'assemblée les motifs de cette grande mesure, et en ordonna l'enregistrement. Le parlement demanda du temps pour examiner le Concordat : les prélats et l'université se récusèrent et répondirent qu'une telle affaire ne pouvait être réglée que par un concile national. « Vous ne le pouvez! » s'écria le roi avec colère : « je vous obligerai bien à le pouvoir, ou je vous enverrai tous à Rome dire vos raisons au pape. » Le parlement, cependant, opposa délai sur délai aux instances du roi et du chancelier : François Ier, perdant patience, signa, le 15 mai, des lettres patentes qui ordonnaient au parlement et aux autres tribunaux de prendre dorénavant le Concordat pour base de leurs jugements. Alors l'avocat général, au lieu de requérir l'enregistrement du Concordat et des lettres patentes, requit courageusement le maintien de la Pragmatique, et interjeta appel « contre la congrégation qui se faisoit appeler le concile de Latran ». Le parlement entassa de nouveau formalités sur formalités; le roi, irrité, envoya, le 26 juin, son oncle maternel, le bâtard de Savoie, porter au parlement une lettre enjoignant l'enregistrement immédiat du Concordat : le parlement, au lieu d'obéir, dépêcha deux de ses membres vers le roi afin de réclamer contre l'envoi du bâtard de Savoie, qui n'était pas pair de France et n'avait pas droit d'entrer au parlement; le roi menaça d'envoyer les récalcitrants en exil, et prétendit qu'il avait sous la main des gens qui valaient mieux qu'eux pour les remplacer. Le parlement répondit en déclarant, comme avaient fait l'université et le clergé de Paris, qu'un concile gallican était seul apte à prononcer sur le Concordat, mais qu'en attendant, tous les arrêts de la Cour, en matière ecclésiastique, se conformeraient à la Pragmatique-Sanction (24 juillet).

On traîna ensuite, durant six mois, la discussion et la rédaction de remontrances au roi contre le Concordat et en faveur de l'autorité du « saint concile de Bâle », que le pape, dans l'acte d'abrogation de la Pragmatique, avait traité audacieusement de *conciliabule*. Le roi reçut fort mal les députés qui lui portèrent ces remontrances à Amboise (février 1518), les menaça du cachot s'ils ne repartaient au plus vite, et dépêcha La Trémoille sommer de nouveau « la Cour » d'enregistrer, si elle ne voulait être déclarée rebelle : le parlement maintint son arrêt du 24 juillet et son appel au futur concile, protesta qu'il prendrait toujours la Pragmatique pour règle de ses arrêts, et n'enregistra le Concordat « que par exprès commandement du roi », pour éviter « les malheurs qui pourroient arriver » et sous toutes réserves, après avoir donné acte à l'université et au chapitre de Notre-Dame de leurs protestations (22 mars 1518). Les autres parlements suivirent à peu près l'exemple du parlement de Paris.

L'enregistrement, sous de tels auspices, ne calma point les esprits : le recteur de l'université ne craignit pas de faire afficher dans les rues de Paris un mandement qui défendait à tous imprimeurs et libraires d'imprimer et de publier le Concordat, sous peine d'être rejetés du corps universitaire. Un autre mandement, publié au nom de toute l'université, s'éleva avec une extrême violence contre le pape et « l'assemblée de Rome », qui détruisaient, « contrairement à la foi catholique, les saints décrets » du concile de Bâle. Les classes judiciaire et cléricale, si puissantes dans le vieux Paris, étaient livrées à une fermentation qui se communiquait au reste du peuple ; les prédicateurs tonnaient en chaire contre l'indigne abandon des libertés de l'église gallicane ; on s'assemblait, on délibérait tumultueusement dans les églises, dans les cloîtres, dans les écoles. Le parlement réprimanda les principaux auteurs de ces mouvements, mais s'excusa d'enregistrer un édit royal qui interdisait à l'université de se mêler des affaires publiques, à peine de révocation de ses priviléges. Un certain nombre d'universitaires furent emprisonnés ; les troubles s'apaisèrent devant quelques démonstrations répressives ; mais la résistance légale ne cessa point avec le tumulte de la rue : on vit maintes fois encore les chapitres et les couvents procéder aux élections comme si le Concordat eût été non advenu, et les parlements donner gain de cause au candidat élu contre l'homme du roi. Cette étrange situation d'un état régi par deux lois opposées se prolongea jusqu'à ce que le roi, désespérant de vaincre la résolution du corps judiciaire, eût enlevé aux parlements la connaissance des procès concernant les élections ecclésiastiques, pour la transférer au grand conseil (1527). Le Concordat fut enfin observé, mais n'en devint pas plus populaire; il n'acquit jamais la prescription du silence; la magistrature et le clergé réclamèrent de génération en génération contre la destruction des libertés gallicanes : en 1625, l'avocat général Talon regrettait publiquement la « sainte discipline des élections »; un siècle plus tard, le chancelier d'Aguesseau citait encore la Pragmatique, « plus respectée et plus respectable en effet que le Concordat »[1].

Ce qu'on pouvait regretter, c'était plutôt l'idéal des premiers

---

1. *V. Œuvres* de d'Aguesseau, t. I, p. 425. — *Recueil* d'Isambert, t. XII, p. 75-114. — *Histor. Universit. Paris.* — *Registres du parlement.*

La grande affaire du Concordat ne fut pas la seule qui, dès les premières années du règne de François Iᵉʳ, donna occasion au parlement de résister avec courage au despotisme où ce prince était emporté par son naturel impétueux et par les mauvais conseils de sa mère et de son chancelier. François, à son retour d'Italie, en mars 1516, avait rendu à Lyon un édit sur la chasse qui défendait à quiconque demeurait dans un rayon de deux lieues autour des forêts royales, d'avoir chez soi, non-seulement des engins de chasse, tels que rets, filets, etc., mais des armes pouvant servir à la chasse, comme arbalètes, arcs ou arquebuses : les propriétaires de châteaux ou maisons fortes étaient seuls exceptés. La mort ou la prise d'une « grosse bête », quand on n'avait pas droit de chasse, était punie de 250 livres tournois d'amende, ou des verges à défaut de paiement; en cas de double récidive, la peine s'élevait jusqu'aux galères ou au bannissement perpétuel, avec confiscation de biens; en cas d'infraction de ban, la mort. Pour les petits animaux, lièvres, lapins, etc., les peines, un peu moins exorbitantes, étaient encore extrêmement rigoureuses. Les détenteurs d'engins ou d'armes de chasse, dans le rayon ci-dessus indiqué, étaient punis d'amende, de privation d'offices royaux, s'ils en occupaient, et, en cas de double récidive, devaient être bannis à quinze lieues des forêts royales. Les receleurs de gibier étaient frappés des mêmes peines que les braconniers. Les seigneurs justiciers étaient autorisés à exercer semblables rigueurs sur leurs terres, sauf conventions contraires arrêtées entre eux et « leurs hommes » ou leurs voisins. A moins d'être noble, ou d'avoir droit ou permis de chasse, il était défendu d'avoir des chiens de chasse, sous peine d'amende arbitraire. Les sergents des forêts (gardes-chasse) ne devaient connaître de juges, pour le fait des forêts, que les maîtres des forêts, gruyers ou maîtres-sergents. On reconnaissait trop, à de telles mesures, qu'au *père du peuple* avait succédé le *roi chevalier*, le roi qui se vantait « d'être le premier gentilhomme de son royaume », et ne jurait que par « sa foi de gentilhomme ». Le parlement adressa au roi d'énergiques remontrances contre l'exagération des peines portées dans son édit, et en faveur des habitants des campagnes; mais François Iᵉʳ n'y eut point égard, et, après un an de résistance, le parlement dut céder et enregistrer l'édit. — Isambert, t. XII, p. 49-74.

âges chrétiens que la réalité détruite par François Ier; le peuple et le bas clergé n'étaient plus directement intéressés à la question des élections épiscopales, usurpées peu à peu exclusivement par les chanoines : les conciles de Bâle et de Constance n'avaient opéré qu'une demi-réforme. Quant au choix des abbés et des prieurs, les moines seuls se trouvaient lésés, et le public n'était pas très-disposé à sympathiser avec leurs plaintes : leur ignorance, leur libertinage et les détestables nominations qu'ils faisaient chaque jour avaient été le prétexte le plus spécieux de l'envahissement des élections par la couronne : les tableaux de la vie monastique que nous ont laissés Rabelais, Brantôme et tant d'autres écrivains de ce siècle, sont trop connus pour qu'il soit nécessaire d'insister à cet égard; la corruption et l'incapacité étaient les meilleurs titres au choix de la plupart des communautés, qui redoutaient par-dessus tout l'amour de la règle et le zèle religieux chez leurs chefs; les moines, avant l'élection, obligeaient le candidat à jurer qu'il ne gênerait en rien leurs habitudes, et Dieu sait quelles étaient ces habitudes! la chasse et le vin étaient les plus innocentes. Le titre de clergé *régulier* ne semblait plus qu'une épigramme, car la règle était partout anéantie : la plupart des monastères étaient, dans les campagnes, autant de foyers de corruption. Les hôtels épiscopaux ne montraient pas un meilleur exemple : les évêques et les abbés avaient de véritables *sérails*, comme dit Brantôme : les chanoines vendaient leurs suffrages à beaux deniers comptants, et les élections n'étaient pas moins souillées d'intrigues et de violences dans les chapitres que dans les couvents : le sang y coulait et l'on allait parfois jusqu'à s'entre-tuer. Les mœurs ne pouvaient perdre à l'établissement du Concordat : elles n'y gagnèrent pas non plus; mais les lumières y gagnèrent quelque peu : le régime des commandes et des bénéficiaires laïques revint comme aux premiers temps de la féodalité; mais, cette fois, les gens de lettres et les artistes partagèrent avec les gentilshommes, et les évêques et les abbés de nomination royale allèrent manger leurs revenus à la cour, au lieu de les manger dans leurs diocèses et leurs abbayes, comme ils le faisaient sous la Pragmatique. Ce fut là toute la réforme religieuse enfantée par l'association de François Ier et de Léon X.

Mais ce ne fut point là, heureusement, le seul résultat du voyage de François Ier en Italie : l'impression que produisirent sur le jeune roi l'aspect de ce pays et la cour de Léon X eut dans un autre ordre de choses de meilleures conséquences. On a essayé d'esquisser ailleurs[1] le tableau de l'Italie à la fin du xve siècle : malgré les calamités qui avaient frappé depuis vingt ans la péninsule et les calamités plus grandes qui la menaçaient, l'épanouissement de l'art italien était encore plus magnifique à l'époque de la conférence de Bologne qu'au temps de l'invasion de Charles VIII. L'art italien, qui, dès la fin du siècle précédent, semblait parvenu aux dernières limites du beau, avait continué sa marche, avait gravi sur des sommets où jamais le pied de l'homme ne s'était posé : tandis que le vieux Léonard de Vinci achevait majestueusement sa carrière comme un astre qui descend avec lenteur vers l'Occident sans avoir rien perdu de ses rayons; tandis que Giorgion, mourant avant l'âge, léguait l'école de Venise à ses éclatants émules, Titien et Véronèse, qui semblaient tremper leurs pinceaux, l'un dans les flots d'or du soleil couchant, l'autre dans la lumière argentée des brillantes nuits du midi, tandis que le Corrége cachait dans une petite ville de Lombardie un talent qu'eût adoré Athènes aux jours les plus doux du règne des Grâces, on avait vu se lever dans Florence et dans Rome deux de ces génies qui semblent dépasser les proportions humaines, et devant lesquels les termes ordinaires de la louange restent impuissants; Michel-Ange et Raphaël, si bien nommés tous deux de noms empruntés à la hiérarchie céleste par l'instinct prophétique de leurs parents; l'un, l'ange terrible des combats divins, des nuages fulgurants du Sinaï; l'autre, l'esprit de douceur, de lumière sereine et d'harmonie, la blanche vision du Thabor. Le sculpteur du *Moïse* et le peintre de la *Transfiguration* ont donné chacun leur propre symbole dans ces deux ouvrages. Il n'y a point chez eux à séparer l'homme de l'œuvre. Michel-Ange vécut austère, impénétrable et solitaire : Raphaël, radieux et

> Traînant tous les cœurs après lui,

marchait entouré de cinquante « bons et vaillants élèves » comme

---

[1] *V.* ci-dessus, p. 228 et suivantes.

un monarque au milieu de sa cour. « Cet homme, qu'aimoient non-seulement les hommes, mais les animaux privés de raison, faisoit régner partout l'harmonie et la joie sereine autour de lui [1]. »

Essentiellement compréhensif et modifiable, ouvert à toute idée et à toute forme, Raphaël renouvelle plusieurs fois l'esprit et l'aspect de son incessante création. Après avoir attendri de son charme incomparable les formes quasi hiératiques, quasi byzantines, auxquelles était revenu le Pérugin, son maître, il les agrandit, les anime, les affranchit de tout type conventionnel, et en fait ces merveilleuses beautés qui gardent dans la postérité le nom de *Vierges de Raphaël*, et qui lui perpétuent à travers les siècles cette popularité qu'aucun artiste n'a jamais égalée; ravissant et pur idéal, moins sublime de lignes que la Vénus platonicienne de Milo, mais d'une vie bien plus développée [2], moins exclusivement chrétien que la Vierge du XIIIe siècle, mais aussi expressif et plus beau, idéal qui pourtant n'est pas, comme on l'a trop répété, l'idéal complet de la femme; l'union surnaturelle de la vierge et de la mère dans un même type ne saurait compléter le type de la femme. Entre la vierge et la mère, c'est précisément la femme elle-même qui reste à idéaliser, et Raphaël a laissé la carrière ouverte à l'art de l'avenir [3].

Raphaël n'est pas seulement le père des vierges immortelles; il donne le modèle des grandes compositions, des grandes ordonnances, et c'est là que, ressaisissant la pensée de Pic de la Mirandole et des platoniciens de Florence, il unit la Grèce et le moyen âge, les saints et les sages, met en présence Socrate et saint Paul, Platon et saint Jean, Aristote et saint Thomas d'Aquin, Alexandre et Charlemagne, l'*Ecole d'Athènes* et le *Concile de Rome*. C'est dans cette phase de son génie qu'ému d'une ardente émulation devant les colosses de Michel-Ange, il tente de rivaliser avec cette écrasante puissance et d'acquérir la force suprême en gardant la grâce. Le cygne veut suivre l'aigle dans les abîmes du ciel;

---

1. Vasari; *Vie de Raphaël*.
2. Tout est dans la *Vénus de Milo*, mais seulement *en puissance*.
3. Nous ne pouvons mieux préciser notre pensée qu'en indiquant l'œuvre contemporaine qui nous paraît avoir ouvert cette voie, la *Françoise de Rimini*, empruntée par un grand peintre au plus grand poëte du moyen âge.

effort qui vaut au monde des chefs-d'œuvre¹. Si haut pourtant que s'élève le divin Sanzio, il est des cimes terribles sur lesquelles ni lui ni personne ne pourrait respirer à côté du sublime solitaire.

Raphaël associe la Grèce de Périclès et d'Alexandre, de Sophocle et de Platon au christianisme des Pères et des papes. Michel-Ange plonge plus loin dans le passé et plus avant dans l'avenir. Par delà l'antiquité moyenne de Raphaël, il évoque les formidables colosses de l'antiquité première. Moïse, le révélateur de l'unité de Dieu, apparaît tout foudroyant du reflet de Jéhovah; les prophètes d'Israël, les anges de Zoroastre, les sibylles d'Occident, sœurs de ces voyants des Gaules qui enseignèrent la doctrine de l'immortalité dans le Sanctuaire du Chêne, planent tous ensemble sous les voûtes fatidiques de la Sixtine, et l'artiste inspiré, leur frère et leur égal, enfermé cinq années avec eux dans ces lieux remplis d'une horreur divine², leur demande sans relâche les oracles des siècles futurs.

Les prophètes et les sibylles hésitent, abîmés dans leurs livres, ou leurs sombres regards perdus dans l'espace ou fixés en terre; mais pour eux répondent ces génies dont le souffle de l'Esprit fait frissonner la chevelure : ils lisent d'un regard rapide par-dessus l'épaule du prophète ou lui font signe de relever la tête vers le ciel; ce sont les destinées vivantes, les génies des âges de l'humanité! Et ces magnifiques enfants, qui semblent porter le monde sur leurs robustes épaules, et ceux à qui leurs pères et leurs mères montrent d'un doigt solennel des objets inconnus, des visions d'avenir que le spectateur ne voit pas, et qui en détournent le visage avec effroi ou s'y élancent avec ravissement, ces êtres animés d'une indestructible puissance de vie, qui sont-ils, sinon les races humaines incarnées, les âmes mêmes des nations!

C'est que la pensée de la patrie suit Michel-Ange, comme Dante,

1. Les admirables *cartons* de Hampton-Court sont l'œuvre la plus décisive de cette période.

2. Avec eux et avec un autre prophète : il savait ce que c'était qu'un prophète; il en avait vu vivre et mourir un, et le souvenir de Savonarole ne le quitta jamais; les *Sermons* de Savonarole furent son pain quotidien durant sa *Pathmos* de la Sixtine; mais, comme le dit M. Michelet, il dépassa de beaucoup l'horizon de Savonarole.

au ciel et en enfer ; partout éclate l'angoisse de l'homme qui résume en soi Florence et l'Italie, qui les sent mourir et qui sent que pourtant les nations sont immortelles. C'est lui qui médite avec le sublime et triste *Penseur;* lui qui rêve avec la grande *Nuit* [1]. Il appelle une autre Renaissance que celle de l'antiquité, une vie nouvelle pour la patrie et pour le monde, et il sent cette vraie Renaissance séparée de lui par des siècles de douleur!

Malgré tous les enchantements du Sanzio, notre cœur reste au sombre Florentin, et la tendresse étouffée ou la mâle indignation qui soulève parfois convulsivement sa forte poitrine et s'échappe en vers de flamme [2], nous touche plus profondément encore que cette placidité souveraine de Raphaël, qui, dans son ciel d'azur, oublie trop les maux et les crimes de la terre. On sut, au lit de mort de Vittoria Colonna et au dernier jour de Florence, comment cet homme si austère sentait les deux grands amours!

1. Le *Penseroso* et la *Notte*, à San-Lorenzo de Florence.
2. Le grand sculpteur, le grand peintre, était aussi un grand poëte. De nos jours, des critiques exclusivement préoccupés de l'art ascétique du moyen âge ont traité de matérialisme l'audacieuse et formidable mise en œuvre de la forme et du corps humain, qui n'est chez Michel-Ange que la manifestation de la puissance intérieure. Michel-Ange avait répondu d'avance à cette accusation, dans un de ses admirables sonnets :

> Per fido esempio alla mia vocazione,
> Nascendo, mi fu data la bellezza
> Che di due arte m' è lucerna e specchio,
> E s' altro uom crede, è falsa opinione.
>
> Questa sol l'occhio porta a quella altezza
> Per cui scolpire e pinger m' apparecchio.
> Sono i giudizi temerari e sciocchi
> Ch' al senso tiran la beltà che muove,
>
> E porta al cielo ogni intelletto sano.
> Dal mortale al divin non vanno gli occhi
> Che sono infermi, e non ascendon dove
> Ascender senza grazia è pensier vano.

« Comme un gage fidèle de ma vocation, me fut donné en naissant le sentiment du beau (*bellezza*), qui, dans deux arts, me sert de flambeau et de miroir; si on ne le croit pas, on est dans l'erreur. Lui seul (ce sentiment) élève mon regard à cette hauteur où je poursuis et j'atteins la sculpture et la peinture. Ce sont des esprits téméraires et grossiers, qui attribuent aux sens la beauté qui émeut et porte au ciel toute intelligence saine. Les faibles yeux ne s'élèvent pas des choses mortelles aux choses divines; ils ne montent pas où c'est chose vaine que de prétendre monter sans la grâce d'en haut. »

« Mes yeux, » dit-il ailleurs, « mes yeux avides de la beauté, mon âme de son salut, n'ont d'autre vertu, pour monter au ciel, que de contempler les belles formes. »

Il n'y a rien de plus grand au monde que la Sixtine. Que le poëte et le philosophe méditent Michel-Ange! Le peintre ou le sculpteur qui voudra faire plus que l'admirer, qui voudra le suivre, est perdu. Il n'est pas de chemin pour monter, après lui, à ce pic terrible où il se tient debout, à moins d'avoir ses ailes d'archange. Pour les artistes, c'est Raphaël qui doit demeurer le maître, s'il est besoin de maître. C'est le Sanzio qui a donné l'exemple d'une perfection imitable et le dernier mot de l'art italien.

Raphaël était dans toute sa splendeur lorsque François Ier visita l'Italie, et ce soleil éclatant semblait devoir longtemps remplir l'horizon : il ne tarda pas cependant à s'éteindre; le Sanzio fut enlevé dans sa fleur, comme pour qu'il demeurât dans l'imagination des hommes brillant d'une éternelle jeunesse, ainsi que ces types divins de la mythologie qu'a égalés son pinceau (avril 1520). Après le Sanzio, plus de progrès possible, dans l'ère de la Renaissance; la marche triomphale de l'art, inaugurée dans Florence avec la vierge de Cimabuë, vient s'arrêter devant la tombe de Raphaël. Le maître laisse son ample ordonnance et quelque chose de ses belles formes à ses disciples, mais il ne peut leur laisser son âme [1], et la décadence va commencer.

L'orgueilleuse Renaissance est loin de le croire : en ce moment même, après avoir porté les arts de la forme humaine à la plus haute perfection, la Renaissance, suivant les traces de Brunelleschi, fait un effort gigantesque pour vaincre également le moyen âge dans l'architecture. Un architecte sorti de la même cité que Raphaël, Bramante d'Urbin, a voulu dépasser Sainte-Marie-des-Fleurs par une conception bien plus vaste encore : il a proposé à Jules II d'abattre l'antique église de Saint-Pierre de Rome pour édifier à la place un temple qui écrase de son immensité tous les monuments de l'antiquité et du moyen âge : « J'élèverai, s'écriait-il, la rotonde du Panthéon sur les voûtes du Temple de la Paix »![2] La Rome chrétienne en gémit jusque dans ses fondements; le

---

1. L'idéalisme de Raphaël disparaît chez la plupart de ses élèves. Si Andrea del Sarto est encore religieux, Jules Romain, Primatice, etc., sont tout païens.

2. Brunelleschi aurait eu le droit d'employer la même formule pour Sainte-Marie-des-Fleurs.

sacré-collége lui-même, si tiède qu'il fût dans la foi, s'émut en entendant retentir le marteau des démolisseurs sur la vénérable basilique, contemporaine des premiers âges du christianisme, qui abritait tant de saints tombeaux, qui avait vu se dérouler sous ses voûtes les fastes entiers de l'église romaine [1]. Toute résistance fut inutile : l'inflexible Jules II avait parlé; les tombeaux des papes, les fresques, les mosaïques, les portraits des grands hommes, qui faisaient de la vieille basilique la métropole de l'histoire aussi bien que de la religion, s'écroulèrent sous l'impatiente main de Bramante : Rome vit monter l'un sur l'autre vers le ciel les deux temples païens dont la superposition forma le grand temple de la Renaissance. Jules II et Bramante, ces fougueux vieillards, tous deux pressés de jouir, poussèrent les travaux avec une telle furie, qu'en moins de huit ans (de 1505 à 1514), l'immense hémicycle du chœur fut élevé jusqu'à l'entablement, et les quatre grands arcs qui devaient porter le dôme furent voûtés; mais la précipitation de la construction porta ses fruits : ces masses énormes fléchirent sous leur propre poids et se fendirent de toutes parts; tout l'ensemble menaça ruine; Bramante en mourut (1514). Il fallut réparer et modifier profondément son œuvre : son plan ne fut point exécuté, et, quoique les plus grands noms se soient succédé dans la conduite de l'entreprise, le caractère des principales parties fut irrévocablement compromis, sauf la prodigieuse coupole que plus tard Michel-Ange suspendit dans les airs. L'effet général de l'intérieur fut manqué : lorsqu'on entre dans tel édifice du moyen âge, à Saint-Ouen de Rouen, par exemple, ce vaisseau médiocre paraît immense; à Saint-Pierre de Rome, qui couvre une surface plus que triple de celle de Notre-Dame de Paris, on ne comprend l'énormité des dimensions qu'en touchant au doigt les points de comparaison. Ainsi cette grande tentative, osons-le dire, a échoué : ce n'est pas là le chef-d'œuvre qui inaugure un art nouveau; le dôme seul, la création de Brunelleschi, est resté comme une conquête durable, comme un élément d'avenir dans l'art, et, quoique toutes les capitales de l'Europe se soient mises à calquer Saint-Pierre, on peut avancer

---

1. Panvinius, cité par Ranke, *Histoire de la papauté aux* XVIe *et* XVIIe *siècles,* c. II, § 3.

hardiment que l'architecture qui doit remplacer, en l'absorbant, celle du moyen âge, n'est pas venue, et ne saurait venir qu'après que le progrès de l'esprit humain aura relié le moyen âge et sa tradition au reste de l'humanité [1].

Les lettres et la philosophie présentaient un spectacle aussi surprenant que les arts, et, plus complétement qu'eux encore abandonnaient les traditions catholiques : Arioste, jouant avec le passé, avec la chevalerie, avec l'amour, faisait régner dans la poésie le sensualisme élégant et la fantaisie; dans la philosophie, le platonisme était de plus en plus débordé par les écoles sceptiques ou épicuriennes; à la vérité, le concile de Latran avait enjoint, par un décret de décembre 1513, à tous les philosophes enseignant dans les universités, de combattre « les doctrines hérétiques de la mortalité de l'âme, de son unité dans tous les hommes et de l'éternité du monde »; mais ce décret n'empêcha point Pierre Pomponace, le plus célèbre des docteurs de Padoue, de s'efforcer d'établir qu'Aristote n'a point cru l'immortalité de l'âme et qu'on ne la saurait prouver par la raison humaine : comme il avait prudemment réservé l'autorité de la Révélation, son livre, protégé près de Léon X par un autre littérateur renommé, Pierre Bembo [2], ne fut pas condamné à Rome. Au fond, la majorité de la cour de Rome et du clergé italien n'était pas moins sceptique que Pomponace, et l'épicuréisme dominait les mœurs bien plus encore que les idées : les palais de Léon X étaient des séjours de fêtes, où retentissaient incessamment les suaves mélodies de la musique profane, jeune art qui, sortant à son tour du sein des temples pour s'épanouir en liberté, grandissait alors en Italie et en Allemagne afin de dédommager un jour le monde de la décadence des arts plastiques. La chasse, les concerts, la poésie, le théâtre et des plaisirs plus profanes encore [3] se partageaient les heures de Léon X et de sa voluptueuse cour. Qu'eussent dit

---

1. *V.* le Vasari, passim. — ENCYCLOPÉDIE NOUVELLE, art. *Architecture, Bramante, Temples,* par M. L. Reynaud.

2. Alors secrétaire du pape, et depuis cardinal. C'était lui qui conseillait à un de ses amis, le docte, mais pieux Sadoleti, de ne pas lire les épîtres de saint Paul, de peur de se gâter le style par ces *bugatelles* (*nugœ*) *!*

3. Léon X fut une des victimes du mal nouveau qui frappa François Ier et tant d'autres illustres personnages de ce temps.

les grands papes des siècles passés, les Grégoire VII et les Innocent III, s'ils eussent pu tout à coup reparaître au milieu de cet Élysée païen; s'ils eussent vu représenter devant le sacré-collége, par l'élite de la jeunesse romaine, cette fameuse *Mandragore*, où le monachisme est livré à la risée dans tout le cours d'une comédie qui rivalise avec les pièces les plus licencieuses du vieux théâtre latin!

Le poète qui amuse ainsi de sa verve libre et amère les beaux-esprits *empourprés* du Vatican, porte un nom bien fait pour surprendre : ce rival de Boccace et d'Arioste n'est pas moins que le terrible Machiavel. Ce sont là les distractions de l'auteur du livre du *Prince!*

Quelle antithèse étrange que le théoricien du fait, de la sinistre réalité, que l'homme qui a pu sembler le mal abstrait et mathématique, comme Alexandre VI avait été le mal vivant et incarné, vis-à-vis de ces génies du pur idéal que nous venons de saluer à Rome et à Florence! Et pourtant, entre le prophète de la Sixtine et le théoricien satanique du *Prince,* entre l'inspiré dont le front élevé aspire au ciel et le politique au bas et large crâne de vieux Romain, à la tête courte et forte, à l'œil intrépide, aux lèvres épaisses et serrées d'une obstination invincible, il y a un rapport, la force; il y en a d'autres encore. Machiavel n'a pas toujours été le disciple du désespoir et du néant. Machiavel et Michel-Ange sont éclos ensemble sous la parole de feu du grand martyr; en 1498, Machiavel a été banni de Florence comme partisan de Savonarola, comme allié des pleureurs (*piagnoni*)! C'est là le début de l'auteur du *Prince.*

Une réaction désespérée s'est faite en lui. La cause de la régénération populaire et religieuse étant perdue, Michel-Ange se réfugie dans l'idéal : Machiavel s'enfonce résolûment dans le fait, en rejetant toute foi, toute morale; sauf un dernier lien qui ne se rompt jamais entre lui, son compagnon et son maître, sauf une dernière religion pour laquelle il vivra et mourra, la religion de la patrie. Parfois, du fond de son abîme, on l'entend invoquer, d'un trait rapide, dans la langue de sa jeunesse, « ce grand Savonarola, qui, inspiré par une vertu divine, enveloppait l'Italie de sa parole »!

L'abîme est bien profond, pourtant. Le disciple de Savonarole s'est fait l'admirateur de César Borgia! Tout ce qu'ont pratiqué Louis XI, Ferdinand le Catholique, et, avant eux ou depuis, les tyrans italiens, bien pires encore, il le réduit en maximes, en système, en une sorte d'évangile du crime, et il dédie ce code de la tyrannie aux Médicis restaurés à Florence (1513), dévouant son nom pour des siècles à la flétrissante admiration des mauvais princes et aux anathèmes des moralistes.

La vraie pensée du *Prince*, longtemps voilée pour des générations auxquelles manquait le sens de l'histoire, éclate, avec Machiavel tout entier, dans un cri sorti de ses entrailles!

« Quand il s'agit du salut de la patrie, il ne doit être tenu aucun compte ni de justice, ni d'injustice, ni de pitié, ni de cruauté, ni de louanges, ni d'opprobres; mais, laissant de côté toute préoccupation, il faut que la patrie soit sauvée, avec gloire ou avec ignominie »!

L'unité, l'indépendance de l'Italie, voilà ce qu'il veut à tout prix; par un tyran, puisqu'il n'a pu l'avoir par la liberté, qu'il préférerait mille fois; on le voit bien dans ses *Décades de Tite-Live*, où il fait d'un bien autre cœur l'autre théorie, celle de la république [1]!

Ce tyran, qui devait détruire, par la violence ou par la ruse, tous les gouvernements de l'Italie pour la faire une, il l'avait espéré dans César Borgia. Il le demande maintenant aux Médicis; non à Léon X, comme pape, mais à ses parents, comme princes. Il accepte le tyran laïque : il repousse absolument le pontife-roi. Machiavel s'est trompé parfois dans la pratique; jamais dans les vues générales. Les deux erreurs capitales de l'Italie, il les a toujours évitées dans la théorie. Les plus grands, les plus purs, Dante, Savonarole, ont appelé l'étranger; Machiavel ne l'appelle jamais. L'Italie a rêvé la domination du monde par le pape; Machiavel déclare que la royauté papale est l'obstacle radical à l'indépendance et à l'unité de l'Italie [2]. « La papauté est entre

---

1. Les *Décades*, admirable commentaire des annales de Rome, sont le premier livre d'histoire politique où l'antiquité soit comprise dans son fonds réel, et non plus dans une espèce de convention classique.

2. Il n'avait pas été un moment déçu par le brillant rêve de Jules II.

l'Italie du nord et celle du sud comme une pierre entre les deux lèvres d'une blessure qu'elle empêche de se refermer »[1].

La réhabilitation de Machiavel si elle est possible, est dans une généreuse inconséquence, dans un élan de cœur, héroïquement et incroyablement naïf chez un tel homme. La main qui venait de signer la dédicace du livre du *Prince* écrit aux Médicis, à Léon X, pour les conjurer de rétablir la république à Florence.

Hélas! les Médicis sont aussi peu dignes d'être les restaurateurs de la liberté, qu'incapables d'être les tyrans de génie appelés par Machiavel. L'Italie du xvie siècle ne saura se sauver ni par le bien ni par le mal!

Ce que François Ier comprit en Italie, ce ne furent point ces contrastes redoutables, ces profondes conceptions, ces génies dou-

[1]. « Il faut reconnaître que les peuples qui touchent de plus près à l'église romaine sont ceux qui ont le moins de religion ; et quiconque considère combien les pratiques de nos jours diffèrent de celles du christianisme des premiers temps, celui-là jugera sans doute que la ruine ou le châtiment est proche. Puisque quelques-uns sont d'opinion que le succès des affaires d'Italie dépend de l'église romaine, je veux leur opposer les raisons qui se présentent à moi ; et j'en alléguerai deux principales, qui selon moi ne se contredisent pas.

« La première est que, par l'effet des exemples criminels de la cour romaine, cette province a perdu toute piété, toute religion, ce qui entraîne après soi une foule d'inconvénients et de désordres ; car où est la religion, on suppose le bien ; où elle manque, on suppose le contraire. Nous autres Italiens, nous avons donc à l'Eglise et aux prêtres cette première obligation d'être impies ou corrompus. Mais nous leur en avons encore une autre, beaucoup plus grande, qui est cause de notre ruine : c'est que l'Église a tenu et tient cette province divisée ; et, véritablement, aucune province ne fut puissante et heureuse, à moins d'être réunie tout entière sous les lois d'une république ou d'un prince, comme cela est arrivé de la France et de l'Espagne. Et la cause pour laquelle l'Italie n'est pas dans ces conditions et n'a pu être ramenée au gouvernement d'une république ou d'un prince, c'est uniquement l'Église.

« Ayant usurpé le pouvoir temporel, elle n'a pas été assez forte ni assez entreprenante pour occuper le reste de l'Italie et s'en rendre maîtresse ; d'un autre côté, elle n'a pas été si faible que de n'avoir pu appeler à son secours les puissances étrangères contre les nationales, ainsi qu'on l'a vu anciennement, lorsque, par Charlemagne, elle chassa les Lombards qui déjà étaient quasi-maîtres de toute l'Italie, et de nos jours, lorsqu'elle ôta le pouvoir aux Vénitiens avec l'aide des Français, pour chasser les Français avec l'aide des Suisses. L'Église, n'ayant donc pas été capable d'occuper l'Italie et n'ayant pas permis qu'un autre l'occupât, a été cause que celle-ci n'a pu se ranger sous un chef, mais qu'elle est tombée sous plusieurs princes et seigneurs ; par où elle est arrivée à ce degré de division et de faiblesse, qu'elle est devenue la proie, non-seulement des barbares en renom, mais de quiconque s'est donné la peine de l'attaquer. Et telle est l'obligation que nous avons à l'Eglise et à nul autre. »

Machiavel, ap. Quinet; *Révolutions d'Italie*, t. II, 1re part., p. 154. *V.* tout le chapitre de M. Quinet sur Machiavel, qui n'avait jamais été analysé avec cette profondeur.

loureux et tourmentés de Michel-Ange et de Machiavel : ce furent les créations enchanteresses de Raphaël, sous leur aspect charmant plus que dans leur haute idéalité, et les souriantes figures de Léonard, du Léonard de la *Joconde* plus que du peintre de la *Cène*. Si les arts italiens avaient fortement impressionné l'esprit vulgaire et inculte de Charles VIII, quel effet ne durent-ils pas produire sur une organisation aussi heureuse et aussi bien préparée que celle de François Ier ! L'effet fut réciproque entre le roi et les artistes : François gagna l'affection des maîtres italiens, moins encore par sa libéralité que par son admiration intelligente : on voit bien que les louanges qu'ils prodiguent dans leurs écrits au « grand roi de France » partent réellement du cœur [1]. Tous les souverains de ce siècle honoraient et protégeaient les arts par goût ou par politique : on sait les témoignages de considération qu'accordèrent Maximilien à Albert Durer, Henri VIII à Holbein, Charles-Quint au Titien ; mais aucun prince étranger à l'Italie ne mit, dans ses rapports avec les artistes, autant de grâce, d'effusion et de sympathie sincère que François Ier ; François aimait les arts et les artistes, non pas seulement comme roi, mais comme homme. Il enleva Léonard de Vinci au pape et à Rome, et l'attira en France : il appelait ce noble vieillard « son père » ; il le combla d'égards et de bienfaits. Léonard termina sa carrière au château de Clous, près d'Amboise, que le roi lui avait donné et qui subsiste encore : comme il touchait à sa dernière heure et qu'il venait de recevoir l'extrême-onction, le roi survint : Léonard, en présence de François Ier, « demanda pardon à Dieu et aux hommes de n'avoir pas fait pour son art tout ce qu'il aurait pu » !..... La crise de la mort survint. Le roi lui soutint la tête et l'appuya contre sa poitrine, et Léonard expira dans les bras de François Ier (Vasari). Il fut enseveli dans l'église de Saint-Florentin d'Amboise (1519).

On peut dire que du tombeau de ce grand homme est éclose la peinture française. Les exemples et les leçons de ses dernières années, et l'arrivée des chefs-d'œuvre des autres maîtres, que le roi faisait venir d'Italie, ouvrirent un nouveau monde à l'imagi-

---

1. *V.* le Vasari, les *Mémoires* de Benvenuto Cellini, les *Lettres des Peintres*, etc.

nation gauloise. Lorsque arrivait en France un tableau de Raphaël, François Ier lui faisait une réception aussi solennelle que les rois d'autrefois l'eussent pu faire aux plus saintes reliques venues d'Orient : c'était une marque de haute faveur que d'être admis à contempler furtivement le chef-d'œuvre, avant le jour où, au son des fanfares, dans la plus riche galerie du palais, il était dévoilé aux regards avides de la cour [1]. Cet appel fut entendu : de 1520 à 1530 parut Jean Cousin, ce vigoureux et savant artiste, par qui s'opéra chez nous la transition de la peinture sur verre à la peinture à l'huile, et qui fut également grand dans l'un et l'autre genre, bien que la plupart de ses ouvrages appartiennent encore à l'ancien procédé. Universel comme les maîtres italiens, peintre, sculpteur, architecte, géomètre, perspectiviste [2], il n'était pas sans quelque sorte de parenté avec Michel-Ange par le caractère de ses inspirations [3]. Cette affinité glorieuse eût probablement éclaté davantage, si François Ier eût mis Jean Cousin à même de se déployer dans quelque vaste composition analogue à celles qui ont immortalisé l'art italien ; mais François Ier sentait davantage

1. Le *Saint Michel* fut envoyé en France en 1517 ; la grande *Sainte Famille*, en 1518. La *Transfiguration*, la dernière œuvre de Raphaël, avait été destinée à la France. La *Gioconda* fut payée 4,000 écus d'or à Léonard ; le *Saint Michel*, 24,000 livres à Raphaël ; 24,000 livres équivalaient à près de 100,000 francs, qui en représentaient de 400,000 à 500,000 de valeur relative. — Le P. Pierre Dan, *Trésor des Merveilles de Fontainebleau*.

2. Ses traités de perspective et de géométrie appliquées aux arts sont les plus anciens ouvrages de ce genre qui aient été écrits en France, et ont servi de modèles à tous les autres.

3. Il a traité deux fois le sujet du jugement dernier, l'une, sur les vitraux des Minimes du bois de Vincennes, transférés aujourd'hui dans la chapelle du château ; l'autre, dans un tableau à l'huile que possède le musée du Louvre. La grandeur de cette seconde composition contraste d'une manière surprenante avec ses faibles dimensions matérielles. On peut encore citer de lui une *Annonciation* sur les vitraux de la cathédrale de Sens. Nous reparlerons de lui comme sculpteur. — Quelques autres peintres à l'huile s'étaient formés vers le même temps. Amiens possède cinq tableaux votifs, reste d'un bien plus grand nombre, exécutés aux frais de la confrérie du Pui-Notre-Dame d'Amiens : le plus ancien date de 1499, les autres de 1518 à 1525. Tous ces ouvrages, remarquables et par leur composition très-compliquée et par l'absence de perspective, sont antérieurs à Jean Cousin par le style comme par les années ; le voisinage de la Flandre avait sans doute valu à la Picardie cette antériorité sur nos autres provinces dans la peinture à l'huile. — *V.* une intéressante notice de M. le docteur Rigollot sur les arts en Picardie. — C'est M. Dusommerard qui a le premier attiré l'attention des artistes sur ces monuments, qui marquent une transition importante dans l'histoire de nos arts. — Jean Cousin avait pour rival, dans la peinture sur verre, Pinaigrier, de Chartres.

l'élégance et le charme voluptueux que la grandeur sévère et religieuse, et ne paraît point avoir suffisamment encouragé ce génie naissant.

La sculpture française était toujours florissante : le vieux et vénérable Michel Columb avait terminé sa carrière; Roulland-Leroux, Ango, Desaulbeaux, poursuivaient les travaux de Rouen; Jean Juste exécutait pour Saint-Denis le tombeau de Louis XII et d'Anne de Bretagne (1518-1530), œuvre véritablement classique par la belle ordonnance et la grâce harmonieuse.

A ces premières années du règne de François Ier appartiennent les constructions du château de Blois, prélude des travaux bien plus considérables de la période suivante : l'influence croissante du goût italien se fait sentir assez pour marquer des différences essentielles entre l'aile de François Ier et l'aile de Louis XII ; le vieil ornementisme français tend à disparaître; mais l'originalité se maintient encore dans l'aspect général, et la magnifique cage d'escalier à jour, qui coupe d'une façon si pittoresque la ligne des bâtiments, et qui n'est qu'une heureuse modification de la tour du XVe siècle, devient le signe distinctif d'une nouvelle phase de l'architecture civile. Le progrès des lumières, du goût et du luxe, la vanité, l'esprit d'imitation, tout contribuait à la propagation de l'art : la sculpture en bois et en pierre enrichissait peu à peu les pignons, les façades, les cours et les lambris des maisons bourgeoises comme des hôtels seigneuriaux. La tendance sensuelle de cette sculpture est frappante ; la voluptueuse sirène et le faune lascif des arabesques la caractérisent : c'était l'esprit de la jeune cour qui se reflétait dans les productions de l'art.

La cour, selon l'usage, s'était faite à l'image du maître, et les mœurs du temps de Louis XII et de la chaste Anne de Bretagne étaient bien loin. François Ier parcourait dans ses amours toutes les nuances imaginables, depuis la galanterie la plus exquise jusqu'au plus grossier libertinage; ses panégyristes et ses détracteurs ont pu, de part et d'autre, ne rien avancer que de vrai à cet égard, tant il était pétri de contrastes. Sa femme, la bonne et sainte reine Claude, n'avait aucune influence à la cour; Madame d'Angoulême aurait eu seule le pouvoir de maintenir, sinon la pureté, au moins la décence des mœurs, et d'imposer à la galanterie des bornes qui conservassent la dignité des femmes ; elle fit tout le contraire : elle toléra, tout au moins, le désordre autour d'elle, comme pour qu'on fermât les yeux sur ses propres déportements, et sa maison devint une école de corruption pour les jeunes filles de la haute noblesse, qu'elle attirait près d'elle, à l'exemple d'Anne de Bretagne, mais avec des résultats bien opposés. Depuis le temps de Madame Louise jusqu'à la fin du règne des Valois, la licence ne cessa plus de s'accroître ; et les *filles d'honneur*, qui entouraient les reines et les princesses, finirent par n'être plus guère que d'élégantes courtisanes [1]. La corruption et la politesse se propagèrent avec une égale rapidité dans la noblesse : la cour exerçait tant d'attrait sur les seigneurs et surtout sur les dames, lasses du long ennui des châteaux ! Les belles châtelaines, d'accord avec le roi et les courtisans, faisaient, pour ainsi dire, violence à leurs maris afin de quitter les noirs donjons féodaux, et d'accourir dans ces palais de fées où la vie s'écoulait en une fête éternelle. On voyait arriver pêle-mêle les grands et leurs femmes, les savants et les artistes : il se forma, sous les auspices de François Ier, une société nouvelle qui n'avait jamais eu d'analogue en France ; société pleine d'esprit, de savoir, d'imagination, de grâce et de licence, et disposée à accueillir, par des motifs très-divers, toute espèce de nouveauté.

Cette société enfanta sa littérature comme ses arts : le roi, sa maîtresse, sa mère, sa sœur, l'aimable et docte Marguerite, s'étaient habitués à exprimer leurs sentiments en vers parfois heureux [2] ; courtisans, magistrats et savants versifiaient à l'envi. Il sortit de tout cela un vrai poëte, le premier de notre littérature moderne à qui l'on puisse accorder ce titre, malgré quelques restes de mauvais goût et une versification encore imparfaite : la renommée de Clément Marot a traversé victorieusement les

---

1. Brantôme, avec son franc-parler ordinaire, fait entendre qu'elles avaient remplacé avantageusement les anciennes *filles de joie suivant la cour*, troupe privilégiée que régissait le *roi des Ribauds*.

2. Surtout ceux de François Ier. Une partie des poésies de François Ier ont été imprimées par M. A. Champollion-Figeac dans le volume de pièces qu'il a publiées sur la *Captivité de François Ier* (*Recueil des Documents inédits*, etc.) ; 1847. On a déjà cité ailleurs les vers de François Ier en l'honneur d'Agnès Sorel : il fit aussi l'épitaphe de la belle Laure, l'amante de Pétrarque. La Bibliothèque nationale possède le recueil manuscrit des poésies de François Ier.

révolutions littéraires où les poëtes plus orgueilleux de la période suivante ont fait naufrage ; tous les novateurs et les réformateurs l'ont respectée, toutes les époques subséquentes se sont accordées à la réputer classique dans la littérature nationale. « Maître Clément » eut en effet la spontanéité qui fait les vrais poëtes : sans parti pris et sans système, il rompit d'instinct avec la détestable école des pédants et des « équivoqueurs »; il rentra de plein saut dans la franche tradition de notre vieille poésie, non pas de l'antique épopée chevaleresque, mais du fabliau et de la ballade. Ce ne fut ni un génie créateur ni un grand artisan de forme : Marot n'innova guère, ni dans la forme du vers, ni dans le ton général de la poésie: il se servit des instruments littéraires qui lui avaient été transmis et qui lui suffisaient, et laissa à d'autres la périlleuse entreprise d'élever la langue poétique au style héroïque, dont notre poésie était alors plus éloignée encore que notre prose; mais, s'il ne créa point une poésie nouvelle, il porta la poésie de l'époque de transition à toute la perfection dont elle était susceptible; il eut la chaude couleur de Villon sans sa grossièreté, le naturel de Froissart, la délicatesse de Charles d'Orléans et le bon sens d'Alain Chartier, avec bien plus de mouvement, de précision et de clarté, le mordant de Jean de Meung sans ses longueurs et son pédantisme. Il surpassa et absorba tous ses devanciers, et n'a jamais été surpassé en malice naïve et piquante, en grâce, en facilité; ses œuvres sont restées le modèle de la poésie légère et le fidèle reflet d'un des aspects de l'esprit français, non pas, il faut l'avouer, du plus élevé ni du plus pur. Le sentiment est chez lui aussi léger que la forme; bien qu'il ait quelques éclairs de vraie passion, Marot est surtout le poëte de l'amour sensuel; c'est une vie tout extérieure qui anime sa poésie, et la sensibilité y est presque toujours enveloppée par la sensation.

Il n'en fut que mieux l'homme de son temps : sa naissance et son éducation, quoiqu'il fût d'assez humble origine [1], lui avaient préparé la voie ; fils d'un « poëte valet de chambre du roi », il eut, comme il le dit lui-même, la cour pour « maîtresse d'école »; poli, galant, brave, remuant et assez peu érudit, il puisa ses in-

---

1. Sa famille était originaire des environs de Caen, mais il était né à Cahors.

spirations dans le monde beaucoup plus que dans les livres. Sa faveur à la cour fut immense; dans cette jeune société plus soucieuse de plaisir que d'étiquette, l'esprit et le talent rapprochaient toutes les distances : Marot adressa audacieusement ses poétiques hommages à Diane de Poitiers, et même plus haut encore. Diane, alors dans l'éclat de sa première jeunesse, figure évidemment, sous le nom de *Luna*, dans les poésies de Marot, et l'on ne peut douter que cette beauté *de la ligne des Dieux*, qu'il célébra ensuite avec plus de constance, ne soit la sœur même du roi, la *Marguerite des Marguerites*, la souveraine bien-aimée de toute la pléiade littéraire de l'époque. On se tromperait fort, toutefois, en prenant au sérieux la passion du poëte et le courtois accueil de la princesse. Marot n'était pas un Geoffroi Rudel!

On aura plus d'une fois à revenir, durant le cours du règne de François Ier, sur les vicissitudes de l'orageuse existence de maître Clément.

Tous les autres poëtes de ce temps ont disparu sous le renom de Marot; plusieurs cependant méritent dans l'histoire une mention honorable, et pour leur valeur propre et pour leur grande supériorité sur les rimeurs de la période précédente : Marguerite, que Marot nommait « sa sœur de poésie », a écrit des chansons, des mystères, des poésies diverses; elle n'a guère montré de vrai talent que dans les fameux *Contes de la reine de Navarre*, moins lus aujourd'hui que cités, et dont l'esprit et les conclusions en général sont plus moraux et même plus religieux qu'on ne le croit communément, mais dont les détails se ressentent un peu trop du goût plus que libre de l'époque[1]; Mellin de Saint-Gelais, fils de poëte comme Marot (il était fils d'Octavien de Saint-Gelais), tient le premier rang après maître Clément; il a beaucoup moins de naturel, et se signale par des grâces un peu affectées et mignardes : l'influence italienne a beaucoup agi sur lui, et on lui doit d'avoir importé d'Italie le sonnet, cette forme savante que les critiques ont proclamée le chef-d'œuvre de l'art des vers. On peut

---

1. Marguerite passe pour avoir gardé sa sagesse au milieu de cette cour si *peu sage;* le meilleur argument en faveur de sa vertu est le silence de Brantôme, le grand chroniqueur des scandales du XVIe siècle. Nous reviendrons sur un point tristement mystérieux de sa vie.

citer encore Victor Brodeau, Maurice Scève, Héroët, l'imprimeur Gilles Corrozet, moins connu aujourd'hui par ses vers que par son livre sur les *Antiquités de Paris*.

La littérature savante, à peu près résumée dans la philologie, faisait bien plus de progrès encore que la poésie nationale ; la philologie grecque et latine, qui n'était, sous Louis XI et Charles VIII, qu'un faible reflet de la Grèce et de l'Italie, avait marché à grands pas sous Louis XII, et atteignit son plus complet développement sous François Ier. Deux savants étrangers, le Grec Jean Lascaris, le dernier des hommes éminents jetés en Occident par l'émigration hellénique, et le Vénitien Jérôme Aléandro, depuis cardinal et mêlé activement aux luttes religieuses de la Réformation, attirés en France par les ministres de Charles VIII et de Louis XII, y avaient formé des élèves qui surpassèrent leurs maîtres : Aléandro, recteur de l'université de Paris en 1512, fut le maître du Picard Vatable (Wastebled ; Gâte-blé), qui contribua puissamment à l'essor des lettres grecques et fonda en France l'enseignement de l'hébreu ; Lascaris donna ses leçons à Pierre Danès et à l'illustre Guillaume Budé, qui dut beaucoup plus, il est vrai, à lui-même qu'à personne. Le doyen des savants français, Jacques Lefèvre d'Étaples, traducteur et commentateur d'une partie des Écritures, et, sous ce rapport, précurseur un peu timide de Luther, ne contribua pas moins que Lascaris et qu'Aléandro à former la nouvelle génération scientifique, où l'on distinguait encore Pierre Duchâtel, lecteur du roi, évêque de Tulle et de Mâcon (François Ier se plaisait extrêmement à sa conversation et disait que « c'étoit le seul homme dont il n'eût pas épuisé toute la science en deux ans »[1]) ; Lazare de Baïf, qui commença de traduire en vers français les tragiques grecs ; Guillaume Cop, de Bâle, premier

---

1. Ce mot peint bien le désir inquiet d'apprendre et de connaître qui caractérisait François 1er. — « Chez lui, point de repas, de promenades, de halte dans ses voyages qui ne fussent employés à des conversations instructives, à des discussions littéraires ; ceux qui étoient admis à sa table se croyoient au milieu d'une école de philosophie » (Pierre Galand, oraison funèbre de François Ier). « L'homme d'État et l'artisan, le guerrier et le laboureur, eussent pu faire également leur profit de ces entretiens, » écrivait un savant étranger, Thomas Hubert, secrétaire de l'électeur palatin. Une telle connaissance du prix du temps est bien remarquable chez un homme aussi livré à ses passions ; il est probable que ces témoignages s'appliquent surtout à la seconde partie de son règne, et qu'on en doit rabattre quelque chose.

médecin du roi, traducteur d'une partie des ouvrages d'Hippocrate et de Galien; Jules-César Scaliger, de Vérone, qui fut naturalisé français en 1528, et ces doctes imprimeurs, les Badius Ascensius, les Gourmont, les Colines, les Estienne surtout, qui marchaient de pair avec les premiers savants du siècle; la famille des Estienne, alliée et héritière des principaux imprimeurs qui l'avaient précédée, poursuivit ses travaux durant quatre générations, et éleva l'art de la typographie à la plus haute perfection qu'il ait jamais atteinte dans aucun pays. Les Estienne sont une des gloires de la France au xvie siècle [1]. Nous aurons à revenir sur leurs magnifiques travaux de linguistique.

Les quatre frères Du Bellai, grands seigneurs lettrés, dont deux furent évêques, deux militaires et historiens, tous quatre diplomates et érudits, figurèrent aussi avec honneur et par leurs propres talents et par l'assistance qu'ils donnèrent aux lettrés moins favorisés qu'eux de la fortune. Corneille Agrippa, de Cologne, cet homme étrange qui partagea sa vie entre les lettres, les sciences naturelles et les sciences occultes, tour à tour vénéré, craint et persécuté des puissances laïques et cléricales, traversa plus d'une fois, dans le cours de ses « pérégrinations » vagabondes, le monde savant de la cour de France. S'il en fut le météore, Budé en fut l'astre paisible et fécondateur : la supériorité de Budé n'est pas plus contestée dans l'érudition que celle de Marot dans la poésie; mais la supériorité de Budé ne s'arrêtait pas à la frontière : les savants, écrivant tous dans la même langue, avaient pour commune patrie tous les lieux où l'on entendait le latin, et le Parisien Budé n'était pas moins célèbre en Allemagne et en Italie qu'en

---

1. *V.* les estimables études publiées sur les Estienne par MM. Renouard et Crapelet; *Annales de l'imprimerie des Estienne,* 2 vol. in-8°; 1838. — *Robert Estienne, imprimeur royal, et le roi François Ier;* 1839. — On trouve, dans le *Recueil* de M. Isambert, t. XII, une pièce intéressante pour l'histoire de l'imprimerie en France : c'est une ordonnance de Louis XII, rendue le 9 avril 1513, à Blois; elle confirme les exemptions des libraires, relieurs, enlumineurs et écrivains de l'université « pour la considération du grand bien qui est advenu au royaume au moyen de l'art et science d'impression, l'invention de laquelle semble être plus divine qu'humaine..., par laquelle notre sainte foi catholique a été grandement augmentée et corroborée, la justice mieux entendue et administrée, et le divin service plus honorablement fait, dit et célébré, et au moyen de quoi tant de bonnes et salutaires doctrines ont été manifestées..... » Les motifs de l'ordonnance sont curieux, rapprochés de l'avénement de Luther.

France : Guicciardini, avec une impartialité qui honore ce célèbre historien florentin, n'hésite pas à déclarer Budé « le premier homme de son siècle dans la littérature grecque et latine ». Ceci doit s'entendre de la profondeur d'érudition plutôt que du talent d'écrire en latin; car l'érudition française et allemande ne pouvait lutter avec la science italienne pour la pureté du style, pour le *cicéronianisme*, comme on disait [1]; mais elle rachetait bien ce désavantage à d'autres égards. Moins élégante, mais plus solide, elle cherchait les fruits sous les fleurs, les choses et les idées sous les mots; et, tandis que Budé fixait le sens de la langue grecque par des travaux que personne n'a surpassés, un homme d'un savoir égal et d'un génie plus original et plus varié ébranlait tous les esprits, d'un bout de l'Europe à l'autre, par d'admirables pamphlets latins où le présent comparaissait en face de l'antiquité, où les abus de l'Église et de la société européenne étaient touchés au vif avec une finesse et une verve sans pareilles. Est-il nécessaire de nommer le grand Érasme de Rotterdam?

La France avait failli acquérir le plus illustre écrivain du XVIe siècle : en 1517, la fondation du collége *trilingue* (hébreu, grec et latin) de Louvain, par un simple particulier, le chanoine Busleiden, et les exhortations de Budé, qui sentait que les conquêtes de la philologie ne pouvaient être assurées sans un établissement spécial et permanent, avaient inspiré à François Ier une généreuse émulation, et le jeune roi avait résolu de fonder aussi à Paris un collége des trois langues. Il s'adressa à Érasme, qui avait organisé le collége de Louvain [2], et lui offrit la direction de l'établissement projeté : Budé intervint dans la négociation avec un noble désintéressement; Érasme balança; la crainte d'aliéner son indépendance et de s'exposer aux tracasseries des théologiens de l'université l'empêcha d'accepter, et le projet du *collége royal* fut pour longtemps ajourné, au grand chagrin des

---

1. Les puristes italiens les plus outrés prétendaient qu'on ne devait employer dans la prose latine aucun mot qui ne se trouvât dans Cicéron. Deux Français ou Wallons, Longueil et Bunel, comptaient parmi les principaux *Cicéroniens*; mais ils avaient passé la plus grande partie de leur vie en Italie.

2. Et qui avait, il faut l'ajouter, publié à Paris, dès 1500, la première édition de ses fameux *Adagia*, espèce de quintessence de l'antiquité, qui devinrent le *vade-mecum* de la Renaissance.

savants français et à la grande joie des scolastiques universitaires, vieillis dans l'aversion de la science nouvelle et surtout dans l'horreur du grec, langue véhémentement suspecte à leurs yeux de schisme et d'hérésie. Les grandes entreprises, les commentaires, les compilations, les grammaires, les publications de textes comparés n'en continuèrent pas moins [1].

Cette époque est bien l'âge initiateur de la civilisation moderne; jamais l'esprit humain n'avait déployé, en France et en Europe, une telle activité dans toutes les directions. Le spectacle de l'histoire politique n'a point alors un intérêt moins puissant que le spectacle de l'histoire intellectuelle; les hommes politiques de ce temps, toutefois, ne sont pas au niveau des grands maîtres de l'art et de la science; dans la politique, les événements sont plus grands que les hommes [2].

De la fin de 1516 au commencement de 1519, il n'y eut point de changement considérable dans la situation respective des grands états. Les cours de France et d'Angleterre, mal ensemble depuis la bataille de Marignan, s'étaient rapprochées à la suite de la paix générale; François Iᵉʳ avait appelé d'Écosse le duc d'Albanie, par une espèce de transaction entre l'influence française et l'influence anglaise sur ce pays : il avait adressé à Henri VIII, et surtout à son ministre tout-puissant, le cardinal Wolsey, des avances qui avaient été bien accueillies, et la France vit avec une satisfaction très-vive l'issue de ces négociations, la recouvrance de Tournai. Wolsey, gagné par les prévenances de François Iᵉʳ, fit sentir à Henri VIII l'inutilité d'une possession enclavée de toutes parts au milieu de territoires étrangers, et, par un traité du 4 octobre 1518, Tournai et le Tournaisis [3] furent revendus à la France, moyennant 600,000 couronnes d'or [4], payables en douze années, pour

---

1. Des publications importantes d'un autre ordre étaient également mises au jour. En 1517, parut le premier *Coutumier général de France*, renfermant toutes les coutumes révisées sous Louis XII. — La coutume de Loudunois fut publiée en 1518. — Le 27 décembre 1516, avait été fondée l'université d'Angoulême, fondation qui ne sortait pas du cadre des vieilles études.

2. S'il y avait une exception, ce ne serait que pour Charles-Quint, grand par la volonté et la persévérance, de quelque façon que l'on juge son œuvre!

3. Mortagne, Saint-Amand, etc.

4. La couronne (*crown*) anglaise valait 35 sous tournois de France (7 francs). — Dumont, *Corps diplomatiq.*, t. IV, p. 269 et suiv.

dédommagement de la possession du pays et des grands travaux de fortifications exécutés à Tournai par les Anglais. Par un acte du même jour, on arrêta le mariage du dauphin François, enfant d'un an, avec Marie d'Angleterre, fille de Henri, âgée de quatre ans (la *sanglante* Marie). Jamais on n'avait été si prodigue de traités de mariage qu'à cette époque, et jamais on n'en réalisa si peu. François Ier essaya d'obtenir une restitution beaucoup plus importante encore que celle de Tournai, la restitution de Calais ; mais Calais était une de ces positions qui se reprennent et ne se rachètent pas : l'Angleterre tout entière se fût soulevée contre la pensée d'abandonner ce dernier reste de ses conquêtes [1].

Malgré sa réconciliation avec Henri VIII, François Ier ne comptait pas plus que de raison sur l'amitié de l'Angleterre : ce prince paraît avoir compris les intérêts maritimes de la France, quoique la mobilité de son esprit et les embarras de sa situation si complexe l'aient empêché de faire à cet égard tout ce qu'il avait entrevu et projeté. Les lettres du cardinal Bibbiena, légat de Léon X en France, nous montrent le roi, dans le courant de l'année 1518, visitant avec grande diligence les ports et tous les points importants des côtes de Bretagne, donnant des ordres pour qu'on les fortifie, et travaillant à mettre ces parages à l'abri de descentes imprévues [2]. Claude de Seissel, évêque de Marseille,

---

1. A l'année du traité avec l'Angleterre, correspond un incident remarquable, l'intervention de la France dans la guerre du Danemark contre la Suède : Louis XII avait contracté un traité d'alliance avec la couronne de Danemark pour se ménager une diversion dans le Nord contre l'Empire, et François Ier avait renouvelé ce pacte. La Suède, assujettie au Danemark par l'union de Calmar, en 1391, avait, depuis ce temps, rejeté et repris par deux fois le joug. L'union des trois couronnes du Nord n'était pas moins convenable aux vrais intérêts des peuples scandinaves qu'à l'équilibre de l'Europe ; malheureusement, elle apparut aux Suédois, non comme une fédération libre, mais comme une tyrannie étrangère ; elle avorta pour avoir été trop tôt tentée, et, tandis que les autres nations européennes se concentraient, les Scandinaves se divisèrent. Les cruautés et les perfidies abominables par lesquelles le roi de Danemark Christiern II, le *Néron du Nord*, voulut affermir la suprématie danoise sur la Suède, creusèrent un abîme entre les deux peuples. En 1518, François Ier, conformément à ses conventions avec le Danemark, envoya à Christiern un secours de deux mille fantassins, commandés par plusieurs capitaines d'élite ; ce corps de troupes, réuni aux Danois, remporta quelques avantages sur les Suédois, et pénétra jusqu'au fond de la Gothie (Gothland), mais finit par être défait dans un combat livré sur un lac glacé : la plupart des soldats fugitifs périrent par le froid, par la faim ou par la dent des ours blancs ; il en revint à peine trois cents en France. — Martin Du Bellai.

2. *Lettere de' Principi*, t. I, f. 32.

bon écrivain et habile homme d'État, avait fortement pressé François Ier de fonder une armée de mer permanente, à l'instar de l'armée de terre; les quelques galères et les deux ou trois gros vaisseaux qu'entretenait l'État ne méritaient pas le nom d'armée, et, quand on voulait entreprendre quelque expédition, l'on était toujours réduit à faire la presse des vaisseaux marchands, pour s'en servir en guise de navires de guerre. Quelque temps après, un évêque écossais (André, évêque de Murray) écrivait au roi de France : « Sire, pour l'amour de Dieu et pour votre honneur, faites tant que vous soyez maître de la mer [1] ! » Suivre le conseil de Seissel était le seul moyen de réaliser le vœu du prélat écossais : malheureusement, François Ier ne le fit ni assez promptement ni sur d'assez larges proportions. François Ier fit pourtant quelque chose de grand pour la marine française : il créa le Havre. Frappé de la supériorité de cette magnifique position sur celle du port de Harfleur, que les sables commençaient à engraver et ont depuis entièrement comblé, il ordonna de fortifier le Havre-de-Grâce, qui n'était qu'un obscur village de pêcheurs, et d'y creuser un port; peu d'années suffirent à la fondation de cette ville, destinée, par sa situation sans rivale, à devenir un jour notre premier port commercial de l'Océan : la tour qui protége l'entrée du port garde encore le nom de François Ier.

Le traité qui nous rendait Tournai avait été précédé de deux autres, l'un entre François Ier, l'empereur et le roi d'Espagne, l'autre entre François Ier et Henri VIII (11 mars 1517, 2 octobre 1518) : les quatre grands souverains d'Occident s'étaient engagés, par l'entremise du pape, à unir leurs armes contre le Turc, qui recommençait à épouvanter l'Italie; la puissance othomane, déjà si formidable sous Mahomet II, venait d'être doublée par le farouche Sélim, qui armait de toute la furie d'un fanatisme exterminateur le génie de la guerre et de la conquête. Les provinces de l'Euphrate et du Tigre avaient été arrachées à la Perse, et la monarchie élective des Mamelucks n'existait plus; la

1. La lettre est dans les manuscrits de Béthune, n° 3469, f° 35. — Elle est du 12 juillet 1522. — C'est d'après Gaillard, t. VII, p. 422, que nous citons la proposition de Seissel; nous ne l'avons pas trouvée ailleurs. — L'Angleterre n'avait pas non plus encore une véritable marine militaire; Henri VIII n'entretenait que quelques grosses nefs.

Syrie et l'Égypte étaient des provinces turques, et l'établissement d'une colonie de pirates turcs à Alger menaçait d'une prompte ruine les établissements espagnols de la côte d'Afrique. Sélim, maître du bassin oriental de la Méditerranée[1], paraissait prêt à reprendre les desseins de Mahomet II contre l'Italie. On parla beaucoup de croisade : Léon X, faisant trêve à ses plaisirs, mena, pieds nus, des processions dans Rome, pour implorer la protection du ciel et surtout pour émouvoir la chrétienté ; des décimes furent demandées au clergé pour les frais de la future croisade, et le trop fameux trafic des indulgences redoubla d'activité. L'attaque des Turcs contre l'Europe centrale fut cependant ajournée ; la croisade, d'une autre part, n'eut pas lieu. La diète germanique d'Augsbourg refusa les grands subsides demandés par le saint-père pour une guerre offensive (août 1518). L'argent levé sur les clercs ou extorqué aux peuples dans les contrées plus dociles alla s'engloutir dans les coffres du pape et des rois : la patience de l'Allemagne était à bout, et les exactions romaines allaient avoir, dans les régions septentrionales, d'incalculables conséquences ; Rome avait tiré ses derniers tributs du nord de l'Europe ! En France, la croisade profita surtout au fisc royal ; Léon X céda au roi les décimes imposées sur le clergé, moyennant la suppression de l'article du traité de Bologne, qui obligeait le pape à rendre Reggio et Modène au duc de Ferrare. Cet arrangement, aux dépens d'un allié utile et fidèle, était aussi impolitique que peu honorable :

Ce n'était plus l'Italie, mais l'Allemagne, qui était depuis deux

---

1. La conquête de l'Égypte et de la Syrie par les Turcs acheva la ruine du commerce méditerranéen au profit de la grande navigation : le gouvernement violent et rapace des Turcs arrêta le transit commercial, et les relations de l'Europe avec l'Égypte furent presque interrompues durant trois siècles, jusqu'à ce que les armes françaises eussent rouvert cette voie au monde. Venise, sentant tarir les sources de sa prospérité, avait tenté d'arrêter les immenses progrès des Portugais dans les mers d'Asie : elle avait poussé le soudan d'Égypte à secourir contre eux les musulmans de l'Inde ; mais le soudan avait été vaincu par les Portugais dans l'Inde, quelques années avant de périr en Égypte sous les coups des Turcs (1508), et le grand Albuquerque faisait flotter le pavillon victorieux du Portugal sur toutes les côtes de l'Indoustan, de la Perse, de l'Arabie et de l'Afrique. La navigation portugaise s'étendait en Asie de la mer Rouge aux mers de la Chine, et les Portugais avaient trouvé, au sein de l'Afrique, des auxiliaires contre les musulmans, dans des peuples chrétiens de l'Abyssinie dont l'Europe ne savait pas même le nom.

ans le principal objet de l'attention de François Ier : Maximilien, languissant et malade, touchait au terme d'une existence pleine d'agitations et de fatigues, et François travaillait, non-seulement à empêcher l'élection de Charles d'Autriche à l'Empire, mais à briguer pour lui-même la couronne impériale. Il espérait éluder la loi qui excluait les étrangers, en se donnant comme membre de l'Empire, à cause du duché de Milan, ou même à cause du royaume d'Arles. Le souvenir de Charlemagne, mirage trompeur où se sont pris les plus grands princes des temps modernes, fascinait son imagination, et il rêvait la domination de l'Europe par l'union « des François et des Germains. » C'était leur alliance, mais non leur impossible fusion qu'il fallait poursuivre, et la politique du chef de la nation française eût dû être de pousser à l'Empire soit un des électeurs allemands, soit un des Jagellons, qui régnaient en Pologne et en Hongrie[1], et qu'il fallait à tout prix arracher à l'influence autrichienne. Léon X, qui craignait un empereur trop puissant, eût appuyé avec zèle une candidature d'électeur.

François Ier n'eut malheureusement pas cette sagesse. Son excuse était dans ceci, qu'il lui eût fallu quasi tout faire, créer, en quelque sorte, la situation ; c'est-à-dire être un homme de génie. L'Allemagne, comme il lui arrive trop souvent, montrait peu de conscience d'elle-même et de ses vrais intérêts. Des sept électeurs, quatre étaient à vendre au plus offrant ; c'étaient les deux frères de Brandebourg, l'archevêque Albert de Mayence et le margrave Joachim, l'archevêque de Cologne et le comte palatin. Un cinquième, le roi de Hongrie et de Bohême, chef de l'héroïque nation qui avait été la barrière de la chrétienté contre le Turc, eût été le meilleur candidat à l'Empire ; mais Louis Jagellon n'était encore qu'un enfant, déjà enlacé, comme on l'a dit énergiquement[2], dans le réseau de l'araignée autrichienne par des traités de mariage[3] qui promettaient éventuellement à l'Autriche l'*héritage* des couronnes *électives* de Hongrie et de Bohême. Le

1. Un des Jagellons, le roi Louis de Hongrie, figurait entre les électeurs comme roi de Bohême.
2. M. Michelet.
3. Entre le roi Louis et Marie d'Autriche, sœur de Charles, et entre Ferdinand, frère de Charles, et Anne de Hongrie, sœur de Louis.

sixième électeur, le duc de Saxe, avait compris : il eût souhaité rompre le réseau et porter le jeune Louis à l'Empire; mais Frédéric de Saxe, avec une haute probité, avait peu de vigueur et d'initiative, et ses velléités ne devinrent point actives. Le septième électeur, l'archevêque de Trèves, homme de décision, vit qu'il n'y aurait que deux candidats sérieux, le roi de France et le roi d'Espagne, les deux précisément que l'Allemagne eût dû écarter; l'Autrichien lui parut, des deux, tout à la fois le plus dangereux pour l'Allemagne et le moins capable de refouler puissamment l'invasion turque. Il s'offrit de lui-même à François Ier dès la fin de 1516, manquant à l'engagement imposé aux électeurs de ne point enchaîner leur vote, mais du moins se donnant et ne se vendant pas.

Les frères de Brandebourg n'étaient pas gens à suivre cet exemple. Le margrave Joachim, qu'un agent autrichien appelle, dans un langage coloré, « le père de toute avarice, » promit son vote au roi de France moyennant la promesse de la seconde fille de Louis XII pour son fils avec 150,000 écus de dot, plus 12,000 livres de pension (17 juin 1517). L'archevêque de Mayence, pire encore que le margrave, eût mérité, lui, d'être appelé *le père* non-seulement de *l'avarice*, mais de tous les vices; cet homme, l'effronterie et l'intrigue incarnées, d'une main caressait les novateurs qui menaçaient l'église romaine, de l'autre, exploitait, avec les banquiers d'Augsbourg, les Fugger, la ferme des indulgences papales qui allaient provoquer la tempête de la Réforme. L'archevêque se vendit à François Ier comme le margrave (octobre 1517). L'électeur palatin suivit. Quatre voix, formant la majorité, étaient donc engagées au roi de France, et une foule de princes, de comtes, de barons du Saint Empire, dans les provinces du Rhin, dans la Haute et dans la Basse Allemagne, promettaient, non pas gratuitement, bien entendu, d'appuyer cette majorité de leur influence, et, au besoin, de leurs armes.

Les affaires de François Ier semblaient donc en fort bon état au commencement de 1518; mais la maison d'Autriche ne s'abandonna pas. Le jeune Charles et ses conseillers, en s'embarquant pour l'Espagne (août 1517), avaient prévenu Maximilien des menées du roi de France et l'avaient conjuré de s'y opposer. Maximilien, toujours aux expédients, avait fait des ouvertures au roi d'Angleterre sur l'héritage impérial, afin de tirer de l'argent de Henri VIII. L'Anglais, sans doute avec raison, ne s'y était pas fié. Maximilien, alors, se donna tout entier aux intérêts de son petit-fils, mais à condition que Charles fournît largement aux frais de l'élection. Ce ne fut pas chose facile; l'Espagne et les Pays-Bas rivalisaient d'indocilité quand il s'agissait de payer, et les conseillers wallons et flamands de Charles aimaient mieux intercepter au passage les ducats de leur maître, que de les envoyer au gouffre sans fond de Maximilien. Charles, cependant, se décida à faire argent de toutes mains, bien secondé par son habile tante Marguerite d'Autriche, qu'il avait remise à la tête du gouvernement des Pays-Bas, et qui centralisa toute l'opération financière dans les mains des Fugger, les grands banquiers d'Augsbourg [1].

Maximilien convoqua donc la diète germanique à Augsbourg au mois d'août 1518 : l'objet ostensible était la croisade contre le Turc; l'objet secret, la succession à l'Empire. Le premier objet fut manqué. Le second parut atteint. L'électeur de Cologne et les représentants du jeune roi de Bohème se laissèrent acheter; les électeurs de Brandebourg, de Mayence et palatin se mirent en surenchère, et s'engagèrent à manquer à leurs premiers engagements. Maximilien avait dû promettre plus de 500,000 florins d'or comptants et de 70,000 florins de pension [2], outre la main d'une de ses petites-filles pour l'héritier de Brandebourg! Il entendait garder pour lui, dans cet étrange commerce, un courtage de 10 pour 100.

L'Autriche, à son tour, se croyait maîtresse du terrain. Il avait été convenu qu'une nouvelle diète serait mandée à Francfort pour élire Charles d'Autriche roi des Romains. Les électeurs de Trèves et de Saxe protestèrent. Deux rois des Romains, dirent-ils, ne peuvent exister ensemble, et Maximilien, n'ayant pas reçu la cou-

---

1. On leur donna le monopole du change en Allemagne, et les billets des villes d'Anvers et de Malines en garantie de leurs avances; Anvers et Malines étant garanties à leur tour sur les douanes de Zélande. M. Michelet a très-bien expliqué cette curieuse affaire.
2. Le florin valait 10 francs 64 centimes de notre monnaie, et cinq fois autant de valeur relative. Mignet; *Une élection à l'Empire en 1519*; ap. *Revue des Deux Mondes*; 1854; t. I, p. 224.

ronne impériale des mains du pape, n'est que roi des Romains. La majorité n'osa passer outre. Tout resta en suspens. Sur ces entrefaites, Maximilien mourut (12 janvier 1519).

Aussitôt, François Ier de mettre ses agents en campagne. L'Empire est inondé d'émissaires français. Les ambassadeurs officiels, (un d'Albret, l'amiral Bonnivet, favori du roi et frère de son ancien gouverneur Boisi, et le président Guillart, du parlement de Paris), partent, chargés de blancs-seings. « Je dépenserai trois millions pour être empereur! » s'était écrié François Ier. « Si je suis élu, » ajoutait-il, comme pour se relever à ses propres yeux de tout ce marchandage, « trois ans après l'élection, je jure que je serai à Constantinople ou que je serai mort[1]. »

La chance parut lui revenir. Les trois électeurs déjà vendus et revendus s'entendirent afin d'annuler leur second marché et de renouer avec François Ier moyennant augmentation de prix. Le pape, aimant encore mieux un empereur duc de Milan qu'un empereur roi de Naples, et attendant un secours plus efficace du vainqueur de Marignan que du jeune Charles en cas d'attaque des Turcs, secondait vivement François Ier, promettait le chapeau rouge à l'électeur de Trèves pour le récompenser, à l'électeur de Cologne pour le décider, et la légation perpétuelle en Allemagne à l'électeur de Mayence pour le raffermir dans le parti de France. Léon X rappelait avec autorité l'ancienne constitution pontificale qui interdisait la réunion de l'Empire et du royaume de Naples sur une même tête[2].

La gouvernante des Pays-Bas, Marguerite, jugea la situation si critique, qu'elle proposa un moyen terme à son neveu. C'était de faire élire le frère de Charles, l'archiduc Ferdinand. Maximilien en avait eu la pensée; mais ses ministres, et surtout ce cardinal de Sion, qui apparaissait comme un mauvais génie partout où s'offrait l'occasion de troubler la chrétienté et de nuire à la France, avaient évoqué devant ses yeux l'orgueilleux fantôme de la monarchie universelle, et l'avaient décidé pour Charles. Le jeune

---

1. Lettre de Thomas Boleyn, ambassadeur d'Angleterre (père d'Anna Boleyn), au cardinal Wolsey, du 28 février 1519; ap. Mignet, *ib.* p. 231.
2. Rendue après l'extinction des Hohenstauffen et l'établissement de Charles d'Anjou à Naples.

roi d'Espagne rejeta bien loin la proposition de sa tante, et protesta avec une extrême vigueur contre tout ce qui tendrait à « démembrer les pays et seigneuries d'Autriche,... et séparer *la trousse* (le faisceau) des puissances et seigneuries que nos prédécesseurs nous ont laissée ». Il promit de faire bonne part à Ferdinand dans l'héritage commun, pourvu que son frère restât son subordonné, et de le faire élire plus tard roi des Romains quand lui-même serait empereur (5 mars). Tout son plan politique était déjà tracé, à dix-neuf ans : assurer l'unité de la monarchie autrichienne, en dominer les diverses parties les unes par les autres, subalterniser le reste de la chrétienté et « mener forte guerre au Turc ».

Charles avait conclu, comme François Ier, en se déclarant « délibéré de mettre le tout pour le tout » dans l'affaire de l'élection. Il y avait de la grandeur dans ces deux jeunes ambitieux aux prises; mais les détails furent ignobles jusqu'au bout. Le cynisme de l'archevêque de Mayence, surtout, dépassa tout ce qui se peut imaginer. « J'ai honte de sa honte », écrivait un agent autrichien, qui n'était rien moins qu'un homme à scrupule. L'archevêque resta définitivement à l'Autriche. Les autres flottaient, promettaient des deux mains, sauf Trèves, fidèle à la France, et Saxe, indépendant et isolé. Une pression croissante du dehors se faisait sentir aux électeurs. C'était le réveil de l'esprit teutonique dans sa vieille hostilité contre les *Welches*[1]. L'Allemand se persuada que le roi de France, avec sa puissance si fortement massée, serait

1. Il est curieux de retrouver ce sentiment jusque chez l'archevêque de Mayence. Il voulait, avant tout, se vendre le plus cher possible, mais il aimait mieux se vendre à l'Autrichien qu'au Français. Dans la lettre qu'il écrit au margrave son frère afin de l'inviter à changer de parti, comme lui, pour la quatrième fois, il le prie « de considérer l'honneur et le bien de l'Empire et de la nation teutonique. Si la couronne tomboit entre les mains de ceux qui, séparés depuis longtemps de la souche germanique et *n'ayant ni foi ni loyauté*, ne voulurent jamais de bien à l'Empire, ce seroit pour la ruine de celui-ci. » Et, au moment même où il vient d'arracher à l'agent de Charles un dernier pot-de-vin, après un débat digne, par la forme et le fond, des *Cours des miracles*, il se vante à son frère de mettre son honneur à ne rien demander de nouveau au Roi Catholique. Cette lettre, avec le reproche fait aux Français par une telle bouche de n'avoir *ni foi ni loyauté*, est le chef d'œuvre de l'impudence ; mais ce que dit l'effronté personnage sur ces Français « séparés de la souche germanique » n'en mérite pas moins attention, comme exprimant une prétention allemande. Mignet; *une Élection à l'Empire ;* ap. *Revue*, etc., p. 243.

plus dangereux aux libertés germaniques que le roi d'Espagne avec ses nombreux états dispersés et lointains ; l'Allemand oublia les formidables chances d'accroissement que les traités avec la Hongrie et la Bohême promettaient encore à l'Autriche. L'intervention du pape, d'autre part, nuisit plus qu'elle ne servit à François Ier. Au point où en étaient les esprits outre Rhin[1], il suffisait que Rome fût d'un côté, pour que l'opinion se rejetât de l'autre.

Une faute grave porta dans le camp du roi d'Espagne une force considérable qui eût dû être dans le camp de France. François Ier, par les mauvais procédés et les violences de sa mère, s'était brouillé avec les deux chefs de la maison de La Mark, le duc de Bouillon, seigneur de Sedan, et son frère l'évêque de Liége, ces anciens et utiles amis de la France, et les La Mark lui avaient aliéné leur ami, Franz de Sickingen, le grand chef des aventuriers allemands, dont le nom valait une armée et dont le premier appel attirait en quelques jours 15,000 ou 20,000 *reîtres*[2] et lansquenets[3]. L'opposition de Sickingen était plus à redouter que celle d'aucun électeur. Une guerre qui éclata en Souabe sur ces entrefaites eut des conséquences fâcheuses pour François Ier. Le duc Ulric de Würtemberg ayant provoqué par ses violences la puissante Ligue de Souabe, on accusa, sans fondement, le roi de France d'avoir excité le duc, et la Ligue, qui avait pris Sickingen pour général, ayant expulsé le duc de ses états (mars-mai 1519),

---

1. Nous reviendrons tout à l'heure sur les questions religieuses.
2. *Reiter*, cavalier ; espèce de chevau-légers mercenaires, qui rivalisèrent bientôt de renommée avec l'infanterie des lansquenets.
3. Sur ce personnage extraordinaire de Sickingen, *V.* Mignet, p. 218, et Michelet, *Réforme*, chap. IV, p. 76. La tentative de Maximilien pour établir l'ordre en Allemagne et supprimer la guerre privée ayant échoué de fait, et personne n'obéissant à sa chambre impériale, Sickingen, le vrai type du *Goëtz de Berlichingen* de Goëthe, s'était fait le grand redresseur de torts, le *franc-juge* par excellence, seulement procédant *sous le soleil*, et non dans les ténèbres comme l'ancienne *Wehme*. Les chevaliers du Rhin, les vaillants hobereaux des bois et des montagnes le suivaient en foule. Sa place de refuge était Ebernbourg, près de Kreuznach, dans le Palatinat cis-rhénan, et le magnanime aventurier, sympathique à toutes les audaces, y accueillait les libres penseurs, la liberté religieuse naissante, comme tous les autres opprimés. On appelait Ebernbourg l'*Hôtellerie de la Justice*. Il est intéressant de comparer le héros français, Bayart, le chevalier discipliné et encadré dans les forces régulières, et le héros allemand, Sickingen, le chevalier indépendant et *sauvage*, pour ainsi dire, ce qui ne veut pas dire illettré ni barbare, tant s'en faut. Cette comparaison en apprend beaucoup sur l'état des deux sociétés.

la défaite d'Ulric passa pour une défaite de François Ier. Les Suisses avaient promis secours au duc de Würtemberg : ils lui manquèrent de parole, et, entraînés par le mouvement teutonique, par l'esprit de race, que le cardinal de Sion, l'implacable ennemi de la France, sut réveiller adroitement chez eux, ils protestèrent avec âpreté contre la candidature *welche* (avril). La Ligue de Souabe défendit aux banquiers, dans ses vingt-deux villes libres, de faire le change pour le roi de France : la grande maison des Fugger, intimement liée à l'Autriche, n'avait pas attendu cette défense.

François Ier, n'ayant plus la ressource des lettres de change, expédia 400,000 écus d'or en Allemagne sous escorte. Le marchandage avait recommencé avec Brandebourg, avec le Palatin, avec l'archevêque de Cologne. « Saoulez-le de toutes choses »! écrivait François à propos du margrave. Pendant ce temps, les deux concurrents armaient à grande force, mais dans des conditions inégales. Les gens de Charles étaient plus près.

Les électeurs terminèrent toutes ces ignominieuses négociations par un acte d'hypocrisie aussi honteux que le reste. Ils se firent délivrer par les deux rivaux des lettres qui les déliaient de leurs engagements afin de pouvoir prêter le serment d'indépendance et de liberté de vote qui précédait l'élection.

La diète électorale s'ouvrit, le 18 juin, dans l'église de Saint-Barthélemi, à Francfort. Sickingen était aux portes avec 20,000 combattants : les paroles de l'ambassadeur français Bonnivet ne pouvaient balancer ses piques. François Ier, commençant à sentir le succès plus que douteux, écrivit à Bonnivet que, s'il ne pouvait réussir pour lui, il fît élire l'électeur de Brandebourg ou l'électeur de Saxe. Il était bien tard : une telle opération ne s'improvise point par manière de pis-aller. Le 24 juin, le légat du pape, le cardinal Caietan (*Gaëtano*), fit défection : Léon X sentant son intervention impuissante et craignant d'irriter Charles et l'Allemagne, retirait sa protestation contre l'élection du roi d'Espagne et de Naples. L'élection eut lieu le 28. L'archevêque de Mayence parla fort habilement contre François Ier, invitant les princes allemands à jeter les yeux sur la France pour voir ce qu'y étaient devenus leurs pareils, les princes féodaux, et ce qu'ils deviendraient eux-mêmes sous un monarque français[1]. L'archevêque de Trèves répondit avec énergie, prédit la guerre générale, le déchirement de la chrétienté et la conquête de la Hongrie par les Turcs, si l'on nommait Charles, et déclara que, si l'on ne voulait pas du roi de France, il fallait prendre un pur Allemand et non un Espagnol.

C'était l'électeur de Saxe qu'il désignait. Bonnivet, depuis quelques jours, travaillait dans ce sens. Mais l'électeur Frédéric n'avait ni la hardiesse ni le génie d'un tel rôle. Il déclina le fardeau du sceptre impérial, et, croyant répondre au vœu de l'Allemagne, il se prononça en faveur du roi d'Espagne, « archiduc d'Autriche et vrai prince allemand », pourvu qu'on lui imposât des conditions qui assurassent la liberté et l'intégrité de l'Empire. La faiblesse ou l'insuffisance d'un honnête homme fut plus funeste que les vices des corrompus. Le vote de Frédéric décida tout. CHARLES-QUINT[2] fut élu.

Les électeurs essayèrent de tempérer la puissance formidable qu'ils venaient de constituer. On s'était contenté jusqu'alors d'imposer à l'empereur élu le serment verbal de respecter les priviléges et coutumes de l'Empire. Cette fois, on rédigea une capitulation écrite, garantie qui devait être renouvelée désormais à chaque avénement impérial. La capitulation stipulait que l'empereur élu ne pourrait, sans l'aveu des électeurs, convoquer la diète, établir aucun nouvel impôt, entreprendre aucune guerre, conclure aucun traité engageant l'Empire; qu'il n'introduirait point en Allemagne de troupes étrangères, et ne donnerait aucun emploi aux étrangers; qu'il emploierait la langue allemande dans ses actes, et viendrait au plus tôt recevoir la couronne et fixer sa résidence en Allemagne; enfin qu'il ne ferait rien pour rendre héréditaire dans sa maison la couronne impériale [3].

---

1. Il eut l'audace de vanter les mœurs pures et la chasteté de Charles; bonne caution qu'Albert de Mayence parlant de moralité !

2. L'usage lui a conservé ce nom en français moderne, au lieu de *Charles cinq*.

3. Dumont, *Corps diplomatiq.*, t. IV, part. 1re, p. 296 et suiv. — Nous n'avons guère eu qu'à résumer, sur toute l'affaire de l'élection, l'excellent travail de M. Mignet, en y ajoutant quelques traits empruntés au chapitre si vif et si original de M. Michelet. Le monument le plus important pour l'histoire de cette époque est le recueil de correspondances publié par M. Leglay: *Négociations entre la France et la maison d'Autriche pendant les trente premières années du* XVIe *siècle*; ap. *Documents inédits*, etc.

Les serments coûtèrent peu à Charles, qui apprit son élection avec une joie menaçante pour la liberté de l'Europe : ses plans, nous l'avons dit, étaient déjà arrêtés, et toute sa vie n'en fut plus que le développement; un concours surprenant de circonstances le poussait à cette idée de fonder une domination suprême sur l'Occident. La tradition de Charlemagne, et surtout de l'empire romain, ravivée par la Renaissance, l'affaiblissement de la papauté concordant avec la réunion soudaine de tant de provinces sous le sceptre de la maison d'Autriche, à laquelle des traités habilement rédigés promettaient encore la réversibilité de deux nouveaux royaumes, la Hongrie et la Bohême, bien d'autres motifs encore, semblaient annoncer que le XVIe siècle verrait se relever l'unité de l'Occident, au moins par la suprématie impériale, sur les rois chrétiens : le titre d'empereur, maintenu à travers le moyen âge, pouvait sembler une réserve de la Providence. Charles, d'ailleurs, paraissait répondre si bien de sa personne aux conditions d'une telle révolution! Né à Gand, chez les Flamands de langue tudesque, élevé par des Wallons de langue et de mœurs françaises, fils d'un Allemand et d'une Espagnole, il touchait à tous les pays et à tous les peuples par sa naissance et son éducation. Les yeux tournés vers l'antiquité romaine, il ne comprit pas que le caractère propre de la civilisation moderne était au contraire le développement des nationalités indépendantes dans ce milieu européen créé par les Romains et par le christianisme, et que le retour de l'unité politique en Occident n'était ni possible ni désirable; aucun prince temporel ne devait réussir où avaient échoué les papes! l'expérience coûta cher, et ne désabusa pas les conquérants.

Les Espagnols, tous ceux du moins qui avaient quelque connaissance des intérêts de leur pays, accueillirent l'élévation de leur roi à l'Empire avec des sentiments fort opposés aux siens, et se montrèrent peu sympathiques aux ambitieux desseins de la maison d'Autriche. La fermentation n'avait guère cessé dans la péninsule depuis la mort de la grande Isabelle, et surtout depuis que Ferdinand le Catholique avait rejoint Isabelle dans la tombe; l'Aragon, tiraillé entre le *justiza* (grand justicier) Lanuza et l'archevêque de Saragosse, bâtard du feu roi, était livré à des troubles continuels; l'inquisition ne s'y était pas établie sans de violentes résistances; le cardinal-régent Ximenez avait comprimé la Castille par la ruse et par la force, et surtout par l'organisation qu'il avait donnée à l'armée [1]; mais, à sa mort, les ressorts s'étaient détendus, et le despotisme qu'il avait fondé était fortement ébranlé; la vieille Espagne ne subissait qu'avec angoisse et convulsion la transformation fatale qu'on lui imposait. Ximenez avait été la première victime de son œuvre : lorsque Charles débarqua en Espagne (septembre 1517), prévenu par ses conseillers wallons contre ce ministre-roi, il évita de le voir et « l'autorisa à cesser toutes occupations pour rétablir sa santé : » le superbe vieillard en mourut. L'impopularité du nouveau gouvernement fut bientôt telle, que le peuple se rattacha passionnément à la mémoire de Ximenez; l'ancien gouverneur du roi, Chièvres, et ses compatriotes, les Flamands, les Wallons, avaient seuls la faveur de Charles, et dévoraient l'Espagne [2]. La résistance s'organisa : les communes de Castille commencèrent à s'associer afin d'obtenir le redressement des abus et l'attribution des emplois aux nationaux; le clergé défendit sa bourse avec énergie contre le roi et le pape : le pape ayant, à l'occasion du projet de croisade, accordé à Charles une dîme sur les biens du clergé pour armer une flotte contre le Turc, le clergé refusa de payer : le pape lança l'interdit sur toutes les églises d'Espagne; le clergé ne tint compte de l'interdit, « pour n'être point fondé sur la justice, » et le roi et le pape durent céder. Le roi céda aussi sur la question des emplois; mais, quand Wallons et Flamands ne purent plus s'attribuer les emplois, ils les vendirent, et les ducats espagnols continuèrent à s'écouler vers les Pays-Bas [3].

1. On sait la réponse de Ximenez aux grands qui lui demandaient les titres de son despotisme. — Il leur fit voir les canons en batterie, et les canonniers, la mèche allumée : « Voilà mes pouvoirs. » On ajoute qu'il leur montra son cordon de cordelier, en disant que cette corde lui suffisait pour mener l'Espagne. — C'était bien là, en effet, l'image de la double tyrannie royale et monacale qui devait étouffer l'Espagne pendant trois siècles.

2. Un Croï, neveu de Chièvres, avait été nommé archevêque de Tolède. Il avait dix-huit ans et mangeait aux Pays-Bas les immenses revenus de son archevêché. Les Flamands se vantaient entre eux d'exploiter l'Espagne comme l'Espagne exploitait le Nouveau Monde. Ils appelaient les Espagnols leurs *Indiens*.

3. Les ducats devenaient, dit-on, si rares que, lorsqu'un Espagnol en apercevait un, il lui faisait un grand salut, en disant : « Dieu vous sauve! ducat à deux têtes (les têtes de Ferdinand et d'Isabelle), puisque M. de Chièvres ne vous a pas rencontré! »

Pendant ce temps, la guerre civile s'était allumée, dans le royaume de Valence, entre la noblesse et le peuple des villes, organisé en *germanadad* (confrérie armée). Ce fut au milieu d'un désordre universel que Charles reçut à Barcelone l'ambassade qui lui apportait le sceptre du « Saint Empire. » Les principales villes de Castille le supplièrent de refuser la couronne impériale : il ne répondit qu'en convoquant au bout de la Galice, loin du centre du royaume, des cortès castillanes, dont la majorité, intimidée ou corrompue, accorda les subsides avant le redressement des griefs : les principales villes protestèrent ; la révolte éclata sur plusieurs points ; mais l'état de l'Allemagne n'était pas moins grave, et il s'y préparait des choses immenses : la diète appelait avec instance l'empereur élu à venir prendre un sceptre que de plus longs retards pouvaient compromettre ; Charles se décida et s'embarqua, le 22 mai 1520, à la Corogne, « s'exposant à perdre, pour aller recevoir une nouvelle couronne, la couronne plus précieuse dont il était déjà en possession » (Robertson). Cette première année de son empire ouvrait, par d'orageux présages, une carrière qui ne devait être qu'une lutte sans fin.

L'attitude hostile de François Ier n'avait pas peu contribué à décider le départ de Charles-Quint : le roi de France ne semblait pas devoir rester longtemps fidèle aux courtoises protestations qu'il avait adressées aux ambassadeurs de Charles avant l'élection. Cette concurrence, disait-il, ne doit point altérer notre bonne amitié : il faut agir comme deux rivaux qui ne se disputent qu'à force de soins le cœur d'une commune maîtresse [1]. A la nouvelle du choix des électeurs, François avait affecté de se dire soulagé d'un grand fardeau ; mais son amour-propre était profondément blessé, et le sentiment très-fondé qu'il avait du péril dont le menaçait l'énorme accroissement de la puissance de Charles ne pouvait que l'exciter à aller hardiment au-devant de ce péril. Deux hommes, l'un honnête, l'autre habile, Boisi en France, Chièvres à la cour de Charles-Quint, s'étaient entendus jusque-là pour tâcher de maintenir la paix entre leurs jeunes maîtres ; mais Boisi mourut en septembre 1519, tandis qu'il négociait à Mont-

---

1. Guicciardini, l. XIII, c. 20.

pellier avec Chièvres touchant l'exécution du traité de Noyon sur la question délicate de la Navarre. Chièvres ne lui survécut pas longtemps [1], et eut pour successeur l'Italien Gattinara, qui détestait la France. A la cour de François Ier, Bonnivet, le jeune frère de Boisi, qui hérita de tout le crédit de son aîné et qui partagea la direction des affaires avec Duprat, l'un menant les choses de la guerre, l'autre la justice et les finances, avait à venger son échec comme ambassadeur à la diète de Francfort, et poussa de toutes ses forces à la rupture avec l'empereur. Bonnivet avait quelques-unes des qualités et tous les défauts de François Ier; brave, spirituel, imprudent, « outrecuidé, » passionné pour le plaisir, hardi à entreprendre, négligent et sans esprit de conduite dans la poursuite de ses entreprises, il ressemblait trop à son maître pour ne pas lui plaire et pour ne pas lui être funeste.

La rupture de François et de Charles était, au reste, inévitable : il y avait trop d'intérêts et de prétentions opposés; l'affaire de la Navarre était toujours pendante, et Charles n'avait aucunement « contenté la reine de Navarre et ses enfants, » suivant les termes du traité de Noyon; l'Espagne, autant que son roi, était contraire à toute pensée de restitution. La conquête de la Navarre ne satisfaisait pas encore Charles, et il n'attendait que l'occasion favorable pour revendiquer le Milanais au nom de l'Empire et la Bourgogne ducale en son propre nom. François, de son côté, se repentait d'avoir renoncé à Naples, et sommait Charles de lui rendre hommage en personne pour le comté de Flandre. L'alliance de l'Angleterre était également désirable aux deux partis, en vue de la lutte qui se préparait : lors du traité d'octobre 1518, il avait été question d'une entrevue entre les rois de France et d'Angleterre pour cimenter leur réconciliation; cette entrevue fut enfin fixée au 7 juin 1520. François espérait entraîner Henri à une coalition contre leur trop heureux rival [2]. Charles-Quint prévint François Ier : il alla débarquer, le 26 mai, à Douvres, sans être attendu de Henri VIII, qui fut vivement touché d'une

---

1. Il mourut en 1521.
2. Henri VIII avait aussi rêvé l'Empire. Après avoir promis son appui tout à la fois aux deux concurrents, il avait songé à devenir leur rival, mais sans aller jusqu'au bout. V. Mignet; *une Élection à l'Empire*, p. 255.

telle marque de confiance. Charles savait bien ne courir aucun risque; il était en correspondance secrète avec le vrai roi d'Angleterre, le cardinal Wolsey, qu'il avait comblé de présents et de marques de déférence, et qui avait répondu de sa sûreté. Wolsey avait été très-favorable à l'alliance française jusqu'à l'élévation de Charles-Quint à l'Empire; mais, depuis ce moment, le cardinal, qui connaissait la faible santé de Léon X et qui aspirait à la tiare, s'était retourné vers l'empereur, pensant trouver de ce côté un appui plus décisif en faveur de ses prétentions. Henri VIII promit de ne pas se joindre aux adversaires de l'empereur et de rendre à Charles sa visite en Flandre, au sortir de la conférence convenue avec le roi de France. L'empereur et le roi d'Angleterre se séparèrent le 30 mai, pour passer, l'un aux Pays-Bas, l'autre à Calais, et François Ier arriva le 1er juin à Ardres.

Il avait été convenu que l'entrevue des deux rois aurait lieu en plein champ, entre Ardres, place française, et Guines, place anglaise, mais toutefois sur terre anglaise, pour compenser le passage de la mer par Henri VIII. On déploya de part et d'autre une magnificence inouïe : des palais provisoires, de la plus élégante architecture, avaient été élevés aux portes d'Ardres et de Guines; Henri VIII en avait un tout de verre : celui de François Ier avait cette forme de rotonde que les peintres de cette époque affectionnent tant; François avait fait fabriquer en outre tout un camp de tentes de drap d'or, doublées en velours, qui ne servirent même pas : la dépense que firent les seigneurs des deux cours en habits et en équipages « ne se peut estimer », dit Martin Du Bellai, « tellement que plusieurs portèrent leurs moulins, leurs forêts et leurs prés sur leurs épaules..... pourquoi la dite assemblée fut nommée le camp de Drap d'Or »[1]. Les deux conseils de France et d'Angleterre avaient employé toute une semaine à débattre les conditions d'étiquette et de sûreté réciproque, et les rois ne se virent que le 7 juin : ils se rencontrèrent à cheval au lieu indiqué, s'embrassèrent, puis entrèrent ensemble sous une

---

[1]. Les arts ont reproduit partout les souvenirs du *Camp du drap d'or* : le monument le plus intéressant qui nous en reste est le grand bas-relief de l'hôtel de Bourg-Theroulde, à Rouen, hôtel qui est lui-même, dans son ensemble, un des plus beaux édifices du XVIe siècle.

tente splendide; Henri VIII y relut lui-même à haute voix le traité de paix du 4 octobre 1518. « Quand il eut lu les articles (les titres) du roi de France, qui doit aller le premier, il commença à lire les siens; il y avoit : *Je, Henri, roi....* il vouloit dire *de France et d'Angleterre ;* mais il laissa le titre de France, et dit au roi : *Je ne le mettrai point, puisque vous êtes ici, car je mentirois;* et dit : *Je, Henri, roi d'Angleterre.....* Ce fait, lesdits princes se partirent merveilleusement bien contents l'un de l'autre, et s'en retournèrent, le roi de France à Ardres, et le roi d'Angleterre à Ghines »[1]. Le lendemain matin, François Ier, ennuyé des précautions qu'on avait prises et qui lui semblaient un reste des temps de barbarie, monte à cheval, lui quatrième, pousse au galop jusqu'à Guines, passe à travers les archers de la garde du roi d'Angleterre, et va le surprendre au lit. Henri VIII, enchanté, lui rend la pareille le jour suivant, à Ardres, et les garanties soupçonneuses, tant débattues et réglées à si grande peine, cessent de gêner les plaisirs des deux cours, durant quinze jours de tournois, de bals et de festins. François et Henri, tous deux robustes, adroits et de haute taille, se signalèrent également la lance au poing. Dans l'intervalle des joutes, il y eut des luttes corps à corps, où les Anglais, plus exercés, gagnèrent le prix, « parce que le roi de France n'avoit point fait venir de lutteurs de Bretagne » ; mais François vengea les lutteurs français en jetant à terre Henri VIII, qui l'avait défié à ce jeu. Victoire impolitique, qui humilia la vanité de Henri, et qui aida peut-être beaucoup Wolsey à empêcher Henri de prendre aucun engagement avec François Ier contre Charles-Quint.

On se contenta de confirmer les conventions de mariage arrêtées en 1518 entre le dauphin et la fille de Henri ; et le roi d'Angleterre, en quittant François Ier, alla voir à Gravelines l'empereur, qui le reconduisit jusqu'à Calais. L'adroit Charles proposa à Henri de s'attribuer le rôle d'arbitre entre lui et François Ier, et de se déclarer contre celui des deux qui refuserait son arbitrage : Charles avait tout avantage à poser ainsi la question, assuré comme il était de Wolsey. Henri accepta une proposition qui caressait son orgueil et lui remettait la balance de l'Europe : il avait

---

1. *Mém.* de Fleuranges.

pris pour devise un archer tendant son arc, avec cette légende : *Qui je défends est maître!* Il avait en effet la puissance, mais non la capacité nécessaire pour se faire le modérateur de l'Occident : lettré, ami des arts, esprit actif et accessible à toutes les connaissances et à toutes les idées, mais capricieux, violent et variable, il n'avait de suite et de persévérance que dans sa soumission absolue à l'influence d'un ministre qui n'employait un génie supérieur qu'au service d'un insatiable égoïsme, et il n'usa de sa haute position ni dans l'intérêt particulier de l'Angleterre, ni dans l'intérêt général de l'Europe.

Le reste de l'année 1520 s'écoula en négociations dont l'issue pacifique était de moins en moins probable.

Le jour des Rois (6 janvier) 1521, un accident faillit changer la face de l'Europe en terminant prématurément la carrière de François Ier : comme la cour était allée fêter les Rois à Romorantin, en Berri, le roi, « sachant que M. de Saint-Pol [1] avoit fait un roi de la fève en son logis », envoya défier « le roi de M. de Saint-Pol ». Le roi de France alla assiéger le roi de la fève : les assiégés se défendirent avec des pelotes de neige, armes convenables à la saison ; enfin, les munitions manquant et les assaillants forçant la porte, « quelque mal avisé » jeta par la fenêtre un tison, qui tomba sur la tête du roi. François fut grièvement blessé, et, pendant quelques jours, les chirurgiens « ne purent assurer de sa santé ». Le bruit courut, en France et à l'étranger, que le roi était mort ou aveuglé du coup ; mais François, pour démentir ces rumeurs, se montra à tous les ambassadeurs « qui étoient suivant sa cour », et se rétablit assez vite. Il ne voulut point qu'on recherchât qui avait jeté le tison, disant que, « s'il avoit fait la folie, il falloit qu'il en bût sa part » (Fleuranges). Le « mal avisé » était, dit-on Montgommeri, seigneur de Lorges, père de celui qui, trente-huit ans plus tard, tua dans un tournoi le successeur de François Ier.

La blessure de François Ier occasionna un changement assez

---

1. Frère du duc de Vendôme, qui était le chef de la branche cadette des Bourbons et qui fut le grand-père de Henri IV. Le comté de Vendôme avait été récemment érigé en duché-pairie, et le comté de Saint-Pol était passé par mariage de la maison de Luxembourg dans la maison de Bourbon.

remarquable dans les modes nationales; depuis bien des générations, on portait en France la barbe rase et les cheveux longs; François Ier, ayant été obligé de se faire couper les cheveux, les conserva courts tout le reste de sa vie, et se laissa pousser la barbe à l'exemple des Italiens. Sa cour l'imita, puis successivement toutes les classes de la nation, et, pendant un siècle, on porta en France barbe longue et cheveux courts; les parlements, ennemis de toute innovation, interdirent longtemps à leurs membres cette « nouvelleté », comme contraire à la dignité de la magistrature ; par compensation, ils furent les derniers à quitter la barbe au XVIIe siècle.

L'Europe cependant attendait avec une anxiété croissante l'explosion de l'orage qui montait lentement à l'horizon, sans que rien pût le conjurer; elle pressentait la guerre la plus générale qui eût jamais précipité les unes sur les autres les nations chrétiennes.

L'attente de l'Europe n'était pourtant pas là tout entière : avant que la lutte de la France et de la maison d'Autriche se fût engagée, une lutte d'une autre nature avait commencé, la lutte de la RÉFORME contre l'église romaine : ces deux longues tempêtes ne devaient cesser de mêler leurs foudres jusqu'à la paix de Westphalie, durant près de cent trente années!

L'heure terrible, depuis si longtemps prédite par les plus sages des docteurs de l'Église, l'heure de l'irrévocable démembrement dont le grand schisme d'Occident n'avait été que le présage et la figure, avait enfin sonné. La réforme de l'Église par elle-même avait avorté entre les mains des conciles de Constance et de Bâle[1]; la papauté, un moment ébranlée par les coups de ces deux assemblées, s'était raffermie, et tous les vieux abus avec elle : elle avait fermé l'oreille aux imprécations de ses ennemis, aux avertissements de ses fidèles; la sanglante révolte des hussites bohémiens s'était éteinte, consumée par ses propres flammes; les menaces de la couronne de France et son concile *schismatique* avaient abouti au Concordat. Rome ne voyait que des gages de sécurité

---

1. « On sait ce qui arriva dans le concile de Bâle, où la réformation fut malheureusement éludée, et l'Église replongée dans de nouvelles divisions. » — Bossuet, *Hist. des variations des églises protestantes*, l. I, § 1.

dans ces dangers passés, où elle eût dû voir les germes de périls plus formidables : les papes jugeaient de l'Europe par l'Italie ; patrons de la Renaissance, ils croyaient leur puissance consolidée plutôt qu'affaiblie par le progrès des lumières ; ils n'attribuaient qu'à l'esprit de localité ou à des intérêts pécuniaires l'opposition que rencontraient certaines de leurs mesures ; ils s'imaginaient que tous les hommes éclairés, à l'exception de quelques rêveurs, pensaient comme les lettrés et les artistes qui entouraient le saint-siége, et acceptaient la vieille machine romaine, au moins à titre d'instrument politique et d'agent de civilisation ; aussi laissaient-ils la théologie scolastique à des moines ignares dont ils se raillaient les premiers, et employaient-ils tous leurs efforts à se faire, par la diplomatie, les lettres et les arts, ce qu'ils avaient été par la religion, le centre du mouvement européen : ils voulaient transformer le clergé séculier en aristocratie intellectuelle[1] ; quant aux mœurs et à la foi, on peut dire, sans les calomnier, qu'ils ne s'en préoccupaient guère. Ils croyaient que c'était assez de ne plus étaler les monstruosités de Sixte IV et d'Alexandre VI. La papauté allait au rétablissement de l'ésotérisme, non pas de l'ésotérime dogmatique de l'ancien Orient, mais d'un ésotérisme négatif ; on aurait eu, dans le sanctuaire, une association de philosophes sceptiques ; hors du sanctuaire, une masse ignorante, fascinée par la superstition et par les pompes extérieures du culte. La papauté fut arrêtée sur cette pente par une épouvantable commotion.

Pour soutenir la magnificence inouïe que le gouvernement pontifical déployait et par calcul et par goût, il fallait des ressources immenses : les ressources régulières cependant avaient diminué ; presque partout, Rome avait dû partager avec les rois ; les « réserves » étaient abolies en grande partie, et le produit des annates contesté et réduit de fait. Rome eut recours à des ressources exceptionnelles : les projets de croisade venaient à point pour lever des décimes sur le clergé ; mais l'Espagne refusa les décimes, et le pape lui-même y renonça en France, par suite de combinaisons politiques. Rome espéra que les offrandes volontaires de la crédulité publique produiraient davantage que l'impôt

1. Raphaël allait recevoir le chapeau de cardinal quand il mourut.

exigé du clergé, et donna une extension sans bornes au trafic des indulgences, défendu à plusieurs reprises par les conciles de Latran (1215), de Vienne (1311) et de Constance (1418), et toujours renouvelé par les papes : les agents de Rome se répandirent par toute la chrétienté, offrant à tout venant « les grands pardons » qui remettaient aux pécheurs les peines encourues dans ce monde et dans l'autre ; il suffisait de donner un teston (pièce d'argent) pour la croisade ou pour la construction de l'église Saint-Pierre de Rome. Fatal édifice, Babel moderne, qui, entrepris au nom de l'unité, fut le monument de la confusion et du démembrement de l'Église !

La vente des indulgences, qui devait être l'occasion d'une si grande révolution, tirait son origine de la doctrine professée par l'Église sur la « satisfaction » ; le sang de Jésus-Christ, suivant la croyance catholique, a satisfait surabondamment à Dieu pour le péché originel, et racheté ainsi la nature humaine en général ; dans le particulier, cette satisfaction s'applique pleinement à chaque homme à l'instant de sa régénération par le baptême ; lorsque le baptisé retombe ensuite dans le péché par sa faute personnelle, c'est bien encore le sang de Jésus-Christ qui le rachète, mais le nouveau rachat ne s'opère plus gratuitement, et le pécheur repentant doit subir quelque peine temporaire, soit dans cette vie, soit dans une autre, pour échapper aux peines éternelles. De cette nécessité de l'expiation procédaient les rudes pénitences en usage dans les temps anciens de l'Église ; mais, peu à peu, avec le progrès de la puissance papale, la rigueur antique céda devant le système des « indulgences », et l'idée s'accrédita que la surabondance des mérites de Jésus-Christ, de la Vierge et des saints constituait un trésor dont le pape avait la clef, et qu'il appliquait, selon sa volonté, au rachat des peines temporaires dues par le pécheur. Cette croyance peut être d'abord, pour les papes, un instrument de pouvoir employé avec conviction ; lors de la décadence morale de la papauté, l'instrument de pouvoir se changea en instrument de fiscalité, et les indulgences devinrent l'objet du plus honteux des commerces simoniaques de la chancellerie romaine[1] : on affermait

---

1. Ce fut alors qu'Alexandre VI prétendit exempter non-seulement des peines terrestres, mais des peines du purgatoire.

le produit du pardon des péchés à des partisans, à des banquiers, comme s'il se fût agi du droit sur les vins ou de la gabelle du sel. Ce fut, de tous les abus de la cour de Rome, le plus pernicieux à la morale publique : la multitude, confirmée dans son ignorance par ceux dont la mission était de l'en tirer, croyait acheter la dispense du repentir avec celle de la pénitence extérieure, et prenait les bulles du pape pour une espèce de talisman à l'abri duquel on pouvait pécher tout à son aise sans crainte de l'enfer. Les moines chargés de prêcher les « pardons » entassaient les hyperboles les plus monstrueuses pour achalander leur marchandise, bien assurés qu'ils étaient de l'impunité si la recette était bonne : il y en avait qui assuraient « qu'avec une bulle du pape on ne pouvoit jamais être damné, et que le pape étoit le maître de tirer les damnés de l'enfer, s'il lui plaisoit ». Ils vendaient des indulgences même pour les péchés futurs.

Les « débordés sermons » des prêcheurs d'indulgences indignèrent en France tous les gens de bien, et ce mécontentement se confondit avec l'irritation que soulevait le Concordat : avant même le grand débordement des indulgences, plusieurs de nos prédicateurs gallicans et universitaires, Menot, Maillard, Messier, en avaient attaqué le trafic avec une généreuse audace [1]. Mais le pouvoir royal, depuis le Concordat, soutenait la papauté, et la France était contenue par un gouvernement de plus en plus absolu; les gens pieux se scandalisèrent; les lettrés se moquèrent; la Sorbonne condamna une ou deux des propositions les plus extravagantes avancées par les vendeurs de « pardons [2], » et tout fut dit,

---

1. « Caphards jargonneurs! » s'écriait Olivier Maillard, « ne tenez-vous pas vos auditeurs pour leur soustraire leurs bourses? Croyez-vous qu'avec des milliers de péchés, il suffise de jeter six blancs dans un tronc pour être absous? Cela m'est dur à croire, et plus dur à prêcher. » — « Essayez de mourir avec votre dispense du pape », disait Menot avec sa verve railleuse, « et vous verrez si vous ne serez pas damnés ». — V. l'intéressant livre de M. Labitte : *De la Démocratie chez les prédicateurs de la Ligue*, introduction, p. XXIV. — En 1516, Léon X publia, dans le concile de Latran, une bulle ayant pour but de réprimer la hardiesse des prédicateurs qui « déclamoient contre la personne et la conduite des prélats », etc. — Labbe, *Concil.*, t. XIV, p. 288.

2. « Quiconque met au tronc de la croisade un teston pour une âme étant en purgatoire, il la délivre incontinent, et s'en va infailliblement ladite âme aussitôt en paradis, etc. » Proposition condamnée le 6 mai 1518. D'Argentré, *Collect. Judic.*, t. I. p. 355.

au moins pour le moment. La France, par cela même qu'elle avait toujours été moins asservie à Rome que les autres nations catholiques, était trop habituée à se quereller avec le pape pour qu'un grief de plus ou de moins eût des conséquences décisives, et, dans la période où nous sommes arrivés, elle n'avait pas un souffle religieux suffisant pour saisir l'initiative contre Rome. L'esprit de la Renaissance y tournait à une philosophie critique et naturaliste, plus qu'à cet enthousiasme qui fait les révolutions religieuses.

Le coup partit d'ailleurs, c'est-à-dire d'entre les peuples qui avaient été le plus soumis à la cour de Rome et le plus exploités par elle. Outre la suprématie générale du spirituel sur le temporel, les papes s'étaient attribué une suzeraineté directe sur les peuples convertis au christianisme par les missionnaires du saint-siége : l'antique église de Gaule, fondée par les disciples immédiats des apôtres, venus d'Asie, ne devait pas son origine à Rome; les églises des peuples du Nord d'Angleterre, d'Allemagne, de Danemark, de Suède, étaient au contraire filles de l'église romaine, et Rome avait cruellement abusé de l'autorité maternelle : les griefs avaient été s'amoncelant de génération en génération. Les peuples sur lesquels l'église de Rome avait pesé le plus lourdement étaient précisément ceux dont le génie était le moins analogue à son génie : le vieil antagonisme du génie germanique et du génie romain avait pu être endormi, mais non étouffé; le christianisme du Nord n'a jamais été celui du Midi : l'Allemand, en se civilisant, développait de plus en plus les qualités distinctives qui devaient l'éloigner de Rome; rêveur et méditatif, porté à s'isoler dans son esprit comme dans sa famille, peu soucieux des formes extérieures et des choses sensibles, souvent docile jusqu'à la servilité dans les actes, mais indisciplinable dans le secret de sa pensée, et sentant la religion bien plus comme relation individuelle de l'homme à Dieu que comme expression collective et traditionnelle du sentiment religieux, il avait donné à Rome de fréquentes alarmes par ses élans d'indépendance mystique; mais ces aspirations s'étaient jusqu'alors perdues dans le vague, et le véritable esprit germanique était peu intervenu dans la lutte des empereurs contre les papes : le droit impérial romain, que les empereurs opposaient au droit canonique et aux décrétales, n'était pas populaire en Allemagne ; c'étaient pour elle deux droits étrangers aux prises, et la Germanie n'avait pas trouvé là son drapeau.

L'intelligence teutonique grandissait cependant, et se révéla tout à coup au monde par la découverte de l'imprimerie : les lettres grecques et latines se répandirent en Allemagne, dans la vallée du Rhin et dans les régions des Pays-Bas teutoniques, presque aussitôt qu'en France. Les vingt dernières années du xve siècle virent fleurir les écoles de Deventer, de Munster, d'Alsace (Strasbourg et Schelestadt), et la Société Rhénane, cette singulière association de littérature, d'art et de plaisir, établie par un évêque de Worms, et dont un missionnaire, Conrad Celtes, alla porter le goût des lettres dans cette Saxe qui allait enfanter Luther. En 1502, l'électeur de Saxe Frédéric III fonda l'université de Wittemberg, berceau futur de la révolution religieuse! Le peuple, comme l'attestent les fameuses corporations d'ouvriers-poëtes qu'on nommait les « maîtres chanteurs » (*meisters-saengers*), se montrait, dans les villes libres d'Allemagne, plus disposé à réfléchir et à s'instruire que peut-être dans aucun pays de l'Europe. L'Allemagne et les Pays-Bas étaient inondés de traductions partielles et de commentaires des livres saints. L'autorité ecclésiastique s'émut : dès 1486, l'archevêque de Mayence avait défendu, sous les peines les plus graves, de publier dans son électorat aucune traduction allemande de livres grecs ou latins, sans l'approbation de quatre docteurs par lui désignés[1] ; en 1501, le pape Alexandre VI étendit cette défense aux provinces de Cologne, Trèves et Magdebourg, attendu que beaucoup « d'ouvrages pernicieux » y avaient été imprimés ; enfin, le concile de Latran, en 1515, généralisa la censure, et la confia aux évêques et aux inquisiteurs de la foi dans chaque diocèse ; mais les livres qui continuèrent à se publier à la face du ciel prouvent que la censure ne fut pas bien rigoureuse sous un pontife qui rendait des

---

1. Un des motifs allégués est curieux : « Prétendrait-on », dit l'archevêque, « que notre langue allemande pût exprimer ce que de grands auteurs ont écrit en grec et en latin sur les profonds mystères de la foi chrétienne, et sur la science générale ? » Beckmann, *Hist. des inventions*, etc., t. III, p. 104. La langue allemande a depuis fait ses preuves.

bulles pour protéger la vente de l'*Orlando Furioso*. La guerre acharnée qui avait récemment éclaté entre les savants laïques et les moines semble avoir été, pour Léon X, un sujet d'amusement plutôt que de crainte.

Fort sérieux était pourtant l'objet de cette guerre. La Renaissance s'était ouvert un nouvel horizon. A la résurrection du grec succédait celle de l'hébreu, l'étude, sur les textes, non pas seulement de l'Ancien Testament, mais de la littérature et de la philosophie rabbiniques. Pic de la Mirandole, « qui sut toutes choses, entre toutes, avait préféré la kabale juive [1] », la philosophie mystique des rabbins. Dans la voie ouverte par le jeune Florentin, s'avance avec hardiesse un Allemand, Reuchlin, légiste et humaniste célèbre [2], qui, passant du grec et du latin à l'hébreu, corrige la Vulgate, publie une grammaire et un dictionnaire hébraïques, et rouvre, suivant l'expression d'un historien protestant [3], « les livres de l'Ancienne Alliance si longtemps fermés ». En même temps, cet esprit puissant et varié s'approprie d'une main les rêves les plus hardis de la théosophie kabaliste [4], et, de l'autre, jette de mordantes satyres à la face des moines.

Ceux-ci reprennent l'offensive. Un grand débordement de Juifs chassés d'Espagne coïncidait avec la réhabilitation de la langue et de la science juives : les dominicains, qui se dédommageaient en Allemagne de l'impuissance où l'inquisition était tombée en France [5], crient que le judaïsme va tout envahir, et sollicitent de l'empereur Maximilien un ordre de brûler tous les livres des Juifs ; c'est tout au plus s'ils veulent bien excepter l'Ancien Testament. Reuchlin proteste auprès de l'empereur. Les dominicains l'accusent d'hérésie, et font brûler ses écrits par l'inquisition à Mayence. Reuchlin appelle au pape. Les légistes, les humanistes, toute la Renaissance se lève contre les inquisiteurs et les scolastiques. Léon X suspend indéfiniment son arrêt. C'était

---

1. Michelet; *Réforme*, p. 20.
2. Il avait étudié et professé en France.
3. Merle d'Aubigné, *Hist. de la Réformation*, t. 1, p. 139.
4. V. son livre sur les mystères du nom du Seigneur ; *De Verbo mirifico*. « Les noms que Dieu s'est donnés à lui-même sont un écho de l'éternité. »
5. Ils avaient fait en Allemagne, dans la dernière période du xve siècle, d'effroyables boucheries de sorciers et surtout de sorcières.

donner gain de cause à Reuchlin et à la science (1513-1514).

Les lettrés poursuivent les hostilités contre l'ignorance pédante et les superstitions des couvents et des écoles. Un jeune aventurier, soldat et poëte, Ulric de Hutten, révélant tout à coup un pamphlétaire de génie, lance ces *Epistolæ obscurorum virorum* qui sont, contre les dominicains et les cordeliers, ce que seront un jour les *Provinciales* contre les jésuites (1514)[1]. Les moines ne sont pas seuls en cause. La Renaissance a passé des mots aux idées. Le mouvement des esprits est immense. Les écrivains commencent à scruter l'origine de tous les pouvoirs ecclésiastiques ou laïques, et leurs hardiesses théoriques ne connaissent point de bornes; en France, les théologiens et les prédicateurs gallicans donnent l'exemple aux littérateurs; Jacques Almaïn, professeur de théologie au collége de Navarre, écrit que « la puissance temporelle ou laïque tire son origine du peuple, qui l'a donnée à certaines personnes par succession ou par élection... Que Dieu n'a pas donné cette puissance immédiatement à certaines personnes »; définition digne d'être mentionnée pour sa netteté, plus que par sa nouveauté; mais un prédicateur d'Évreux, Guillaume Pépin, va beaucoup plus loin, et déclare en chaire que « les rois prodigues et cruels, qui attentent à la liberté de leurs sujets, rendent ainsi les révoltes légitimes; car les sujets *ont pour eux le droit divin, qui créa la liberté*[2] ». En Angleterre, sir Thomas More (*Morus*), membre du conseil privé de Henri VIII, publie en latin sa célèbre *Utopie*, qui a marqué assez fortement dans l'histoire de la pensée humaine pour léguer son nom à toutes les conceptions idéales que se fait notre esprit d'une société meilleure (1516). Dans la république modèle imaginée par Morus, la liberté, non-

---

1. Ce fut lui qui publia le livre de Laurent Valla contre l'authenticité de la fameuse *donation de Constantin*, et qui le dédia audacieusement à Léon X. C'est lui qui disait : « O siècle!... les études fleurissent, les esprits se réveillent, *c'est une joie que de vivre !* » Les Allemands l'appelèrent lui-même l'*éveilleur*. Nous n'avons point à indiquer ici les nombreux écrits politiques et religieux de cet ami du héros Sickingen.

2. Ces derniers mots remettent admirablement bien le droit divin à sa vraie place, dans la société investie d'une puissance inaliénable sur elle-même. Ces paroles viennent à la suite de déclamations violentes sur l'origine de la royauté et de la noblesse, « laquelle les rois se sont associée comme Lucifer s'est associé les démons. » Guillelm. Pepin. *Sermones de destructione Ninivæ*, Paris, 1525. — Sur J. Almain, V. Dupin, *Biblioth. des auteurs ecclésiast.*, t. XIV, p. 4.

seulement de conscience, mais de culte, est en pleine vigueur : Morus paraît imbu de l'idée de Pic de la Mirandole sur l'identité de toutes les religions, quant aux principes essentiels; il crible de traits acérés la cour de Rome et les ordres monastiques, attribue les misères des peuples à l'accumulation des biens dans les mains de la noblesse et du clergé, et va jusqu'à condamner la propriété. La communauté des biens est en vigueur dans l'île d'*Utopia*[1], et toute distinction, non-seulement héréditaire, mais personnelle, y est proscrite.

Le livre de Morus, par l'excès même de sa hardiesse, allait trop au delà du possible pour inquiéter personne; on n'y vit, avec quelque raison, qu'une imitation de la *République* de Platon. Un autre adversaire, plus redoutable que Morus, frappait sans relâche depuis quinze ans sur les ennemis des lumières.

Bien avant Hutten, bien avant Reuchlin, le grand Érasme de Rotterdam[2], la gloire de la Hollande, et le chef, pour ainsi dire, de la République des Lettres au XVI° siècle, avait commencé d'épuiser sur le froc et la cagoule, et sur les superstitions vulgaires, toutes les formes du ridicule, dans ses *Dialogues*, dans son *Encomium Moriæ* (l'*Eloge de la Folie*), dans ses mille opuscules où une verve étincelante était mise au service d'un bon sens profond. Le rôle d'Érasme, dans les choses de la religion, ne fut pas seulement négatif; la même main, qui avait popularisé par ses *Adages* la connaissance de l'antiquité païenne, compléta l'œuvre de Reuchlin pour la connaissance des origines chrétiennes, en publiant à Bâle, dans une édition restée typique, le texte grec des Évangiles, qu'il rendait véritablement à l'Occident (1516)[3]. Toutefois, Érasme était, avant tout, un génie critique. Esprit vif, pénétrant

---

1. C'est le plus ancien ouvrage où le système de la communauté, en vigueur dans la société exceptionnelle des moines, ait été proposé comme base de la société générale. La *République* de Platon et le monachisme du moyen âge sont la double source de ces théories qui absorbent l'individu dans la société, au lieu de mettre en harmonie la vie individuelle et la vie sociale. — Au moment où Morus décrivait son *Utopie*, qu'il place dans le Nouveau Monde, on découvrait en Amérique un état où il n'y avait de propriétaire que le prince, mais où la royauté, au lieu d'être élective et révocable comme dans l'*Utopie*, était héréditaire et absolue de droit divin : c'était le Pérou.

2. Son vrai nom était Gerhard, qu'il traduisit par *Erasmus*.

3. « Le but le plus élevé du renouvellement des études philosophiques, » disait-il, « sera d'apprendre à connaître le simple et pur christianisme dans la Bible. »

et fin, intelligence universelle, bien plus Français que Teuton par le tour d'esprit, l'humeur et les goûts, il touchait à tout, en morale, en théologie, en politique [1], n'épargnait pas plus le pouvoir temporel que les gens d'église, et foudroyait en général les rois et les grands [2], sauf à les aduler en particulier pour se faire pardonner son audace. Chaque prince se flattait d'être exempté de la sentence commune, caressait l'impitoyable censeur, et s'efforçait d'obtenir de lui un brevet d'ami des lettres, qu'Érasme ne refusait guère. Érasme fut le plus éclatant exemple qu'on eût encore vu du pouvoir de l'opinion, en dehors des grands mobiles tels que l'enthousiasme patriotique ou religieux. On ne saurait s'empêcher d'être frappé de l'analogie qu'offre cette période de la Renaissance avec le XVIIIe siècle : Érasme en est le Voltaire.

Un Voltaire était chose prématurée au XVIe siècle : Érasme ne pouvait être l'homme de la révolution religieuse. Au fond, il pensait comme les lettrés d'Italie : il devait rester en deçà de la Réforme dans les faits, par cela même qu'il allait au delà dans les idées. L'ingénieuse critique d'Érasme couva la révolution; mais il lui fallut, pour éclore, l'enthousiasme et la foi de Luther.

Martin Luther, né à Eisleben, en Thuringe, le 10 novembre 1483, d'un paysan saxon et d'une paysanne franconienne, figura, dans sa première jeunesse, parmi ces pauvres écoliers qui allaient de porte en porte demander en chantant du pain et quelque argent pour payer leurs leçons. Tous les témoignages contemporains montrent, dans l'étudiant d'Eisenach et d'Erfurt, une âme naïve et candide, des sentiments passionnés et des mœurs pures; il aimait et respectait les femmes [3]; il fut toute sa vie enthousiaste de la poésie et de la musique, qu'il proclama toujours « le premier des arts après la théologie », et qui, dans la Réforme, devait

---

1. On a de lui, sur le devoir des mères de nourrir et d'élever elles-mêmes leurs enfants, un morceau très-éloquent; il est curieux de le comparer avec les belles pages de Rousseau, qui n'avait probablement jamais lu Érasme.

2. M. Hallam a réuni les passages les plus saillants dans son *Hist. de la littérature*, t. I, c. IV, sect. 2. — Il n'y a rien de plus violent chez Diderot.

3. Le mot touchant : « Il n'y a rien sur la terre de plus doux que le cœur d'une femme que la piété habite », fut dit en mémoire d'une bonne dame d'Eisenach qui avait accueilli et protégé sa misère.

grandir de tout ce que perdraient les arts plastiques. A vingt-deux ans, il vit un de ses amis périr d'une mort tragique, puis la foudre tomber à deux pas de lui. Saisi de ce double avertissement, il entre au couvent des augustins d'Erfurt; deux ans après, il est ordonné prêtre (1507). La vie monastique l'éprouva rudement : les tentations de la chair, « qui ont bien leurs ennuis », dit-il, furent ses moindres angoisses; il avait abordé la théologie par cette face sinistre qui a jeté tant d'âmes dans le désespoir et la folie : il ne connaissait de la religion que ses scrupules et ses terreurs, et se tourmentait sans cesse de l'idée qu'il n'arriverait jamais à apaiser Dieu par ses mérites. Il s'épuisait en vain d'austérités fiévreuses.

Un homme, dans son ordre, comprit les souffrances et la valeur morale de cette jeune âme. C'était le vicaire-général des augustins d'Allemagne, Staupitz, l'organisateur de l'université de Wittemberg. « Frère Martin, » lui dit-il, « Dieu n'est pas irrité contre toi; c'est toi qui es irrité contre Dieu! Confie-toi en Dieu. Aime-le, au lieu de le craindre. Ce n'est pas la crainte de Dieu, c'est l'amour de Dieu qui est le commencement du repentir. Laisse toutes ces macérations : aime celui qui t'a aimé le premier. Laisse les livres de l'école : étudie le livre de Dieu! »

La parole du pieux vicaire entra jusqu'au fond du cœur du jeune homme et n'en sortit jamais. Luther se sentit comme révélé à lui-même. Ce n'est pas sur les erreurs ou les vérités métaphysiques de ses doctrines, c'est sur son sentiment qu'il faut le juger; cet apôtre d'une race au génie abstrait fut un homme de sentiment et non d'abstraction. L'amour de Dieu et l'amour des hommes en Dieu, voilà ce qui inspire tout et couvre tout chez Luther.

Deux autres paroles, l'une du *Credo*, l'autre du prophète Habacuc, citée par saint Paul : — « Je crois la rémission des péchés, » — « Le juste vivra par la foi, » — confirmèrent Luther dans la voie ouverte par Staupitz. C'est donc péché au chrétien que de douter de son salut. La foi seule justifie. Pour être juste, il faut croire, et il suffit de croire. Croire, c'est aimer; la foi et l'amour sont même chose. Qui aime sera sauvé.

C'est dans ces pensées que Luther partit pour aller professer à l'université de Wittemberg, sous le patronage de Staupitz (1508). Il débuta dans l'enseignement de la théologie par créer l'*exégèse*, l'explication directe du texte biblique, en laissant, ainsi que Staupitz l'y avait invité, les livres et les formules de l'École [1]. Sa renommée, comme professeur et prédicateur, commença de se répandre. Son ordre le chargea d'une mission à Rome [2]. Il était parti plein d'illusions naïves sur Rome, la « cité sainte », et le pape, « image du Christ sur la terre »; il trouva dans le pape (Jules II) un césar païen; dans la cité sainte, une Babylone impie. « En ce temps-là », dit un auteur italien (Ant. Bandino), « on ne passoit pas pour un galant homme si l'on n'avoit quelque opinion erronée sur les dogmes de l'Église. » Luther affirme avoir entendu des prêtres se vanter de prononcer sur l'hostie, au lieu des paroles de la consécration, ces paroles dérisoires : *Panis es, et panis manebis!* (Pain tu es, et pain tu demeureras!) « Je ne voudrois pas, » répéta-t-il souvent dans le cours de sa vie, « je ne voudrois pas, pour 100,000 florins, n'avoir point vu Rome : je serois resté dans l'inquiétude de faire peut-être injustice au pape! »

Le chaos était dans sa tête et dans son cœur : il joignait encore les pratiques anciennes à ses nouvelles idées. Un jour, il voulut gagner une indulgence promise par le pape à quiconque monterait à genoux le prétendu escalier de Pilate, transporté, disait-on, miraculeusement de Jérusalem à Rome. Tandis qu'il grimpait sur les degrés et s'acquittait de l'œuvre prétendue « méritoire », la parole du prophète, qu'il avait tant méditée : — *Le juste vivra par la foi!* — retentit comme le tonnerre au fond de son âme. Il se releva et s'enfuit [3].

Dès ce jour, le divorce fut consommé en esprit entre sa doctrine et celle de Rome, entre la justification par la foi et la justification par les œuvres.

Il revient à Wittemberg. Il remonte dans sa chaire, et commence la guerre contre les docteurs qui enseignent des traditions

---

1. Au contraire de Jean Huss, les seuls docteurs scolastiques qu'il eût goûtés étaient les nominalistes, Ockam, d'Ailli, Gerson.
2. De 1510 à 1512 : l'époque n'est pas bien connue.
3. Seckendorf, *Hist. Lutheranism.* p. 56.

humaines et des légendes apocryphes au lieu de la pure parole de Dieu, et contre l'École tout entière, contre Aristote et saint Thomas-d'Aquin, au nom de la Bible et de saint Augustin, le seul des Pères qu'il appelle à son aide dans l'étude des Écritures. Rentrant dans la voie antique du christianisme étroit, il entreprend une œuvre inverse de celle de Pic de la Mirandole, qui cherchait un christianisme universel ; il cherche, lui, les différences au lieu des affinités ; il repousse Aristote comme païen et impie[1], les scolastiques comme pélagiens.

Pélagiens ! ce mot indique qu'il voit la Bible à travers saint Paul, saint Paul à travers saint Augustin[2] ; que, de la justification par la foi seule, il arrive à la foi, don gratuit de Dieu, et à l'entière impuissance de la volonté humaine.

Bientôt, en effet, il ne se contente pas de nier « que les hommes méritent par leurs propres œuvres la rémission des péchés et soient rendus justes devant Dieu par une discipline du dehors » : il soutient que le péché d'Adam a totalement corrompu et annihilé pour le bien la volonté de l'homme ; que toute œuvre de la loi, toute bonne action, est péché si elle n'est pas produite par la grâce[3] ; que l'unique préparation à la grâce est l'élection et la prédestination arrêtée de Dieu de toute éternité.

Qui eût dit que de cette négation radicale du libre arbitre allait sortir la liberté ! Ce sont là les secrets de la Providence !

Le génie germanique, si enclin à absorber la personnalité humaine, soit dans la Nature, soit en Dieu, et à s'abîmer tour à tour dans le panthéisme philosophique et dans la prédestination chrétienne, s'émeut à cette voix. La réputation de Luther grandit : ses vertus morales, son attitude d'héroïque charité pendant

---

1. Aristote, fort ébranlé en Italie, régnait alors en souverain sur l'Allemagne. On cite des prédicateurs qui lisaient au prône les *Morales* (*Éthiques*) d'Aristote au lieu de l'Évangile. Note de La Monnoie sur la Bibliothèque de Duverdier, au mot *Aristote*.

2. *V.* dans notre tome Ier, p. 347-351, la lutte de saint Augustin contre Pélage et l'école de Lérins.

3. Les théoriciens de la grâce n'entendent pas seulement par là que la bonne œuvre n'est bonne que si elle est faite en vue du bien, ce que personne ne peut nier ; ils rejettent les actions faites en vue du juste et du bien, par les païens ou autres, les vertus morales, quand elles ne viennent pas de la grâce du Christ et n'ont pas le Christ pour but, comme si le juste et le bien n'étaient pas de Dieu, n'étaient pas Dieu même, que l'homme qui pratique le juste et le bien le sache ou non. Socrate même est rejeté.

une épidémie qui ravage Wittemberg, confirment l'autorité de son enseignement.

Ce n'étaient pas, néanmoins, ces discussions purement dogmatiques qui pouvaient remuer les masses. Une autre question attire Luther sur le terrain brûlant des faits, qu'il ne doit plus quitter. Le grand marché des indulgences, « la foire des âmes », comme on l'a nommé, venait de s'ouvrir.

L'archevêque de Mayence, Albert de Brandebourg, avait acheté la ferme des « pardons » pour l'Allemagne [1], et l'avait revendue aux Fugger, ces banquiers d'Augsbourg qui avaient réalisé la plus grande fortune commerciale qu'on eût jamais vue en Allemagne, et qui ont fait souche de « princes du Saint-Empire ». Un dominicain saxon, nommé Tetzel, fut chargé de débiter dans le Nord les indulgences pour les vivants et pour les morts, et les dispenses de jeûne, d'abstinence et de mariage aux degrés prohibés. Il allait de ville en ville, en pompeux appareil, annonçant, d'un ton de bateleur, sa panacée universelle, qui dispensait les pécheurs de tout péril et de toute pénitence [2] : il inventait des crimes inouïs, des sacriléges impossibles, pour avoir occasion d'assurer que la cédule papale innocenterait à l'instant quiconque les aurait commis. Tout le pays était bouleversé par ces scènes étranges. Les pauvres gens accouraient apporter leur obole pour racheter du purgatoire les âmes de leurs parents. D'autres s'indignaient de voir colporter dans les cabarets, comme un papier-monnaie, les lettres d'indulgence qui sauvaient des chrétiens. « Le pape est bien méchant », disait un bon campagnard, « de laisser crier dans le feu toutes ces pauvres âmes qu'il pourroit délivrer d'un seul coup ».

La résistance commença. Staupitz obtint de l'électeur Frédéric que la Saxe électorale se fermât aux débitants d'indulgences. Ils

---

1. Léon X donna une partie du produit à sa sœur, la comtesse Cibo, pour reconnaître les services rendus par la maison Cibo aux Médicis.

2. Il y avait quatre espèces de grâces : la première, le pardon complet de tous les péchés; pour celle-là, il fallait la contrition; les trois autres étaient : 1º le droit de se choisir un confesseur qui vous donnerait, à l'article de la mort, l'absolution de tous péchés sans exception; 2º la participation à tous les biens, œuvres et mérites de l'Église; 3º le rachat des parents ou amis qu'on avait en purgatoire. Pour ces trois dernières grâces, il n'était pas même besoin de repentance. — V. *Instruction de l'archevêque de Mayence aux sous-commissaires de l'indulgence*, ap. Merle d'Aubigné, I, 321.

établirent leurs tréteaux sur la frontière, et y attirèrent les populations saxonnes. Luther, vicaire provincial des augustins sous Staupitz, conjura son évêque (l'évêque de Brandebourg) de mettre un terme à ces scandales. L'évêque lui dit de ne pas se faire d'affaires avec l'Église. Luther éclata. Le 31 octobre 1517, veille de la Toussaint, il afficha devant la porte de l'église de Wittemberg et soutint en chaire quatre-vingt-quinze propositions sur la doctrine de la *satisfaction* et sur les conséquences qu'on en tirait. « Lorsque notre Maître et Seigneur Jésus-Christ dit : *repentez-vous!* il veut que toute la vie de ses fidèles sur la terre soit une constante et continuelle repentance. — Cette parole ne peut être entendue du sacrement de la pénitence, ainsi qu'il est administré par le prêtre [1]. — Point de réversibilité des peines canoniques sur le purgatoire. — C'est une erreur que de dire que, par l'indulgence du pape, l'homme est délivré de toute punition et sauvé. — Chaque évêque, chaque curé, a autant de pouvoir que le pape dans son diocèse ou sa paroisse, pour soulager les âmes du purgatoire. — Le pape ne peut soulager les âmes que par la prière, non par le pouvoir des clefs. Le vrai trésor de l'Église, c'est l'Évangile. — On ne peut prouver par l'Écriture qu'il soit dû d'autre satisfaction à Dieu que l'amendement du cœur. — L'Écriture ne prescrit nulle part la nécessité du concours des œuvres [2]. — Donnez aux pauvres l'argent que vous destiniez aux indulgences. — L'indulgence n'est ni de précepte ni de conseil divin [3] »…..

Toute la Réforme germanique est contenue dans ces thèses ! On voit comment la liberté sortira en fait de la négation du libre arbitre. La domination de l'Église est fondée sur la rémission

---

1. Il explique ceci dans un sermon où il dit : « la rémission de la faute n'est au pouvoir ni du pape, ni de l'évêque, ni de quelque homme que ce soit, mais elle repose uniquement sur la Parole du Christ et sur ta propre foi… un pape, un évêque, n'ont pas plus de pouvoir que le moindre prêtre, quand il s'agit de remettre une faute. Et même, s'il n'y a pas de prêtre, chaque chrétien, fût-ce une femme, fût-ce un enfant, peut faire la même chose. Car, si un simple chrétien te dit : « Dieu te pardonne ton péché au nom de Jésus-Christ, » et que toi tu reçoives cette parole avec une foi ferme et comme si Dieu même te l'adressait, tu es absous. »

2. C'est-à-dire que la pénitence intérieure doit bien être manifestée par la pénitence extérieure, mais comme une suite nécessaire du nouvel état de l'âme, et non comme satisfaction imposée par les prêtres. Les œuvres sont conséquence et non cause.

3. Merle d'Aubigné, *Hist. de la Réformation*, t. I, p. 437-138.

des péchés, qu'elle accorde ou refuse en s'appliquant le passage de l'Évangile : *Ce que vous lierez sera lié*, et sur les œuvres satisfactoires, les pénitences extérieures qu'elle impose. Pour se soumettre à l'Église, il faut le libre arbitre : il faut que la soumission soit volontaire et librement choisie ; que l'homme use une fois du libre arbitre, afin de l'aliéner pour toujours dans les mains de l'Église. Si, au contraire, la foi seule nous sauve, les œuvres n'étant qu'une conséquence de la foi, qu'un effet, non une cause de la grâce ; si la foi est un don gratuit, procédant de la prédestination éternelle ; si le Christ remet, sans intermédiaire humain, les péchés à qui croit en lui, la domination de l'Église s'écroule avec ses points d'appui, le sacrement de pénitence et les œuvres satisfactoires.

L'Église proclame l'homme libre vis-à-vis de Dieu pour soumettre l'homme à l'homme. Luther fait l'homme *serf* de Dieu pour le faire indépendant de l'homme. Il anéantit et affranchit à la fois la personne humaine.

Et pourtant, l'Église, si elle a tort dans les faits, dans l'histoire, a eu raison, dans le monde des idées, lorsque, préférant le bon sens à la logique, elle s'est arrêtée sur la route où l'entraînait l'école d'Augustin ; lorsqu'elle a tout à la fois affirmé le libre arbitre et la prédestination, et avancé que Dieu *prédestine* au bien par sa grâce et *prévoit* seulement le mal résultant de l'abus du libre arbitre[1]. Elle n'a pas expliqué, pas achevé la théorie ; certaines des croyances du moyen âge lui ont barré la route ; mais elle a maintenu, du moins, le vrai terrain pour les progrès futurs de la pensée religieuse[2].

D'une vérité mal comprise, la corruption humaine ne tirait que l'abus ; d'une erreur mêlée de vérité, la vie va renaître et le progrès jaillir. Ainsi, ce monde imparfait s'avance péniblement vers la lumière par une route sinueuse et obscure.

---

1. Ces termes de *prédestination* et de *prévision*, qui impliquent succession, ne sont admissibles qu'au point de vue humain, au point de vue des êtres qui vivent dans le temps. Le *présent éternel* de Dieu ne comporte ni passé ni avenir.

2. Nous citerons à ce sujet un passage de M. Lamennais, qui fait sortir le libre arbitre de la grâce elle-même. — « Pour aimer Dieu, pour tendre vers Dieu, il faut que lui-même nous attire à lui, et cette attraction divine qui unit tout ce qui est par une commune tendance vers le centre éternel et universel, est une des conditions natu-

Les thèses de Luther volent partout comme sur l'aile de la foudre. L'Allemagne se lève en sursaut, avec un grand cri. Erreurs et vérités, c'est son génie qui a parlé par la voix de Luther. Tetzel, le fameux marchand d'indulgences, essaie de réfuter le docteur de Wittemberg au nom de l'infaillibilité papale, et fait brûler les thèses de Luther à Francfort-sur-l'Oder : les étudiants de Wittemberg brûlent la réfutation de Tetzel. La cour de Rome commence à s'émouvoir. Une autre réfutation arrive de la main du censeur romain, maître du sacré palais, le dominicain Prierio. Luther répond et avance que les papes et même les conciles peuvent errer. La parole de Dieu seule est infaillible. C'est un nouveau pas, et un pas immense!

La terrible lettre qu'il écrit, sur ces entrefaites, à un théologien d'Eisenach atteste qu'il embrasse déjà dans sa pensée toute l'étendue de la révolution dont il donne le signal : « Je crois, dans ma simplicité, qu'il est impossible de réformer l'Église, à moins de renverser de fond en comble (*nisi funditùs eradicentur*) les canons, les décrétales, la scolastique, la théologie, la philosophie, la logique » (9 mai 1518). Peu de jours après, cependant, il adresse au pape, en même temps qu'un exposé très-ferme de ses opinions, un appel qui se termine dans les termes de la soumission la plus entière (30 mai); contradiction qui ferait douter, bien à tort, de sa sincérité. Les révolutions ne commencent-elles pas le plus souvent par une invitation au pouvoir de se réformer lui-même?

Léon X n'avait vu dans le tumulte suscité par Luther qu'une querelle de moines, qu'une rivalité d'augustins et de dominicains. Obligé de prendre l'affaire au sérieux, il cita Luther à Rome sous soixante jours. L'électeur de Saxe obtint que la comparution eût lieu en Allemagne et non à Rome. Un bref du pape autorisa le cardinal Caiëtan (Gaëtano), général des dominicains

---

relles de la vie. La théologie l'appelle grâce, et, sans la grâce, nulle liberté, puisque, sans elle, la volonté, excitée uniquement par l'amour de soi, n'aurait pas la puissance du choix, qui implique nécessairement deux attraits, et des attraits de nature diverse. » — *De la Religion*, p. 140. Paris, 1841. Le philosophe affirme la grâce universelle : l'Église, malgré les terribles entraves de la doctrine du petit nombre des élus, associée à celle des peines éternelles, n'a jamais nié, comme les sectes, que la grâce fût offerte à tous, bien qu'elle attribue à la grâce un caractère spécial et surnaturel.

et légat auprès de la diète germanique, à mander à Augsbourg l'*hérétique* pour l'obliger à se rétracter. S'il refusait de se soumettre, tous ses soutiens seraient enveloppés dans sa condamnation, excommuniés et dépossédés de leurs fiefs (23 août 1518). La menace était assez directe contre l'électeur de Saxe, patron avoué, quoique un peu timide, du novateur. La papauté parlait toujours la langue d'Innocent III ; mais on n'était plus au XIIIᵉ siècle.

Tous les amis de Luther tremblaient pour lui. Luther partit sans peur. A son arrivée à Augsbourg (8 octobre 1518), le légat lui dépêcha un agent italien pour le pressentir et le gagner. Léon X ne souhaitait que d'étouffer le débat, et ne se souciait nullement de faire un martyr de Luther. L'Italien et le docteur saxon ne purent s'entendre. L'un parlait politique, l'autre religion. « Crois-tu donc, » dit enfin l'Italien, « que l'électeur prendra les armes en ta faveur, et s'exposera pour toi à perdre les domaines qu'il a reçus de ses pères? — Dieu m'en garde! — Si tous t'abandonnent, où donc chercheras-tu un asile? — Sous le ciel! »

Luther comparut devant le légat : l'un voulait imposer une rétractation, l'autre présenter une justification. Le légat céda à demi, car il discuta. Discussion inutile; Luther partait de l'Écriture seule ; le légat, de saint Thomas d'Aquin et des décrétales. Le légat, au fond, n'eût pas mieux demandé que de transiger ; si Luther eût consenti à se rétracter sur les indulgences, on eût toléré ses opinions spéculatives sur la foi et la grâce! Mais Luther ne pouvait sacrifier ce qui, dans sa pensée, n'était pas à lui, mais à Dieu.

« Rétracte-toi, ou ne reviens pas! » lui avait dit le légat dans une dernière conférence. Ses amis l'obligèrent à s'évader, de nuit, de crainte qu'on ne lui fît subir le sort de Jean Huss. Il laissa, en partant, un appel « au pape mieux informé » (16 octobre).

De retour à Wittemberg, il lança un autre appel, non plus au pape, mais au futur concile (28 novembre), bravant l'excommunication fulminée autrefois par Pie II contre quiconque, fût-il empereur, ferait un appel semblable. Pendant ce temps, Léon X promulguait une bulle qui déclarait les indulgences article de foi (9 décembre). L'électeur de Saxe paraissait ébranlé. Luther était décidé, si Frédéric lui retirait sa protection, à venir demander un refuge à la France. Quel accueil eût-il reçu chez nos pères? Quelle impression eût produite parmi eux cette puissante et sympathique nature? Qui pourrait le dire?...

L'électeur le garda. Léon X voulut encore une fois essayer des moyens de douceur. Il envoya à l'électeur par un de ses chambellans, Saxon de naissance, la *rose d'or* consacrée que le souverain pontife offrait chaque année à quelqu'un des souverains de l'Europe, et il chargea le chambellan, appelé Miltitz, de faire désister Luther ou d'obtenir que l'électeur le livrât et le laissât conduire à Rome. Le moine rebelle et le nonce du pape conférèrent amiablement. Luther, à défaut de rétractation, offrit le silence, pourvu qu'il fût réciproque, sur les matières contestées. Miltitz accepta, en attendant qu'un évêque, désigné par le pape, eût prononcé sur les erreurs imputées à Luther. Celui-ci promit de se rétracter, si l'évêque lui prouvait qu'il était dans l'erreur (janvier 1519).

Ce n'était là qu'une trêve : un événement grave la prolongea, au grand avantage de Luther et de sa doctrine. L'empereur Maximilien mourut (12 janvier 1519); le protecteur de Luther, l'électeur Frédéric de Saxe, fut chargé du vicariat de l'Empire pendant l'interrègne, et les princes et le pape même, durant plusieurs mois, furent tout à la question de l'élection impériale. Luther se taisait; mais ses idées, qui remplissaient l'Allemagne, pénétraient aux Pays-Bas, en France, en Angleterre, en Italie, jusqu'en Espagne. Toute la chrétienté avait les yeux sur lui.

Luther, effrayé parfois de l'immense déchirement qu'il provoquait, eût voulu s'arrêter, tout faire rentrer dans l'ombre et dans la paix. Il était trop tard. La guerre était dans les âmes : qu'eût servi la paix extérieure? Au moment même où Charles-Quint triomphait de François Ier à Francfort, Luther rentra dans l'arène contre Rome à Leipzig (juin-juillet 1519). Provoqué par un célèbre scolastique, le docteur Eck, chancelier de l'université bavaroise d'Ingolstadt, qui rompit le silence convenu, Luther accepta une solennelle dispute devant l'université de Leipzig, et, là, il attaqua à découvert la primauté du siége de Rome, comme une création relativement moderne et tout humaine. Il n'y a pour le chrétien, dit-il, d'autorité de droit divin que la sainte Écriture[1] : les conciles mêmes peuvent errer. Et il revendiqua audacieusement la mémoire de Jean Huss et de Wickleff.

Le glaive était tiré. Eck partit pour aller presser à Rome la condamnation de Luther. Les universités de Cologne et de Louvain n'attendirent pas le signal de Rome pour condamner les thèses du novateur. Luther riposta par son fameux *appel à l'empereur et à la noblesse allemande, sur la réformation du christianisme* (23 juin 1520). Abandonnant la langue de l'Église pour la langue de la patrie, il appelait de la classe sacerdotale à la classe guerrière.

« Il n'y a point dans la chrétienté un état spirituel ou ecclésiastique, et un état séculier ou laïque. Tous les chrétiens sont d'état spirituel. Nous sommes tous prêtres; tous consacrés par le baptême. La prêtrise n'est pas un sacrement, mais une fonction conférée par les frères au frère. — Le pouvoir séculier a droit de correction sur le clergé comme sur les laïques. — Le pape n'a aucun droit au gouvernement de l'Empire, de Naples et de la Sicile, ni d'aucune cité ou terre. — Plaise à Dieu de précipiter bientôt le trône de ce pape très-pécheur dans l'abîme infernal[2] ! — Plût à Dieu que tous les cloîtres des moines mendiants fussent à bas! — Chaque pasteur peut avoir une femme : c'est le diable qui a persuadé au pape de défendre le mariage au clergé. — Qu'on abolisse les fêtes et qu'on ne garde que le dimanche! — Il faut convaincre les hérétiques par l'Écriture, ET NON LES VAINCRE PAR LE FEU ! Cela est contre le Saint-Esprit. »

Deux paroles d'une portée incalculable viennent d'être prononcées. — Nous sommes tous prêtres; c'est-à-dire : égalité de tous, responsabilité directe de chacun devant Dieu. Chaque chrétien est prêtre dans sa maison. Le clergé doit rentrer dans la société générale par l'égalité religieuse et par le mariage[3] ; le prêtre

---

1. Il développa, un peu plus tard, sa pensée en disant qu'il n'est pas au pouvoir du pape ni des conciles d'établir des articles de foi. Il importe d'observer que la révélation infaillible du Saint-Esprit au pape ou au concile n'était point un article de foi universellement reçu. *V.* à cet égard les réserves de Clémangis, dans notre tome V, p. 549.
2. « Il devrait y avoir contre la papauté », dit-il ailleurs, « une langue dont tous les mots fussent des coups de foudre. »
3. Il compléta sa pensée en niant le caractère indélébile du prêtre et toutes les

n'est plus qu'un fonctionnaire de la société chrétienne. — Il est contre le Saint-Esprit de bruler les hérétiques, c'est-à-dire : point de contrainte dans l'ordre spirituel, respect de la conscience. La société n'a droit de frapper que les actes matériels qui troublent l'ordre matériel. Les disciples de Luther seront infidèles à la parole du maître; le maître lui-même n'ira pas à toutes les conséquences logiques de sa pensée. N'importe, la parole est jetée dans le monde. D'autres la recueilleront. L'écho de la voix de Martin de Tours est réveillé par Martin Luther [1]. La grande hérésie qui a dénaturé le christianisme, l'hérésie des persécuteurs est ébranlée. La race sanglante d'Ithacius pourra disputer longtemps encore la terre aux fils de la liberté : ils arracheront enfin la terre de ses mains.

Le terrible petit livre se croisa avec une éloquente bulle promulguée par le pape le 15 juin : quarante et une propositions de Luther y étaient condamnées au feu; entre autres, celle-ci : « Brûler les hérétiques, est contre la volonté du Saint-Esprit. » Autant eût valu condamner au feu l'Évangile !

Un délai était accordé à Luther pour se soumettre, après lequel délai lui et ses adhérents devaient être saisis et envoyés à Rome.

Luther avançait toujours. A chacun de ses pas une pierre tombait de l'édifice. Il nie que la messe soit un sacrifice. Le sacrifice de Jésus s'est accompli une fois pour toutes. Le sacrement n'est rien que par la foi à la parole de Dieu. Puis il publie le livre de la *Captivité de Babylone* (6 octobre 1520). Il y réduit les sacrements à trois, le baptême, la pénitence et la cène. Nous avons vu comment il entend la pénitence. Quant à la cène, elle est communion, mais non sacrifice [2]. — Il attaque les vœux monastiques. Le vœu du baptême suffit. — Point de différence entre les œuvres d'un prêtre, d'un paysan, d'une bonne ménagère. Dieu estime toutes choses d'après la foi.

Il terminait en défiant les excommunications papales. Une der-

---

idées mystiques attachées à la prêtrise, ou, plus exactement, en généralisant ces idées et en les appliquant à tous les chrétiens.

1. *V.* notre tome Ier, p. 324, sur la lutte de saint Martin et d'Ithacius.
2. De là, la condamnation des messes *privées*. Les fidèles doivent communier ensemble avec Jésus-Christ.

nière négociation s'engageait cependant en ce moment même, à l'expiration du délai de quatre mois assigné à l'effet de la bulle. Luther, à la sollicitation du chambellan Miltitz, consentit d'écrire au saint-père. Lettre d'adieu, de séparation, et non de transaction, où le réformateur ne parle de la personne du pape avec égard que pour accabler plus librement Rome de ses anathèmes. Cependant il accompagne cette lettre de l'hommage d'un petit traité de la *Liberté du chrétien*, liberté par la foi, dit-il, union par la charité.

L'union ne dépendait plus de lui ni de personne. Tandis qu'il écrivait à Léon X, la bulle qui le condamnait était affichée de ville en ville, au milieu des émeutes universitaires et de l'agitation générale. Luther répondit par son pamphlet foudroyant *Contre la bulle de l'Antechrist* (4 novembre). On brûlait les écrits de Luther dans les états autrichiens et dans les électorats ecclésiastiques. L'intrépide réformateur rendit coup pour coup. La jeunesse universitaire avait déjà lacéré ou jeté à l'eau la bulle, à Leipzig et à Erfurt. Le 17 novembre, Luther réitéra son appel au concile contre le pape, « comme juge inique, comme hérétique endurci, comme antechrist »; le 10 décembre, Luther, en présence de l'université de Wittemberg, jeta solennellement dans les flammes le Corps du droit canon, les Décrétales, la *Somme* de saint Thomas d'Aquin et la bulle de Léon X.

La Réforme naissante brûlait, à son tour, le moyen âge !

L'Allemagne entière bouillonnait comme une fournaise, et la fermentation gagnait, d'une part, la Suisse, où Ulrich Zwingli, curé de Zurich, prêchait des doctrines approchantes de celles de Luther, et, d'autre part, la Suède, où s'était prolongé le scandale des indulgences, et où les agents du pape faisaient cause commune avec le tyran Christiern. La plupart des lettrés et des artistes allemands, le jeune et illustre helléniste Mélanchthon [1], qui, tempérant la fougue et la rudesse de Luther, ramenait dans l'enseignement toute la grâce et la douceur attiques, et qui semblait un de ces chrétiens platoniciens de l'école de saint Jean; l'impétueux pamphlétaire Hutten, qui eût voulu lever, contre toutes les

---

1. Schwarz-Erde (Noire-Terre), traduit en grec par Mélanchthon.

tyrannies, un autre glaive que celui de la parole; les plus grands peintres qu'ait jamais eus l'Allemagne, Albert Durer, Kranach, Holbein, popularisaient les attaques de Luther contre Rome, par la plume et par le burin; les corporations de francs-maçons et d'artisans-poètes chantaient les louanges du réformateur : les ouvriers imprimeurs reproduisaient les œuvres de Luther et de ses partisans avec un zèle et un soin extrêmes, et défiguraient malicieusement les écrits des *papistes;* les passions et les intérêts les plus énergiques se coalisaient avec l'enthousiasme religieux en faveur de Luther : la bourgeoisie, sans cesse entravée dans ses libertés municipales par les prérogatives exorbitantes du clergé, et la noblesse, éternelle adversaire des gens d'église, se réunissaient contre l'ennemi commun; les grands laïques inclinaient à saisir l'occasion d'abattre le pouvoir et d'envahir les richesses du haut clergé allemand, le plus opulent et le plus puissant de l'Europe; quelques-uns même des prélats étaient fort tentés de séculariser leurs prélatures et d'en faire des principautés féodales. La décision du jeune empereur devait être d'un poids immense : si Charles-Quint se fût déclaré pour la Réforme, il eût entraîné sans doute tout l'Empire; les deux partis n'épargnèrent rien, ni l'un ni l'autre, pour gagner l'empereur. La position de Charles, comme roi d'Espagne, c'est-à-dire du peuple le plus catholique de l'Europe, et ses grands projets auxquels Luther faisait une diversion si inopportune, ne lui laissaient guère la liberté du choix; ses sentiments personnels étaient d'ailleurs contraires au bouleversement de l'Église. « Je soutiendrai la vieille foi », avait-il dit [1]. Néanmoins, il montrait des ménagements fort éloignés du zèle que Rome eût souhaité de lui, et comptait vendre et non donner son appui au saint-siége. Ses ministres faisaient entendre au nonce de Léon X que l'empereur agirait envers le pape, comme le pape envers l'empereur, et que Charles n'entendait pas aider un allié du roi de France [2].

Après son retour d'Espagne et son couronnement à Aix-la-Chapelle, comme roi des Romains (29 octobre 1520), Charles-Quint avait convoqué la diète germanique à Worms, pour jan-

---

1. Pallavicini, *Hist. concil. Trident.*, t. I, p. 80.
2. Pallavicini, t. I, p. 91.

vier 1521. Un des objets de la convocation, objet devant lequel disparurent tous les autres, était de « remédier aux désordres que les nouvelles opinions introduisent dans les affaires de l'Église et de l'Empire ».

Charles, prenant le rôle de modérateur, avait invité l'électeur de Saxe à amener Luther devant la diète. L'électeur s'excusa. Le nonce protesta. Les amis se souvenaient de Jean Huss et craignaient pour le réformateur. Les ennemis ne voulaient pas qu'en mandant l'hérétique, on parût remettre en question ce que le pape avait décidé.

La diète fut ouverte, le 28 janvier 1521, par un discours très-altier de l'empereur, qui espérait, dit-il, au moyen de ses nombreux royaumes et de ses grandes alliances, rétablir dans son antique gloire cet Empire romain, aujourd'hui déchu, mais auquel le monde presque entier avait obéi autrefois.

Il était arrivé une nouvelle bulle, du 5 janvier, qui retranchait définitivement de l'Église « l'hérésiarque Luther et ceux de sa secte ». L'empereur présenta à la diète un édit pour l'exécution de la bulle, et le nonce Aleandro harangua l'assemblée, le 13 février, au nom du saint-siége. C'était un savant Vénitien, qui avait professé les belles-lettres avec éclat en Italie et en France. Il peignit avec véhémence la confusion où allait tomber l'Allemagne, défendit avec succès le libre arbitre, le pouvoir de la volonté humaine contre Luther, mais il fut moins heureux en attaquant d'autres propositions sur la foi [1], et il laissa échapper un aveu redoutable pour la papauté. « L'Église, dira-t-on, n'était point, aux premiers siècles, gouvernée par les pontifes romains? — Qu'en veut-on conclure? Avec de tels arguments, on pourroit persuader aux hommes de se nourrir de glands et aux princesses de laver elles-mêmes leur linge ».

Ainsi, de l'aveu du représentant de Rome, le pouvoir papal

---

1. Une des propositions qu'il attaqua est celle-ci : que le baptême ne justifie point, si l'on n'a foi en la promesse dont le baptême est le gage. Si le baptême justifie sans la foi, le baptême n'est donc qu'une formule extérieure qui opère sans la participation de l'âme. Il est vrai que, s'il faut la foi, la question de la validité du baptême des petits enfants se pose à l'instant. Luther l'affirma, mais contre la logique ; les anabaptistes la nièrent logiquement. L'Église avait cherché une sorte de moyen terme par le sacrement de confirmation, que Luther rejetait.

s'était formé, accru, développé par les mêmes lois que les sociétés civiles et politiques. Il n'était donc pas éclos, de droit divin, dans le berceau même du christianisme. Tout ce qui a crû peut décroître.

Aleandro termina en conjurant l'empereur de ne pas s'immiscer dans une affaire où les laïques n'avaient rien à voir, et de faire exécuter seulement les ordres du saint-père.

La diète répondit par les « Cent et un Griefs », retentissante explosion des longs ressentiments de l'Allemagne contre l'exploitation romaine. Les adversaires mêmes de Luther, les catholiques les plus zélés donnèrent leur adhésion ; tous invitèrent l'empereur à entreprendre « une réformation générale ».

Charles retira l'édit qui enjoignait de brûler les écrits de Luther, ordonna seulement qu'on les séquestrât dans les mains des magistrats, et somma « l'honorable, son cher et pieux docteur Martin Luther » de comparaître à Worms, sous sauf-conduit (6 mars). Ce n'était pas dans ces termes que Rome eût voulu qu'on traitât l'hérétique; mais l'opinion exerçait sur l'empereur une pression immense. Parmi les admonitions sans nombre qui l'assaillirent, l'histoire a conservé la magnifique lettre d'Ulric de Hutten : « L'Allemagne est à vos pieds..... par la sainte mémoire de ces Germains qui, lorsque le monde entier était soumis à Rome, ne courbèrent point le front devant cette ville superbe, l'Allemagne vous conjure de la sauver et de l'arracher à l'esclavage » ! [1].....

C'était la voix d'*Arminius* et de Velléda, la voix de la Teutonie elle-même, qui retentissait du fond des siècles !

Cette société romaine que voulait secouer l'Allemagne était bien forte encore, toutefois, et le réformateur semblait en bien grand péril; car ce n'était pas à une libre discussion que l'empereur entendait le convier. Luther, fit, le 2 avril, ses adieux au jeune Mélanchthon, comme à son successeur, dans l'œuvre qu'il allait peut-être sceller de son sang. A son passage à Naumbourg, quelqu'un lui montra, sans mot dire, un portrait du martyr Savonarola. « On vous brûlera comme Jean Huss », lui dit un autre.

---

[1] Luther. *Opp. latin*. II, p. 184.

« Quand ils feroient un feu qui s'étendît de Worms à Wittemberg et qui s'élevât jusqu'au ciel, je le traverserois au nom du Seigneur » !

Amis, ennemis, tous cherchaient à le retenir, tous reculaient devant le choc décisif. Il n'écouta rien; il avança, chantant le long de la route [1], et s'accompagnant de la harpe comme un voyant d'Israël. Il entra dans Worms le 16 avril, et comparut, le 17, devant la diète impériale, dans l'Hôtel-de-Ville de Worms. Comme il allait franchir la porte, un vieux chef de lansquenets, Georges de Freundsberg, qui commandait la garde de l'empereur, lui frappa sur l'épaule :

« Petit moine! petit moine! voilà une fière marche que tu vas faire! Ni moi, ni aucun capitaine n'en avons jamais fait de pareille!..... Si ta cause est bonne et que tu aies foi en ta cause, en avant, petit moine, en avant, au nom de Dieu [2] » !

Luther s'exprima avec simplicité et modestie. Interpellé s'il maintenait toutes ses propositions, il demanda du temps pour réfléchir.

La nuit fut pour lui de grande angoisse. L'exaltation héroïque eut une heure de défaillance. La faiblesse de la chair se faisait sentir.

Il comparut de nouveau (18 avril).

« Je ne puis soumettre ma foi au pape ni aux conciles, parce qu'ils sont tombés souvent dans l'erreur et dans la contradiction. Si donc je ne suis convaincu PAR LE TÉMOIGNAGE DE L'ÉCRITURE ou PAR RAISONS ÉVIDENTES, je ne puis rien rétracter ».

Parti de la foi pure, le voilà donc arrivé à l'évidence rationnelle. On voit comment le rationalisme a pu sortir de ce réformateur, qui a débuté par proscrire *l'art de raisonner* (la dialectique) [3] et l'apôtre du raisonnement (Aristote). La souveraineté de la conscience et de la raison, l'homme foi et raison, voilà son dernier mot [4]. La philosophie n'a plus qu'un pas à faire, un

---

1. *Cochlæus.* Peut-être déjà son fameux *choral,* qu'il composa, paroles et musique, et qu'on a nommé, de nos jours, la *Marseillaise* de la Réforme.
2. « *Münchlein, Münchlein, du gehest jetzt einen Gang.....* » Seckendorf, p. 348.
3. *Recedat syllogismus!*
4. Seulement, il est essentiel d'observer que Luther ne développa point ce dernier mot : qu'il resta, de fait, l'homme de la foi et non de la raison.

grand pas, il est vrai; elle n'a plus qu'à substituer le sentiment ou la foi *en général* à la foi *spéciale* de Luther.

« Si tu ne te rétractes », dit l'orateur de la diète, « l'empereur et les États de l'Empire verront ce qu'ils auront à faire envers un hérétique obstiné.

— Je suis entre vos mains. Dieu m'assiste! Je ne puis rien rétracter!

— Le moine parle hardiment »! s'écria l'empereur, partagé entre l'admiration et la colère.

On fit retirer le moine. Charles-Quint et Luther ne devaient plus se revoir.

Léon X avait souscrit à un traité secret avec Charles contre la France, et l'empereur était décidé. Le 19 avril, Charles fit lire devant la diète un message écrit en français de sa propre main; il annonçait qu'il sacrifierait « royaumes, trésors, amis, corps, sang et vie » pour arrêter l'impiété de l'augustin Luther.

Un terrible orage éclata dans la diète. Le parti du nonce, l'électeur de Brandebourg et plusieurs princes proposèrent de ne pas tenir compte du sauf-conduit donné à Luther et de le traiter comme Jean Huss. Les princes de Bavière et de Saxe protestèrent avec indignation. Charles-Quint garda sa parole. On assure qu'il s'en repentit plus tard, dans le fanatisme de sa vieillesse[1]; mais, alors, il n'hésita pas; il voulait bien condamner Luther, mais dans les formes légales, et n'entendait point provoquer, pour complaire au pape, une nouvelle guerre des hussites; un nouveau Ziska était aux portes; Sickingen était, avec Hutten, à Ebernbourg, à dix lieues de Worms, la main sur la garde de l'épée, et Charles sentait que ceux qui l'avaient fait empereur pourraient bien le défaire.

Après d'inutiles pourparlers, Luther repartit le 26 avril. Ses partisans quittèrent la diète, et la majorité souscrivit, en leur absence, l'édit impérial qui ordonnait l'arrestation de Luther, la destruction de ses écrits et la confiscation des biens de ses fauteurs, chose plus facile à dire qu'à faire.

Au moment de la promulgation de l'édit, une violente agitation régnait dans Worms : le bruit courait que Luther avait disparu,

1. Sandoval; *Histor. de Carlos V.*

qu'il avait été mis à mort par les *papistes;* on sut bientôt que le réformateur, en traversant une forêt de la Thuringe, avait été enlevé par des cavaliers masqués; mais des lettres parvenues mystérieusement à ses amis les rassurèrent sur son existence : c'était son patron, l'électeur de Saxe, qui, ne voulant ni sacrifier Luther, ni résister à force ouverte au ban impérial, avait pris le parti de cacher le réformateur dans une retraite ignorée. Le peu d'activité des recherches sembla indiquer que Charles-Quint hésitait, autant que Frédéric de Saxe, à pousser les choses à l'extrême. Pendant dix mois, Luther ne cessa de remuer l'Allemagne et l'Europe du fond de son asile inconnu : ce fut une poétique époque dans sa vie que cet exil de la Wartbourg, sa *Pathmos*, comme il l'appelle. En proie à de vives angoisses physiques et morales, assiégé de doutes et de scrupules, troublé par des voix intérieures qu'il prenait pour la voix de Satan [1], il calmait par la musique et par la contemplation de la nature son âme tourmentée, et se plongeait, avec une activité surhumaine, dans des travaux qui confondent l'imagination : d'une part, il entamait l'œuvre qui est restée son titre de gloire le plus incontesté, cette traduction de la Bible, qui a fixé la langue teutonique, et qui est devenue la base de toute la littérature allemande; de l'autre part, il développait ses propositions les plus hardies dans des traités dogmatiques, condamnait absolument les vœux monastiques [2], l'obligation de la confession auriculaire, les messes basses ou messes *privées*, etc., aidait son disciple Mélanchthon à répondre à la faculté de théologie de Paris, qui venait de condamner le novateur au nom des conciles, d'Aristote et de la scolastique, comme

1. Satan joue, dans la vie intime de Luther, le rôle le plus étrange : l'impitoyable réformateur, qui fit main basse sur tant de dogmes, ne révoqua jamais en doute les croyances du moyen âge sur l'intervention matérielle du diable dans les événements de cette vie. Il se croyait sans cesse aux prises avec Satan, disputait avec lui et le mettait en fuite, non par les formules consacrées de l'exorcisme, mais par de grosses injures. Il croyait que toutes les maladies étaient causées par la malice des démons, que les vents étaient de bons et de mauvais esprits, que les somnambules étaient des gens promenés par le diable pendant leur sommeil, etc. Malgré ses tendances mystiques, il était opposé aux interprétations spéculatives et symboliques de la Bible, et son attachement judaïque pour la lettre contribuait sans doute à l'entretenir dans ces idées superstitieuses.

2. Il s'était contenté d'abord de réclamer contre l'abominable abus des vœux imposés à des enfants avant l'âge de raison, et contre d'autres excès analogues.

la cour de Rome l'avait condamné au nom du pape. La Sorbonne avait condamné, comme le pape, la proposition de Luther, suivant laquelle c'était agir contre la volonté du Saint-Esprit que de brûler les hérétiques. Le gallicanisme, infidèle à la tradition de l'apôtre des Gaules réveillée par un Teuton, s'obstinait dans une funeste solidarité avec Rome sur la pire des erreurs du moyen âge[1] ! Sinistre présage pour la France !

Les écrits de Luther pleuvaient comme semés dans toute l'Allemagne par des vents d'orage : les bulles papales, les édits impériaux, les censures des universités, venaient mourir au pied du donjon de la Wartbourg : l'archevêque-électeur de Mayence, l'archi-chancelier du Saint-Empire, s'humiliait devant les lettres menaçantes du moine proscrit; la Saxe électorale, la Thuringe, d'autres contrées encore, professaient ouvertement les doctrines luthériennes; la messe était remplacée par la *Cène;* les prêtres, les moines, les religieuses renonçaient, les uns au désordre et au concubinage, les autres à la continence, pour rompre leurs vœux et se marier publiquement : plusieurs cités, Wittemberg en tête, commençaient à fermer d'autorité les couvents, et une bande de fanatiques brisait les statues, les vitraux, toutes les images dans les églises de Wittemberg, en vertu de ce précepte du Deutéronome : « Tu ne te feras point d'images taillées, ni aucune ressemblance des choses qui sont aux cieux, ni sur la terre, ni dans les eaux » (c. v, v. 8). Ces dévastations furent imitées en divers lieux, entre autres à Zurich par Zwingli, âme violente, mais magnanime et pleine de hautes inspirations, que nous retrouverons plus tard. Le grand Érasme, qui avait salué les débuts de la Réforme avec une joie mêlée de crainte, s'éleva éloquemment contre les nouveaux iconoclastes : Luther lui-même s'alarma; il blâma la clôture violente des monastères et la destruction des images. La Réforme débordait avec une impétuosité croissante : à Wittemberg avaient surgi des prophètes, des *voyants,* qui proscrivaient tout culte extérieur et toute autorité humaine, et rejetaient la *Parole écrite,* la Bible elle-même, pour ne plus croire qu'à l'inspiration immédiate du Saint-Esprit.

---

1. La sentence de la Sorbonne fut suivie d'un édit royal défendant l'introduction des écrits de Luther en France.

La Réforme allait s'engloutir dans l'abîme du fanatisme : Luther rompit son ban ; il descendit impétueusement de la Wartbourg, « comme Moïse du Sinaï, » rentra dans Wittemberg (août 1522), chassa ses rivaux par la puissance de sa parole, ressaisit d'une main puissante le gouvernement de l'église métropolitaine de la Réforme, et ne cessa plus de foudroyer tout ensemble, du haut de sa chaire, les *papistes* et les sectaires qui s'étaient séparés de lui. La nécessité de faire face des deux côtés ne rendit pas ses coups moins assurés contre les institutions et les doctrines de l'église romaine : après la papauté, il condamna l'épiscopat, et, dans son fameux sermon *sur le mariage*, il déclara le célibat ecclésiastique formellement contraire aux préceptes divins et à la loi de nature, et le divorce légitime dans certains cas. Ainsi, tout en exagérant le dogme du péché originel et de la corruption de notre nature, au point de prétendre que nos meilleures actions seraient autant de péchés mortels sans la grâce, il rendait à cette même nature ses droits, en vertu du précepte de la Genèse (*croissez et multipliez*), et revenait de fait sur la condamnation de la chair, prononcée par l'ascétisme chrétien. La Réforme continua de grandir comme si ses discordes intestines eussent surexcité plutôt qu'affaibli son énergie vitale. Ses ennemis n'étaient point en mesure de réunir leurs forces contre elle. L'édit de Worms était une lettre morte. L'empereur, se contentant de proscrire les hérétiques dans ses états héréditaires, ne tentait pas de les poursuivre sur les terres des princes et des villes libres de l'Empire. D'autres périls absorbaient Charles-Quint : la lutte de la maison d'Autriche contre la France était commencée et la guerre générale embrasait l'Occident.

Quels que soient les dissensions, les déchirements de la Réforme et la guerre civile (et sociale va compliquer en Allemagne les luttes de religion), la révolution religieuse est désormais invincible dans l'Allemagne du Nord. Pour la race teutonique, la question est celle-ci : la vieille Germanie du Nord, la vraie Teutonie, celle qui n'a pas subi Rome païenne avant Rome chrétienne, et qui secoue, en ce moment, Rome chrétienne elle-même, entraînera-t-elle la Germanie *romanisée* du sud et de l'ouest, celle dont l'esprit a été modifié profondément par l'influence romaine? Y aura-t-il deux Allemagnes ou une seule?

Une autre question se pose pour la France. Comment la France accueillera-t-elle ce grand flot qui, d'Allemagne, vient déjà battre à sa porte? La vieille Sorbonne, représentant d'un passé à jamais souillé par le sang de Jeanne Darc, a parlé, mais la France de la Renaissance, la France nouvelle, est muette encore!

Avant de voir ce que fera la France et afin de pouvoir le juger, résumons ce qu'est la Réforme allemande et ce qu'enseigne Luther.

Ce nom de Luther, ce nom maudit et adoré, qui, depuis trois cents ans, partage le monde, et qui retentit encore aujourd'hui, comme un cri de guerre, dans toutes les luttes de l'intelligence, que représente-t-il? Sur quels éléments juger l'œuvre qu'exprime ce nom?

Le point de départ de Luther, le voici, nous l'avons déjà dit: l'homme pécheur se *justifie*, se rachète par la foi, non par les œuvres. Sans discuter entre la foi *générale* et la foi *spéciale*, exclusive, à une révélation déterminée, acceptons sa base; il a raison. La doctrine du salut par les œuvres tombait dans un mécanisme où s'anéantissait l'âme; on arrivait au salut par des espèces de formules magiques (les indulgences) ou par les *machines à prier*[1], comme dans l'Orient dégénéré. Il rappelle l'âme à elle-même en lui affirmant que tout est en elle, que l'extérieur n'est rien, que l'intérieur est tout. La foi de Luther n'est point l'adhésion de l'esprit à une doctrine abstraite, mais une foi vivante du cœur, qui est amour et par conséquent action. Quand il dit que tout est dans la foi, il a donc raison. Si l'âme a la foi, si elle est intérieurement dans le bien, elle fait nécessairement le bien au dehors. Il est faux de dire qu'on puisse commencer par les œuvres, produire les effets sans avoir la cause. Si vous faites le bien en vue du bien, c'est que vous avez déjà le bien en vous. Tout procède du dedans au dehors. Il n'y a pas d'œuvres méritoires avant la foi, mais il n'y a pas de foi sans les œuvres: s'il n'y a pas d'œuvres, c'est qu'il n'y a pas de foi.

---

1. Le *rosaire*, inventé par Sprenger, l'inquisiteur qui fut en même temps l'auteur du *Malleus maleficarum* (*Marteau des sorcières*), perfectionnement des codes inquisitoriaux du XIIIe siècle.

Les accusations contre ce qu'on appelle la doctrine de la foi sans les œuvres sont donc mal fondées. Le mal n'est pas là : il est dans une autre doctrine, l'impuissance prétendue de l'homme à rien faire pour arriver à la foi, à l'amour de Dieu, à l'union avec Dieu. Si la foi est tout, si nous ne pouvons rien pour appeler la foi en nous, si la volonté humaine est radicalement impuissante au bien, si la grâce nous est donnée ou refusée sans mérite ni démérite personnel, sauvés nécessairement quand nous l'avons, puisqu'elle ne saurait ne pas être efficace, perdus nécessairement quand nous ne l'avons pas, qu'avons-nous donc à faire, jouets passifs d'une incompréhensible volonté? A quoi bon prêcher, discuter, s'agiter, pour changer l'immuable et convertir qui ne peut rien pour lui-même? Confiance aveugle ou désespoir sans remède, voilà les deux aspects de la doctrine de la grâce.

Le mal n'est pas dans la doctrine de la foi : il est dans la doctrine de la grâce. La foi est un principe de vie et d'action : le *serf arbitre* est un principe d'inertie et de mort. D'une main, Luther relève l'âme; de l'autre, il l'écrase. Des deux termes de la vie, Dieu et l'homme, il supprime le second, et tue *Adam* sous prétexte de le faire renaître. Il aggrave encore ce qu'il y a de répulsions insurmontables dans la doctrine de l'éternité des peines combinées avec la prescience et la bonté de Dieu.

Pareils contrastes se manifestent dans les autres principes du luthéranisme. C'est un grand bienfait sans doute que de rouvrir librement à l'esprit humain les trésors de la Bible étouffés sous la masse des œuvres canoniques et scolastiques : c'est une sublime audace que de rompre les liens de la conscience enchaînée par les pouvoirs infaillibles, et de lui rendre la souveraineté d'elle-même par le fait au moment où on lui refuse le libre arbitre en théorie. Le docteur du *serf arbitre* est, qu'il le veuille ou non, le père du *libre examen* et l'initiateur de toute cette société moderne qui marche dans une voie si différente de la sienne. Il y a une force prodigieuse, le principe d'un immense déploiement de la personne humaine dans ce grand mot : « Nous sommes tous prêtres! »

Cette conscience, pourtant, qu'il vient d'affranchir des autorités humaines, il l'enchaîne, lui, à la lettre d'un texte immuable, que

Dieu ne donne plus à personne de développer ni de transformer. Il nie le mouvement, le progrès dans la religion, qu'admet l'Église, du moins à titre d'interprétation et de développement de l'Écriture.

La révélation, suivant l'Église, continue : l'Esprit-Saint, qui s'est révélé aux apôtres, se révèle encore à l'Église [1]. Suivant Luther, la révélation a eu lieu une fois pour toutes. Pour l'Église, l'Écriture Sainte est la source vive du fleuve de la tradition : pour Luther, c'est un lac immuable où se reflète l'Absolu. Luther retranche tout le développement théologique du moyen âge : il rompt cette longue chaîne des Pères et des scolastiques qui liaient les premiers âges du christianisme à l'ère moderne, en même temps qu'il brise l'alliance du christianisme avec l'antiquité grecque personnifiée dans Aristote, et retourne exclusivement aux Hébreux. La Réforme s'interdit de rectifier et de dépasser le moyen âge sur tous ces problèmes des destinées de l'âme que le christianisme primitif a laissés en suspens [2]. Elle recule même au delà du moyen âge, puisqu'elle nie la doctrine du purgatoire, cet effort de la pensée catholique vers des conceptions plus larges, et n'admet que les deux absolus du ciel et de l'enfer. Elle n'aura pas de théologie, en dehors du cercle de la grâce, pas de philosophie religieuse. Elle ne sera, dans la sphère religieuse, qu'une opposition, une *protestation*, et non une affirmation nouvelle, une progression.

Ce sera, chose bien remarquable, dans une autre sphère, c'est-à-dire dans la société civile et politique, qu'elle enfantera d'immenses progrès. La parole : « Nous sommes tous prêtres », avec ses conséquences : l'abolition du célibat ecclésiastique [3] et du monachisme, de la grande milice romaine, affranchira l'individu, la famille, la patrie, dégagera les nationalités d'une pression

---

1. A l'Église universelle assemblée, suivant le catholicisme primitif et le gallicanisme; au pape, chef de l'Église, suivant le catholicisme romain moderne.

2. Nous ne parlons que de la Réforme procédant logiquement de Luther, non des mystiques protestants, qui se sont ouvert d'autres voies par l'interprétation symbolique.

3. Nous parlons du célibat ecclésiastique au point de vue purement politique et national; ses défenseurs emploient, au point de vue religieux, des arguments que nous n'avons point à examiner ici.

extérieure, souvent étouffante, donnera un essor inouï à la personnalité humaine en habituant chacun à répondre de lui-même devant ses semblables comme devant Dieu, contribuera enfin grandement à produire les sociétés les plus actives et les plus libres qui aient encore paru dans le monde.

Mais, ici, nous anticipons sur les suites immédiates de l'œuvre de Luther, et nous ne pouvons plus faire avec certitude la part du premier réformateur, car les progrès dont nous parlons ne s'accompliront sur une vaste échelle qu'après que la Réforme aura été réformée, et que le libre arbitre aura pénétré dans la citadelle de la grâce élevée par Luther.

Ce ne sera pas non plus immédiatement que l'attaque de Luther contre le principe de persécution portera ses conséquences. Le système de persécution repose sur deux colonnes d'airain : l'infaillibilité de l'Église et l'éternité des peines. Luther a renversé la première ; mais la logique du système qui partage les hommes en prédestinés du ciel et prédestinés de l'enfer ramènera le fanatisme homicide chez les réformés ; la fatale tradition augustinienne l'emportera pour un temps, et l'on versera le sang de par le Livre infaillible comme on le versait de par l'Église infaillible.

Luther, du moins, n'y trempera pas ses mains. Il ne verra, dans la théorie de la grâce, que le côté de l'amour, que l'aspect qui regarde les élus ; d'autres y verront surtout le côté de la colère et des réprouvés. Le sentiment restera chez lui bien meilleur que la doctrine ; ce sentiment puissant, électrique, qui va de son cœur à tant de cœurs, qui ramène, comme on l'a dit, « la joie dans le monde[1] », et qui fait de sa parole un chant !

Quelles que soient les ombres sur cette puissante figure, l'Allemagne se fait gloire, à bon droit, d'avoir donné le jour à Luther. Mais la France doit-elle l'adopter, quand il lui envoie, des bords du Rhin, l'écho de la diète de Worms ? Est-ce lui qui doit fixer cette France flottante de la Renaissance ? Un Batave à l'esprit gaulois, Érasme proteste au nom du libre arbitre[2], et avec lui, tous les génies de la Gaule, tous les pères de la liberté, des ruines saintes de Lérins à l'école du Paraclet, et ceux qui

---

1. Michelet.
2. Erasm. *De libero arbitrio.*

sont morts et ceux qui doivent naître, les âges à venir, le xvii⁰ et le xviii⁰ siècle, avec les âges écoulés.

Mais, si la France ne l'adopte pas, celui qui fait l'homme indépendant en niant la liberté de l'homme, doit-elle rester unie à son adversaire? Si l'esprit de la Gaule ne répond pas à Luther, répond-il davantage à Rome, qui ne proclame la liberté que pour lui imposer le devoir du suicide, qui prétend que tous les hommes abdiquent dans les mains d'un seul homme? Quand la doctrine du moyen âge pâlit et s'efface, est-ce la politique Rome qui nous donnera ce qu'elle n'a pas, ce qu'elle n'a jamais eu, un idéal? Hélas! la Gaule est retombée dans la même crise qu'au temps de Jules César! Elle a reperdu l'initiative dans le monde. La voici de nouveau entre Rome et les Germains. Saura-t-elle évoquer son propre génie, qui n'est ni au Vatican ni à Wittemberg, et s'affirmer elle-même? Se donnera-t-elle à l'un des deux rivaux?

FIN DU TOME SEPTIÈME

TABLE DES MATIÈRES

CONTENUES DANS LE TOME SEPTIEME.

QUATRIÈME PARTIE.

LIVRE XL. — Lutte des maisons de France et de Bourgogne (*Suite*).

Louis XI et Charles le Téméraire (suite). Le traité de Saint-Maur rompu. — Le roi reprend la Normandie. — *La France de la Meuse*. Liége et Dinant. — Mort de Philippe le Bon. Avénement de Charles le Téméraire. Victoire de Charles sur les Liégeois. — États Généraux de Tours. — Inamovibilité des offices. — Louis XI à Péronne. Honteux traité extorqué à Louis par Charles. Ruine de Liége. — Le cardinal Balue. — Charles de France, duc de Guyenne. — Guerre des *Deux Roses*. — Louis XI favorise la bourgeoisie et le commerce. — Mort du duc de Guyenne. — Guerre entre Louis et les ducs de Bourgogne et de Bretagne. — Siége de Beauvais. Invasion bourguignonne repoussée. Trêve. Charles le Téméraire change sa politique. (1465-1472.).   1

LIVRE XLI. — Lutte des maisons de France et de Bourgogne (*Suite*).

Louis XI et Charles le Téméraire, suite. — Projets de Charles sur l'Empire. Il acquiert la Gueldre et l'Alsace. — Meurtre d'Armagnac. — Révolte de l'Alsace. — Ligue du Rhin et des Suisses contre Charles. Siége de Neuss. Bataille d'Héricourt. — Guerre de Roussillon. — Le roi saisit l'Anjou. Succès du roi contre Charles. — Charles traite avec l'empereur. — Descente des Anglais en Picardie. Traité entre la France et l'Angleterre. — Procès et supplice du connétable de Saint-Pol. — Conquête de la Lorraine par Charles. Charles attaque les Suisses. Bataille de Granson. Bataille de Morat. Ruine de la puissance bourguignonne. Siége de Nanci. Dernière défaite et mort de Charles. — Marie de Bourgogne. — Louis XI réunit la Bourgogne à la couronne, occupe la Franche-Comté, reprend la Picardie, saisit l'Artois. — Troubles de Flandre. Supplice des ministres de Charles. — Révolte de la Franche-Comté. — Révolte et ruine d'Arras. — Mariage de Marie de Bourgogne et de Maximilien d'Autriche. —Supplice du duc de Nemours. — La Franche-

Comté reconquise.— Bataille de Guinegate.— Suppression des francs-archers. Introduction des mercenaires étrangers. — Trêve. — Projets de réformes. — Louis XI au Plessis-lez-Tours. — Réunion de l'Anjou, du Maine et de la Provence à la Couronne. — Mort de Marie de Bourgogne. Traité entre Louis XI, Maximilien et les Pays-Bas.—Derniers moments et mort de Louis XI. Grands accroissements de la France sous ce règne. — Marche de la Renaissance. Décadence de la scolastique. L'Imprimerie. (1473-1483.). 77

LIVRE XLII. — ANNE DE FRANCE.

Charles VIII. Gouvernement d'Anne de France. — Réaction contre le règne de Louis XI.— États Généraux de 1484. Réduction des impôts.— Lutte entre Anne de France et les ducs d'Orléans et de Bretagne.—Avènement des Tudor en Angleterre. — Réunion de l'Aragon et de la Castille. — Guerre de Bretagne. Bataille de Saint-Aubin-du-Cormier. Captivité du duc d'Orléans. Mort du duc de Bretagne. Anne de Bretagne. — Guerre de Flandre et d'Artois.— L'Angleterre et l'Espagne secourent la Bretagne. — Charles VIII remet le duc d'Orléans en liberté. Réconciliation des princes. — Reddition de Nantes. Siège de Rennes. Traité de mariage entre Charles VIII et Anne de Bretagne. La Bretagne unie à la France. Fin du gouvernement d'Anne de France. — Les Anglais assiègent Boulogne. — Charles VIII traite avec l'Espagne et rend le Roussillon. — Paix achetée à l'Angleterre. — Paix avec la maison d'Autriche. Renonciation à l'Artois et à la Franche-Comté. — Projets de Charles VIII sur l'Italie. (1483-1493.). 164

LIVRE XLIII. — GUERRES D'ITALIE.

Charles VIII, suite. L'Italie au XVe siècle. Philosophie, Lettres et Arts. Gloire de Florence. Pic de La Mirandole. Brunelleschi. Léonard de Vinci. Horribles scandales de la papauté. Alexandre VI. Splendeur intellectuelle. Décadence politique et religieuse. Luttes intestines. Le prophète de Florence. Savonarola. Essai de régénération. Appel à la France. — Charles VIII revendique Naples. Expédition de Charles VIII. Les Français à Pise, à Florence, à Rome. Conquête de Naples. — Ligue de l'empereur, de l'Espagne, du pape, de Venise et de Milan contre la France. Retour de Charles VIII. Bataille de Fornovo. — Fautes des Français. Incurie du roi. Naples reperdu. — Le prophète de Florence échoue. Martyre de Savonarola. — Mort de Charles VIII. —Christophe Colomb. Découverte du Nouveau Monde. Vasco de Gama. Passage du Cap. Route de l'Inde. (1493-1498.). 229

LIVRE XLIV. — GUERRES D'ITALIE (Suite).

Louis XII et Georges d'Amboise. — Divorce de Louis XII. Il se remarie avec Anne de Bretagne. — Le Grand Conseil. Parlements de Normandie et de Provence. — Affaires d'Italie et d'Espagne. L'Inquisition d'Espagne, les Juifs et les Maures. — Conquête du Milanais. Gênes se donne à la France. Le Milanais reperdu et repris. Captivité de Ludovic Sforza. — Les *Enfants Sans Souci*. — Alliance avec les Borgia. Alliance avec l'Espagne. Conquête de Naples et partage du royaume de Naples avec l'Espagne. Brouille avec l'Espagne. Les Français chassés de Naples. — Fautes de Louis XII et de Georges d'Amboise. Influence pernicieuse d'Anne de Bretagne.—États Généraux de Tours. Grand danger évité. Rupture du traité de mariage avec l'Autriche. (1498-1506.). . 299

LIVRE XLV. — GUERRES D'ITALIE (Suite).

Louis XII (suite).— Révolte de Gênes. Gênes reconquise. — Marguerite d'Autriche. — Jules II. Ligue entre le pape, l'empereur, Louis XII et Ferdinand le Catholique contre Venise. Bataille d'Agnadel. Invasion des états vénitiens. Violences de Louis XII. Les deux politiques. Louis XII au dedans et au dehors. Belle défense des Vénitiens.—Prospérité de la France. Progrès de la population et de la richesse. Éclat des arts. Première période de la Renaissance en France. Brou et Gaillon. — Mort de Georges d'Amboise.—Guerre avec le pape. Menaces de schisme. Louis XII oppose concile à concile. Coalition contre la France. Gaston de Foix. Le chevalier Bayart. — Bologne secourue. Prise de Brescia. L'infanterie française. Bataille de Ravenne. — Perte du Milanais et de Gênes. Les Médicis rétablis à Florence. — Ferdinand se saisit de la Navarre. — Léon X. — Le Milanais et Gênes recouvrés et reperdus. Déroute de Novarre. — Prejean de Bidoulx et la *Cordelière*. — La France attaquée par la coalition. *Journée des Éperons.* Henri VIII et Maximilien prennent Térouenne et Tournai. Les Suisses assiègent Dijon. Traité de Dijon avec les Suisses. — Mort d'Anne de Bretagne. Paix avec l'Angleterre. Louis XII épouse Marie d'Angleterre. Mort de Louis XII. — Progrès de la législation sous ce règne. Publication des coutumes. (1506-1515.). 358

LIVRE XLVI. — GUERRES D'ITALIE (Suite).

François Ier. — Le roi, sa mère et sa sœur. — Gênes se rallie à la France. — Passage des Alpes. Bataille de Marignan. Le Milanais recouvré. — François Ier et Léon X. — Splendeur et décadence de l'Italie. Michel-Ange et Raphaël. Machiavel. — Duprat. Le Concordat. — François Ier et Charles d'Autriche. Traité de Noyon. — Paix avec les Suisses. — Léonard de Vinci en France. L'art français. Jean Cousin. Les lettres en France. Clément Marot. Guillaume Budé. Les Estienne.—Tournai rendu à la France. — Fondation du Havre. — Rivalité de François Ier et du roi d'Espagne (Charles d'Autriche) pour l'Empire. Les sept électeurs. Diète de Francfort. Élection de Charles-Quint. — Le *camp du Drap d'or.* — Explosion de la Réforme allemande. Les *indulgences.* Reuchlin et les livres juifs. Érasme. Martin Luther. Doctrine de Luther. Conférence d'Augsbourg. Diète de Worms. La Wartbourg et Wittemberg. La France entre Rome et la Germanie. (1515-1522.). 431

FIN DE LA TABLE DES MATIERES DU TOME SEPTIEME.

www.ingramcontent.com/pod-product-compliance
Lightning Source LLC
Chambersburg PA
CBHW071403230426
43669CB00010B/1435